7급·9급 공무원 **시험대비**

박문각
공무원

기출문제

신은미
회계학

신은미 편저

단원별 기출문제 완벽 분석

개념과 실전문제의 조화

알차고 명쾌한 해설로 이론 회독 효과

단원별
기출문제집

동영상 강의 www.pmg.co.kr

이 책의 머리말
PREFACE

❶ 교재의 전반적인 구성

(1) 기본서의 sub-note 역할
공무원 회계학 기본서 중 시험 대비를 위해 필요한 내용들을 요약하여 빠르게 요점정리가 가능하도록 구성하였습니다.

(2) 개념과 실전 문제의 조화
회계학의 기본 개념들이 실전에서 어떻게 문제화되는지 Part를 세분화하여 문제를 배열하였습니다.

(3) 최신 기출문제까지 모두 포함
2024년에 치러진 9급 국가직 및 지방직, 2023년 7급 전 문항을 수록함으로써 최근 공무원 회계학의 출제 경향을 파악할 수 있도록 구성하였습니다.

(4) 표를 통해 내용을 시각화
이론 정리가 필요한 부분은 표를 만들어 시각화함으로써 이해가 용이하도록 하였습니다.

❷ 교재의 접근 방법 및 공무원 회계학 공부 방법

공무원 회계학은 짧은 시간 동안 재무회계, 원가관리회계, 정부회계를 모두 다루어야 하기 때문에 각 파트에서 가장 중요하고 핵심적이라고 생각하는 부분들에서 문제가 출제되고 있습니다.
그리고 계산기를 소지할 수 없는 시험의 특성상 난이도를 상향하는 데 한계가 있습니다.
그러므로 기출문제는 공무원 회계학에서 꼭 알아야 하는 내용들을 알려주는 가장 좋은 지침이 됩니다.

또한 공무원 회계학은 유사한 기출문제가 반복되는 경우가 많습니다.
공무원 회계학을 준비하는 수험생분들에게 기출문제가 그만큼 중요하다는 뜻이 됩니다.

이에 본 교재는 공무원 회계학의 기출문제를 최대한 다양하게 수록하기 위하여 노력하였고 수업을 통해 문제에 대한 접근 방법과 출제 의도를 파악하는 데 많은 노력을 기울일 것입니다.

하나의 문제를 다각도로 접근해 보려는 노력이 실제 시험에서는 큰 효과를 가져올 수 있기 때문에 단편적인 접근보다는 다양한 방법으로 문제를 해결해 봄으로써 실제 시험에서의 적응력을 키우고자 합니다.

최근의 공무원 회계학은 단순 계산에서 벗어나 회계처리를 직접 해보고 그에 따른 재무제표의 영향을 물어보는 형태의 문제들이 늘어나고 있습니다.
단순한 암기식의 접근이 아니라 회계의 기초를 확실히 알아야 접근할 수 있는 문제들이 늘어남으로써 다시 한번 기초의 중요성이 대두되고 있습니다.

비록 단기간에 고득점을 받기 어려운 것이 회계학이지만, 탄탄히 쌓은 기초는 여러 곳에 두루 사용할 수 있는 만큼 원리를 이해하는 일에 많은 시간을 할애해야 한다는 뜻이기도 합니다.

여러분이 선택한 이 길이 지금은 힘들고 외로운 것처럼 보일 수 있습니다.
그러나 향후 실무에서는 다른 어떤 지식보다 좋은 밑거름이 되어 있을 것이라 확신합니다.
혼자는 어렵지만 미래의 초석을 쌓는다는 마음으로 함께 문제를 해결해 나간다면 결국 합격이라는 궁극의 결과로 이어질 것입니다. 그 시간까지 함께하겠습니다.

마지막으로 제 교재와 수업을 선택해 주신 수험생분들이 모두 합격이라는 결실을 얻을 수 있기를 기원합니다.

신은미 세무사

출제경향 **살펴보기**
ANALYSIS

---

01 공무원 회계학의 출제범위

공무원 회계학은 재무회계, 원가관리회계, 정부회계로 구성되어 있습니다. 9급인 국가직,
지방직(서울시 포함), 7급인 국가직 모두 재무회계, 원가관리회계 및 정부회계(2문제)를
필수로 포함하고 있습니다. 다만, 관세직렬은 회계원리로 출제범위가 정해져 있기 때문에
재무회계에서만 문제가 출제되며, 7급 시험의 경우 원가관리회계 문제를 포함하지 않다가
최근 2~3년에 걸쳐 꾸준히 2~3문항 이상을 출제하고 있으므로 회계학에서의 고득점을
위해서는 일부 파트만 편중하지 않고 전범위를 고르게 학습할 필요가 있습니다.

구 분		재무회계	원가관리회계	정부회계
7급	국가직	★	★	★
9급	국가직	★	★	★
	지방직(서울시 포함)	★	★	★
	관세직	★	×	×

---

02 공무원 회계학의 특징

① 공무원 회계학은 편중 없이 전 영역에 걸쳐 출제됩니다.

공무원 회계학은 20문제(7급의 경우 25문제)가 회계학의 전 분야에서 출제되기
때문에 단원별로 고른 학습이 필요합니다.

② 중요한 것은 결국 기출문제!

공무원 회계학은 20문제(7급의 경우 25문제)에 회계학을 압축하여 출제하기 때문에
가장 중요한 개념을 질문할 수밖에 없습니다. 그러므로 그동안의 기출문제는
회계학에서 중요하게 생각하는 개념을 보여주는 좋은 예시자료입니다. 기출문제의
반복학습은 회계학을 가장 빠르게 이해할 수 있는 길입니다.

③ 말문제는 정확하게! 계산문제는 빠르게 풀 수 있어야 합니다

공무원 회계학은 말문제의 비중이 30% 내외, 계산문제는 60~70% 내외 출제됩니다.
말문제는 즉시 답을 구할 수 있도록 정확하게 암기하고, 계산문제는 논리를 압축한
도식을 통하여 빠르게 답에 접근할 수 있도록 노력해야 합니다.

03 최근 기출문제 출제경향

❶ 재무회계

구분	7급			9급					
	2023년 국가직	2022년 국가직	2021년 국가직	2024년 지방직	2024년 국가직	2023년 지방직	2023년 국가직	2022년 지방직	2022년 국가직
회계의 기초						★			
회계의 결산	★★	★★		★★	★	★	★	★	★★★
상기업의 결산							★		
개념체계, 재무제표 표시	★★★		★★★ ★	★	★★★ ★	★	★★	★★★	★
재고자산	★★	★★	★	★	★★★	★	★	★★	★
유형자산	★★	★★★	★★★	★★	★	★★	★★	★★	★★★
무형자산, 투자부동산	★	★	★★	★★	★		★		★
금융자산	★	★★	★	★	★	★★★			★
금융부채				★	★	★	★		★
충당부채				★			★	★	★
자본	★	★		★			★		★
고객과의 계약에서 생기는 수익	★		★	★	★				★
건설계약		★							
회계변경과 오류수정		★				★	★		
현금흐름표	★		★		★		★★	★	
주당이익	★		★			★		★	
법인세회계	★	★	★						
재무비율	★		★			★			
기타주제 (종업원급여, 리스 등)	★★	★★★ ★★	★★★					★★	

② 원가관리회계

구분	7급			9급					
	2023년 국가직	2022년 국가직	2021년 국가직	2024년 지방직	2024년 국가직	2023년 지방직	2023년 국가직	2022년 지방직	2022년 국가직
제조업 원가흐름			★	★	★		★	★	
개별(정상)원가계산		★		★		★	★		★
보조부문 원가배부	★							★	
활동기준원가계산									
종합원가계산	★			★	★	★	★		★
결합원가계산								★	★
원가추정				★					★
변동원가계산		★			★	★			
CVP 분석			★	★	★	★	★	★	
표준원가계산	★			★			★	★	
관리회계, 기타		★							

③ 정부회계

정부회계는 국가회계기준에 관한 규칙, 지방자치단체 회계기준에 관한 규칙에서 출제되었습니다. 특히 자산과 부채의 평가, 수익의 인식, 재정운영순원가, 국가와 지방자치단체기준에 관한 규칙의 비교 형태가 출제되었습니다.

이 책의 차례
CONTENTS

Part

01

재무회계

01 회계의 기초

1 회계의 목적

1. 회계정보 이용대상자

▼ 재무회계와 관리회계의 비교

구분	재무회계	관리회계
제공의 대상	외부정보 이용자	내부정보 이용자
작성의 기준	객관적인 회계기준	없음
제공의 시기	일년, 반년, 분기 등 (정기적 보고)	수시로 보고
제공의 양식	재무제표(F/S)	일정한 형식 없음
제공되는 정보	과거정보	미래정보

2. 재무회계의 목적

외부정보 이용자의 경제적 의사결정에 도움이 되는 유용한 정보를 제공하는 것

3. 재무회계의 신뢰성 보강

① 「한국채택국제회계기준」(K-IFRS) : 상장기업, 금융기관 등 의무 적용
  (모든 기업이 「한국채택국제회계기준」을 적용해야 하는 것은 아님)
② 외부감사제도 : 재무제표가 일반적으로 인정된 회계원칙에 근거하여 작성되었는지 평가
  하고 인증하는 기능(감사의견이 투자의 적합성을 보장하지는 않음)

4. 재무제표의 종류

종류	내용
재무상태표	일정 시점 현재 기업의 자산, 부채, 자본의 잔액에 관한 정보 제공
포괄손익계산서	일정 기간 기업의 재무성과(경영성과)에 관한 정보 제공
자본변동표	일정 기간 기업의 재무성과(경영성과) 이외의 자본변동에 관한 정보 제공
현금흐름표	일정 기간 기업의 현금의 유입과 유출에 관한 정보 제공
주석	재무제표 본문에 포함되지 않지만 필요한 정보를 추가적으로 제공

※ 모든 재무제표는 발생주의에 근거하여 작성한다. (×)

5. 재무제표 작성 책임자 : 경영자
6. 재무제표 주요 이용자 : 현재 및 잠재적 투자자, 대여자 및 기타 채권자

2 재무제표 요소

1. 재무상태표 요소

① 자산 : 과거사건**의 결과로 기업이** 통제**하는** 현재의 경제적 자원
    (예 현금 및 현금성자산, 재고자산, 매출채권, 대여금 등)
  ㉠ 자산의 존재를 판단함에 있어 물리적 형태가 필수적인 것은 아님(예 무형자산, 각종 채권 등)
  ㉡ 법률적 권리가 반드시 필요한 것은 아님(실질적 통제)
  ㉢ 지출의 발생이 없더라도 자산으로 인식할 수 있음(예 증여받은 재화)
  ㉣ 자산은 경제적 자원 자체이지, 경제적 자원이 창출할 수 있는 경제적 효익의 궁극적인 유입이 아님

② 부채 : 과거사건**의 결과로 기업이 경제적 자원을** 이전**해야 하는** 현재의무
  ㉠ 현재의무는 법적의무, 의제의무 모두 포함
  ㉡ 의무란 기업이 회피할 수 있는 실제 능력이 없는 책무나 책임을 말함

③ 자본 : 자산총액에서 부채총액을 차감한 잔여지분, 순자산, 소유주지분
  ㉠ 자본은 자산총액과 부채총액이 변동해야 자본도 변하는 종속적인 특성이 있음
  ㉡ 자본과 시가총액은 일치하지 않음
  ㉢ 자본의 분류(일반기업회계기준) : 자본금, 자본잉여금, 자본조정, 기타포괄손익누계액, 이익잉여금

2. 포괄손익계산서 요소

① 수익 : 자산의 증가 또는 부채의 감소로서 자본의 증가를 가져오며, 자본청구권 보유자의 출자와 관련된 것은 제외한다.
② 비용 : 자산의 감소 또는 부채의 증가로서 자본의 감소를 가져오며, 자본청구권 보유자에 대한 분배와 관련된 것은 제외한다.

01 재무회계와 관련된 설명 중 옳은 것은? ▶09년 국가직 9급

① 재무비율 중의 하나인 유동비율이 높을수록 기업의 수익성 측면에서는 불리할 수도 있다.
② 재무제표를 작성할 책임은 재무제표를 감사한 외부감사인에게 있다.
③ 재무회계의 주된 목적은 경영자의 경영의사결정을 돕기 위한 정보를 제공하는 것이다.
④ 외부감사인의 재무제표에 대한 감사의견은 해당 기업의 투자 적정성에 대한 판단이다.

02 「주식회사 등의 외부감사에 관한 법률」상 기업의 재무제표 작성 책임이 있는 자는? ▶20년 국가직 9급

① 회사의 대표이사와 회계담당 임원(회계담당 임원이 없는 경우에는 회계업무를 집행하는 직원)
② 주주 및 채권자
③ 공인회계사
④ 금융감독원

03 회계정보와 관련한 설명으로 옳지 않은 것은? ▶21년 국가직 9급

① 경영자는 회계정보를 생산하여 외부 이해관계자들에게 공급하는 주체로서 회계정보의 공급자이므로 수요자는 아니다.
② 경제의 주요 관심사는 유한한 자원을 효율적으로 사용하는 것인데, 회계정보는 우량기업과 비우량기업을 구별하는 데 이용되어 의사결정에 도움을 준다.
③ 회계정보의 신뢰성을 확보하기 위하여 기업은 회계기준에 따라 재무제표를 작성하고, 외부감사인의 감사를 받는다.
④ 외부감사는 전문자격을 부여받은 공인회계사가 할 수 있다.

04 「한국채택국제회계기준」에 대한 설명으로 옳지 않은 것은? ▶11년 국가직 9급

① 2011년부터 상장법인은 「한국채택국제회계기준」을 의무적으로 적용하여야 한다.
② 과거의 「기업회계기준」이 규칙중심의 회계기준이었던 데 비하여 「한국채택국제회계기준」은 원칙중심의 회계기준이다.
③ 「한국채택국제회계기준」은 연결재무제표를 주 재무제표로 한다.
④ 「한국채택국제회계기준」은 과거의 「기업회계기준」에 비해 자산과 부채를 측정함에 있어 공정가치보다는 역사적 원가를 반영하도록 하고 있다.

05 「한국채택국제회계기준」의 특징과 관련된 설명 중에서 옳지 않은 것은?　▸21년 국가직 9급

① 연결재무제표를 주재무제표로 작성함으로써 개별기업의 재무제표가 보여주지 못하는 경제적 실질을 더 잘 반영할 수 있을 것으로 기대된다.

② 「주식회사 등의 외부감사에 관한 법률」의 적용을 받는 모든 기업이 「한국채택국제회계기준」을 회계기준으로 삼아 재무제표를 작성하여야 한다.

③ 과거 규정 중심의 회계기준이 원칙 중심의 회계기준으로 변경되었다.

④ 자산과 부채의 공정가치평가 적용이 확대되었다.

06 「한국채택국제회계기준」에 의한 재무제표의 종류가 아닌 것은?　▸12년 국가직 9급

① 재무상태표
② 포괄손익계산서
③ 현금흐름표
④ 사업보고서

07 재무제표를 구성하는 요소의 정의로서 옳지 않은 것은?　▸15년 서울시 9급

① 수익은 자산의 유입이나 증가 또는 부채의 감소에 따라 자본의 증가를 초래하는 특정 회계기간 동안에 발생한 경제적 효익의 증가로서, 지분참여자에 의한 출연과 관련된 것을 포함한다.

② 부채는 과거사건의 결과로 기업이 경제적 자원을 이전해야 하는 현재의무이다.

③ 자산은 과거사건의 결과로 기업이 통제하는 현재의 경제적 자원이다.

④ 자본은 기업의 자산에서 모든 부채를 차감한 후의 잔여지분이다. 자본총액은 그 기업이 발행한 주식의 시가총액 또는 기업순자산을 나누어서 처분하거나 기업 전체로 처분할 때 받을 수 있는 대가와 일치하지 않는 것이 일반적이다.

08 재무상태표의 구성요소에 대한 설명으로 옳지 않은 것은?　▸17년 국가직 9급

① 자산이란 과거사건의 결과로 기업이 통제하는 현재의 경제적 자원이다.

② 자본은 주주에 대한 의무로서 기업이 가지고 있는 자원의 활용을 나타낸다.

③ 부채란 과거사건의 결과로 기업이 경제적 자원을 이전해야 하는 현재의무이다.

④ 일반적으로 자본은 자본금, 자본잉여금, 자본조정, 기타포괄손익누계액, 이익잉여금으로 구분한다.

09 재무상태 또는 성과측정과 관련된 재무제표요소에 대한 설명으로 옳지 않은 것은?

▶ 14년 지방직 9급

① 자산은 과거사건의 결과로 기업이 통제하는 현재의 경제적 자원이다.
② 부채는 과거사건의 결과로 기업이 경제적 자원을 이전해야 하는 현재의무이다.
③ 자본은 기업의 자산에서 모든 부채를 차감한 후의 잔여지분으로 자산과 부채 금액의 측정에 따라 결정되며, 자본 총액은 기업이 발행한 주식의 시가총액과 같다.
④ 수익은 자산의 유입이나 증가 또는 부채의 감소에 따라 자본의 증가를 초래하는 특정 회계기간 동안에 발생한 경제적 효익의 증가로서, 지분참여자에 의한 출연과 관련된 것은 제외한다.

10 재무제표 요소들에 대한 설명으로 옳지 않은 것은?

▶ 18년 국가직 9급

① 자본은 기업의 자산에서 부채를 차감한 후의 잔여지분이다.
② 부채는 과거사건의 결과로 기업이 경제적 자원을 이전해야 하는 현재의무이다.
③ 수익은 자본의 증가를 초래하는 특정 회계기간 동안에 발생한 경제적 효익의 증가로서, 지분참여자에 의한 출연과 관련된 것도 포함한다.
④ 비용은 자본의 감소를 초래하는 특정 회계기간 동안에 발생한 경제적 효익의 감소로서, 지분참여자에 대한 분배와 관련된 것은 제외한다.

11 재무제표와 관련된 설명 중 옳은 것만을 모두 고른 것은?

▶ 18년 국가직 9급

> ㄱ. 현금흐름표는 일정 회계기간 동안의 기업의 영업활동, 투자활동, 재무활동으로 인한 현금의 유입과 유출에 관한 정보를 제공한다.
> ㄴ. 재무상태표는 일정 시점의 기업의 재무상태에 관한 정보를 제공한다.
> ㄷ. 자본변동표는 일정 회계기간 동안의 기업의 경영성과에 관한 정보를 제공한다.
> ㄹ. 재무제표의 작성과 표시에 대한 책임은 소유주인 주주에게 있고, 반드시 공인회계사에게 외부검토를 받아야 한다.
> ㅁ. 포괄손익계산서에서는 당기순손익에 기타포괄손익을 더한 총포괄손익을 나타낸다.

① ㄱ, ㄴ, ㄷ   ② ㄱ, ㄴ, ㅁ
③ ㄴ, ㄷ, ㄹ   ④ ㄷ, ㄹ, ㅁ

3 회계상 거래 및 분개

1. 회계상 거래 : 기록의 대상

① 회계상 거래의 요건 : 모두 충족

ㄱ 기업의 재무상태에 영향을 초래해야 한다.

ㄴ 금액을 신뢰성 있게 측정할 수 있다.

② 회계상 거래와 일상의 거래

ㄱ 회계상 거래와 일상의 거래는 항상 일치하지는 않는다.

ㄴ 회계상 거래에 해당 : 도난, 분실, 화재, 감가상각, 외상매입, 외상매출, 손상(대손) 등

ㄷ 회계상 거래에 해당하지 않음 : 주문, 채용, 계약, 담보제공 등

(다만, 주문이나 계약 시에 계약금을 수수하였다면 회계상 거래에 해당한다.)

2. 회계상 거래의 특징

① 거래의 이중성 : 회계상 거래는 차변요소와 대변요소가 함께 변화한다.

② 대차평균의 원리 : 차변요소의 합계와 대변요소의 합계는 일치한다.

③ 복식부기 : 대차평균(대차평형) 원리에 따라 자동검증기능이 있다.

3. 회계상 거래의 결합관계

차변요소	대변요소
자산의 증가	자산의 감소
부채의 감소	부채의 증가
자본의 감소	자본의 증가
비용의 발생	**수익의 발생**

① 회계상 거래는 차변요소와 대변요소가 결합되어 나타난다.

② 회계상 거래는 차변요소끼리만, 대변요소끼리만 결합하는 경우는 없다.

4. 분개 : 일자별로 기록

계정과목 분석 → 차변요소, 대변요소 결정 → 금액일치에 의한 확인

5. 전기 : 계정과목별로 기록

분개된 결과를 계정과목에 옮겨 적는 것

12 다음은 기업에서 발생한 사건들을 나열한 것이다. 이 중 회계상의 거래에 해당되는 것을 모두 고른 것은?

▶ 12년 지방직 9급

> ㄱ. 현금 ₩50,000,000을 출자하여 회사를 설립하였다.
> ㄴ. 원재료 ₩30,000,000을 구입하기로 계약서에 날인하였다.
> ㄷ. 종업원 3명을 고용하기로 하고 근로계약서를 작성하였다. 계약서에는 월급여액과 상여금액을 합하여 1인당 ₩2,000,000으로 책정하였다.
> ㄹ. 회사 사무실 임대계약을 하고 보증금 ₩100,000,000을 송금하였다.

① ㄱ, ㄴ, ㄷ, ㄹ   ② ㄱ, ㄴ, ㄹ
③ ㄱ, ㄹ   ④ ㄴ, ㄷ

13 회계상의 거래에 포함될 수 없는 것은?

▶ 10년 국가직 9급

① 장부가액이 ₩2,500,000인 건물이 화재로 인해 전소되었다.
② 상품을 판매하고 아직 대금을 받지 않았다.
③ 원료 공급회사와 100톤의 원재료를 ₩1,000,000에 구입하기로 계약을 체결하였다.
④ 기계장치를 구입하여 인도받았으나 아직 대금을 지급하지 않았다.

14 다음 사건에서 발생시점에 분개하여야 할 회계거래는?

▶ 19년 국가직 9급

① 제품포장을 위해 계약직 직원을 일당 ₩100,000의 조건으로 매월 말 급여를 지급하기로 하고 채용하였다.
② 물류창고에서 화재가 발생하여 보유 중인 재고자산(장부가액 ₩2,000,000)이 전부 소실되었다.
③ 거래처로부터 신제품 100개를 개당 ₩1,000의 조건으로 월말까지 납품해 달라는 주문서를 받았다.
④ 다음 달 사무실을 이전하기로 하고 매월 말 ₩1,000,000의 임차료를 지급하는 계약을 건물주와 체결하였다.

15 (주)한국이 차입금 ₩1,000과 이자 ₩120을 현금으로 변제 및 지급하였다. 해당 거래에 대한 분석으로 옳은 것은?

▸ 13년 관세직 9급

① (차) 자산의 증가   (대) 부채의 증가와 수익의 발생
② (차) 자산의 증가   (대) 자산의 감소와 수익의 발생
③ (차) 부채의 감소와 비용의 발생   (대) 자산의 감소
④ (차) 자산의 증가와 비용의 발생   (대) 자산의 감소

16 교육컨설팅업을 영위하는 (주)한국의 다음 거래가 회계등식의 구성요소에 미치는 영향으로 옳지 않은 것은?

▸ 22년 관세직 9급

① 주식발행의 대가로 현금 ₩10,000을 출자 받았다. 이 거래로 인해 자산이 ₩10,000 증가하고, 자본이 ₩10,000 증가한다.
② 사무실에 사용할 비품 ₩10,000을 취득하면서 현금 ₩5,000을 지급하고 잔액은 나중에 지급하기로 하였다. 이 거래로 인해 자산이 ₩5,000 증가하고, 부채가 ₩5,000 증가한다.
③ 교육컨설팅 용역을 ₩10,000에 제공하였는데 이 중 ₩3,000은 현금으로 받고 잔액은 나중에 받기로 하였다. 이 거래로 인해 자산이 ₩10,000 증가하고, 자본이 ₩10,000 증가한다.
④ 사무실 임차료 ₩5,000을 현금으로 지급하였다. 이 거래로 인해 부채가 ₩5,000 증가하고, 자본이 ₩5,000 감소한다.

17 다음 현금계정의 기입내용을 보고 날짜별로 발생한 거래추정으로 옳지 않은 것은?

▶ 05년 국가직 9급

현금					
1/3	자본금	₩1,000,000	1/10	상품	₩200,000
1/15	외상매출금	₩200,000	1/25	단기차입금	₩500,000
			1/26	광고선전비	₩20,000

① 1/3 현금 ₩1,000,000을 출자하여 영업을 개시하였다.
② 1/10 상품 ₩200,000을 매입하고 대금은 현금으로 지급하였다.
③ 1/15 거래처의 외상매출금 ₩200,000을 현금으로 회수하였다.
④ 1/25 차입금 ₩500,000을 3개월 후에 갚기로 하고 차입하였다.

18 다음과 같은 현금 원장의 내용에 기반하여 추정한 날짜별 거래로 옳지 않은 것은?

▶ 21년 관세직 9급

현금					
1/15	용역수익	₩70,000	1/2	소모품	₩50,000
1/18	차입금	₩100,000	1/5	비품	₩75,000
			1/31	미지급급여	₩20,000

① 1월 2일 소모품 구입을 위하여 현금 ₩50,000을 지급하였다.
② 1월 15일 용역을 제공하고 현금 ₩70,000을 수취하였다.
③ 1월 18일 차입금 상환을 위하여 현금 ₩100,000을 지급하였다.
④ 1월 31일 미지급급여 ₩20,000을 현금으로 지급하였다.

4 재무제표간의 연결관계

1. 재무제표간의 연결관계

① 재무상태표와 포괄손익계산서 : 당기손익, 기타포괄손익

② 재무상태표와 자본변동표 : 유상증자, 현금배당, 자기주식의 취득 및 처분

자본의 증가	총수익, 유상증자, 자기주식의 처분
자본의 감소	총비용, 현금배당, 자기주식의 취득

※ 자본총계에 영향 없음 : 주식배당, 무상증자, 주식분할, 주식병합

기초 재무상태표	
기초 자산	기초 부채 기초 자본

기말 재무상태표	
기말 자산	기말 부채 기말 자본

+ 총수익 − 총비용 + 유상증자 − 현금배당

---

19 다음 A ~ C의 세 가지 거래는 독립적인 거래이다. ㉠ ~ ㉢의 금액을 옳게 짝지은 것은?
(단, 제시된 자료 외의 자본거래는 없다.)

▶ 18년 지방직 9급

(단위 : ₩)

거래	기초자산	기초부채	기말부채	기말자본	총수익	총비용	배당금
A	㉠	3,000	8,000	9,000	9,000	10,000	2,000
B	15,000	9,000	10,000	㉡	10,000	7,000	3,000
C	20,000	15,000	9,000	7,000	㉢	8,000	4,000

	㉠	㉡	㉢
①	₩12,000	₩5,000	₩12,000
②	₩12,000	₩6,000	₩12,000
③	₩15,000	₩5,000	₩14,000
④	₩15,000	₩6,000	₩14,000

20 다음은 12월 31일이 재무상태표일인 (주)한양의 2007년 초와 2007년 말 재무상태표 자료이다.

구분	2007년 1월 1일	2007년 12월 31일
총자산	₩500,000	₩900,000
총부채	₩400,000	₩600,000

2007년 중 추가출자 ₩100,000과 현금배당 ₩50,000이 있었다면 (주)한양의 2007년 손익계산서에 보고되는 당기순이익은? ▸08년 국가직 9급

① ₩150,000 ② ₩200,000
③ ₩250,000 ④ ₩300,000

21 20×1년 기초 재무상태표와 기말 재무상태표의 자산 및 부채의 총액이 다음과 같고 수익과 비용의 합계액이 각각 ₩10,000,000과 ₩8,000,000인 경우, 20×1년의 추가적인 지분출자액은? (단, 배당금은 고려하지 않는다.) ▸20년 국가직 7급

구분	기초	기말
자산총액	₩50,000,000	₩30,000,000
부채총액	₩65,000,000	₩20,000,000

① ₩20,000,000 ② ₩23,000,000
③ ₩26,000,000 ④ ₩29,000,000

22 (주)한국의 20×1년 재무상태 및 영업성과와 관련한 자료가 다음과 같을 때 기말부채는? ▸18년 국가직 9급

• 기초자산	₩500	• 총수익	₩200
• 기초부채	₩400	• 총비용	₩120
• 기말자산	₩700	• 유상증자	₩20
• 기말부채	?	• 주주에 대한 현금배당	₩50

① ₩500 ② ₩520
③ ₩550 ④ ₩570

23 (주)한국의 20×1년 재무상태와 재무성과 자료는 다음과 같다.

	기초	기말
총자산	₩5,000,000	₩6,500,000
총부채	₩2,000,000	?
총수익		₩1,000,000
총비용		₩800,000

20×1년 기중에 ₩500,000을 유상증자 하였으며, ₩100,000을 현금배당하였을 경우, 기말 부채는? (단, 다른 자본항목의 변동은 없다.)   ▸ 20년 관세직 9급

① ₩2,700,000   ② ₩2,900,000
③ ₩3,600,000   ④ ₩4,300,000

24 다음 자료에 의한 당기순이익은?   ▸ 13년 국가직 9급

• 기초자산총액	₩30,000	• 당기 중의 유상증자액	₩3,000
• 기초부채총액	₩26,000	• 당기 중의 현금배당액	₩1,000
• 기말자산총액	₩35,000	• 당기 중의 주식배당액	₩2,000
• 기말부채총액	₩28,000		

① ₩1,000   ② ₩2,000
③ ₩3,000   ④ ₩4,000

25 12월 결산법인인 (주)한국의 2015년 기초 재무상태표상의 자산총계는 ₩300,000, 부채총계는 ₩100,000이었고, 자본항목 중 기타포괄손익누계액은 없었다. 2015년 결산마감분개 직전 재무상태표상의 자산총계는 ₩350,000, 부채총계는 ₩120,000이었고, 포괄손익계산서상의 기타포괄이익이 ₩1,000이었다. 2015년 결산 마감분개 직전까지 본 문제에 기술된 사항을 제외한 자본항목의 변동은 없었고 2015년 회계연도 중 현금배당금 지급액이 ₩3,000이었다면, (주)한국의 2015년 회계연도 당기순이익은?   ▸ 15년 국가직 7급

① ₩26,000   ② ₩29,000
③ ₩32,000   ④ ₩33,000

26 (주)한국은 20×1년 1월 1일 영업을 시작하였다. 20×1년 12월 31일 총자산과 총부채는 각각 ₩350,000과 ₩200,000이었으며, 20×1년도의 총포괄이익은 ₩125,000이었다. 그리고 20×1년 중에 배당금 ₩5,000을 현금으로 지급하였다. (주)한국의 20×1년 1월 1일 시점의 순자산 장부금액은?

▶ 17년 국가직 7급

① ₩5,000　　　　　　　　　　② ₩30,000
③ ₩50,000　　　　　　　　　　④ ₩150,000

27 (주)한국의 당기 포괄손익계산서에 보고할 당기순이익은?

▶ 19년 국가직 9급

- 기초자본은 자본금과 이익잉여금으로만 구성되어 있다.
- 기말자산은 기초자산에 비해 ₩500,000 증가하였고, 기말부채는 기초부채에 비해 ₩200,000 증가하였다.
- 당기 중 유상증자 ₩100,000이 있었다.
- 당기 중 기타포괄손익－공정가치 측정 금융자산의 평가손실 ₩10,000을 인식하였다.
- 당기 중 재평가모형을 적용하는 유형자산의 재평가이익 ₩20,000을 인식하였다. (단, 전기 재평가손실은 없다.)

① ₩180,000　　　　　　　　　　② ₩190,000
③ ₩200,000　　　　　　　　　　④ ₩300,000

28 다음은 (주)한국의 20×1년도 및 20×2년도 말 부분재무제표이다.

구분	20×1년	20×2년
자산 총계	₩45,000	₩47,000
부채 총계	₩15,000	₩14,600
당기순이익	₩4,000	₩1,500

20×2년도 중에 (주)한국은 ₩2,000을 유상증자하였고 현금배당 ₩3,000, 주식배당을 ₩1,000 하였다. (주)한국의 20×2년도 포괄손익계산서상 기타포괄손익은? ▸ 19년 국가직 7급

① ₩1,600　　　　　　　　　② ₩1,700

③ ₩1,800　　　　　　　　　④ ₩1,900

29 (주)한국의 다음 재무자료를 이용한 기타포괄이익은? ▸ 21년 지방직 9급

• 기초자산	₩15,000	• 기초부채	₩8,000
• 기말자산	₩18,000	• 기말부채	₩5,000
• 당기순이익	₩3,000	• 유상증자	₩2,000
• 현금배당	₩1,000	• 기타포괄이익	?

① ₩0　　　　　　　　　② ₩1,000

③ ₩2,000　　　　　　　　　④ ₩3,000

30 (주)한국의 재무상태표상 기말자산항목과 기말부채항목이 다음과 같을 경우 기말자본의 금액은? ▸ 11년 국가직 9급

• 상품	₩500,000	• 선급비용	₩100,000
• 매입채무	₩120,000	• 비품	₩200,000
• 미지급금	₩50,000	• 현금	₩60,000
• 매출채권	₩140,000	• 선수수익	₩70,000

① ₩360,000　　　　　　　　② ₩560,000

③ ₩760,000　　　　　　　　④ ₩900,000

31 (주)한국은 2012년 1월 1일에 영업을 시작하여 2012년 12월 31일 다음과 같은 재무정보를 보고하였다. 재무제표의 설명으로 옳지 않은 것은?
▸13년 국가직 9급

• 현금	₩500,000	• 자본금	₩200,000
• 사무용 가구	₩1,000,000	• 재고자산	₩350,000
• 매출	₩3,000,000	• 미지급금	₩200,000
• 잡비	₩50,000	• 매출원가	₩2,000,000
• 매입채무	₩600,000	• 감가상각비	₩100,000

① 재무상태표에 보고된 총자산은 ₩1,850,000이다.
② 재무상태표에 보고된 총부채는 ₩800,000이다.
③ 손익계산서에 보고된 당기순이익은 ₩800,000이다.
④ 재무상태표에 보고된 총자본은 ₩1,050,000이다.

32 (주)서울의 재무상태표상 각 계정별 2017년 말 잔액은 다음과 같다. 그리고 2017년 말 부채 총계는 2017년 초 부채총계보다 ₩300,000만큼 더 크고, 2017년 말 자본총계는 2017년 초 자본총계보다 ₩150,000만큼 더 작다. 이를 토대로 (주)서울의 2017년 초 자산총계를 구하면 얼마인가?
▸17년 서울시 9급

• 상품	₩700,000	• 선수수익	₩250,000
• 차입금	₩1,100,000	• 미수금	₩200,000
• 현금	₩900,000	• 매출채권	₩500,000
• 선수금	₩450,000	• 대여금	₩600,000

① ₩2,750,000
② ₩2,900,000
③ ₩3,150,000
④ ₩3,325,000

회계의 결산

1 시산표

1. 시산표

오류를 점검하기 위한 목적으로 작성하는 장부로 대차평균의 원리를 확인하는 표다.

① 시산표의 종류 : 합계시산표, 잔액시산표, 합계잔액시산표

② 시산표에 표시되는 계정 : 자산, 부채, 자본, 수익, 비용

    ㉠ 잔액시산표 차변 : 자산, 비용

    ㉡ 잔액시산표 대변 : 부채, 자본, 수익

2. 시산표에서 발견할 수 있는 오류 : 금액불일치

① 분개의 차변(대변) 기입사항을 대변(차변)에 기입한 경우

② 계정원장의 잔액에 대한 계산상의 오류

③ 계정원장잔액을 시산표에 옮겨 적을 때의 오류

④ 시산표 합계 계산상의 오류

3. 시산표에서 발견할 수 없는 오류 : 차변, 대변의 금액은 일치하는 경우

① 거래 전체의 분개나 전기가 누락된 경우

② 특정 거래를 이중으로 분개하거나 전기한 경우

③ 오류가 차변과 대변에서 우연히 상쇄된 경우

④ 전기과정에서 차변과 대변을 반대로 기입한 경우

⑤ 계정과목을 착오로 기재한 경우

01 **다음 중 그 잔액이 시산표의 대변에 나타나지 않는 항목은?** ▸12년 국가직 9급

① 대여금

② 미지급비용

③ 자본금

④ 선수수익

02 시산표에서 대차평형의 원리를 이용하여 오류를 적발할 수 있는 경우는?   ▸09년 국가직 9급

① 특정 거래 전체를 이중으로 기입한 경우
② 분개할 때 잘못된 계정과목을 사용한 경우
③ 특정 거래 전체를 누락시킨 경우
④ 분개할 때 대변계정과목의 금액을 잘못 기입한 경우

03 시산표를 작성하는 목적 중의 하나는 회계기록상의 오류를 발견하는 데 있다. 다음 중 시산표에서 발견될 수 없는 오류는?   ▸10년 국가직 9급

① 특정거래를 중복하여 기입한 오류
② 총계정원장의 대변금액을 시산표의 차변에 기입한 오류
③ 총계정원장의 현금계정 잔액을 시산표에 기입하지 않은 오류
④ 분개장의 차변금액을 총계정원장의 대변에 기입한 오류

04 시산표를 작성함으로써 발견할 수 있는 오류는?   ▸15년 국가직 9급

① 상품을 판매한 거래에 대하여 두 번 분개한 경우
② 거래를 분개함에 있어서 차입금 계정의 차변에 기록하여야 하는데 대여금 계정의 차변에 기록한 경우
③ 실제 거래한 금액과 다르게 대변과 차변에 동일한 금액을 전기한 경우
④ 매출채권 계정의 차변에 전기해야 하는데 대변으로 전기한 경우

05 시산표의 작성을 통해서 발견할 수 있는 오류는? ▶ 11년 국가직 9급

① 비품 ₩100,000을 현금으로 구입하면서 비품계정에 ₩100,000 차기하고, 현금계정에 ₩100,000 대기하는 기록을 두 번 반복하였다.

② 매입채무 ₩200,000을 현금으로 지급하면서 현금계정에 ₩100,000 대기하고, 매입채무계정에 ₩100,000 차기하였다.

③ 매출채권 ₩100,000을 현금으로 회수하면서 매출채권계정에 ₩100,000 차기하고, 현금계정에 ₩100,000 대기하였다.

④ 대여금 ₩100,000을 현금으로 회수하면서 현금계정에 ₩100,000 차기하고, 대여금계정에 ₩200,000 대기하였다.

06 시산표에 의해 발견되지 않는 오류는? ▶ 12년 지방직 9급

① 매출채권 ₩720,000을 회수하고, 현금계정 ₩720,000을 차변 기입하고, 매출채권계정 ₩702,000을 대변 기입하다.

② 매출채권 ₩300,000을 회수하고, 현금계정 ₩300,000을 차변 기입하고, 매출채권계정 ₩300,000을 차변 기입하다.

③ 매출채권 ₩550,000을 회수하고, 현금계정 ₩550,000을 차변 기입하고, 매출채권계정 대신 매입채무계정에 ₩550,000을 대변 기입하다.

④ 위 모든 오류가 시산표를 작성하는 과정에서 발견될 수 있다.

07 시산표를 작성하는 중 차변합계와 대변합계가 일치하지 않은 것을 발견하였다. 이와 관련하여 시산표상 차변합계와 대변합계가 일치하지 않는 원인은? ▶ 20년 국가직 7급

① ₩50,000의 매입채무를 현금으로 상환하면서 분개를 누락하였다.

② ₩30,000의 토지를 외상으로 구입하면서 분개는 정확하게 하였지만, 원장으로 전기할 때 토지 계정 대신 건물 계정 차변에 ₩30,000, 미지급금 계정 대변에 ₩30,000으로 전기하였다.

③ '(차) 매출채권 ₩35,000 / (대) 매출 ₩35,000'의 분개를 원장으로 전기할 때 매출채권 계정 차변에 ₩53,000, 매출 계정 대변에 ₩35,000으로 전기하였다.

④ 건물 수선비를 현금 지급하면서 차변에 건물 ₩10,000, 대변에 현금 ₩10,000으로 분개하였다.

08 다음의 분개장 기록 내역 중 시산표 작성을 통해 항상 자동으로 발견되는 오류만을 모두 고르면?

▸ 21년 국가직 9급

> ㄱ. 기계장치를 ₩800,000에 처분하고, '(차) 현금 ₩800,000 / (대) 기계장치 ₩80,000'으로 분개하였다.
> ㄴ. 건물을 ₩600,000에 처분하고, '(차) 현금 ₩600,000 / (대) 토지 ₩600,000'으로 분개하였다.
> ㄷ. 토지를 ₩300,000에 처분하고, '(차) 토지 ₩300,000 / (대) 현금 ₩300,000'으로 분개하였다.
> ㄹ. 신입사원과 월 ₩500,000에 고용계약을 체결하고, '(차) 급여 ₩500,000 / (대) 미지급비용 ₩500,000'으로 분개하였다.

① ㄱ
② ㄱ, ㄹ
③ ㄱ, ㄴ, ㄷ
④ ㄱ, ㄴ, ㄷ, ㄹ

09 시산표의 자기검증기능에 의해 발견될 수 있는 오류는?

▸ 24년 지방직 9급

① 감가상각비 ₩1,000을 인식하면서 '(차) 감가상각비 ₩1,000 (대) 감가상각누계액 ₩1,000'을 두 번 기록하였다.
② 매입채무 ₩3,000을 현금으로 지급하였으나 이와 관련한 기록을 하지 않았다.
③ 종업원에게 급여 ₩5,000을 현금으로 지급하면서 '(차) 전기료 ₩5,000 (대) 현금 ₩5,000'으로 기록하였다.
④ 은행으로부터 현금 ₩8,000을 차입하면서 차변에만 현금 증가를 기록하였다.

2 기말수정분개(결산수정분개)

1. 회계의 순환과정

기업은 다음의 일련의 회계처리를 매 회계기간 반복한다.

> ① 기중 : 회계상 거래 분석 → 분개 → 전기 → 수정전시산표
> ② 결산 : 결산수정분개 → 수정후시산표 → 장부의 마감 → 재무제표 작성

2. 결산수정분개 유형

① 재무상태표 계정
　㉠ 매출채권에 대한 손실충당금 설정 및 환입
　㉡ 실지재고조사법을 이용하는 기업의 매출원가 계산
　㉢ 재고자산의 감모손실 및 평가손실
　㉣ 금융자산에 대한 기말 공정가치 평가
　㉤ 투자부동산 공정가치모형의 기말 공정가치 평가

② 포괄손익계산서 계정
　㉠ 이연항목 : 선급비용, 선수수익
　㉡ 발생항목 : 미수수익, 미지급비용
　㉢ 추정항목 : 감가상각비, 대손상각비

3. 이연항목 : 손익의 인식시점을 차기로 이연하는 것

① 선수수익(부채) : 현금은 수령하였으나 당기의 수익이 아닌 경우 차기로 수익 이연
② 선급비용(자산) : 현금은 지급하였으나 당기의 비용이 아닌 경우 차기로 비용 이연
※ 회사는 현금의 수령 또는 지급시점에 전액 수익, 비용으로 인식할 수도 선수수익, 선급비용
　으로 인식할 수도 있다.

4. 발생항목

① 미수수익(자산) : 현금은 수령하지 못했지만 당기의 수익인 것
② 미지급비용(부채) : 현금은 지급하지 않았지만 당기의 비용인 것

5. 추정항목

회계기간 동안의 비용금액을 정확하게 알 수 없어 발생은 되었지만 아직까지 장부에 반영되지 못한 금액을 기말결산시점에 일정한 추정에 근거하여 반영해주는 항목이다.
① 감가상각비
② 손상차손(대손상각비)
③ 제품보증비

6. 소모품

소모품은 지출시점에 회사의 회계처리에 따라 자산(소모품)으로 인식할 수도 비용(소모품비)으로 인식할 수도 있다.

① 소모품(자산) 인식 시 : 기말에 남은 소모품과의 차액을 소모품비로 비용처리
② 소모품비(비용) 인식 시 : 기말에 남은 소모품만큼 소모품으로 자산처리

7. 기말수정분개의 당기순이익 영향

① 기말수정분개 후 수익, 비용 항목이 차변에 기재 : 당기순이익 감소
② 기말수정분개 후 수익, 비용 항목이 대변에 기재 : 당기순이익 증가

8. 기말수정분개 후 잔액시산표 변화

① 잔액시산표 불변 : 선급비용, 선수수익, 소모품
② 잔액시산표 증가 : 미수수익, 미지급비용, 감가상각비(감가상각누계액 설정), 손상차손 (손실충당금 설정), 평가손익

10 계정과목에 대한 설명으로 옳지 않은 것은?

▸12년 지방직 9급

① 대여금 : 타인에게 현금을 대여했을 때 사용하는 계정으로, 자산계정이다.
② 손실(대손)충당금 : 기말 매출채권으로부터의 현금유입액의 현재가치를 나타내기 위해 사용하는 매출채권총액의 차감계정으로, 자산의 차감계정이다.
③ 선급비용 : 비용으로 인식하기 전에 미리 대금을 지급한 경우에 사용하는 계정으로 부채계정이다.
④ 선수수익 : 수익으로 인식하기 전에 미리 대금을 수취한 경우에 사용하는 계정으로, 부채계정이다.

11 회계 기말에 행할 결산수정 사항이 아닌 것은?

▸16년 국가직 9급

① 기중에 사용된 소모품 금액을 소모품 계정으로부터 소모품비 계정으로 대체한다.
② 거래 중인 회사의 부도로 손실(대손)이 확정된 매출채권에 대해 손실(대손)충당금과 상계처리한다.
③ 건물에 대한 감가상각비를 인식한다.
④ 실지재고조사법에 따라 상품에 대한 매출원가를 인식한다.

12 (주)한국은 보험업을 영위하는 회사이며, 보험상품을 판매시점에 전액 부채로 인식하는 회계 처리방식을 선택하고 있다. (주)한국은 기중에 보험상품 ₩20,000을 (주)대한에 판매하였다. (주)한국과 맺은 보험계약과 관련하여 (주)대한이 수행한 결산수정분개는 다음과 같다. (주)한국이 (주)대한과 맺은 보험계약에 대해 수행해야 할 결산수정분개로 옳은 것은?

▸ 16년 국가직 7급

(차변) 보험료비용	₩10,000	(대변) 선급보험료	₩10,000

	차변		대변	
①	선수보험료	₩10,000	보험료수익	₩10,000
②	보험료비용	₩10,000	선급보험료	₩10,000
③	보험료수익	₩10,000	선수보험료	₩10,000
④	선수보험료	₩10,000	선급보험료	₩10,000

13 수정전시산표와 수정후시산표의 비교를 통한 수정분개 추정으로 옳지 않은 것은?

▸ 17년 국가직 9급

구분	계정과목	수정전시산표	수정후시산표
㉠	이자비용	₩3,000	₩5,000
	미지급이자	₩1,000	₩3,000
㉡	상품	₩1,500	₩2,500
	매입	₩6,000	₩0
	매출원가	₩0	₩5,000
㉢	선급보험료	₩2,400	₩1,200
	보험료	₩2,000	₩3,200
㉣	선수임대수익	₩1,800	₩1,200
	임대수익	₩1,500	₩2,100

① ㉠ (차) 이자비용 ₩2,000 (대) 미지급이자 ₩2,000
② ㉡ (차) ┌매출원가 ₩6,000 (대) 매입 ₩7,000
          └상품 ₩1,000
③ ㉢ (차) 보험료 ₩1,200 (대) 선급보험료 ₩1,200
④ ㉣ (차) 선수임대수익 ₩600 (대) 임대수익 ₩600

14 (주)한국은 기초 소모품이 ₩5,000이었고, 기중에 소모품 ₩6,000을 추가로 구입하고 자산으로 처리하였다. 기말에 남아 있는 소모품이 ₩3,000이라면, 소모품과 관련된 기말 수정 분개는?

▸ 11년 지방직 9급

	차변		대변	
①	소모품비	₩8,000	소모품	₩8,000
②	소모품	₩3,000	소모품비	₩3,000
③	소모품비	₩3,000	소모품	₩3,000
④	소모품	₩8,000	소모품비	₩8,000

15 (주)서울은 소모품을 구입할 때 자산으로 처리한 후, 결산일에 사용한 부분에 대하여 비용 처리하는 방법을 사용하고 있다. 2017년 기초와 기말소모품은 각각 ₩270,000과 ₩360,000이고 당기에 소모품 구매를 위해 현금으로 지급한 금액은 ₩700,000이다. 당기에 포괄손익계산서에 계상될 소모품비는 얼마인가?

▸ 17년 서울시 7급

① ₩70,000　　　　　　　　　② ₩610,000

③ ₩700,000　　　　　　　　　④ ₩790,000

16 (주)한국의 20×1년 말 소모품 관련 총계정원장은 다음과 같다. (주)한국의 20×1년 회계처리에 관한 설명으로 옳지 않은 것은?

▸ 23년 관세직 9급

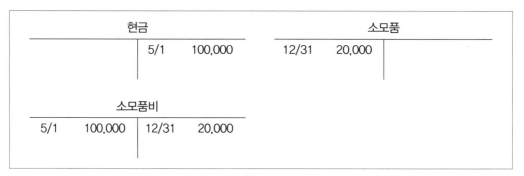

① 소모품과 관련하여 비용으로 인식한 금액은 ₩20,000이다.

② 소모품 관련 수정분개는 '(차) 소모품 ₩20,000 (대) 소모품비 ₩20,000'이다.

③ 기말 소모품 잔액은 ₩20,000이다.

④ 5월 1일 소모품 구입 시 지출한 현금 ₩100,000을 전액 비용으로 처리하였다.

17 (주)한국은 보험료 지급 시 전액을 자산으로 회계처리하며 20×1년 재무상태표상 기초와 기말 선급보험료는 각각 ₩200,000과 ₩310,000이다. 20×1년 중 보험료를 지급하면서 자산으로 회계처리한 금액이 ₩1,030,000이라면, 20×1년 포괄손익계산서상 보험료 비용은?

▸ 22년 국가직 9급

① ₩520,000

② ₩920,000

③ ₩1,030,000

④ ₩1,140,000

18 20×1년 (주)한국의 미지급이자 기초금액은 ₩190,000이며, 11월 1일 ₩100,000을 1년 동안 차입(연 이자율 12%, 이자는 1년 후 전액 지급 조건)하였다. 20×1년 말 (주)한국의 재무상태표상 미지급이자 기말금액이 ₩160,000일 때, 미지급이자에서 20×1년 중 현금으로 지급한 금액은? (단, 기간은 월할 계산한다.)

▸ 24년 지방직 9급

① ₩29,000

② ₩30,000

③ ₩31,000

④ ₩32,000

19 (주)한국의 다음 거래에 대한 기말수정분개로 옳지 않은 것은? (단, 모든 거래는 월할 계산한다.)

▸ 19년 국가직 9급

구분	거래
㉠	12월 1일에 대여금의 향후 3개월분 이자수익 ₩9,000을 현금으로 수령하고 전액 선수수익으로 계상하였다.
㉡	소모품 ₩5,000을 현금 구입하고 소모품으로 계상하였다. 기말 실사 결과 소모품 재고는 ₩2,000이었다.
㉢	12월 1일에 향후 3개월분 이자비용 ₩3,000을 현금으로 지급하고 이를 전액 이자비용으로 계상하였다.
㉣	12월 1일에 비품 ₩6,000을 구입하였다. 비품의 내용연수는 5년, 잔존가치는 없으며 정액법으로 상각한다.

		차변		대변	
①	㉠	이자수익	₩3,000	선수수익	₩3,000
②	㉡	소모품비	₩3,000	소모품	₩3,000
③	㉢	선급비용	₩2,000	이자비용	₩2,000
④	㉣	감가상각비	₩100	감가상각누계액	₩100

20 결산정리사항 중 당기순이익에 미치는 영향이 나머지와 다른 하나는? ▸ 12년 국가직 7급

① 선급보험료 계상   ② 선수임대료 계상
③ 대손상각비 계상   ④ 미지급이자 계상

21 (주)한국의 다음 기말조정사항에 대한 수정분개가 당기순이익에 미치는 영향(증가 또는 감소)이 나머지 셋과 다른 것은? ▸ 20년 국가직 9급

① 당기 7월 1일에 1년 만기 정기예금(연 6% 이자율)에 가입하고 현금 ₩1,000,000을 입금하였으나, 결산일까지 이자 수령일이 도래하지 않아 이자관련 회계처리는 하지 않았다.
② 비품에 대한 당기 감가상각비 ₩30,000을 회계처리하지 않았다.
③ 당기 11월 1일에 소모품을 ₩50,000에 현금으로 구입하고 자산으로 인식하였다. 기말 결산일에 미사용 소모품 ₩20,000이 남아 있음을 확인하였다.
④ 당기 4월 1일부터 회사 건물을 (주)민국에게 1년간 임대하고, 1개월에 ₩10,000씩 1년분 임대료 ₩120,000을 현금으로 받아 전액 수익으로 기록하였다.

22 20×1년 5월 31일에 월말 결산수정분개를 하기 전에 (주)한국의 시산표상에 수익합계는 ₩7,000이고 비용합계는 ₩2,000이다. 수정전시산표에 반영되지 않은 다음의 결산수정항목들을 반영하여 산출한 20×1년 5월분 포괄손익계산서상의 당기순이익은? ▸ 11년 국가직 7급

> • 단기차입금에 대한 5월분 이자발생액이 ₩800이다.
> • 5월 초의 선급보험료 중 5월분에 해당하는 금액은 ₩700이다.
> • 전월에 선수용역수익으로 받은 금액 가운데 5월에 용역제공이 완료된 금액은 ₩700이다.
> • 용역제공은 이미 완료됐지만 아직 받지 못한 금액이 ₩600이다.

① ₩4,800   ② ₩5,000
③ ₩5,100   ④ ₩5,200

23 다음은 (주)한국의 2012년 12월 31일 종료되는 회계연도의 수정전시산표의 계정 일부이다.

• 선급보험료	₩60,000	• 이자수익	₩40,000
• 임차료	₩30,000	• 소모품비	₩5,000
• 상품	₩100,000	• 매입	₩800,000

다음 자료를 고려하여 결산수정분개를 완료했을 때, 당기순이익에 미치는 영향은?

▶ 13년 국가직 7급

- 선급보험료는 2012년 12월 1일에 6개월분 화재 보험료를 현금지급한 것이다.
- 이자수익은 2012년 10월 1일에 6개월분의 선이자를 현금으로 받은 것이다.
- 임차료는 2012년 11월 1일에 3개월분 임차료를 현금 지급한 것이다.
- 결산일 현재 미사용한 소모품은 ₩2,000이다.
- 기말 실지재고조사 결과 상품재고는 ₩120,000이다.

① ₩782,000 감소 ② ₩798,000 감소
③ ₩812,000 감소 ④ ₩828,000 감소

24 (주)한국은 실지재고조사법을 사용하고 있으며 20×1년 수정전 당기순이익은 ₩1,000,000 이다. 다음의 20×1년도 결산정리사항을 반영한 후에 계산되는 (주)한국의 당기순이익은?

▶ 17년 국가직 7급

• 매출채권 현금회수	₩130,000
• 기말재고상품의 누락	₩40,000
• 비용으로 처리한 사무용품 미사용액	₩70,000
• 당기손익인식금융자산평가이익	₩70,000
• 외상매입금 현금지급	₩150,000
• 선수수익의 실현	₩30,000
• 이자수익 중 선수분	₩100,000

① ₩1,010,000 ② ₩1,020,000
③ ₩1,040,000 ④ ₩1,110,000

25 (주)한국은 매월 말 결산을 하고 재무제표를 작성한다. (주)한국의 20×1년 3월 31일 수정전 시산표상 총수익과 총비용은 각각 ₩10,000과 ₩4,500이다. 다음과 같은 수정분개 사항이 있다고 할 때, 20×1년 3월 31일에 보고할 포괄손익계산서상 당기순이익은?

▸ 19년 국가직 7급

- 직원의 3월 급여 ₩900이 발생하였으며 4월 10일에 지급될 예정이다.
- 3월 건물 임대료가 ₩500 발생하였으나 아직 현금으로 수취하지 못하였다.
- 건물에 대한 3월 감가상각비가 ₩400이다.
- 2월에 구입하여 자산으로 기록한 소모품 중 3월에 사용한 소모품은 ₩200이다.
- 2월에 선수수익으로 계상한 금액 중 3월에 제공한 용역이 ₩1,200이다.

① ₩4,500

② ₩5,200

③ ₩5,700

④ ₩6,100

26 20×1년 초 설립된 (주)한국의 20×1년 수정전시산표를 근거로 계산한 당기순이익은 ₩300,000이다. 다음 20×1년 중 발생한 거래의 분개에 대하여 결산수정사항을 반영하여 계산한 수정 후 당기순이익은? (단, 결산수정분개는 월 단위로 계산한다.)

▸ 18년 국가직 7급

날짜	기중분개		결산수정사항
3월 1일	차변) 토지 대변) 현금	₩1,000,000 ₩1,000,000	토지는 재평가모형을 적용하며, 기말 공정가치는 ₩1,050,000
10월 1일	차변) 선급보험료 대변) 현금	₩120,000 ₩120,000	1년분 화재보험료를 미리 지급함
11월 1일	차변) 현금 대변) 임대수익	₩90,000 ₩90,000	6개월분 임대료를 미리 받음
12월 1일	차변) 현금 대변) 단기차입금	₩1,000,000 ₩1,000,000	차입 시 이자율 연 6%, 이자와 원금은 6개월 후 일괄 상환조건

① ₩180,000

② ₩205,000

③ ₩235,000

④ ₩255,000

27 다음은 (주)한국이 20×1년도 재무제표 작성 시 누락한 거래들이다. 이를 반영할 경우 20×1년도에 증가하는 당기순이익은?

▶ 18년 국가직 9급

- 토지 최초 재평가로 인한 기말 평가이익   ₩30,000
- 사업결합과정에서 발생한 염가매수차익   ₩15,000
- 공정가치모형 적용 투자부동산의 기말 평가이익   ₩14,000
- 주식 취득 시 발생한 거래원가   ₩10,000
  (단, 주식은 당기손익－공정가치 측정 금융자산으로 분류)

① ₩5,000

② ₩19,000

③ ₩29,000

④ ₩49,000

28 (주)한국은 당기에 다음과 같은 오류를 발견하고, 장부 마감 전에 이를 수정하였다. 오류수정 전 당기순이익이 ₩100,000이라고 할 때, 오류수정 후 당기순손익은?

▶ 19년 지방직 9급

- 당기 7월 1일 수령한 선수임대료 ₩120,000을 전액 임대료수익으로 계상하였다. (임대기간은 당기 7월 1일부터 차기 6월 30일까지이다.)
- 당기 발생 미지급급여 ₩100,000을 누락하고 인식하지 않았다.
- 당기 발생 미수이자 ₩40,000을 누락하고 인식하지 않았다.
- FOB 도착지 인도조건으로 당기 12월 29일 선적하여 차기 1월 5일 인도예정인 상품에 대해 당기 12월 29일에 매출 ₩200,000과 매출원가 ₩150,000을 인식하였다.

① 당기순이익 ₩30,000

② 당기순이익 ₩70,000

③ 당기순손실 ₩70,000

④ 당기순손실 ₩150,000

29 (주)한국의 2017년도 수정전시산표는 다음과 같다.

• 현금	₩100,000	• 단기차입금	₩500,000
• 매출채권	₩500,000	• 손실충당금(대손충당금)	₩40,000
• 건물	₩1,000,000	• 감가상각누계액	₩200,000
• 감가상각비	₩100,000	• 자본금	₩500,000
• 급여	₩300,000	• 매출	₩760,000
• 합계	₩2,000,000	• 합계	₩2,000,000

결산수정분개를 위한 자료가 다음과 같을 때, 당기순이익은? ▸ 18년 국가직 9급

- 단기차입금에 대한 미지급 이자비용 ₩50,000이 있다.
- 매출채권 기말잔액의 10%를 기대신용손실액으로 추정한다.

① ₩200,000
② ₩260,000
③ ₩300,000
④ ₩360,000

30 (주)한국은 휴대전화 판매를 영위하는 회사이며, 다음의 거래를 누락한 상태에서 당기순이익을 ₩40,000으로 산정하였다. 다음 거래를 추가로 반영할 경우 포괄손익계산서상 당기순이익은? ▸ 22년 국가직 9급

• 미수이자수익 발생	₩10,000	• 매입채무의 현금상환	₩7,000
• 선수수익의 수익실현	₩40,000	• 미지급이자비용 발생	₩3,000
• 매출채권의 현금회수	₩20,000		

① ₩50,000
② ₩87,000
③ ₩100,000
④ ₩110,000

31 (주)한국의 수정전시산표상 수익총액은 ₩800,000이며 비용총액은 ₩500,000이다. 다음의 결산수정 사항을 반영할 경우, (주)한국의 당기순이익은?　▶ 23년 국가직 9급

- 당해연도에 이자수익 ₩60,000이 발생하였으나 장부에 반영하지 않았다.
- 당해연도에 발생한 급여 ₩80,000을 장부에 반영하지 않았다.
- 보험료 ₩120,000을 지급하면서 전액 자산으로 인식하였으나 이 중 다음연도에 해당하는 금액은 ₩90,000이다.
- 임대료 ₩240,000을 수취하면서 전액 수익으로 인식하였으나 당해연도에 해당하는 금액은 ₩80,000이다.

① ₩30,000　　　　　　　　② ₩90,000
③ ₩110,000　　　　　　　④ ₩170,000

32 (주)한국이 다음 거래를 수정분개 할 경우, 당기순이익에 미치는 영향은? (단, 기간은 월할 계산한다.)　▶ 23년 국가직 7급

- 12월 31일 소모품 계정잔액은 ₩30,000이나 실제 소모품 재고액은 ₩15,000이다.
- 11월 1일에 은행으로부터 ₩2,000,000(이자율 연 6%)을 차입하였다.
- 7월 1일 1년 만기 보험으로 ₩36,000을 지급하고 선급보험료로 회계처리하였다.
- 12월 31일 선급임차료 계정잔액이 ₩14,000이나 기간 미경과분은 ₩9,000이다.
- 9월 1일 건물 임대계약으로 2년치 임대료 ₩240,000을 수령하고 선수임대료로 회계처리하였다.
- 10월 1일 정기예금(1년 만기, 이자율 연 6%)에 ₩1,000,000을 예금하였다.

① ₩3,000 감소　　　　　　② ₩83,000 감소
③ ₩7,000 증가　　　　　　④ ₩33,000 증가

33 (주)한국의 기말 수정분개와 관련된 자료가 다음과 같을 때, 기말 수정분개를 반영한 후 당기
순이익은? (단, 기간은 월할 계산한다.)　▸ 24년 관세직 9급

> • 4월 1일 : 화재보험에 가입하고 1년분 보험료 ₩3,600을 선급하고 자산으로 인식하였다.
> • 8월 1일 : 건물을 임차하고 1년분 임차료 ₩2,400을 선급하고 전액 비용으로 인식하였다.
> • 10월 1일 : 창고를 1년간 임대하기로 하고 받은 현금 ₩4,800을 선수수익으로 인식하였다.
> • 기말 수정분개 반영 전 당기순이익은 ₩5,000이다.

① ₩2,100　　　　　　　② ₩2,500
③ ₩4,900　　　　　　　④ ₩5,100

34 다음 거래 중 수정분개를 하지 않았을 경우, 20×1년 말 당기순이익에 미치는 영향은?
　▸ 23년 국가직 7급

> • 당기 발생한 미수임대료　　₩1,000　• 당기 인식한 수익 중 선수수익 해당액　₩300
> • 외상매출금 회수　　　　　　₩500　• 당기 발생한 미지급급여　　　　　　₩100
> • 토지 최초 재평가증가액　　₩400

① ₩600 과소　　　　　　② ₩800 과소
③ ₩1,000 과소　　　　　④ ₩1,500 과소

35 (주)한국은 20×1년 말 결산 중 다음 항목에 대한 기말수정분개가 누락된 것을 발견하였다.
누락된 기말수정분개가 20×1년 당기순이익에 미치는 영향은? (단, 기간은 월할 계산한다.)
　▸ 22년 국가직 9급

> • 20×1년 7월 1일 1년치 보험료 ₩120,000을 현금지급하고 전액 선급보험료로 처리하였다.
> • 20×1년 1월 1일 자산으로 계상된 소모품 ₩200,000 중 12월 말 현재 보유하고 있는
>   소모품은 ₩100,000이다.
> • 20×1년 3월 1일 사무실 일부를 임대하고 1년치 임대료 ₩240,000을 현금으로 수령하면
>   서 전액 수익으로 처리하였다.

① ₩60,000 증가　　　　② ₩100,000 증가
③ ₩60,000 감소　　　　④ ₩200,000 감소

36 (주)한국의 결산수정사항이 다음과 같을 경우, 기말수정분개가 미치는 영향으로 옳지 않은 것은? (단, 법인세비용에 미치는 영향은 없다고 가정한다.) ▸15년 지방직 9급

- 4월 1일 1년간의 보험료 ₩12,000을 지급하고 전액을 선급보험료계정에 차기하였다.
- 해당 회계연도의 임대료수익 ₩6,000이 발생되었으나 12월 31일 현재 회수되지 않고 다음 달 말일에 회수할 예정이다.

① 수정후잔액시산표의 대변합계는 ₩6,000만큼 증가한다.
② 당기순이익이 ₩3,000만큼 증가한다.
③ 자산총액이 ₩3,000만큼 감소한다.
④ 부채총액은 변동이 없다.

37 (주)한국의 기말수정사항이 다음과 같을 때, 기말수정분개가 미치는 영향에 대한 설명으로 옳지 않은 것은? (단, 법인세는 무시한다.) ▸15년 국가직 9급

- 4월 1일 1년간의 임차료 ₩120,000을 현금으로 지급하면서 전액을 임차료로 기록하였다.
- 12월에 급여 ₩20,000이 발생되었으나, 기말 현재 미지급상태이다.

① 수정후시산표의 차변합계가 ₩50,000만큼 증가한다.
② 당기순이익이 ₩10,000만큼 증가한다.
③ 자산총액이 ₩30,000만큼 증가한다.
④ 부채총액이 ₩20,000만큼 증가한다.

38 기말수정사항이 다음과 같을 때, 기말수정분개가 미치는 영향으로 옳지 않은 것은?

▸18년 관세직 9급

- 기중에 구입한 소모품 ₩1,000,000을 소모품비로 처리하였으나, 기말 현재 남아 있는 소모품은 ₩200,000이다. (단, 기초 소모품 재고액은 없다.)
- 당기에 발생한 미수이자수익 ₩1,000,000에 대한 회계처리가 이루어지지 않았다.

① 당기순이익이 ₩800,000 증가한다.
② 자산총액이 ₩1,200,000 증가한다.
③ 부채총액은 변동이 없다.
④ 수정후잔액시산표의 차변합계가 ₩1,000,000 증가한다.

39 다음은 (주)한국과 관련된 거래이다. 기말 수정분개가 재무제표에 미치는 영향으로 옳은 것은? (단, 기간은 월할 계산한다.)

▸21년 국가직 9급

- 8월 1일 건물을 1년간 임대하기로 하고, 현금 ₩2,400을 수취하면서 임대수익으로 기록하였다.
- 10월 1일 거래처에 현금 ₩10,000을 대여하고, 1년 후 원금과 이자(연 이자율 4%)를 회수하기로 하였다.
- 11월 1일 보험료 2년분 ₩2,400을 현금지급하고, 보험료로 회계처리하였다.

① 자산이 ₩2,100만큼 증가한다.
② 비용이 ₩200만큼 증가한다.
③ 수익이 ₩100만큼 증가한다.
④ 당기순이익이 ₩900만큼 증가한다.

40 (주)한국은 20×1년 7월 1일 창고를 임대하고 1년분 임대료 ₩300,000을 현금 수령하여 임대료수익으로 회계처리하였다. (주)한국이 임대료와 관련하여 기말 수정분개를 하지 않은 경우, (주)한국의 재무제표에 미치는 영향에 대한 설명으로 옳은 것은? (단, 기간은 월할 계산한다.) ▸ 23년 관세직 9급

① 부채와 당기순이익이 모두 과대계상된다.
② 부채는 과소계상되고 당기순이익은 과대계상된다.
③ 자산과 당기순이익이 모두 과소계상된다.
④ 자산은 과소계상되고 당기순이익은 과대계상된다.

41 (주)한국은 2015년 3월 1일에 건물 임대 시 1년분 임대료 ₩360,000을 현금으로 수취하고 임대수익으로 처리하였으나 기말에 수정분개를 누락하였다. 그 결과 2015년도 재무제표에 미치는 영향으로 옳은 것은? ▸ 17년 지방직 9급

① 자산총계 ₩60,000 과대계상
② 자본총계 ₩60,000 과소계상
③ 부채총계 ₩60,000 과소계상
④ 비용총계 ₩60,000 과대계상

42 (주)한국은 20×1년 7월 초 현금 ₩10,000을 정기예금(연 이자율 10%, 1년 만기, 이자는 만기일시지급 조건)에 가입하고, 20×1년 말 결산 시 정기예금에 대한 이자수익을 장부에 기록하지 않았다. 이러한 기말수정분개 누락이 20×1년 말 자산과 20×1년 당기순이익에 미치는 영향을 바르게 연결한 것은? (단, 기간은 월할 계산한다.) ▸ 23년 지방직 9급

	자산	당기순이익
①	₩500 과소계상	₩500 과소계상
②	₩500 과대계상	₩500 과대계상
③	₩1,000 과소계상	₩1,000 과소계상
④	₩1,000 과소계상	₩1,000 과대계상

43 20×1년 4월 1일 (주)한국은 1년 만기 정기예금(연 이자율 6%)에 현금을 예치하였으며, 만기일에 원금과 이자를 수취한다. (주)한국이 결산일에 이자에 대한 회계처리를 누락한 경우, 20×1년 말 재무제표에 미치는 영향으로 옳은 것은? ▸ 24년 국가직 9급

① 부채에 영향은 없고, 당기순이익이 과대계상된다.

② 자산과 당기순이익이 모두 과소계상된다.

③ 자산은 과대계상되고, 당기순이익은 과소계상된다.

④ 자산과 자본은 과소계상되고, 당기순이익은 과대계상된다.

44 (주)한국은 회계연도 중에는 현금주의에 따라 회계처리하며, 기말수정분개를 통해 발생주의로 전환하여 재무제표를 작성한다. (주)한국의 기말 수정후시산표상 차변(또는 대변)의 합계금액은 ₩1,025,000이다. 기말수정사항이 다음과 같을 때, 수정전시산표상 차변(또는 대변)의 합계금액은? ▸ 19년 관세직 9급

• 소모품 기말재고액	₩30,000	• 기간 미경과 보험료	₩55,000
• 미수수익 미계상액	₩15,000	• 미지급이자 미계상액	₩10,000

① ₩915,000

② ₩965,000

③ ₩1,000,000

④ ₩1,025,000

45 (주)한국의 2013년 12월 31일 수정전잔액시산표의 차변합계와 대변합계는 각각 ₩3,000,000이었다. 다음의 사항을 반영한 (주)한국의 수정후잔액시산표의 차변합계는? ▸ 14년 국가직 7급

• 선급임차료의 소멸	₩200,000
• 건물감가상각비(감가상각누계액 설정법)	₩450,000
• 미지급급여	₩250,000
• 당기손익-공정가치 측정 금융자산 평가이익	₩150,000

① ₩3,650,000

② ₩3,850,000

③ ₩3,900,000

④ ₩4,050,000

46 다음 수정분개를 반영하지 못할 경우 재무상태와 손익에 미치는 영향으로 옳은 것은?

▸ 21년 지방직 9급

• 종업원급여 미지급액	₩10,000
• 선급보험료(자산) 중 기간이 경과하여 실현된 금액	₩10,000
• 외상매출금 중 현금으로 회수된 금액	₩10,000
• 선수임대료(부채) 중 기간이 경과하여 실현된 금액	₩10,000
• 차입금 이자 미지급액	₩10,000

① 법인세차감전순이익은 ₩20,000 과소계상된다.
② 비용은 ₩30,000 과대계상된다.
③ 부채는 ₩10,000 과소계상된다.
④ 자산은 ₩30,000 과소계상된다.

47 결산과정에서 아래의 수정사항을 반영하기 전 법인세비용차감전순이익이 ₩100,000인 경우, 수정사항을 반영한 후의 법인세비용차감전순이익은? (단, 수정전시산표상 재평가잉여금과 기타포괄금융자산평가손익의 잔액은 없다.)

▸ 15년 지방직 9급

• 선급보험료 ₩30,000 중 1/3의 기간이 경과하였다.
• 대여금에 대한 이자발생액은 ₩20,000이다.
• 미지급급여 ₩4,000이 누락되었다.
• 자산재평가손실 ₩50,000이 누락되었다.
• 기타포괄금융자산평가이익 ₩16,000이 누락되었다.
• 자기주식처분이익 ₩30,000이 누락되었다.

① ₩56,000
② ₩72,000
③ ₩102,000
④ ₩106,000

48 (주)한국의 2014년 말 수정전시산표와 결산정리사항은 다음과 같다. 결산정리사항을 반영한 2014년 말 재무상태표상의 자산총액은?

▸ 17년 지방직 9급

수정전시산표			
현금	₩92,000	매입채무	₩32,000
매출채권	₩65,000	손실(대손)충당금 – 매출채권	₩2,000
상품	₩5,000	단기차입금	₩35,000
매입	₩100,000	미지급금	₩50,000
건물	₩300,000	미지급비용	₩10,000
임차료	₩10,000	감가상각누계액 – 건물	₩30,000
급여	₩7,500	자본금	₩250,000
보험료	₩3,500	이익잉여금	₩40,000
이자비용	₩5,000	매출	₩135,000
		임대수익	₩4,000
합계	₩588,000	합계	₩588,000

〈결산정리사항〉

• 2014년 말 재고자산은 ₩3,500이다.
• 건물 ₩300,000은 2013년 1월 1일에 취득하였고 정액법(내용연수 10년, 잔존가액 ₩0)으로 상각한다. (단, 건물은 원가모형을 적용한다.)
• 보험료 미경과액은 ₩1,750이다.
• 2014년 말 현재 매출채권의 회수가능액을 ₩60,000으로 추정하였다.

① ₩397,250   ② ₩430,000
③ ₩462,250   ④ ₩530,000

49 (주)한국이 다음 결산수정사항들을 반영한 결과에 대한 설명으로 옳은 것은? ▸ 17년 국가직 7급

〈수정전시산표 잔액〉

- 자산 ₩120,000 • 부채 ₩80,000
- 수익 ₩90,000 • 비용 ₩70,000

〈결산수정사항〉

- 당기 중 건물을 임대하면서 현금 ₩6,000을 받고 모두 수익으로 처리하였다. 이 중 당기에 해당하는 임대료는 ₩2,000이다.
- 당기 중 보험료 ₩5,000을 지급하면서 모두 자산으로 처리하였다. 이 중 다음 연도에 해당하는 보험료는 ₩2,000이다.
- 차입금에 대한 당기 발생이자는 ₩1,000이다.
- 대여금에 대한 당기 발생이자는 ₩2,000이다.

① 수정후시산표상의 수익은 ₩92,000이다.
② 수정후시산표상의 비용은 ₩78,000이다.
③ 수정후시산표상의 당기순이익은 ₩14,000이다.
④ 수정후시산표상의 자산총액은 ₩121,000이다.

50 다음은 창고임대업을 영위하는 (주)한국의 20×1년 결산 관련 자료이다.

계정	내용
보험료	• 기초 선급보험료 잔액 ₩3,000 • 7월 1일에 보험을 갱신하고 1년분 보험료 ₩12,000을 현금으로 지급하고 자산으로 회계처리함
임대료	• 기초 선수임대료 잔액 ₩3,000 • 4월 1일에 임대차계약을 갱신하고 1년분 임대료 ₩24,000을 현금으로 수령하고 수익으로 회계처리함

보험료와 임대료가 20×1년도 세전이익에 미치는 영향은? (단, 보험료와 임대료 이외의 다른 계정은 고려하지 않으며, 기간은 월할 계산한다.) ▸ 19년 국가직 9급

① ₩12,000 ② ₩15,000
③ ₩18,000 ④ ₩21,000

 www.pmg.co.kr

51 (주)한국의 다음 2017년 수정전시산표상 계정잔액과 결산수정사항을 이용한 법인세차감전 순손익은? (단, 매출채권의 기초 손실(대손)충당금은 없으며 재고자산은 실지재고조사법을 적용한다.)

▸ 17년 관세직 9급

〈수정전시산표상 계정잔액〉

• 현금 및 현금성자산	₩10,000	• 매출	₩12,000
• 기초상품	₩2,000	• 매입	₩5,000
• 선급임차료	₩4,000	• 매입채무	₩5,000
• 매출채권	₩10,000	• 선수금	₩5,000
• 비품	₩8,000	• 급여	₩5,000
• 단기차입금	₩7,000	• 자본금	₩15,000

〈결산수정사항〉

• 선급임차료의 기간 경과분은 ₩2,000이다.
• 비품의 감가상각비는 ₩1,500이다.
• 단기차입금의 이자비용 발생액은 ₩500이다.
• 매출채권의 손실(대손)추정액은 ₩500이다.
• 기말상품 재고액은 ₩2,000이다.

① 법인세차감전순이익 ₩2,500
② 법인세차감전순손실 ₩2,500
③ 법인세차감전순이익 ₩3,500
④ 법인세차감전순손실 ₩3,500

52 20×1년 초 설립한 (주)한국의 20×1년 말 수정전시산표는 회계기록상 계정잔액의 오류가 없었음에도 불구하고, 차변합계와 대변합계가 일치하지 않았다.

계정과목	차변	대변
현금	₩200	
매출	₩300	
매출채권	₩500	
건물	₩1,000	
미지급금		₩150
재고자산	₩200	
선급보험료		₩50
자본금		₩1,000
소모품	₩30	
선수수익	₩50	
미수수익		₩10
차입금		₩500
매입채무	₩50	
임차비용	₩30	
급여	₩30	
합계	₩2,390	₩1,710

위의 수정전시산표상의 오류와 다음 결산조정사항을 반영한 후 (주)한국의 20×1년 말 수정후시산표상 차변합계는? (단, (주)한국은 저가법 적용 시 재고자산평가충당금 계정을 사용한다.)

▸20년 국가직 9급

• 20×1년 말 재고자산의 순실현가치는 ₩10으로 확인되었다.
• 차입금의 차입일은 20×1년 7월 1일, 연 이자율 4%, 만기 1년이며, 이자는 차입원금 상환 시 일시 지급한다.

① ₩1,850
② ₩2,050
③ ₩2,250
④ ₩2,590

53 (주)한국의 수정후시산표상 자산, 부채, 수익, 비용, 자본금 금액이 다음과 같을 때, 기초이익 잉여금은?
▶ 21년 국가직 9급

계정과목	금액	계정과목	금액
매출	₩120,000	현금	₩130,000
매출원가	₩100,000	재고자산	₩200,000
급여	₩50,000	매입채무	₩170,000
선급비용	₩70,000	미지급금	₩50,000
미지급비용	₩80,000	미수수익	₩50,000
자본금	₩40,000	기초이익잉여금	?

① ₩40,000
② ₩110,000
③ ₩140,000
④ ₩300,000

54 다음 (주)한국의 재무자료를 이용한 이익잉여금은?
▶ 22년 지방직 9급

- 현금 ₩2,000
- 선수수익 ₩800
- 재고자산 ₩3,000
- 매입채무 ₩1,500
- 자본금 ₩4,000
- 매출채권 ₩2,500
- 대손충당금(매출채권) ₩300
- 기계장치 ₩14,000
- 감가상각누계액(기계장치) ₩5,000
- 이익잉여금 ?

① ₩9,900
② ₩10,700
③ ₩11,000
④ ₩16,000

55 다음 자료를 이용한 (주)한국의 당기순이익은?
▶ 19년 관세직 9급

- 매출액 ₩60,000
- 매출원가 ₩20,000
- 급여 ₩10,000
- 감가상각비 ₩6,000
- 대손상각비 ₩2,000
- 자기주식처분이익 ₩3,000
- 기타포괄손익－공정가치 측정 금융자산평가손실 ₩5,000
- 임대료수익 ₩1,000
- 미지급급여 ₩500
- 선급비용 ₩3,000
- 선수수익 ₩6,000
- 미지급배당금 ₩1,000
- 유형자산처분이익 ₩30,000

① ₩48,000
② ₩50,000
③ ₩52,000
④ ₩53,000

56 (주)한국의 2017년 이익잉여금 기초 잔액은 ₩50,000이었으며, 2017년 중 다음의 거래가 있었다.

- 원가 ₩1,000의 컴퓨터 1대를 ₩5,000에 판매하였으며, 판매대금 중 ₩1,500은 현금으로 수취하였고 잔액은 외상으로 하였다.
- 건물에 대한 감가상각비 ₩200, 기계에 대한 감가상각비 ₩100을 인식하였다.
- 장기차입금에 대한 당기 이자비용 ₩400을 현금 지급하였다.
- 배당결의를 하고 배당금 ₩300을 현금 지급하였다.

(주)한국의 2017년도 당기순이익과 2017년 말 이익잉여금은 각각 얼마인가?

▸ 18년 관세직 9급

	당기순이익	이익잉여금
①	₩3,000	₩53,000
②	₩3,000	₩53,300
③	₩3,300	₩53,000
④	₩3,300	₩53,300

57 제조업을 영위하는 (주)한국의 20×1년 말 재무상태표에는 매출채권에 대한 손실충당금(대손충당금) 기초 잔액은 ₩200,000이며, 이익잉여금 기초 잔액은 ₩30,000이었다. 20×1년 중 발생한 다음 사항을 반영하기 전의 당기순이익은 ₩150,000이다.

- 당기 중 거래처에 대한 매출채권 ₩70,000이 회수불능으로 확정되었다.
- 20×1년 말 매출채권 총액에 대한 기대신용손실액은 ₩250,000이다.
- 7월 1일 임대목적으로 ₩200,000의 건물을 취득하였다. 내용연수는 20년이고 잔존가치는 없다. (주)한국은 투자부동산에 대해서 공정가치모형을 적용한다. 결산일인 20×1년 말 건물의 공정가치는 ₩250,000이다.

(주)한국의 20×1년 당기순이익과 20×1년 말 이익잉여금은?

▸ 21년 관세직 9급

	당기순이익	이익잉여금
①	₩80,000	₩70,000
②	₩90,000	₩70,000
③	₩80,000	₩110,000
④	₩90,000	₩110,000

www.pmg.co.kr

58 (주)한국의 2017년 수정전시산표와 결산수정사항을 근거로 재무상태표에 공시될 자본은?

▸ 18년 지방직 9급

〈2017년 수정전시산표〉

현금	₩15,000	매입채무	₩3,000
매출채권	₩5,000	미지급금	?
재고자산	₩3,500	단기차입금	₩25,000
토지	₩10,000	감가상각누계액	?
건물	₩50,000	자본금	₩10,000
소모품	₩1,500	이익잉여금	₩21,000
매출원가	₩2,500	매출	₩18,000
보험료	₩500		
급여	₩1,000		
합 계	₩89,000	합 계	₩89,000

〈결산수정사항〉

• 광고선전비 ₩1,000이 발생하였으나 결산일 현재 지급하지 않았다.
• 결산일 현재 소모품 잔액은 ₩500이다.
• 건물은 2016년 7월 1일 취득하였으며 취득가액 ₩50,000, 내용연수 4년, 잔존가치 ₩10,000, 연수합계법을 적용하여 월할 감가상각한다.
• 토지는 2017년 중 취득하였으며 2017년 결산 시 공정가치모형을 적용한다. 2017년 말 공정가치는 ₩7,000이다.
• 단기차입 조건은 무이자 조건이며, 매출채권에 대한 손실충당금은 고려하지 않는다.

① ₩5,000
② ₩22,500
③ ₩26,000
④ ₩29,000

59 (주)한국은 매월 말 결산을 하고 재무제표를 작성한다. 20×9년 4월에 다음과 같은 자료 및 거래가 있었다.

- 20×9년 4월에 상품을 ₩200,000에 판매하면서 ₩150,000은 현금수취하고 ₩50,000은 5월에 받기로 하였다.
- 20×9년 4월 1일 상품재고는 ₩50,000이 있었다.
- 20×9년 4월 중에 상품 ₩100,000을 구입하면서 ₩80,000은 현금 지급하고 ₩20,000은 5월에 지급하기로 하였다.
- 20×9년 4월 30일 기말에 남아 있는 상품은 ₩10,000이다.
- 20×9년 4월 종업원 급여가 ₩10,000 발생하였고 결산일 현재 ₩5,000은 지급하지 않았다.
- 20×9년 4월 1일 향후 3개월 치 광고비 ₩3,000을 현금 지급하였고, 향후 2개월 치 임대 수익 ₩2,000을 현금 수령하였다.

(주)한국의 20×9년 4월 현금기준의 순이익과 발생기준의 순이익 차이는?　▶ 19년 국가직 7급

① ₩14,000 　　　　　　　　② ₩16,000
③ ₩18,000 　　　　　　　　④ ₩20,000

60 (주)한국의 20×1년 중 발생한 거래는 다음과 같다.

(1) 20×1년 7월 1일 만기 1년의 정기예금에 현금 ₩100,000을 예치하였다. 정기예금의 연 이자율은 4%이며, 만기시점에 이자를 받는다.
(2) 종업원에 대한 급여는 매월 말에 지급했으나, 20×1년 12월 급여 ₩1,000은 20×1년 12월 31일에 지급하지 않고 20×2년 1월 3일에 지급하였다.
(3) 20×1년 11월 1일에 창고를 6개월간 임대하고, 1개월에 ₩1,000씩 6개월 임대료 ₩6,000을 현금으로 받아 수익으로 처리하였다.

20×1년에 발생한 기중 거래 및 결산 수정사항을 반영하여 발생기준과 현금기준으로 회계처리 하였을 때, 20×1년 당기순이익에 각각 미치는 영향은?　▶ 20년 관세직 9급

	발생기준	현금기준
①	₩3,000 감소	₩0
②	₩3,000 증가	₩0
③	₩3,000 증가	₩6,000 증가
④	₩3,000 감소	₩6,000 증가

Chapter 03 개념체계

1 개념체계 목적

1. **개념체계 : 회계이론을 정립하기 위한 개념적 틀을 의미**
   ① 개념체계의 목적 : 회계기준위원회가 「한국채택국제회계기준」을 제 · 개정하는 데 도움을 주거나, 회계정책을 개발하거나 모든 이해관계자가 회계기준을 이해하고 해석하는 데 도움을 주기 위해 개념체계를 만들었다.
   ② 일반목적 재무보고의 목적 : 현재 및 잠재적 투자자, 대여자 및 기타 채권자(주요 이용자)가 의사결정을 할 때 유용한 재무정보를 제공하는 것이다.
   　㉠ 주요 이용자의 의사결정 : 지분상품 및 채무상품의 매수, 매도 또는 보유, 대여 및 기타 형태의 신용 제공 또는 결제, 권리행사
   　㉡ 일반목적재무보고서가 모든 정보를 제공하지도 않으며 제공할 수도 없다. 정보이용자들은 의사결정 시 다른 원천에서 입수한 정보를 고려할 필요가 있다.
   　㉢ 일반목적 재무보고서는 보고기업의 가치를 보여주기 위해 고안된 것이 아니라 보고기업의 가치를 **추정하는 데 도움이 되는 정보**를 제공하는 것이다.
   　㉣ 재무보고서는 정확한 서술보다는 상당 부분 추정, 판단 및 모형에 근거한다.
   　㉤ 경영진은 일반목적재무보고서에 의존할 필요가 없다.
   ③ 개념체계와 「한국채택국제회계기준」이 상충하는 경우 「한국채택국제회계기준」이 우선한다.

2. **재무보고의 기본가정 : 계속기업의 가정**
   ① 재무제표는 일반적으로 보고기업이 계속기업이며 예측 가능한 미래에 영업을 계속할 것이라는 가정 하에 작성한다.
   ② 계속기업가정의 판단 주체 : 경영진
   ③ 기업이 청산을 하거나 거래를 중단할 의도나 필요가 있다면 재무제표는 다른 기준에 따라 작성되어야 하며, 그러한 경우 사용된 기준을 재무제표에 기술한다.
   ④ 계속기업의 가정이 충족되어야 작성할 수 있는 회계처리
   　: 역사적 원가, 감가상각, 유동/비유동 구분

01 재무보고를 위한 개념체계에 대한 설명으로 옳지 않은 것은?   ▸ 24년 지방직 9급

① 회계기준은 아니지만 어떠한 회계기준보다도 우선한다.

② 모든 이해관계자가 회계기준을 이해하고 해석하는 데 도움을 준다.

③ 한국회계기준위원회가 일관된 개념에 기반하여 「한국채택국제회계기준」을 제 · 개정하
는데 도움을 준다.

④ 재무정보가 유용하기 위해서는 목적적합해야 하고 나타내고자 하는 바를 충실하게 표현
해야 한다.

02 재무보고를 위한 개념체계에서 언급하고 있는 기본가정에 대한 설명으로 옳지 않은 것은?

▸ 14년 지방직 9급

① 재무제표는 일반적으로 기업이 계속기업이며 예상 가능한 기간 동안 영업을 계속할 것이
라는 가정 하에 작성된다.

② 계속기업의 가정은 재무제표항목들을 역사적 원가로 보고하는 것에 정당성을 부여한다.

③ 유형자산에 대한 감가상각은 기업실체가 계속된다는 가정을 전제로 한다.

④ 경영활동을 청산하거나 중요하게 축소할 의도나 필요성이 있다면 계속기업을 가정한 기
준과는 다른 기준을 적용하여 작성하는 것이 타당할 수 있으며 이때 적용한 기준은 별도
로 공시할 필요가 없다.

03 일반목적재무보고에 대한 설명으로 옳지 않은 것은?   ▸19년 지방직 9급

① 현재 및 잠재적 투자자, 대여자 및 기타 채권자는 기업의 경영진 및 이사회가 기업의
자원을 사용하는 그들의 책임을 얼마나 효율적이고 효과적으로 이행해 왔는지에 대한
정보를 필요로 한다.

② 일반목적재무보고의 목적은 현재 및 잠재적 투자자, 대여자 및 기타 채권자가 기업에 자원
을 제공하는 것에 대한 의사결정을 할 때 유용한 보고기업 재무정보를 제공하는 것이다.

③ 외부 이해관계자들과 마찬가지로 보고기업의 경영진도 해당 기업의 경영의사결정을 위해
일반목적재무보고서에 가장 많이 의존한다.

④ 재무보고서는 정확한 서술보다는 상당 부분 추정, 판단 및 모형에 근거한다.

04 일반목적재무보고에 대한 설명으로 옳지 않은 것은?   ▸21년 국가직 7급

① 많은 현재 및 잠재적 투자자, 대여자 및 그 밖의 채권자는 정보를 제공하도록 보고기업에
직접 요구할 수 없다.

② 일반목적재무보고서는 현재 및 잠재적 투자자, 대여자와 그 밖의 채권자가 필요로 하는
모든 정보를 제공한다.

③ 일반목적재무보고서는 보고기업의 가치를 보여주기 위해 고안된 것이 아니다.

④ 경영진은 필요로 하는 재무정보를 내부에서 구할 수 있기 때문에 일반목적재무보고서에
의존할 필요가 없다.

2　유용한 재무정보의 질적 특성

구분	내용
근본적 질적 특성	목적적합성, 표현충실성
보강적 질적 특성	비교가능성, 검증가능성, 적시성, 이해가능성

1. 근본적 질적 특성 : 정보가 유용하기 위해서 갖추어야 할 특성

구분	내용
목적적합성	① 정보이용자의 의사결정에 차이를 일으키는 정보능력이다. ② 정보는 일부 정보이용자가 이를 이용하지 않기로 선택하거나 다른 원천을 통하여 이미 이를 알고 있다고 할지라도 의사결정에 차이가 나도록 할 수 있다. ③ 재무정보에 **예측가치, 확인가치 또는 이 둘 모두**가 있다면 의사결정에 차이가 나도록 할 수 있다. 예측가치, 확인가치는 상호 연관되어 있다. ④ **재무정보가 예측가치를 갖기 위해서 그 자체가 예측치 또는 예상치일 필요는 없다.** ⑤ 재무정보가 과거 평가에 대해 피드백을 제공한다면(과거 평가를 확인하거나 변경시킨다면) **확인가치**를 갖는다.
표현충실성	① 표현충실성을 위해서는 서술이 완전하고, 중립적이며, 오류가 없어야 한다. ② 완전한 서술이란 필요한 기술과 설명을 포함하여 정보이용자가 서술되는 현상을 이해하는 데 필요한 모든 정보를 포함하는 것을 말한다. ③ 중립적 서술은 재무정보의 선택이나 표시에 편의가 없는 것이다. ④ 오류가 없는 서술이란 현상의 기술에 오류나 누락이 없고, 보고 정보를 생산하는 데 사용되는 절차의 선택과 적용 시 절차상 오류가 없음을 의미하는 것이지, **서술의 모든 면이 완벽하게 정확하다는 것을 의미하는 것은 아니다.** ⑤ **중립적 정보가 목적이 없거나 행동에 대한 영향력이 없는 정보를 의미하지는 않는다.** 오히려 목적적합한 재무정보는 정의상 정보이용자의 의사결정에 차이가 나도록 할 수 있는 정보이다. ⑥ 표현충실성 그 자체가 반드시 유용한 정보를 만들어 내는 것은 아니다.

※ 중요성

✔ 개별기업 재무보고서 관점에서 해당 정보와 관련된 항목의 성격이나 규모 또는 이 둘 모두에 근거하여 해당 기업에 특유한 측면의 목적적합성(목적적합성의 하부속성)이다.

✔ 특정 보고기업에 대한 재무정보를 제공하는 일반목적재무보고서에 정보를 누락하거나 잘못 기재하거나 불분명하게 하여, 이를 기초로 내리는 주요이용자들의 의사결정에 영향을 줄 것으로 합리적으로 예상할 수 있다면 그 정보는 중요한 것이다.

✔ 중요성은 정보의 유용성을 충족하기 위한 주된 질적 특성이라기보다는 재무제표 표시와 관련된 임계치나 판단기준으로 작용한다.

✔ **회계기준위원회는 획일적인 임계치를 정하거나 특정한 상황에서 무엇이 중요한 것인지를 미리 결정할 수 없다.**

2. 보강적 질적 특성 : 정보가 보다 유용하기 위해 갖추어야 할 특성

– 재무정보가 목적적합하지 않거나 충실하게 표현되지 않으면 보강적 질적 특성은 개별적으로든 집단적으로든 정보를 유용하게 할 수 없다.

구분	내용
비교가능성	① 정보이용자가 항목 간의 **유사점과 차이점**을 식별하고 이해할 수 있게 하는 질적 특성이다. ② 다른 질적 특성과는 달리 비교가능성은 하나의 항목에 관련된 것이 아니며, 비교하려면 최소한 두 항목이 필요하다. ③ 비교가능성은 통일성을 의미하는 것이 아니다. ④ 일관성은 한 보고기업 내에서 기간 간 또는 같은 기간 동안에 기업 간, 동일한 항목에 대해 동일한 방법을 적용하는 것으로서 **비교가능성과 관련은 되어 있지만 동일하지는 않다.** 비교가능성은 목표이고, 일관성은 이를 달성하는 데 도움을 준다. ⑤ 동일한 경제적 현상에 대해 대체적인 회계처리방법을 허용하면 비교가능성이 **감소**한다.
검증가능성	① 검증가능성은 정보가 나타내고자 하는 경제적 현상을 충실히 표현하는지를 이용자들이 확인하는 데 도움을 준다. ② 합리적인 판단력이 있고 독립적인 서로 다른 관찰자가 어떤 서술이 표현충실성에 있어, 비록 반드시 완전히 의견이 일치하지는 않더라도 합의에 이를 수 있다는 것을 의미한다. ③ 계량화된 정보가 검증가능하기 위해서 단일 점추정치이어야 할 필요는 없다. 가능한 금액의 범위 및 관련된 확률도 검증될 수 있다.
적시성	① 적시성은 의사결정자가 정보를 제때에 이용가능하게 하는 것을 의미한다. ② 일반적으로 정보는 오래될수록 유용성이 낮아지지만 일부 정보는 추세를 식별할 수 있다면 오랫동안 적시성이 있을 수 있다.
이해가능성	① 이해가능성은 경제활동에 대해 합리적인 지식이 있고, 부지런히 정보를 검토하고 분석하는 정보이용자가 이해할 수 있도록 재무보고서가 작성되어야 함을 전제로 한다. ② 정보가 유용하기 위해서는 이용자가 이해가능해야 하며, 정보를 명확하고 간결하게 분류하고, 특징지으며, 표시하면 이해가능하게 된다.

※ 보강적 질적 특성은 규정된 순서를 따르지 않는 반복적인 과정이다.

3. 포괄적 제약요인 : 원가

① 해당 정보를 통해 얻을 수 있는 효익이 원가보다 커야 재무정보의 생산이 의미가 있다
(원가 < 효익).

② 원가는 회계정보의 작성자뿐만 아니라 회계정보의 이용자도 원가가 발생한다(이용원가).

05 **유용한 재무정보의 질적 특성에 대한 설명으로 옳지 않은 것은?** ▸ 19년 국가직 9급

① 재무정보에 예측가치, 확인가치 또는 이 둘 모두가 있다면 그 재무정보는 의사결정에 차
이가 나도록 할 수 있다.

② 비교가능성은 정보이용자가 항목 간의 유사점과 차이점을 식별하고 이해할 수 있게 하는
질적 특성으로 일관성과 동일하며 통일성과는 다른 개념이다.

③ 재무정보가 유용하기 위해서는 목적적합한 현상을 표현하는 것뿐만 아니라 나타내고자
하는 현상을 충실하게 표현해야 한다. 이때, 완벽하게 표현충실성을 위해서 서술은 완전
하고, 중립적이며, 오류가 없어야 한다.

④ 적시성은 의사결정에 영향을 미칠 수 있도록 의사결정자가 정보를 제때에 이용가능하게
하는 것을 의미하며 일반적으로 정보는 오래될수록 유용성이 낮아진다.

06 **재무정보의 질적 특성에 대한 설명으로 옳지 않은 것은?** ▸ 18년 국가직 9급

① 유용한 재무정보의 근본적 질적 특성은 목적적합성과 표현충실성이다.

② 재무정보에 예측가치, 확인가치 또는 이 둘 모두가 있다면 의사결정에 차이가 나도록 할
수 있다.

③ 검증가능성은 정보이용자가 항목 간의 유사점과 차이점을 식별하고 이해할 수 있게 하는
질적 특성이다.

④ 적시성은 의사결정에 영향을 미칠 수 있도록 의사결정자가 정보를 제때에 이용가능하게
하는 것을 의미한다.

07 재무정보의 질적 특성에 대한 설명으로 옳지 않은 것은?   ▸17년 국가직 9급

① 목적적합한 재무정보는 정보이용자의 의사결정에 차이가 나도록 할 수 있다.

② 재무정보가 예측가치를 갖기 위해서는 그 자체가 예측치 또는 예상치일 필요는 없으며, 정보이용자들이 미래 결과를 예측하기 위해 사용하는 절차의 투입요소로 사용될 수 있다면 그 재무정보는 예측가치를 갖는다.

③ 비교가능성은 정보이용자가 항목 간의 유사점과 차이점을 식별하고 이해할 수 있게 하는 질적 특성이다.

④ 오류가 없다는 것은 현상의 기술에 오류나 누락이 없고, 보고정보를 생산하는 데 사용되는 절차의 선택과 적용시 절차상 오류가 없음을 의미하므로 모든 면에서 완벽하게 정확하다는 것이다.

08 유용한 재무정보의 질적 특성 중 목적적합성에 대한 설명으로 옳지 않은 것은?

▸20년 국가직 7급

① 재무정보에 예측가치, 확인가치 또는 이 둘 모두가 있다면 그 재무정보는 의사결정에 차이가 나도록 할 수 있다.

② 재무정보가 과거 평가에 대해 피드백을 제공한다면(과거 평가를 확인하거나 변경시킨다면) 확인가치를 갖는다.

③ 재무정보의 예측가치와 확인가치는 상호 연관되어 있다.

④ 재무정보가 예측가치를 갖기 위해서는 그 자체가 명백한 예측치 또는 예상치 형태를 갖추어야만 한다.

09 유용한 재무정보의 근본적 질적 특성에 대한 설명으로 옳은 것은?   ▸14년 지방직 9급

① 정보이용자가 항목 간의 유사점과 차이점을 식별하고 이해할 수 있어야 한다.

② 합리적인 판단력이 있고 독립적인 서로 다른 관찰자가 어떤 서술이 충실한 표현이라는 데, 비록 반드시 완전히 일치하지는 못하더라도 의견이 일치할 수 있다.

③ 의사결정에 영향을 미칠 수 있도록 의사결정자가 정보를 제때에 이용 가능해야 한다.

④ 완벽하게 충실한 표현을 하기 위해서는 서술은 완전하고 중립적이며, 오류가 없어야 한다.

10 '재무보고를 위한 개념체계'에서 서술하고 있는 일반목적재무보고의 근본적 질적 특성에 대한 설명으로 옳은 것을 〈보기〉에서 모두 고른 것은? ▶ 21년 서울시 7급

> ㄱ. 중요성은 기업 특유의 목적적합성을 의미하므로 미리 획일적인 계량 임계치를 정할 수 없다.
> ㄴ. 중립적 서술은 불확실한 상황에서 판단할 때 주의를 기울이는 신중성으로 뒷받침된다.
> ㄷ. 기업의 재무정보는 다른 기업에 대한 유사한 정보와 비교될 수 있을 때 유용하다.
> ㄹ. 재무정보는 오류가 없이 서술되어야 하므로 추정치에 포함된 측정불확실성은 정보의 유용성을 저해한다.

① ㄱ, ㄴ
② ㄴ, ㄷ
③ ㄱ, ㄴ, ㄷ
④ ㄱ, ㄴ, ㄹ

11 재무정보의 질적 특성 중 중요성에 대한 설명으로 옳은 것은? ▶ 18년 지방직 9급

① 근본적 질적 특성인 표현충실성을 갖추기 위한 요소이다.
② 인식을 위한 최소요건으로 정보이용자가 항목 간의 유사점과 차이점을 식별할 수 있게 한다.
③ 의사결정에 영향을 미칠 수 있도록 정보이용자가 정보를 적시에 이용 가능하게 하는 것을 의미한다.
④ 기업마다 다를 수 있기 때문에 기업 특유의 측면을 고려해야 한다.

12 '재무보고를 위한 개념체계'에 대한 설명으로 옳지 않은 것은? ▸ 12년 국가직 7급

① 정보가 누락되거나 잘못 기재된 경우 특정 보고기업의 재무정보에 근거한 정보이용자의 의사결정에 영향을 줄 수 있다면 그 정보는 중요한 것이므로 중요성은 목적적합성의 한 측면이라고 할 수 있다.

② 표현충실성(faithful presentation)이란 중대한 오류나 편의(bias)가 없고 객관적으로 검증가능하며 표현하고자 하는 바를 충실하게 표현하고 있다고 이용자가 믿을 수 있다는 것을 의미한다.

③ 기업이 전액 정부보조금을 받아 유형자산을 취득한 경우 실제 지출하거나 희생한 원가가 없기 때문에 취득원가를 ₩0으로 보고함으로써 표현충실성의 질적 특성과 의사결정의 유용성을 동시에 충족시킬 수 있다.

④ 재무회계정보의 바람직한 속성 중 목적적합성과 표현충실성은 근본적 질적 특성으로 이에 대한 보강적 질적 특성으로는 비교가능성, 검증가능성, 적시성, 이해가능성이 있다.

13 유용한 재무정보의 질적 특성에 대한 설명으로 옳지 않은 것은? ▸ 20년 지방직 9급

① 재무정보가 유용하기 위해서는 목적적합해야 하고 나타내고자 하는 바를 충실하게 표현해야 한다.

② 목적적합한 재무정보는 이용자들의 의사결정에 차이가 나도록 할 수 있다.

③ 이해가능성은 합리적인 판단력이 있고 독립적인 서로 다른 관찰자가 어떤 서술이 표현충실성에 있어, 비록 반드시 완전히 의견이 일치하지는 않더라도, 합의에 이를 수 있다는 것을 의미한다.

④ 비교가능성, 검증가능성, 적시성 및 이해가능성은 목적적합성과 나타내고자 하는 바를 충실하게 표현하는 것 모두를 충족하는 정보의 유용성을 보강시키는 질적 특성이다.

14 '재무보고를 위한 개념체계'에 대한 설명으로 옳지 않은 것은? ▸16년 국가직 7급

① 정보이용자들이 미래 결과를 예측하기 위해 사용하는 절차의 투입요소로 재무정보가 사용될 수 있다면, 그 재무정보는 예측가치를 갖는다.

② 회계기준위원회는 중요성에 대한 획일적인 계량 임계치를 정하거나 특정한 상황에서 무엇이 중요한 것인지를 미리 결정할 수 있다.

③ 중요성은 개별기업 재무보고서 관점에서 해당 정보와 관련된 항목의 성격이나 규모 또는 이 둘 모두에 근거하여 해당 기업에 특유한 측면의 목적적합성을 의미한다.

④ 재무정보가 과거 평가에 대해 피드백을 제공한다면(과거 평가를 확인하거나 변경시킨다면) 확인가치를 갖는다.

15 '재무보고를 위한 개념체계' 중 '표현충실성'에 대한 설명으로 옳지 않은 것은?

▸17년 국가직 7급

① 기업의 경제적 상황을 이해하는 데 필요한 정보를 완전히 포함하도록 해야 한다.

② 특정 정보이용자에게 유리하도록 정보를 선택적으로 제공하지 않아야 한다.

③ 추정치의 경우 추정 금액을 정확하게 기술하고 추정 절차의 성격과 한계를 설명하도록 한다.

④ 향후 어떤 결과를 초래할 것인지 예측하는 데 도움이 되도록 해야 한다.

16 '재무제표의 작성과 표시를 위한 개념체계'에 대한 설명 중 타당하지 않은 것은?

▸14년 서울시 9급

① 실무에서는 정보의 질적 특성 간의 균형 또는 상충관계를 고려할 필요가 있다.

② 이해가능성은 이용자는 경영 및 경제활동과 회계에 대한 합리적인 지식을 가지고 있으며 관련 정보를 분석하기 위하여 합리적인 노력을 기울일 의지가 있는 것으로 가정한다.

③ 중요성은 정보의 유용성을 충족하기 위한 주된 질적 특성이라기보다는 재무제표 표시와 관련된 임계치나 판단기준으로 작용한다.

④ 이 개념체계와 「한국채택국제회계기준」이 상충되는 경우에는 개념체계가 「한국채택국제회계기준」보다 우선한다.

⑤ 재무정보가 특정 거래나 그 밖의 사건에 대해 나타내고자 하는 바를 충실하게 표현하기 위해서는 거래나 그 밖의 사건을 단지 법률적 형식만이 아니라 그 실질과 경제적 현실에 따라 회계처리하고 표시하여야 한다.

17 '재무보고를 위한 개념체계'에서 제시된 회계정보의 질적 특성에 대한 설명으로 옳지 않은 것은?
▶ 20년 국가직 9급

① 표현충실성은 모든 면에서 정확한 것을 의미한다.
② 검증가능성은 정보가 나타내고자 하는 경제적 현상을 충실히 표현하는지를 정보이용자가 확인하는 데 도움을 준다.
③ 정보를 정확하고 간결하게 분류하고 특징 지으며 표시하는 것은 정보를 이해가능하게 한다.
④ 적시성은 의사결정에 영향을 미칠 수 있도록 의사결정자가 정보를 제때에 이용가능하게 하는 것을 의미한다.

18 '재무보고를 위한 개념체계'에서 재무정보의 질적 특성에 대한 설명으로 옳지 않은 것은?
▶ 21년 지방직 9급

① 재무정보에 예측가치, 확인가치 또는 이 둘 모두가 있다면 그 재무정보는 목적적합성을 가진다고 할 수 있다.
② 보강적 질적 특성은 근본적 특성을 보강시키는 특성으로 비교가능성, 검증가능성, 적시성, 이해가능성이 있다.
③ 동일한 경제현상에 대해 대체적인 회계처리방법을 허용하면 비교가능성은 증가한다.
④ 적시성은 의사결정에 영향을 미칠 수 있도록 의사결정자가 정보를 제때에 이용가능하게 하는 것을 의미한다.

19 유용한 재무정보의 질적 특성에 대한 설명으로 옳지 않은 것은?
▶ 23년 국가직 9급

① 표현충실성은 모든 면에서 정확한 것을 의미하지는 않는다. 오류가 없다는 것은 현상의 기술에 오류나 누락이 없고, 보고 정보를 생산하는 데 사용되는 절차의 선택과 적용 시 절차상 오류가 없음을 의미한다.
② 비교가능성은 통일성이 아니다. 정보가 비교가능하기 위해서는 비슷한 것은 비슷하게 보여야 하고 다른 것은 다르게 보여야 한다.
③ 보강적 질적특성은 가능한 한 극대화되어야 한다. 그러나 보강적 질적특성은 정보가 목적적합하지 않거나 나타내고자 하는 바를 충실하게 표현하지 않으면 개별적으로든 집단적으로든 그 정보를 유용하게 할 수 없다.
④ 하나의 경제적 현상은 여러 가지 방법으로 충실하게 표현될 수 있어 동일한 경제적 현상에 대해 대체적인 회계처리방법을 허용하면 비교가능성이 증가한다.

20 유용한 재무정보의 질적특성에 대한 설명으로 옳지 않은 것은? ▸23년 국가직 7급

① 재무정보가 과거 평가에 대해 피드백을 제공한다면(과거 평가를 확인하거나 변경시킨다면) 확인가치를 갖는다.

② 계량화된 정보가 검증가능하기 위해서 단일 점추정치이어야 한다.

③ 측정불확실성이 높은 수준이더라도 그러한 추정이 무조건 유용한 재무정보를 제공하지 못하는 것은 아니다.

④ 완전한 서술은 필요한 기술과 설명을 포함하여 이용자가 서술되는 현상을 이해하는 데 필요한 모든 정보를 포함하는 것이다.

21 유용한 재무정보의 질적 특성 중 보강적 특성에 대한 설명으로 옳지 않은 것은?

▸24년 관세직 9급

① 비교가능성은 이용자들이 항목 간의 유사점과 차이점을 식별하고 이해할 수 있게 하는 질적 특성이며, 일관성과는 구별된다.

② 검증가능성은 정보가 나타내고자 하는 경제적 현상을 충실히 표현하는지를 이용자들이 확인하는 데 도움을 주며, 검증은 간접으로도 이루어질 수 있다.

③ 적시성은 의사결정에 영향을 미칠 수 있도록 의사결정자가 정보를 제때에 이용가능하게 하는 것을 의미한다. 따라서 보고기간 말 후의 모든 정보는 적시성이 없다.

④ 정보를 명확하고 간결하게 분류하고, 특징지으며, 표시하는 것은 정보를 이해가능하게 한다.

3 재무제표와 보고기업, 재무제표 요소

1. 재무제표의 목적

보고기업에 유입될 ① 미래순현금흐름에 대한 전망과 ② 보고기업의 경제적 자원에 대한 경영진의 수탁책임을 평가하는 데 유용한 보고기업의 자산, 부채, 자본, 수익 및 비용에 대한 재무정보를 재무제표이용자들에게 제공하는 것이다.

2. 보고기간

① 재무제표는 특정기간, 즉 보고기간에 대하여 작성되며, 보고기간 말 현재 또는 보고기간 중 존재했던 자산과 부채(미인식된 자산과 부채 포함) 및 자본, 그리고 보고기간의 수익과 비용에 관한 정보를 제공한다.
② 재무제표이용자들이 변화와 추세를 식별하고 평가하는 것을 돕기 위해 재무제표는 최소한 직전 연도에 대한 비교정보를 제공한다.

3. 보고기업

① **보고기업은 재무제표를 작성해야 하거나 작성하기로 선택한 기업을 말한다.**
② 보고기업은 단일의 실체이거나 어떤 실체의 일부일 수 있으며, 둘 이상의 실체로 구성될 수도 있다. **보고기업이 반드시 법적 실체일 필요는 없다.**

연결재무제표	보고기업이 지배기업과 종속기업을 합친 경제적 단일 실체일 때
비연결재무제표	보고기업이 지배기업 단독인 경우
결합재무제표	보고기업이 지배·종속관계로 모두 연결되어 있지는 않은 둘 이상의 실체로 구성되는 경우

4. 자산

① 과거사건의 결과로 기업이 통제하는 현재의 경제적 자원이다.
② 경제적 자원이란 경제적 효익을 창출할 잠재력을 지닌 권리를 말한다. 즉, 자산은 경제적 자원 자체이지, 경제적 자원이 창출할 수 있는 경제적 효익의 궁극적인 유입이 아니다.
③ 기업의 모든 권리가 자산이 되는 것은 아니다. 권리가 기업의 자산이 되기 위해서는, 해당 권리가 그 기업을 위해서 다른 모든 당사자들이 이용가능한 경제적 효익을 초과하는 경제적 효익을 창출할 잠재력이 있고, 그 기업에 의해 통제되어야 한다.
④ 기업은 기업 스스로부터 경제적 효익을 획득하는 권리를 가질 수 없다. 예를 들어 기업이 발행한 후 재매입하여 보유하는 채무상품이나 지분상품(자기주식)은 기업의 경제적 자원이 아니다.

⑤ 원칙적으로 기업의 권리 각각은 별도 자산이나, 회계목적상 여러 개의 권리를 단일 자산인 단일 회계단위로 취급하는 경우도 많다.

⑥ **경제적 효익을 창출할 가능성이 낮더라도 권리가 경제적자원의 정의를 충족하면 자산이 될 수 있다.**

5. 부채

① 과거사건의 결과로 기업이 경제적 자원을 이전해야 하는 현재의무이다.

② 의무란 기업이 회피할 수 있는 실제 능력이 없는 책무나 책임을 말하며 법적의무와 의제의무 모두를 포함한다.

③ 경제적 자원의 이전가능성이 낮더라도 의무가 부채의 정의를 충족할 수 있다.

④ 의무의 이행에는 항상 상대방이 존재하나, 상대방의 신원을 알 필요는 없다.

⑤ 새로운 법률이 제정되는 경우에는 그 법률의 적용으로 경제적 효익을 얻게 되거나 조치를 취한 결과로, 기업이 이전하지 않아도 되었을 경제적 자원을 이전해야 하거나 이전하게 될 수도 있는 경우에만 현재의무가 발생한다.

6. 자본

기업의 자산에서 모든 부채를 차감한 후의 잔여지분, 순자산, 소유주지분이다.

7. 수익

자산의 증가 또는 부채의 감소로서 자본의 증가를 가져오며, 자본청구권 보유자의 출자와 관련된 것은 제외한다.

8. 비용

자산의 감소 또는 부채의 증가로서 자본의 감소를 가져오며, 자본청구권 보유자에 대한 분배와 관련된 것은 제외한다.

22 자산은 '과거사건의 결과로서 기업이 통제하고 있는 현재의 경제적 자원'으로 정의되는데 이에 대한 설명으로 옳지 않은 것은? ▸18년 국가직 9급

① 과거사건의 결과라는 것은 미래에 발생할 것으로 예상되는 거래나 사건만으로는 자산을 인식하지 않는다는 것을 의미한다.

② 미래경제적효익은 직접 혹은 간접으로 기업의 미래현금흐름창출에 기여하는 잠재력을 의미한다.

③ 기업이 통제하고 있다는 것은 자산으로부터 발생하는 미래경제적효익을 해당 기업만이 누릴 수 있어야 한다는 것을 의미한다.

④ 경제적 효익에 대한 기업의 통제력은 일반적으로 법률적 권리로부터 나오므로 법적인 소유권이 없으면 자산으로 인식할 수 없다는 것을 의미한다.

23 재무보고를 위한 개념체계 중 부채에 대한 설명으로 옳지 않은 것은? ▸19년 국가직 9급

① 과거사건으로 생긴 현재의무를 수반하더라도 금액을 추정해야 한다면 부채가 아니다.

② 부채의 특성상 의무는 정상적인 거래실무, 관행 또는 원활한 거래관계를 유지하거나 공평한 거래를 하려는 의도에서 발생할 수도 있다.

③ 부채에 있어 의무는 일반적으로 특정 자산이 인도되는 때 또는 기업이 자산획득을 위한 취소불능약정을 체결하는 때 발생한다.

④ 부채의 특성상 의무는 구속력 있는 계약이나 법규에 따라 법률적 강제력이 있을 수 있다.

24 부채의 정의에 대한 설명으로 옳은 것은? ▸21년 국가직 7급

① 의무는 항상 다른 당사자(또는 당사자들)에게 이행해야 하며, 다른 당사자(또는 당사자들)는 사람이나 또 다른 기업, 사람들 또는 기업들의 집단, 사회 전반이 될 수 있는데, 의무를 이행할 대상인 당사자(또는 당사자들)의 신원을 반드시 알아야 한다.

② 기업이 실무 관행, 공개한 경영방침, 특정 성명(서)과 상충되는 방식으로 행동할 실제 능력이 없는 경우, 기업의 그러한 실무 관행, 경영방침이나 성명(서)에서 의무가 발생할 수도 있다.

③ 의무에는 기업이 경제적 자원을 다른 당사자(또는 당사자들)에게 이전하도록 요구받게 될 잠재력이 있어야 하며, 그러한 잠재력이 존재하기 위해서는 기업이 경제적 자원의 이전을 요구받을 것이 확실하거나 그 가능성이 높아야 한다.

④ 새로운 법률이 제정되는 경우에는 법률제정 그 자체만으로 기업에 현재의무를 부여하기에 충분하다.

25 재무보고를 위한 개념체계에 정의된 (가) ~ (다)에 들어갈 재무제표 요소를 바르게 연결한 것은? ▸ 23년 관세직 9급

일반목적재무보고의 목적에서 논의된 사항	재무제표 요소	정의 또는 설명
재무성과를 반영하는 경제적자원 및 청구권의 변동	(가)	자본의 증가를 가져오는 자산의 증가나 부채의 감소로서, 자본청구권 보유자의 출자와 관련된 것은 제외한다.
	비용	자본의 감소를 가져오는 자산의 감소나 부채의 증가로서, 자본청구권 보유자에 대한 분배와 관련된 것은 제외한다.
청구권	(나)	과거사건의 결과로 기업의 경제적 자원을 이전해야 하는 현재의무
	자본	기업의 자산에서 모든 부채를 차감한 후의 잔여지분
경제적자원	(다)	과거사건의 결과로 기업이 통제하는 현재의 경제적 자원. 경제적 자원은 경제적 효익을 창출할 잠재력을 지닌 권리이다.

	(가)	(나)	(다)
①	자산	부채	수익
②	자산	수익	부채
③	수익	자산	부채
④	수익	부채	자산

26 재무보고를 위한 개념체계에서 보고기업에 대한 설명으로 옳지 않은 것은? ▸ 21년 관세직 9급

① 보고기업은 재무제표를 작성해야 하거나 작성하기로 선택한 기업이다.
② 보고기업은 둘 이상의 실체로 구성될 수도 있다.
③ 보고기업은 반드시 법적 실체와 일치한다.
④ 보고기업이 지배기업과 종속기업으로 구성된다면 그 보고기업의 재무제표를 연결재무제표라고 한다.

27 재무제표와 보고기업에 대한 설명으로 옳지 않은 것은? ▸ 21년 국가직 7급

① 보고기업은 단일의 실체이거나 어떤 실체의 일부일 수 있으며, 둘 이상의 실체로 구성될 수도 있으므로, 보고기업이 반드시 법적 실체일 필요는 없다.
② 보고기업이 지배기업 단독인 경우 그 보고기업의 재무제표를 '비연결재무제표'라고 부른다.
③ 보고기업이 지배-종속관계로 모두 연결되어 있지는 않은 둘 이상 실체들로 구성된다면, 그 보고기업의 재무제표를 '결합재무제표'라고 부른다.
④ 연결재무제표는 특정 종속기업의 자산, 부채, 자본, 수익 및 비용에 대한 별도의 정보를 제공하기 위해 만들어졌다.

4 인식과 제거

1. 인식

재무제표 요소의 정의에 부합하고 인식기준을 충족하는 항목을 재무상태표나 포괄손익계산
서에 반영하기 위해 포착하는 과정이다.

2. 인식기준

자산이나 부채를 인식하고 이에 따른 결과로 수익, 비용 또는 자본변동을 인식하는 것이 목
적적합하고 충실하게 표현한 정보를 제공하는 경우에만 자산과 부채를 인식한다.

3. 인식기준에 영향을 주는 요인

① 존재불확실성이나 낮은 경제적 효익의 유입(유출)가능성이 목적적합성에 영향을 줄 수
  있으며, 그 이외의 다른 요인이 영향을 줄 수 있다.
② 측정불확실성이 충실한 표현에 영향을 줄 수 있으며, 그 이외의 다른 요인이 영향을 줄
  수도 있다.
③ 원가는 재무보고 결정을 제약하며, 인식에 대한 결정도 제약한다.

4. 제거

자산이나 부채의 전부 또는 일부를 삭제하는 것으로 일반적으로 해당 항목이 더 이상 자산
또는 부채의 정의를 충족하지 못할 때 발생한다.

5 측정

1. 측정

재무제표에 기재하기 위해 화폐금액을 부여하는 것이다(특정 측정기준을 선택하는 것도 포함).
① 역사적원가
  ㉠ 자산을 취득하거나 창출할 때의 역사적 원가는 자산의 취득 또는 창출에 발생한 원가
    의 가치로서, **자산의 취득 또는 창출을 위하여 지급한 대가와 거래원가를 포함한다.**
  ㉡ 부채가 발생하거나 인수할 때의 역사적 원가는 **발생시키거나 인수하면서 수취한 대
    가에서 거래원가를 차감한 가치이다.**
  ㉢ 시장조건에 따른 거래가 아닌 사건의 결과로 자산을 취득하거나 창출할 때 또는 부채
    를 발생시키거나 인수할 때, 역사적 원가로 측정하면 자산과 부채 및 수익이나 비용
    을 충실하게 표현하지 못할 경우 그 자산이나 부채의 현행가치를 최초 인식 시점의
    간주원가로 사용한다.

    ② 현행가치와 달리 역사적 원가는 자산의 손상이나 손실부담에 따른 부채와 관련되는 경우를 제외하고는 가치의 변동을 반영하지 않는다. 자산의 손상이나 부채의 손실부담이 아니더라도 자산과 부채의 역사적 원가는 필요하다면 시간의 경과에 따라 갱신되어야 한다.

    ⑩ 역사적 원가 측정기준을 금융자산과 금융부채에 적용하는 한 가지 방법은 상각후원가로 측정하는 것이다.

② 공정가치

    ㉠ **공정가치는 측정일에 시장참여자 사이의 정상거래에서 자산을 매도할 때 받거나 부채를 이전할 때 지급하게 될 가격이다.**

    ㉡ 공정가치는 활성시장에서 관측되는 가격으로 직접 결정되는 경우도 있고, 현금흐름기준 측정기법을 사용하여 간접적으로 결정되기도 하는데, 현금흐름측정기법은 화폐의 시간가치를 고려하므로 현재가치 측정을 의미한다.

    ㉢ 공정가치는 자산을 취득할 때 발생한 거래원가로 인해 증가하지 않으며 부채를 발생시키거나 인수할 때 발생한 거래원가로 인해 감소하지 않는다.

    ㉣ 공정가치는 자산의 궁극적인 처분이나 부채의 이전 또는 결제에서 발생할 거래원가를 반영하지 않는다.

③ 사용가치와 이행가치

    ㉠ 사용가치는 기업이 자산의 사용과 궁극적인 처분으로 얻을 것으로 기대하는 현금흐름 또는 그 밖의 경제적 효익의 현재가치이다.

    ㉡ 이행가치는 기업이 부채를 이행할 때 이전해야 하는 현금이나 그 밖의 경제적 자원의 현재가치이다.

    ㉢ 사용가치와 이행가치는 미래현금흐름에 기초하기 때문에 자산을 취득하거나 부채를 인수할 때 발생하는 거래원가는 포함하지 않으나, 사용가치와 이행가치에는 기업이 자산을 궁극적으로 처분하거나 부채를 이행할 때 발생할 것으로 기대되는 거래원가의 현재가치가 포함된다.

    ㉣ **사용가치와 이행가치는 시장참여자의 가정보다는 기업 특유의 가정을 반영한다.**

④ 현행원가

    ㉠ **자산 현행원가** : 측정일에 동등한 자산의 원가로 측정일에 지급할 대가와 거래원가를 포함한다.

    ㉡ **부채 현행원가** : 측정일에 동등한 부채에 대해 수취할 수 있는 대가에서 거래원가를 차감한다.

    ㉢ 현행원가는 역사적 원가와 마찬가지로 유입가치이며, 유출가치인 공정가치, 사용가치 또는 이행가치와 다르다.

▼ 측정기준

측정기준	자산	부채
역사적 원가	취득의 대가로 취득 당시에 지급한 대가 + 거래원가	부담하는 의무의 대가로 수취한 대가 − 거래원가
공정가치	측정일에 시장참여자 사이의 정상거래에서 자산을 매도할 때 받게 될 가격	측정일에 시장참여자 사이의 정상거래에서 부채를 이전할 때 지급하게 될 가격
사용가치 (이행가치)	자산의 사용과 궁극적인 처분으로 얻을 것으로 기대하는 현금흐름 또는 그 밖의 경제적 효익의 현재가치	부채를 이행할 때 이전해야 하는 현금이나 그 밖의 경제적 자원의 현재가치
현행원가	측정일에 동등한 자산의 원가로서 측정일에 지급할 대가 + 그 날에 발생할 거래원가	측정일에 동등한 부채에 대해 수취할 수 있는 대가 − 그 날에 발생할 거래원가

28 '재무보고를 위한 개념체계'에 대한 설명으로 옳지 않은 것은? ▶19년 국가직 7급

① 재무제표 요소의 인식이란 재무제표 요소의 정의에 부합하고 인식기준을 충족하는 항목을 재무상태표나 포괄손익계산서에 반영하는 과정을 말한다.
② 일반목적재무보고의 목적은 현재 및 잠재적 투자자, 대여자 및 기타 채권자가 기업에 자원을 제공하는 것에 대한 의사결정을 할 때 유용한 보고기업 재무정보를 제공하는 것이다.
③ 비교가능성, 검증가능성, 중요성 및 적시성은 목적적합하고 충실하게 표현된 정보의 유용성을 보강해 주는 질적 특성이다.
④ 부채의 의무는 정상적인 거래실무, 관행 또는 원활한 거래관계를 유지하거나 공평한 거래를 하려는 의도에서 발생할 수도 있다.

29 '재무보고를 위한 개념체계'에서 재무제표 기본요소의 인식에 대한 설명으로 옳지 않은 것은?

▶21년 지방직 9급

① 특정 자산과 부채를 인식하기 위해서는 측정을 해야 하며 많은 경우 그러한 측정은 추정될 수 없다.
② 자산, 부채 또는 자본의 정의를 충족하는 항목만이 재무상태표에 인식되며 그러한 요소 중 하나의 정의를 충족하는 항목이라고 할지라도 항상 인식되는 것은 아니다.
③ 거래나 그 밖의 사건에서 발생된 자산이나 부채의 최초 인식에 따라 수익과 관련된 비용을 동시에 인식할 수 있다.
④ 경제적 효익의 유입가능성이나 유출가능성이 낮더라도 자산이나 부채가 존재할 수 있다.

30 '재무보고를 위한 개념체계'에서 제시된 '측정'에 대한 설명으로 옳지 않은 것은?

▶ 20년 국가직 7급

① 역사적 원가와는 달리 자산이나 부채의 현행가치는 자산이나 부채를 발생시킨 거래나 그 밖의 사건의 가격으로부터 부분적으로라도 도출되지 않는다.
② 자산의 공정가치는 측정일 현재 동등한 자산의 원가로서 측정일에 지급할 대가와 그날에 발생할 거래원가를 포함한다.
③ 사용가치는 기업이 자산의 사용과 궁극적인 처분으로 얻을 것으로 기대하는 현금흐름 또는 그 밖의 경제적 효익의 현재가치이다.
④ 사용가치와 이행가치는 직접 관측될 수 없으며 현금흐름기준 측정기법으로 결정된다.

31 측정기준에 관한 '재무보고를 위한 개념체계'의 규정으로 옳은 것을 모두 고른 것은?

▶ 20년 서울시 7급

ㄱ. 측정기준은 측정 대상 항목에 대해 식별된 속성으로서 측정기준의 종류에는 역사적 원가, 공정가치 또는 이행가치 등이 있다.
ㄴ. 부채가 발생하거나 인수할 때의 역사적 원가는 발생시키거나 인수하면서 수취한 대가와 거래원가를 포함한 가치이다.
ㄷ. 시장 조건에 따른 거래가 아닌 사건의 결과로 자산을 취득하는 경우 원가를 식별할 수 없다면 그 자산의 현행가치가 최초 인식 시점의 간주원가로 사용된다.
ㄹ. 자산의 공정가치는 자산을 취득할 때 발생한 거래원가로 인해 증가할 수 있다.

① ㄱ, ㄷ
② ㄱ, ㄹ
③ ㄱ, ㄷ, ㄹ
④ ㄴ, ㄷ, ㄹ

32 '재무보고를 위한 개념체계'에서 측정에 대한 설명으로 옳지 않은 것은?　▶ 22년 국가직 9급

① 자산을 취득하거나 창출할 때의 역사적 원가는 자산의 취득 또는 창출에 발생한 원가의 가치로서, 자산을 취득 또는 창출하기 위하여 지급한 대가와 거래원가를 포함한다.
② 사용가치와 이행가치는 시장참여자의 가정보다는 기업 특유의 가정을 반영한다.
③ 공정가치는 부채를 발생시키거나 인수할 때 발생한 거래원가로 인해 감소하며, 부채의 이전 또는 결제에서 발생할 거래원가를 반영한다.
④ 자산의 현행원가는 측정일 현재 동등한 자산의 원가로서 측정일에 지급할 대가와 그 날에 발생할 거래원가를 포함한다.

33 '재무보고를 위한 개념체계'에서 측정기준에 대한 설명으로 옳지 않은 것은? ▸22년 지방직 9급

① 현행가치와 달리 역사적 원가는 자산의 손상이나 손실부담에 따른 부채와 관련되는 변동을 제외하고는 가치의 변동을 반영하지 않는다.

② 현행가치 측정기준은 공정가치, 자산의 사용가치 및 부채의 이행가치, 현행원가를 포함한다.

③ 공정가치로 자산과 부채를 측정하여 제공하는 정보는 예측가치를 가질 수 있다.

④ 사용가치와 이행가치는 기업이 자산을 궁극적으로 처분하거나 부채를 이행할 때 발생할 것으로 기대되는 거래원가의 현재가치를 포함하지 않는다.

34 재무제표 요소의 측정에 대한 설명으로 옳지 않은 것은? ▸24년 국가직 9급

① 역사적 원가 측정치는 적어도 부분적으로 자산, 부채 및 관련 수익과 비용을 발생시키는 거래나 그 밖의 사건의 가격에서 도출된 정보를 사용하여 자산, 부채 및 관련 수익과 비용에 관한 화폐적 정보를 제공한다.

② 현행가치 측정치는 측정일의 조건을 반영하기 위해 갱신된 정보를 사용하여 자산, 부채 및 관련 수익과 비용의 화폐적 정보를 제공한다.

③ 공정가치는 측정일에 시장참여자 사이의 정상거래에서 자산을 매입할 때 지급하거나 부채를 차입할 때 수취하게 될 가격이다.

④ 자산의 현행원가는 측정일 현재 동등한 자산의 원가로서 측정일에 지급할 대가와 그 날에 발생할 거래원가를 포함한다.

35 공정가치 측정에 대한 설명으로 옳지 않은 것은? ▸23년 국가직 7급

① 측정일 현재의 시장에서 자산을 매도하거나 부채를 이전하는 시장참여자 사이의 정상거래에서 자산이나 부채가 교환되는 것으로 가정하여 공정가치를 측정한다.

② 비금융자산의 공정가치를 측정하는 경우에는 시장참여자 자신이 그 자산을 최고 최선으로 사용하거나 최고 최선으로 사용할 다른 시장참여자에게 그 자산을 매도함으로써 경제적 효익을 창출할 수 있는 시장참여자의 능력을 고려한다.

③ 자산이나 부채의 공정가치를 측정하기 위하여 사용하는 주된(또는 가장 유리한) 시장의 가격에는 거래원가를 조정한다.

④ 부채의 공정가치는 불이행위험의 영향을 반영한다.

36 '재무보고를 위한 개념체계'에 대한 설명으로 옳지 않은 것은? ▸ 18년 국가직 7급

① 자본유지개념에서는 자본유지를 위해 필요한 금액을 초과하는 자산의 유입액만이 이익으로 간주될 수 있다.

② 재무자본유지개념에서의 이익은 해당 기간 동안 소유주에게 배분하거나 소유주가 출연한 부분을 제외하고 기말 순자산의 재무적 측정금액(화폐금액)이 기초 순자산의 재무적 측정금액(화폐금액)을 초과하는 경우에만 발생한다.

③ 재무자본유지개념이 불변구매력 단위로 정의된다면 일반물가수준에 따른 가격상승을 초과하는 자산가격의 증가 부분만이 이익으로 간주된다.

④ 재무자본유지개념은 특정한 측정기준의 적용을 요구하지 않으나, 실물자본유지개념을 사용하기 위해서는 순자산을 역사적 원가기준에 따라 측정해야 한다.

37 자본에 대한 설명으로 옳지 않은 것은? ▸ 24년 국가직 9급

① 기업의 자산에서 모든 부채를 차감한 후의 잔여지분이다.

② 자본을 투자된 화폐액 또는 투자된 구매력으로 보는 재무적 개념 하에서 자본은 기업의 순자산이나 지분과 동의어로 사용된다.

③ 재무제표이용자들이 주로 명목상의 투하자본이나 투하자본의 구매력 유지에 관심이 있다면 재무적 개념의 자본을 채택하여야 한다.

④ 자본개념을 실무적으로 적용하는 데 측정의 어려움이 있다면 선택된 자본개념에 따라 이익의 결정 목표가 무엇인지 알 수 없다.

38 다음 자료를 이용하여 (주)한국의 자본을 재무자본유지개념(불변구매력단위)과 실물자본유지개념으로 측정할 때, 20×1년도에 인식할 이익은? (단, 20×1년 중 다른 자본거래는 없다.)

▸ 22년 지방직 9급

구분	20×1년 초	20×1년 말
자산 총계	₩100,000	₩300,000
부채 총계	₩50,000	₩150,000
일반물가지수	100	150
재고자산 단위당 구입가격	₩1,000	₩2,000

	재무자본유지개념(불변구매력단위)	실물자본유지개념
①	₩75,000	₩50,000
②	₩75,000	₩100,000
③	₩100,000	₩50,000
④	₩100,000	₩100,000

04 재무제표 표시

1 재무제표 작성과 표시의 일반원칙

1. 공정한 표시와 「한국채택국제회계기준」의 준수

① 재무제표는 기업의 재무상태, 재무성과 및 현금흐름을 공정하게 표시해야 한다.

② 「한국채택국제회계기준」에 따라 작성된 재무제표는 공정하게 표시된 재무제표로 본다.

③ 부적절한 회계정책은 이에 대하여 공시나 주석 또는 보충 자료를 통해 설명하더라도 정당화될 수 없다.

④ 재무제표가 「한국채택국제회계기준」의 요구사항을 모두 충족한 경우가 아니라면 「한국채택국제회계기준」을 준수하여 작성되었다고 기재하여서는 아니 된다.

2. 계속기업

① 계속기업으로서의 존속능력에 중대한 의문이 제기될 수 있는 사건이나 상황과 관련된 중요한 불확실성을 알게 된 경우, 경영진은 그러한 불확실성을 공시하여야 한다.

② 계속기업의 가정이 적절한지 여부를 평가할 때 경영진은 적어도 보고기간 말로부터 향후 12개월 기간에 대하여 이용가능한 모든 정보를 고려한다.

3. 발생기준 회계

기업은 현금흐름 정보를 제외하고는 발생기준 회계를 사용하여 재무제표를 작성한다.

4. 중요성과 통합표시

① 유사한 항목은 중요성 분류에 따라 재무제표에 구분하여 표시하며, 상이한 성격이나 기능을 가진 항목은 구분하여 표시한다. 다만, 중요하지 않은 항목은 성격이나 기능이 유사한 항목과 통합하여 표시할 수 있다.

② 중요하지 않은 정보일 경우 「한국채택국제회계기준」에서 요구하는 특정 공시를 제공할 필요는 없다.

5. 상계

① 「한국채택국제회계기준」에서 요구하거나 허용하지 않는 한 자산과 부채, 그리고 수익과 비용은 상계하지 않는다.

② 그러나 동일 거래에서 발생하는 수익과 관련 비용의 상계표시가 거래나 그 밖의 사건의 실질을 반영한다면 그러한 거래의 결과는 상계하여 표시한다.

> ㉠ 비유동자산처분손익(처분비용도 상계)
> ㉡ 충당부채와 관련된 비용 중 제3자와의 계약관계에 따라 보전받는 금액
> ㉢ 외환손익 또는 단기매매금융상품에서 발생하는 손익(단, 중요한 경우에는 구분표시)

③ 재고자산에 대한 재고자산평가충당금과 매출채권에 대한 손실충당금과 같은 평가충당금을 차감하여 관련 자산을 순액으로 측정하는 것은 상계표시에 해당하지 않는다.

④ 외환손익 또는 단기매매금융상품에서 발생하는 손익과 같이 유사한 거래의 집합에서 발생하는 차익과 차손은 순액으로 표시한다. 그러나 그러한 차익과 차손이 중요한 경우에는 구분하여 표시한다.

6. 보고빈도

① 전체 재무제표(비교정보를 포함)는 적어도 1년마다 작성한다.

② 실무적인 이유로 어떤 기업은 예를 들어 52주의 보고기간을 선호한다면, 이러한 보고관행을 금지하지 않는다.

7. 비교정보

① 「한국채택국제회계기준」이 달리 허용하거나 요구하는 경우를 제외하고는 당기 재무제표에 보고되는 모든 금액에 대해 전기 비교정보를 공시한다.

② 서술형 정보의 경우는 목적적합하다면 비교정보를 공시한다.

③ 회계정보를 소급 재작성할 경우 당기 말, 전기 말, 전기 초의 세 개의 재무상태표를 공시한다.

8. 표시의 계속성

재무제표 항목의 표시와 분류는 다음의 경우를 제외하고는 매기 동일하여야 한다.

> ① 사업내용의 유의적인 변화나 재무제표를 검토한 결과 다른 표시나 분류방법이 더 적절한 것이 명백한 경우
> ② 「한국채택국제회계기준」에서 표시방법의 변경을 요구하는 경우

---

01 **재무제표의 작성 및 표시에 대한 설명으로 옳지 않은 것은?**   ▶ 17년 국가직 9급

① 경영진은 재무제표를 작성할 때 계속기업으로서의 존속가능성을 평가해야 한다.

② 기업은 현금흐름 정보를 제외하고는 발생기준 회계를 사용하여 재무제표를 작성한다.

③ 중요하지 않은 항목은 성격이나 기능이 유사한 항목과 통합하여 표시할 수 있다.

④ 매출채권에 대해 손실충당금을 차감하여 순액으로 측정하는 것은 상계표시에 해당한다.

02 기업회계기준서 제1001호 '재무제표 표시'에 따른 재무제표 작성 및 표시의 일반원칙으로 옳지 않은 것은? ▸15년 국가직 7급

① 재무제표는 기업의 재무상태, 재무성과 및 현금흐름을 공정하게 표시해야 한다.
② 경영진이 기업을 청산하거나 경영활동을 중단할 의도를 가지고 있는 경우에도 계속기업을 전제로 재무제표를 작성한다.
③ 유사한 항목은 중요성 분류에 따라 재무제표에 구분하여 표시한다.
④ 기업은 현금흐름 정보를 제외하고는 발생기준 회계를 사용하여 재무제표를 작성한다.

03 재무제표 표시에 제시된 계속기업에 대한 설명으로 옳지 않은 것은? ▸20년 지방직 9급

① 경영진은 재무제표를 작성할 때, 계속기업으로서의 존속가능성을 평가하지 않는다.
② 경영진이 기업을 청산하거나 경영활동을 중단할 의도를 가지고 있지 않거나, 청산 또는 경영활동의 중단 외에 다른 현실적 대안이 없는 경우가 아니면 계속기업을 전제로 재무제표를 작성한다.
③ 계속기업으로서의 존속능력에 유의적인 의문이 제기될 수 있는 사건이나 상황과 관련된 중요한 불확실성을 알게 된 경우, 경영진은 그러한 불확실성을 공시하여야 한다.
④ 재무제표가 계속기업의 기준 하에 작성되지 않는 경우에는 그 사실과 함께 재무제표가 작성된 기준 및 그 기업을 계속기업으로 보지 않는 이유를 공시하여야 한다.

04 기업회계기준서 제1001호 '재무제표 표시'에 따른 상계표시의 내용으로 옳지 않은 것은? ▸15년 국가직 7급

① 재고자산에 대한 재고자산평가충당금을 차감하여 관련 자산을 순액으로 상계표시한다.
② 충당부채와 관련된 지출을 제3자와의 계약관계에 따라 보전받는 경우, 해당 지출과 보전받는 금액은 상계하여 표시할 수 있다.
③ 투자자산 및 영업용자산을 포함한 비유동자산의 처분손익은 처분대금에서 그 자산의 장부금액과 관련처분비용을 차감하여 표시한다.
④ 외환손익 또는 단기매매 금융상품에서 발생하는 손익과 같이 유사한 거래의 집합에서 발생하는 차익과 차손이 중요한 경우에는 구분하여 표시한다.

05 「한국채택국제회계기준」에서 제시된 '상계'에 대한 설명으로 옳지 않은 것은?

▶ 21년 지방직 9급

① 외환손익 또는 단기매매 금융상품에서 발생하는 손익과 같이 유사한 거래의 집합에서 발생하는 차익과 차손은 중요성을 고려하지 않고 순액으로 표시한다.
② 확정급여제도의 초과적립액을 다른 제도의 확정급여채무를 결제하는 데 사용할 수 있는 법적으로 집행가능한 권리가 있고, 순액기준으로 확정급여채무를 결제할 의도가 있거나, 동시에 제도의 초과적립액을 실현하고 다른 제도의 확정급여채무를 결제할 의도가 있다면, 확정급여제도와 관련한 자산은 다른 확정급여제도와 관련된 부채와 상계한다.
③ 투자자산 및 영업용자산을 포함한 비유동자산의 처분손익은 처분대가에서 그 자산의 장부금액과 관련처분비용을 차감하여 표시한다.
④ 충당부채와 관련하여 포괄손익계산서에 인식한 비용은 제3자의 변제와 관련하여 인식한 금액과 상계하여 표시할 수 있다.

06 '재무제표의 표시'의 일반사항에 대한 설명으로 옳지 않은 것은?

▶ 19년 국가직 7급

① 계속기업으로서의 존속능력에 유의적인 의문이 제기될 수 있는 사건이나 상황과 관련한 중요한 불확실성을 알게 된 경우, 경영진은 그러한 불확실성을 공시하여야 한다.
② 매출채권에 대한 손실충당금과 같은 평가충당금을 차감하여 관련 자산을 순액으로 측정하는 것은 상계표시에 해당하지 아니한다.
③ 「한국채택국제회계기준」이 달리 허용하거나 요구하는 경우를 제외하고는 당기 재무제표에 보고되는 모든 금액에 대해 전기 비교정보를 표시하며, 서술형 정보는 당기 정보만 표시한다.
④ 기업은 현금흐름 정보를 제외하고는 발생기준 회계를 사용하여 재무제표를 작성한다.

07 재무제표 표시에 대한 설명으로 옳지 않은 것은?

▶ 19년 지방직 9급

① 재무제표의 목적은 광범위한 정보이용자의 경제적 의사결정에 유용한 기업의 재무상태, 재무성과와 재무상태변동에 관한 정보를 제공하는 것이다.
② 전체 재무제표는 적어도 1년마다 작성한다. 따라서 보고기간 종료일을 변경하는 경우라도 재무제표의 보고기간은 1년을 초과할 수 없다.
③ 재무제표의 목적을 충족하기 위하여 자산, 부채, 자본, 차익과 차손을 포함한 광의의 수익과 비용, 소유주로서의 자격을 행사하는 소유주에 의한 출자와 소유주에 대한 배분 및 현금흐름 정보를 제공한다.
④ 재무제표는 위탁받은 자원에 대한 경영진의 수탁책임 결과도 보여준다.

08 재무제표 표시에 대한 설명으로 옳지 않은 것은? ▶ 21년 국가직 7급

① 상이한 성격이나 기능을 가진 항목은 구분하여 표시하며, 다만 중요하지 않은 항목은 성격이나 기능이 유사한 항목과 통합하여 표시할 수 있다.

② 재무제표의 표시통화를 천 단위나 백만 단위로 표시할 때 중립성이 제고될 수 있으며, 이러한 표시는 금액 단위를 공시하고 중요한 정보가 누락되지 않는 경우에 허용될 수 있다.

③ 전체 재무제표(비교정보를 포함)는 적어도 1년마다 작성하며, 보고기간종료일을 변경하여 재무제표의 보고기간이 1년을 초과하거나 미달하는 경우 재무제표 해당 기간뿐만 아니라 보고기간이 1년을 초과하거나 미달하게 된 이유와 재무제표에 표시된 금액이 완전하게 비교가능하지는 않다는 사실을 추가로 공시한다.

④ 재무제표 항목의 표시나 분류를 변경하는 경우 실무적으로 적용할 수 없는 것이 아니라면 비교금액도 재분류해야 하며, 비교금액을 재분류할 때 재분류의 성격, 재분류된 개별 항목이나 항목군의 금액, 재분류의 이유를 공시한다(전기 기초 포함).

09 재무제표 표시의 일반사항에 대한 설명으로 옳지 않은 것은? ▶ 23년 국가직 7급

① 「한국채택국제회계기준」에 따라 작성된 재무제표(필요에 따라 추가공시한 경우 포함)는 공정하게 표시된 재무제표로 본다.

② 「한국채택국제회계기준」을 준수하여 재무제표를 작성하는 기업은 그러한 준수 사실을 주석에 명시적으로 기재할 필요는 없다.

③ 거의 모든 상황에서 공정한 표시는 관련 「한국채택국제회계기준」을 준수함으로써 달성된다.

④ 부적절한 회계정책은 이에 대하여 공시나 주석 또는 보충 자료를 통해 설명하더라도 정당화될 수 없다.

10 재무제표 표시에 대한 설명으로 옳지 않은 것은? ▶ 24년 국가직 9급

① 경영진은 재무제표를 작성할 때 계속기업으로서의 존속가능성을 평가해야 한다.

② 기업은 현금흐름 정보를 제외하고는 발생기준 회계를 사용하여 재무제표를 작성한다.

③ 당기 재무제표를 이해하는 데 목적적합하다면 서술형 정보의 경우에도 비교정보를 포함한다.

④ 회계기준에서 표시방법의 변경을 요구하는 경우에도 재무제표의 표시와 분류는 매기 동일하여야 한다.

2 **재무상태표 및 포괄손익계산서 표시방법**

1. 재무상태표 표시방법 : 선택(유동성배열법 강제하지 않음)

① 유동, 비유동 구분표시

㉠ 자산(부채)을 유동자산(부채)과 비유동자산(부채)으로 구분표시

㉡ 이연법인세자산(부채)은 유동자산(부채)으로 분류하지 아니한다.

유동자산	유동부채
• 기업의 정상영업주기 내에 실현될 것으로 예상하거나, 정상영업주기 내에 판매하거나 소비할 의도가 있음 • 주로 단기매매 목적으로 보유 • 보고기간 후 12개월 이내에 실현될 것으로 예상 • 현금이나 현금성자산으로서, 교환이나 부채 상환 목적으로의 사용에 대한 제한 기간이 보고기간 후 12개월 이상이 아님	• 정상영업주기 내에 결제될 것으로 예상 • 주로 단기매매 목적으로 보유 • 보고기간 후 12개월 이내에 결제 예정 • 보고기간 후 12개월 이상 부채의 결제를 연기할 수 있는 무조건의 권리를 가지고 있지 않음

※ 정상영업주기 : 영업활동을 위한 자산의 취득 시점부터 그 자산이 현금이나 현금성 자산으로 실현되는 시점까지 소요되는 기간으로 1년을 초과할 수 있다. 단, 정상영업주기를 명확히 식별할 수 없다면 12개월인 것으로 가정한다.

㉢ 매입채무 그리고 종업원 및 그 밖의 영업원가에 대한 미지급비용과 같은 유동부채는 기업의 정상영업주기 내에 사용되는 운전자본의 일부이므로 보고기간 후 12개월 후에 결제일이 도래한다 하더라도 유동부채로 분류한다.

② 유동성배열법

㉠ 유동성 순서에 따른 표시방법이 신뢰성 있고 더욱 목적적합한 정보를 제공하는 경우 유동성 순서에 따라 표시할 수 있다.

㉡ 유동성배열법을 선택할 경우 모든 자산과 부채를 유동성 순서로 표시한다.

③ 혼합법

신뢰성 있고 더욱 목적적합한 정보를 제공한다면 자산과 부채의 일부는 유동성/비유동성 구분법으로, 나머지는 유동성 순서에 따른 표시방법으로 표시할 수 있다.

2. 차입금 등의 분류

사례	분류
① 보고기간 후 재무제표 발행승인일 전에 장기로 차환하는 약정 또는 지급기일을 장기로 재조정하는 약정이 체결된 경우	유동부채

사례	분류
② 보고기간 말 이전에 장기차입약정을 위반했을 때 대여자가 즉시 상환을 요구할 수 있는 경우 : 보고기간 후 재무제표 발행승인일 전에 대여자가 약정위반을 이유로 상환을 요구하지 않기로 합의	유동부채
③ 기존의 대출계약조건에 따라 보고기간 후 적어도 12개월 이상 부채를 차환할 수 있는 재량권(권리)이 있는 경우 : 보고기간 후 12개월 이내에 만기가 도래	비유동부채
④ 대여자가 보고기간 말 이전에 보고기간 후 적어도 12개월 이상의 유예기간을 주는데 합의하여 그 유예기간 내에 기업이 위반사항을 해소할 수 있고, 또 그 유예기간 동안에는 대여자가 즉시 상환을 요구할 수 없는 경우	비유동부채

3. 포괄손익계산서의 표시

① 포괄손익 = 당기순손익 ± 기타포괄손익

구분	표시방법
영업이익	매출액 – 매출원가 – 판매비와 관리비
계속영업이익	세전금액과 법인세를 구분표시
중단영업이익	세후금액으로 표시
기타포괄이익	재분류조정을 하는 항목과 재분류조정을 하지 않는 항목으로 구분 표시

② 특별손익은 본문과 주석 어디에도 표시하지 않음

③ 표시방법 : 단일의 포괄손익계산서 또는 별개의 보고서 중 선택 가능

단일의 포괄손익계산서	당기순손익과 기타포괄손익을 하나의 보고서로 표시
별개의 포괄손익계산서	당기순이익을 표시하는 보고서는 포괄손익을 표시하는 보고서 바로 앞에 위치

④ 영업손익 이외의 항목을 조정한 조정영업손익을 주석으로 공시할 수 있음

4. 비용의 표시방법 : 성격별 분류와 기능별 분류 중 선택 가능

성격별 분류	기능별 분류
① 비용의 발생원천별로 분류 ② 성격별(감가상각비, 원재료의 구입, 운송비, 광고비 등)로 분류하는 경우 기능별로 재분류하지 않음 ③ 성격별 정보가 미래 현금흐름 예측에는 더 유용한 정보를 제공	① 매출원가법이라고도 함 ② 비용을 역할에 따라 분류 ③ 기능별 분류가 성격별 분류보다 더욱 목적 적합한 정보를 제공할 수 있으나 기능별 배분과정에 자의적 배분과 상당한 정도의 판단이 개입될 가능성이 있음 ④ 기능별로 분류할 경우 비용의 성격에 대한 추가 정보 공시

5. 기타포괄손익 : 후속적으로 재분류되는 손익과 재분류되지 않는 손익으로 구분

후속적으로 당기손익으로 재분류되지 않는 항목	① 재평가잉여금의 변동 ② 순확정급여부채(자산)의 재측정요소 ③ 기타포괄손익 – 공정가치 선택 금융자산의 평가손익(지분상품) ④ FVPL 지정 금융부채의 신용위험 변동에 따른 공정가치평가손익
후속적으로 당기손익으로 재분류되는 항목	① 해외사업장의 재무제표 환산으로 인한 손익 ② 기타포괄손익 – 공정가치 측정 금융자산 평가손익(채무상품) ③ 현금흐름위험회피의 위험회피수단 평가손익 중 위험회피에 효과적인 부분

① 기타포괄손익은 당기순이익 다음에 위치한다.
② 기타포괄손익의 표시방법
   ㉠ 기타포괄손익으로 분류되는 항목들은 당기손익으로 재분류되지 않는 항목과 당기손익으로 재분류되는 항목으로 각각 구분하여 포괄손익계산서의 기타포괄손익으로 표시
   ㉡ 재분류조정을 포함한 기타포괄손익의 항목과 관련한 법인세비용 금액은 포괄손익계산서나 주석에 공시한다.

11 **재무제표 표시에 대한 설명으로 옳지 않은 것은?** ▶ 23년 지방직 9급

① 유동성 순서에 따른 표시방법을 적용할 경우 모든 자산과 부채는 유동성의 순서에 따라 표시한다.
② 금융회사와 같은 일부 기업의 경우에는 오름차순이나 내림차순의 유동성 순서에 따른 표시방법으로 자산과 부채를 표시하는 것이 유동/비유동 구분법보다 신뢰성 있고 더욱 목적적합한 정보를 제공한다.
③ 기업이 명확히 식별 가능한 영업주기 내에서 재화나 용역을 제공하는 경우, 재무상태표에 유동자산과 비유동자산 및 유동부채와 비유동부채를 구분하여 표시한다.
④ 기업이 기존의 대출계약조건에 따라 보고기간 후 적어도 12개월 이상 부채를 차환하거나 연장할 것으로 기대하고 있고, 그런 재량권이 있더라도, 보고기간 후 12개월 이내에 만기가 도래한다면 유동부채로 분류한다.

12 재무제표의 작성 및 표시에 대한 설명으로 옳은 것은? ▸16년 서울시 7급

① 재무상태표상 자산과 부채는 반드시 유동성 순서에 따라 표시한다.
② 「한국채택국제회계기준」은 재무제표 및 연차보고서 작성 시 반드시 적용되어야 한다.
③ 매출채권에서 손실충당금을 차감하여 매출채권을 순액으로 표시하는 것은 상계표시에
해당한다.
④ 수익과 비용 어느 항목도 포괄손익계산서상에 특별손익으로 구분하여 표시할 수 없으며,
주석으로 표시하는 것도 금지하고 있다.

13 재무상태표에 대한 설명으로 옳지 않은 것은? ▸20년 국가직 7급

① 기업이 재무상태표에 유동자산과 비유동자산, 그리고 유동부채와 비유동부채로 구분하
여 표시하는 경우, 이연법인세자산(부채)은 유동자산(부채)으로 분류한다.
② 유동성 순서에 따른 표시방법이 신뢰성 있고 더욱 목적적합한 정보를 제공하는 경우를
제외하고는 유동자산과 비유동자산, 유동부채와 비유동부채로 재무상태표에 구분하여
표시한다.
③ 유동자산은 주로 단기매매목적으로 보유하고 있는 자산과 비유동금융자산의 유동성 대
체 부분을 포함한다.
④ 보고기간 후 12개월 이상 결제를 연기할 수 있는 무조건의 권리를 가지고 있지 않으면
유동부채로 분류한다.

14 재무제표 표시 중 포괄손익계산서에 대한 설명으로 옳지 않은 것은? ▸17년 지방직 9급

① 기타포괄손익의 항목(재분류조정 포함)과 관련한 법인세비용금액은 포괄손익계산서나
주석에 공시하지 않는다.
② 기업의 재무성과를 이해하는 데 목적적합한 경우에는 당기손익과 기타포괄손익을 표시
하는 보고서에 항목, 제목 및 중간합계를 추가하여 표시한다.
③ 한 기간에 인식되는 모든 수익과 비용 항목은 「한국채택국제회계기준」이 달리 정하지
않는 한 당기손익으로 인식한다.
④ 기업은 수익에서 매출원가 및 판매비와 관리비(물류원가 등을 포함)를 차감한 영업이익
(또는 영업손실)을 포괄손익계산서에 구분하여 표시한다.

15 포괄손익계산서에 대한 설명으로 옳지 않은 것은?   ▶ 20년 국가직 9급

① 비용을 기능별로 분류하는 기업은 감가상각비, 기타 상각비와 종업원급여비용을 포함하여 비용의 성격에 대한 추가 정보를 공시한다.

② 재분류조정을 주석에 표시하는 경우에는 관련 재분류조정을 반영한 후에 당기손익의 항목을 표시한다.

③ 수익과 비용의 어느 항목도 당기손익과 기타포괄손익을 표시하는 보고서 또는 주석에 특별손익 항목으로 표시할 수 없다.

④ 유형자산재평가잉여금을 이익잉여금으로 대체하는 경우 그 금액은 당기손익으로 인식하지 않는다.

16 재무제표의 표시에 대한 설명으로 옳지 않은 것은?   ▶ 23년 국가직 9급

① 당기손익과 기타포괄손익은 단일의 포괄손익계산서에 두 부분으로 나누어 표시할 수 있지만 당기손익 부분을 별개의 손익계산서로 표시할 수 없다.

② 「한국채택국제회계기준」에 따라 작성된 재무제표(필요에 따라 추가공시한 경우 포함)는 공정하게 표시된 재무제표로 본다.

③ 「한국채택국제회계기준」에서 요구하거나 허용하지 않는 한 자산과 부채 그리고 수익과 비용은 상계하지 아니한다.

④ 재무제표가 「한국채택국제회계기준」의 요구사항을 모두 충족한 경우가 아니라면 주석에 「한국채택국제회계기준」을 준수하여 작성되었다고 기재하여서는 아니 된다.

17 「한국채택국제회계기준」의 내용과 일치하지 않는 것은?   ▶ 09년 국가직 7급

① 정상적인 영업주기 내에 소멸할 것으로 예상되는 매입채무와 미지급비용 등은 재무상태표일로부터 1년 이내에 결제되지 않더라도 유동부채로 분류한다.

② 보고기간 말로부터 1년 이내에 상환되어야 하는 채무는 보고기간 말부터 재무제표 발행승인일 사이에 1년을 초과하여 상환하기로 합의하는 경우 비유동부채로 분류한다.

③ 보고기간 말로부터 1년 이내에 상환기일이 도래하더라도 기존의 차입약정에 따라 보고기간 말로부터 1년을 초과하여 상환할 수 있고, 기업이 그러한 의도가 있는 채무의 경우에는 비유동부채로 분류한다.

④ 장기차입약정을 위반하여 채권자가 즉시 상환을 요구할 수 있는 채무는 재무상태표일과 재무제표 발행승인일 사이에 상환을 요구하지 않기로 합의하더라도 유동부채로 분류한다.

18 유동자산과 유동부채에 대한 설명으로 옳지 않은 것은? ▸18년 국가직 7급

① 기업의 정상영업주기 내에 실현될 것으로 예상하거나, 정상영업주기 내에 판매하거나 소비할 의도가 있는 자산은 유동자산으로 분류한다.
② 보고기간 후 12개월 이내에 실현될 것으로 예상되는 자산은 유동자산으로 분류한다.
③ 보고기간 후 12개월 이상 부채의 결제를 연기할 수 있는 무조건의 권리를 가지고 있지 않은 부채는 유동부채로 분류한다.
④ 매입채무와 같이 기업의 정상영업주기 내에 사용되는 운전자본의 일부항목이라도 보고기간 후 12개월 후에 결제일이 도래할 경우 비유동부채로 분류한다.

19 재무제표 표시에 대한 설명으로 옳지 않은 것은? ▸22년 지방직 9급

① 보고기간말 이전에 장기차입약정을 위반했을 때 대여자가 즉시 상환을 요구할 수 있는 채무는 보고기간 후 재무제표 발행승인일 전에 채권자가 약정위반을 이유로 상환을 요구하지 않기로 합의하더라도 유동부채로 분류한다.
② 기타포괄손익의 항목(재분류조정 포함)과 관련한 법인세비용 금액은 포괄손익계산서나 주석에 공시한다.
③ 비용의 성격별 분류는 기능별 분류보다 재무제표이용자에게 더욱 목적적합한 정보를 제공할 수 있지만 비용을 성격별로 배분하는데 자의적인 배분과 상당한 정도의 판단이 개입될 수 있다.
④ 재분류조정은 포괄손익계산서나 주석에 표시할 수 있으며, 재분류조정을 주석에 표시하는 경우에는 관련 재분류조정을 반영한 후에 기타포괄손익의 항목을 표시한다.

20 재무상태표와 포괄손익계산서에 대한 설명으로 옳지 않은 것은? ▸24년 국가직 9급

① 기업이 재무상태표에 유동자산과 비유동자산, 그리고 유동부채와 비유동부채로 구분하여 표시하는 경우, 이연법인세자산(부채)은 유동자산(부채)으로 분류하지 아니한다.
② 영업주기는 영업활동을 위한 자산의 취득시점부터 그 자산이 현금이나 현금성자산으로 실현되는 시점까지 소요되는 기간이다.
③ 수익과 비용의 어느 항목도 당기손익과 기타포괄손익을 표시하는 보고서 또는 주석에 특별손익 항목으로 표시할 수 없다.
④ 기타포괄손익의 구성요소와 관련된 재분류조정은 공시할 필요가 없다.

21 제조기업인 (주)한국의 20×1년도 자료를 이용하여 영업손익을 계산하면? ▸19년 국가직 9급

• 매출액	₩100,000	• 이자비용	₩5,000
• 이자수익	₩10,000	• 매출원가	₩70,000
• 감가상각비	₩10,000	• 종업원급여	₩5,000
• 기타포괄금융자산평가이익	₩10,000	• 광고선전비	₩5,000

① 영업이익 ₩10,000
② 영업손실 ₩10,000
③ 영업이익 ₩20,000
④ 영업손실 ₩20,000

22 당기순손익과 총포괄손익 간의 차이를 발생시키는 항목을 모두 고른 것은? ▸11년 지방직 9급

ㄱ. 기타포괄금융자산평가이익	ㄴ. 자기주식처분이익
ㄷ. 관계기업투자이익	ㄹ. 현금흐름위험회피 파생상품평가손익
ㅁ. 주식할인발행차금	ㅂ. 해외사업장외화환산손익

① ㄱ, ㄴ, ㄹ
② ㄱ, ㄹ, ㅂ
③ ㄴ, ㄷ, ㅁ
④ ㄹ, ㅁ, ㅂ

23 포괄손익계산서에서 당기순손익과 총포괄손익 간에 차이를 발생시키는 항목은?

▸18년 관세직 9급

① 확정급여제도 재측정요소
② 감자차손
③ 자기주식처분이익
④ 사채상환손실

24 단일 포괄손익계산서를 작성할 때, 당기순손익 산정 이후에 포함될 수 있는 것만을 모두 고른 것은?

▸16년 지방직 9급

> ㄱ. 당기손익-공정가치 측정 금융자산 평가이익
> ㄴ. 기타포괄손익-공정가치 측정 금융자산 평가손실
> ㄷ. 해외사업장 환산외환차이
> ㄹ. 유형자산손상차손
> ㅁ. 확정급여제도의 재측정요소
> ㅂ. 세후 중단영업손익

① ㄱ, ㄴ, ㄹ   ② ㄴ, ㄷ, ㅁ
③ ㄴ, ㄷ, ㅂ   ④ ㄷ, ㅁ, ㅂ

25 비용의 분류에 대한 설명으로 옳지 않은 것은?

▸19년 관세직 9급

① 비용은 빈도, 손익의 발생가능성 및 예측가능성의 측면에서 서로 다를 수 있는 재무성과의 구성요소를 강조하기 위해 세분류로 표시한다.
② 비용을 성격별로 분류하면 기능별 분류로 배분할 필요가 없어 적용이 간단하고 배분의 주관적 판단을 배제할 수 있다.
③ 비용을 기능별로 분류하면 재무제표 이용자에게 더욱 목적적합한 정보를 제공할 수 있지만 비용을 기능별로 배분하는 데에 자의적 판단이 개입될 수 있다.
④ 비용을 성격별로 분류하는 기업은 감가상각비, 종업원급여비용 등을 포함하여 비용의 기능별 분류에 대한 추가 정보를 제공한다.

26 비용의 성격별 분류와 기능별 분류에 대한 설명으로 옳은 것은?

▸18년 국가직 7급

① 비용의 성격별 분류는 기능별 분류보다 재무제표 이용자에게 더욱 목적적합한 정보를 제공할 수 있다.
② 비용의 성격별 분류는 기능별 분류보다 비용을 배분하는 데 자의성과 상당한 정도의 판단이 개입될 수 있다.
③ 비용을 성격별로 분류하는 경우 비용을 기능별 분류로 배분할 필요가 없기 때문에 적용이 간단할 수 있다.
④ 비용의 기능별 분류는 성격별 분류보다 미래현금흐름을 예측하는 데 더 유용하다.

27 주석에 관한 설명으로 옳지 않은 것은?

▶ 20년 관세직 9급

① 「한국채택국제회계기준」에서 요구하는 정보이지만 재무제표 어느 곳에도 표시되지 않는 정보를 제공한다.

② 재무제표 어느 곳에도 표시되지 않지만 재무제표를 이해하는 데 목적적합한 정보를 제공한다.

③ 재무제표의 이해가능성과 비교가능성에 미치는 영향을 고려하여 실무적으로 적용 가능한 한 체계적인 방법으로 표시한다.

④ 재무제표에 첨부되는 서류로 주요 계정과목의 변동을 세부적으로 기술한 보조적 명세서이다.

28 중간재무보고에 관련된 K-IFRS의 설명으로 옳지 않은 것은?

▶ 14년 서울시 9급

① 적시성과 재무제표 작성비용의 관점에서 또한 이미 보고된 정보와의 중복을 방지하기 위하여 중간재무보고서에는 연차재무제표에 비하여 적은 정보를 공시할 수 있다.

② 직전 연차재무보고서를 연결기준으로 작성하였다면 중간 재무보고서도 연결기준으로 작성해야 한다.

③ 직전 연차재무보고서에 이미 보고된 정보에 대한 갱신사항이 상대적으로 경미하다면 중간재무보고서에 주석으로 보고할 필요는 없다.

④ 중요성을 평가하는 과정에서 중간기간의 측정은 연차재무자료의 측정에 비하여 추정에 의존하는 정도가 크다는 점을 고려하여야 한다.

⑤ 연차재무보고서 및 중간재무보고서가 「한국채택국제회계기준」에 따라 작성되었는지는 통합하여 평가한다.

29 중간재무보고에 대한 설명으로 옳지 않은 것은?

▶ 19년 국가직 9급

① 중간재무보고는 6개월, 3개월 등으로 보고기간을 설정할 수 있다.

② 직전 연차 재무보고서를 연결기준으로 작성하였다면 중간재무보고서도 연결기준으로 작성해야 한다.

③ 중간재무보고서는 당해 회계연도 누적기간을 직전 연차보고기간 말과 비교하는 형식으로 작성한 재무상태표를 포함하여야 한다.

④ 중간재무보고서는 당해 회계연도 누적기간을 직전 회계연도의 동일 기간과 비교하는 형식으로 작성한 현금흐름표를 포함하여야 한다.

05 재고자산

1 재고자산의 최초측정

1. 재고자산의 종류
① 상기업 : 상품
② 제조업 : 제품, 재공품, 반제품, 원재료 등

2. 재고자산의 취득원가 : 매입원가, 전환원가 및 재고자산을 현재의 장소와 현재의 상태로 이르게 하는 데 발생한 기타 원가 모두를 포함한다.
① 매입원가 = 매입가격 + 매입부대비용
※ 수입관세와 제세금(추후 환급받을 수 있는 금액 제외), 매입운임, 하역료 및 취득과정에 직접 관련된 기타원가를 가산, 매입할인, 리베이트 및 기타 이와 유사한 항목은 매입원가 결정에서 차감

> ▶ 매출(매입) 할인조건
> 2/10, n/30 : 30일 이내 결제조건으로 10일 이내 변제시 변제금액의 2% 할인

> ▶ 재고자산 취득원가에 포함할 수 없으며 발생기간의 비용으로 인식해야 하는 금액
> ㉠ 재료원가, 노무원가 및 기타 제조원가 중 비정상적으로 낭비된 부분
> ㉡ 후속 생산단계에 투입하기 전에 보관이 필요한 경우 이외의 보관원가
> ㉢ 재고자산을 현재의 장소에 현재의 상태로 이르게 하는데 기여하지 않은 관리간접원가
> ㉣ 판매원가

② 자가제조 : 원재료의 매입원가 + 전환원가(직접노무원가 + 제조간접원가 배부액)

2 기말재고금액

기말재고금액 = 기말재고수량 × 단위원가

1. 기말재고수량

① **계속기록법** : 재고자산의 입고와 출고를 장부에 계속적으로 기록하고, 매출과 동시에 매출원가를 기록한다.

※ 계속기록법 수량결정 = 기초재고 + 당기매입량 − 판매량 = 기말재고수량(장부수량)

② **실지재고조사법** : 결산 시점에 실제로 재고조사를 하여 기말재고수량을 파악한다.

※ 실지재고조사법 수량결정 = 기초재고 + 당기매입량 − 기말실사수량 = 판매량

2. 단위원가 결정방법

① **개별법** : 실제재고에 실제단가(상호 교환될 수 없는 재고 및 특정 프로젝트별로 생산·관리되는 재고에 적용)를 적용하는 방법이다.

② **선택** : 선입선출법, 가중평균법(후입선출법은 「한국채택국제회계기준」에서 허용 안함)
  ㉠ 선입선출법 : 기말재고에는 가장 최근에 매입한 단가가 적용되는 방법이다.
  ㉡ 가중평균법

구분	총평균법	이동평균법
수량계산방법	실지재고조사법	계속기록법
단가계산시점	결산 시점에 1번	상품 매입 시마다
평균단가 계산방법	총평균단가 $= \dfrac{\text{기초재고액} + \text{당기매입액}}{\text{기초재고수량} + \text{당기매입수량}}$ $= \text{판매가능총원가} / \text{판매가능총수량}$	이동평균단가 $= \dfrac{\text{직전재고액} + \text{신규매입액}}{\text{직전재고수량} + \text{신규매입수량}}$

3. 원가흐름가정의 당기순이익 효과(물가상승 시)

기말재고자산   : 선입선출법 > 이동평균법 > 총평균법
매출원가   : 선입선출법 < 이동평균법 < 총평균법
당기순이익(법인세크기) : 선입선출법 > 이동평균법 > 총평균법

※ 단, 구입단가가 하락 시 부등호 방향은 반대가 된다.

4. 매출원가

① **계속기록법** : 판매 시마다 이에 대응되는 매출원가를 직접 기록

② **실지재고조사법** : 기초재고 + 당기매입액 − 기말재고 = 매출원가

③ **매출총이익** = 매출액 − 매출원가

④ **매출액** = 현금매출액 + 외상매출액

매출채권			
기초 매출채권	×××	매출채권 현금회수액	×××
		손상(대손)	×××
당기 외상매출액	×××	기말 매출채권	×××

⑤ **매입액** = 현금매입액 + 외상매입액

매입채무			
매입채무 현금지급액	×××	기초 매입채무	×××
기말 매입채무	×××	당기 외상매입액	×××

01 (주)한국의 2012년도 거래는 다음과 같다. 계속기록법을 적용하였을 경우 매출원가는? (단, 개별법을 적용한다.)

▸13년 국가직 9급

- 1월 1일 전기 이월된 상품은 ₩3,000이다.
- 2월 9일 (주)대한으로부터 상품을 현금으로 구입하였는데, 매입대금 ₩8,000에는 매입운임 ₩1,000이 포함되어 있지 않다.
- 3월 8일 기초상품을 (주)민국에 현금으로 ₩4,000에 판매하였다.
- 7월 9일 (주)대한으로부터 구입한 상품 중 절반을 (주)민국에 외상으로 ₩5,000에 판매하였다.

① ₩7,500
② ₩7,000
③ ₩4,500
④ ₩4,000

02 다음은 (주)한국의 20×1년 상품과 관련된 자료이다. (주)한국이 선입선출법을 적용할 경우, 20×1년 기말재고자산 금액은? (단, 재고자산에 대한 감모 및 평가손실은 발생하지 않았다.)

▸ 23년 국가직 9급

- 기초상품재고액은 ₩5,000(개당 취득원가 ₩500)이다.
- 기중에 상품 100개(개당 매입가격 ₩500)를 매입하였으며, 매입운임으로 개당 ₩50이 지출되었다.
- 기중에 매입한 상품 중 하자가 있어 개당 ₩50의 할인(매입에누리)을 받았다.
- 기중에 상품 50개를 판매하였다.

① ₩25,000   ② ₩30,000

③ ₩35,000   ④ ₩40,000

03 다음은 (주)한국의 재고자산과 관련된 자료이다. 선입선출법으로 평가할 경우 매출총이익은? (단, 재고자산과 관련된 감모손실이나 평가손실 등 다른 원가는 없다.)

▸ 14년 국가직 7급

일자	구분	수량	단가
10월 1일	기초재고	10개	₩100
10월 8일	매입	30개	₩110
10월 15일	매출	25개	₩140
10월 30일	매입	15개	₩120

① ₩850   ② ₩950

③ ₩1,050   ④ ₩1,150

04 (주)갑의 10월 한달 간의 상품매입과 매출에 관한 자료는 아래와 같다. 회사는 실사법에 의해 기말재고수량을 파악하고, 원가흐름에 대한 가정으로 선입선출법을 적용한다. 10월 31일 현재 실사결과 상품재고수량은 100개로 파악되었다. (주)갑의 10월 31일 현재 상품재고액은?

▸ 10년 국가직 9급

일자별	내역	수량	매입(또는 판매)단가	금액
10월 1일	전월이월	100개	₩1,000	₩100,000
10월 10일	매입	300개	₩1,200	₩360,000
10월 11일	매입에누리(10/10 매입)			₩30,000
10월 20일	매출	350개	₩2,000	₩700,000
10월 25일	매입	50개	₩1,300	₩65,000

① ₩65,000
② ₩75,000
③ ₩120,000
④ ₩125,000

05 다음은 (주)한국의 20×1년 상품 매입 및 매출 관련 자료이다. 선입선출법을 적용할 경우, 20×1년도 기말재고자산과 매출총이익을 바르게 연결한 것은? (단, 재고자산 감모 및 평가손실은 발생하지 않았으며, 재고자산 수량결정은 계속기록법에 의한다.)

▸ 22년 국가직 9급

일자	구분	수량	단가
1월 1일	기초재고	20개	₩150
5월 1일	매입	30개	₩200
7월 1일	매출	25개	₩300
9월 1일	매입	20개	₩180
11월 1일	매출	25개	₩320

	기말재고자산	매출총이익
①	₩3,000	₩5,900
②	₩3,000	₩6,500
③	₩3,600	₩5,900
④	₩3,600	₩6,500

06 다음은 (주)대한의 2010년 3월의 재고자산 입고 및 출고에 관한 자료이다. 선입선출법을
적용하는 경우와 총평균법을 적용하는 경우, (주)대한의 2010년 3월 31일 현재 재고자산금
액은?
▸ 11년 지방직 9급

일자별	내역	수량(개)	단가(₩)
3월 1일	월초재고	20	100
3월 7일	매입	20	100
3월 11일	매출	20	150
3월 14일	매입	20	130
3월 27일	매출	20	200
3월 31일	월말재고	20	

	선입선출법	총평균법
①	₩2,200	₩2,200
②	₩2,200	₩2,600
③	₩2,600	₩2,200
④	₩2,600	₩2,600

07 다음은 (주)한국의 2013년 1월의 재고자산 입고 및 판매와 관련된 자료이다. 실지재고조사
법을 사용하고 평균법을 적용할 경우 기말재고액과 매출원가는?
▸ 13년 지방직 9급

일자	입고		판매량
	수량	단가	
1.1	1,000개	₩11	
1.5	1,000개	₩13	
1.10	1,000개	₩15	
1.15			2,500개
1.25	1,000개	₩17	

	기말재고액	매출원가
①	₩21,000	₩31,500
②	₩21,000	₩35,000
③	₩24,500	₩31,500
④	₩24,500	₩35,000

08 다음은 (주)한국의 2015년 1월의 상품매매에 관한 기록이다. 계속기록법에 의한 이동평균법으로 상품거래를 기록할 경우 2015년 1월의 매출총이익은? ▸15년 지방직 9급

일자	내역	수량	매입단가	판매단가
1월 1일	전기이월	150개	₩100	
1월 15일	현금매입	50개	₩140	
1월 20일	현금매출	100개		₩150
1월 25일	현금매입	100개	₩150	
1월 28일	현금매출	100개		₩160

① ₩2,000
② ₩4,000
③ ₩7,000
④ ₩9,000

09 다음은 (주)서울의 재고자산과 관련된 자료이다. 재고자산에 대한 원가흐름의 가정으로 선입선출법을 적용하는 경우 평균법을 적용하는 경우 대비 매출원가의 감소액은? (단, 재고자산과 관련된 감모손실이나 평가손실 등 다른 원가는 없으며, (주)서울은 재고자산 매매거래에 대해 계속기록법을 적용한다.) ▸20년 서울시 7급

일자	구분	수량	매입단가
1월 1일	기초재고	100개	₩10
5월 8일	매입	50개	₩13
8월 23일	매출	80개	
11월 15일	매입	30개	₩14

① ₩80
② ₩120
③ ₩200
④ ₩240

10 (주)한국은 재고자산에 대해 가중평균법을 적용하고 있으며, 2016년 상품거래 내역은 다음과 같다. 상품거래와 관련하여 실지재고조사법과 계속기록법을 각각 적용할 경우, 2016년도 매출원가는? (단, 상품과 관련된 감모손실과 평가손실은 발생하지 않았다.) ▸16년 국가직 7급

일자	적요	수량	단가	금액
1/1	기초재고	100개	₩8	₩800
3/4	매입	300개	₩9	₩2,700
6/20	매출	(200개)		
9/25	매입	100개	₩10	₩1,000
12/31	기말재고	300개		

	실지재고조사법	계속기록법
①	₩1,800	₩1,700
②	₩1,750	₩1,700
③	₩1,700	₩1,750
④	₩1,800	₩1,750

11 (주)서울의 2017년 중 상품매매 내역은 다음과 같고, 상품의 회계처리는 실지재고조사법에 따르고 있다. (주)서울의 2017년 상품매출원가는 선입선출법과 평균법의 경우 각각 얼마인가? ▸17년 서울시 7급

일자	거래	수량	1개당 매입단가	금액
2017년 초	–	50개	₩100	₩5,000
3월 1일	매입	100개	₩110	₩11,000
5월 1일	매출	60개	–	–
9월 1일	매입	50개	₩120	₩6,000
10월 1일	매출	90개	–	–

	선입선출법	평균법
①	₩15,000	₩15,500
②	₩15,500	₩15,000
③	₩16,000	₩16,500
④	₩16,500	₩16,000

12 다음은 (주)한국의 20×1년 6월 중 재고자산의 매입 및 매출과 관련된 자료이다. 선입선출법과 가중평균법을 적용한 매출원가는? (단, 재고수량 결정은 실지재고조사법에 따른다.)

▸ 21년 지방직 9급

구분	수량 ×	단가 =	금액
기초재고(6월 1일)	12	₩100	₩1,200
당기매입:			
6월 10일	20	₩110	₩2,200
6월 15일	20	₩130	₩2,600
6월 26일	8	₩150	₩1,200
판매가능액	60		₩7,200
당기매출:			
6월 12일	24		
6월 25일	20		
기말재고(6월 30일)	16		

	선입선출법	가중평균법		선입선출법	가중평균법
①	₩4,960	₩5,014	②	₩4,960	₩5,280
③	₩5,560	₩5,014	④	₩5,560	₩5,280

13 (주)한국의 6월 중 재고자산 거래가 다음과 같을 때 이에 대한 설명으로 옳지 않은 것은?

▸ 12년 국가직 7급

일자	적요	수량	단가
6월 1일	월초재고	100개	₩10
6월 9일	매입	300개	₩15
6월 16일	매출	200개	₩25
6월 20일	매입	100개	₩20
6월 28일	매출	200개	₩30

① 회사가 총평균법을 사용할 경우 매출원가는 ₩6,000이다.
② 회사가 선입선출법을 사용할 경우 월말재고자산금액은 ₩2,000이다.
③ 총평균법을 사용할 경우보다 이동평균법을 사용할 경우 순이익이 더 크다.
④ 계속기록법과 선입선출법을 사용할 경우보다 실지재고조사법과 선입선출법을 사용할 경우 매출원가가 더 크다.

14 재고자산의 회계처리에 대한 설명으로 옳지 않은 것은? ▸18년 지방직 9급

① 재고자산의 취득 시 구매자가 인수운임, 하역비, 운송기간 동안의 보험료 등을 지불하였다면, 이는 구매자의 재고자산의 취득원가에 포함된다.

② 위탁상품은 수탁기업의 판매 시점에서 위탁기업이 수익으로 인식한다.

③ 재고자산의 매입단가가 지속적으로 하락하는 경우, 선입선출법을 적용하였을 경우의 매출총이익이 평균법을 적용하였을 경우의 매출총이익보다 더 높게 보고된다.

④ 재고자산의 매입단가가 지속적으로 상승하는 경우, 계속기록법 하에서 선입선출법을 사용할 경우와 실지재고조사법 하에서 선입선출법을 사용할 경우의 매출원가는 동일하다.

15 다음의 자료를 이용하여 손익계산서에 나타낼 매출총이익은? ▸09년 지방직 9급

• 기초상품재고액	₩120,000	• 기말상품재고액	₩150,000
• 총매입액	₩620,000	• 매출할인	₩30,000
• 매입에누리	₩40,000	• 총매출액	₩950,000

① ₩360,000   ② ₩370,000

③ ₩400,000   ④ ₩440,000

16 (주)대한의 2010 회계연도의 매출 및 매입 관련 자료에 대한 설명으로 옳은 것은?

▸11년 국가직 9급

• 총매출액	₩1,000	• 총매입액	₩700
• 기초재고	₩400	• 기말재고	₩300
• 매출환입	₩100	• 매입에누리	₩100
• 매출할인	₩100	• 매입할인	₩100
• 매입운임	₩100		

① 순매출액은 ₩900이다.   ② 순매입액은 ₩800이다.

③ 매출원가는 ₩700이다.   ④ 매출총이익은 ₩200이다.

17 (주)한국은 2016년 1월 1일 영업을 개시하였다. 2016년 12월 31일 회계자료가 다음과 같을 때, 2016년도 매출총이익은? ▸ 16년 국가직 7급

• 매출총액	₩200,000	• 매입에누리	₩1,000
• 임차료	₩5,000	• 매입총액	₩100,000
• 매출운임	₩5,000	• 급여	₩15,000
• 매입운임	₩10,000	• 매출할인	₩5,000
• 매입할인	₩1,000	• 이자수익	₩10,000
• 기말상품재고	₩15,000	• 기계처분손실	₩2,000

① ₩102,000 ② ₩112,000

③ ₩122,000 ④ ₩132,000

18 다음은 (주)한국의 신용거래 및 대금회수 자료이다. 11월에 유입된 현금은? ▸ 13년 국가직 9급

- 11월 8일 한국상사에 상품 ₩50,000을 외상판매하였다.
- 11월 10일 대금의 50%가 회수되었다.
- 11월 30일 대금의 20%가 회수되었다.(단, 외상매출에 대한 신용조건은 5/10, n/30이다.)

① ₩32,950 ② ₩33,750

③ ₩34,250 ④ ₩34,750

19 상품매매기업인 (주)우리의 결산 시점에서 각 계정의 잔액이 다음과 같을 때 매출원가와 매출총이익은?

▸ 14년 지방직 9급

• 기초재고	₩48,000	• 당기총매입	₩320,000
• 매입에누리	₩3,000	• 매입할인	₩2,000
• 매입운임	₩1,000	• 매입환출	₩4,000
• 당기총매출	₩700,000	• 매출할인	₩16,000
• 매출에누리	₩18,000	• 매출환입	₩6,000
• 매출운임	₩1,000	• 광고비	₩39,000
• 급여	₩60,000	• 수선유지비	₩5,000
• 기말재고	₩30,000		

	매출원가	매출총이익
①	₩329,000	₩331,000
②	₩330,000	₩330,000
③	₩332,000	₩328,000
④	₩338,000	₩362,000

20 다음 (주)한국의 20×1년 자료를 이용한 매출총이익과 영업이익을 바르게 연결한 것은?

▸ 22년 관세직 9급

• 기초상품재고액	₩10,000	• 기말상품재고액	₩12,000
• 당기상품총매입액	₩20,000	• 매입운임	₩2,000
• 매입에누리	₩1,000	• 매입환출	₩600
• 매입할인	₩400	• 당기상품총매출액	₩27,000
• 판매운임	₩2,500	• 매출에누리	₩1,800
• 매출환입	₩1,200	• 매출할인	₩500
• 판매사원 급여	₩1,000		

	매출총이익	영업이익
①	₩5,500	₩2,000
②	₩5,500	₩4,500
③	₩8,000	₩4,500
④	₩8,000	₩7,000

www.pmg.co.kr

21 다음 자료를 이용하여 기초상품재고액을 계산하면? ▶ 16년 지방직 9급

• 총매출액	₩300,000	• 매출에누리	₩20,000
• 총매입액	₩210,000	• 매입할인	₩10,000
• 매출총이익	₩100,000	• 기말상품재고액	₩55,000

① ₩15,000 ② ₩25,000
③ ₩35,000 ④ ₩45,000

22 (주)한국의 수정전시산표의 각 계정잔액이 다음과 같다. 매출총이익이 ₩2,000일 때, 총매입액은? ▶ 20년 국가직 9급

매출관련 자료		매입관련 자료	
총매출	₩11,000	총매입	?
매출에누리	₩1,000	매입에누리	₩800
매출운임	₩300	매입운임	₩200
재고관련 자료			
기초재고	₩600		
기말재고	₩500		

① ₩8,500 ② ₩8,600
③ ₩8,700 ④ ₩8,800

23 다음은 (주)한국의 기말 회계자료 중 일부이다. 포괄손익계산서에 보고될 매출액은? ▶ 13년 국가직 9급

• 기초상품재고액	₩240	• 당기상품매입액	₩400
• 기말상품재고액	₩220	• 당기현금매출액	₩100
• 매출총이익	₩180	• 기초매출채권	₩160
• 매출채권회수액	₩520		

① ₩500 ② ₩600
③ ₩700 ④ ₩800

24 다음은 (주)갑의 2009년도 회계자료의 일부이다. (주)갑의 2009년도 매출과 매입은 모두 외상으로 거래되었다. (주)갑의 2009년도 손익계산서에 보고될 매출총이익은?

▸ 09년 관세직 9급

• 기초매출채권	₩400,000	• 기말매출채권	₩750,000
• 기초매입채무	₩300,000	• 기말매입채무	₩400,000
• 기초상품재고액	₩150,000	• 매출채권회수액	₩1,235,000
• 기말상품재고액	₩300,000	• 매입채무지급액	₩1,270,000

① ₩345,000 ② ₩355,000
③ ₩365,000 ④ ₩375,000

25 다음 자료를 기초로 (주)한국의 2007년 12월 31일 기말의 외상매출금을 구하면 얼마인가?

▸ 07년 국가직 7급

• 전기이월 외상매출금	₩400,000
• 2007년 중 외상매출금 회수액	₩1,300,000
• 2007년 중 현금매출액	₩250,000
• 2007년 초 기초상품재고액	₩600,000
• 2007년 말 기말상품재고액	₩550,000
• 2007년 중 상품매입액	₩1,000,000
• 2007년도 매출총이익	₩450,000

① ₩250,000 ② ₩350,000
③ ₩450,000 ④ ₩550,000

26 다음은 20×1년 (주)한국의 재무제표와 거래 자료 중 일부이다.

• 기초매입채무	₩4,000	• 기초상품재고	₩6,000
• 기말매입채무	₩6,000	• 기말상품재고	₩5,500
• 현금지급에 의한 매입채무 감소액	₩17,500	• 매출총이익	₩5,000

20×1년 손익계산서상 당기매출액은?

▸ 21년 관세직 9급

① ₩24,000 ② ₩25,000
③ ₩26,000 ④ ₩27,000

27 다음은 (주)한국의 상품 매입 및 매출 관련 자료이다. 매출총이익은? (단, 상품의 매입과 매출은 신용으로만 이루어진다.)

▸ 13년 국가직 7급

• 기초 매출채권	₩120,000	• 기말 매입채무	₩130,000
• 기말 매출채권	₩80,000	• 당기 매입관련 현금지급액	₩570,000
• 당기 매출관련 현금회수액	₩890,000	• 기초 상품재고	₩70,000
• 기초 매입채무	₩80,000	• 기말 상품재고	₩90,000

① ₩210,000

② ₩250,000

③ ₩340,000

④ ₩400,000

28 (주)대한의 기초 및 기말 재무상태표의 매출채권 잔액은 각각 ₩1,000,000과 ₩2,000,000 이고, 기초 매출채권 중 절반이 당기 중에 현금으로 회수되었다. (주)대한의 당기 매출원가 및 매출총이익율이 각각 ₩7,500,000과 25%인 경우에 (주)대한의 당기 매출액 중 현금 회수액은?

▸ 19년 국가직 7급

① ₩7,000,000

② ₩7,500,000

③ ₩8,000,000

④ ₩8,500,000

29 다음 자료를 이용한 당기 매입채무 현금지급액은?

▸ 24년 국가직 9급

• 당기 매출액	₩200	• 기초 매입채무	₩50
• 기초 상품재고액	₩30	• 기말 매입채무	₩60
• 기말 상품재고액	₩20	• 매출총이익률	20%
• 당기 매입액 중 외상매입 비율	60%		

① ₩80

② ₩90

③ ₩140

④ ₩150

3 **기말재고 포함 여부**

1. 기말재고 포함 여부 결정(원가로 가산)

구분		재고 포함 여부
① 미착품(운송 중인 상품)	선적지 인도조건	구매자 재고에 포함
	도착지 인도조건	판매자 재고에 포함
② 위탁판매(적송품)		수탁자 보관분은 위탁자의 재고자산에 포함
③ 시용품(시용판매)		매입의사 표시하지 않은 금액은 기말재고금액에 포함
④ 담보제공자산		차입자의 기말재고자산에 포함
⑤ 할부판매		판매로 보아 재고자산에 포함하지 않음
⑥ 재구매조건부판매		실질이 담보제공으로 보아 담보제공자의 재고에 포함

30 재고자산에 대한 설명으로 옳은 것은? ▸17년 관세직 9급

① 기초재고자산 금액과 당기매입액이 일정할 때, 기말재고자산 금액이 과대계상될 경우 당기순이익은 과소계상된다.

② 선입선출법은 기말에 재고로 남아있는 항목은 가장 최근에 매입 또는 생산된 항목이라고 가정하는 방법이다.

③ 실지재고조사법을 적용하면 기록유지가 복잡하고 번거롭지만 특정 시점의 재고자산 잔액과 그 시점까지 발생한 매출원가를 적시에 파악할 수 있는 장점이 있다.

④ 도착지 인도기준에 의해서 매입이 이루어질 경우, 발생하는 운임은 매입자의 취득원가에 산입하여야 한다.

31 (주)갑의 2009년 12월 31일 현재 실제재고액은 ₩100,000이다. 실제재고액에는 다음과 같은 사항이 반영되지 않았으며, 주어진 금액은 모두 원가이다.

> • 2009년 12월 29일 FOB 선적지 인도조건으로 구입한 상품 ₩15,000이 12월 31일 현재 운송 중에 있다.
> • 2009년 12월 26일 FOB 도착지 인도조건으로 판매한 상품 ₩20,000이 12월 31일 현재 운송 중에 있다.
> • 위탁판매분 중 수탁자가 12월 31일까지 판매하지 못한 위탁품 ₩30,000이 있다.
> • 시용판매분 중 고객이 12월 31일까지 매입의사를 표시하지 않은 시송품 ₩20,000이 있다.

위 사항을 모두 반영할 경우 2009년 12월 31일 올바른 재고자산은?   ▸ 09년 국가직 9급

① ₩155,000   ② ₩165,000
③ ₩170,000   ④ ₩185,000

32 다음은 (주)한국의 20×1년 1월 1일부터 12월 31일까지 재고자산 관련 자료이다. 20×1년 (주)한국의 매출원가는?   ▸ 20년 국가직 7급

> • 기초 재고자산 ₩200,000
> • 당기 매입액 ₩1,000,000
> • 기말 재고자산 ₩100,000(창고보관분 실사 금액)
> • 미착상품 ₩60,000(도착지 인도조건으로 매입하여 12월 31일 현재 운송 중)
> • 적송품 ₩200,000(이 중 12월 31일 현재 80% 판매 완료)
> • 시송품 ₩60,000(이 중 12월 31일 현재 고객이 매입의사표시를 한 금액 ₩20,000)

① ₩780,000   ② ₩820,000
③ ₩920,000   ④ ₩1,020,000

33 (주)한국의 20×1년 기초재고자산은 ₩100,000, 당기매입액은 ₩200,000이다. (주)한국은 20×1년 12월 말 결산과정에서 재고자산 실사 결과 기말재고가 ₩110,000인 것으로 파악되었으며, 다음의 사항은 고려하지 못하였다. 이를 반영한 후 (주)한국의 20×1년 매출원가는?

▶ 21년 관세직 9급

- 도착지 인도조건으로 매입한 상품 ₩20,000은 20×1년 12월 31일 현재 운송 중이며, 20×2년 1월 2일 도착 예정이다.
- 20×1년 12월 31일 현재 시용판매를 위하여 고객에게 보낸 상품 ₩40,000(원가) 가운데 50%에 대하여 고객이 구매의사를 표시하였다.
- 20×1년 12월 31일 현재 (주)민국에 담보로 제공한 상품 ₩50,000은 창고에 보관 중이며, 재고자산 실사 시 이를 포함하였다.

① ₩170,000
② ₩180,000
③ ₩190,000
④ ₩220,000

34 (주)한국의 2013년 재고자산을 실사한 결과 다음과 같은 오류가 발견되었다. 이러한 오류가 2013년 매출원가에 미치는 영향은? (단, (주)한국은 실지재고조사법을 사용하고 있다.)

▶ 14년 국가직 7급

- (주)한국이 시용판매를 위하여 거래처에 발송한 시송품 ₩1,300,000(판매가격)에 대하여 거래처의 매입의사가 있었으나, 상품의 원가가 (주)한국의 재고자산에 포함되어 있다. 판매가격은 원가에 30%의 이익을 가산하여 결정한다.
- 2013년 중 (주)한국은 선적지 인도기준으로 상품을 ₩1,000,000에 구입하고 운임 ₩100,000을 지급하였는데, 해당 상품이 선적은 되었으나 아직 도착하지 않아 재고자산 실사에 누락되었다.
- 2013년 중 (주)한국은 도착지 인도기준으로 상품을 ₩1,000,000에 구입하고, 판매자가 부담한 운임은 ₩100,000이다. 이 상품은 회사 창고에 입고되었으나, 기말재고자산 실사에 누락되었다.

① ₩1,100,000 과대계상
② ₩1,200,000 과대계상
③ ₩1,100,000 과소계상
④ ₩1,200,000 과소계상

| **4** | **감모손실과 평가손실** |

---

1. 재고자산 감모손실

① 감모손실 = (장부수량 – 실사수량) × 취득원가

② 회계처리 : 감모손실은 당기의 비용으로 인식한다. 감모손실에 대한 비용계정과목은 문제의 단서규정을 토대로 인식한다.

2. 재고자산 평가손실

① 평가손실 = 실사수량 × (취득원가 – 순실현가능가치)

> ▶ 시가자료
> ㉠ 상품, 제품, 재공품 : 순실현가능가치(예상판매가 – 예상판매비용 – 추가가공원가)
> ㉡ 원재료 : 현행대체원가 → 단, 원재료를 가공하여 제품을 만드는 경우, 제품의 순실현가능가치가 원가를 초과하는 경우 평가손실이 발생하지 않았으므로 그 생산에 투입하기 위한 원재료 및 기타소모품은 감액하지 아니한다.
> ㉢ 확정판매계약 : 계약금액

② 재고자산평가손실의 적용 : 항목별 적용이 원칙, 조별은 허용, 총계기준은 불가

③ 회계처리 : 평가손실은 당기의 비용으로 인식한다.

(차) 매출원가 또는 영업외비용　　×××　　　(대) 재고자산평가충당금　　×××

④ 후속처리 : 순실현가능가치는 매년 말 재검토한다. 재검토 결과 평가손실을 발생시킨 사건과 객관적으로 관련되어 있고, 손상이 회복된 증거가 있다면 평가손실을 환입한다. 다만, 평가손실의 환입은 본래의 장부금액을 한도로 한다.

---

35 다음은 (주)한국의 재고자산 관련 자료로서 재고자산감모손실은 장부상 수량과 실지재고 수량과의 차이에 의해 발생한다. 기말상품의 실지재고 수량은?

▶ 20년 지방직 9급

• 기초상품재고액	₩120,000
• 당기매입액	₩900,000
• 장부상 기말상품재고액(단위당 원가 ₩1,000)	₩200,000
• 재고자산감모손실	₩30,000

① 100개　　　　　　　　　　② 140개

③ 170개　　　　　　　　　　④ 200개

36 (주)한국의 20×1년 12월 31일 재고자산 관련 자료는 다음과 같다.

• 장부상 재고수량	5,000개	• 재고자산 단위당 취득원가	₩500/개
• 실지재고 조사수량	4,500개	• 재고자산 단위당 순실현가능가치	₩350/개

(주)한국이 20×1년 12월 31일에 인식해야 할 재고자산감모손실과 재고자산평가손실을 바르게 연결한 것은? ▶22년 관세직 9급

	재고자산감모손실	재고자산평가손실
①	₩175,000	₩175,000
②	₩175,000	₩750,000
③	₩250,000	₩675,000
④	₩250,000	₩750,000

37 다음은 (주)한국의 재고자산 관련 자료이다. 기말상품의 실사수량과 단위당 순실현가능가치는? (단, 재고자산감모손실은 실사수량과 장부상 재고수량의 차이로 인해 발생한 계정이며, 재고자산 평가손실은 취득원가와 순실현가능가치의 차이로 인해 발생한 계정이다.) ▶15년 국가직 7급

• 기초상품재고액(재고자산평가충당금 없음)	₩20,000
• 당기매입액	₩400,000
• 장부상 기말상품재고액(단위당 원가 ₩2,000)	₩200,000
• 재고자산감모손실	₩20,000
• 재고자산평가손실	₩18,000

	기말상품 실사수량	기말상품 단위당 순실현가능가치
①	80개	₩1,800
②	80개	₩2,000
③	90개	₩1,800
④	90개	₩2,000

 www.pmg.co.kr

38 (주)한국의 20×1년 말 재고자산(상품) 관련 자료는 다음과 같다.

• 장부상 재고수량	1,100개	• 실지재고 조사수량	1,000개
• 재고자산감모손실	₩50,000	• 재고자산평가손실	₩40,000

(주)한국의 20×1년 말 재고자산(상품)의 단위당 순실현가능가치는? ▸24년 지방직 9급

① ₩40   ② ₩460

③ ₩500   ④ ₩540

39 재고자산의 저가법 평가와 관련된 기업회계기준서의 설명으로 옳지 않은 것은?

▸10년 국가직 7급

① 판매가능한 상태에 있는 재고자산의 공정가치는 현행원가를 말하며, 제조가 필요한 재고자산의 공정가치는 순실현가능액을 말한다.

② 저가법의 적용에 따라 평가손실을 초래한 상황이 해소되어 새로운 시가가 장부가액보다 상승한 경우, 최초의 장부가액을 초과하지 않는 범위 내에서 평가손실을 환입하고 매출원가에서 차감한다.

③ 저가법에 의한 재고자산 평가는 종목별로 적용하되, 재고항목들이 서로 유사할 경우에는 조별로 적용할 수 있다.

④ 원재료의 현행대체원가가 장부가액보다 낮더라도 원재료를 투입하여 완성할 제품의 시가가 원가보다 높을 때는 원재료에 대하여 저가법을 적용하지 아니한다.

40 재고자산에 대한 설명으로 옳지 않은 것은? ▸24년 국가직 9급

① 재고자산은 취득원가와 순실현가능가치 중 낮은 금액으로 측정하고, 취득원가는 매입원가, 전환원가 및 재고자산을 현재의 장소에 현재의 상태로 이르게 하는 데 발생한 기타원가 모두를 포함한다.

② 재고자산을 순실현가능가치로 감액하는 저가법은 항목별로 적용한다. 그러나 경우에 따라서는 서로 비슷하거나 관련된 항목들을 통합하여 적용하는 것이 적절할 수 있다.

③ 재고자산의 순실현가능가치가 상승한 증거가 명백한 경우 최초의 장부금액을 초과하지 않는 범위 내에서 평가손실을 환입한다. 그 결과 새로운 장부금액은 취득원가와 수정된 순실현가능가치 중 큰 금액이 된다.

④ 순실현가능가치의 상승으로 인한 재고자산 평가손실의 환입은 환입이 발생한 기간의 비용으로 인식된 재고자산 금액의 차감액으로 인식한다.

41 (주)한국의 기말 재고자산평가충당금은?

• 재고자산은 실지재고조사법과 총평균법 적용	
• 기말 재고자산 장부상 취득단가	₩85/개
• 기말 재고자산 현행대체원가	₩74/개
• 기말 재고자산 순실현가치	₩83/개
• 기말 재고자산(장부수량)	480개
• 기말 재고자산(실사수량)	476개
• 기초 재고자산평가충당금	₩0

① ₩0

② ₩340

③ ₩952

④ ₩5,236

42 (주)서울의 2010년도 말 재고자산에 대한 취득원가와 순실현가능가액은 다음과 같으며, 각 상품종목은 서로 유사하거나 관련되어 있지 않다.

상품종목	취득원가	순실현가능가액
상품 1	₩30,000	₩20,000
상품 2	₩40,000	₩30,000
상품 3	₩50,000	₩60,000
합계	₩120,000	₩110,000

(주)서울의 2010년도 기말상품재고액은?

① ₩100,000

② ₩110,000

③ ₩120,000

④ ₩130,000

43 12월 결산법인인 (주)한국은 의약품과 화장품 두 가지 제품을 생산하고 있으며 2008년 말에 이들 두 제품과 관련된 자료는 다음과 같다. 기업회계기준서의 저가법을 적용할 경우 2008년 말 재무상태표에 계상할 재고자산 장부가액의 총액은? (단, 원재료는 각각의 공정과정에 투입되어 해당 제품을 구성하게 된다.) ▸09년 국가직 7급

제품	재고자산	취득원가	순실현가능가액	현행대체원가
의약품	원재료	₩15,000	₩14,000	₩13,000
	재공품	₩32,000	₩30,000	₩31,000
	제품	₩50,000	₩60,000	₩55,000
화장품	원재료	₩10,000	₩9,000	₩8,000
	재공품	₩28,000	₩30,000	₩27,000
	제품	₩35,000	₩33,000	₩34,000

① ₩161,000
② ₩162,000
③ ₩163,000
④ ₩164,000

44 (주)한국의 20×1년 기말재고 관련 자료는 다음과 같으며 품목별로 저가법을 적용한다.

품목	수량	취득원가	예상판매가격	예상판매비용
상품a	2	₩5,000	₩7,000	₩1,500
상품b	3	₩8,000	₩9,000	₩2,000
상품c	2	₩2,500	₩3,000	₩1,000

기초상품재고액은 ₩50,000, 당기총매입액은 ₩1,000,000, 매입할인은 ₩50,000이며, (주)한국은 재고자산평가손실을 매출원가에 포함한다. (주)한국의 20×1년 포괄손익계산서상 매출원가는? ▸19년 국가직 7급

① ₩962,000
② ₩964,000
③ ₩965,000
④ ₩1,050,000

45 (주)한국의 2018년 재고자산 관련 자료는 다음과 같다.

• 기초재고액	₩10,000	• 재고자산 당기순매입액	₩100,000
• 기말 재고자산(장부수량)	100개	• 장부상 취득단가	₩500/개
• 기말 재고자산(실사수량)	90개	• 추정판매가액	₩450/개
• 현행대체원가	₩380/개	• 추정판매수수료	₩50/개

(주)한국은 재고자산감모손실 중 40%를 정상적인 감모로 간주하며, 재고자산평가손실과 정상적 재고자산감모손실을 매출원가에 포함한다. (주)한국이 2018년 포괄손익계산서에 보고할 매출원가는? (단, 재고자산은 계속기록법을 적용하며 기초재고자산의 재고자산평가충당금은 ₩0이다.) ▸ 19년 국가직 9급

① ₩60,000 ② ₩71,000
③ ₩75,000 ④ ₩79,000

46 재고자산평가손실과 정상적 원인에 의한 재고감모손실은 매출원가로, 비정상적인 감모손실은 기타비용으로 보고하는 경우 다음 자료를 토대로 계산한 매출원가는? ▸ 14년 국가직 9급

- 판매가능원가(= 기초재고원가 + 당기매입원가) : ₩78,000
- 계속기록법에 의한 장부상 수량 : 100개
- 실지재고조사에 의해 파악된 기말재고 수량 : 90개
- 재고부족수량 : 40%는 비정상적 원인, 나머지는 정상적 원인에 의해 발생됨
- 기말재고자산의 원가 : ₩100
- 기말재고자산의 순실현가능가치 : ₩90

① ₩69,500 ② ₩69,300
③ ₩68,400 ④ ₩68,600

47 다음은 도 · 소매 기업인 (주)한국의 상품과 관련된 자료이다. 정상적 원인에 의한 재고감모손실은 매출원가로, 비정상적 감모손실은 기타비용으로 보고하는 경우 (주)한국이 당기에 인식해야 할 매출원가는? (단, 재고감모손실의 30%는 비정상적 원인, 나머지는 정상적 원인에 의해 발생되었다.) ▸ 20년 국가직 9급

• 기초상품재고액	₩100,000	• 기말상품재고액(장부금액)	₩220,000
• 당기상품매입액	₩900,000	• 기말상품재고액(실사금액)	₩200,000

① ₩766,000
② ₩786,000
③ ₩794,000
④ ₩800,000

48 다음은 (주)한국의 상품과 관련된 자료이다. (주)한국이 인식해야 할 총비용은? (단, 비정상적인 감모손실은 없다.) ▸ 12년 국가직 7급

• 기초상품재고액	₩100,000
• 당기상품매입액	₩700,000
• 장부상 기말상품재고액(220개, 단가 ₩1,100)	₩242,000
• 기말상품 실제재고수량(200개)	
• 기말상품 개당 순실현가능가치	₩1,000

① ₩558,000
② ₩578,000
③ ₩580,000
④ ₩600,000

49 〈보기〉는 유통업을 영위하는 (주)서울의 20×1년 재고자산에 대한 자료이다. (주)서울은 재고자산의 원가흐름의 가정으로 선입선출법을 적용하며, 저가법으로 평가한다. (주)서울은 20×1년 말 재고자산의 단위당 순실현가능가치를 ₩80으로 추정하였고 재고실사를 통해 정상감모손실 ₩1,000을 인식하였다. (주)서울이 20×1년 재고자산과 관련하여 인식할 당기비용은?

▸ 21년 서울시 7급

일자	내역	수량	금액
1월 1일	기초재고	20개	₩4,000
3월 1일	매입	20개	₩2,000
5월 1일	매입	40개	₩4,000
8월 1일	매출	30개	?

① ₩1,800

② ₩3,200

③ ₩6,800

④ ₩7,000

50 (주)한국의 20×1년 재고자산 관련 자료가 다음과 같을 때, (주)한국의 20×1년 재고자산 매입액은? (단, 재고자산평가손실과 원가성 있는 재고자산감모손실은 포괄손익계산서의 매출원가에 포함한다.)

▸ 23년 지방직 9급

• 기초 재고자산	₩50,000
• 기말 장부상 재고자산 수량	110단위
• 기말 실제 재고자산 수량	100단위
• 기말 장부상 재고자산의 단위당 원가	₩1,000
• 기말 재고자산의 단위당 순실현가능가치	₩950
• 20×1년 포괄손익계산서상 매출원가	₩651,000
• 재고자산감모손실 중 40%는 원가성 없음	

① ₩689,000

② ₩694,000

③ ₩700,000

④ ₩702,000

5 재고자산의 추정

1. 소매재고법(매출가격환원법)

실제원가와 유사한 경우 편의상 사용할 수 있다.

① 소매재고법을 사용할 수 있는 경우 : 이익률이 유사하고, 다품종을 취급하는 유통업

② 기말재고 추정액 = 기말재고(매가) × 원가율

※ 원가율은 달라지지만 기말재고(매가)는 동일하다.

	원가	판매가		판매가
기초재고	×××	×××	순매출액	×××
당기순매입	×××	×××	정상감모	×××
순인상		×××	종업원할인	×××
순인하		(×××)	기말재고	×××
비정상감모	(×××)	(×××)		
합계	×××	×××	합계	×××

③ 원가율

$$\blacktriangleright \text{평균원가율} = \frac{[(\text{원가})\text{기초재고} + \text{당기매입} - \text{비정상감모}]}{[(\text{매가})\text{기초재고} + \text{당기매입} + \text{순인상} - \text{순인하} - \text{비정상감모}]}$$

$$\blacktriangleright \text{선입선출원가율} = \frac{[(\text{원가}) \text{당기매입} - \text{비정상감모}]}{[(\text{매가})\text{당기매입액} + \text{순인상} - \text{순인하} - \text{비정상파손}]}$$

※ 저가기준 원가율은 분모에서 순인하를 차감하지 않음

2. 매출총이익률법

재해, 도난 등 기말재고를 구할 수 없을 때 사용(기준서에서 허용하는 방법은 아님)한다.

기초재고	×××	
+ 당기매입	×××	
− 매출원가	××× ←	① 순매출액 × (1 − 매출총이익률)
		② 순매출액 × [1/(1 + 매출총이익률)]
= 기말재고 추정액	×××	
− 소실 시점의 재고가치, 미착품	×××	
= 재해손실	×××	

3. 회전율, 회수기간

① 매출채권회전율 $= \dfrac{\text{매출액}}{\text{평균매출채권}}$

② 재고자산회전율 $= \dfrac{\text{매출원가}}{\text{평균재고자산}}$

③ 매출채권회수(회전)기간 $= \dfrac{365\text{일}}{\text{매출채권회전율}}$

④ 재고자산회수(회전)기간 $= \dfrac{365\text{일}}{\text{재고자산회전율}}$

⑤ 정상영업주기 = 매출채권회수기간 + 재고자산회수기간

---

51 (주)한국의 2017년도 재고자산과 관련된 자료는 다음과 같다. 선입선출법에 의한 소매재고법을 적용할 경우 기말재고자산 원가는?

▶ 18년 국가직 9급

구분	원가	소매가
기초재고	₩48,000	₩80,000
당기매입	₩120,000	₩160,000
매출	–	₩150,000

① ₩54,000 ② ₩58,500
③ ₩63,000 ④ ₩67,500

---

52 (주)한국은 재고자산평가방법으로 소매재고법을 적용하고 있다. 다음 자료를 이용한 (주)한국의 2017년 매출원가는? (단, 단위원가 결정방법으로 가중평균법을 적용한다.)

▶ 17년 지방직 9급

	원가	매가
2017년 기초재고	₩250,000	₩400,000
2017년 순매입액	₩1,250,000	₩1,600,000
2017년 매입운임	₩100,000	–
2017년 순매출액	–	₩1,800,000

① ₩1,120,000 ② ₩1,160,000
③ ₩1,280,000 ④ ₩1,440,000

53 (주)한국은 재고자산에 대해 저가기준 선입선출소매재고법을 사용하고 있다. 재고자산 관련 자료가 다음과 같을 경우 기말재고자산은?　▶ 23년 국가직 7급

구분	원가	판매가
기초재고	₩10,000	₩20,000
순매입	₩180,000	₩300,000
순인상액	–	₩60,000
순인하액	–	₩10,000
순매출	–	₩250,000

① ₩60,000　② ₩70,000
③ ₩75,000　④ ₩80,000

54 (주)한국은 원가기준 소매재고법을 사용하고 있으며, 원가흐름은 선입선출법을 가정하고 있다. 다음 자료를 근거로 한 기말재고자산 원가는?　▶ 18년 국가직 9급

구분	원가	판매가
기초재고	₩1,200	₩3,000
당기매입액	₩14,900	₩19,900
매출액		₩20,000
인상액		₩270
인상취소액		₩50
인하액		₩180
인하취소액		₩60
종업원할인		₩200

① ₩1,890　② ₩1,960
③ ₩2,086　④ ₩2,235

55 〈보기〉의 자료를 이용하여 계산한 (주)서울의 기말재고 자산의 원가는? ▶21년 서울시 7급

- (주)서울의 재고자산평가방법은 원가기준 가중평균 소매재고법이다.
- (주)서울은 비정상파손품의 원가는 매출원가에 포함하지 않는다.

항목	원가	판매가
기초재고자산	₩1,000	₩1,500
당기매입액	₩20,000	₩24,000
매출액		₩22,000
순인상액		₩1,300
순인하액		₩700
정상파손		₩1,000
비정상파손	₩1,000	₩1,100

① ₩1,500   ② ₩1,600

③ ₩1,700   ④ ₩1,800

56 (주)한국은 선입선출법에 의한 원가기준 소매재고법을 사용하고 있다. 기말재고액(원가)은 ₩1,600이고, 당기매입원가율이 80%인 경우 순인상액(㉠)과 종업원할인(㉡)은?

▶21년 국가직 7급

구분	원가	판매가
기초재고	₩2,000	₩4,000
당기매입액	₩16,000	₩18,000
매출액		₩20,000
순인상액		(㉠)
순인하액		₩1,000
종업원할인		(㉡)

	순인상액(㉠)	종업원할인(㉡)
①	₩1,500	₩1,500
②	₩1,500	₩2,000
③	₩3,000	₩1,500
④	₩3,000	₩2,000

57 (주)한국의 2016년 재고자산 자료가 다음과 같을 때, (주)한국의 2016년 매출액은?

▸ 16년 국가직 9급

• 기초상품재고	₩2,000	• 기말상품재고	₩4,000
• 당기매입액	₩10,000	• 매출원가에 가산되는 이익률	10%

① ₩6,600
② ₩7,200
③ ₩8,000
④ ₩8,800

58 (주)부산은 홍수로 인하여 모든 상품이 유실되었다. 홍수가 발생한 날까지 상품과 관련된 자료는 다음과 같다.

• 기초상품재고액(원가)	₩6,000	• 매출	₩80,000
• 매입	₩53,000	• 매입운임	₩1,600
• 매입환출	₩600		

매출총이익률이 30%인 경우, 홍수로 인하여 유실된 상품은 얼마인가?

▸ 17년 국가직 9급

① ₩4,600
② ₩4,000
③ ₩5,600
④ ₩10,000

59 (주)한국의 20×1년의 상품매출액은 ₩1,000,000이며, 매출총이익률은 20%이다. 20×1년의 기초상품재고액이 ₩50,000이고 당기의 상품매입액이 ₩900,000이라고 할 때, 20×1년 말의 재무상태표에 표시될 기말상품재고액은?

▸ 19년 국가직 9급

① ₩70,000
② ₩100,000
③ ₩150,000
④ ₩180,000

60 다음은 (주)한국의 20×1년 12월 31일 수정전시산표의 일부이다. 20×1년 12월 31일 (주)한국의 창고에 화재가 발생하여 보관 중인 재고자산이 전부 소실되었다. (주)한국의 매출총이익률이 40%인 경우 화재로 인해 소실된 기말재고자산은? (단, (주)한국은 재고자산을 실지재고조사법으로 기록하고 있다) ▸ 23년 국가직 7급

수정전시산표			
• 재고자산	₩100,000	• 매출	₩510,000
• 매입	₩390,000	• 매입에누리와 환출	₩6,000
• 매입운임	₩30,000	• 매입할인	₩14,000
• 매출할인	₩10,000		

① ₩100,000
② ₩120,000
③ ₩180,000
④ ₩200,000

61 20×1년 9월 1일에 (주)한국의 창고에서 화재가 발생하여 재고자산이 일부 소실되었다. 남아있는 재고자산의 순실현가능가치는 ₩3,600이다. 다음의 자료를 이용하여 화재로 인한 재고자산 손실액을 구하면? ▸ 11년 국가직 7급

• 20×1년 초 기초 재고자산	₩25,000
• 20×1년 8월 말까지 재고자산 매입액	₩39,000
• 20×1년 8월 말까지 매입환출 금액	₩4,000
• 20×1년 8월 말까지 총매출액	₩55,000
• 20×1년 8월 말까지 매출할인액	₩3,000
• 매출총이익률	30%

① ₩17,900
② ₩20,000
③ ₩23,600
④ ₩24,000

62 (주)한국은 실지재고조사법을 적용하고 있으며, 20×1년 12월 31일 화재로 인해 창고에 보관하고 있던 재고자산 일부가 소실되었다. (주)한국의 과거 매출총이익률은 25%이고, 20×1년 중 재고자산 거래 내역이 다음과 같을 때, 기말재고자산 추정액은? ▸22년 지방직 9급

• 총매출액	₩215,000	• 총매입액	₩140,000
• 매입환출	₩5,000	• 기초재고자산	₩18,000
• 매출에누리	₩20,000	• 매입할인	₩13,000
• 매입운임	₩10,000	• 매출환입	₩15,000

① ₩5,000

③ ₩15,000

② ₩8,000

④ ₩20,000

63 (주)한국은 상품을 신용에 의해서만 판매하는데, 경리담당자가 판매대금의 회수 과정에서 공금을 횡령하였다. 매출채권의 실제 기말잔액은 ₩50,000이고, 기중에 손상처리된 금액은 없다. (주)한국이 매출원가에 20%를 가산하여 판매가를 결정한다고 할 때, 다음 자료를 이용하여 경리담당자의 횡령액을 계산하면? ▸11년 지방직 9급

• 기초상품재고액	₩20,000	• 매출채권 기초잔액	₩30,000
• 당기상품매입액	₩100,000	• 매출채권 회수보고액	₩40,000
• 기말상품재고액	₩10,000		

① ₩60,000

③ ₩110,000

② ₩72,000

④ ₩122,000

64 (주)우리는 2009년 기말에 감사를 실시한 결과, 회계담당자가 매출채권 회수대금 중 일부를 횡령한 사실을 발견하였다. 감사 결과 기말 매출채권 잔액은 ₩15,000으로 확인되었고, 이 회사는 매출원가에 25%의 이익을 가산한 가격으로 신용판매하고 있다. 다음의 자료를 이용하여 회계담당자가 횡령한 금액을 추정하면? ▸10년 국가직 9급

- 기초상품재고액   ₩30,000
- 당기 매출채권회수금액   ₩100,000
- 기말상품재고액   ₩20,000
- 당기 상품매입액   ₩90,000
- 기초매출채권   ₩10,000

① ₩10,000
② ₩15,000
③ ₩20,000
④ ₩25,000

65 다음은 상품거래와 관련된 자료이다. 매출원가 대비 매출총이익률이 25%인 경우 기말상품재고액은? ▸13년 지방직 9급

- 총매출액   ₩1,755,000
- 총매입액   ₩900,000
- 기초상품재고액   ₩990,000
- 매출에누리   ₩180,000
- 매입에누리   ₩45,000

① ₩461,250
② ₩506,250
③ ₩585,000
④ ₩615,000

66 (주)한국의 재고자산과 관련한 자료가 다음과 같을 때, 홍수로 소실된 상품의 추정원가는? ▸21년 국가직 9급

- 20×1년 1월 1일 기초상품재고액은 ₩250,000이다.
- 20×1년 7월 31일 홍수가 발생하여 ₩150,000의 상품만 남고 모두 소실되었다.
- 20×1년 7월 31일까지 당기상품매입액은 ₩1,300,000이다.
- 20×1년 7월 31일까지 당기매출액은 ₩1,200,000이다.
- (주)한국의 매출총이익률은 20%이다.

① ₩200,000
② ₩260,000
③ ₩440,000
④ ₩590,000

67 (주)서울은 2015년 2월 1일 창고에 화재가 발생하여 재고자산의 대부분이 소실되었다. 실사 결과 화재 후 남은 재고자산이 ₩100,000으로 평가되었다. 회사는 재고자산 수량파악을 위해 실지재고조사법을 사용하고 있으며, 2015년 2월 1일까지 관련 장부기록을 통해 확인된 자료는 다음과 같다. 아래의 자료를 이용하여 계산한 화재로 인한 재고자산의 손실금액은 얼마인가?

▸ 15년 서울시 9급

• 기초재고자산재고액	₩400,000	• 당기매입액	₩1,600,000
• 매입환출 및 에누리액	₩200,000	• 매입할인액	₩100,000
• 당기매출액	₩2,150,000	• 매출환입 및 에누리액	₩150,000
• 매출할인액	₩200,000	• 매출총이익률	25%

① ₩100,000
② ₩150,000
③ ₩200,000
④ ₩250,000

68 다음의 20×1년 재무정보를 이용한 매출총이익은? (단, 회전율 계산시 기초와 기말의 평균값을 이용한다.)

▸ 21년 지방직 9급

• 매출채권회전율	10회	• 재고자산회전율(매출원가 기준)	6회
• 기초매출채권	₩600	• 기초재고자산	₩500
• 기말매출채권	₩400	• 기말재고자산	₩700

① ₩1,000
② ₩1,400
③ ₩1,900
④ ₩2,200

69 다음 자료를 이용한 매출총이익은? (단, 회전율 계산 시 기초와 기말의 평균값을 이용한다.)

▸ 24년 국가직 9급

• 기초 매출채권	₩450	• 기말 매출채권	₩550
• 기초 재고자산	₩360	• 기말 재고자산	₩440
• 매출채권회전율	5회	• 재고자산회전율	4회

① ₩700
② ₩800
③ ₩900
④ ₩1,000

70 (주)한국의 당기 매출은 외상 거래만 있었다고 할 때, 다음 자료를 이용한 활동성 비율분석의 해석으로 옳지 않은 것은? (단, 활동성비율 계산 시 분모는 기초잔액과 기말잔액의 평균금액을 이용하며, 1년을 360일로 계산한다.)

▸ 20년 관세직 9급

매출채권				재고자산			
기초	₩1,000	현금	₩47,000	기초	₩1,000	매출원가	₩25,000
매출액	₩50,000			매입채무	₩20,000		
				현금	₩8,000		

① 매출채권회전율은 20회이다.
② 재고자산회전율은 12회이다.
③ 매출채권의 평균회수기간은 18일이다.
④ 재고자산의 평균판매기간은 36일이다.

71 다음은 상품매매 기업인 (주)한국의 재무비율을 산정하기 위한 자료이다.

• 매출	₩4,500,000	• 매출원가	₩4,000,000
• 기초매출채권	₩150,000	• 기말매출채권	₩450,000
• 기초재고자산	₩240,000	• 기말재고자산	₩160,000

(주)한국은 매출이 전액 외상으로 이루어지며, 재고자산회전율 계산 시 매출원가를 사용할 경우, 매출채권회전율과 재고자산평균처리기간은? (단, 1년은 360일, 회전율 계산 시 기초와 기말의 평균값을 이용한다.)

▸ 21년 국가직 7급

	매출채권회전율(회)	재고자산평균처리기간(일)
①	15	18
②	15	36
③	30	18
④	30	36

72 다음은 (주)한국의 20×1년 11월에 발생한 거래이다.

> • 상품 ₩70,000을 외상으로 매입하다.
> • 원가 ₩70,000의 상품을 ₩100,000에 외상으로 판매하다.

(주)한국은 20×1년 12월에 상품 판매대금 ₩100,000 중 ₩50,000을 회수하였고, 상품의 매입원가 ₩70,000 중 ₩35,000을 현금으로 지급하였다. 현금기준에 의한 20×1년의 순현금유입액과 발생기준에 의한 20×1년의 순이익은?   ▸ 20년 지방직 9급

	현금기준에 의한 20×1년 순현금유입액	발생기준에 의한 20×1년 순이익
①	₩15,000	₩15,000
②	₩15,000	₩30,000
③	₩30,000	₩15,000
④	₩30,000	₩30,000

73 생물자산과 수확물의 인식과 측정에 대한 설명으로 옳지 않은 것은?   ▸ 22년 지방직 9급

① 생물자산에서 수확된 수확물은 수확 시점에 공정가치에서 처분부대원가를 뺀 금액으로 측정하여야 한다.
② 생물자산의 공정가치에서 처분부대원가를 뺀 금액을 산정할 때에 추정 매각부대원가를 차감하기 때문에 생물자산의 최초 인식 시점에 손실이 발생할 수 있다.
③ 생물자산을 최초에 원가에서 감가상각누계액과 손상차손누계액을 차감한 금액으로 측정하고, 그 이후 그러한 생물자산의 공정가치를 신뢰성 있게 측정할 수 있더라도 최초 적용한 측정방법을 변경하지 않는다.
④ 공정가치에서 처분부대원가를 뺀 금액으로 측정하는 생물자산과 관련된 정부보조금에 다른 조건이 없는 경우에는 이를 수취할 수 있게 되는 시점에만 당기손익으로 인식한다.

유형자산

1. 유형자산 정의 및 최초측정

1. 유형자산의 정의
재화나 용역의 생산이나 제공, 타인에 대한 임대 또는 관리활동에 사용할 목적으로 보유하는 물리적 형태가 있는 자산으로서 한 회계기간을 초과하여 사용할 것이 예상되는 자산

2. 유형자산 최초측정 : 원가(제공한 대가의 공정가치)
원가 = 구입가격 – 매입할인 – 리베이트 + 취득 관련 부대비용

3. 취득원가에 포함하는 항목 : 직접관련원가 및 복구원가
① 직접관련원가 : 경영진이 의도하는 방식으로 자산을 가동하는 데 필요한 장소와 상태에 이르게 하는 데 직접 관련된 원가
② 복구원가 : 자산을 해체, 제거하거나 부지를 복구하는데 소요될 것으로 최초에 추정하는 원가

> ① 관세 및 환급 불가능한 취득 관련 세금을 가산하고 매입할인과 리베이트 등을 차감
> ② 경영진이 의도하는 방식으로 자산을 가동하는 데 필요한 장소와 상태에 이르게 하는 데 직접 관련되는 원가
>   ㉠ 유형자산의 매입 또는 건설과 직접적으로 관련되어 발생한 종업원급여
>   ㉡ 설치장소 준비 원가
>   ㉢ 최초의 운송 및 취급 관련 원가
>   ㉣ 설치원가 및 조립원가
>   ㉤ 유형자산이 정상적으로 작동되는지 여부를 시험하는 과정에서 발생하는 원가
>   ㉥ 전문가에게 지급하는 수수료
> ③ 자산을 해체, 제거하거나 부지를 복구하는 데 소요될 것으로 최초에 추정되는 원가

4. 취득원가에 포함하지 않는 항목

> ① 새로운 시설을 개설하는 데 소요되는 원가
> ② 새로운 상품과 서비스를 소개하는 데 소요되는 원가(예 광고 및 판촉활동과 관련된 원가)
> ③ 새로운 지역에서 또는 새로운 고객층을 대상으로 영업을 하는 데 소요되는 원가(예 직원교육훈련비)
> ④ 관리 및 기타 일반간접원가

5. 유형자산의 장부금액에 포함하지 않는 원가

유형자산이 경영진이 의도하는 방식으로 가동될 수 있는 장소와 상태에 이른 후에는 원가를 더 이상 인식하지 않는다. 따라서 유형자산을 사용하거나 이전하는 과정에서 발생하는 원가는 해당 유형자산의 장부금액에 포함하지 않는다.

① 유형자산이 경영진이 의도하는 방식으로 가동될 수 있으나 아직 실제로 사용되지는 않고 있는 경우 또는 가동수준이 완전조업도 수준에 미치지 못하는 경우에 발생하는 원가
② 유형자산과 관련된 산출물에 대한 수요가 형성되는 과정에서 발생하는 가동손실과 같은 초기 가동손실
③ 기업의 영업 전부 또는 일부를 재배치하거나 재편성하는 과정에서 발생하는 원가

---

2 유형자산별 취득원가

1. 일괄취득

각각의 유형자산의 취득원가는 취득한 자산들의 공정시장 가치비율에 따라 안분한다.

2. 건설중인자산

유형자산을 자체 제작 시 제작에 소요된 원가는 건설중인 자산 계정에 집계한 후 완공 시점에 해당 유형자산으로 대체하여 감가상각을 통해 비용처리한다.

※ 감가상각하지 않는 자산 : 토지, 건설중인자산, 매각예정비유동자산, 투자부동산(공정가치모형 적용)

3. 즉시 철거용 건물을 함께 구입한 토지

① 토지원가 : 일괄구입에 들어간 원가전부 토지의 원가 + 즉시철거비 − 고철매각대 + 각종 취득관련 제세금 및 취득부대비용

토지 관련 지출		회계처리
조경공사비용 배수공사비용	내용연수가 영구적	토지의 원가에 가산
	내용연수가 한정	구축물 등으로 인식
진입도로공사비 상하수도공사비	지자체가 유지관리	토지의 원가에 가산
	회사가 유지관리	구축물 등으로 인식

② 토지 구입 시 양도자의 미납된 재산세 부담조건인 경우 재산세를 토지원가에 가산
③ 불가피하게 국공채를 매입 : 매입가격과 국공채 공정가의 차액을 원가에 가산

4. 교환취득

구분		회계처리
상업적 실질이 있을 때	제공한 자산의 공정가치가 더 명백한 경우	교환취득자산의 원가 = 제공한 자산의 공정가치 ± 현금수수액
	취득한 자산의 공정가치가 더 명백한 경우	교환취득자산의 원가 = 취득한 자산의 공정가치 (현금의 수수는 고려하지 않음)
상업적 실질이 없을 때, 모두의 공정가를 알 수 없을 때		교환취득자산의 원가 = 제공한 자산의 장부금액 ± 현금수수액 (손익을 인식할 수 없음)

5. 할부취득

유형자산의 대금지급이 일반적인 신용기간을 초과하여 이연되는 경우 유형자산의 취득 시점의 원가는 현금가격상당액으로 하며, 현금가격상당액과 실제 총지급액과의 차액은 자본화대상이 되는 차입원가가 아닌 한 신용기간에 걸쳐 이자로 인식한다. 만약, 구입 시점과 현금지급 시점간의 기간이 1년 이내인 경우 화폐의 시간가치 효과를 고려하지 않는 실무적 간편법을 적용할 수 있다.

6. 증여 등 무상취득

예외적으로 취득한 자산의 공정가치로 원가를 계상한다.

7. 정부보조금에 의한 취득

정부보조금은 정부보조금에 부수되는 조건의 준수와 보조금 수취에 대한 합리적인 확신이 있을 경우에만 정부보조금을 인식한다.

① **자산차감법(원가차감법)** : 정부보조금을 관련 자산의 장부금액에 차감하여 표시하며 자산의 내용연수에 걸쳐 감가상각비를 감소시키는 방식으로 당기손익에 인식한다.
② **이연수익법** : 정부보조금을 이연수익(부채)으로 표시하며 자산의 내용연수에 걸쳐 체계적이고 합리적인 기준으로 당기손익에 인식한다.

※ 정부보조금효익 = 감가상각비 × (정부보조금 / 감가상각대상금액)

8. 복구의무 있는 취득

① **취득시** : 복구에 소요될 것으로 예상되는 금액의 현재가치상당액을 취득원가에 가산한다.
② **12월 31일** : 감가상각 및 복구충당부채 인식에 따른 이자비용을 인식한다.
  ※ 복구충당부채 이자비용 = 복구충당부채 기초 잔액 × 현행시장이자율
③ **실제 복구 시점** : 복구에 소요될 것으로 예상된 금액과 실제 소요액과의 차액을 복구공사이익(당기이익) 또는 복구공사손실(당기손실)로 인식한다.

01 유형자산에 해당되는 것은?   ▸11년 국가직 7급

① 주택시장의 침체로 인하여 건설회사가 소유하고 있는 미분양 상태의 아파트
② 남해안에서 양식 중인 5년 된 양식장의 참치
③ 해양 천연가스를 발굴하기 위하여 설치한 대형 해양탐사 구조물
④ 시세가 상승할 것으로 예측하여 취득하였으나 아직 사용목적을 결정하지 못한 대도시 외곽의 토지

02 「기업회계기준」에서 규정하고 있는 유형자산의 취득원가 구성항목으로 옳지 않은 것은?

▸09년 지방직 9급

① 설치장소 준비를 위한 지출
② 유형자산의 취득과 관련하여 국채 또는 공채 등을 불가피하게 매입하는 경우 해당 채권의 매입가액
③ 자본화대상인 금융비용
④ 취득세, 등록세 등 유형자산의 취득과 직접 관련된 제세공과금

03 유형자산 취득원가를 인식할 때 경영진이 의도하는 방식으로 자산을 가동하기 위해 필요한 장소와 상태에 이르게 하는 데 직접 관련되는 원가의 예로 옳지 않은 것은? ▸13년 국가직 7급

① 설치장소 준비 원가
② 최초의 운송 및 취급 관련 원가
③ 새로운 시설을 개설하는 데 소요되는 원가
④ 전문가에게 지급하는 수수료

04 유형자산의 원가를 구성하는 것은?   ▸22년 지방직 9급

① 새로운 시설을 개설하는 데 소요되는 원가
② 경영진이 의도한 방식으로 유형자산을 가동할 수 있는 장소와 상태에 이르게 하는 동안에 재화가 생산된다면 그러한 재화를 판매하여 얻은 매각금액과 그 재화의 원가
③ 유형자산이 경영진이 의도하는 방식으로 가동될 수 있으나 아직 실제로 사용되지는 않고 있는 경우 또는 가동수준이 완전조업도 수준에 미치지 못하는 경우에 발생하는 원가
④ 자산을 해체, 제거하거나 부지를 복구하는 데 소요될 것으로 최초에 추정되는 원가

05 유형자산의 취득원가에 대한 설명으로 옳지 않은 것은? ▸16년 국가직 9급

① 지상 건물이 있는 토지를 일괄취득하여 구 건물을 계속 사용할 경우 일괄구입가격을 토지와 건물의 공정가액에 따라 배분한다.

② 토지의 취득 시 중개수수료, 취득세, 등록세와 같은 소유권 이전비용은 토지의 취득원가에 포함한다.

③ 기계장치를 취득하여 기계장치를 의도한 용도로 사용하기 적합한 상태로 만들기 위해서 지출한 시운전비는 기계장치의 취득원가에 포함한다.

④ 건물 신축을 목적으로 건물이 있는 토지를 일괄취득한 경우, 구 건물의 철거비용은 신축 건물의 취득원가에 가산한다.

06 유형자산의 취득원가에 관한 기업회계기준서의 설명으로 옳지 않은 것은? ▸10년 국가직 7급

① 자동차 취득 시 불가피하게 매입하는 국공채의 매입가액과 현재가치평가액의 차액은 해당 자동차의 취득원가에 산입한다.

② 토지를 취득하여 건물을 신축하는 경우, 측량비와 정지비는 토지의 취득원가에 산입하고 건물 기초공사를 위한 굴착비는 신축건물의 취득원가에 산입한다.

③ 건물을 신축하기 위하여 사용 중인 기존건물을 철거하는 경우, 기존건물의 철거비용은 신축건물의 취득원가에 산입한다.

④ 유형자산을 장기후불조건으로 구입하거나, 대금지급기간이 일반적인 신용기간보다 긴 경우 취득원가는 취득 시점의 현금구입가격으로 한다.

07 유형자산에 대한 설명으로 옳지 않은 것은? ▸24년 국가직 9급

① 유형자산의 일상적인 수선·유지와 관련하여 발생하는 원가는 해당 유형자산의 장부금액에 포함하여 인식하지 아니한다.

② 안전 또는 환경상의 이유로 취득하는 유형자산은 다른 자산에서 미래경제적 효익을 얻기 위해 필요한 경우에도 그 자체로는 미래경제적효익을 얻을 수 없으므로 자산으로 인식하지 아니한다.

③ 유형자산으로 인식되기 위해서는 자산으로부터 발생하는 미래경제적효익이 기업에 유입될 가능성이 높아야 한다.

④ 유형자산으로 인식되기 위해서는 자산의 원가를 신뢰성 있게 측정할 수 있어야 한다.

08 유형자산의 회계처리에 대한 설명으로 옳지 않은 것은? ▸14년 국가직 9급

① 주식을 발행하여 유형자산을 취득하는 경우 해당 주식의 발행가액이 액면가액 이상이면 액면가액에 해당되는 금액은 자본금으로, 액면가액을 초과하는 금액은 주식발행초과금으로 계상한다.

② 취득한 기계장지에 대한 취득세와 등록세 및 보유기간 중 발생된 화재보험료는 기계장치의 취득원가에 포함하여 감가상각한다.

③ 건설회사가 보유하고 있는 중장비의 주요 구성부품(예를 들면 궤도, 엔진, 굴삭기에 부착된 삽 등)의 내용연수와 경제적 효익의 소비행태가 다르다면, 해당 구성부품은 별도의 자산으로 계상하고 감가상각할 수 있다.

④ 유형자산의 내용연수가 경과되어 철거하거나 해체하게 될 경우 원상대로 회복시키는 데 소요될 복구비용(현재가치로 할인한 금액)은 유형자산의 취득원가에 포함한다.

09 (주)한국은 공장을 신축하기 위해 토지를 구입하였는데 이 토지에는 사용불가능한 창고건물이 있었다. 다음 자료를 기초로 계산한 토지의 취득원가는? ▸08년 국가직 7급

• 토지의 구입가격	₩500,000
• 토지 구입을 위한 중개인 수수료	₩20,000
• 토지 취득세 및 등기비	₩30,000
• 창고건물 철거비용	₩50,000
• 창고건물 철거 시 발생한 폐기물 처분가액	₩10,000
• 영구적으로 사용가능한 하수도 공사비	₩10,000
• 토지정지비용	₩20,000

① ₩610,000 ② ₩620,000

③ ₩630,000 ④ ₩640,000

10 (주)한국은 20×9년 공장을 신축하기 위해 토지를 취득하였다. 취득한 토지에는 철거예정인 건물이 있었으며 20×9년 관련 자료는 다음과 같다.

• 토지와 건물 일괄 취득가격 ₩1,000,000(토지와 건물의 상대적 공정가치 비율 3 : 1)	
• 토지 취득세 및 등기비용	₩100,000
• 공장신축 전 토지를 운영하여 발생한 수입	₩80,000
• 건물 철거비용	₩50,000
• 건물 철거 시 발생한 폐자재 처분수입	₩40,000
• 영구적으로 사용 가능한 하수도 공사비	₩100,000

(주)한국의 20×9년 토지 취득원가는?

▸19년 국가직 7급

① ₩960,000
③ ₩1,130,000
② ₩1,110,000
④ ₩1,210,000

11 (주)한국은 20×1년 초에 토지를 새로 구입한 후, 토지 위에 새로운 사옥을 건설하기로 하였다. 이를 위해 토지 취득 후 토지 위에 있는 창고건물을 철거하였다. 토지의 취득 후 바로 공사를 시작하였으며, 토지 취득 및 신축 공사와 관련된 지출내역은 다음과 같다. 20×1년 12월 31일 현재 사옥 신축공사가 계속 진행 중이라면 건설중인자산으로 계상할 금액은?

▸21년 국가직 9급

• 토지의 구입가격	₩20,000
• 토지의 구입에 소요된 부대비용	₩1,300
• 토지 위의 창고 철거비용	₩900
• 새로운 사옥의 설계비	₩2,000
• 기초공사를 위한 땅 굴착비용	₩500
• 건설자재 구입비용	₩4,000
• 건설자재 구입과 직접 관련된 차입금에서 발생한 이자	₩150
• 건설 근로자 인건비	₩1,700

① ₩8,200
③ ₩9,100
② ₩8,350
④ ₩9,250

12 20×1년 ㈜한국의 사옥건설을 위해 매입한 토지와 건물신축과 관련된 금액이 다음과 같을 때, 토지의 취득원가는? (단, 토지진입로는 영구적이나 울타리는 내용연수가 5년이다.)

▸ 17년 지방직 9급

내역	금액(₩)
구건물 포함 토지 매입대금	₩3,000
구건물 철거비	₩500
구건물 철거 시 발생한 고철 매각대금	₩300
울타리 공사비	₩1,000
건물을 신축한 건설회사에 지급한 건설원가	₩6,000
토지진입로 공사비	₩1,000
건물 건설 계약금	₩500
토지 취득 시 부담하기로 한 미지급 재산세	₩50
토지 취득 중개수수료	₩100
건축설계비	₩500
신축건물 지정차입금의 건설기간 이자비용	₩100
취득 후 토지분재산세	₩200

① ₩4,350   ② ₩4,500

③ ₩4,550   ④ ₩5,500

13 ㈜한국은 20×1년 초 토지, 건물 및 기계장치를 일괄취득하고 현금 ₩1,500,000을 지급하였다. 취득일 현재 자산의 장부금액과 공정가치가 다음과 같을 때, 각 자산의 취득원가는? (단, 취득자산은 철거 혹은 용도변경 없이 계속 사용한다.)

▸ 19년 국가직 9급

구분	장부금액	공정가치
토지	₩1,095,000	₩1,350,000
건물	₩630,000	₩420,000
기계장치	₩380,000	₩230,000

	토지	건물	기계장치
①	₩1,350,000	₩420,000	₩230,000
②	₩1,095,000	₩630,000	₩380,000
③	₩1,095,000	₩315,000	₩162,500
④	₩1,012,500	₩315,000	₩172,500

14 (주)한국은 2015년 7월 1일 토지와 건물을 ₩2,000,000에 일괄취득하였으며, 취득 당시 토지의 공정가치는 ₩1,000,000, 건물의 공정가치는 ₩1,500,000이었다. 건물의 경우 원가모형을 적용하며, 연수합계법(내용연수 3년, 잔존가치 ₩0)으로 상각한다. 건물에 대해 2016년에 인식할 감가상각비는? (단, 감가상각비는 월할 상각한다.) ▸17년 국가직 9급

① ₩750,000   ② ₩625,000

③ ₩600,000   ④ ₩500,000

15 (주)한국은 2007년 6월 1일에 토지와 건물을 ₩3,000,000에 일괄취득하였다. 취득 시점에서 토지와 건물의 공정가액은 각각 ₩1,200,000과 ₩1,800,000이었다. (주)한국은 취득원가를 상대적 공정가액을 기준으로 배분한다. 건물의 내용연수는 5년, 잔존가치는 취득원가의 10%이며 (주)한국은 건물을 연수합계법으로 감가상각하고자 한다. (주)한국의 2007년도 건물 감가상각비는? (단, 취득연도의 감가상각비는 월할상각에 의한다.) ▸07년 국가직 7급

① ₩540,000   ② ₩600,000

③ ₩315,000   ④ ₩350,000

16 (주)한국은 20×1년 7월 1일에 건물이 정착되어 있는 토지를 ₩900,000에 취득하였다. 취득 과정에서 발생한 수수료는 ₩100,000이었으며, 취득한 건물의 추정내용연수는 10년이다. 취득 시점에서 토지 및 건물의 공정가치는 각각 ₩300,000과 ₩900,000이다. 건물의 잔존가치는 ₩50,000으로 추정하였으며, 감가상각방법은 정액법을 사용하고, 기중 취득자산의 감가상각비는 월할 계산한다. 해당 건물의 20×1년도 감가상각비는 얼마인가? ▸11년 국가직 7급

① ₩31,875   ② ₩35,000

③ ₩42,500   ④ ₩63,750

17 (주)한국은 20×1년 초 차량 A(내용연수 4년, 잔존가치 ₩0, 감가상각방법 연수합계법 적용)를 ₩900,000에 매입하면서 취득세 ₩90,000을 납부하였고, 의무적으로 매입해야 하는 국공채를 액면가 ₩100,000(현재가치 ₩90,000)에 매입하였다. 차량 A를 취득한 후 바로 영업활동에 사용하였을 때, 차량 A와 관련하여 (주)한국이 인식할 20×2년 감가상각비는? ▸19년 지방직 9급

① ₩300,000   ② ₩324,000

③ ₩400,000   ④ ₩432,000

18 (주)서울은 공정가액이 ₩190,000인 신기계장치를 인수하고 현금 ₩60,000과 장부가액이 ₩120,000(취득원가 ₩135,000, 감가상각누계액 ₩15,000)인 구기계장치를 제공하였다. 단, 구기계장치의 공정가액은 ₩130,000이며 교환거래는 상업적 실질이 있다고 가정한다. 신기계장치의 취득원가는 얼마인가?
▶ 17년 서울시 9급

① ₩120,000   ② ₩130,000

③ ₩180,000   ④ ₩190,000

19 (주)대한은 20×1년 1월 1일 컴퓨터 A를 취득하였다(취득원가 ₩2,100,000, 잔존가치 ₩100,000, 내용연수 5년, 정액법 상각). 20×3년 1월 1일 (주)대한은 사용하고 있는 컴퓨터 A를 (주)민국의 신형 컴퓨터 B와 교환하면서 현금 ₩1,500,000을 추가로 지급하였다. 교환 당시 컴퓨터 A의 공정가치는 ₩1,325,450이며, 이 교환은 상업적 실질이 있다. (주)대한이 인식할 유형자산처분손익은?
▶ 18년 지방직 9급

① 처분손실 ₩25,450   ② 처분이익 ₩25,450

③ 처분손실 ₩65,450   ④ 처분이익 ₩65,450

20 (주)민국은 취득원가 ₩500,000, 감가상각누계액 ₩300,000인 기계장치를 보유하고 있다. (주)민국은 해당 기계장치를 제공함과 동시에 현금 ₩50,000을 수취하고 새로운 기계장치와 교환하였다. (주)민국이 보유하고 있던 기계장치의 공정가치가 ₩300,000으로 추정될 때, 교환에 의한 회계처리로 옳지 않은 것은?
▶ 14년 지방직 9급

① 상업적 실질이 있는 경우 새로운 기계장치의 취득원가는 ₩250,000으로 인식한다.

② 상업적 실질이 있는 경우 제공한 기계장치의 처분이익은 ₩50,000으로 인식한다.

③ 상업적 실질이 결여된 경우 새로운 기계장치의 취득원가는 ₩150,000으로 인식한다.

④ 상업적 실질이 결여된 경우 제공한 기계장치의 처분손익은 인식하지 않는다.

21 2014년 1월 1일 (주)한국은 당사의 기계장치 X를 (주)민국의 기계장치 Y와 교환하고, (주)한국은 (주)민국으로부터 현금 ₩100,000을 수령하였다. 각 회사의 기계장치의 장부가액과 공정가치에 대한 정보는 다음과 같다.

구분	기계장치 X	기계장치 Y
장부가액	₩400,000	₩300,000
공정가치	₩700,000	₩600,000

기계장치 X와 기계장치 Y의 교환거래가 상업적 실질이 있는 경우와 상업적 실질이 없는 경우 각각에 대하여 (주)한국이 교환으로 취득한 기계장치 Y의 취득원가를 계산하면?

▸ 15년 국가직 9급

	상업적 실질이 있는 경우	상업적 실질이 없는 경우
①	₩300,000	₩600,000
②	₩500,000	₩200,000
③	₩600,000	₩300,000
④	₩700,000	₩400,000

22 (주)한국은 사용 중인 기계장치 A(장부금액 ₩300,000, 공정가치 ₩150,000)를 (주)대한의 사용 중인 기계장치 B(장부금액 ₩350,000, 공정가치 ₩250,000)와 교환하였으며 공정가치 차액에 대하여 현금 ₩100,000을 지급하였다. 해당 교환거래가 상업적 실질이 존재하는 경우, (주)한국과 (주)대한이 각각 인식할 유형자산처분손실은?

▸ 20년 국가직 7급

	(주)한국	(주)대한
①	₩100,000	₩100,000
②	₩100,000	₩150,000
③	₩150,000	₩100,000
④	₩150,000	₩150,000

23 (주)대한은 2012년 1월 1일에 사용 중인 승용차(취득원가 ₩60,000, 감가상각누계액 ₩20,000)를 공정가치가 ₩75,000인 운반용 트럭과 교환하고 현금 ₩30,000을 지급하였다. 해당 교환거래가 상업적 실질이 있을 때 (주)대한이 인식할 유형자산처분손익은? ▸13년 국가직 7급

① ₩5,000 처분이익   ② ₩5,000 처분손실

③ ₩10,000 처분이익   ④ ₩10,000 처분손실

24 (주)대한은 2016년 7월 1일 기계장치를 (주)민국의 기계장치와 교환하면서 현금 ₩500,000을 추가로 지급하였다. 교환 시점에서 두 기계장치의 공정가치는 명확하였으며, 기계장치에 대한 장부금액과 공정가치는 다음과 같다. (주)대한이 교환 시점에서 인식할 기계장치의 취득원가는? (단, 이 교환거래는 상업적 실질이 있다.) ▸16년 국가직 7급

구분	(주)대한	(주)민국
장부금액	₩2,000,000	₩5,000,000
공정가치	₩2,700,000	₩3,100,000

① ₩2,500,000   ② ₩3,100,000

③ ₩3,200,000   ④ ₩3,600,000

25 20×1년 1월 1일 (주)한국과 (주)대한은 기계장치 A와 기계장치 B를 ₩1,000,000에 각각 취득하였다. 기계장치 A와 기계장치 B에 대한 자료는 다음과 같다.

구분	기계장치 A	기계장치 B
내용연수	4년	4년
잔존가치	₩200,000	₩200,000
감가상각방법	연수합계법	정액법
20×3년 1월 1일 공정가치	₩540,000	₩570,000

20×3년 1월 1일 (주)한국은 기계장치 A를 (주)대한의 기계장치 B와 교환 후 기계장치 B에 대해 정액법(잔존내용연수 2년, 잔존가치 ₩200,000)으로 감가상각하였으며, 20×3년 7월 1일 (주)한국은 기계장치 B를 현금 ₩300,000에 처분하였다. (주)한국의 기계장치 B에 대한 회계처리가 20×3년도 당기순이익에 미치는 영향은? (단, 기계장치는 원가모형을 적용하며, 교환거래는 상업적 실질이 있고 감가상각은 월할 계산한다.) ▸23년 국가직 7급

① ₩25,000 감소   ② ₩55,000 감소

③ ₩110,000 감소   ④ ₩140,000 감소

26 (주)한국은 당국의 허가를 받아서 자연보호구역 내의 소유토지에 주차장을 설치하였다. 이때 당국의 주차장 설치 허가조건은 3년 후 주차장을 철거하고 토지를 원상복구하는 것이다. 주차장은 2017년 1월 1일 ₩5,000,000에 설치가 완료되어 사용하기 시작하였으며, 동일자에 3년 후 복구비용으로 지출될 것으로 예상되는 금액은 ₩1,000,000으로 추정되었다. 이런 복구의무는 충당부채에 해당한다. 주차장(구축물)은 원가모형을 적용하며, 내용연수 3년, 잔존가치 ₩0, 정액법으로 감가상각한다. 2017년도 주차장(구축물)의 감가상각비는? (단, 복구공사 소요액의 현재가치 계산에 적용할 유효이자율은 연 10%이며, 3년 후 ₩1의 현재가치는 0.75130이다.)

▸ 18년 국가직 9급

① ₩1,917,100 ② ₩1,932,100
③ ₩1,992,230 ④ ₩2,000,000

27 (주)한국은 20×1년 초 ₩720,000에 구축물을 취득(내용연수 5년, 잔존가치 ₩20,000, 정액법 상각)하였으며, 내용연수 종료 시점에 이를 해체하여 원상복구해야 할 의무가 있다. 20×1년 초 복구비용의 현재가치는 ₩124,180으로 추정되며 이는 충당부채의 요건을 충족한다. 복구비용의 현재가치 계산에 적용한 할인율이 10%일 때 옳지 않은 것은? (단, 소수점 발생 시 소수점 아래 첫째자리에서 반올림한다.)

▸ 18년 국가직 9급

① 20×1년 초 구축물의 취득원가는 ₩844,180이다.
② 20×1년 말 복구충당부채전입액(또는 이자비용)은 ₩12,418이다.
③ 20×1년 말 복구충당부채는 ₩136,598이다.
④ 20×1년 말 인식할 비용 총액은 ₩156,418이다.

28 (주)서울은 2016년 초에 구축물을 ₩100,000에 설치하였는데, 관련법에 따르면 내용연수 5년 경과 후 환경오염을 막기 위해서 원상회복을 해야 한다. 회사는 5년 후 원상회복에 소요될 원가를 ₩10,000으로 추정하였으며, 이 금액의 현재가치는 ₩7,000이다. 구축물을 잔존가치 없이 감가상각할 때 구축물의 회계처리에 대한 설명으로 옳지 않은 것은?

▸ 16년 서울시 7급

① 구축물의 최초 인식금액은 ₩107,000이다.
② 원상회복에 소요되는 원가의 명목금액과 현재가치의 차이 ₩3,000은 5년 동안 금융수익으로 인식한다.
③ 구축물 취득 시점에서 원상회복 의무 ₩7,000을 충당부채로 인식한다.
④ 실제 원상회복 시 소요 금액이 ₩10,000을 초과하면 발생 시점에 비용으로 인식한다.

29 (주)서울은 20×1년 1월 1일에 구축물을 ₩100,000에 취득하였다. 동 구축물은 내용연수가 종료되는 시점에 원상복구해야 한다. 구축물의 내용연수는 5년, 잔존가치는 없으며 정액법으로 감가상각한다. (주)서울은 복구비용으로 지출할 금액을 ₩30,000으로 예상하였으며 복구비용의 현재가치는 ₩18,600이었다. (주)서울이 실제 복구 시에 지출한 금액은 ₩30,000이다. 복구 의무가 없을 경우와 비교하여 (주)서울이 5년 동안 추가로 인식해야 하는 총비용은?

▸21년 서울시 7급

① ₩18,600
② ₩30,000
③ ₩60,000
④ ₩118,600

30 (주)한국은 2011년 7월 1일에 기계설비(내용연수 5년, 잔존가치 ₩2,000)를 ₩20,000에 취득하면서 '산업시설 및 기계 등의 설치 및 구입'으로 사용목적이 제한된 상환의무가 없는 정부보조금 ₩7,000을 받았다. 2013년 12월 31일 해당 기계설비의 장부금액(순액)은? (단, (주)한국은 해당 기계설비에 대하여 정액법을 사용하여 월할 기준으로 감가상각하며, 정부보조금은 관련된 유형자산의 차감계정으로 표시하는 회계정책을 적용하고 있다.)

▸14년 국가직 7급

① ₩7,500
② ₩8,600
③ ₩11,000
④ ₩13,000

31 (주)서울은 20×1년 10월 1일에 연구개발용 설비를 ₩100,000에 취득하면서 정부로부터 ₩40,000의 상환의무가 없는 정부보조금을 수령하였다. (주)서울은 동 설비에 대해서 내용연수 5년, 잔존가치 ₩0, 정액법으로 감가상각을 하고 있다. 정부보조금을 관련 자산에서 차감하는 원가차감법으로 회계처리할 경우에, 20×2년도 동 설비의 감가상각비와 기말장부금액은 각각 얼마인가?

▸17년 서울시 9급

	감가상각비	기말장부금액
①	₩12,000	₩45,000
②	₩12,000	₩75,000
③	₩20,000	₩45,000
④	₩20,000	₩75,000

32 (주)한국은 20×1년 10월 1일 ₩100,000의 정부보조금을 받아 ₩1,000,000의 설비자산을 취득(내용연수 5년, 잔존가치 ₩0, 정액법 상각)하였다. 정부보조금은 설비자산을 6개월 이상 사용한다면 정부에 상환할 의무가 없다. 20×3년 4월 1일 동 자산을 ₩620,000에 처분한다면 이때 처분손익은? (단, 원가모형을 적용하며 손상차손은 없는 것으로 가정한다.)

▸ 18년 국가직 9급

① 처분손실 ₩10,000
② 처분이익 ₩10,000
③ 처분손실 ₩80,000
④ 처분이익 ₩80,000

33 (주)한국은 20×1년 1월 1일 기계장치를 ₩1,300,000(내용연수 4년, 잔존가치 ₩100,000, 정액법, 월할 상각)에 취득하면서, 정부로부터 상환의무 조건이 없는 정부보조금 ₩200,000을 수령하였다. 동 기계장치를 20×2년 12월 31일 ₩700,000에 처분한 경우 유형자산처분손익은? (단, (주)한국은 정부보조금을 관련자산에서 차감하는 원가차감법으로 회계처리하고 있다.)

▸ 22년 국가직 9급

① 유형자산처분이익 ₩100,000
② 유형자산처분이익 ₩150,000
③ 유형자산처분손실 ₩100,000
④ 유형자산처분손실 ₩150,000

3 유형자산의 후속지출 및 감가상각

1. 유형자산의 후속지출

① 자본적 지출 : 해당 지출의 결과로 인해 유형자산으로부터 기대되는 효익이 차기 이후까지 지속적으로 발생하는 것으로 후속적 지출이 인식기준을 충족한 경우 장부금액에 가산한다.

② 수익적 지출 : 유형자산에 대한 지출의 효익이 당기에만 영향을 미치는 것으로 수익적 지출은 지출의 발생시점에 전부 당기비용으로 인식한다.

③ 정기적인 종합검사 : 정기적인 종합검사는 인식기준을 충족하는 경우 자산의 장부금액에 가산한다.

2. 감가상각

① 감가상각은 자산이 사용가능한 때 개시한다.

② 감가상각은 매각예정으로 분류되는 날과 제거되는 날 중 이른 날에 중지한다.

③ 감가상각방법, 잔존가치, 내용연수는 매년 말 재검토 : 회계추정의 변경

④ 감가상각방법

감가상각대상금액(취득원가 – 잔존가치)	정액법, 연수합계법, 생산량비례법
기초장부금액(취득원가 – 감가상각누계액)	정률법, 이중체감법

정액법	감가상각비 = 감가상각대상금액 × 1/ 내용연수
정률법	감가상각비 = 기초장부금액 × 상각률
이중체감법	감가상각비 = 기초장부금액 × 2/내용연수
연수합계법	감가상각비 = 감가상각대상금액 × (잔여내용연수/내용연수합계) ※ 내용연수합계 = $n(n+1)/2$
생산량비례법	감가상각비 = 감가상각대상금액 × (당기실제생산량/추정총생산량)

34 (주)한국은 20×1년 한 해 동안 영업사업부 건물의 일상적인 수선 및 유지를 위해 ₩5,300을 지출하였다. 이 중 ₩3,000은 도색비용이고 ₩2,300은 소모품 교체 비용이다. 또한, 해당 건물의 승강기 설치에 ₩6,400을 지출하였으며 새로운 비품을 ₩9,300에 구입하였다. 위의 거래 중 20×1년 12월 31일 재무상태표에 자산으로 기록할 수 있는 지출의 총액은?

▶ 20년 국가직 9급

① ₩11,700 ② ₩15,700
③ ₩18,000 ④ ₩21,000

35 유형자산의 감가상각에 대한 설명 중 옳지 않은 것은? 　　　　　　▶ 17년 국가직 9급
① 유형자산의 기말 공정가치 변동을 반영하기 위해 감가상각한다.
② 감가상각방법은 자산의 미래경제적효익이 소비될 것으로 예상되는 형태를 반영한다.
③ 각 기간의 감가상각액은 다른 자산의 장부금액에 포함되는 경우가 아니라면 당기손익으로 인식한다.
④ 잔존가치, 내용연수, 감가상각방법은 적어도 매 회계연도 말에 재검토한다.

36 (주)한국은 20×1년 10월 1일에 기계장치를 ₩1,200,000(내용연수 4년, 잔존가치 ₩200,000)에 취득하고 연수합계법을 적용하여 감가상각하고 있다. 20×2년 말 포괄손익계산서와 재무상태표에 보고할 감가상각비와 감가상각누계액은? (단, 감가상각비는 월할 계산한다.)

▶ 18년 국가직 9급

① 감가상각비 ₩375,000　감가상각누계액 ₩475,000
② 감가상각비 ₩375,000　감가상각누계액 ₩570,000
③ 감가상각비 ₩450,000　감가상각누계액 ₩475,000
④ 감가상각비 ₩450,000　감가상각누계액 ₩570,000

37 (주)한국은 20×1년 7월 1일 생산에 필요한 기계장치를 ₩1,200,000에 취득(내용연수 4년, 잔존가치 ₩200,000)하였다. 동 기계장치를 연수합계법을 적용하여 감가상각할 때, 20×4년 손익계산서에 보고할 감가상각비는? (단, 원가모형을 적용하고 손상차손은 없으며, 감가상각은 월할 계산한다.)

▶ 21년 국가직 9급

① ₩50,000
② ₩150,000
③ ₩180,000
④ ₩250,000

38 (주)구봉은 20×1년 1월 1일에 생산용 기계 1대를 ₩100,000에 구입하였다. 이 기계의 내용연수는 4년, 잔존가액은 ₩20,000으로 추정되었으며 정액법에 의해 감가상각하고 있었다. (주)구봉은 20×3년도 초에 동 기계의 성능을 현저히 개선하여 사용할 수 있게 하는 대규모의 수선을 시행하여 ₩16,000을 지출하였다. 동 수선으로 내용연수는 2년이 연장되었으나 잔존가치는 변동이 없을 것으로 추정된다. 이 기계와 관련하여 20×3년도에 인식될 감가상각비는?

▶ 18년 지방직 9급

① ₩28,000
② ₩24,000
③ ₩20,000
④ ₩14,000

39 (주)한국은 20×1년 10월 초 기계장치를 ₩100,000(내용연수 4년, 잔존가치 ₩20,000, 연수합계법, 월할 상각)에 취득한 후, 20×2년 1월 초 ₩30,000의 자본적 지출을 하였다. 그 결과 20×2년 1월 초 기계장치의 내용연수는 10년, 잔존가치는 ₩50,000으로 추정되었다. (주)한국이 20×2년 1월 초부터 감가상각 방법을 정액법으로 변경하였다면, 20×2년 포괄손익계산서에 보고할 감가상각비는? (단, 원가모형을 적용하고, 손상차손은 발생하지 않았다.)

▶ 23년 지방직 9급

① ₩7,200
② ₩10,200
③ ₩12,200
④ ₩37,200

40 2005년 1월 초에 (주)경기는 기계를 ₩10,000에 구입하였으며, 이 기계의 운반 및 설치비로 ₩4,000을 지출하였다. 이 기계의 내용연수는 10년, 잔존가치는 ₩1,000으로 추정된다. 2006년 1월 이 기계의 성능개선을 위하여 ₩900을 추가 지출하였다. 이는 기계의 자산가치를 실질적으로 증가시키는 효과가 있다. 정액법에 따라 감가상각비를 계상한다면 2006년도의 기계감가상각비는 얼마인가?

▶ 17년 국가직 9급

① ₩1,100 　　　　　　　　　② ₩1,200
③ ₩1,300 　　　　　　　　　④ ₩1,400

41 (주)한국은 20×1년 1월 1일에 기계장치를 ₩450,000에 취득하면서 운송비와 설치비로 ₩50,000을 지출하였다. 이 기계장치는 내용연수 5년, 잔존가치 ₩0으로 정액법을 적용하여 감가상각하고 있다. 20×3년 1월 1일 사용 중이던 동 기계장치의 생산능력을 높이고 사용기간을 연장하기 위해 ₩100,000을 지출하였으며, 일상적인 수선을 위해 ₩5,000을 지출하였다. 지출의 결과로 기계장치의 내용연수는 5년에서 7년으로 연장되었으며 잔존가치는 ₩50,000으로 변경되었다. (주)한국이 20×3년도에 인식해야 할 감가상각비는? (단, 원가모형을 적용하며 손상차손은 없다.)

▶ 19년 국가직 9급

① ₩50,000 　　　　　　　　② ₩60,000
③ ₩70,000 　　　　　　　　④ ₩80,000

42 (주)한국은 2010년 1월 1일 건물을 ₩1,000,000에 구입하여 2015년 12월 31일까지 정액법(내용연수는 10년, 잔존가치 ₩100,000)으로 감가상각하였다. 2016년 1월 1일 동 건물에 대해 감가상각방법을 정액법에서 연수합계법으로 변경하였으며, 잔존가치는 ₩40,000으로 재추정하였고 향후 5년을 더 사용할 수 있을 것으로 예상하였다. 2016년 말에 인식해야 할 동 건물의 감가상각비는? (단, 유형자산에 대해 원가모형을 적용한다.)

▶ 16년 국가직 7급

① ₩84,000 　　　　　　　　② ₩90,000
③ ₩96,000 　　　　　　　　④ ₩140,000

www.pmg.co.kr

43 (주)한국은 20×1년 1월 1일 건물을 ₩110에 취득하였다. 건물의 잔존가치는 ₩10이며, 내용연수는 10년이고, 정액법으로 감가상각을 하기로 하였다. 해당 건물에 대한 감가상각과 관련한 설명으로 옳지 않은 것은? ▸23년 국가직 9급

① 감가상각대상금액 ₩110이 내용연수 10년에 걸쳐 배분된다.
② 20×1년에 인식되는 감가상각비는 ₩10이다.
③ 20×2년 말 해당 건물의 감가상각누계액은 ₩20으로 보고된다.
④ 20×3년 말 해당 건물의 장부금액은 ₩80으로 보고된다.

44 (주)한국은 2012년 1월 1일 기계(내용연수 5년, 잔존가치 ₩100,000)를 ₩600,000에 취득하였다. (주)한국은 해당 기계에 대하여 원가모형을 적용하고 있으며, 감가상각방법으로 정액법을 사용한다. (주)한국은 2013년에 정당한 사유에 의하여 감가상각방법을 연수합계법으로 변경하였고, 잔존가치는 없는 것으로 재추정하였다. 해당 기계에 대하여 (주)한국이 2013년 12월 31일에 인식할 감가상각비는? ▸14년 국가직 7급

① ₩100,000
② ₩125,000
③ ₩200,000
④ ₩250,000

45 다음은 (주)한국의 기계장치와 관련된 자료이다. 2013년도 감가상각비는? ▸13년 지방직 9급

> (주)한국은 2011년 1월 1일에 기계장치를 ₩100,000(내용연수 4년, 잔존가액 ₩20,000)에 취득하여 정액법으로 상각하였다. 2013년 1월 1일에 이 기계에 부속장치를 설치하기 위하여 ₩40,000을 추가 지출하였으며, 이로 인하여 기계의 잔존 내용연수가 2년 증가하였고 2013년도부터 연수합계법을 적용하기로 하였다. (단, 감가상각방법 변경은 전진법으로 회계처리한다.)

① ₩20,000
② ₩24,000
③ ₩28,000
④ ₩32,000

146 PART 01 재무회계

46 (주)한국은 2012년 초에 업무용 차량운반구를 ₩10,000(내용연수 5년, 잔존가치 ₩0)에 취득하여 정액법으로 감가상각하여 오다가 2013년부터 감가상각방법을 연수합계법으로 변경하였다. 다른 사항은 변화가 없고 원가모형을 적용한다고 가정할 경우, 2013년 말 재무상태표에 표시되는 동 차량운반구의 장부금액은? ▸ 14년 국가직 9급

① ₩6,000   ② ₩5,200
③ ₩4,800   ④ ₩4,200

47 (주)한국은 20×6년 4월초 기계장치를 ₩1,000,000에 취득하였다. 해당자산의 내용연수는 4년, 잔존가치는 ₩0이며, 연수합계법으로 감가상각하였다. (주)한국은 20×8년 1월초 기계장치의 잔존가치를 ₩105,000로 변경하였으며 감가상각방법은 정액법으로 변경하였다. 잔존가치와 감가상각방법의 변경 외 다른 회계추정의 변동이 없다면, 20×8년 인식할 감가상각비는? (단, 추정치의 변경은 모두 정당한 회계변경으로 가정하고, 감가상각비는 월할 상각한다.) ▸ 19년 국가직 7급

① ₩90,000   ② ₩120,000
③ ₩165,000   ④ ₩220,000

48 (주)서울은 취득원가가 ₩200,000이고 잔존가치가 ₩20,000으로 추정되는 유형자산의 내용연수를 10년으로 예상하고 정액법을 적용하여 6년간 상각하여 왔다. 7차 년도에 동 유형자산을 8년 동안 더 사용할 수 있는 것으로 재추정하였고, 잔존가치도 ₩5,000으로 재추정하였다. 7차 년도의 감가상각비는? ▸ 20년 서울시 7급

① ₩10,000   ② ₩10,875
③ ₩11,125   ④ ₩12,875

49 (주)서울은 20×1년 초 건물을 구입(취득원가 ₩300,000, 내용연수 5년, 잔존가치 ₩0, 연수합계법으로 상각)하여 원가모형을 적용하였다. 20×3년 초 동 건물에 대한 감가상각방법을 정액법으로 변경하였으며, ₩40,000의 자본적 지출로 내용연수는 3년 연장되었고 잔존가치는 ₩10,000 증가하였다. (주)서울이 인식할 동 건물의 20×3년 감가상각비는? ▸ 21년 서울시 7급

① ₩21,250   ② ₩25,000
③ ₩41,250   ④ ₩55,000

4 재평가모형

1. 재평가모형

① 재평가의 빈도는 재평가되는 유형자산의 공정가치 변동에 따라 달라진다.

② 특정 유형자산을 재평가할 때는 해당 유형자산이 포함된 유형자산 분류 전체를 동시에 재평가한다. 단, 순차적으로 재평가를 수행하는 것은 허용된다.

③ 재평가회계처리

▶ 재평가일의 공정가치 > 유형자산의 장부금액

(차) 유형자산	×××	(대) 재평가이익(재평가손실 한도)	×××
		재평가잉여금	×××

▶ 재평가일의 공정가치 < 유형자산의 장부금액

(차) 재평가잉여금	×××	(대) 유형자산	×××
(재평가잉여금잔액)			
재평가손실	×××		

④ 재평가 이후의 감가상각비

재평가 이후 감가상각비 = 전기 말 재평가금액 / 기초현재 잔존내용연수

⑤ 재평가잉여금의 회계처리

재평가잉여금은 재분류가 금지되는 기타포괄손익이며, 이익잉여금으로 대체만 가능하다. 이익잉여금으로의 대체는 회사의 선택에 따라 유형자산의 처분 시 또는 사용 시에 대체할 수 있다. 사용 중 이익잉여금으로 대체되는 금액은 재평가된 금액에 근거한 감가상각액과 최초원가에 근거한 감가상각액의 차이가 된다.

50 유형자산 재평가모형에 대한 설명으로 옳지 않은 것은? ▸22년 국가직 9급

① 최초 인식 후에 공정가치를 신뢰성 있게 측정할 수 있는 유형자산은 재평가일의 공정가
치에서 이후의 감가상각누계액과 손상차손누계액을 차감한 재평가금액을 장부금액으로
한다.

② 자산의 장부금액이 재평가로 인하여 증가된 경우에 그 증가액은 기타포괄손익으로 인식
하고 재평가잉여금의 과목으로 자본에 가산한다. 그러나 동일한 자산에 대하여 이전에
당기손익으로 인식한 재평가감소액이 있다면 그 금액을 한도로 재평가증가액만큼 당기
손익으로 인식한다.

③ 자산의 장부금액이 재평가로 인하여 감소된 경우에 그 감소액은 기타포괄손익으로 인식
한다. 그러나 그 자산에 대한 재평가잉여금의 잔액이 있다면 그 금액을 한도로 재평가감
소액을 당기손익으로 인식한다.

④ 특정 유형자산을 재평가할 때, 해당 자산이 포함되는 유형자산의 유형 전체를 재평가한다.

51 (주)한국은 20×1년 초 토지를 ₩10,000,000에 취득하여 재평가모형을 적용하고 있다. (주)한국은 매년 말 토지를 재평가하며, 토지의 공정가치는 다음과 같다.

구분	20×1년 말	20×2년 말
공정가치	₩12,000,000	₩9,000,000

20×2년 말 (주)한국의 토지 재평가 시 회계처리는? ▸24년 지방직 9급

① (차) 재평가잉여금 2,000,000   (대) 토지 3,000,000
         재평가손실 1,000,000

② (차) 재평가잉여금 3,000,000   (대) 토지 3,000,000

③ (차) 재평가손실 3,000,000   (대) 토지 3,000,000

④ (차) 재평가손실 1,000,000   (대) 토지 1,000,000

52 (주)지방은 20×1년 중에 토지를 ₩100,000에 취득하였으며, 매 보고기간마다 재평가모형을 적용하기로 하였다. 20×1년 말과 20×2년 말 현재 토지의 공정가치가 각각 ₩120,000과 ₩90,000이라고 할 때, 다음 설명 중 옳은 것은? ▸14년 지방직 9급

① 20×1년에 당기순이익이 ₩20,000 증가한다.
② 20×2년에 당기순이익이 ₩10,000 감소한다.
③ 20×2년 말 현재 재평가잉여금 잔액은 ₩10,000이다.
④ 20×2년 말 재무상태표에 보고되는 토지 금액은 ₩100,000이다.

53 (주)대한은 2011년 초에 토지를 ₩10,000에 구입하였다. (주)대한은 이 토지에 대해 재평가모형을 적용하고 있으며, 2011년 말에 ₩14,000, 2012년 말에 ₩8,000으로 각각 재평가되었다. 2012년 말에 시행한 토지의 재평가가 2012년도 당기순이익에 미치는 영향은? ▸13년 국가직 7급

① 영향 없음
② ₩2,000 감소
③ ₩4,000 감소
④ ₩6,000 감소

54 (주)한국은 2014년 초 취득원가 ₩50,000의 토지를 매입하였으며, 재평가모형을 적용하고 있다. 해당 토지의 2014년 말 공정가치는 ₩45,000으로 추정되어 ₩5,000의 당기손실을 인식하였다. 2015년 말 토지의 공정가치는 ₩52,000으로 추정된다. (주)한국의 2015년 말 토지에 대한 회계처리로 옳은 것은? ▸15년 국가직 7급

① (차변) 토지　　　₩7,000　　(대변) 재평가이익　　₩5,000
　　　　　　　　　　　　　　　　　　재평가잉여금　　₩2,000

② (차변) 토지　　　₩7,000　　(대변) 재평가이익　　₩7,000

③ (차변) 토지　　　₩7,000　　(대변) 재평가이익　　₩2,000
　　　　　　　　　　　　　　　　　　재평가잉여금　　₩5,000

④ (차변) 토지　　　₩7,000　　(대변) 재평가잉여금　　₩7,000

55 (주)한국은 유형자산에 대하여 재평가모형을 사용하고 있으며, 토지를 20×1년 초 ₩1,000,000 에 취득하였다. 20×1년 말 재평가 결과 토지의 공정가치는 ₩900,000이었고, 20×2년 말 재평가 결과 토지의 공정가치가 ₩1,050,000인 경우, 20×2년 말 당기손익에 포함될 자산 재평가이익과 자본항목에 표시될 재평가잉여금은? ▸21년 국가직 9급

	자산재평가이익	재평가잉여금
①	₩0	₩50,000
②	₩50,000	₩100,000
③	₩100,000	₩50,000
④	₩150,000	₩150,000

56 (주)한국이 20×1년 초 건물을 사용할 목적으로 토지와 건물을 ₩150,000에 일괄 취득하였다. 취득일 현재 토지와 건물의 공정가치는 각각 ₩100,000이다. (주)한국은 매년 말 토지를 재평가하며, 토지의 공정가치는 다음과 같다.

구분	20×1년 말	20×2년 말	20×3년 말
공정가치	₩80,000	₩70,000	₩90,000

(주)한국은 20×4년 초 토지를 ₩90,000에 처분하였으며, 처분시점에 재평가잉여금을 이익 잉여금으로 대체하였다. (주)한국의 토지와 관련된 회계처리의 영향으로 옳지 않은 것은? ▸23년 관세직 9급

① 20×1년도 당기손익의 증감은 없고 기타포괄이익 ₩5,000이 증가한다.
② 20×2년도 당기손실 ₩5,000이 발생하고 기타포괄이익 ₩5,000이 감소한다.
③ 20×3년도 당기손익의 증감은 없고 기타포괄이익 ₩20,000이 증가한다.
④ 20×4년도 자본 총계에 미치는 영향은 없다.

57 (주)서울은 2018년 1월 초에 기계장치를 ₩1,000,000에 구입하였다. 동 기계장치의 내용연수는 5년이고 잔존가치는 없으며 정액법으로 감가상각한다. (주)서울은 해당 기계장치에 대해 재평가모형을 적용하고 있으며 매년도 말에 자산재평가를 한다. 2018년 말 기계장치의 공정가치는 ₩1,040,000이다. 기계장치와 관련하여 감가상각누계액 전액제거 방법에 의할 경우 (주)서울이 2018년도에 인식할 재평가잉여금은 얼마인가? ▸17년 서울시 9급

① ₩40,000　　　　　　　　　② ₩100,000
③ ₩200,000　　　　　　　　　④ ₩240,000

58 (주)한국은 기계장치를 2016년 1월 1일 ₩100,000에 취득하여 정액법(내용연수 3년, 잔존가치 ₩10,000)으로 감가상각하였다. 2016년 말 기계장치의 공정가치가 ₩90,000인 경우 재평가모형 적용시 인식할 재평가잉여금은? ▸17년 지방직 9급

① ₩10,000　　　　　　　　　② ₩20,000
③ ₩30,000　　　　　　　　　④ ₩40,000

59 (주)서울은 20×1년 1월 1일에 건물을 ₩2,000,000에 취득하였다(내용연수 5년, 잔존가치 ₩0, 정액법에 의한 감가상각). (주)서울은 이 건물에 대하여 매년 말 공정가치로 재평가한다. 한편, 건물의 공정가치는 20×1년 12월 31일과 20×2년 12월 31일에 각각 ₩1,800,000과 ₩1,050,000이다. 동 건물에 대한 회계처리가 (주)서울의 20×2년 당기순손익에 미치는 영향은? (단, 결산일은 매년 12월 31일이며, 재평가잉여금은 후속기간에 이익잉여금으로 대체하지 않는다.) ▸19년 서울시 9급

① 순손실 ₩100,000　　　　　② 순손실 ₩300,000
③ 순손실 ₩450,000　　　　　④ 순손실 ₩550,000

60 (주)한국은 20×1년 초에 ₩15,000을 지급하고 항공기를 구입하였다. 20×1년 말 항공기의 감가상각누계액은 ₩1,000이며, 공정가치는 ₩16,000이다. 감가상각누계액을 전액 제거하는 방법인 재평가모형을 적용하고 있으며 매년 말 재평가를 실시하고 있다. 20×2년 말 항공기의 감가상각누계액은 ₩2,000이며, 공정가치는 ₩11,000이다. 상기의 자료만을 근거로 도출된 설명으로 옳지 않은 것은? (단, 재평가잉여금을 해당 자산을 사용하면서 이익잉여금으로 대체하는 방법은 선택하고 있지 않다.)　　　　　　　　　　　　　　　▸20년 지방직 9급

① 20×1년 말 재평가잉여금은 ₩2,000이다.

② 20×1년 말 항공기의 장부금액은 ₩16,000이다.

③ 20×2년에 인식하는 재평가손실은 ₩3,000이다.

④ 20×2년에 인식하는 재평가손실은 포괄손익계산서의 비용항목으로 당기순이익에 영향을 준다.

61 (주)서울은 20×1년 7월 1일 ₩100,000에 건물을 취득하여 유형자산으로 분류하였다. 건물의 내용연수는 5년, 잔존가치는 없으며 정액법으로 감가상각한다. 이 건물은 감가상각누계액을 전액 차감하는 방법으로 재평가모형을 적용한다. 20×1년 말과 20×2년 말 이 건물의 공정가치는 각각 ₩108,000과 ₩58,000이었다. 이 건물에 대한 회계처리가 20×2년도 당기손익에 미치는 영향은? (단, 재평가잉여금은 이익잉여금으로 대체하지 않는다.)　　　　　　　　　　　　　　　▸21년 서울시 7급

① ₩8,000 손실　　　　　　　　　　② ₩26,000 손실

③ ₩32,000 손실　　　　　　　　　　④ ₩50,000 손실

62 다음 설비자산 자료를 이용한 20×2년 재평가잉여금 기말 잔액은? (단, 설비자산은 취득시부터 재평가모형을 적용하고, 재평가잉여금의 이익잉여금 대체를 고려하지 않는다.)

▸ 21년 지방직 9급

- 20×1년 1월 1일에 설비자산을 ₩30,000에 취득
  (정액법 상각, 내용연수 10년, 잔존가치 ₩5,000)
- 20×2년 1월 1일에 동 설비자산의 감가상각방법을 연수합계법으로 변경
  (내용연수 4년, 잔존가치 ₩7,500)
- 공정가치 : 20×1년 말 ₩37,500, 20×2년 말 ₩25,000

① ₩0
② ₩500
③ ₩9,500
④ ₩10,000

63 (주)한국은 20×1년 초 기계장치를 ₩10,000(정액법 상각, 내용연수 4년, 잔존가치 ₩2,000, 원가모형 적용)에 취득하였다. 기계장치 관련 자료가 다음과 같을 때 옳은 것은?

▸ 21년 국가직 7급

- 20×2년 중 최초로 기계장치에 대해 재평가모형으로 변경하였으며, 재평가 시 기존의 감가상각누계액은 전액 제거한 후 공정가치로 평가한다. (상각방법, 내용연수, 잔존가치의 변동은 없다.)
- 20×2년 말 기계장치의 공정가치는 ₩12,000이다.
- 20×3년 말 기계장치를 현금 ₩8,000을 받고 처분하였다.

① 20×1년 감가상각비는 ₩2,500이다.
② 20×2년 재평가잉여금은 ₩4,000이다.
③ 20×3년 감가상각비는 ₩5,000이다.
④ 20×3년 기계장치 처분이익은 ₩2,000이다.

5   **손상**

1. 원가모형의 손상

① 자산손상에 대한 여부는 매 회계연도 말에 검토하며, 자산손상의 객관적 징후가 존재하는 경우 자산의 회수가능액을 추정하여 회수가능액이 장부금액에 미달하는 경우 손상차손을 인식한다.

② 회수가능액 = MAX[순공정가치, 사용가치]

③ 손상차손 = 유형자산 장부금액 - 회수가능액

(차) 손상차손(당기비용)	×××	(대) 손상차손누계액	×××

④ 손상 인식 후 감가상각비

손상 인식 후 감가상각비 = 전기 말 회수가능액 / 기초현재 잔존내용연수

⑤ 손상의 환입

원가모형의 경우 손상차손 환입의 한도가 존재한다.

㉠ 손상차손환입한도 = 손상이 발생하지 않았을 경우 해당 유형자산 장부금액

㉡ 손상차손환입 = MIN[손상이 발생하지 않았을 경우의 장부금액, 회수가능액]
              - 유형자산의 장부금액

2. 재평가모형의 손상

① 재평가모형의 경우 공정가치와 순공정가치의 차이를 초래하는 처분부대원가가 미미하지 않거나 중요한 경우 손상의 인식대상이 된다.

② 재평가모형의 손상차손 = 공정가치 금액 - 회수가능액

(단, 재평가모형의 경우 공정가 평가 시 남아 있는 재평가잉여금이 있다면, 이를 먼저 상계하고 손상차손(당기손실)으로 인식한다.)

(차) 재평가잉여금(잔액이 있는 경우)	×××	(대) 손상차손누계액	×××
손상차손	×××		

③ 손상차손환입

(차) 손상차손누계액	×××	(대) 손상차손환입(손상차손 한도)	×××
		재평가잉여금	×××

64 (주)한국은 2012년 초 기계장치를 ₩30,000에 취득하였다. 동 기계장치의 내용연수는 3년이고, 잔존가치는 ₩0이며, 정액법으로 감가상각한다. 2012년 말 순공정가치가 ₩15,000 (사용가치 ₩14,000)으로 급격히 하락하여, (주)한국은 동 기계장치를 손상처리하였다. (주)한국이 원가모형을 채택할 때, 2012년에 인식할 유형자산 손상차손은? ▸ 12년 국가직 9급

① ₩5,000

② ₩6,000

③ ₩7,000

④ ₩8,000

65 (주)한국은 2015년 초에 취득원가 ₩850,000의 기계장치를 구입하고, 원가모형을 적용하였다. 내용연수는 4년(잔존가액 ₩50,000)이며, 감가상각은 정액법에 의한다. 2016년 말에 처음으로 손상징후가 있었으며, 기계장치의 순공정가치와 사용가치는 각각 ₩300,000과 ₩350,000이었다. 2016년 말에 인식해야 할 손상차손은? ▸ 16년 지방직 9급

① ₩0

② ₩50,000

③ ₩100,000

④ ₩150,000

66 (주)한국은 20×1년 1월 1일에 기계장치를 취득하고 원가모형을 적용하여 감가상각하고 있다. 기계장치와 관련된 자료는 다음과 같다.

• 취득원가 ₩2,000,000	• 잔존가치 ₩200,000
• 내용연수 6년	• 감가상각방법 : 정액법

20×3년 말 기계장치에 대해 손상이 발생하였으며 손상시점의 순공정가치는 ₩600,000이고, 사용가치는 ₩550,000이다. 20×3년 말 손상차손 인식 후 장부금액은? ▸ 20년 지방직 9급

① ₩550,000

② ₩600,000

③ ₩650,000

④ ₩700,000

67 (주)한국은 2012년 1월 1일에 기계장치(내용연수는 5년, 잔존가치는 없음)를 ₩100,000에 취득하였다. (주)한국은 해당 기계장치에 대하여 원가모형을 적용하고 있으며, 감가상각방법으로 정액법을 사용한다. 2012년 말 동 기계장치의 회수가능액이 ₩40,000으로 하락하여 손상차손을 인식하였다. 그러나 2013년 말 동 기계장치의 회수가능액이 ₩70,000으로 회복되었다. 2013년 말에 인식할 손상차손환입액은? ▸ 14년 국가직 7급

① ₩20,000　　　　　　　　　　② ₩30,000

③ ₩40,000　　　　　　　　　　④ ₩50,000

68 (주)한국은 20×1년 1월 1일 비품을 취득하고 원가모형을 적용하고 있다. 비품과 관련된 자료는 다음과 같다.

- 취득원가 : ₩1,000,000
- 잔존가치 : ₩0
- 내용연수 : 5년
- 감가상각방법 : 정액법
- 회수가능액

20X1년 말	20X2년 말
₩400,000	₩800,000

(주)한국이 비품에 대해 20×2년 12월 31일 인식해야 할 손상차손(손상차손환입)은? (단, 자산의 회수가능액 변동은 비품의 손상 혹은 그 회복에 따른 것이라고 가정하며, 감가상각은 월할 계산한다) ▸ 23년 국가직 7급

① 손상차손 ₩200,000　　　　　② 손상차손 ₩300,000

③ 손상차손환입 ₩200,000　　　④ 손상차손환입 ₩300,000

69 (주)한국은 20×1년 초 기계를 ₩480,000(내용연수 5년, 잔존가치 ₩0, 정액법 상각)에 구입하고 원가모형을 채택하였다. 20×2년 말 그 기계에 손상징후가 있었으며, 이때 기계의 순공정가치는 ₩180,000, 사용가치는 ₩186,000으로 추정되었다. 20×3년 말 회수가능액이 ₩195,000으로 회복되었다면 옳지 않은 것은? ▸ 18년 국가직 9급

① 20×2년 말 손상차손 인식 전 장부금액은 ₩288,000이다.

② 20×2년 말 손상차손으로 인식할 금액은 ₩102,000이다.

③ 20×3년 말 감가상각비로 인식할 금액은 ₩62,000이다.

④ 20×3년 말 손상차손환입액으로 인식할 금액은 ₩71,000이다.

70 (주)한국은 20×1년 1월 1일에 기계장치를 ₩4,000,000(정액법 상각, 내용연수 5년, 잔존가치 ₩0, 원가모형 적용)에 취득하였다. 각 회계연도 말 기계장치에 대한 회수가능액은 다음과 같다.

• 20×1년 말	₩3,200,000	• 20×3년 말	₩1,200,000
• 20×2년 말	₩1,800,000	• 20×4년 말	₩2,000,000

(주)한국은 20×2년 말에 기계장치에 대해 손상차손이 발생하였고, 20×4년 말에 손상차손환입이 발생하였다고 판단하였다. 20×4년에 계상될 손상차손환입액은?　▸21년 국가직 7급

① ₩200,000　　　　　　　　② ₩600,000
③ ₩800,000　　　　　　　　④ ₩1,400,000

71 (주)한국은 20×1년 7월 1일 기계장치를 ₩1,200,000에 취득(정액법, 내용연수 3년, 잔존가치 ₩0, 원가모형 적용, 월할 상각)하였다. (주)한국은 기계장치에 대해 20×1년 말 손상차손이 발생하였고, 20×2년 말 손상차손환입이 발생하였다고 판단하였다. 기계장치의 회수가능액이 20×1년 말 ₩600,000이고, 20×2년 말 ₩700,000이면, 20×2년 말 인식할 손상차손환입액은?　▸22년 지방직 9급

① ₩240,000　　　　　　　　② ₩340,000
③ ₩400,000　　　　　　　　④ ₩600,000

72 (주)한국은 20×1년 7월 1일 기계장치(정액법 상각, 내용연수 3년, 잔존가치 0)를 ₩36,000에 취득하여 원가모형을 적용하고 있다. 기계장치의 순공정가치와 사용가치는 다음과 같다.

구 분	20×1년 말	20×2년 말
순공정가치	₩25,000	₩17,000
사용가치	₩24,000	₩19,000

(주)한국이 20×2년 말에 인식해야 할 손상차손환입액은? (단, 자산의 회수가능액 변동은 기계장치의 손상 혹은 그 회복에 따른 것이라고 가정하며, 감가상각은 월할 계산한다)

▸23년 국가직 9급

① ₩2,000　　　　　　　　② ₩3,000
③ ₩4,000　　　　　　　　④ ₩5,000

73 (주)한국의 기계장치와 관련된 자료는 다음과 같다.

- 20×1년 초 기계장치를 ₩1,000,000에 취득(내용연수 10년, 잔존가치 ₩0, 정액법 상각, 원가모형 적용)하였다.
- 20×1년 말 제품 수요가 급감함에 따라, 기계장치의 회수가능액을 ₩630,000으로 평가하여 손상차손을 인식하였다.
- 20×2년 말 제품 수요 회복으로 인해, 회수가능액은 ₩880,000으로 상승하여 손상차손 환입을 인식하였다.

기계장치가 (주)한국의 20×1년과 20×2년의 당기순이익에 미치는 영향은? ▸ 24년 지방직 9급

	20×1년	20×2년
①	₩270,000 감소	₩170,000 증가
②	₩270,000 감소	₩250,000 증가
③	₩370,000 감소	₩170,000 증가
④	₩370,000 감소	₩250,000 증가

74 (주)한국은 2015년 1월 1일 기계장치를 ₩1,000,000에 취득하여 정액법(내용연수 5년, 잔존가치 ₩0)으로 감가상각하고 있다. 동 기계장치에 대하여 감가상각누계액을 전액 제거하는 방법으로 재평가모형을 적용하고 있으며, 공정가치는 다음과 같다. 2016년 말 기계장치의 회수가능액이 ₩420,000인 경우, 2016년 말 포괄손익계산서에 인식할 당기비용은? (단, 2016년 말 기계장치에 대해 손상차손을 인식해야 할 객관적인 증거가 있다.) ▸ 16년 국가직 7급

구분	2015년 말	2016년 말
공정가치	₩920,000	₩580,000

① ₩150,000　　　　　② ₩280,000
③ ₩330,000　　　　　④ ₩380,000

6 유형자산의 처분 및 차입원가 자본화

1. 유형자산의 처분손익(당기손익)

• 순매각금액 > 장부가액(감가상각 완료 후) : 유형자산처분이익
• 순매각금액 < 장부가액(감가상각 완료 후) : 유형자산처분손실

※ 처분손익 인식 전에 감가상각을 먼저 완료한다.

2. 차입원가 자본화

① 차입원가 자본화 : 적격자산의 취득, 건설 또는 제조와 직접 관련된 차입원가는 해당 자산 원가의 일부로 자본화하여야 한다. 기타 차입원가는 발생기간에 비용으로 인식한다.
② 적격자산 : 의도된 용도로 사용하거나 판매 가능한 상태에 이르게 하는 데 상당한 기간을 필요로 하는 자산을 의미한다. 적격자산에는 재고자산, 유형자산, 무형자산, 투자부동산 등이 해당된다. 다만, 금융자산, 단기간 내에 취득이 완료되는 재고자산 등은 적격자산에서 제외한다.

3. 차입원가 자본화 순서

① 연평균지출액

연평균지출액 = 지출액 × (지출일부터 자본화종료시점까지의 기간/12)

② 특정차입금 자본화

특정차입금의 차입원가 자본화 = 자본화기간 중 발생한 차입원가 − 일시투자수익

③ 일반차입금 자본화

▶ 일반차입금의 차입원가 자본화
= [연평균지출액 − 특정차입금 연평균지출액] × 자본화이자율
▶ 자본화이자율
= 일반차입금에 대한 회계기간 중 발생한 차입원가 / 일반차입금의 연평균차입액

※ 일반차입금의 자본화 금액은 실제 발생한 이자비용을 한도로 한다.

75 (주)한국은 2015년 1월 1일에 기계장치를 ₩200,000에 취득하고 원가모형을 적용하였다 (내용연수 5년, 잔존가치 ₩0, 정액법 상각). 2015년 말 기계장치의 순공정가치와 사용가치는 각각 ₩120,000, ₩100,000이었다. 2016년 7월 1일에 ₩90,000의 현금을 받고 처분하였다. (주)한국이 인식할 유형자산처분손익은? (단, 감가상각비는 월할 상각한다.)

▸ 17년 국가직 9급

① 처분이익 ₩50,000 　　　② 처분이익 ₩30,000
③ 처분손실 ₩15,000 　　　④ 처분손실 ₩12,000

76 (주)한국은 2015년 4월 1일 기계장치를 ₩80,000에 취득하였다. 이 기계장치는 내용연수가 5년이고 잔존가치가 ₩5,000이며, 연수합계법에 의해 월할로 감가상각한다. (주)한국이 이 기계장치를 2016년 10월 1일 ₩43,000에 처분한 경우 기계장치 처분손익은? (단, (주)한국은 원가모형을 적용한다.)

▸ 16년 국가직 9급

① 처분손실 ₩2,000 　　　② 처분이익 ₩2,000
③ 처분손실 ₩3,000 　　　④ 처분이익 ₩3,000

77 12월 결산법인인 (주)서울은 20×1년 5월 1일 건물을 ₩250,000에 구입하면서 중개수수료 ₩50,000, 취득세 ₩50,000을 지출하였다. 건물의 내용연수는 5년, 잔존가치는 ₩50,000 이다. (주)서울은 건물을 정액법으로 감가상각하고 있다. 20×3년 11월 1일 건물을 ₩100,000 에 처분할 경우 유형자산처분손익은 얼마인가?

▸ 14년 서울시 9급

① 유형자산처분이익 ₩50,000
② 유형자산처분이익 ₩100,000
③ 유형자산처분손실 ₩20,000
④ 유형자산처분손실 ₩50,000
⑤ 유형자산처분손실 ₩100,000

78 (주)서울은 2016년 3월 1일 기계장치를 ₩1,000,000에 취득하였다. 기계장치의 내용연수는 3년, 추정 잔존가치는 ₩100,000이고 정액법을 이용하여 감가상각한다. (주)서울은 2017년 7월 1일에 기계장치를 ₩730,000에 처분할 경우, 처분 시점의 감가상각누계액과 처분손익은 얼마인가?   ▸ 17년 서울시 9급

① 감가상각누계액 ₩400,000, 처분이익 ₩130,000
② 감가상각누계액 ₩450,000, 처분이익 ₩180,000
③ 감가상각누계액 ₩400,000, 처분손실 ₩130,000
④ 감가상각누계액 ₩450,000, 처분손실 ₩180,000

79 (주)한국은 원가모형을 적용하던 기계장치를 20×1년 1월 1일에 매각하고 처분대금은 2년 후 일시불로 ₩100,000을 받기로 하였다. 매각 당시 기계장치의 취득원가는 ₩100,000, 감가상각누계액은 ₩80,000이다. 기계장치 처분대금의 명목금액과 현재가치의 차이는 중요하며, 본 거래에 적용할 유효이자율은 6%이다. 본 거래가 20×1년 (주)한국의 당기순이익에 미치는 영향은? (단, 2기간 6% 단일금액 ₩1의 현재가치계수는 0.89이며, 법인세효과는 고려하지 않는다.)   ▸ 17년 국가직 9급

① ₩5,660 증가   ② ₩69,000 증가
③ ₩74,340 증가   ④ ₩80,000 증가

80 (주)한국은 2016년 5월 1일 기계장치를 ₩4,000,000에 취득하였다. 추정잔존가치는 취득원가의 10%, 내용연수는 3년, 감가상각방법은 연수합계법이며 감가상각비는 월할로 계산한다. (주)한국이 이 기계장치를 2017년 8월 31일 ₩2,000,000에 처분할 경우 처분시점의 감가상각누계액과 처분손익은? (단, 원가모형을 적용하며 손상차손은 없다고 가정한다.)   ▸ 18년 국가직 9급

① 감가상각누계액 ₩1,000,000, 처분손실 ₩1,000,000
② 감가상각누계액 ₩1,800,000, 처분손실 ₩200,000
③ 감가상각누계액 ₩2,200,000, 처분이익 ₩200,000
④ 감가상각누계액 ₩2,600,000, 처분이익 ₩600,000

81 (주)한국은 20×1년 10월 1일 기계장치를 ₩80,000(내용연수 5년, 잔존가치 ₩5,000, 연수합계법, 월할 상각)에 취득하였다. 동 기계장치를 20×3년 3월 31일 ₩40,000에 처분할 경우, 처분 시점의 장부금액과 처분손익을 바르게 연결한 것은? (단, 기계장치는 원가모형을 적용하고 손상차손은 발생하지 않았다.) ▸22년 국가직 9급

	장부금액	처분손익
①	₩35,000	손실 ₩5,000
②	₩35,000	이익 ₩5,000
③	₩45,000	손실 ₩5,000
④	₩45,000	이익 ₩5,000

82 (주)한국은 20×1년 1월 1일에 토지와 토지 위의 건물을 일괄하여 ₩1,000,000에 취득하고 토지와 건물을 계속 사용하였다. 취득시점 토지의 공정가치는 ₩750,000이며 건물의 공정가치는 ₩500,000이다. 건물의 내용연수는 5년, 잔존가치는 ₩100,000이며, 정액법을 적용하여 건물을 감가상각한다(월할상각, 원가모형 적용). 20×3년 1월 1일 (주)한국은 더 이상 건물을 사용할 수 없어 해당 건물을 철거하였다. 건물의 철거와 관련하여 철거비용이 발생하지 않았을 경우, 20×3년 1월 1일에 인식하는 손실은? ▸22년 관세직 9급

① ₩120,000   ② ₩280,000
③ ₩360,000   ④ ₩400,000

83 (주)한국은 20×1년 1월 1일 영업을 시작하였다. 20×1년과 20×2년에 발생한 다음 거래들을 참고하여 20×2년 말 재무제표에 자산으로 계상하여야 할 금액은? (단, 일자는 월할 계산하며, 금액 정보가 없는 자산항목은 계산에 반영하지 않는다.) ▸ 17년 국가직 7급

일자	내용
20×1.3.1.	제품 제작용 기기를 ₩10,000에 구입하면서 운반비 ₩500과 설치비 ₩1,500을 함께 지급하였다. 감가상각은 내용연수 5년, 잔존가액 ₩0으로 정액법을 사용한다.
20×2.1.7.	20×1년 말에 주차장으로 사용할 목적으로 토지를 ₩100,000에 구입하고 구입한 토지 위의 사용하지 못하는 건물에 대한 철거 비용으로 ₩20,000을 지급하였다. 철거에서 파생된 고철은 ₩5,000에 처분하였다.
20×2.6.1.	₩6,000 상당의 소모품을 구입하여 20×2년 12월 31일까지 3/4을 사용하였다.
20×2.7.1.	₩100,000 상당의 상품을 매입하여 이 중 ₩10,000 상당의 상품은 불량으로 인하여 반품하고 나머지 상품 중 90%는 20×2년 12월 31일까지 판매하였다.
20×2.10.1.	₩20,000의 무상증자를 실시하였다.

① ₩128,100
② ₩133,100
③ ₩134,100
④ ₩153,100

84 차입원가와 관련한 설명으로 가장 옳지 않은 것은? ▸ 19년 서울시 9급

① 적격자산에 대한 적극적인 개발활동을 중단한 기간에는 차입원가의 자본화를 중단한다.
② 적격자산의 취득, 건설 또는 생산과 직접 관련된 차입원가는 당해 자산 원가의 일부로 자본화하여야 한다.
③ 적격자산을 취득하기 위한 목적으로 특정하여 차입한 자금에 한하여, 회계기간 동안 그 차입금으로부터 실제 발생한 차입원가에서 당해 차입금의 일시적 운용에서 생긴 투자수익을 차감한 금액을 자본화가능차입원가로 결정한다.
④ 적격자산이란 의도된 용도로 사용(또는 판매) 가능하게 하는 데 상당한 기간을 필요로 하는 자산으로, 재고자산, 금융자산, 유형자산 등이 해당된다.

85 **차입원가에 대한 설명으로 옳지 않은 것은?** ▸23년 지방직 9급

① 적격자산이 물리적으로 완성된 경우라면 일상적인 건설 관련 후속 관리업무 등이 진행되고 있더라도 일반적으로 당해 자산을 의도된 용도로 사용(또는 판매) 가능한 것으로 본다.

② 적격자산을 의도된 용도로 사용(또는 판매) 가능하게 하는 데 필요한 활동은 당해 자산의 물리적인 제작활동을 포함하나 그 이전단계에서 이루어진 기술 및 관리상의 활동은 포함하지 않는다.

③ 적격자산의 건설활동을 여러 부분으로 나누어 완성하고, 남아있는 부분의 건설활동을 계속 진행하고 있더라도 이미 완성된 부분이 사용 가능하다면, 당해 부분을 의도된 용도로 사용(또는 판매) 가능하게 하는 데 필요한 대부분의 활동을 완료한 시점에 차입원가의 자본화를 종료한다.

④ 적격자산에 대한 지출은 현금의 지급, 다른 자산의 제공 또는 이자부 부채의 발생 등에 따른 지출액을 의미한다. 적격자산과 관련하여 수취하는 정부보조금과 건설 등의 진행에 따라 수취하는 금액은 적격자산에 대한 지출액에서 차감한다.

86 **차입원가에 대한 설명으로 옳지 않은 것은?** ▸24년 관세직 9급

① 물리적인 제작 전에 각종 인허가를 얻기 위한 활동은 적격자산을 의도된 용도로 사용가능하게 하는 데 필요한 활동에 포함된다.

② 건설목적으로 취득한 토지를 개발활동 없이 보유하는 동안 발생한 차입원가는 자본화 대상에 해당한다.

③ 적격자산이 물리적으로 완성된 경우라면 일상적인 건설 관련 후속 관리업무 등이 진행되고 있더라도 일반적으로 당해 자산을 의도된 용도로 사용가능한 것으로 본다.

④ 회계기간 중 자본화된 차입원가의 금액과 자본화가능차입원가를 산정하기 위하여 사용된 자본화이자율을 재무제표의 주석으로 공시한다.

87 12월 결산법인인 (주)한국은 2008년 1월 1일에 사옥 신축을 위한 공사를 시작하여 2008년 12월 31일 현재 공사가 진행 중이다. (주)한국은 2008년 7월 1일에 사옥건설을 위한 자금 마련을 위해 ₩4,000(이자율 5%, 만기일 2009년 6월 30일)을 차입하였다. 이 차입금은 사옥건설을 위해서 사용하여야 하는 조건이 부여되어 있다. 이 공사와 관련하여 2008년에 지출한 공사비는 3월 1일에 ₩6,000이고 7월 1일에 ₩5,000이었다. 그리고 일반차입금의 2008년 평균차입액은 ₩6,000이며 자본화이자율은 8%이다. (주)한국이 2008년에 자본화할 수 있는 금융비용은? (단, 금융비용은 월할 계산한다.) ▸ 09년 국가직 7급

① ₩580   ② ₩540
③ ₩500   ④ ₩480

88 (주)대한은 20×1년 1월 1일에 자가사용 목적으로 공장을 착공하여 20×2년 9월 30일 완공하였다. 공사 관련 지출과 차입금에 대한 자료는 다음과 같다. (주)대한이 20×1년에 자본화할 차입원가는? (단, 차입금의 일시적 운용수익은 없으며, 기간은 월할 계산한다.) ▸ 18년 국가직 7급

⟨공사 관련 지출⟩	
일자	**금액**
20×1.1.1.	₩3,000
20×1.10.1.	₩2,000

⟨차입금 내역⟩			
구분	**금액**	**이자율(연)**	**기간**
특정차입금	₩1,000	4%	20×0.12.1. ~ 20×3.12.31.
일반차입금A	₩1,000	5%	20×1.1.1. ~ 20×2.11.30.
일반차입금B	₩2,000	8%	20×0.7.1. ~ 20×3.6.30.

① ₩40   ② ₩175
③ ₩215   ④ ₩280

89 (주)한국은 20×1년 7월 1일부터 공장건물 신축공사를 시작하여 20×2년 4월 30일에 완공하였다. (주)한국이 공장건물의 차입원가를 자본화하는 경우 20×1년도 포괄손익계산서상 당기손익으로 인식할 이자비용은? (단, 이자비용은 월할 계산한다.) ▶ 19년 국가직 9급

〈공사대금 지출〉	
20×1.7.1.	20×1.10.1.
₩50,000	₩40,000

〈차입금 현황〉				
구분	금액	차입일	상환(예정)일	연이자율
특정차입금	₩50,000	20×1.7.1.	20×2.4.30.	8%
일반차입금	₩25,000	20×1.1.1.	20×2.6.30.	10%

① ₩1,000 ② ₩1,500
③ ₩2,000 ④ ₩2,500

90 (주)한국은 20×1년 1월 1일부터 적격자산인 공장건물을 신축하기 시작하였으며, 20×2년 10월 31일 완공하였다. 공사대금 지출 및 신축공사와 관련되는 차입금의 자료는 다음과 같다.

구분	지출일·차입일	금액	상환일	연 이자율
공사대금 지출액	20×1년 1월 1일	₩100,000	–	–
특정목적 차입금	20×1년 1월 1일	₩80,000	20×1년 12월 31일	5%
일반목적 차입금	20×1년 1월 1일	₩200,000	20×2년 12월 31일	10%

(주)한국이 20×1년 공장건물 신축과 관련하여 자본화한 차입원가는? (단, 이자비용은 월할 계산한다.) ▶ 21년 국가직 7급

① ₩4,000 ② ₩6,000
③ ₩20,000 ④ ₩24,000

www.pmg.co.kr

91 (주)서울은 20×1년 2월 1일부터 소형건물을 신축하기 시작했으며, 이 건물은 20×2년 10월 31일에 완공되었다. 〈보기〉는 공사대금지출액과 차입금자료이다. 20×1년 건설과 직접 관련된 차입금A의 ₩800,000 중 ₩100,000은 2개월간 연 3%의 투자수익률로 일시 투자되었다면, 20×1년 특정목적차입금의 자본화가능차입원가는? ▸ 21년 서울시 7급

구분	20×1.2.1.	20×1.8.1.	20×2.3.1.	20×2.9.1.
공사대금 지출액	₩300,000	₩700,000	₩600,000	₩400,000

차입금종류	금액	기간	연이자율	비고
차입금A	₩800,000	20×1.1.1.부터 20×2.12.31.까지	6%	건설과 직접 관련 있음
차입금B	₩400,000	20×1.7.1.부터 20×2.6.30.까지	8%	건설과 직접 관련 없음
차입금C	₩300,000	20×1.12.1.부터 20×2.12.31.까지	10%	건설과 직접 관련 없음

① ₩43,500 　　　　　② ₩44,000

③ ₩47,500 　　　　　④ ₩48,000

무형자산

1 무형자산

1. 무형자산으로 정의되기 위한 요건

① 식별가능성
  ㉠ 분리가능하다. 해당 자산을 따로 떼어내어 분리, 매각, 교환, 라이선스, 임대가 가능하다.
  ㉡ 법/계약으로부터의 권리이다. 법이나 계약상의 권리라고 한다면 분리가능성 요건은 불문한다.
② 통제 : 자원에서 유입되는 미래경제적효익을 확보할 수 있고, 그 효익에 대한 제3자의 접근을 제한할 수 있다(실질적 통제).
③ 미래경제적효익 : 유입의 증대 또는 유출의 감소와 같은 직·간접효익을 모두 포함한다.

2. 무형자산의 취득 : 원가(제공한 대가의 공정가)

① **개별취득** : 구입가격 + 자산을 의도한 대로 사용가능한 데 필요한 직접원가

> ▶ 무형자산 취득원가에 해당하지 않는 예
>   ㉠ 사업개시원가   ㉡ 교육훈련비   ㉢ 광고선전비
>   ㉣ 조직개편비 : 기업의 전부 또는 일부의 이전 또는 조직 개편과 관련된 지출

② 내부적으로 창출한 영업권 : 무형자산으로 인식하지 않는다.
③ 사업결합으로 인한 취득 : 취득일의 공정가치
  ※ 사업결합과정에서 취득하는 경우 피취득자가 무형자산으로 인식하였는지 여부와 무관하게 취득자의 무형자산으로 인식한다.
④ **교환취득** : 유형자산과 회계처리가 동일하다.
⑤ **내부적으로 창출한 무형자산**
  ㉠ 연구단계 : 발생 시점의 연구비(비용)로 인식한다.

구분	내용
연구 단계	1. 새로운 지식을 얻고자 하는 활동 2. 연구결과 또는 기타 지식을 탐색, 평가, 최종 선택 및 응용하는 활동 3. 재료, 장치, 제품, 공정, 시스템, 용역 등에 대한 여러 가지 대체안을 탐색하는 활동 4. 새롭거나 개선된 재료, 장치, 제품, 공정, 시스템, 용역 등에 대한 여러 가지 대체안을 제안, 설계, 평가 및 최종 선택하는 활동

ⓒ 개발단계 : 6가지 인식요건을 모두 충족한 경우 자산(개발비)으로 인식한다. 단, 6가지 인식요건을 충족하지 못하였다면 비용(경상개발비)으로 인식한다.

구분	내용
개발 단계	1. 생산 전 또는 사용 전의 시제품과 모형을 설계, 제작 및 시험하는 활동 2. 새로운 기술과 관련된 공구, 금형, 주형 등을 설계하는 활동 3. 상업적 생산목적이 아닌 소규모의 시험공장을 설계, 건설 및 가동하는 활동 4. 새롭거나 개선된 재료, 제품, 공정, 시스템 및 용역 등에 대하여 최종적으로 선정된 안을 설계, 제작 및 시험하는 활동

※ 내부개발 프로젝트에 대한 지출을 연구단계, 개발단계로 구분하기 어려운 경우

2 무형자산의 상각

1. 무형자산의 내용연수

구분	회계처리
내용연수가 유한	경제적 효익이 소비되는 형태를 반영한 방법으로 내용연수 동안 상각함
내용연수가 비한정	• 내용연수가 비한정이라는 의미가 무한을 의미하지는 않는다. 내용연수가 비한정이라는 의미는 내용연수의 예측 가능한 제한이 없다는 의미이다. • 내용연수가 비한정인 무형자산은 상각하지 아니한다. 내용연수가 비한정인 무형자산은 매년 그리고 손상징후가 있을 때마다 손상검사를 수행한다. • 손상검사는 회계연도 중 어느 때라도 할 수 있으며 매년 같은 시기에 실시한다. • 비한정 내용연수를 유한 내용연수로 변경하는 것은 회계추정의 변경으로 회계처리한다.

2. 유형자산과 무형자산의 차이

구분	유형자산	무형자산
감가상각방법	경제적 효익이 소비되는 방법을 반영한 방법	경제적 효익이 소비되는 형태를 반영하되 이를 결정할 수 없는 경우에는 정액법을 사용
잔존가치	내용연수 종료시점의 순처분가치	잔존가치는 특별한 경우를 제외하고는 영(0)으로 본다.
회계처리	간접법	직접법

3 영업권

영업권은 식별가능성을 충족하지 않지만 사업결합기준서에서 무형자산으로 인식한다.

1. 영업권

다른 기업에 비하여 초과 잠재력을 가지고 있는 경우를 의미한다.

2. 영업권의 측정

① 초과수익법 = 합병에 따른 예상이익 − (순자산공정가치 × 평균이익률)

② 종합평가법 : 흡수합병의 경우

> ▶ 영업권 = 이전대가 − 피취득자의 순자산공정가치
> 이전대가 > 피취득자의 순자산공정가치 : 영업권
> 이전대가 < 피취득자의 순자산공정가치 : 염가매수차익(당기손익)

3. 영업권 회계처리

① 영업권은 내용연수가 비한정인 무형자산으로 매년 또는 손상의 징후가 있을 때마다 손상검사를 한다.

② 영업권은 손상은 적용하지만 손상의 환입은 인식하지 않는다.

---

01 무형자산에 대한 설명으로 옳지 않은 것은?   ▸12년 지방직 9급

① 연구단계에서 발생한 지출은 자산의 요건을 충족하는지를 합리적으로 판단하여 무형자산으로 인식 또는 발생한 기간의 비용으로 처리한다.

② 내부적으로 창출한 브랜드와 이와 실질이 유사한 항목은 무형자산으로 인식하지 아니한다.

③ 무형자산의 상각방법은 자산의 미래경제적효익이 소비되는 형태를 반영한 합리적인 방법을 적용한다.

④ 무형자산은 물리적 실체는 없지만 식별가능한 비화폐성자산이다.

02 **무형자산의 회계처리에 대한 설명으로 옳지 않은 것은?**　　▸11년 국가직 9급

① 내용연수가 비한정인 무형자산은 상각하지 않고, 매년 손상검사를 실시하여 손상차손(또는 손상차손환입)을 인식한다.
② 내부적으로 창출한 영업권은 무형자산으로 인식하지 않는다.
③ 연구개발활동과 관련하여 연구단계와 개발단계에서 발생한 지출은 무형자산의 취득원가로 처리한다.
④ 무형자산은 미래경제적효익이 기업에 유입될 가능성이 높고 취득원가를 신뢰성 있게 측정할 수 있을 때 인식한다.

03 **무형자산의 개발비로 회계처리할 수 있는 활동은?**　　▸13년 지방직 9급

① 새로운 지식을 얻고자 하는 활동
② 생산 전이나 사용 전의 시제품과 모형을 설계, 제작 및 시험하는 활동
③ 재료, 장치, 제품 등에 대한 여러 가지 대체안을 탐구하는 활동
④ 연구 결과 또는 기타 지식을 탐색, 평가, 최종 선택 및 응용하는 활동

04 **내부적으로 창출한 무형자산의 개발활동이 아닌 것은?**　　▸23년 국가직 7급

① 생산이나 사용 전의 시제품과 모형을 설계, 제작, 시험하는 활동
② 새로운 기술과 관련된 공구, 지그, 주형, 금형 등을 설계하는 활동
③ 상업적 생산 목적으로 실현가능한 경제적 규모가 아닌 시험공장을 설계, 건설, 가동하는 활동
④ 새롭거나 개선된 재료, 장치, 제품, 공정, 시스템이나 용역에 대한 여러 가지 대체안을 제안, 설계, 평가, 최종 선택하는 활동

05 **무형자산의 인식에 대한 설명으로 옳은 것은?** ▸ 15년 국가직 9급

① 내부 프로젝트의 연구 단계에 대한 지출은 자산의 요건을 충족하는지를 합리적으로 판단하여 무형자산으로 인식할 수 있다.

② 개발 단계에서 발생한 지출은 모두 무형자산으로 인식한다.

③ 사업결합으로 취득하는 무형자산의 취득원가는 취득일의 공정가치로 인식하고, 내부적으로 창출한 영업권은 무형자산으로 인식하지 아니한다.

④ 내부적으로 창출한 브랜드, 출판표제, 고객 목록과 이와 실질이 유사한 항목은 무형자산으로 인식한다.

06 **무형자산의 회계처리에 대한 설명으로 옳지 않은 것은?** ▸ 20년 지방직 9급

① 무형자산을 최초로 인식할 때에는 원가로 측정한다.

② 무형자산이란 물리적 실체는 없지만 식별할 수 있는 비화폐성자산이다.

③ 내부적으로 창출한 영업권은 자산으로 인식하지 아니한다.

④ 연구(또는 내부 프로젝트의 연구단계)에 대한 지출은 무형자산으로 인식한다.

07 **무형자산에 대한 설명으로 옳지 않은 것은?** ▸ 23년 관세직 9급

① 생산이나 사용 전의 시제품과 모형을 설계, 제작, 시험하는 활동과 같은 개발단계의 지출은 일정요건을 충족하면 무형자산으로 인식한다.

② 새로운 지식을 얻고자 하는 활동과 같은 연구단계의 지출은 발생시점에 비용으로 인식한다.

③ 내부적으로 창출된 영업권은 원가를 신뢰성 있게 측정할 수 없고 기업이 통제하고 있는 식별가능한 자원이 아니기 때문에 자산으로 인식하지 아니한다.

④ 무형자산을 창출하기 위한 내부 프로젝트를 연구단계와 개발단계로 구분할 수 없는 경우에는 모두 개발단계에서 발생한 것으로 본다.

08 다음은 (주)한국이 2015년 12월 31일에 지출한 연구 및 개발활동 내역이다. (주)한국이 2015년에 비용으로 인식할 총금액은? (단, 개발활동으로 분류되는 항목에 대해서는 지출금액의 50%가 자산인식요건을 충족했다고 가정한다.) ▸ 15년 국가직 7급

• 새로운 지식을 얻고자 하는 활동	₩100,000
• 생산이나 사용 전의 시제품과 모형을 제작하는 활동	₩250,000
• 상업적 생산 목적으로 실현가능한 경제적 규모가 아닌 시험공장을 건설하는 활동	₩150,000
• 연구결과나 기타 지식을 탐색, 평가, 응용하는 활동	₩300,000
• 재료, 장치, 제품, 공정, 시스템이나 용역에 대한 여러 가지 대체안을 탐색하는 활동	₩50,000

① ₩450,000　　　　　　　　　② ₩550,000
③ ₩650,000　　　　　　　　　④ ₩700,000

09 무형자산에 대한 설명으로 옳은 것은? ▸ 18년 지방직 9급
① 무형자산은 유형자산과 달리 재평가모형을 사용할 수 없다.
② 라이선스는 특정 기술이나 지식을 일정 지역 내에서 이용하기로 한 권리를 말하며, 취득원가로 인식하고 일정 기간 동안 상각한다.
③ 내부적으로 창출한 상호, 상표와 같은 브랜드 네임은 그 경제적 가치를 측정하여 재무제표에 자산으로 기록하여 상각한다.
④ 영업권은 내용연수가 비한정이므로 상각하지 않는다.

10 무형자산에 대한 설명으로 옳지 않은 것은? ▸ 18년 국가직 9급
① 무형자산으로 정의되기 위해서는 식별가능성, 자원에 대한 통제 및 미래경제적효익의 존재라는 조건을 모두 충족하여야 한다.
② 무형자산에는 특허권, 상표권, 저작권 등이 있다.
③ 사업결합으로 취득한 식별가능 무형자산의 취득원가는 취득일의 공정가치로 평가한다.
④ 비한정내용연수를 가지는 것으로 분류되었던 무형자산이 이후에 유한한 내용연수를 가지는 것으로 변경된 경우에도 상각을 하지 않는다.

11 무형자산에 대한 설명으로 옳지 않은 것은? ▸22년 관세직 9급

① 내부적으로 창출한 브랜드, 제호, 출판표제, 고객 목록과 이와 실질이 유사한 항목은 무형자산으로 인식한다.

② 계약상 권리 또는 기타 법적 권리로부터 발생하는 무형자산의 내용연수는 그러한 계약상 권리 또는 기타 법적 권리의 기간을 초과할 수는 없지만, 자산의 예상사용기간에 따라 더 짧을 수는 있다.

③ 무형자산의 상각방법은 자산의 경제적 효익이 소비될 것으로 예상되는 형태를 반영한 방법이어야 한다. 다만, 그 형태를 신뢰성 있게 결정할 수 없는 경우에는 정액법을 사용한다.

④ 새로운 제품이나 용역의 홍보원가 그리고 새로운 계층의 고객을 대상으로 사업을 수행하는 데서 발생하는 원가는 무형자산의 원가에 포함하지 않는 지출이다.

12 자산의 감가상각 및 상각에 대한 설명으로 옳지 않은 것은? ▸19년 국가직 9급

① 유형자산을 구성하는 일부의 원가가 당해 유형자산의 전체 원가에 비교하여 유의적이라면, 해당 유형자산을 감가상각할 때 그 부분은 별도로 구분하여 감가상각한다.

② 내용연수가 유한한 무형자산의 상각기간과 상각방법은 적어도 매 회계연도 말에 검토한다.

③ 내용연수가 비한정적인 무형자산에 대해 상각비를 인식하지 않는다.

④ 정액법을 적용하여 상각하던 기계장치가 유휴상태가 되면 감가상각비를 인식하지 않는다.

13 무형자산에 대한 설명으로 옳은 것은? ▸24년 국가직 9급

① 무형자산의 회계처리는 내용연수에 따라 다르다. 내용연수가 유한한 무형자산은 상각하고, 내용연수가 비한정인 무형자산은 상각하지 아니한다.

② 무형자산을 창출하기 위한 내부 프로젝트를 연구단계와 개발단계로 구분할 수 없는 경우에는 그 프로젝트에서 발생한 지출은 모두 개발단계에서 발생한 것으로 본다.

③ 무형자산의 내용연수는 자산의 내용연수를 추정하는 시점에 평가된 표준적인 성능수준을 유지하기 위하여 필요한 지출을 초과하는 계획된 미래지출이 예상되는 경우 비한정으로 판단한다.

④ 내용연수가 유한한 무형자산은 그 자산을 더 이상 사용하지 않을 때에는 상각을 중지한다.

14 유·무형자산의 재평가모형에 대한 설명으로 옳지 않은 것은? ▶ 19년 지방직 9급

① 무형자산의 재평가모형에서 활성시장이 없는 경우 전문가의 감정가액을 재평가금액으로 할 수 있다.

② 자본에 계상된 재평가잉여금은 그 자산이 제거될 때 이익잉여금으로 직접 대체할 수 있다.

③ 재평가모형에서 원가모형으로 변경할 때 비교 표시되는 과거기간의 재무제표를 소급하여 재작성한다.

④ 자산을 재평가하는 회계정책을 최초로 적용하는 경우의 회계정책 변경은 소급적용하지 않는다.

15 다음 중 개별 자산의 손상 회계에 대한 설명으로 옳지 않은 것은? ▶ 17년 서울시 9급

① 보고기간 말마다 자산손상 징후가 있는지를 검토하고, 그러한 징후가 있다면 해당 자산의 회수가능액을 추정한다.

② 자산의 회수가능액이 장부금액에 못 미치는 경우에 자산의 장부금액을 회수가능액으로 감액하고 손상차손을 인식한다.

③ 내용연수가 한정되어 있는 무형자산은 자산손상 징후가 있는지에 관계없이 일 년에 한 번은 손상검사를 한다.

④ 재평가모형에 따라 재평가금액을 장부금액으로 하는 경우에는 재평가자산의 손상차손은 재평가감소액으로 처리한다.

16 (주)한국은 내용연수가 유한한 무형자산에 대하여 정액법(내용연수 5년, 잔존가치 ₩0)으로 상각하여 비용처리한다. (주)한국의 2016년 무형자산 관련 자료가 다음과 같을 때, 2016년에 인식할 무형자산상각비는? (단, 2016년 이전에 인식한 무형자산은 없으며, 무형자산상각비는 월할 상각한다.) ▶ 17년 국가직 9급

> • 1월 1일 : 새로운 제품의 홍보를 위해 ₩10,000을 지출하였다.
> • 4월 1일 : 회계법인에 의뢰하여 평가한 '내부적으로 창출한 영업권'의 가치는 ₩200,000 이었다.
> • 7월 1일 : 라이선스를 취득하기 위하여 ₩5,000을 지출하였다.

① ₩500

② ₩2,500

③ ₩30,500

④ ₩32,000

17 12월 결산법인인 서울(주)는 20×1년 중 개발 중인 애플리케이션 S를 위해 ₩600,000을 지출하였다. 애플리케이션 S는 20×2년 5월 1일까지 ₩100,000을 추가지출하고 개발을 완료하였다. 서울(주)는 애플리케이션 S와 관련하여 20×1년 9월 1일 특허권을 취득하였으며, 특허권 취득과 관련하여 법적 비용 ₩100,000과 특허권의 성공적 방어를 위한 법적 비용 ₩200,000을 지출하였다. 취득한 특허권은 관련 법률에 따라 10년간 배타적인 권리가 보장되지만 경제적 효익이 발생하는 기간은 5년으로 추정된다. 무형자산을 정액법으로 감가상각할 경우 20×1년 특허권의 상각비는 얼마인가?

▶ 14년 서울시 9급

① ₩10,000   ② ₩20,000
③ ₩30,000   ④ ₩50,000
⑤ ₩60,000

18 (주)한국은 20×1년 초에 무형자산인 라이선스를 ₩500,000(정액법 상각, 내용연수 10년, 잔존가치 ₩0, 재평가모형 적용)에 취득하였다. 20×1년 말 라이선스의 공정가치가 ₩450,000, 20×2년 말 라이선스의 공정가치가 ₩525,000이라면, 20×2년 말 인식할 재평가이익은?

▶ 21년 국가직 7급

① ₩25,000   ② ₩50,000
③ ₩75,000   ④ ₩125,000

19 (주)한국의 20×1년 연구개발 관련 자료는 다음과 같다.

• 1월 31일 종료된 연구단계에서 발생한 비용   ₩300,000
• 3월 31일 종료된 개발단계에서 발생한 비용   ₩1,000,000
  – 이 중 ₩400,000은 무형자산의 개발비 인식요건을 충족하여 개발비로 계상함
  – 개발비의 사용가능 시점은 4월 1일, 내용연수 10년, 잔존가액 없음, 정액법, 월할 상각, 활성시장이 존재하지 않음

(주)한국이 20×1년 포괄손익계산서상 인식할 비용은?

▶ 24년 지방직 9급

① ₩700,000   ② ₩730,000
③ ₩900,000   ④ ₩930,000

20 (주)한국은 차세대 통신기술 연구개발을 위해 다음과 같이 지출하였다.

구분	2016년	2017년
연구단계	₩100,000	₩100,000
개발단계	–	₩600,000

2017년 개발단계 지출액 ₩600,000은 무형자산 인식기준을 충족하였으며, 동년 7월 1일에 개발이 완료되어 사용하기 시작하였다. 동 무형자산은 원가모형을 적용하며, 정액법(내용연수 10년, 잔존가치 ₩0)으로 상각한다. 회수가능액이 2017년 말 ₩500,000이라고 할 때, 결산 시 인식할 손상차손은? (단, 상각비는 월할 계산한다.) ▸ 18년 국가직 9급

① ₩40,000
② ₩70,000
③ ₩100,000
④ ₩260,000

21 (주)한국은 (주)민국을 합병하고 합병대가로 ₩20,000,000의 현금을 지급하였다. 합병 시점의 (주)민국의 재무상태표상 자산 총액은 ₩15,000,000이고 부채총액은 ₩9,000,000이다. (주)민국의 재무상태표상 장부가치는 토지를 제외하고는 공정가치와 같다. 토지는 장부상 ₩5,000,000으로 기록되어 있으나, 공정가치는 합병 시점에 ₩10,000,000인 것으로 평가되었다. 이 합병으로 (주)한국이 영업권으로 계상하여야 할 금액은? ▸ 15년 국가직 9급

① ₩0
② ₩4,000,000
③ ₩9,000,000
④ ₩14,000,000

22 2015년 초에 (주)서울은 (주)한양에게 보통주 50주(주당 액면금액 ₩5,000, 주당 공정가치 ₩7,000)를 교부하고 (주)한양을 흡수합병하였다. 합병 직전에 (주)한양의 식별가능한 순자산 장부금액과 공정가치가 다음과 같을 때, 합병시 (주)서울이 인식할 영업권 또는 염가매수차익은 얼마인가?

▸ 16년 서울시 7급

구분	장부금액	공정가치	구분	장부금액	공정가치
재고자산	₩200,000	₩250,000	비유동부채	₩100,000	₩100,000
비유동자산	₩300,000	₩300,000	자본금	₩350,000	
			이익잉여금	₩50,000	

① 영업권 ₩150,000

② 영업권 ₩100,000

③ 염가매수차익 ₩150,000

④ 염가매수차익 ₩100,000

23 (주)한국은 20×1년 1월 1일 (주)대한의 지분 100%를 취득하여 흡수합병하면서, (주)대한의 주주에게 현금 ₩60,000을 이전대가로 지급하였다. 취득일 현재 (주)대한의 식별가능한 자산과 부채의 장부금액과 공정가치가 다음과 같을 때, (주)한국이 인식할 영업권은?

▸ 24년 지방직 9급

자산	장부금액	공정가치	부채 및 자본	장부금액	공정가치
현금	₩1,000	₩1,000	단기차입금	₩6,000	₩6,000
매출채권	₩2,000	₩2,000	매입채무	₩1,000	₩1,000
재고자산	₩4,000	₩5,000	자본금	₩30,000	
유형자산	₩37,000	₩46,000	이익잉여금	₩7,000	
계	₩44,000	₩54,000	계	₩44,000	

① ₩3,000

② ₩6,000

③ ₩13,000

④ ₩50,000

24 (주)한국은 (주)민국에 대한 다음의 실사 결과를 이용하여 인수를 고려하고 있다.

> • 자산의 장부가치 : ₩4,000 (공정가치   ?   )
> • 부채의 장부가치 : ₩2,500 (공정가치 ₩2,500)
> • 자본금 : ₩500   • 자본잉여금 : ₩300   • 이익잉여금 : ₩700

만약, 이 중 75%를 ₩2,000에 취득하고 영업권 ₩500을 인식한다면 (주)민국의 자산 공정가치는?

▶ 20년 국가직 9급

① ₩3,500   ② ₩4,000
③ ₩4,500   ④ ₩5,000

25 (주)대한은 20×1년 7월 1일 (주)한국의 모든 자산과 부채를 취득, 인수하는 사업결합을 하였다. 사업결합과 관련된 자료가 다음과 같을 때, 20×1년 7월 1일 (주)대한이 인식해야 할 영업권은?

▶ 21년 국가직 7급

> • 사업결합시점에 식별할 수 있는 (주)한국의 순자산 장부금액은 ₩1,000,000이며, 순자산 공정가치는 ₩1,200,000이다.
> • (주)대한은 사업결합의 이전대가로 (주)한국의 주주들에게 (주)대한의 보통주 100주(주당 액면금액 ₩7,000, 주당 공정가치 ₩14,000)를 발행하고 교부하였다.
> • (주)대한은 사업결합과 관련하여 보통주 발행과 직접 관련된 비용 ₩10,000과 기타 수수료 ₩10,000을 현금으로 지급하였다.

① ₩180,000   ② ₩190,000
③ ₩200,000   ④ ₩400,000

08 투자부동산

1 투자부동산의 정의 및 후속측정

1. 투자부동산

임대수익, 시세차익 또는 이 둘 모두를 얻기 위하여 보유하고 있는 부동산

① 장기 시세차익을 얻기 위하여 보유하고 있는 토지
② 장래 사용목적을 결정하지 못한 채로 보유하고 있는 토지
③ 직접 소유 또는 금융리스를 통해 보유하고 운용리스로 제공하고 있는 건물
④ 운용리스로 제공하기 위하여 보유하고 있는 건물
⑤ 미래에 투자부동산으로 사용하기 위하여 건설 또는 개발 중인 부동산

2. 투자부동산이 아닌 예

① 정상적인 영업과정에서 판매하기 위한 부동산이나 이를 위하여 건설 또는 개발 중인 부동산
② 제3자를 위하여 건설 또는 개발 중인 부동산
③ 자가사용부동산
④ 금융리스로 제공한 부동산

3. 투자부동산의 후속측정

① 원가모형 : 유형자산과 동일하며 매년 감가상각한다.
② 공정가치모형 : 감가상각하지 않으며, 매년 말 공정가치로 평가한다. 공정가치 평가에
따른 평가손익은 당기손익으로 인식한다.

4. 투자부동산의 계정대체

다음과 같이 사용목적 변경이 확인된 시점에 계정대체를 진행한다.
① 자가사용을 개시한 경우에는 투자부동산을 자가사용부동산으로 대체한다.
② 정상적인 영업과정에서 판매를 위한 개발이 시작된 경우에는 투자부동산을 재고자산으로 대체한다.
③ 자가사용이 종료된 경우에는 자가사용부동산을 투자부동산으로 대체한다.

01 자산에 대한 설명으로 옳지 않은 것은? ▶ 15년 지방직 9급

① 유형자산의 감가상각방법은 적어도 매 회계연도 말에 재검토하고, 이를 변경할 경우 회계추정의 변경으로 보아 전진법으로 회계처리한다.

② 유형자산에 대해 재평가모형을 적용하는 경우 최초 재평가로 인한 장부금액의 증가액은 당기손익이 아닌 기타포괄손익으로 회계처리한다.

③ 연구개발과 관련하여 연구단계에서 발생한 지출은 당기비용으로 회계처리하고, 개발단계에서 발생한 지출은 무형자산의 인식기준을 모두 충족할 경우 무형자산으로 인식하고 그 외에는 당기비용으로 회계처리한다.

④ 투자부동산에 대해 공정가치모형을 적용하는 경우 감가상각비와 공정가치변동으로 발생하는 손익은 모두 당기손익으로 회계처리한다.

02 자산별 회계처리에 대한 설명으로 옳지 않은 것은? ▶ 22년 국가직 9급

① 무형자산의 상각방법은 자산의 경제적 효익이 소비될 것으로 예상되는 형태를 반영한 방법이어야 한다. 다만, 그 형태를 신뢰성 있게 결정할 수 없는 경우에는 정액법을 사용한다.

② 부동산 보유자가 부동산 사용자에게 부수적인 용역을 제공하는 경우가 있다. 전체 계약에서 그러한 용역의 비중이 경미하다면 부동산 보유자는 당해 부동산을 자가사용부동산으로 분류한다.

③ 정기적인 종합검사과정에서 발생하는 원가가 인식기준을 충족하는 경우에는 유형자산의 일부가 대체되는 것으로 보아 해당 유형자산의 장부금액에 포함하여 인식한다.

④ 재고자산을 순실현가능가치로 감액한 평가손실과 모든 감모손실은 감액이나 감모가 발생한 기간에 비용으로 인식한다.

03 투자부동산에 대한 설명으로 가장 옳지 않은 것은? ▸20년 서울시 7급

① 장기 시세차익을 얻기 위하여 보유하고 있는 토지는 투자부동산으로 분류한다.

② 장래 자가사용할지, 통상적인 영업과정에서 단기간에 판매할지를 결정하지 못한 토지는 시세차익을 얻기 위하여 보유한다고 보아 투자부동산으로 분류한다.

③ 투자부동산은 기업이 보유하고 있는 다른 자산과는 거의 독립적으로 현금흐름을 창출한다는 점에서 자가사용부동산과 구별된다.

④ 부동산 중 일부분은 임대수익이나 시세차익을 얻기 위하여 보유하고, 일부분은 재화나 용역의 생산 또는 제공이나 관리목적에 사용하기 위하여 보유하는 경우 동 부동산은 모두 투자부동산으로 분류한다.

04 투자부동산에 대한 설명으로 옳지 않은 것은? ▸22년 관세직 9급

① 장기 시세차익을 얻기 위하여 보유하고 있는 토지는 투자부동산으로 분류되나, 통상적인 영업과정에서 단기간에 판매하기 위하여 보유하는 토지는 투자부동산에서 제외한다.

② 재고자산을 공정가치로 평가하는 투자부동산으로 대체하는 경우, 재고자산의 장부금액과 대체시점의 공정가치의 차액은 당기손익으로 인식한다.

③ 투자부동산에 대하여 공정가치모형을 선택한 경우 감가상각하지 않으며, 공정가치 변동으로 발생하는 손익은 기타포괄손익으로 분류한다.

④ 장래 용도를 결정하지 못한 채로 보유하고 있는 토지는 투자부동산으로 분류한다.

05 (주)한국은 2013년 1월 1일에 투자 목적으로 건물을 ₩10,000(내용연수 10년, 잔존가치 ₩0, 정액법 상각)에 취득하였다. 회사는 투자부동산을 공정가치모형으로 평가하고 있으며, 2013년 결산일과 2014년 결산일의 동 건물의 공정가치는 각각 ₩8,000과 ₩9,500이다. 이 경우 2013년과 2014년의 포괄손익계산서에 미치는 영향은? ▸15년 국가직 9급

	2013년		2014년	
①	감가상각비	₩1,000	감가상각비	₩1,000
②	투자부동산평가손실	₩2,000	투자부동산평가이익	₩1,500
③	투자부동산평가손실	₩2,000	투자부동산평가손실	₩500
④	투자부동산평가손실	₩1,000	투자부동산평가이익	₩500

06 (주)한국이 20×1년 초 투자목적으로 취득한 건물과 관련된 자료는 다음과 같다.

• 취득원가 : ₩50,000	• 내용연수 : 5년
• 잔존가치 : ₩0	• 감가상각방법 : 정액법
• 20×1년 말 공정가치 : ₩60,000	

(주)한국이 해당 건물에 대하여 원가모형과 공정가치모형을 각각 적용하였을 경우, 20×1년도 당기순이익에 미치는 영향을 바르게 연결한 것은? ▸23년 국가직 9급

	원가모형	공정가치모형
①	₩0	₩0
②	₩10,000 감소	₩20,000 증가
③	₩10,000 감소	₩10,000 증가
④	₩20,000 증가	₩20,000 감소

07 (주)한국은 20×1년 1월 1일 임대수익과 시세차익을 목적으로 건물을 ₩100,000,000(내용연수 10년, 잔존가치 ₩0, 정액법)에 구입하고, 해당 건물에 대해서 공정가치모형을 적용하기로 하였다. 20×1년 말 해당 건물의 공정가치가 ₩80,000,000일 경우 (주)한국이 인식해야 할 평가손실은? ▸20년 국가직 9급

① 기타포괄손실 ₩10,000,000
② 당기손실 ₩10,000,000
③ 기타포괄손실 ₩20,000,000
④ 당기손실 ₩20,000,000

08 (주)서울은 2017년 1월 1일에 취득한 건물(취득원가 ₩1,000,000, 잔존가치 ₩0, 내용연수 20년)을 투자부동산으로 분류하였다. 동 건물에 대하여 원가모형을 적용할 경우와 공정가치 모형을 적용할 경우 2017년도 법인세비용차감전순이익에 미치는 영향의 차이(감가상각비와 평가손익 포함)를 올바르게 설명한 것은? (단, 2017년 말 동 건물의 공정가치는 ₩930,000 이며 감가상각방법은 정액법이다.) ▸ 17년 서울시 7급

① 원가모형 적용 시 법인세비용차감전순이익이 ₩20,000 더 많다.
② 원가모형 적용 시 법인세비용차감전순이익이 ₩30,000 더 많다.
③ 공정가치모형 적용 시 법인세비용차감전순이익이 ₩10,000 더 많다.
④ 공정가치모형 적용 시 법인세비용차감전순이익이 ₩30,000 더 많다.

09 (주)한국이 2018년 1월 초 건물을 취득하여 투자부동산으로 분류하였을 때, 다음 자료의 거래가 (주)한국의 2018년 당기손익에 미치는 영향은? (단, 투자부동산에 대하여 공정가치모형을 적용하며, 감가상각비는 정액법으로 월할 계산한다.) ▸ 19년 관세직 9급

- 건물(내용연수 5년, 잔존가치 ₩0) 취득가액은 ₩2,000,000이며, 이와 별도로 취득세 ₩100,000을 납부하였다.
- 2018년 6월 말 건물의 리모델링을 위해 ₩1,000,000을 지출하였으며, 이로 인해 건물의 내용연수가 2년 증가하였다.
- 2018년 12월 말 건물의 공정가치는 ₩4,000,000이다.

① ₩900,000
② ₩1,000,000
③ ₩1,900,000
④ ₩2,000,000

10 (주)한국은 20×1년 초 건물을 ₩1,000,000에 취득하고 그 건물을 유형자산 또는 투자부동산으로 분류하고자 한다. 유형자산은 재평가모형을 적용하며 내용연수 10년, 잔존가치 ₩0, 정액법 상각하고, 투자부동산은 공정가치모형을 적용한다. 20×1년과 20×2년 기말 공정가치가 각각 ₩990,000, ₩750,000일 경우, 다음 설명 중 옳지 않은 것은? (단, 건물은 유형자산 또는 투자부동산의 분류요건을 충족하며, 내용연수 동안 재평가잉여금의 이익잉여금대체는 없는 것으로 가정한다.) ▸ 18년 국가직 7급

① 건물을 유형자산으로 분류한다면, 20×1년 말 재평가잉여금(기타포괄손익)이 계상된다.
② 건물을 유형자산으로 분류한다면, 20×2년 말 재평가손실(당기손익)이 계상된다.
③ 건물을 투자부동산으로 분류한다면, 20×1년 말 투자부동산평가이익(기타포괄손익)이 계상된다.
④ 건물을 투자부동산으로 분류한다면, 20×2년 말 투자부동산평가손실(당기손익)이 계상된다.

11 다음은 토지의 공정가치 변동자료이다. (주)서울은 토지를 20×0년 7월 중에 취득하고 계속 보유 중이다. 동 토지가 투자부동산으로 분류되는 경우와 유형자산으로 분류되는 경우 각각 기말 재무상태표상의 이익잉여금에 미치는 영향은? (단, (주)서울은 토지 회계처리 시 투자 부동산의 경우 공정가치 모형을, 유형자산의 경우 재평가모형을 적용하고 있다.)

▶ 20년 서울시 7급

• 20×0년 7월 중 취득 시 공정가치 : ₩100,000
• 20×0년 12월 31일 공정가치 : ₩150,000

	투자부동산으로 분류	유형자산으로 분류
①	변화없음	변화없음
②	변화없음	₩50,000 증가
③	₩50,000 증가	변화없음
④	₩50,000 증가	₩50,000 증가

12 다음 자료에 따른 건물 관련 손익이 20×2년 (주)대한의 당기순이익에 미치는 영향은? (단, 감가상각은 월할 상각한다.)

▶ 20년 국가직 7급

• 20×1년 1월 1일 투자목적으로 건물(취득원가 ₩1,000, 잔존가치 ₩0, 내용연수 4년, 정액법 상각)을 취득한 후 공정가치모형을 적용하였다.
• 20×2년 7월 1일 (주)대한은 동 건물을 공장용 건물(잔존가치 ₩0, 내용연수 2.5년, 정액법 상각)로 대체하여 자가사용하기 시작하였으며 재평가모형을 적용하였다.
• 일자별 건물 공정가치

20×1년 말	20×2년 7월 1일	20×2년 말
₩1,200	₩1,400	₩1,500

① ₩300 증가   ② ₩280 감소
③ ₩180 증가   ④ ₩80 감소

09 금융자산

1 현금 및 현금성자산

1. 현금 : 현금 및 요구불예금

① **현금** : 지폐, 주화, 외화, 통화대용증권 등

② **통화대용증권** : 자기앞수표, 타인발행수표, 송금환, 우편환증서, 배당금지급통지표, 지급일이 도래한 공사채 이자표, 기한이 도래한 받을어음 등

③ **요구불예금** : 사용에 제한이 없는 보통예금, 당좌예금 등

2. 현금에 해당하지 않는 사례

선일자수표, 부도수표, 당좌개설보증금, 임차보증금, 우표, 수입인지, 차용증서, 만기 전 약속어음, 당좌차월(단기차입금), 직원가불금, 선급금

3. 현금성자산

① 가치변동의 위험이 경미하다.
② 확정된 금액의 현금으로 전환이 용이하다.
③ 취득일부터 만기일이 3개월 이내에 도래한다.

2 은행계정조정표

수정 전 회사측 당좌예금잔액		수정 전 은행측 당좌예금잔액	
추심어음	+		
부도수표	−		
이자비용	−	미기입예금	+
이자수익	+	기발행미인출수표	−
미통지입금	+	오류	±
오류	±		
수정 후 회사측 당좌예금잔액		**수정 후 은행측 당좌예금잔액**	

01 2010년 12월 31일 결산일 현재 (주)대한이 보유하고 있는 자산 중 재무상태표에 계상할 현금 및 현금성자산은?

▸11년 국가직 9급

• 통화	₩1,500
• 수입인지	₩100
• 만기가 도래한 국채이자표	₩300
• 송금환	₩400
• 배당금지급통지표	₩50
• 만기가 1개월 후인 타인발행 약속어음	₩200
• 2010년 12월 1일 취득한 환매채(만기 2011년 1월 31일)	₩500

① ₩1,500 ② ₩2,250
③ ₩2,750 ④ ₩2,950

02 다음은 2013년 12월 31일 현재 (주)한국이 보유하고 있는 항목들이다. (주)한국이 2013년 12월 31일의 재무상태표에 현금 및 현금성자산으로 표시할 금액은?

▸14년 국가직 9급

• 지급기일이 도래한 공채이자표	₩5,000
• 당좌거래개설보증금	₩3,000
• 당좌차월	₩1,000
• 수입인지	₩4,000
• 선일자수표(2014년 3월 1일 이후 통용)	₩2,000
• 지폐와 동전 합계	₩50,000
• 2013년 12월 20일에 취득한 만기 2014년 2월 20일인 양도성예금증서	₩2,000
• 2013년 10월 1일에 취득한 만기 2014년 3월 31일인 환매채	₩1,000

① ₩56,000 ② ₩57,000
③ ₩58,000 ④ ₩59,000

03 (주)한국의 2018년 12월 31일 결산일 현재 다음의 현금 및 예금 등의 자료를 이용할 때, 2018년 재무상태표에 보고할 현금 및 현금성자산 금액은? ▶ 19년 국가직 9급

• 현금	₩30,000
• 우편환증서	₩100,000
• 우표와 수입인지	₩20,000
• 은행발행 자기앞수표	₩20,000
• 보통예금(사용제한 없음)	₩10,000
• 정기적금(만기 2022년 1월 31일)	₩200,000
• 당좌차월	₩50,000
• 당좌개설보증금	₩80,000
• 환매조건부 채권 (2018년 12월 1일 취득, 만기 2019년 1월 31일)	₩300,000

① ₩360,000   ② ₩440,000
③ ₩460,000   ④ ₩660,000

04 다음은 (주)한국이 2013년 12월 31일 현재 보유하고 있는 자산의 일부이다. 2013년도 말 재무상태표에 보고되는 현금 및 현금성자산은 얼마인가? ▶ 14년 서울시 9급

• 회사가 보유 중인 현금	₩20,000
• 소모품	₩22,000
• 매출채권	₩15,000
• 우편환	₩10,000
• 보통예금	₩35,000
• 선급임차료	₩12,000
• 자기앞수표	₩34,000
• 당좌개설보증금	₩30,000
• 양도성예금증서(2013년 11월 15일 취득, 취득 시 잔여만기 2개월)	₩47,000
• 회사가 발행하였으나 은행에 지급 제시되지 않은 수표	₩46,000

① ₩99,000   ② ₩129,000
③ ₩146,000   ④ ₩176,000
⑤ ₩192,000

05 재무상태표에 현금 및 현금성자산으로 표시될 금액은? ▸20년 국가직 9급

• 수입인지	₩50,000
• 송금수표	₩50,000
• 선일자수표	₩50,000
• 자기앞수표	₩100,000
• 타인발행수표	₩100,000
• 당좌개설보증금	₩100,000
• 취득 당시 만기 120일인 양도성예금증서	₩100,000

① ₩400,000 ② ₩350,000
③ ₩300,000 ④ ₩250,000

06 기말재무상태표에 현금및현금성자산으로 보고될 금액은? ▸22년 관세직 9급

• 우표	₩4,000	• 당좌차월	₩50,000
• 당좌예금	₩10,000	• 타인발행수표	₩20,000
• 지폐와 주화	₩12,000	• 우편환증서	₩5,000
• 수입인지	₩8,000	• 환매채	₩40,000
• 보통예금	₩16,000	(취득 당시 60일 이내 환매조건)	

① ₩98,000 ② ₩103,000
③ ₩116,000 ④ ₩166,000

07 (주)한국의 20×6년 12월 31일에 당좌예금 장부상 잔액이 ₩37,500이었고, 당좌예금과 관련된 다음의 사건이 확인되었다면, (주)한국이 거래은행에서 받은 20×6년 12월 31일자 예금잔액증명서상 당좌예금 잔액은?

▸ 18년 지방직 9급

- (주)한국의 거래처에서 매출대금 ₩15,000을 은행으로 입금하였으나, (주)한국은 이 사실을 알지 못했다.
- 은행은 당좌거래 관련 수수료 ₩2,000을 (주)한국의 예금계좌에서 차감하였다.
- 은행 측 잔액증명서에는 반영되어 있으나 (주)한국의 장부에 반영되지 않은 다른 예금에 대한 이자수익이 ₩5,000 있다.
- 은행 측 잔액증명서에는 반영되어 있으나 (주)한국의 장부에 반영되지 않은 부도수표가 ₩6,000 있다.
- (주)한국은 은행에 ₩47,000을 예금하면서 ₩74,000으로 잘못 기록하였으나, 은행계좌에는 ₩47,000으로 올바로 기록되어 있다.

① ₩22,500

② ₩24,500

③ ₩34,500

④ ₩76,500

08 다음의 자료를 이용한 20×3년 6월 30일 조정 전 은행측 잔액 증명서상의 금액은?

▸ 14년 지방직 9급

• 20×3년 6월 30일 조정 전 회사측 당좌예금 잔액	₩200,000
• 은행측 잔액증명서상의 금액과 회사측 잔액과의 차이를 나타내는 원인	
– 은행예금 이자	₩15,000
– 회사발행미지급수표	₩100,000
– 어음추심수수료	₩1,000
– 회사에 미통지된 예금	₩120,000

① ₩234,000

② ₩334,000

③ ₩384,000

④ ₩434,000

09 (주)대한의 2016년 말 현재 은행계정조정표와 관련된 자료는 다음과 같다. 은행 측은 기발행 미인출수표가 누락되었음을 확인하였다. 기발행미인출수표 금액은? ▶ 17년 지방직 9급

> • 은행의 예금잔액증명서상 금액 : ₩20,000
> • (주)대한의 장부상 금액 : ₩17,000
> • 은행의 예금잔액증명서에는 반영되어 있으나 (주)대한의 장부에 반영되지 않은 금액
> - 예금이자 : ₩1,000
> - 부도수표 : ₩2,000
> • 은행은 (주)민국의 발행수표 ₩6,000을 (주)대한의 발행수표로 착각하여 (주)대한의 당좌예금계좌에서 인출하여 지급하였다.

① ₩16,000
② ₩14,000
③ ₩12,000
④ ₩10,000

10 (주)한국의 당좌예금에 대한 다음의 자료를 이용하여 계산한 2012년 12월 말의 정확한 당좌예금 잔액은? ▶ 12년 국가직 9급

> • 2012년 12월 31일 (주)한국의 당좌예금계좌 잔액은 ₩920,000이다.
> • 은행계정명세서상의 2012년 12월 31일 잔액은 ₩1,360,000이다.
> • 은행계정명세서와 (주)한국의 장부를 비교한 결과 다음과 같은 사실을 발견했다.
> - ₩60,000의 부도수표를 (주)한국은 발견하지 못했다.
> - 은행에서 이자비용으로 ₩5,000을 차감하였다.
> - 기발행미결제수표가 ₩520,000 있다.
> • 마감시간이 경과한 후 은행에 전달하여 미기록된 예금은 ₩240,000이다.
> • 자동이체를 시켜놓은 임차료가 ₩185,000 차감되었는데 (주)한국은 알지 못했다.
> • 은행에서 (주)서울에 입금시킬 돈 ₩410,000을 (주)한국에 입금하였는데 (주)한국은 알지 못했다.

① ₩670,000
② ₩680,000
③ ₩690,000
④ ₩700,000

11 다음 자료를 토대로 계산한 (주)한국의 정확한 당좌예금 잔액은? ▸16년 국가직 9급

• (주)한국의 조정 전 당좌예금 계정 잔액	₩12,200
• 은행 예금잔액증명서상 잔액	₩12,500
• (주)한국에서 발행하였으나 은행에서 미인출된 수표	₩2,000
• (주)한국에서 입금처리하였으나 은행에서 미기록된 예금	₩700
• (주)한국에서 회계처리하지 않은 은행수수료	₩500
• 타회사가 부담할 수수료를 (주)한국에 전가한 은행의 오류	₩200
• (주)한국에서 회계처리하지 않은 이자비용	₩300

① ₩10,700

③ ₩13,400

② ₩11,400

④ ₩14,100

12 20×1년 5월 말 (주)한국의 수정 전 당좌예금 장부잔액과 거래은행 측 수정 전 당좌예금잔액이 일치하지 않는 원인은 다음과 같다. (주)한국의 수정 전 당좌예금 장부잔액이 ₩160,000일 때, 거래은행 측 수정 전 당좌예금잔액은? ▸23년 지방직 9급

- (주)한국이 거래은행에 입금처리한 수표 ₩30,000이 5월 19일에 부도처리되었으나, (주)한국에는 아직 통보되지 않았다.
- 거래처인 (주)서울이 상품구입대금 ₩20,000을 (주)한국의 당좌예금계좌에 입금하였으나, (주)한국에는 아직 통보되지 않았다.
- 거래은행은 (주)한국의 20×1년 5월분 수수료 ₩40,000을 (주)한국의 당좌예금계좌에서 차감하였으나, (주)한국은 이를 모르고 있다.
- (주)한국이 기발행한 수표 ₩10,000이 아직 거래은행에 지급제시되지 않았다.
- (주)한국은 현금 ₩20,000을 당좌예금계좌에 입금하였으나, 거래은행에서는 아직 입금처리가 되지 않았다.

① ₩70,000

③ ₩160,000

② ₩100,000

④ ₩180,000

13 2013년 12월 31일 은행계정조정 후 (주)대한의 장부상 정확한 당좌예금계정의 잔액은 ₩300,000이다. 이 금액은 거래은행이 보내온 2013년 12월 31일 은행계정명세서의 잔액과 차이가 있는데, 차이가 나는 원인은 다음과 같다.

> • (주)대한이 발행한 수표 ₩5,000을 거래은행이 실수로 ₩500으로 처리하였다.
> • (주)대한의 기발행미인출수표는 ₩20,000이다.
> • 거래은행이 미처 기입하지 못한 (주)대한의 당좌예금입금액이 ₩10,000이다.
> • (주)민국이 발행한 수표 ₩4,000을 거래은행이 실수로 (주)대한의 계정에서 차감하였다.

거래은행이 보내온 2013년 12월 31일 은행계정명세서의 잔액은? ▸ 14년 국가직 7급

① ₩289,500 ② ₩290,500
③ ₩310,500 ④ ₩309,500

14 (주)한국은 20×1년 6월 말 주거래 A 은행 측 당좌예금 잔액 ₩13,000이 당사의 당좌예금 장부 잔액과 일치하지 않는 것을 확인하였다. 다음과 같은 차이를 조정한 후 (주)한국과 A 은행의 당좌예금 잔액은 ₩12,000으로 일치하였다. (주)한국의 수정 전 당좌예금 잔액은? ▸ 21년 지방직 9급

> • A 은행이 (주)한국의 당좌예금에서 ₩3,000을 잘못 출금하였다.
> • A 은행이 (주)한국의 받을어음을 추심하고 ₩3,000을 당좌예금에 입금하였으나, (주)한국은 이를 모르고 있었다.
> • (주)한국이 기발행한 ₩4,000의 수표가 A 은행에 아직 제시되지 않았다.
> • (주)한국이 ₩3,000의 수표를 발행하면서 장부에는 ₩8,000으로 잘못 기장하였다.
> • (주)한국이 20×1년 6월 12일에 입금한 ₩1,000의 수표가 부도로 판명되었으나, (주)한국은 이를 모르고 있었다.

① ₩5,000 ② ₩8,000
③ ₩9,000 ④ ₩10,000

3 금융자산의 분류

1. 금융자산의 성격에 따른 분류

① **투자지분상품** : 다른 회사의 순자산에 대한 소유권을 나타내는 지분상품인 주식에 대한 투자와 일정금액으로 소유지분을 취득할 수 있는 권리를 나타내는 지분상품인 지분옵션에 대한 투자를 의미한다.

② **투자채무상품** : 다른 회사에 대하여 금전을 청구할 수 있는 권리를 표시하는 상품에 대한 투자를 의미한다.

2. 보유목적에 의한 분류

구분	단기매매목적	기타포괄손익 선택시
지분상품	원칙 : 당기손익 – 공정가치	기타포괄손익 – 공정가치

구분	사업모형		
	현금흐름수취	수취 + 매도	기타목적
채무상품	상각후원가 측정 금융자산	기타포괄손익 금융자산	당기손익 금융자산

3. 투자지분상품

① 투자지분상품은 당기손익 – 공정가치 측정 금융자산으로 분류하는 것이 원칙이다.

② 단, 최초인식시점에 기타포괄손익 – 공정가치 측정으로 선택할 수 있으며, 취소나 재분류는 금지된다. 기타포괄손익 – 공정가치 측정으로 선택 시 모든 평가손익은 기타포괄손익으로 분류하며, 당기손익으로의 재분류는 허용되지 아니한다.

4. 당기손익 – 공정가치 측정 금융자산(FVPL 금융자산)

① **최초측정 시** : 공정가치 (단, 거래원가를 당기 비용으로 인식한다.)

② **기말평가 시** : 매년 기말 공정가치로 평가하며, 평가에 따른 손익은 당기손익으로 인식한다.

> FVPL금융자산평가손익 = 금융자산의 공정가치 – 금융자산의 장부금액

③ **배당금수익** : 배당을 받을 권리가 확정되었을 때 배당금수익(당기손익)을 인식한다.
※ 단 주식배당(무상증자)은 손익을 인식하지 않는다.

④ **처분손익** : 처분손익은 처분시점에 당기손익으로 인식한다.

> FVPL금융자산처분손익 = 처분금액(순처분금액) – 금융자산의 장부금액

5. 기타포괄손익 – 공정가치 선택 금융자산(FVOCI 선택 금융자산)

① **최초측정 시** : 공정가치 (단, 거래원가는 공정가치에 가산한다.)

② **기말평가 시** : 매년 기말 공정가치로 평가하며, 평가에 따른 손익은 기타포괄손익으로 인식한다.

> FVOCI금융자산평가손익 = 금융자산의 공정가치 – 금융자산의 장부금액

※ 포괄손익계산서상 기타포괄금융자산평가손익 = 평가 시점의 공정가치 – 평가 직전 장부금액

※ 재무상태표상 기타포괄손익누계액 = 평가 시점의 공정가치 – 최초 취득원가

③ **배당금수익** : 배당을 받을 권리가 확정되었을 때 배당금수익(당기손익)을 인식한다.

※ 단, 주식배당(무상증자)은 손익을 인식하지 않는다.

④ **처분손익** : 기타포괄손익–공정가치측정 금융자산의 양도가 금융자산의 제거요건을 충족한 경우에는 수취한 대가와 해당 금융자산의 장부금액의 차이를 기타포괄손익으로 인식한다. 이 경우 기타포괄손익누계액은 해당 금융자산을 제거하는 시점에 이익잉여금으로 대체할 수 있다. 당기에 포괄손익계산서에 당기손익으로 인식되는 처분손익은 없다.

15 금융자산에 대한 설명으로 옳은 것은?
▶ 22년 관세직 9급

① 금융자산은 상각후원가로 측정하거나 기타포괄손익 – 공정가치로 측정하는 경우가 아니라면, 당기손익 – 공정가치로 측정한다.

② 계약상 현금흐름을 수취하기 위해 보유하는 것이 목적인 사업모형 하에서 금융자산을 보유하고, 계약 조건에 따라 특정일에 원금과 원금잔액에 대한 이자 지급만으로 구성되어 있는 현금흐름이 발생한다면 금융자산을 기타포괄손익 – 공정가치로 측정한다.

③ 계약상 현금흐름의 수취와 금융자산의 매도 둘 다를 통해 목적을 이루는 사업모형 하에서 금융자산을 보유하고, 계약조건에 따라 특정일에 원리금 지급만으로 구성되어 있는 현금흐름이 발생한다면 금융자산을 상각후원가로 측정한다.

④ 당기손익 – 공정가치로 측정되는 지분상품에 대한 특정 투자에 대하여는 후속적인 공정가치 변동을 기타포괄손익으로 표시하도록 최초 인식시점에 선택할 수도 있다. 다만, 한 번 선택했더라도 이를 취소할 수 있다.

16 2010년 초 (주)한국은 (주)대한 주식을 주당 ₩2,500에 300주 매각하였다. 다음 자료를 참고할 때 해당 매각거래로 인하여 2010년도 손익계산서상에 인식되는 처분손익은?

▸ 10년 지방직 9급

- (주)한국은 2009년 10월 중 단기간 내의 매매차익을 목적으로 유가금융자산거래소에서 (주)대한의 주식 100주, 200주, 300주, 400주를 각각 주당 ₩4,000, ₩3,000, ₩2,000, ₩1,000에 취득한 후 당기손익−공정가치 측정 금융자산으로 분류하였다.
- 2009년 말 (주)대한의 주식 시장가액은 주당 ₩1,500이었다.
- 거래비용과 세금은 없다고 가정한다.

① 이익 ₩150,000
② 손실 ₩150,000
③ 이익 ₩300,000
④ 손실 ₩250,000

17 (주)한국의 당기손익−공정가치 측정 금융자산 거래가 다음과 같은 경우, 2015년의 법인세비용차감전순손익에 미치는 영향은? (단, 단가산정은 평균법에 의한다.) ▸ 15년 지방직 9급

- 2014년에 A사 주식 100주(액면금액 주당 ₩5,000)를 ₩500,000에 취득하였으며, 2014년 말 공정가치는 ₩550,000이다.
- 2015년 2월에 A사는 현금배당 10%(액면기준)와 주식배당 10%를 동시에 실시하였으며, (주)한국은 A사로부터 배당금과 주식을 모두 수취하였다.
- 2015년 10월에 보유 중이던 A사 주식 중 55주를 주당 ₩6,000에 처분하였다.
- 2015년 말 A사 주식의 주당 공정가치는 ₩7,000이다.

① ₩160,000 증가
② ₩185,000 증가
③ ₩205,000 증가
④ ₩215,000 증가

18 12월 결산법인인 서울(주)는 20×1년 1월 1일 단기투자목적으로 A사의 주식 500주를 주당 ₩1,000에 취득하였고 매입수수료 ₩10,000을 지출하였다. 20×1년 12월 31일 A사의 주식을 보유 중이며, A사의 1주당 공정가치는 ₩2,000이다. 20×2년 1월 3일 A사의 주식 전량을 ₩880,000에 처분하고 현금으로 수취하였다. A사 주식과 관련된 회계처리에 대한 설명으로 올바른 것은? ▸14년 서울시 9급

① 20×1년 당기손익−공정가치 측정 금융자산의 취득금액은 ₩510,000이다.
② 20×1년 당기손익−공정가치 측정 금융자산의 평가이익은 ₩490,000이다.
③ 20×1년 당기손익−공정가치 측정 금융자산의 평가차익은 없다.
④ 20×2년 당기손익−공정가치 측정 금융자산의 처분손실은 ₩120,000이다.
⑤ 20×2년 당기손익−공정가치 측정 금융자산의 처분손실은 ₩130,000이다.

19 12월 결산법인 (주)서울은 20×1년 2월 20일 (주)경기의 주식 100주를 취득하고 당기손익−공정가치 측정 범주로 분류하였다. 20×1년 12월 31일 (주)경기의 1주당 공정가치는 ₩1,200이다. 20×2년 3월 1일 (주)경기는 무상증자 20%를 실시하였으며, (주)서울은 무상신주 20주를 수령하였다. 20×2년 7월 1일 (주)경기주식 60주를 ₩81,000에 처분하고 거래원가 ₩1,000을 차감한 금액을 수령하였을 경우 동 거래가 20×2년 (주)서울의 법인세차감전순이익에 미치는 영향은? ▸20년 서울시 7급

① ₩21,000 증가   ② ₩20,000 증가
③ ₩9,000 증가   ④ ₩8,000 증가

20 (주)대한은 2011년 7월 20일에 액면금액 ₩5,000인 (주)한국의 주식을 주당 ₩5,000에 10주 매입하였으며, 이는 기타포괄손익−공정가치 측정 금융자산으로 분류하였다. 취득 시 직접 거래비용은 추가로 총 ₩1,000이 발생하였다. 동 주식과 관련한 2011년의 추가적인 거래는 없다. 2011년 말 동 주식의 공정가치는 주당 ₩5,500이었다. (주)대한의 2011년 말 재무상태표에 금융자산으로 인식될 금액과 포괄손익계산서에 인식될 손익은? ▸12년 지방직 9급

	재무상태표(금융자산)		포괄손익계산서(평가이익)	
①	기타포괄금융자산	₩51,000	당기손익	₩4,000
②	기타포괄금융자산	₩51,000	기타포괄손익	₩5,000
③	기타포괄금융자산	₩55,000	기타포괄손익	₩4,000
④	기타포괄금융자산	₩55,000	당기손익	₩5,000

21 (주)대한은 2014년 12월 1일에 (주)민국의 주식을 ₩1,500,000에 취득하고 기타포괄손익–공정가치 측정 금융자산으로 분류하였다. 동 주식의 공정가치는 2014년 말 ₩1,450,000이었으며, 2015년 말 ₩1,600,000이었다. (주)대한이 2016년 중에 동 주식을 ₩1,650,000에 처분하였을 경우, 2016년의 당기순이익 및 총포괄이익에 미치는 영향은? (단, 세금효과는 고려하지 않는다.)

▸16년 지방직 9급

	당기순이익	총포괄이익
①	₩0	₩50,000 증가
②	₩150,000 증가	₩150,000 증가
③	₩50,000 증가	₩50,000 감소
④	₩50,000 증가	₩100,000 감소

22 (주)한국은 2011년 7월 1일 (주)대한의 주식 300주를 ₩60,000에 취득하면서 기타포괄손익–공정가치 측정 금융자산으로 분류하였다. 2011년 말 동 주식의 공정가치는 ₩70,000이었으며, 2012년 6월 1일 ₩90,000에 전부 처분하였다. 2012년 이와 관련된 거래를 제외한 당기순이익이 ₩200,000일 때, (주)한국의 총포괄손익은? (단, 해당 거래를 제외하고 총포괄손익에 영향을 미치는 항목은 없는 것으로 가정한다.)

▸12년 국가직 7급

① ₩200,000 ② ₩220,000
③ ₩230,000 ④ ₩290,000

23 (주)한국은 20×1년 중에 (주)서울의 주식 10%를 1주당 ₩13,000에 총 10주를 취득하였다. (주)한국은 해당 주식을 기타포괄손익–공정가치 측정 금융자산으로 지정하였다. (주)서울의 1주당 공정가치가 20×1년 말 ₩15,000이고, 20×2년 말 현재 ₩12,000이라면 20×2년 말 현재 재무상태표 상 표시될 기타포괄손익–공정가치 측정 금융자산평가손익은 얼마인가?

▸15년 서울시 9급

① 기타포괄손익–공정가치 측정 금융자산 평가손실 ₩10,000
② 기타포괄손익–공정가치 측정 금융자산 평가이익 ₩10,000
③ 기타포괄손익–공정가치 측정 금융자산 평가손실 ₩30,000
④ 기타포괄손익–공정가치 측정 금융자산 평가이익 ₩30,000

24 (주)서울은 20×1년 중에 지분상품을 ₩101,000의 현금을 지급하고 취득하였다. 취득 시 지급한 현금에는 ₩1,000의 취득관련 거래원가가 포함되어 있으며, (주)서울은 지분상품을 기타포괄손익-공정가치 측정 금융자산으로 분류하는 것을 선택하였다. (주)서울은 20×2년 2월 초에 지분상품 전부를 처분하였다. (주)서울이 20×1년도 재무제표와 20×2년도 재무제표에 상기 지분상품과 관련하여 인식할 기타포괄손익의 변동은? (단, 20×1년 말과 20×2년 2월 초 지분상품의 공정가치는 각각 ₩120,000과 ₩125,000이며, 처분 시 거래원가는 고려하지 않는다.)

▸ 19년 서울시 9급

	20×1년	20×2년
① 기타포괄이익 :	₩19,000 증가	변동 없음
② 기타포괄이익 :	₩19,000 증가	₩5,000 증가
③ 기타포괄이익 :	₩20,000 증가	변동 없음
④ 기타포괄이익 :	₩20,000 증가	₩5,000 증가

25 (주)한국은 20×1년 1월 초 A사 지분상품을 ₩10,000에 매입하면서 매입수수료 ₩500을 현금으로 지급하고, 기타포괄손익-공정가치 측정 금융자산으로 분류하였다. 20×1년 12월 말 A사 지분상품의 공정가치가 ₩8,000이라면, 20×1년 말 (주)한국이 인식할 A사 지분상품 관련 평가손익은?

▸ 23년 지방직 9급

① 금융자산평가손실(당기손익) ₩2,000
② 금융자산평가손실(기타포괄손익) ₩2,000
③ 금융자산평가손실(당기손익) ₩2,500
④ 금융자산평가손실(기타포괄손익) ₩2,500

26 (주)한국의 다음 20×1년 주식 거래가 당기순이익에 미치는 영향은? ▸ 24년 지방직 9급

- 2월 27일 : A주식(당기손익 – 공정가치 측정 금융자산)을 ₩120,000에 매입하고 거래 수수료로 ₩5,000을 지출하였다.
- 10월 6일 : B주식(기타포괄손익 – 공정가치 측정 금융자산)을 ₩90,000에 매입하고 거래수수료로 ₩2,000을 지출하였다.
- 결산일 현재 공정가치는 A주식 ₩117,000, B주식 ₩99,000이다.

① ₩3,000 증가   ② ₩6,000 증가
③ ₩8,000 감소   ④ ₩10,000 감소

27 (주)한국은 20×1년 중에 지분증권을 ₩6,000에 현금으로 취득하였으며, 이 가격은 취득시점의 공정가치와 동일하다. 지분증권 취득 시 매매수수료 ₩100을 추가로 지급하였다. 동 지분증권의 20×1년 말 공정가치는 ₩7,000이며, (주)한국은 20×2년 초에 지분증권 전부를 ₩7,200에 처분하였다. (주)한국이 지분증권을 취득 시 기타포괄손익 – 공정가치 측정 금융자산으로 분류한 경우 20×1년과 20×2년 당기순이익에 미치는 영향은? ▸ 20년 지방직 9급

	20×1년 당기순이익에 미치는 영향	20×2년 당기순이익에 미치는 영향
①	₩900 증가	₩1,100 증가
②	₩1,000 증가	₩1,100 증가
③	영향 없음	₩900 증가
④	영향 없음	영향 없음

28 (주)한국은 20×1년 중에 (주)민국의 지분상품을 ₩80,000에 취득하고, 이를 기타포괄손익 –공정가치측정금융자산으로 선택분류하였다. 이 지분상품의 20×1년 말, 20×2년 말 공정가치는 각각 ₩70,000, ₩110,000이다. (주)한국이 20×3년에 이 지분상품을 ₩90,000에 모두 처분하였을 경우 처분손익은? (단, 거래원가는 없다.) ▸ 21년 지방직 9급

① ₩0   ② 처분손실 ₩10,000
③ 처분이익 ₩10,000   ④ 처분손실 ₩20,000

29 (주)한국은 20×1년 중 (주)민국의 주식을 매매수수료 ₩1,000을 포함하여 총 ₩11,000을 지급하고 취득하였으며, 기타포괄손익 – 공정가치 측정 금융자산으로 분류하였다. 동 주식의 20×1년 말 공정가치는 ₩12,000이었으며, 20×2년 중에 동 주식을 ₩11,500에 모두 처분하였을 경우, 동 금융자산과 관련한 설명 중 옳은 것은? ▸ 21년 관세직 9급

① 취득금액은 ₩10,000이다.
② 20×1년 당기순이익을 증가시키는 평가이익은 ₩1,000이다.
③ 20×2년 당기순이익을 감소시키는 처분손실은 ₩500이다.
④ 20×2년 처분손익은 ₩0이다.

30 다음은 (주)한국이 20×1년과 20×2년에 (주)대한의 지분상품을 거래한 내용이다.

20×1년			20×2년
취득금액	매입수수료	기말 공정가치	처분금액
₩1,000	₩50	₩1,100	₩1,080

동 지분상품을 당기손익 – 공정가치 측정 금융자산 또는 기타포괄손익 – 공정가치 측정 금융자산으로 분류하였을 경우, 옳지 않은 것은? ▸ 22년 국가직 9급

① 당기손익 – 공정가치 측정 금융자산으로 분류할 경우, 20×1년 당기이익이 ₩50 증가한다.
② 기타포괄손익 – 공정가치 측정 금융자산으로 분류할 경우, 20×1년 기타포괄손익누계액이 ₩50 증가한다.
③ 당기손익 – 공정가치 측정 금융자산으로 분류할 경우, 20×2년 당기이익이 ₩20 감소한다.
④ 기타포괄손익 – 공정가치 측정 금융자산으로 분류할 경우, 20×2년 기타포괄손익누계액이 ₩30 감소한다.

4 **투자채무상품**

1. 상각후원가측정 금융자산(AC 금융자산)

① 최초측정 : 공정가치(취득시 거래원가는 최초 인식하는 공정가치에 가산)

② 후속측정 : 유효이자율법에 따른 이자수익 인식

③ 제거 : 수취한 순매각금액과 해당 금융자산의 상각후원가와의 차액을 당기손익(상각후원가측정 금융자산처분손익)으로 인식

2. 기타포괄손익 – 공정가치 측정 금융자산(FVOCI 금융자산)

① 최초측정 : 공정가치(취득시 거래원가는 최초 인식하는 공정가치에 가산)

② 후속측정 : 유효이자율법에 따른 이자수익 인식 & 공정가 평가(기타포괄손익)

③ 제거 : 수취한 순매각금액과 해당 금융자산의 상각후원가와의 차액을 당기손익(기타포괄손익 – 공정가치측정금융자산 처분손익)으로 인식

※ 기타포괄손익 – 공정가치 측정 채무상품은 처분 시 기타포괄손익누계액을 당기손익으로 재분류하는 재분류조정을 필수로 요한다(상각후원가측정 금융자산과 동일한 당기손익).

3. 당기손익 – 공정가치 측정 금융자산(FVPL 금융자산)

① 최초측정 : 공정가치(취득시 거래원가는 당기비용으로 인식)

② 후속측정 : 표시이자 인식 & 기말 공정가 평가(당기손익)

③ 제거 : 순처분금액과 장부금액과의 차액을 당기손익으로 인식

---

31 (주)한국은 2016년 1월 1일 A주식 100주를 주당 ₩10,000에 취득하여 기타포괄금융자산으로 지정하였으며, 2016년 4월 1일 3년 만기 B회사채 (2016년 1월 1일 액면발행, 액면가액 ₩1,000,000, 표시이자율 연 4%, 매년 말 이자 지급)를 ₩1,010,000에 취득하여 상각후원가측정금융자산으로 분류하였다. 2016년 말 A주식의 공정가치는 주당 ₩9,500이고, B회사채의 공정가치는 ₩1,050,000이다. (주)한국의 A주식과 B회사채 보유가 2016년도 당기손익 및 기타포괄손익에 미치는 영향은?
▶ 17년 국가직 9급

① 당기손익 ₩40,000 감소, 기타포괄손익 ₩30,000 증가

② 당기손익 ₩40,000 증가, 기타포괄손익 ₩50,000 감소

③ 당기손익 ₩30,000 증가, 기타포괄손익 불변

④ 당기손익 ₩30,000 증가, 기타포괄손익 ₩50,000 감소

32 (주)한국은 20×1년 초 채무상품 A를 ₩950,000에 취득하고, 상각후원가 측정 금융자산으로 분류하였다. 채무상품 A로부터 매년 말 ₩80,000의 현금이자를 수령하며, 취득일 현재 유효이자율은 10%이다. 채무상품 A의 20×1년 말 공정가치는 ₩980,000이며, 20×2년 초 해당 채무상품 A의 50%를 ₩490,000에 처분하였을 때 (주)한국이 인식할 처분손익은?

▸ 19년 지방직 9급

① 처분손실 ₩7,500   ② 처분손익 ₩0

③ 처분이익 ₩7,500   ④ 처분이익 ₩15,000

33 20×1년 1월 1일 (주)한국은 채무상품을 ₩952,000에 발행하였다. 채무상품과 관련된 자료는 다음과 같다.

- 액면금액 : ₩1,000,000(만기 3년)
- 표시이자율 : 연 10%(매년 말 이자지급)

(주)대한은 20×1년 4월 1일 (주)한국이 발행한 채무상품을 ₩981,000(미수이자 포함)에 취득하여 상각후원가 측정 금융자산으로 분류하였다. (주)대한이 채무상품의 취득일부터 만기일까지 인식할 총 이자수익은? (단, (주)대한은 20×3년 말까지 채무상품을 보유하고 있다.)

▸ 23년 국가직 7급

① ₩294,000   ② ₩300,000

③ ₩319,000   ④ ₩348,000

34 (주)대한은 2011년 1월 1일 액면금액이 ₩1,000,000(액면이자율 10%이고 유효이자율이
    12%이며 매년 말 이자 지급), 만기가 3년인 시장성 있는 사채를 투자목적으로 취득하였다.
    2011년 12월 31일 이 사채의 공정가치는 ₩970,000이었고 2012년 1월 1일 ₩974,000에
    처분하였다. 취득 시 기타포괄금융자산으로 분류할 경우 이에 대한 회계처리로 옳지 않은
    것은? (단, 현재가치이자요소는 다음 표를 이용한다.)   ▸12년 국가직 7급

기간	이자율(10%)	이자율(12%)
1년	0.91	0.89
2년	0.83	0.80
3년	0.75	0.71
합계	2.49	2.40

① 취득시점에서의 공정가치는 ₩950,000이다.
② 2011년 12월 31일에 인식하여야 할 총 이자수익은 ₩114,000이다.
③ 2011년 12월 31일 공정가치평가 전 장부금액은 ₩964,000이다.
④ 2012년 1월 1일 처분 시 기타포괄손익－공정가치 측정 금융자산 처분이익은 ₩4,000이다.

35 (주)서울은 2016년 초에 발행된 (주)한양의 사채(액면금액 ₩1,000,000)를 ₩946,800에 취
    득하여 기타포괄손익－공정가치 측정 금융자산으로 분류하였다. 2016년 말 사채의 공정가치
    가 ₩960,000일 때, (주)서울이 인식할 기타포괄손익－공정가치 측정 금융자산 평가손익은
    얼마인가? (단, 사채의 표시이자율은 연 4%로 매년 말에 지급되는 조건이며, 유효이자율은
    연 6%이다.)   ▸16년 서울시 7급

① 평가이익 ₩13,200   ② 평가이익 ₩16,808
③ 평가손실 ₩3,608   ④ 평가손실 ₩5,808

36 (주)서울은 20×1년 초 (주)한국이 발행한 사채(액면금액 ₩100,000, 표시이자율 연 10%,
    매년 말 이자 지급)를 ₩90,000에 취득하고, 이를 '기타포괄손익－공정가치 측정 금융자산'으
    로 분류하였다. (주)한국이 발행한 사채의 20×1년 말 공정가치가 ₩95,000인 경우, (주)한
    국이 발행한 사채와 관련된 회계처리가 (주)서울의 20×1년도 총포괄손익에 미치는 영향은?
                                                                      ▸20년 서울시 7급

① ₩10,000 감소   ② 영향 없음
③ ₩10,000 증가   ④ ₩15,000 증가

37 (주)서울은 20×1년 초에 액면금액 ₩100,000(액면이자율 8%, 만기 3년, 매년 말 이자 지급 조건)의 회사채를 ₩95,000에 취득하여 기타포괄손익－공정가치 측정 금융자산으로 분류하였다. 20×1년 말에 동 회사채에 대해서 현금으로 이자를 수취하였으며 이자수익으로는 ₩9,500을 인식하였다. 동 회사채의 20×1년 말 공정가치는 ₩97,000이었으며, (주)서울은 이 회사채를 20×2년 초에 ₩97,500에 매각하였다. 이 회사채의 20×1년 기말 평가손익과 20×2년 초 처분손익이 두 회계기간의 당기순이익에 미치는 영향으로 옳은 것은?

▸ 17년 서울시 7급

	20×1년	20×2년
①	영향 없음	₩500 증가
②	영향 없음	₩1,000 증가
③	₩500 증가	₩500 증가
④	₩500 증가	₩1,000 증가

38 (주)한국은 20×1년 초 타사발행 사채A(액면금액 ₩500,000, 액면이자율 연 8%, 유효이자율 연 10%, 이자 매년 말 후급)를 ₩460,000에 취득하고, 이를 '기타포괄손익－공정가치 측정 금융자산으로 분류하였다. 사채A의 20×1년 기말 공정가치는 ₩520,000이며, 20×2년 초 사채A의 50%를 ₩290,000에 처분하였다. 사채A와 관련하여 (주)한국이 인식할 20×1년 평가이익과, 20×2년 처분이익은?

▸ 18년 국가직 7급

① 평가이익 ₩54,000, 처분이익 ₩30,000
② 평가이익 ₩54,000, 처분이익 ₩57,000
③ 평가이익 ₩60,000, 처분이익 ₩30,000
④ 평가이익 ₩60,000, 처분이익 ₩57,000

5 손상(대손), 받을어음의 할인

1. 손상(대손)

① **매출채권** : 기업의 주된 영업활동에서 발생하는 채권(외상매출금, 받을어음)

　㉠ 매출채권과 매입채무 계정

매출채권		매입채무	
기초잔액	당기회수액	당기지급액	기초잔액
외상매출	손상(대손)발생		외상매입
	기말잔액	기말잔액	

　㉡ 매출채권과 손실충당금 계정

매출채권		손실충당금	
기초잔액	당기회수액	손상(대손)발생	기초잔액
	손상(대손)발생		현금회수
외상매출	기말잔액	기말잔액	추가설정 (손상차손)

② **손상의 확정** : 손실충당금을 우선 상계하며 잔액 초과시 손상차손(대손상각비)로 인식한다.

(차) 손실충당금	×××	(대) 매출채권	×××
손상차손(대손상각비)	×××		

③ **손상처리한 채권의 회수**

(차) 현금	×××	(대) 손실충당금	×××

④ **결산 시** : 손실예상액을 고려하여 손실충당금을 설정 또는 환입

　※ 손실(대손)예상액 = 기말 매출채권 잔액 × 설정률

　㉠ 손실충당금 잔액 < 매출채권 잔액 × 설정률

(차) 손상차손(대손상각비)	×××	(대) 손실충당금	×××

　㉡ 손실충당금 잔액 > 매출채권 잔액 × 설정률

(차) 손실충당금	×××	(대) 손상차손환입	×××

2. 받을어음의 할인

어음의 할인액 = 어음의 만기가치 × 할인율 × (할인월수/12)

▶ 매출채권처분손실 (또는 이자비용)
= (어음의 만기가치 − 할인액) − (어음의 액면금액 + 할인일까지 경과이자)
= 현금수령액 − 할인일의 어음가치

(차) 현금	×××	(대) 매출채권	×××
매출채권처분손실	×××	이자수익	×××

※ 어음의 할인이 제거요건을 충족한 경우 매출채권을 제거하고 매출채권처분손실을 인식한다.
※ 어음의 할인이 제거요건을 충족하지 않는 경우 차입거래로 인식하고 이자비용을 인식한다.

---

39 금융자산이 손상되었다는 객관적인 증거에 해당하지 않는 것은? ▶18년 지방직 9급

① 금융자산의 발행자나 지급의무자의 유의적인 재무적 어려움
② 이자지급의 지연과 같은 계약 위반
③ 금융자산 관련 무위험이자율이 하락하는 경우
④ 채무자의 파산

---

40 금융자산 손상차손 인식에 대한 설명으로 가장 옳은 것은? ▶21년 서울시 7급

① 당기손익−공정가치 측정 금융자산으로 지정한 채무상품의 손상차손은 당기손익으로 보고한다.
② 기타포괄손익−공정가치 측정 금융자산으로 분류한 지분상품의 손상차손은 당기손익으로 보고한다.
③ 신용이 손상된 기타포괄손익−공정가치 측정 금융상품은 채무불이행이 발생한 상태이므로 즉시 장부에서 제거한다.
④ 상각후원가 측정 금융상품의 신용위험이 유의적으로 증가하였다면 전체 기간 기대신용손실을 측정한다.

41 (주)서울의 매출채권과 관련된 다음의 자료를 이용하여 2017년의 손상차손(대손상각비)를 구하면 얼마인가?

▸ 17년 서울시 9급

> • 2017년 초의 매출채권 잔액은 ₩1,000,000이고, 손실충당금 잔액은 ₩40,000이다.
> • 2017년 4월에 회수불가능 매출채권 ₩30,000을 손상처리하였다.
> • 2016년에 손실처리하였던 매출채권 ₩15,000을 2017년 7월에 현금으로 회수하였다.
> • 2017년 말의 매출채권 잔액은 ₩900,000이며, 이 중에서 5%는 미래에 회수가 불가능한 것으로 추정된다.

① ₩0   ② ₩15,000
③ ₩20,000   ④ ₩35,000

42 (주)갑은 매출채권의 회수불능액을 연령분석법에 의하여 추정한다. 2009년 12월 31일 매출채권에 관한 정보는 다음과 같다. 2009년 12월 31일 현재 수정전시산표상의 손실충당금잔액이 ₩450,000일 경우 기말에 계상할 손상차손(대손상각비)는?

▸ 10년 국가직 9급

경과기간	매출채권 금액	손실(대손)추정률
30일 이하	₩2,000,000	5%
31일~60일	₩1,500,000	10%
61일~180일	₩1,000,000	30%
181일 이상	₩500,000	50%

① ₩350,000   ② ₩450,000
③ ₩800,000   ④ ₩1,250,000

43 다음 자료를 이용하여 당기 말의 손실충당금 차감 전 매출채권을 계산하면?

▸ 09년 지방직 9급

• 전기이월 손실충당금잔액	₩400,000
• 전기이월 손실충당금잔액 중 당기상각액	₩300,000
• 당기 결산 시 계상한 손상차손	₩500,000
• 손실충당금 차감 후 매출채권 잔액	₩3,200,000

① ₩3,800,000   ② ₩4,000,000
③ ₩4,200,000   ④ ₩4,400,000

44 (주)대한은 상품의 취득원가에 30%의 이익을 가산하여 외상으로 판매하며, 신용기간이 경과한 후 현금으로 회수하고 있다. 기초 손실충당금 잔액이 ₩40,000이며 당기 중 ₩25,000의 손상차손이 발생하였다. 기말 매출채권잔액의 손상차손 검사 결과, 매출채권 중 ₩48,000의 자산손상이 발생할 객관적 증거가 존재하는 경우의 적절한 기말 회계처리는?

▶ 14년 지방직 9급

① (차) 손상차손 ₩58,000   (대) 손실충당금 ₩58,000
② (차) 손상차손 ₩48,000   (대) 손실충당금 ₩48,000
③ (차) 손상차손 ₩33,000   (대) 손실충당금 ₩33,000
④ (차) 손상차손 ₩25,000   (대) 손실충당금 ₩25,000

45 (주)한국의 매출채권과 그에 대한 미래현금흐름 추정액은 다음과 같다. 충당금설정법을 사용할 경우, 기말에 인식하여야 하는 손상차손(대손상각비)은? (단, 할인효과가 중요하지 않은 단기매출채권이며, 기중 손실충당금의 변동은 없다.)

▶ 16년 지방직 9급

구분	기초	기말
매출채권	₩26,000	₩30,000
추정 미래현금흐름	₩24,500	₩26,500

① ₩2,000   ② ₩3,000
③ ₩4,000   ④ ₩5,000

46 12월 말 결산법인인 (주)한국의 매출채권 관련 자료는 다음과 같다. 2007년 기중에 회수불가능하게 되어 손상 처리한 매출채권금액은?

▶ 08년 국가직 7급

- 2006년 12월 31일의 매출채권은 ₩1,000,000이며, 2007년 12월 31일의 매출채권은 ₩1,500,000이다.
- 매 연도 말 기말 매출채권의 5%를 손실충당금으로 설정한다.
- 2007년도 외상매출액은 ₩4,000,000이다.
- 2007년도에 현금으로 회수한 매출채권은 ₩3,480,000이다.

① ₩20,000   ② ₩30,000
③ ₩40,000   ④ ₩45,000

47 (주)한국의 20×1년 매출채권 관련 자료가 다음과 같을 때, 20×1년에 인식할 손상차손은?

▶ 23년 지방직 9급

- 20×1년 초 매출채권에 대한 손실충당금 잔액은 ₩30,000이다.
- 20×1년 중 매출채권 ₩60,000이 회수불능으로 확정되었다.
- 20×1년 말 매출채권 잔액은 ₩500,000이며, 동 매출채권에 대하여 추정한 기대신용손실액은 ₩20,000이다.

① ₩20,000
② ₩30,000
③ ₩50,000
④ ₩60,000

48 (주)한국의 2012년 초 매출채권은 ₩100,000이며 손실충당금은 ₩10,000이었다. 그리고 (주)한국의 2012년도 상품매출은 ₩1,000,000이며 상품의 하자로 인한 매출에누리가 ₩20,000이었다. 또한 2012년 중 고객으로부터의 판매대금 회수금액은 ₩700,000이었으며, 손상확정액은 ₩5,000이었다. 2012년 말 매출채권 손상에 대해 평가를 한 결과 미래현금흐름의 현재가치가 ₩290,000으로 추정될 때, (주)한국이 당기비용으로 인식할 손상차손은?

▶ 13년 국가직 7급

① ₩70,000
② ₩75,000
③ ₩80,000
④ ₩85,000

49 (주)한국은 고객에게 60일을 신용기간으로 외상매출을 하고 있으며, 연령분석법을 사용하여 기대신용손실을 산정하고 있다. 2017년 말 현재 (주)한국은 매출채권의 기대신용손실을 산정하기 위해 다음과 같은 충당금설정률표를 작성하였다. 2017년 말 매출채권에 대한 손실충당금(대손충당금) 대변잔액 ₩20,000이 있을 때, 결산 시 인식할 손상차손(대손상각비)은?

▶ 18년 관세직 9급

구분	매출채권금액	기대신용손실률
신용기간 이내	₩1,000,000	1.0%
1 ~ 30일 연체	₩400,000	4.0%
31 ~ 60일 연체	₩200,000	20.0%
60일 초과 연체	₩100,000	30.0%

① ₩66,000
② ₩76,000
③ ₩86,000
④ ₩96,000

50 (주)한국의 2006년 12월 31일 손실충당금 잔액은 ₩10,000이다. 다음 자료를 이용하여 2007년 12월 31일 기말 수정분개상 재무상태표에 추가로 계상되어야 할 손실충당금은 얼마인가?

▸ 07년 국가직 7급

- 2007년 3월 4일 매출채권 중 ₩1,500이 회수불능으로 판명되었다.
- 2007년 10월 31일에 매출채권 ₩2,000이 회수불능으로 판명되었다.
- 2007년 3월 4일에 회수불능으로 처리한 매출채권 ₩1,000을 2007년 11월 10일 현금으로 회수하였다.
- 2007년 말 매출채권 잔액은 ₩600,000이며 이에 대한 손실(대손)추정률은 3%이다.

① ₩7,500 ② ₩10,500
③ ₩11,500 ④ ₩18,000

51 (주)한국은 모든 매출이 외상으로 발생하는 회사이다. 당기 총매출액은 ₩800,000이며, 매출채권으로부터 회수한 현금유입액은 ₩600,000이다. 다음의 당기 매출채권 관련 자료를 사용하여 (주)한국이 인식할 당기 손상차손(대손상각비)은?

▸ 21년 국가직 9급

	기초	기말
매출채권	₩500,000	₩450,000
손실충당금(대손충당금)	₩50,000	₩50,000

① ₩250,000 ② ₩350,000
③ ₩450,000 ④ ₩550,000

52 12월 결산법인인 서울(주)의 20×1년 1월 1일 외상매출금은 ₩1,100,000, 손실충당금은 ₩80,000이다. 20×1년 중 ₩3,000,000의 외상매출이 발생하였으며, 이 중 매출환입은 ₩100,000이다. 20×1년 중 외상매출금의 회수액은 ₩2,500,000이며, ₩100,000의 외상매출금이 회수불능으로 손상처리되었고 손상처리한 외상매출금 중 ₩50,000이 회수되었다. 서울(주)는 회수불능채권에 대하여 손실충당금을 설정하고 있으며, 매출채권 비율기준에 따라 매출채권의 5%를 회수불능채권으로 추정할 경우 20×1년 손상차손(대손상각비)은 얼마인가?

▸ 14년 서울시 9급

① ₩25,000 ② ₩40,000
③ ₩55,000 ④ ₩70,000
⑤ ₩100,000

53 (주)한국은 회수불능채권에 대하여 대손충당금을 설정하고 있으며 기말 매출채권 잔액의 1%가 회수 불가능할 것으로 추정하고 있다. 다음 자료를 이용하여 (주)한국이 20×2년 포괄손익계산서에 인식할 대손상각비는? ▸ 21년 지방직 9급

• 매출채권, 대손충당금 장부상 자료

구분	20×1년 말	20×2년 말
매출채권	₩900,000	₩1,000,000
대손충당금	₩9,000	?

• 20×2년 중 매출채권 대손 및 회수 거래
 - 1월 10일 : (주)대한의 매출채권 ₩5,000이 회수불가능한 것으로 판명
 - 3월 10일 : (주)민국의 매출채권 ₩2,000이 회수불가능한 것으로 판명
 - 6월 10일 : 1월 10일에 대손처리되었던 (주)대한의 매출채권 ₩1,500 회수

① ₩1,000
② ₩6,500
③ ₩8,000
④ ₩10,000

54 (주)한국의 20×8년 손실충당금(대손충당금) 기초잔액은 ₩30이고 20×8년 12월 31일에 매출채권 계정을 연령별로 채무불이행률을 검사하고, 다음의 연령분석표를 작성하였다.

결제일 경과기간	매출채권	채무불이행률
미경과	₩90,000	1%
1일 ~ 30일	₩18,000	2%
31일 ~ 60일	₩9,000	5%
61일 ~ 90일	₩6,000	15%
91일 이상	₩4,000	30%

20×9년 1월 10일에 거래처인 (주)부도의 파산으로 인해 매출채권 ₩4,500의 회수불능이 확정되었다. (주)한국이 20×9년 1월 10일 인식할 손상차손(대손상각비)은? ▸ 19년 국가직 7급

① ₩630
② ₩660
③ ₩690
④ ₩720

55 (주)한국은 고객에게 상품을 판매하고 그 대가로 액면가액 ₩10,000,000, 만기 3개월, 이자율 연 9%인 약속어음을 수령하였다. (주)한국은 이 어음을 2개월간 보유한 후 은행에서 할인할 때, ₩10,122,750을 수령하였다. 이 어음에 대한 은행의 연간 할인율은? (단, 이자는 월할 계산한다고 가정한다.)

▸ 12년 국가직 9급

① 10%
② 11%
③ 12%
④ 13%

56 (주)대한은 거래처에 상품을 외상으로 판매하고 액면금액 ₩5,000,000(만기가 120일이고 이자율은 6%)인 받을어음(이자부어음)을 수령하였다. (주)대한이 발행일로부터 30일이 지난 후 주거래 은행에 연이자율 12%의 조건으로 할인받은 경우 은행으로부터 수취할 금액은? (단, 1년의 계산기간은 360일로 처리한다.)

▸ 12년 국가직 7급

① ₩4,800,000
② ₩4,947,000
③ ₩4,998,000
④ ₩5,048,000

57 20×1년 초 (주)한국은 거래처에 상품을 판매하고 액면금액 ₩100,000인 무이자부어음(6개월 만기)을 수취하였다. (주)한국은 3개월간 해당 어음을 보유한 후 거래은행에 연 10%로 할인받았다. (주)한국이 받을어음 소유에 따른 위험과 보상의 대부분을 거래은행에 이전하였다면 받을어음 할인 시점에 인식할 매출채권처분손실은? (단, 이자는 월할 계산한다.)

▸ 24년 국가직 9급

① ₩0
② ₩2,500
③ ₩3,000
④ ₩5,000

10 금융부채

1 금융부채의 발행

1. 금융부채의 분류와 최초인식

구분	분류요건	최초인식	거래원가
상각후원가 이외로 후속 측정하는 금융부채	상각후원가 이외로 후속 측정하는 금융부채	공정가치	당기손익금융부채의 경우 당기비용
상각후원가로 후속 측정하는 금융부채	유효이자율법으로 후속 측정하는 금융부채	공정가치	최초원가에서 차감

2. 사채의 발행

① 사채발행금액의 결정

구분	이자율
액면발행	표시이자율 = 시장이자율
할인발행	표시이자율 < 시장이자율
할증발행	표시이자율 > 시장이자율

② 사채발행비 : 사채를 발행하는 데 직접 발생하는 발행수수료 및 기타 지급수수료

   ㉠ 당기손익인식금융부채가 아닌 경우 해당 금융부채의 발행과 직접 관련되는 거래원가는 최초 인식하는 공정가치에 차감하여 측정한다.

   ㉡ 사채발행비가 있는 경우 유효이자율을 재계산한다.

   ㉢ 사채발행비가 있는 경우 유효이자율 > 시장이자율이다.

   ㉣ 사채발행비는 사채할증발행차금을 감소 또는 사채할인발행차금을 증가시킨다.

2 사채의 후속측정

1. 사채의 후속측정

최초 인식 후 모든 금융부채는 당기손익인식금융부채나 금융보증계약 등의 경우를 제외하고
는 유효이자율법을 적용한 상각후원가로 측정한다.

2. 사채발행기간 동안의 이자비용

구분	사채발행기간 동안 총이자비용	매기 인식해야 할 이자비용
액면발행	표시이자금액의 합계	표시이자금액
할인발행	표시이자금액 합계 + 사채할인발행차금	표시이자금액 + 사채할인발행차금 상각액
할증발행	표시이자금액 합계 − 사채할증발행차금	표시이자금액 − 사채할증발행차금 상각액

3. 유효이자율법과 정액법의 비교 : 기준서는 유효이자율법만 인정한다.

구분		할인발행	할증발행
장부금액		증가	감소
이자비용	정액법	불변	불변
	유효이자율법	증가	감소
상각액	정액법	불변	불변
	유효이자율법	증가	증가
실효이자율	정액법	감소	증가
	유효이자율법	불변	불변
초기이자비용		정액법 > 유효이자율법	정액법 < 유효이자율법
초기상각액		정액법 > 유효이자율법	정액법 > 유효이자율법

3 사채의 상환

1. **만기상환** : 만기시점에는 정해진 액면금액을 지급하므로 상환손익은 발생하지 않는다.

2. **조기상환** : 만기일 이전에 상환하는 경우 상환금액과 장부금액의 차이에 따라 사채상환손익
(당기손익)이 발생한다.

> ▶ 상환금액 > 장부금액 : 조기상환손실(당기손실)
> ▶ 상환금액 < 장부금액 : 조기상환이익(당기이익)

01 (주)대한은 2011년 1월 1일에 표시이자율 10%, 액면가액 ₩10,000, 이자지급은 매년 12월 31일 후불조건, 만기 3년의 사채를 발행하였다. 발행시점에서 동 사채에 적용된 유효이자율이 15%일 경우 사채의 발행금액은? (단, 사채발행금액 계산에는 다음 자료를 이용하시오.)

▸11년 국가직 9급

> - 단일금액 ₩1의 현재가치요소(10%, 3년) = 0.75
> - 단일금액 ₩1의 현재가치요소(15%, 3년) = 0.66
> - 정상연금 ₩1의 현재가치요소(10%, 3년) = 2.49
> - 정상연금 ₩1의 현재가치요소(15%, 3년) = 2.28

① ₩8,880
② ₩9,090
③ ₩9,780
④ ₩10,000

02 (주)한국은 20×1년 초 액면금액 ₩1,000,000의 사채(액면이자율 연 12%, 유효이자율 연 10%, 만기 3년)를 발행하였으며, 발행 시부터 만기까지 인식한 총이자비용은 ₩310,263이다. 20×1년 초 이 사채의 발행가액은? (단, 액면이자는 매년 말 지급하고, 원금은 만기에 일시 상환한다.)

▸23년 지방직 9급

① ₩1,049,737
② ₩1,310,163
③ ₩1,360,000
④ ₩1,670,263

03 (주)한국은 20×1년 1월 1일에 사채(표시이자율 10%, 만기 3년, 액면금액 ₩100,000, 이자 후급)를 ₩95,200에 발행하였다. 20×1년 이자비용이 ₩11,400 발생하였을 경우, 20×1년 말 사채의 장부금액은?

▸21년 지방직 9급

① ₩95,200
② ₩96,600
③ ₩98,600
④ ₩101,400

04 (주)한국은 20×1년 1월 1일에 액면금액 ₩1,000,000, 표시이자율 연 8%, 이자지급일 매년 12월 31일, 만기 3년인 사채를 할인발행하였다. 만기까지 상각되는 연도별 사채할인발행차금 상각액은 다음과 같다.

20×1.12.31.	20×2.12.31.	20×3.12.31.
₩15,025	₩16,528	₩18,195

이에 대한 설명으로 옳지 않은 것은?   ▶ 20년 국가직 7급

① 20×2년 12월 31일에 인식할 이자비용은 ₩96,528이다.

② 20×1년 1월 1일 사채의 발행금액은 ₩950,252이다.

③ 이 사채의 표시이자율은 유효이자율보다 낮다.

④ 이 사채의 발행 기간에 매년 인식하는 이자비용은 동일한 금액이다.

05 (주)한국은 20×1년 1월 1일에 액면금액 ₩100,000, 액면이자율 연 8%, 5년 만기의 사채를 ₩92,416에 발행하였다. 이자는 매년 12월 31일에 지급하기로 되어 있고 20×1년 1월 1일 시장이자율은 연 10%이다. 동 사채의 회계처리에 대한 설명으로 옳지 않은 것은? (단, 계산결과는 소수점 아래 첫째 자리에서 반올림한다.)   ▶ 20년 지방직 9급

① 사채발행 시 차변에 현금 ₩92,416과 사채할인발행차금 ₩7,584을 기록하고, 대변에 사채 ₩100,000을 기록한다.

② 20×1년 12월 31일 이자지급 시 차변에 사채이자비용 ₩9,242을 기록하고 대변에 현금 ₩8,000과 사채할인발행차금 ₩1,242을 기록한다.

③ 20×1년 12월 31일 사채의 장부금액은 ₩91,174이다.

④ 사채만기까지 인식할 총 사채이자비용은 액면이자 합계액과 사채할인발행차금을 합한 금액이다.

06 (주)서울은 2016년 1월 1일 액면금액 ₩1,000,000, 발행당시의 유효이자율이 10%, 만기 3년의 사채를 ₩1,049,732에 발행하였다. 2016년 12월 31일 장부가액이 ₩1,034,705일 때, 표시이자율과 2017년 12월 31일 장부가액은 얼마인가? (단, 소수점 이하는 반올림한다.)

▶ 17년 서울시 7급

	표시이자율	장부가액
①	10%	₩1,018,176
②	12%	₩1,018,176
③	10%	₩1,019,678
④	12%	₩1,019,678

07 (주)한국은 2016년 1월 1일 액면금액 ₩1,000,000, 만기 3년의 사채를 유효이자율 연 10%를 적용하여 ₩925,390에 발행하였다. 2016년 12월 31일 장부금액이 ₩947,929라면 이 사채의 표시이자율은?

▶ 17년 국가직 9급

① 7%   ② 8%

③ 9%   ④ 10%

08 (주)한국은 2011년 1월 1일에 액면금액이 ₩100,000, 만기가 3년, 이자지급일이 매년 12월 31일인 사채를 ₩92,269에 할인발행하였다. 이 사채의 2012년 1월 1일 장부금액이 ₩94,651일 때, 액면이자율은? (단, 유효이자율은 연 8%이고, 문제풀이 과정 중에 계산되는 모든 금액은 소수점 이하 반올림한다.)

▶ 13년 국가직 7급

① 4%   ② 5%

③ 6%   ④ 7%

09 (주)한국은 20×1년 1월 1일 액면금액 ₩100,000, 만기 3년의 사채를 ₩92,410에 발행하였다. 사채의 연간 액면이자는 매년 말 지급되며 20×1년 12월 31일 사채의 장부금액은 ₩94,730이다. 사채의 연간 액면이자율을 추정한 것으로 가장 가까운 것은? (단, 사채발행 시 유효이자율은 9%이다.) ▸ 18년 국가직 9급

① 5%
② 6%
③ 7%
④ 8%

10 (주)한국은 20×1년 1월 1일에 액면금액 ₩120,000, 만기 2년, 이자지급일이 매년 12월 31일인 사채를 발행하였다. (주)한국의 회계담당자는 다음과 같은 유효이자율법에 의한 상각표를 작성하였다. (주)한국의 동 사채에 대한 설명으로 옳은 것은? ▸ 19년 국가직 9급

날짜	이자지급	유효이자	상각액	장부금액
20×1.1.1.				₩115,890
20×1.12.31.	₩10,800	₩12,748	₩1,948	₩117,838
20×2.12.31.	₩10,800	₩12,962	₩2,162	₩120,000

① 사채의 표시이자율은 연 8%이다.
② 20×1년 말 사채할인발행차금 상각액은 ₩2,162이다.
③ 20×2년 말 사채관련 유효이자비용은 ₩12,962이다.
④ 사채의 유효이자율은 연 12%이다.

11 (주)한국은 20×1년 1월 1일 액면금액이 ₩1,000,000인 사채(액면이자율 8%, 만기 3년)를 ₩950,263에 발행하였다. (주)한국이 발행한 사채와 관련한 설명으로 옳지 않은 것은? (단, 액면이자는 매년 말 지급하고, 원금은 만기에 일시 상환한다.) ▸ 23년 국가직 9급

① 사채발행 시 액면이자율이 시장이자율보다 낮다.
② 매년 인식해야 할 이자비용은 증가한다.
③ 만기까지 인식해야 할 이자비용의 총액은 ₩240,000이다.
④ 이자비용으로 지출하는 현금은 매년 ₩80,000으로 일정하다.

12 (주)한국은 2015년 1월 1일에 액면금액 ₩100,000이 사채(표시이자율 연 10%, 이자지급일 매년 12월 31일, 만기 2년)를 ₩96,620에 발행하였다. 발행사채의 유효이자율이 연 12%인 경우, 이 사채로 인하여 (주)한국이 만기까지 부담해야 할 총이자비용은? ▸15년 국가직 7급

① ₩20,000
② ₩23,380
③ ₩25,380
④ ₩27,380

13 (주)백두는 2005년 1월 1일에 액면 ₩100,000의 사채(표시이자율 10%, 이자는 매년 말 후급, 만기 3년)를 ₩95,200에 발행하였다. (주)백두가 해당 사채로 인하여 만기까지 인식해야 할 총이자비용은? ▸09년 지방직 9급

① ₩30,000
② ₩32,000
③ ₩34,800
④ ₩45,000

14 (주)한국은 2017년 4월 1일 사채(표시이자율 10%, 만기 3년, 액면금액 ₩100,000)를 ₩95,200에 발행하였다. 한편, 사채의 발행과 관련된 사채발행비 ₩2,000이 발생하였다. (주)한국이 사채발행으로 만기까지 인식해야 할 이자비용 총액은? ▸17년 지방직 9급

① ₩30,000
② ₩34,800
③ ₩35,200
④ ₩36,800

15 (주)한국은 20×1년 1월 1일 액면금액 ₩1,000,000, 액면이자율 연 10%, 만기 3년, 매년말 이자지급조건의 사채를 ₩951,980에 발행하였다. 사채의 발행차금에 대한 회계처리는 유효이자율법을 적용하고 있으며, 사채발행일의 시장이자율은 연 12%이다. 사채발행일의 시장이자율과 유효이자율이 일치한다고 할 때, (주)한국이 사채의 만기일까지 3년간 인식할 총이자비용은? ▸22년 국가직 9급

① ₩300,000
② ₩348,020
③ ₩360,000
④ ₩368,020

16 (주)서울이 20×1년 1월 1일에 액면금액 ₩500,000, 매년 말 액면이자 8%, 3년 만기인 사채를 할인발행하였다. 사채할인발행차금은 유효이자율법에 따라 상각한다. 20×1년 말과 20×2년 말 사채 장부금액이 다음과 같고, 해당 사채가 만기상환되었다고 할 때, (주)서울이 20×2년부터 20×3년까지 2년 간 사채와 관련하여 인식한 총 이자비용은?

▸ 20년 서울시 7급

- 20×1년 말 사채 장부금액 = ₩482,600
- 20×2년 말 사채 장부금액 = ₩490,900

① ₩86,500　　　　　　　　② ₩89,100
③ ₩97,400　　　　　　　　④ ₩106,500

17 사채발행차금을 유효이자율법에 따라 상각할 때 설명으로 옳지 않은 것은? (단, 이자율은 0보다 크다.)

▸ 16년 국가직 9급

① 할증발행 시 상각액은 매기 감소한다.
② 할인발행 시 이자비용은 매기 증가한다.
③ 할인발행 시 상각액은 매기 증가한다.
④ 할증발행 시 이자비용은 매기 감소한다.

18 사채의 발행 및 발행 후 회계처리에 대한 설명으로 옳지 않은 것은?　▸ 14년 국가직 7급

① 상각후원가로 측정하는 사채의 경우 사채발행비가 발생한다면 액면발행, 할인발행, 할증발행 등 모든 상황에서 유효이자율은 사채발행비가 발생하지 않는 경우보다 높다.
② 사채를 할증발행한 경우 사채이자비용은 현금이자지급액에 사채할증발행차금 상각액을 가산하여 인식한다.
③ 사채의 할증발행 시 유효이자율법에 의해 상각하는 경우 기간 경과에 따라 매기 인식하는 할증발행차금의 상각액은 증가한다.
④ 사채의 할인발행 시 유효이자율법에 의해 상각하는 경우 기간 경과에 따라 매기 인식하는 할인발행차금의 상각액은 증가한다.

19 사채에 대한 설명으로 옳지 않은 것은?   ▸ 24년 국가직 9급

① 사채발행 시 시장이자율이 액면이자율보다 높은 경우 할인발행된다.
② 사채를 할인발행한 경우 매년 인식할 이자비용은 증가한다.
③ 사채할증발행차금 잔액은 매년 감소한다.
④ 사채할인발행차금 상각액은 매년 감소한다.

20 유효이자율법에 의한 사채할인발행차금 또는 사채할증발행차금에 대한 설명으로 옳은 것은?   ▸ 20년 관세직 9급

① 사채를 할증발행할 경우, 인식하게 될 이자비용은 사채할증발행차금에서 현금이자 지급액을 차감한 금액이다.
② 사채를 할인발행할 경우, 사채할인발행차금 상각액은 점차 감소한다.
③ 사채를 할인발행 또는 할증발행할 경우 마지막 기간 상각 완료 후 장부가액은 사채의 액면금액이 된다.
④ 사채할인발행차금의 총발생액과 각 기간 상각액의 합계금액은 같고, 사채할증발행차금의 총발생액과 각 기간 상각액의 합계금액은 다르다.

21 상각후원가측정금융부채로 분류하는 사채의 회계처리에 대한 설명으로 옳지 않은 것은?   ▸ 21년 국가직 9급

① 사채발행 시 사채발행비가 발생한 경우의 유효이자율은 사채발행비가 발생하지 않는 경우보다 높다.
② 사채의 액면이자율이 시장이자율보다 낮은 경우 사채를 할인발행하게 된다.
③ 사채를 할증발행한 경우 사채의 장부금액은 시간이 흐를수록 감소한다.
④ 사채의 할인발행과 할증발행의 경우 사채발행차금상각액이 모두 점차 감소한다.

www.pmg.co.kr

22 (주)한국은 2014년 1월 1일 액면금액 ₩10,000인 사채(3년 만기, 표시이자율 5%)를 할인발행하였다. 2015년 1월 1일 동 사채의 장부금액은 ₩9,600이고, 2015년도에 발생한 이자비용은 ₩600이다. (주)한국이 2016년 1월 1일 해당 사채를 ₩9,800에 조기상환하였다면, 이에 대한 분개로 옳은 것은? ▶16년 국가직 7급

① (차) 사채 ₩10,000 (대) 현금 ₩9,800
　　　　　　　　　　　　　　　　　　사채상환이익 ₩200
② (차) 사채 ₩10,000 (대) 현금 ₩9,800
　　사채상환손실 ₩100 　　사채할인발행차금 ₩300
③ (차) 사채 ₩10,000 (대) 현금 ₩9,800
　　사채상환손실 ₩700 　　사채할인발행차금 ₩900
④ (차) 사채 ₩10,000 (대) 현금 ₩9,800
　　사채상환손실 ₩800 　　사채할인발행차금 ₩1,000

23 (주)한국은 액면 ₩1,000,000의 사채를 2015년 초에 ₩950,260으로 발행하였다. 발행 당시 사채의 유효이자율은 10%, 표시이자율은 8%, 이자는 매년 말 후급, 만기일은 2017년 말이다. (주)한국이 해당 사채 전액을 2016년 초에 ₩960,000의 현금을 지급하고 상환할 경우 사채상환이익(손실)은? ▶15년 지방직 9급

① ₩5,286 손실　　　　　　　② ₩5,286 이익
③ ₩6,436 손실　　　　　　　④ ₩6,436 이익

24 (주)한국은 20×1년 1월 1일에 액면가 ₩10,000, 만기 3년, 표시이자율 8%, 이자지급일이 매년 12월 31일인 사채를 ₩9,503에 할인발행하였다. 이 사채를 20×2년 1월 1일에 ₩9,800을 지급하고 조기상환할 때, 사채상환손익은? (단, 발행일의 유효이자율은 10%이고, 금액은 소수점 첫째 자리에서 반올림한다.) ▶21년 관세직 9급

① 사채상환손실 ₩18　　　　② 사채상환손실 ₩147
③ 사채상환이익 ₩18　　　　④ 사채상환이익 ₩147

25 (주)한국은 20×1년 1월 1일에 액면금액 ₩1,000,000(액면이자율 연 8%, 유효이자율 연 10%, 이자지급일 매년 12월 31일, 만기 3년)의 사채를 ₩950,258에 발행하였다. (주)민국은 이 사채를 발행과 동시에 전액 매입하여 상각후원가 측정 금융자산으로 분류하였다. 다음 설명 중 옳지 않은 것은? (단, 거래비용은 없고 유효이자율법을 적용하며, 소수점 발생 시 소수점 아래 첫째 자리에서 반올림한다.)

▶ 19년 국가직 9급

① (주)한국의 20×1년 12월 31일 재무상태표상 사채할인발행차금 잔액은 ₩34,716이다.

② (주)민국이 20×2년 1월 1일에 현금 ₩970,000에 동 사채 전부를 처분할 경우 금융자산 처분이익 ₩19,742을 인식한다.

③ (주)민국은 20×1년 12월 31일 인식할 이자수익 중 ₩15,026을 상각후원가 측정 금융자산으로 인식한다.

④ (주)한국이 20×1년 12월 31일 인식할 이자비용은 ₩95,026이다.

26 (주)한국은 2016년 1월 1일에 액면가액 ₩1,000, 액면이자율 연 8%, 유효이자율 연 10%, 만기 3년, 이자지급일 매년 12월 31일인 사채를 발행하였다. (주)한국은 유효이자율법을 적용하여 사채할인발행차금을 상각하고 있으며, 2017년 12월 31일 사채의 장부금액은 ₩982이다. (주)한국이 2018년 6월 30일 동 사채를 ₩1,020에 조기 상환하였다면, 이때의 사채상환손실은? (단, 계산은 월할 계산하며, 소수점 발생 시 소수점 아래 첫째 자리에서 반올림한다.)

▶ 19년 관세직 9급

① ₩11

② ₩20

③ ₩29

④ ₩31

27 (주)서울은 20×1년 초 만기 3년(일시상환), 액면금액 ₩100,000인 사채를 ₩92,500에 발행하였다. 사채의 표시이자율은 연 7%(매년 말 지급조건)이고, 사채 발행일의 유효이자율은 연 10%이다. (주)서울이 20×3년 초 사채 액면금액 전부를 ₩98,000에 조기상환하는 경우, (주)서울이 조기상환시점에 사채상환손실로 인식할 금액은? (단, 사채는 상각후원가로 측정한다.)

▶ 22년 서울시 7급

① ₩775

② ₩875

③ ₩975

④ ₩1,075

28 (주)한국은 2015년 1월 1일에 액면금액 ₩1,000,000, 표시이자율 연 10%, 3년 만기의 사채를 유효이자율이 6개월간 8%가 되도록 발행하였다. (주)한국은 사채발행차금을 유효이자율법에 의하여 상각하며 이자지급시기는 6월 30일과 12월 31일이다. 현재가치표는 다음과 같다.

구분	₩1의 현재가치		연금 ₩1의 현재가치	
	3기간	6기간	3기간	6기간
5%	0.864	0.746	2.723	5.076
8%	0.794	0.630	2.577	4.623
10%	0.751	0.565	2.487	4.355
16%	0.641	0.410	2.246	3.685

(주)한국이 2015년 7월 1일 상기 사채 전부를 ₩900,000에 상환하였다고 할 때, 사채상환손익은 얼마인가?

▸ 15년 서울시 9급

① 상환손실 ₩15,152
② 상환이익 ₩15,152
③ 상환손실 ₩19,958
④ 상환이익 ₩19,958

29 (주)한국은 2007년 1월 1일 3년 만기, 액면 ₩1,000의 사채를 발행하였다. 이 사채의 액면이자율은 5%, 유효이자율은 10% 그리고 이자지급일은 매년 12월 31일이다. (주)한국이 2009년 7월 1일 경과이자를 포함하여 현금 ₩950을 지급하고 이 사채를 조기상환할 때, 사채상환손익은? (단, 2008년 12월 31일 현재 사채할인발행차금 미상각잔액은 ₩40으로 가정한다.)

▸ 10년 국가직 7급

① ₩58 손실
② ₩58 이익
③ ₩68 손실
④ ₩68 이익

30 (주)지방은 20×3년 1월 1일에 액면금액 ₩1,000, 표시이자율 연 7%, 만기 2년, 매년 말에 이자를 지급하는 사채를 발행하였다. 다음은 (주)지방이 작성한 사채상각표의 일부를 나타낸 것이다.

일자	유효이자	표시이자	사채할인발행차금 상각	장부금액
20×3.1.1.				?
20×3.12.31.	?	?	₩25	?
20×4.12.31.	?	?	₩27	₩1,000

위의 자료를 이용한 사채에 대한 설명으로 옳지 않은 것은? ▸ 14년 지방직 9급

① 2년간 이자비용으로 인식할 총금액은 ₩140이다.
② 사채의 발행가액은 ₩948이다.
③ 20×4년 1월 1일에 사채를 ₩1,000에 조기상환할 경우 사채상환손실은 ₩27이다.
④ 사채의 이자비용은 매년 증가한다.

31 (주)한국이 발행한 사채(액면금액 ₩100,000, 액면이자율 연 8%, 발행 시 유효이자율 연 10%)의 20×1년 말 장부금액은 ₩95,000이다. (주)한국은 20×2년 말 동 사채에 대한 액면이자를 지급한 후 즉시 사채 전부를 ₩98,000에 상환하였다. 사채가 (주)한국의 20×2년 당기순이익에 미치는 영향은? (단, 액면이자는 매년 말 지급하고, 원금은 만기에 일시 상환한다.) ▸ 24년 지방직 9급

① ₩8,000 감소
② ₩9,500 감소
③ ₩10,000 감소
④ ₩11,000 감소

Chapter 11 충당부채와 우발부채

1 충당부채의 인식요건 및 최선의 추정치

1. 충당부채 인식요건 : 모두 충족

① 과거사건의 결과로 현재의무(법적의무 또는 의제의무)가 존재한다.
② 해당 의무를 이행하기 위하여 경제적 효익을 갖는 자원의 유출가능성이 높다.
③ 해당 의무의 이행에 소요되는 금액을 신뢰성 있게 추정할 수 있다.

① 현재의무

보고기간 말에 현재의무가 존재할 가능성이 존재하지 않을 가능성보다 높은 경우(50% 초과) 과거사건이 현재의무를 발생시킨 것으로 간주한다.

㉠ 의무발생사건이 되기 위해서는 해당 사건으로부터 발생된 의무를 이행하는 것 외에는 실질적인 대안이 없어야 한다.

㉡ 미래영업을 위하여 발생하게 될 원가는 충당부채 인식 대상이 아니다.

㉢ 과거사건으로 인한 의무가 기업의 미래행위와 독립적이어야 한다.

② 경제적 효익을 갖는 자원의 유출가능성

㉠ 현재의무의 존재가능성이 높지 않은 경우 우발부채를 공시한다.

㉡ 의무 이행을 위하여 경제적효익을 갖는 자원의 유출가능성이 아주 낮은 경우에는 공시하지 않는다.

③ 의무에 대한 신뢰성 있는 추정

신뢰성 있는 추정이 불가능한 경우 우발부채로서 주석에 공시한다.

2. 충당부채의 측정

구분	내용
최선의 추정치	① 측정하고자 하는 충당부채가 다수의 항목과 관련되는 경우에 해당 의무는 모든 가능한 결과와 그와 관련된 확률을 가중평균하여 추정(기대가치) ② 가능한 결과가 연속적인 범위 내에서 분포하고 각각의 발생확률이 동일한 경우 해당 범위의 중간값 사용
현재가치	① 화폐의 시간가치가 중요한 경우 충당부채도 현재가치로 평가(예 복구충당부채) ② 할인율은 부채특유위험과 시간가치효과를 반영한 세전이율임
미래사건	현재의무를 이행하기 위하여 소요되는 지출 금액에 영향을 미치는 미래사건이 발생할 것이라는 충분하고 객관적인 증거가 있는 경우 그러한 미래사건을 감안하여 추정
예상처분이익	자산의 예상처분이익은 충당부채 측정 시에 고려하지 않음

228 PART 01 재무회계

3. 충당부채와 우발부채의 표시

인식조건을 모두 충족한 충당부채는 부채로 재무상태표에 표시하며, 우발부채는 주석으로 공시한다.

※ 단, 우발자산은 금액의 유입가능성이 높아지더라도 주석으로 공시한다.

4. 충당부채의 변제 및 변동

① 포괄손익계산서에 인식된 충당부채와 관련한 비용은 제3자와의 변제와 관련하여 인식한 금액과 상계하여 표시할 수 있다.

② 매 보고기간 말마다 최선의 추정치를 반영하여 충당부채 잔액을 조정한다.

③ 의무이행을 위하여 경제적 효익을 갖는 자원이 유출될 가능성이 더 이상 높지 않은 경우 관련 충당부채를 환입한다.

---

2 **경품충당부채, 제품보증충당부채**

1. 경품충당부채

보고기간 말 경품으로 인해 제공될 것으로 예상되는 금액에 대한 최선의 추정치를 경품충당부채로 인식한다. (회수율 고려)

① 경품충당부채 인식

경품충당부채 인식액 : 경품 소요 원가 × 회수율			
(차) 경품비용	×× ×	(대) 경품충당부채	×× ×

② 경품 제공 시

경품충당부채 인식액 × (회수포인트/전체포인트 × 회수율)			
(차) 경품충당부채	×× ×	(대) 경품재고	×× ×

2. 제품보증충당부채

제품 보증에 따른 예상비용의 최선의 추정치를 충당부채로 계상하고, 보증비용 발생 시 제품보증충당부채와 우선 상계한다.

① 제품보증충당부채 인식 : 매출액 × 보증예상률

② 보증비용 발생 시

(차) 제품보증충당부채	×× ×	(대) 현금	×× ×
제품보증비	×× ×		

01 충당부채에 대한 설명으로 옳지 않은 것은?   ▸17년 국가직 9급

① 충당부채를 인식하기 위해서는 과거사건의 결과로 현재의무가 존재하여야 한다.
② 충당부채를 인식하기 위한 현재의 의무는 법적 의무로서 의제의무는 제외된다.
③ 충당부채의 인식요건 중 경제적 효익이 있는 자원의 유출가능성이 높다는 것은 발생할 가능성이 발생하지 않을 가능성보다 더 높다는 것을 의미한다.
④ 충당부채를 인식하기 위해서는 과거사건으로 인한 의무가 기업의 미래행위와 독립적이어야 한다.

02 충당부채와 우발부채에 대한 설명으로 옳지 않은 것은?   ▸16년 지방직 9급

① 충당부채는 지출의 시기 또는 금액이 불확실한 부채이다.
② 충당부채와 우발부채 모두 재무상태표에 인식하지 않고 주석으로 공시한다.
③ 충당부채로 인식하기 위해서는 현재의무가 존재하여야 할 뿐만 아니라 해당 의무를 이행하기 위해 경제적 효익이 내재된 자원의 유출가능성이 높아야 한다.
④ 현재의무를 이행하기 위한 자원의 유출가능성은 높으나 신뢰성 있는 금액의 추정이 불가능한 경우에는 우발부채로 공시한다.

03 충당부채, 우발부채, 우발자산에 대한 설명으로 옳지 않은 것은?   ▸17년 지방직 9급

① 우발자산은 경제적 효익의 유입가능성이 높지 않은 경우에 주석으로 공시한다.
② 의무를 이행하기 위하여 경제적 효익이 있는 자원을 유출할 가능성이 높지 않은 경우 우발부채를 주석으로 공시한다.
③ 우발부채와 우발자산은 재무제표에 인식하지 아니한다.
④ 현재의무를 이행하기 위하여 해당 금액을 신뢰성 있게 추정할 수 있고 경제적 효익이 있는 자원을 유출할 가능성이 높은 경우 충당부채로 인식한다.

04 충당부채의 인식과 관련된 설명으로 옳지 않은 것은?

▸14년 국가직 7급

① 과거사건의 결과로 현재의무가 존재해야 한다.

② 해당 의무를 이행하기 위하여 경제적 효익을 갖는 자원이 유출될 가능성이 높아야 한다.

③ 입법예고된 법규의 세부사항이 아직 확정되지 않은 경우에는 해당 법규안대로 제정될 것이 거의 확실한 때에만 의무가 발생한 것으로 본다.

④ 신뢰성 있는 금액의 추정이 불가능한 경우에도 부채로 인식해 재무상태표의 본문에 표시한다.

05 TV를 제조하여 판매하는 (주)한국은 보증기간 내에 제조상 결함이 발견된 경우, 제품을 수선하거나 새 제품으로 교환해 주는 제품보증정책을 취하고 있다. 이에 대한 회계처리 방법으로 옳지 않은 것은?

▸15년 국가직 7급

① 경제적 효익을 갖는 자원의 유출가능성이 높고 금액을 신뢰성 있게 추정할 수 있는 경우, 충당부채로 인식한다.

② 경제적 효익을 갖는 자원의 유출가능성이 높으나 금액을 신뢰성 있게 추정할 수 없는 경우, 충당부채로 인식한다.

③ 경제적 효익을 갖는 자원의 유출가능성이 높지 않으나 아주 낮지도 않은 경우, 우발부채로 공시한다.

④ 경제적 효익을 갖는 자원의 유출가능성이 아주 낮은 경우, 공시하지 아니한다.

06 다음 중 충당부채에 대한 설명으로 옳지 않은 것은?

▸16년 서울시 7급

① 예상되는 자산처분이 충당부채를 발생시킨 사건과 밀접하게 관련되었다면 그 자산의 예상처분이익은 충당부채에서 차감한다.

② 충당부채로 인식하는 금액은 현재의무를 보고기간 말에 이행하기 위하여 소요되는 지출에 대한 최선의 추정치이어야 한다.

③ 불법적인 환경오염으로 인한 환경정화비용의 경우에는 기업의 미래행위에 관계없이 그 의무의 이행에 경제적 효익을 갖는 자원의 유출이 수반되므로 충당부채로 인식한다.

④ 화폐의 시간가치가 중요한 경우, 충당부채는 의무를 이행하기 위해 예상되는 지출액의 현재가치로 평가한다. 현재가치 평가 시 적용할 할인율은 부채의 특유 위험과 화폐의 시간가치에 대한 현행시장의 평가를 반영한 세전 이자율이다.

07 충당부채와 우발부채에 대한 설명으로 옳은 것은? ▸20년 국가직 7급

① 미래의 예상 영업손실에 대하여 충당부채로 인식한다.

② 우발부채는 자원의 유출가능성을 최초 인식시점에 판단하며 지속적으로 평가하지 않는다.

③ 제3자와 연대하여 의무를 지는 경우에는 이행할 전체 의무 중 제3자가 이행할 것으로 예상되는 부분을 우발부채로 처리한다.

④ 다수의 항목과 관련되는 충당부채를 측정하는 경우에 해당 의무는 가능한 모든 결과에 관련된 확률 중 최댓값으로 추정한다.

08 충당부채에 대한 설명으로 가장 옳지 않은 것은? ▸20년 서울시 7급

① 보고기간 말마다 충당부채의 잔액을 검토하고, 보고기간 말 현재 최선의 추정치를 반영하여 조정한다.

② 충당부채와 관련하여 포괄손익계산서에 인식한 비용은 제3자의 변제와 관련하여 인식한 금액과 상계하여 표시할 수 없다.

③ 제3자가 지급하지 않더라도 기업이 해당 금액을 지급할 의무가 없는 경우에는 이를 충당부채에 포함하지 아니한다.

④ 충당부채를 현재가치로 평가하여 표시하는 경우에는 장부금액을 기간 경과에 따라 증액하고 해당 증가금액은 차입원가로 인식한다.

09 충당부채에 대한 설명으로 옳지 않은 것은? ▸22년 국가직 9급

① 충당부채로 인식하는 금액은 현재의무를 보고기간 말에 이행하기 위하여 필요한 지출에 대한 최선의 추정치이어야 한다.

② 미래의 예상 영업손실은 충당부채로 인식하지 아니한다.

③ 현재의무를 이행하기 위하여 필요한 지출 금액에 영향을 미치는 미래 사건이 일어날 것이라는 충분하고 객관적인 증거가 있는 경우에도, 그 미래 사건을 고려하여 충당부채 금액을 추정하지 않는다.

④ 화폐의 시간가치 영향이 중요한 경우에 충당부채는 의무를 이행하기 위하여 예상되는 지출액의 현재가치로 평가한다.

10 충당부채, 우발부채, 우발자산에 대한 설명으로 옳지 않은 것은? ▶ 21년 국가직 7급

① 제3자와 연대하여 의무를 지는 경우에는 이행할 전체 의무 중 제3자가 이행할 것으로 예상되는 부분을 우발부채로 처리한다.

② 관련 상황의 변화가 적절하게 재무제표에 반영될 수 있도록 우발자산을 지속적으로 평가하며, 상황 변화로 경제적 효익의 유입이 거의 확실하게 되는 경우에는 그러한 상황변화가 일어난 기간의 재무제표에 그 자산과 관련 이익을 인식한다.

③ 현재 의무를 이행하기 위하여 필요한 지출 금액에 영향을 미치는 미래 사건이 일어날 것이라는 충분하고 객관적인 증거가 있는 경우에는 그 미래 사건을 고려하여 충당부채 금액을 추정한다.

④ 구조조정충당부채로 인식할 수 있는 지출은 구조조정에서 발생하는 직접비용과 간접비용을 포함하되, 구조조정 때문에 반드시 생기는 지출이며, 기업의 계속적인 활동과 관련 있는 지출이어야 한다.

11 충당부채, 우발부채 및 우발자산에 대한 설명으로 옳은 것은? ▶ 23년 국가직 9급

① 의무를 이행하기 위하여 경제적 효익이 있는 자원을 유출할 가능성이 희박하지 않다면, 우발부채를 재무제표에 인식한다.

② 예상되는 자산 처분이 충당부채를 생기게 한 사건과 밀접하게 관련되어 있다면, 예상되는 자산 처분이익은 충당부채를 측정하는 데 고려한다.

③ 수익의 실현이 거의 확실하다면, 관련 자산은 우발자산이 아니므로 해당 자산을 재무제표에 인식하는 것이 타당하다.

④ 손실부담계약을 체결하고 있는 경우에는 관련된 현재의무를 우발부채로 인식하고 측정한다.

12 충당부채, 우발부채 및 우발자산에 대한 설명으로 옳지 않은 것은? ▶ 24년 관세직 9급

① 충당부채는 결제에 필요한 미래 지출의 시기 또는 금액에 불확실성이 있다는 점에서 매입채무와 미지급비용과 같은 그 밖의 부채와 구별된다.

② 과거사건에 의하여 발생하였으나, 기업이 전적으로 통제할 수 없는 하나 이상의 불확실한 미래사건의 발생 여부에 의하여서만 그 존재가 확인되는 잠재적 의무는 충당부채로 처리한다.

③ 우발자산은 미래에 전혀 실현되지 않을 수도 있는 수익을 인식하는 결과를 가져올 수 있기 때문에 재무제표에 인식하지 아니한다.

④ 충당부채의 인식요건인 현재의 의무는 법적의무뿐만 아니라 의제의무도 포함한다.

13 2011년부터 커피체인인 (주)한국은 판촉활동을 위해 커피 1잔에 쿠폰을 1매씩 지급하고, 고객이 쿠폰 10매를 모아오면 머그컵 1개를 무료로 제공한다. 제공되는 컵의 원가는 ₩1,000이다. (주)한국은 쿠폰의 60%가 상환될 것으로 추정하고 있다. 2011년 회계기간 동안 판매된 커피는 10,000잔이었으며 쿠폰은 5,000매가 교환되었다. 2011년에 인식해야 할 쿠폰관련 경품비와 경품충당부채의 기말 잔액은?

▸ 12년 지방직 9급

	경품비	경품충당부채
①	₩600,000	₩100,000
②	₩600,000	₩0
③	₩500,000	₩100,000
④	₩500,000	₩0

14 (주)우식은 2008년 1월 1일에 신상품의 판촉캠페인을 시작하였다. 각 신상품의 상자 안에는 쿠폰 1매가 동봉되어 있으며 쿠폰 4매를 가져오면 ₩100의 경품을 제공한다. (주)우식은 발행된 쿠폰의 50%가 회수될 것으로 예상하고 있으며, 2008년 중의 판촉활동과 관련된 자료는 다음과 같다.

• 판매된 신상품의 상자 수	600개	• 교환 청구된 쿠폰 수	240매

2008년 중의 경품비와 2008년 12월 31일의 경품충당부채는?

▸ 08년 국가직 9급

	경품비	경품충당부채
①	₩6,000	₩1,500
②	₩7,500	₩1,500
③	₩6,000	₩7,500
④	₩7,500	₩7,500

15 (주)충북은 2005년 7월 1일 A제품을 ₩50,000에 판매하였다. 이 제품은 1년 동안 제품의 결함을 보증하며, 과거의 경험에 의하면 판매보증기간 중에 매출액의 20%의 판매보증비용이 발생할 것으로 추정된다. 2005년도에는 판매보증비용이 발생하지 않았으나, 2006년 6월 30일 현재까지 판매보증비용이 ₩6,000 발생하였다. 결산일인 2006년 12월 말에 계상하여야 할 판매보증충당부채 환입액은 얼마인가?
▸ 07년 국가직 9급

① ₩10,000　　　　　　　　　② ₩6,000
③ ₩4,000　　　　　　　　　④ ₩0

16 (주)서울은 20×1년에 영업을 개시하여 20×1년 5월 1일 제품을 ₩100,000에 판매하였다. 이 제품은 1년 동안 제품의 하자를 보증하며, 동종업계의 과거의 경험에 의하면 제품보증기간 중에 매출액의 10%에 해당하는 제품보증비용이 발생할 것으로 추정된다. 20×1년에 실제로 제품보증비용으로 ₩7,000이 지출되었다. 결산일 현재 재무상태표에 계상할 제품보증충당부채는 얼마인가?
▸ 15년 서울시 9급

① ₩0　　　　　　　　　　　② ₩3,000
③ ₩7,000　　　　　　　　　④ ₩10,000

17 20×1년 초에 영업을 개시한 (주)한국은 품질보증 기간을 1년으로 하여 에어컨을 판매하고 있다. 20×1년 에어컨 판매 수량은 500대이고, 대당 판매가격은 ₩1,000이며, 동종업계의 과거 경험에 따르면 제품보증비용은 대당 ₩50이 발생할 것으로 추정된다. 20×1년 중 실제 제품보증비 지출이 ₩10,000이면, (주)한국의 20×1년 말 재무상태표에 표시될 제품보증충당부채는?
▸ 22년 지방직 9급

① ₩5,000　　　　　　　　　② ₩15,000
③ ₩25,000　　　　　　　　　④ ₩40,000

12 자본

1 자본의 정의 및 분류

1. 자본 : 자산총액에서 부채총액을 차감한 잔여액, 잔여지분, 순자산, 주주지분

① 자본은 자산과 부채의 변화에 따라 종속적으로 변화하는 특징이 있다.

② 자본은 공정가치로 평가하지 않는다.

③ **자본의 분류** : 일반기업회계기준의 분류

구분	내용
자본금	보통주자본금, 우선주자본금
자본잉여금	주식발행초과금, 감자차익, 자기주식처분이익 등
자본조정	(+) 미교부주식배당금, 주식선택권 등 (−) 주식할인발행차금, 감자차손, 자기주식처분손실, 자기주식 등
기타포괄손익 누계액	재평가잉여금의 변동, 확정급여제도의 재측정요소, 기타포괄금융자산의 평가손익, 해외사업장의 외화환산손익, 현금흐름위험회피에 효과적인 파생손익 등
이익잉여금	법정적립금, 임의적립금, 미처분이익잉여금 등

※ K-IFRS는 납입자본, 기타자본구성요소, 이익잉여금으로 자본을 분류한다.

2. 주식의 발행

① 유상증자(실질적 증자)

⊙ 액면발행 (액면금액 = 발행금액)

(차) 현금   ×××   (대) 자본금   ×××

ⓛ 할증발행 (액면금액 < 발행금액)

(차) 현금   ×××   (대) 자본금   ×××
                                              주식발행초과금   ×××

※ 자본금은 액면금액 × 발행주식수로 기재하며 액면금액과 발행금액과의 차이는 주식발행초과금(자본잉여금)계정으로 회계처리한다.

ⓒ 할인발행 (액면금액 > 발행금액)

(차) 현금   ×××   (대) 자본금   ×××
       주식할인발행차금   ×××

※ 자본금은 액면금액 × 발행주식수로 기재하며 액면금액과 발행금액과의 차이는 주식할인발행차금(자본조정) 계정으로 회계처리한다.

※ 단, 주식발행초과금과 주식할인발행차금은 상계 후 잔액으로 표시한다.

② 주식배당(형식적 증자)

주식배당은 미처분이익잉여금이 감소하고 자본금이 증가한다.

(차) 미처분이익잉여금	×××	(대) 자본금	×××

③ 무상증자(형식적 증자)

무상증자는 자본잉여금 또는 법정적립금이 감소하고 자본금이 증가한다.

(차) 자본잉여금	×××	(대) 자본금	×××

3. 자본금의 감소(감자)

① 유상감자(실질적 감자)

유상감자는 금액을 지급하고 주식을 매입한 뒤 소각한다. 유상감자는 자본금이 감소함과 동시에 지급한 현금만큼 자본도 감소하므로 실질적 감자에 해당한다.

㉠ 액면금액 > 주식의 취득금액

(차) 자본금	×××	(대) 현금	×××
		감자차익	×××

㉡ 액면금액 < 주식의 취득금액

(차) 자본금	×××	(대) 현금	×××
감자차손	×××		

※ 감자차익과 감자차손은 서로 상계하고 잔액으로 표시한다.

② 무상감자(형식적 감자)

형식적 감자는 거액의 결손금으로 인해 장기간 배당을 할 수 없는 기업이 미처리된 결손금을 감액하기 위해 자본금을 감소시키는 것이다. 무상감자는 자본의 분류 범주 내의 이동이므로 자본총계는 변하지 않는다.

(차) 자본금	×××	(대) 미처리결손금	×××
		감자차익	×××

※ 형식적 감자의 경우에는 감자차익만 발생한다.

▼ 자본총계에는 영향 없는 사례

구분	주식배당	무상증자	주식분할	주식병합
자본총계	불변	불변	불변	불변
자본금	증가	증가	불변	불변
이익잉여금	감소	감소가능	불변	불변
자본잉여금	불변	감소가능	불변	불변
액면가액	불변	불변	감소	증가
발행주식수	증가	증가	증가	감소

2 자기주식

1. 자기주식의 취득(취득원가법) : 자본총계 감소

(차) 자기주식	×××	(대) 현금	×××

2. 자기주식의 처분 : 자본총계 증가

자기주식의 거래는 자본거래의 일종으로 자기주식의 처분에서 발생하는 손익은 자본거래로 본다.

① 처분금액 > 자기주식 취득원가
  (차) 현금   ×××   (대) 자기주식   ×××
                                         자기주식처분이익   ×××
② 처분금액 < 자기주식 취득원가
  (차) 현금   ×××   (대) 자기주식   ×××
       자기주식처분손실   ×××
※ 자기주식처분이익과 자기주식처분손실은 서로 상계하고 잔액으로 표시한다.

만약, 자기주식을 여러 번에 걸쳐 취득했다면, 원가흐름의 가정이 필요하다.

3. 자기주식의 소각 : 자본총계 불변

(차) 자본금	×××	(대) 자기주식	×××
감자차손	×××	또는 감자차익	×××

3 이익잉여금 처분 및 배당금 배분

1. 이익잉여금의 종류

법정적립금	이익준비금(매 결산기에 이익배당액의 10분의 1 이상의 금액을 자본금의 2분의 1에 달할 때까지 적립)
임의적립금	사업확장적립금, 감채기금적립금, 결손보전적립금 등
미처분이익잉여금	전기이월미처분이익잉여금에 당기순손익 등을 가감한 금액

2. 이익잉여금 처분

전기이월이익잉여금	×××
+ 당기순이익	×××
− 중간배당	(×××)
+ 임의적립금 이입액	×××
= 처분가능 이월이익잉여금	×××
− 현금배당 및 주식배당	(×××)
− 이익준비금 및 임의적립금 적립	(×××)
− 기타의 이익잉여금 처분	(×××)
= 차기이월 미처분 이익잉여금	×××

3. 배당금의 배분

구분	내용
누적적 우선주	누적적 우선주 배당금 = 우선주자본금 × 배당률 × 배당금을 수령하지 못한 기간 (당기 포함)
참가적 우선주	① 완전참가적 우선주배당금 　= MAX[우선주자본금 × 최소배당률, 총 배당금을 자본금 비율로 안분한 금액] ② 부분참가적 우선주배당금 　= MIN[우선주자본금 × 최대배당률, 완전참가적 우선주를 가정한 경우의 배당금]

01 (주)한국은 액면가액 ₩5,000인 보통주 100주를 주당 ₩15,000에 발행하였다. 발행대금은 전액 당좌예금에 입금하였고 주식인쇄 등 주식발행과 직접 관련된 비용 ₩20,000을 현금으로 지급하였다. 유상증자 이전에 주식할인발행차금 미상각 잔액 ₩400,000이 존재할 때, 동 유상증자 후 주식발행초과금의 잔액은? ▸12년 국가직 9급

① ₩100,000 　　　　　　② ₩500,000
③ ₩580,000 　　　　　　④ ₩980,000

02 (주)한국은 액면금액 ₩500인 주식 10주를 주당 ₩600에 발행하였는데, 주식발행비로 ₩500이 지출되었다. 위의 주식발행이 (주)한국의 재무제표에 미치는 영향에 대한 설명으로 옳은 것은? (단, 법인세 효과는 무시한다.) ▸14년 국가직 9급

① 순이익이 ₩500 감소한다.
② 이익잉여금이 ₩500 감소한다.
③ 자산총액이 ₩6,000 증가한다.
④ 자본총액이 ₩5,500 증가한다.

03 (주)한국은 2016년 초 보통주 10주(주당 액면금액 ₩500, 주당 발행금액 ₩600)를 발행하였으며, 주식발행과 직접 관련된 원가 ₩100이 발생하였다. (주)한국의 주식발행에 대한 설명으로 옳은 것은? (단, 기초 주식할인발행차금은 없다고 가정한다.) ▸17년 관세직 9급

① 자본은 ₩6,000 증가한다.
② 자본금은 ₩5,900 증가한다.
③ 자본잉여금은 ₩900 증가한다.
④ 주식발행과 직접 관련된 원가 ₩100은 당기비용으로 인식한다.

04 (주)한국은 2016년 초 보통주 200주(주당 액면금액 ₩5,000, 주당 발행금액 ₩6,000)를 발행하였으며, 주식 발행과 관련된 직접원가 ₩80,000과 간접원가 ₩10,000이 발생하였다. (주)한국의 주식발행에 대한 설명으로 옳은 것은? (단, 기초 주식할인발행차금은 없다고 가정한다.)

▸ 17년 국가직 9급

① 자본의 증가는 ₩1,200,000이다.
② 자본잉여금의 증가는 ₩120,000이다.
③ 주식발행초과금의 증가는 ₩110,000이다.
④ 주식발행과 관련된 직·간접원가 ₩90,000은 비용으로 인식한다.

05 (주)한국의 2016년 자본 관련 거래가 다음과 같을 때, 2016년에 증가한 주식발행초과금은? (단, 기초 주식할인발행차금은 없다고 가정한다.)

▸ 17년 국가직 9급

• 3월 2일 : 보통주 100주(주당 액면금액 ₩500)를 주당 ₩700에 발행하였다.
• 5월 10일 : 우선주 200주(주당 액면금액 ₩500)를 주당 ₩600에 발행하였다.
• 9월 25일 : 보통주 50주(주당 액면금액 ₩500)를 발행하면서 그 대가로 건물을 취득하였다. 취득 당시 보통주 주당 공정가치는 ₩1,000이었다.

① ₩20,000   ② ₩40,000
③ ₩45,000   ④ ₩65,000

06 (주)서울은 주당 액면금액 ₩5,000인 보통주 100주를 ₩800,000에 유상증자하였다. 유상증자시 (주)서울의 장부에는 ₩110,000의 주식할인발행차금이 계상되어 있었고, 주식발행과 직접 관련된 원가 ₩50,000과 간접원가 ₩15,000이 발생하였다. (주)서울의 유상증자로 인한 자본의 증가액은 얼마인가?

▸ 17년 서울시 9급

① ₩625,000   ② ₩640,000
③ ₩735,000   ④ ₩750,000

07 (주)한국은 주식할인발행차금 잔액 ₩500,000이 있는 상태에서 주당 액면금액 ₩5,000인 보통주 1,000주를 주당 ₩10,000에 발행하였다. 주식발행과 관련한 직접적인 총비용은 ₩800,000이 발생하였다. 이 거래의 결과에 대한 설명으로 옳은 것은? (단, 모든 거래는 현금거래이다.)

▶ 20년 관세직 9급

① 주식발행관련비용 ₩800,000은 비용처리된다.
② 자본증가액은 ₩9,200,000이다.
③ 주식할인발행차금 잔액은 ₩500,000이다.
④ 주식발행초과금 잔액은 ₩4,500,000이다.

08 20×1년 1월 1일 설립한 (주)한국의 자본관련 거래는 다음과 같다.

일자	거래 내역
1월 1일	보통주 1,000주를 주당 ₩120(액면금액 ₩100)에 발행하고, 주식발행과 관련된 직접비용 ₩700을 현금 지급하였다.
7월 1일	보통주 1,000주를 주당 ₩90(액면금액 ₩100)에 발행하고, 주식발행과 관련된 직접비용은 발생하지 않았다.

이와 관련된 설명으로 옳은 것은?

▶ 22년 국가직 9급

① 1월 1일 현금 ₩120,000이 증가한다.
② 1월 1일 주식발행과 관련된 직접비용 ₩700을 비용으로 계상한다.
③ 7월 1일 자본금 ₩90,000이 증가한다.
④ 12월 31일 재무상태표에 주식발행초과금으로 표시될 금액은 ₩9,300이다.

09 (주)한국은 액면가액 ₩5,000인 주식 10,000주를 주당 ₩5,000에 발행하였다. (주)한국은 유통주식수의 과다로 인한 주가관리 차원에서 20×1년에 1,000주를 매입 소각하기로 주주총회에서 결의하였다. (주)한국은 두 번에 걸쳐 유통주식을 매입하여 소각하였는데 20×1년 6월 1일에 주당 ₩4,000에 500주를 매입한 후 소각했고, 20×1년 9월 1일에 주당 ₩7,000에 500주를 매입한 후 소각했다고 한다면 20×1년 9월 1일의 감자차손익 잔액은?

▶ 11년 국가직 7급

① 감자차익 ₩500,000
② 감자차손 ₩1,000,000
③ 감자차손 ₩500,000
④ 감자차익 ₩1,000,000

10 주식배당과 주식분할이 자본에 미치는 영향에 대한 설명으로 옳지 않은 것은?

▸12년 지방직 9급

		주식배당	주식분할
①	자본총계	불변	불변
②	이익잉여금	감소	불변
③	주당액면가	불변	감소
④	법정자본금	증가	증가

11 주식배당, 무상증자 및 주식분할에 대한 설명으로 옳지 않은 것은?   ▸10년 국가직 9급

① 주식분할의 경우 발행주식수가 증가하여 자본금이 증가한다.
② 무상증자의 경우 자본총계는 불변이다.
③ 무상증자의 경우 주당 액면가액은 불변이지만, 주식분할의 경우는 주당 액면가액이 감소한다.
④ 주식배당의 경우 이익잉여금은 감소하지만, 주식분할의 경우 이익잉여금이 불변이다.

12 자본에 대한 설명으로 옳지 않은 것은?   ▸13년 국가직 9급

① 무상증자는 자본총계를 증가시킨다.
② 주식분할은 총발행주식수를 증가시킨다.
③ 주식병합으로 자본총계는 변하지 않는다.
④ 주식배당은 자본금을 증가시킨다.

13 다음 각 항목이 재무상태표의 자본금, 이익잉여금 및 자본총계에 미치는 영향으로 옳지 않은 것은?   ▸11년 국가직 9급

	항목	자본금	이익잉여금	자본총계
①	무상증자	증가	증가	증가
②	주식배당	증가	감소	불변
③	주식분할	불변	불변	불변
④	유상증자	증가	불변	증가

14 무상증자, 주식배당, 주식분할, 주식병합에 대한 설명으로 옳지 않은 것은? ▸21년 지방직 9급

① 무상증자로 자본금은 변동하지 않는다.
② 주식배당은 발행주식수를 증가시킨다.
③ 주식분할은 발행주식수를 증가시킨다.
④ 주식병합으로 자본금은 변동하지 않는다.

15 재무상태표상 자본총액이 증가하는 거래는? ▸23년 국가직 7급

① 액면금액 ₩5,000인 보통주를 주당 ₩4,000에 할인발행하였다.
② 자기주식처분이익 중 ₩10,000을 자본금으로 대체하였다.
③ 주주총회에서 주식배당 ₩6,000을 결의하였다.
④ 보통주 액면금액 ₩5,000을 ₩500으로 분할하였다.

16 자본의 변동을 가져오는 거래는? (단, 제시된 거래 이외의 거래는 고려하지 않는다.) ▸18년 국가직 9급

① 기계장치를 외상으로 구입하였다.
② 자기주식을 현금으로 구입하였다.
③ 미래에 제공할 용역의 대가를 미리 현금으로 받았다.
④ 외상으로 판매한 대금이 전액 회수되었다.

17 자본에 관한 다음 설명으로 옳은 것을 모두 고르면? ▸14년 국가직 9급

ㄱ. 이익잉여금은 당기순이익의 발생으로 증가하고 다른 요인으로는 증가하지 않는다.
ㄴ. 주식배당을 실시하면 자본금은 증가하지만 이익잉여금은 감소한다.
ㄷ. 무상증자를 실시하면 발행주식수는 증가하지만 자본총액은 변동하지 않는다.
ㄹ. 주식분할을 실시하면 발행주식수는 증가하지만 이익잉여금과 자본금은 변동하지 않는다.

① ㄱ, ㄴ, ㄷ   ② ㄱ, ㄴ, ㄹ
③ ㄱ, ㄷ, ㄹ   ④ ㄴ, ㄷ, ㄹ

18 자본에 관한 설명으로 옳은 것만을 모두 고른 것은?

▸ 18년 관세직 9급

> ㄱ. 주식분할을 실시하면 자본 총액은 변동하지 않고 자본금은 증가한다.
> ㄴ. 주식배당을 실시하면 자본 총액은 변동하지 않고 자본금은 증가한다.
> ㄷ. 유상증자를 실시하면 자본 총액은 변동하지 않고 자본금은 증가한다.
> ㄹ. 무상증자를 실시하면 자본 총액은 변동하지 않고 자본금은 증가한다.

① ㄱ, ㄴ

② ㄱ, ㄷ

③ ㄴ, ㄹ

④ ㄷ, ㄹ

19 다음 거래로 인한 당기총자본의 증가 금액은 얼마인가?

▸ 17년 서울시 9급

> • 주식 100주를 주당 ₩10,000에 현금 발행하였다.
> • 자기주식 10주를 주당 ₩9,000에 현금 취득하였다.
> • 위 자기주식 가운데 5주를 주당 ₩10,000에 현금 재발행하고 나머지는 전부 소각하였다.
> • 주식발행초과금 ₩100,000을 자본금으로 전입하고 주식을 발행하였다.

① ₩910,000

② ₩960,000

③ ₩1,010,000

④ ₩1,060,000

20 다음은 (주)한국의 20×1년도 자기주식과 관련된 거래이다. 자본 총계가 증가하는 거래만을 모두 고르면?

▸ 23년 국가직 9급

> ㄱ. 자기주식 1,000주를 주당 ₩700에 취득하였다.
> ㄴ. 자기주식 200주를 주당 ₩800에 재발행하였다.
> ㄷ. 자기주식 300주를 소각하였다.
> ㄹ. 자기주식 500주를 주당 ₩600에 재발행하였다.

① ㄱ, ㄴ

② ㄱ, ㄷ

③ ㄴ, ㄹ

④ ㄷ, ㄹ

21 20×1년 초 설립한 (주)한국의 자본거래는 다음과 같다. (주)한국의 20×1년 말 자본총액은?

▶ 20년 국가직 7급

• 20×1년 1월 : 보통주 1,000주(주당 액면가 ₩5,000)를 액면발행하였다.
• 20×1년 3월 : 자기주식 200주를 주당 ₩6,000에 매입하였다.
• 20×1년 4월 : 자기주식 200주를 주당 ₩7,000에 매입하였다.
• 20×1년 5월 : 3월에 구입한 자기주식 100주를 주당 ₩8,000에 처분하였다.
• 20×1년 9월 : 3월에 구입한 자기주식 100주를 주당 ₩9,000에 처분하였다.

① ₩3,600,000
② ₩4,100,000
③ ₩5,000,000
④ ₩5,500,000

22 (주)서울의 20×1년 초 자본 총계가 ₩100,000이고, 20×1년 중 자본 관련 거래가 〈보기〉와 같을 때 20×1년 말 자본총계는?

▶ 21년 서울시 7급

• 주당 액면가 ₩1,000의 보통주 10주를 주당 ₩900에 발행하였다.
• 전기에 주당 ₩2,000에 매입한 자기주식 10주를 소각하였다. (「상법」상 자본금 감소 규정에 따름)
• 현금배당 ₩1,000을 실시하고 이익준비금으로 ₩100을 적립하였으며, 주식배당 ₩1,000을 결의하고 지급하였다.
• 기타포괄손익-공정가치 측정 금융자산의 공정가치가 ₩2,500 증가하였다.
• 20×1년의 총포괄이익은 ₩5,000이다.

① ₩111,000
② ₩112,000
③ ₩113,000
④ ₩114,000

23 다음은 당기 중에 발생한 (주)서울의 자기주식 관련거래이다. 12월 31일에 (주)서울이 인식해야 할 감자차손과 자기주식처분손실은 각각 얼마인가?   ▸ 16년 서울시 7급

- 3월 1일 : (주)서울이 발행한 보통주(주당 액면금액 ₩2,000)중 100주를 주당 ₩5,000에 취득하였다.
- 6월 1일 : 자기주식 중 30주를 주당 ₩7,000에 매각하였다.
- 8월 1일 : 자기주식 중 30주를 주당 ₩2,000에 매각하였다.
- 12월 1일 : 자기주식 중 나머지 40주를 소각하였다.

	감자차손	자기주식처분손실
①	₩120,000	₩30,000
②	₩150,000	₩30,000
③	₩160,000	₩20,000
④	₩160,000	₩40,000

24 (주)한라는 2008년 1월 1일에 수권주식수 60,000주(보통주, 액면가 ₩5,000)로 설립하였으며, 다음과 같은 자본거래활동을 하였다.

- 1월 2일 : 발행가액 단위당 ₩5,500에 20,000주 발행
- 5월 1일 : 발행가액 단위당 ₩6,000에 10,000주 발행
- 8월 1일 : 자기주식 5,000주를 단위당 ₩5,100에 취득
- 9월 1일 : 자기주식 3,000주를 단위당 ₩5,400에 처분

기업회계기준에 따라 위 거래를 처리하면 (주)한라의 2008년 말 자본잉여금과 자기주식의 장부금액은?   ▸ 09년 지방직 9급

	자본잉여금	자기주식
①	₩20,000,000	₩10,200,000
②	₩20,000,000	₩10,800,000
③	₩20,900,000	₩10,800,000
④	₩20,900,000	₩10,200,000

25 (주)한국은 2007년 1월 1일 액면가 ₩5,000인 보통주 100주를 주당 ₩6,000에 발행하여 회사를 설립하였다. 2007년 1월 10일에 자기주식 20주를 주당 ₩7,000에 취득하고, 1월 20일에 자기주식 중 10주를 주당 ₩8,000에 처분하였다. 「한국채택국제회계기준」상 자기주식처분이 (주)한국의 자본잉여금 또는 이익잉여금에 미치는 영향은? ▶ 08년 국가직 9급

① 자본잉여금 ₩10,000 감소
② 이익잉여금 ₩10,000 감소
③ 자본잉여금 ₩10,000 증가
④ 이익잉여금 ₩10,000 증가

26 자본에 대한 설명으로 옳지 않은 것은? (자기주식의 회계처리는 원가법을 따른다.) ▶ 19년 국가직 7급

① 자기주식을 취득원가보다 낮은 금액으로 매각한 경우 자기주식처분손실이 발생하며 포괄손익계산서에 비용으로 계상한다.
② 감자 시 주주에게 지급하는 대가가 감소하는 주식의 액면금액보다 적을 때에는 차액을 감자차익으로 기록한다.
③ 실질적 감자의 경우 자본금과 자산이 감소하며, 감자차익 또는 감자차손이 발생할 수 있다.
④ 결손을 보전하기 위한 목적으로 형식적 감자를 실시하는 경우 자본금 감소가 이월결손금보다 큰 경우에는 감자차익이 발생한다.

27 자본에 관한 설명 중 옳지 않은 것은? ▶ 21년 국가직 9급

① 자본조정은 당해 항목의 성격상 자본거래에 해당하지만, 자본의 차감 성격을 가지는 것으로 자본금이나 자본잉여금으로 처리할 수 없는 누적적 적립금의 성격을 갖는 계정이다.
② 상환우선주의 보유자가 발행자에게 상환을 청구할 수 있는 권리를 보유하고 있는 경우, 이 상환우선주는 자본으로 분류하지 않는다.
③ 자본잉여금은 납입된 자본 중에서 액면금액을 초과하는 금액 또는 주주와의 자본거래에서 발생하는 잉여금을 처리하는 계정이다.
④ 기타포괄손익누계액 중 일부는 당기손익으로의 재분류조정 과정을 거치지 않고 직접 이익잉여금으로 대체할 수 있다.

28 다음은 (주)한국의 2018년 1월 1일 자본계정의 내역이다.

자본 :	
자본금 (보통주, 주당 액면가 ₩1,000)	₩3,000,000
자본잉여금	₩1,500,000
이익잉여금	₩5,500,000
자본 총계	₩10,000,000

다음과 같은 거래가 발생하였을 때, (주)한국의 2018년 말 재무상태표상 자본 총계는? (단, 기초 주식할인발행차금은 없다.) ▸ 19년 관세직 9급

- 4월 1일 : 증자를 결의하고 보통주 1,000주(주당 액면가 ₩1,000)를 주당 ₩2,000에 전액 현금으로 납입받았다. 이때 신주발행비 ₩500,000은 모두 현금으로 지급하였다.
- 5월 1일 : (주)한국이 발행한 보통주 100주를 주당 ₩3,000에 매입하였다.
- 11월 1일 : 자기주식 전량을 주당 ₩2,000에 외부 매각하였다.
- (주)한국의 2018년 당기순이익은 ₩1,000,000이며, 2019년 3월 말 주주총회에서 보통주 1주당 0.1주의 주식배당을 결의하였다.

① ₩12,400,000 ② ₩12,500,000
③ ₩12,800,000 ④ ₩12,900,000

29 자본을 구성하는 다음의 항목들을 기초로 자본잉여금을 구하면 얼마인가? ▸ 15년 서울시 9급

• 이익준비금	₩5억	• 자기주식	₩2억
• 주식발행초과금	₩5억	• 보통주자본금	₩5억
• 우선주자본금	₩5억	• 미처분이익잉여금	₩1억
• 사업확장적립금	₩2억	• 감자차익	₩3억
• 자기주식처분이익	₩3억	• 토지재평가잉여금	₩2억

① ₩3억 ② ₩5억
③ ₩8억 ④ ₩11억

30 (주)한국의 20×1년 초 자본잉여금은 ₩1,000,000이다. 당기에 다음과 같은 거래가 발생하였을 때, 20×1년 말 자본잉여금은? (단, 다음 거래를 수행하는 데 충분한 계정 금액을 보유하고 있으며, 자기주식에 대하여 원가법을 적용한다.)   ▸ 20년 국가직 9급

- 2월에 1주당 액면금액이 ₩2,000인 보통주 500주를 1주당 ₩3,000에 발행하였다.
- 3월에 주주총회에서 총액 ₩200,000의 배당을 결의하였다.
- 4월에 자기주식 100주를 1주당 ₩2,500에 취득하였다.
- 3월에 결의한 배당금을 4월에 현금으로 지급하였다.
- 4월에 취득한 자기주식 40주를 9월에 1주당 ₩4,000에 처분하였다.

① ₩1,000,000
② ₩1,110,000
③ ₩1,510,000
④ ₩1,560,000

31 다음은 (주)갑의 자본관련 계정들이다. (주)갑의 자본총액은?   ▸ 10년 국가직 9급

• 자기주식	₩13,000	• 이익준비금	₩100,000
• 주식발행초과금	₩57,000	• 자기주식처분이익	₩8,000
• 자본금	₩500,000	• 별도적립금	₩18,000
• 미교부주식배당금	₩10,000		

① ₩670,000
② ₩680,000
③ ₩683,000
④ ₩693,000

32 다음 자료에 따른 이익잉여금과 자본잉여금은?   ▸ 13년 지방직 9급

• 매출원가	₩500	• 감자차익	₩100
• 자본금	₩2,000	• 사채	₩1,000
• 매출	₩2,500	• 사채할증발행차금	₩250
• 기부금	₩500	• 감가상각비	₩500
• 주식발행초과금	₩500	• 현금성자산	₩2,750
• 재고자산	₩2,000	• 배당금수익	₩100
• 기타포괄금융자산평가이익	₩800		

	이익잉여금	자본잉여금		이익잉여금	자본잉여금
①	₩1,100	₩600	②	₩1,100	₩500
③	₩1,900	₩600	④	₩1,900	₩500

33 (주)한국의 다음 재무자료를 이용한 기말 부채는?

▶ 23년 지방직 9급

• 기초 자산	₩2,000,000	• 기초 부채	₩500,000
• 당기순이익	₩700,000	• 기타포괄이익	₩50,000
• 현금배당	₩300,000	• 유상증자	₩1,250,000
• 기말 자산	₩4,000,000		

① ₩800,000   ② ₩850,000

③ ₩3,150,000   ④ ₩3,200,000

34 다음 자료를 이용한 기말 자산총계는?

▶ 24년 관세직 9급

• 기초 자산총계	₩800	• 당기순이익	₩100
• 기초 부채총계	₩400	• 기중 유상증자액	₩200
• 기말 부채총계	₩300	• 기중 발생한 재평가잉여금	₩50

① ₩700   ② ₩850

③ ₩900   ④ ₩1,050

35 다음 자료를 기초로 기말자산 금액을 구하면 얼마인가?

▶ 15년 서울시 9급

• 기초자산	₩3,000	• 기초부채	₩1,800
• 기말부채	₩1,900	• 기말자본	?
• 총수익	₩2,000	• 총비용	₩1,700
• 주식배당	₩50	• 현금배당	₩50

감자의 회계처리

(차) 자본금	₩50	(대) 현금	₩30
		감자차익	₩20

① ₩3,200   ② ₩3,270

③ ₩3,300   ④ ₩3,320

36 (주)한국의 자본은 납입자본, 이익잉여금 및 기타자본요소로 구성되어 있으며 2015년 기초
와 기말의 자산과 부채 총계는 다음과 같다.

구분	2015년 초	2015년 말
자산 총계	₩100,000	₩200,000
부채 총계	₩70,000	₩130,000

(주)한국은 2015년 중 유상증자 ₩10,000을 실시하고 이익처분으로 현금배당 ₩5,000, 주
식배당 ₩8,000을 실시하였으며 ₩1,000을 이익준비금(법정적립금)으로 적립하였다. 2015
년에 다른 거래는 없었다고 가정할 때, (주)한국의 2015년 포괄손익계산서상 당기순이익은?

▸ 15년 지방직 9급

① ₩35,000

② ₩40,000

③ ₩43,000

④ ₩44,000

37 (주)한국은 2012년 1월 1일에 현금 ₩1,000,000을 출자하여 설립되었다. 2012년 12월 31
일 재무상태표에 자산과 부채가 다음과 같이 보고되었을 때, 기타 관련 사항을 반영한 2012년
당기순이익은?

▸ 13년 지방직 9급

자산과 부채항목
- 현금과 예금　　　₩500,000　• FVOCI금융자산　　₩700,000
- 매입채무　　　　₩300,000　• 매출채권　　　　₩500,000
- 미수금　　　　　₩200,000　• 선수수익　　　　 ₩50,000
- 미지급금　　　　₩100,000　• 차입금　　　　　₩200,000

기타 관련 사항
- 기말에 자본 ₩100,000을 유상감자하였으며, 현금 ₩50,000을 배당으로 지급
- 당기에 보유 중인 기타포괄금융자산에서 ₩70,000의 평가손실 발생

① ₩470,000

② ₩500,000

③ ₩540,000

④ ₩570,000

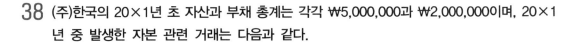

38 (주)한국의 20×1년 초 자산과 부채 총계는 각각 ₩5,000,000과 ₩2,000,000이며, 20×1년 중 발생한 자본 관련 거래는 다음과 같다.

- 3월 20일: 현금배당 ₩100,000을 결의하였으며, 현금배당의 10%를 이익준비금으로 적립하였다.
- 4월 1일: 3월 20일 결의한 현금배당 ₩100,000을 주주에게 지급하였다.
- 7월 15일: 보통주 100주(주당 액면금액 ₩500)를 주당 ₩800에 발행하였다.
- 8월 20일: 자기주식 30주를 최초로 취득(주당 취득금액 ₩700)하였다.
- 9월 20일: 자기주식 20주를 매각(주당 매각금액 ₩750)하였다.

(주)한국이 20×1년도 포괄손익계산서상 당기순이익과 총포괄이익으로 각각 ₩100,000과 ₩30,000을 보고했다면, 20×1년 말의 재무상태표상 자본 총계는?　▸ 24년 지방직 9급

① ₩2,994,000　　　　　　② ₩3,004,000
③ ₩3,016,000　　　　　　④ ₩3,104,000

39 다음은 (주)한국의 2015년 12월 31일 자본 내역이다.

자본	
자본금(액면금액 ₩500)	₩3,000,000
주식발행초과금	₩1,500,000
이익준비금	₩2,000,000
미처분이익잉여금	₩5,500,000
자본총계	₩12,000,000

(주)한국은 주권상장법인이며, 2016년 2월 주주총회에서 2,000주의 주식배당과 이익준비금을 재원으로 한 2,000주의 무상증자를 실시하기로 하였다. 주식배당과 무상증자를 실시하여 주식을 교부하였다면, (주)한국의 자본금은?　▸ 16년 지방직 9급

① ₩3,000,000　　　　　　② ₩4,000,000
③ ₩5,000,000　　　　　　④ ₩6,000,000

40 다음 중 자본이 증가되는 거래는?   ▸07년 국가직 7급

① 전환사채의 전환   ② 이익준비금의 적립
③ 주식발행초과금의 자본전입   ④ 자기주식의 취득

41 자본을 실질적으로 증가시키는 거래는?   ▸11년 국가직 7급

① 주식을 할인발행한 경우
② 유통 중인 발행주식을 액면 이상으로 취득하는 경우
③ 이익준비금을 자본전입한 경우
④ 주식배당을 한 경우

42 20×1년 자본과 관련한 다음 정보를 이용할 때, 20×1년 말 재무상태표에 표시될 이익잉여
금은?   ▸19년 지방직 9급

> • 20×1년 기초 이익잉여금 ₩200
> • 2월 25일 : 주주총회에서 현금 ₩100 배당 결의와 함께 이익준비금 ₩10과 배당평균적립
>   금 ₩20 적립 결의
> • 6월 30일 : 전기 이전부터 보유하던 장부금액 ₩30의 자기주식을 ₩32에 매각
> • 20×1년 당기순이익 ₩250

① ₩320   ② ₩350
③ ₩352   ④ ₩450

43 (주)서울의 전기이월미처분이익잉여금은 ₩350,000이다. 2017년도에 (주)서울은 임의적립금을
₩50,000, 기타법정적립금을 ₩60,000 적립할 예정이다. 이익준비금 적립을 제외한 배당가능이
익이 ₩330,000이라면 2017년도 당기순이익과 배당 최대금액은 얼마인가? (단, (주)서울의 이익
준비금은 자본금의 1/2에 미달되며 법정 최소금액을 이익준비금으로 적립한다.) ▸17년 서울시 7급

	당기순이익	배당 최대금액
①	₩90,000	₩300,000
②	₩90,000	₩330,000
③	₩130,000	₩300,000
④	₩130,000	₩330,000

44 다음은 12월 결산법인인 (주)한국의 2008년 중에 발생한 이익잉여금처분계산서 관련 자료이다. (주)한국은 현금배당액의 10%를 이익준비금으로 적립할 것을 결의하였다. 또한 다음 사항들은 2009년 3월 주주총회에서 원안대로 승인되었다. 이 경우 (주)한국의 이익잉여금처분계산서에 계상될 차기이월이익잉여금은? ▸ 09년 국가직 7급

• 사업확장적립금으로부터 이입액	₩800,000
• 현금배당	₩500,000
• 주식배당	₩1,500,000
• 재무구조개선적립금으로 처분	₩600,000
• 회계정책변경누적효과	₩1,200,000
• 전기말미처분이익잉여금	₩3,000,000
• 당기순이익	₩5,000,000
• 주식할인발행차금의 상각	₩700,000
• 감채적립금으로 처분	₩600,000

① ₩5,650,000

② ₩5,750,000

③ ₩5,950,000

④ ₩6,050,000

45 다음은 (주)한국의 2013년도 말 현재 재무상태표에 보고된 내용의 일부이다. 기초이익잉여금이 ₩2,690,000이었고 당기 중에 현금 배당 ₩20,000이 있었다면 (주)한국의 2013년도 당기순이익은 얼마인가? ▸ 14년 서울시 9급

• 보통주자본금 (주당 ₩100)	₩500,000
• 주식발행초과금	₩2,800,000
• 이익잉여금	₩2,780,000

① ₩60,000

② ₩70,000

③ ₩90,000

④ ₩120,000

⑤ ₩110,000

46 보통주 10,000주(액면금액 ₩5,000)를 발행하여 2006년 기업을 시작한 (주)한국은 2011년 1월 1일 누적적, 비참가적 우선주 1,000주(액면금액 ₩5,000, 액면금액의 10% 배당)를 발행하였다. (주)한국은 2011년과 2012년 손실로 인하여 배당을 하지 못하였으나 2013년 당기순이익을 기록하면서 보통주와 우선주에 대하여 총액 ₩2,500,000의 현금배당을 결의하였다. 보통주와 우선주에 대한 배당금액은?

▸14년 지방직 9급

	보통주	우선주
①	₩500,000	₩2,000,000
②	₩1,000,000	₩1,500,000
③	₩1,500,000	₩1,000,000
④	₩2,000,000	₩500,000

47 다음은 2011년 12월 31일 (주)한국의 자본계정에 관한 정보이다. 보통주 1주당 배당액은?

▸13년 국가직 9급

자본금내역
- 보통주 　　　　　　　　　　　　　　　　　　₩10,000,000
- 우선주 A(배당률 5%, 비누적적, 비참가적) 　₩5,000,000
- 우선주 B(배당률 5%, 누적적, 완전참가적) 　₩5,000,000
- 모든 주식은 개업시 발행하였으며 발행한 모든 주식의 주당 액면금액은 ₩5,000이다.
- 우선주에 대한 1년분 배당이 연체되었다.
- 정관에 의하여 이사회는 ₩1,550,000의 현금배당을 결의하였다.
---

① ₩400　　　　　　　　　　② ₩350

③ ₩300　　　　　　　　　　④ ₩250

48 2005년 1월 1일에 영업을 시작한 12월 결산법인인 (주)한국의 2007년 12월 31일 자본계정은 다음과 같다.

• 보통주자본금	₩5,000,000(1,000주)
• 우선주자본금(4%, 비누적적, 비참가적)	₩1,000,000(200주)
• 우선주자본금(4%, 누적적, 10%까지 부분 참가적)	₩2,000,000(400주)
• 주당 액면가액은 모두 ₩5,000임	

(주)한국의 모든 주식은 영업개시와 동시에 발행되었으며, 영업개시 이후 2007년 12월 31일까지 배당을 실시한 적은 없다. 이 회사의 이사회는 2008년 1월 2일에 ₩1,880,000의 배당을 결의하였다. 이 경우 보통주 1주당 배당금은? ▸ 09년 국가직 7급

① ₩1,250   ② ₩1,350
③ ₩1,480   ④ ₩1,580

49 (주)한국은 2012년 1월 1일 영업을 개시하였으며, 2016년 12월 31일 현재 자본금은 다음과 같다. 모든 주식은 영업개시와 동시에 발행되었으며, 현재까지 배당을 실시한 적이 없다. 2017년 3월 정기주주총회에서 2016년 12월 31일을 배당기준일로 하여 ₩95,000의 현금배당을 선언하였다. (주)한국의 보통주 주주에게 귀속될 배당금액은? ▸ 18년 관세직 9급

• 보통주(주당액면 ₩5,000, 발행주식수 60주)	₩300,000
• 우선주(5%, 비누적적, 비참가적; 주당액면 ₩5,000, 발행주식수 20주)	₩100,000
• 우선주(5%, 누적적, 완전참가적; 주당액면 ₩5,000, 발행주식수 40주)	₩200,000

① ₩15,000   ② ₩25,000
③ ₩30,000   ④ ₩50,000

50 (주)한국은 20×1년 1월 1일 영업을 시작하였으며, 20×2년 말 현재 자본금 계정은 다음과 같다.

- 보통주(주당액면가액 ₩5000, 발행주식수 80주)   ₩400,000
- 우선주A(배당률 10%, 비누적적, 비참가적; 주당액면가액 ₩5,000, 발행주식수 40주)
                                                                            ₩200,000
- 우선주B(배당률 5%, 누적적, 완전참가적; 주당액면가액 ₩5,000, 발행주식수 80주)
                                                                            ₩400,000

모든 주식은 영업개시와 동시에 발행하였으며, 그 이후 아직 배당을 한 적이 없다. 20×3년 초 ₩100,000의 배당을 선언하였다면 배당금 배분과 관련하여 옳은 것은? ▸ 18년 국가직 9급

① 보통주 소유주에게 배당금 ₩20,000 지급
② 보통주 소유주에게 배당금 우선 지급 후 우선주A 소유주에게 배당금 지급
③ 우선주A 소유주에게 배당금 ₩30,000 지급
④ 우선주B 소유주에게 배당금 ₩50,000 지급

51 (주)한국의 20×1년 12월 31일의 재무상태표상의 자본은 보통주자본금 ₩100,000(주식수 100주, 주당 액면금액 ₩1,000), 주식발행초과금 ₩30,000, 이익잉여금 ₩50,000으로 구성되어 있다. 20×2년의 자본과 관련된 거래내역이 다음과 같을 때, 자본 변동에 대한 설명으로 옳지 않은 것은? (단, 자기주식에 대하여 원가법을 적용하고, 기초 자기주식처분손익은 없다.) ▸ 19년 국가직 9급

- 3월 10일 : 주주에게 보통주 한 주당 0.1주의 주식배당을 결의하였다.
- 3월 31일 : 3월 10일에 결의한 주식배당을 실시하였다.
- 4월 9일 : 자기주식 10주를 주당 ₩2,100에 취득하였다.
- 6월 13일 : 4월 9일 취득한 자기주식 4주를 주당 ₩2,200에 매각하였다.
- 8월 24일 : 4월 9일 취득한 자기주식 6주를 주당 ₩1,700에 매각하였다.
- 11월 20일 : 보통주 1주를 2주로 하는 주식분할을 의결하고 시행하였다.

① 자본과 관련된 거래로 인해 이익잉여금은 ₩8,000 감소한다.
② 자기주식처분손실은 ₩2,000이다.
③ 20×2년 12월 31일의 보통주자본금은 ₩110,000이다.
④ 20×2년 12월 31일의 보통주 주식수는 220주이다.

13 고객과의 계약에서 생기는 수익

1 수익의 정의 및 수익인식 5단계

1. 수익의 정의

수익은 자본참여자의 출자관련 증가분을 제외한 자본의 증가를 수반하는 것으로서 회계기간의 정상적인 활동에서 발생하는 경제적 효익의 총유입으로 자산의 증가 또는 부채의 감소로 나타난다. 광의의 수익에는 수익과 차익이 모두 포함된다.

2. 수익 인식의 5단계

1단계 : 계약 식별
2단계 : 수행의무 식별
3단계 : 거래가격의 산정
4단계 : 거래가격을 수행의무에 배분
5단계 : 수익인식

① 계약의 식별

기준서 제1115호 '고객과의 계약에서 생기는 수익'에 따르면 다음의 기준을 **모두 충족**하는 때에만 고객과의 계약으로 회계처리한다.

㉠ 계약 당사자들이 계약을 승인하고 각자의 의무를 수행하기로 확약한다.
㉡ 이전할 재화나 용역과 관련된 각 당사자의 권리를 식별할 수 있다.
㉢ 이전할 재화나 용역의 지급조건을 식별할 수 있다.
㉣ 계약에 상업적 실질이 있다.
㉤ 고객에게 이전할 재화나 용역에 대하여 받을 권리를 갖게 될 대가의 회수가능성이 높다.

다만, 고객과의 계약 조건을 충족하지 못하였지만 고객에게서 대가를 미리 받은 경우 다음 사건 중 어느 하나가 일어난 경우에만 받을 대가를 수익으로 인식한다.

㉠ 고객에게 재화나 용역을 이전해야 하는 의무는 남아있지 않고, 고객이 약속한 대가를 모두 또는 대부분 받았으며 그 대가는 환불되지 않는다.
㉡ 계약이 종료되었고 고객에게서 받은 대가는 환불되지 않는다.

고객에게서 받은 대가는 수익으로 인식하기 전까지는 부채로 인식한다.

② 수행의무의 식별

> **수행의무란 고객과의 계약에서 재화나 용역을 이전하기로 한 약속**을 의미한다.
> 수행의무는 계약상 기재된 의무뿐만 아니라 계약상 기재되지 않았지만 재화나 용역을 이전해야 하는 의무라면 수행의무에 포함한다. 다만, 계약을 준비하기 위한 관리업무는 수행의무에 포함하지 않는다.
> 수행의무가 식별되기 위해서는 재화, 용역 그 자체로도 구별되어야 하며 계약 내에서도 식별할 수 있어야 한다(결합산출물, 고객맞춤화, 상호의존도가 높은 재화, 용역은 계약으로 식별할 수 없으므로 단일수행의무로 본다).

③ 거래가격의 산정

> **거래가격은 고객에게 약속한 재화나 용역을 이전하고 그 대가로 기업이 받을 권리를 갖게 될 것으로 예상하는 금액이며, 제3자를 대신하여 회수한 금액은 제외한다.** 거래가격은 고정금액뿐만 아니라 변동대가 등을 포함하며 다음의 사항을 모두 고려하여 가격을 산정한다.
>
> ㉠ 변동대가
> ㉡ 변동대가 추정치의 제약 : 반품권이 있는 판매
> ㉢ 계약에 있는 유의적인 금융요소
> ㉣ 비현금대가
> ㉤ 고객에게 지급할 대가

㉠ 변동대가

> 계약에서 약속한 대가에 변동금액이 포함된 경우 고객에게 약속한 재화나 용역을 이전하고 그 대가로 받을 권리를 갖게 될 금액을 추정한다. 변동대가 추정치는 기댓값(대가와 확률이 다수)과 가능성이 가장 높은 금액(대안이 두 가지일 때) 중 변동대가를 더 잘 추정하는 방법을 사용한다.

㉡ 변동대가 추정치의 제약

> 다만, 변동대가의 추정치가 너무 불확실하고, 기업이 고객에게 재화나 용역을 이전하고 그 대가로 받을 권리를 갖게 될 금액을 충실하게 나타내지 못하는 경우에는 해당 변동대가의 추정치는 거래가격에 포함시키지 않는다. 즉, 수익으로 인식하지 않는다.
> ※ 반품권이 있는 판매 : 고객에게 받은 대가의 일부나 전부를 고객에게 환불할 것으로 예상되는 경우에는 환불부채를 인식한다. 환불부채는 수행의무로 보지 않는다.

ⓒ 계약에 유의적인 금융요소

> 거래가격을 산정할 때, 계약 당사자 간에 합의한 지급시기 때문에 고객에게 재화나 용역을 이전하면서 유의적인 금융효익을 고객이나 기업에 제공하는 경우에는 화폐의 시간가치가 미치는 영향을 반영하여 약속된 대가를 조정한다(할인율 : 고객의 신용특성을 반영한 할인율).
> 다만, 계약을 개시할 때 기업이 고객에게 약속한 재화나 용역을 이전하는 시점과 고객이 그에 대한 대가를 지급한 시점 간의 기간이 1년 이내일 것이라고 예상한다면 유의적인 금융요소의 영향을 조정하지 않는 실무적 간편법을 쓸 수 있다.

ⓔ 비현금대가

> 고객이 현금 외의 형태로 대가를 약속한 경우 거래가격을 산정하기 위하여 비현금대가를 공정가치로 측정한다. 비현금대가의 공정가치를 신뢰성 있게 측정하기 어려운 경우 제공한 재화 또는 용역의 공정가치로 간접적으로 결정한다.

ⓜ 고객에게 지급할 대가

> ① 고객이 기업에게 이전하는 재화나 용역의 대가가 아닌 경우 : 거래가격에서 차감
> ② 고객이 기업에게 이전하는 재화나 용역의 대가인 경우 : 다른 공급자에게 구매한 경우와 같은 방법으로 처리

④ 거래가격의 배분

> 단일 수행의무는 배분의 문제가 발생하지 않지만, 복수의 수행의무인 경우 수행의무의 상대적 판매가격을 기준으로 배분한다. 상대적 개별 판매가격이 없는 경우 시장평가 조정 접근법, 예상원가 이윤 가산법, 잔여접근법 등으로 추정할 수 있다.

⑤ 수익의 인식

> 기업은 고객에게 약속한 재화나 용역에 대한 수행의무를 이행할 때 수익을 인식한다. 고객이 기업에게 제공받은 자산을 통제할 수 있다면 기업은 수행의무를 이행한 것이며 해당 시점에 수익을 인식한다.
>
> ㉠ 기간에 걸쳐 이행되는 수행의무 : 진행기준
> 진행률은 산출법 또는 투입법 중 선택가능하며, 진행률은 매 보고기간 말마다 다시 측정한다. 진행률의 변동은 회계추정의 변경으로 회계처리한다. 만일, 수행의무의 진행률을 합리적으로 측정할 수 없다면 수행의무의 산출물을 합리적으로 측정할 수 있을 때까지 발생원가 범위에서만 수익을 인식한다.
> ㉡ 한 시점에 이행되는 수행의무 : 고객이 통제하는 시점에 수익을 인식한다.

 www.pmg.co.kr

2 다양한 수익인식 사례

1. 재화의 형태별 수익인식사례

구분	내용
위탁판매	수탁자가 제3자에게 재화를 판매한 시점에 수익으로 인식 ① 적송 시 발생한 적송운임은 적송품 원가에 가산 ② 위탁자는 수탁자가 판매한 판매액 전액을 매출로 인식
시용판매	고객이 매입의사를 표시하는 시점
상품권판매	상품권을 재화나 용역으로 교환할 때 수익으로 인식 ① 상품권 판매 시 미리 받은 금액은 선수금(부채)으로 인식 ② 상품권 할인판매 시 할인액은 재화의 판매시 매출에누리로 대체 ③ 재화 인도 시 현금 지급액은 매출에서 제외
할부판매	재화를 고객에게 판매한 시점에 수익으로 인식 판매가격은 대가의 현재가치로서 수취할 할부금액을 고객의 신용특성을 반영한 할인율로 할인한 금액으로 인식한다. 재화의 인도시점과 대금지급간의 기간이 1년 이내라면 화폐의 시간가치 효과를 반영하지 않은 실무적간편법을 사용할 수 있다.
출판물 및 이와 유사한 품목의 구독	① 해당 품목의 가액이 매기 비슷한 경우에는 발송기간에 걸쳐 정액기준으로 수익으로 인식 ② 품목의 가액이 기간별로 다른 경우에는 발송된 품목의 판매가액이 구독신청을 받은 모든 품목의 추정 총판매가액에서 차지하는 비율에 따라 수익으로 인식

2. 용역의 다양한 수익인식사례

① 이자수익은 유효이자율법으로 인식
② 로열티수익은 관련된 약정의 실질을 반영하여 발생기준에 따라 인식
③ 배당수익은 주주로서 배당을 받을 권리가 확정되는 시점에 인식

3. 용역제공거래의 결과를 신뢰성 있게 추정할 수 없는 경우

회수가능액은 확인 가능	회수가능액도 확인 어려움
수익 = MIN[회수가능액, 누적원가발생액] 비용 = 실제 발생한 원가	수익은 인식하지 않음 발생원가는 비용으로 인식

01 '고객과의 계약에서 생기는 수익'에서 계약의 식별기준으로 옳지 않은 것은?

▶ 24년 국가직 9급

① 계약 당사자들이 계약을 승인하고 각자의 의무를 수행하기로 확약한다.
② 계약의 결과로 기업의 미래 현금흐름의 위험, 시기, 금액이 변동되지 않을 것으로 예상된다.
③ 이전할 재화나 용역과 관련된 각 당사자의 권리와 지급조건을 식별할 수 있다.
④ 고객에게 이전할 재화나 용역에 대하여 받을 권리를 갖게 될 대가의 회수 가능성이 높다.

02 '고객과의 계약에서 생기는 수익'에 대한 설명으로 옳지 않은 것은?

▶ 19년 지방직 9급

① 고객에게 이전할 재화나 용역에 대하여 받을 권리를 갖게 될 대가의 회수 가능성이 높지 않더라도, 계약에 상업적 실질이 존재하고 이전할 재화나 용역의 지급조건을 식별할 수 있으면 고객과의 계약으로 회계처리한다.
② 수익을 인식하기 위해서는 '고객과의 계약 식별', '수행의무 식별', '거래가격 산정', '거래가격을 계약 내 수행의무에 배분', '수행의무를 이행할 때 수익인식'의 단계를 적용한다.
③ 거래가격 산정 시 제3자를 대신해서 회수한 금액은 제외하며, 변동대가, 비현금 대가, 고객에게 지급할 대가 등이 미치는 영향을 고려한다.
④ 고객에게 약속한 자산을 이전하여 수행의무를 이행할 때 수익을 인식하며, 자산은 고객이 그 자산을 통제할 때 이전된다.

03 '고객과의 계약에서 생기는 수익'에 제시되어 있는 고객과의 계약을 식별하기 위한 기준과 일치하는 내용은?

▶ 19년 국가직 9급

① 계약당사자들이 계약을 서면으로만 승인해야 하며, 각자의 의무를 수행하기로 확약한다.
② 이전할 재화나 용역에 대한 각 당사자의 권리를 식별할 수 있다면, 재화나 용역의 대가로 받는 지급조건은 식별할 수 없어도 된다.
③ 계약에 상업적 실질 없이 재화나 용역을 서로 주고받을 수 있다.
④ 고객에게 이전할 재화나 용역에 대하여 받을 권리를 갖게 될 대가의 회수 가능성이 높다.

04 수익인식 단계에 대한 설명으로 옳은 것은? ▸19년 관세직 9급

① 수익인식 5단계 순서는 '수행의무 식별 → 계약식별 → 거래가격 산정 → 거래가격 배분 → 수행의무별 수익인식'이다.

② 계약 개시시점에 고객과의 계약에서 약속한 재화나 용역을 검토하여 고객에게 구별되는 재화나 용역을 이전하기로 한 약속을 하나의 수행의무로 식별한다.

③ 거래가격은 고객에게 약속한 재화나 용역을 이전하고 그 대가로 기업이 받을 권리를 갖게 될 것으로 예상하는 금액이며, 이때 제3자를 대신하여 회수한 금액을 포함한다.

④ 계약 당사자들이 계약을 승인하고 각자의 의무를 수행하기로 확약하거나, 이전할 재화나 용역과 관련된 각 당사자의 권리를 식별할 수만 있으면 계약을 식별할 수 있다.

05 '고객과의 계약에서 생기는 수익'의 측정에 대한 설명으로 옳지 않은 것은? ▸19년 국가직 7급

① 거래가격은 고객에게 약속한 재화나 용역을 이전하고 그 대가로 기업이 받을 권리를 갖게 될 것으로 예상하는 금액이며, 제3자를 대신하여 회수한 금액(예 : 일부 판매세)도 포함한다.

② 계약에서 약속한 대가에 변동금액이 포함된 경우에 고객에게 약속한 재화나 용역을 이전하고 그 대가로 받을 권리를 갖게 될 금액을 추정한다.

③ 고객이 현금 외의 형태로 대가를 약속한 계약의 경우에 거래가격을 산정하기 위하여 비현금 대가를 공정가치로 측정한다.

④ 고객에게 지급할 대가에는 기업이 고객에게 지급하거나 지급할 것으로 예상하는 현금 금액을 포함한다.

06 '고객과의 계약에서 생기는 수익'에 대한 설명으로 옳지 않은 것은? ▸18년 국가직 7급

① 기댓값으로 변동대가를 추정하는 경우 가능한 대가의 범위에서 가능성이 가장 높은 단일 금액으로 추정한다.

② 변동대가와 관련된 불확실성이 나중에 해소될 때, 이미 인식한 누적 수익 금액 중 유의적인 부분을 되돌리지 않을 가능성이 매우 높을지를 평가할 때는 수익의 환원가능성 및 크기를 모두 고려한다.

③ 비현금 대가의 공정가치를 합리적으로 추정할 수 없는 경우에는, 그 대가와 교환하여 고객에게 약속한 재화나 용역의 개별 판매가격을 참조하여 간접적으로 그 대가를 측정한다.

④ 고객에게 약속한 재화나 용역, 즉 자산을 이전하여 수행의무를 이행할 때 수익을 인식한다.

07 '고객과의 계약으로부터 발생하는 수익'에서 거래가격 산정에 대한 설명으로 옳지 않은 것은?

▸20년 국가직 9급

① 거래가격을 산정하기 위해서는 계약 조건과 기업의 사업 관행을 참고한다.
② 기업에 특성이 비슷한 계약이 많은 경우에 '기댓값'은 변동대가(금액)의 적절한 추정치일 수 있다.
③ 고객과의 계약에서 약속한 대가는 고정금액, 변동금액 또는 둘 다를 포함할 수 있다.
④ 비현금대가의 공정가치가 대가의 형태만이 아닌 이유로 변동된다면, 변동대가 추정치의 제약규정을 적용하지 않는다.

08 '고객과의 계약에서 생기는 수익'에서 측정에 대한 설명으로 옳지 않은 것은? ▸22년 국가직 9급

① 기업이 받을 권리를 갖게 될 변동대가(금액)에 미치는 불확실성의 영향을 추정할 때에는 그 계약 전체에 하나의 방법을 일관되게 적용한다.
② 거래가격은 고객에게 약속한 재화나 용역을 이전하고 그 대가로 기업이 받을 권리를 갖게 될 것으로 예상하는 금액이며, 제3자를 대신해서 회수한 금액도 포함된다.
③ 거래가격을 산정하기 위하여 기업은 재화나 용역을 현행 계약에 따라 약속대로 고객에게 이전할 것이고 이 계약은 취소 · 갱신 · 변경 되지 않을 것이라고 가정한다.
④ 계약에서 약속한 대가에 변동금액이 포함된 경우에 고객에게 약속한 재화나 용역을 이전하고 그 대가로 받을 권리를 갖게 될 금액을 추정한다.

09 고객과의 계약에서 생기는 수익의 거래가격 산정에 대한 설명으로 옳지 않은 것은?

▸23년 국가직 7급

① 유의적인 금융요소를 반영하여 약속한 대가를 조정할 때에는 계약 개시시점에 기업과 고객이 별도 금융거래를 한다면 반영하게 될 할인율을 사용한다.
② 유의적인 금융요소를 반영한 계약의 개시 후에 이자율이나 그 밖의 상황이 달라지는 경우, 할인율을 새로 수정한다.
③ 고객에게서 받은 대가의 일부나 전부를 고객에게 환불할 것으로 예상하는 경우에는 환불부채를 인식한다.
④ 고객에게 지급할 대가가 고객에게서 받은 구별되는 재화나 용역에 대한 지급이라면, 다른 공급자에게서 구매한 경우와 같은 방법으로 회계처리한다.

10 수익인식 시점이 재화·용역의 판매시점인 경우로 가장 옳지 않은 것은? ▸20년 서울시 7급

① 반품가능 재화의 판매로서 반품 관련 위험을 신뢰성 있게 추정할 수 없는 경우
② 수탁자가 재화의 소유에 따른 효익과 위험을 부담하지 않고 위탁자의 대리인으로서 재화를 맡아서 판매하는 위탁판매
③ 할부대금의 회수가 장기에 걸쳐 분할되어 있는 장기할부판매
④ 상품권발행 후 재화를 인도하고 상품권을 받은 경우

11 '고객과의 계약에서 생기는 수익'에 대한 설명으로 옳지 않은 것은? ▸20년 국가직 7급

① 거래가격을 배분하는 목적은 기업이 고객에게 약속한 재화나 용역을 이전하고 그 대가로 받을 권리를 갖게 될 금액을 나타내는 금액으로 각 수행의무에 거래가격을 배분하는 것이다.
② 개별 판매가격을 추정하기 위해 시장평가 조정 접근법을 적용하는 경우 개별 판매가격은 총 거래가격에서 계약에서 약속한 그 밖의 재화나 용역의 관측 가능한 개별 판매가격의 합계를 차감하여 추정한다.
③ 할인액 전체가 계약상 하나 이상의 일부 수행의무에만 관련된다는 관측 가능한 증거가 있는 때 외에는, 할인액을 계약상 모든 수행의무에 비례하여 배분한다.
④ 거래가격의 후속 변동은 계약 개시시점과 같은 기준으로 계약상 수행의무에 배분하므로, 계약을 개시한 후의 개별 판매가격 변동을 반영하기 위해 거래가격을 다시 배분하지 않는다.

12 (주)한국은 대형 옥외전광판을 단위당 ₩30,000,000에 판매하고, 옥외전광판에 대한 연간 유지서비스를 단위당 ₩20,000,000에 제공하고 있다. 옥외전광판의 매출원가는 단위당 ₩20,000,000이며, 연간 유지서비스 원가는 단위당 ₩10,000,000이 발생한다. (주)한국은 20×1년 7월 1일에 옥외전광판 1단위와 이에 대한 1년간 유지서비스를 묶어서 ₩40,000,000에 판매하고 설치 완료하였다. 이와 관련한 설명으로 옳지 않은 것은? (단, 기간은 월할 계산한다.) ▸21년 국가직 7급

① 20×1년 7월 1일에 인식한 매출액은 ₩24,000,000이다.
② 20×1년의 매출액은 ₩32,000,000이다.
③ 20×1년의 매출총이익은 ₩7,000,000이다.
④ 20×2년의 매출총이익은 ₩6,000,000이다.

13 (주)대한은 20×1년 12월 초 위탁판매를 위해 (주)민국에게 단위당 원가 ₩1,200인 상품 500개를 적송하면서 운임 ₩30,000을 현금 지급하였다. 20×2년 1월 초 위탁판매와 관련하여 (주)대한은 (주)민국에서 다음과 같은 판매현황을 보고받았다.

매출액	400개 × ₩1,500 =	₩600,000
판매수수료	₩18,000	
운임 및 보관료	₩12,000	(₩30,000)
(주)대한에게 송금한 금액		₩570,000

(주)대한이 위탁판매와 관련하여 20×1년 재무제표에 인식할 매출액과 적송품 금액은? (단, (주)대한은 계속기록법을 채택하고 있다.) ▸ 18년 국가직 7급

　　　매출액　　　적송품 금액
① ₩570,000　　₩120,000
② ₩570,000　　₩126,000
③ ₩600,000　　₩120,000
④ ₩600,000　　₩126,000

14 2011년 8월 1일 (주)한국은 개당 ₩800의 선풍기 400개를 (주)서울에 판매를 위탁하고 운송비용 ₩1,000을 현금으로 지급하였다. 2012년 12월 31일 현재 200개의 선풍기를 판매하고 200개는 남아 있으며 판매수수료 10%, 판매촉진비 ₩2,000을 차감한 잔액을 회수하였다. 2012년 12월 31일 현재 (주)한국의 재고자산금액은? ▸ 12년 국가직 9급

① ₩160,000　　　　　　② ₩160,500
③ ₩142,000　　　　　　④ ₩152,000

15 (주)대한은 (주)민국에 TV를 위탁하여 판매하고 있다. 2016년 초 (주)대한은 TV 10대(대당 판매가격 ₩1,000,000, 대당 원가 ₩800,000)를 (주)민국에 발송하였으며, 운송업체에 발송비 ₩100,000을 지급하였다. (주)민국은 (주)대한으로부터 2016년 초 수탁한 TV 10대 중 8대를 2016년도에 판매하였다. (주)민국의 위탁판매와 관련하여 (주)대한이 2016년도에 인식할 매출원가는?

▶ 16년 국가직 7급

① ₩6,400,000
② ₩6,480,000
③ ₩6,500,000
④ ₩8,100,000

16 (주)한국은 20×1년부터 상품 A(단위당 판매가 ₩100,000, 단위당 매입원가 ₩60,000)의 위탁판매를 시작하면서, 수탁자에게 단위당 ₩10,000의 판매수수료를 지급하기로 하였다. 20×1년 (주)한국이 수탁자에게 적송한 상품 A는 100개이며, 적송운임 ₩40,000은 (주)한국이 부담하였다. 수탁자는 이 중 50개를 20×1년에 판매하였다. 20×1년 (주)한국이 상품 A의 위탁판매와 관련하여 인식할 당기이익은?

▶ 19년 지방직 9급

① ₩1,460,000
② ₩1,480,000
③ ₩1,500,000
④ ₩2,960,000

17 (주)한국은 20×1년 초 고객과 총 대가 ₩500,000(설치용역 수수료 ₩50,000 포함)에 기계장치를 판매한 뒤 설치해 주기로 계약하였다. 기계장치 판매와 설치용역은 별개의 수행의무이다. 고객은 기계장치를 인도 시점에 통제하지만, 설치용역에 대한 통제는 기간에 걸쳐 이전된다. (주)한국은 20×1년 11월 초 고객에게 기계장치를 인도하였고, 20×1년 말 설치용역에 대한 진행률은 40%이다. (주)한국이 20×1년 포괄손익계산서상 인식할 수익은?

▶ 24년 지방직 9급

① ₩200,000
② ₩450,000
③ ₩470,000
④ ₩500,000

18 (주)한국은 2010년 1월 1일에 2010년 말부터 매년 말 ₩100,000씩 3년간 총 ₩300,000을 수취하기로 하고 상품을 할부판매하였다. 이 금액은 취득 당시의 시장이자율 10%를 반영하여 결정된 것으로, 이 상품의 현금판매가격은 ₩248,690이다. 채권의 명목금액과 현재가치의 차이는 중요하다. 유효이자율법을 적용하여 회계처리하는 경우, 2010년 12월 31일 판매대금 ₩100,000을 회수할 때 인식하여야 하는 이자수익은?

▶ 10년 지방직 9급

① ₩24,869
② ₩30,000
③ ₩51,310
④ ₩100,000

19 (주)한국은 매 분기마다 ₩10,000씩 향후 2년간 대금을 받기로 하고 기계장치를 (주)대한에 판매하였다. 본 제품의 원가는 ₩58,604이고, 해당 할부판매에 적용되는 연간 유효이자율은 8%이다. (주)한국이 본 거래와 관련하여 인식할 매출총이익률은? ▸ 12년 국가직 7급

- 단일금액 1원의 현재가치 : 0.8573(8%, 2기간), 0.8535(2%, 8기간)
- 정상연금 1원의 현재가치 : 1.7833(8%, 2기간), 7.3255(2%, 8기간)

① 18%   ② 20%
③ 22%   ④ 24%

20 (주)한국은 2017년 1월 1일 상품을 ₩3,500,000에 판매하였다. 판매 시에 현금 ₩500,000을 수령하고, 잔금 ₩3,000,000은 2017년 말부터 매년 말 ₩1,000,000씩 3년에 걸쳐 받기로 하였다. 이 매출거래와 관련하여 2017년에 인식할 매출액과 이자수익은? (단, 유효이자율은 10%이다.) ▸ 18년 국가직 9급

기간	단일금액 ₩1의 현재가치	정상연금 ₩1의 현재가치
1	0.9091	0.9091
2	0.8264	1.7355
3	0.7513	2.4868

	매출액	이자수익		매출액	이자수익
①	₩1,500,000	₩75,130	②	₩1,500,000	₩248,680
③	₩2,986,800	₩75,130	④	₩2,986,800	₩248,680

21 12월 결산법인 (주)서울은 20×1년 12월 1일 고객에게 A제품을 ₩50,000(원가 ₩40,000)에 인도하고 현금을 수령하였으며, (주)서울은 20×2년 3월 31일에 동 A제품을 고객으로부터 ₩58,000에 재매입할 수 있는 콜옵션을 보유하고 있다. 20×2년 3월 31일 A제품의 시장가치는 20×1년 12월 1일 예상과 동일한 ₩56,000이며, (주)서울은 20×2년 3월 31일 콜옵션을 행사하지 않았다. 동 거래에 대한 설명으로 가장 옳은 것은? ▸ 20년 서울시 7급

① (주)서울은 20×1년 12월 1일 해당거래를 리스계약으로 회계처리한다.
② (주)서울은 20×1년 12월 31일 해당거래로 인식할 이자비용은 없다.
③ (주)서울은 20×1년 12월 1일 해당거래로 인식할 매출액은 ₩50,000이다.
④ (주)서울은 20×2년 3월 31일 해당거래로 인식할 매출액은 ₩58,000이다.

Chapter

14 건설계약

1 건설계약의 회계처리

1. 건설계약의 계약수익

계약수익은 공사기간 중 다음과 같은 사유로 변동될 수 있다.

① 최초에 합의한 계약금액

② 공사변경, 보상금 및 장려금에 따라 추가되는 금액으로서 수익으로 귀결될 높은 가능성과 금액을 신뢰성 있게 측정 가능한 경우

2. 건설계약의 계약원가

① 특정 계약에 직접 관련된 원가(건설에 사용된 재료원가, 계약에 사용된 생산설비와 건설장비의 감가상각비, 생산설비, 건설장비 및 재료를 현장으로 운반하거나 현장에서 운반하는 데 소요되는 원가, 생산설비와 건설장비의 임차원가 등)

② 계약활동 전반에 귀속될 수 있는 공통원가로서 특정 계약에 배분할 수 있는 원가(🖉 보험료, 건설간접원가 등)

③ 계약조건에 따라 발주자에게 청구할 수 있는 기타원가

> ▶ 계약원가에서 제외되는 항목
> - 계약에 보상이 명시되어 있지 않은 일반관리원가
> - 판매원가
> - 계약에 보상이 명시되어 있지 않은 연구개발원가
> - 특정 계약에 사용하지 않는 유휴 생산설비나 건설장비의 감가상각비

3. 건설계약 회계처리

구분	회계처리			
지출 시	(차) 미성공사	×××	(대) 현금	×××
대금 청구 시	(차) 공사미수금	×××	(대) 진행청구액	×××
대금 회수 시	(차) 현금	×××	(대) 공사미수금	×××
기말 결산 시	(차) 계약원가 　　　미성공사	××× ×××	(대) 계약수익	×××

① 당기 계약수익 = 계약금액 × 누적진행률 - 전기까지 계약수익

② 당기 계약원가 = 총공사예정원가 × 누적진행률 - 전기까지 인식한 계약원가

　※ 단, 진행률을 누적원가 기준으로 구한다면 공사원가는 당기발생원가와 일치

③ 진행률 : 선택

산출법	건설계약에 투입한 노동력의 가치 비율로 측정
투입법	건설계약에 소요된 원가를 기준으로 진행률 측정

④ 발생원가기준 진행률 예시

	㉠	㉡	㉢	㉣
분자	발생원가	발생원가	누적발생원가	누적발생원가
분모	추가예정원가	총공사예정원가	추가예정원가	총공사예정원가

$$진행률 = \frac{누적발생원가}{총공사예정원가(누적발생원가 + 추가예상원가)}$$

⑤ 재무제표 표시

재무상태표	
유동자산 미청구공사(미성공사 − 진행청구액)	유동부채 초과청구공사(진행청구액 − 미성공사)

2 손실이 예상되는 공사

① 총공사예정원가가 공사계약금액을 초과하는 공사(계약금액 < 총공사예정원가)
② 예상되는 손실은 즉시 비용으로 인식한다.

$$예상되는 손실액 = 총손실액 \times (1 − 누적진행률)$$

3 진행률을 신뢰성 있게 측정하기 어려운 경우

① 수익은 회수가능성이 높은 발생한 계약원가의 범위 내에서만 인식한다.
② 계약원가는 발생한 기간의 비용으로 인식한다.

▶ 계약수익 = MIN[누적계약원가 발생액, 회수가능액] − 전기누적계약수익
▶ 계약원가 = 당기계약원가 발생액

③ 회수가능성이 높지 않은 계약원가는 즉시 비용으로 인식한다.

01 2007년 3월 1일에 (주)대한건설은 정부로부터 건물 신축공사를 수주하였다. 총공사계약금액은 ₩120,000이며, 완성시점인 2009년 말까지 건설과 관련된 모든 원가자료는 다음과 같다. (주)대한건설이 진행기준을 적용할 때 2008년에 인식할 공사이익은? ▶ 10년 지방직 9급

구분	2007년	2008년	2009년
발생한 누적공시원가	₩20,000	₩60,000	₩80,000
추가로 소요될 원가추정액	₩40,000	₩20,000	–
총공사원가 추정액	₩60,000	₩80,000	₩80,000

① ₩10,000　　　　　　　　② ₩20,000
③ ₩30,000　　　　　　　　④ ₩40,000

02 (주)한국은 2016년 1월 1일 계약금액이 ₩5,000,000인 교량건설 정액도급계약을 수주하였고, 2017년 12월 31일에 완공하였다. (주)한국은 진행기준으로 수익과 비용을 인식하며, 교량건설과 관련된 발생원가와 회수대금은 다음과 같다. (주)한국이 2017년에 계상해야 할 이익은? (단, 진행률은 발생원가에 기초하여 계산한다.) ▶ 17년 지방직 9급

구분	발생원가	회수대금
2016년	₩1,600,000	₩2,200,000
2017년	₩2,400,000	₩2,800,000

① ₩1,000,000　　　　　　② ₩600,000
③ ₩500,000　　　　　　　④ ₩400,000

03 다음은 (주)대한이 2011년 수주하여 2013년 완공한 건물에 관한 자료이다.

구분	2011	2012	2013
당기발생계약원가	₩20억	₩40억	₩60억
총계약원가추정액	₩80억	₩100억	₩120억
계약대금청구	₩30억	₩40억	₩50억
계약대금회수	₩20억	₩30억	₩70억

이 건설계약의 최초 계약금액은 ₩100억이었으나 설계변경과 건설원가 상승으로 인해 2012년에 계약금액이 ₩120억으로 변경되었다. (주)대한이 2012년에 인식할 계약손익은? (단, 진행률은 누적발생원가를 총계약원가추정액으로 나누어 계산한다.) ▶ 13년 국가직 7급

① ₩5억 손실　　　　　　　② ₩3억 손실
③ ₩3억 이익　　　　　　　④ ₩7억 이익

04 (주)한국은 2014년 초에 시작되어 2016년 말에 완성되는 건설계약을 ₩300,000에 수주하였다. (주)한국은 진행기준으로 수익과 비용을 인식하며, 건설계약과 관련된 원가는 다음과 같다. (주)한국이 2016년에 인식할 공사손익은? (단, 진행률은 발생한 누적계약원가를 추정총계약원가로 나누어 계산한다.)

▸ 16년 국가직 7급

구분	2014년	2015년	2016년
당기발생원가	₩30,000	₩50,000	₩120,000
완성시까지 추가소요원가	₩70,000	₩20,000	

① ₩60,000 이익
② ₩60,000 손실
③ ₩80,000 이익
④ ₩80,000 손실

05 (주)서울은 장기건설계약에 대하여 진행기준을 적용하고 있다. 2017년도에 계약금액 ₩20,000의 사무실용 빌딩 건설계약을 하였다. 2017년 말 현재 공사진행률은 30%, 당기에 인식한 공사이익의 누계액은 ₩1,500이고 추정총계약원가는 ₩15,000이다. 또한, 2018년 말 현재 공사진행률은 60%, 지금까지 인식한 공사이익의 누계액은 ₩2,400이고 추정총계약원가는 ₩16,000이다. 2018년도에 발생한 계약원가는 얼마인가?

▸ 17년 서울시 9급

① ₩4,500
② ₩5,100
③ ₩6,000
④ ₩9,600

06 (주)한국은 20×1년 1월 1일 총계약금액 ₩60,000의 건설공사를 수주하였다. (주)한국이 진행기준을 사용하여 해당 건설공사를 회계처리하는 경우, 20×2년 말 재무상태표에 표시할 미청구공사(유동자산) 금액은?

▸ 17년 국가직 7급

항목	20×1년	20×2년	20×3년
발생 누적계약원가	₩8,000	₩35,000	₩50,000
총계약예정원가	₩40,000	₩50,000	₩50,000
계약대금청구	₩10,000	₩30,000	₩20,000
계약대금회수	₩7,000	₩28,000	₩25,000

① ₩2,000
② ₩3,000
③ ₩40,000
④ ₩42,000

07 (주)서울이 2017년 수주한 장기건설공사는 3년간에 걸쳐서 수행될 예정이며, 해당 건설계약의 결과를 신뢰성 있게 추정할 수 있다. 계약금액은 ₩2,500,000이다. 진행기준 적용 시 진척도는 총 추정원가 대비 현재까지 발생한 누적원가의 비율을 사용한다. 관련 정보가 다음과 같을 때, 건설공사와 관련하여 2017년도의 미성공사 계정과 진행청구액 계정은 재무상태표에 어떻게 표시되는가?

▶ 17년 서울시 7급

구분	2017년	2018년
당기발생원가	₩500,000	₩1,300,000
완성시까지 추가소요원가	₩1,500,000	₩1,200,000
대금청구액	₩550,000	₩2,490,000
대금회수액	₩450,000	₩2,000,000

① 미청구공사 ₩75,000
② 미청구공사 ₩125,000
③ 초과청구공사 ₩75,000
④ 초과청구공사 ₩125,000

08 12월 결산법인인 (주)한국은 2007년 초에 공사계약금액이 ₩20,000,000인 건설공사를 수주하였으며, 이와 관련한 자료가 다음과 같다. (주)한국이 진행기준을 적용하여 수익을 인식하는 경우 2008년도의 공사손익은?

▶ 09년 국가직 7급

구분	2007년도	2008년도	2009년도
실제발생원가누적액	₩4,000,000	₩11,000,000	₩21,000,000
예상추가원가	₩12,000,000	₩10,000,000	0

① 공사손실 ₩1,000,000
② 공사손실 ₩2,000,000
③ 공사이익 ₩1,000,000
④ 공사이익 ₩2,000,000

09 (주)서울은 20×1년 1월 1일 갑(甲)시로부터 도서관 건설계약을 수주하였다. 동 건설계약과 관련된 자료는 〈보기〉와 같으며, 발생원가에 기초하여 진행률을 계산할 경우, 20×2년 (주)서울이 인식할 공사손익은? ▸ 21년 서울시 7급

> - 계약금 : ₩2,000,000
> - 공사기간 : 20×1년 1월 1일 ~ 20×3년 12월 31일
> - 공사원가
>
> | 구분 | 20×1년 | 20×2년 | 20×3년 |
> |---|---|---|---|
> | 총공사예정원가 | ₩1,800,000 | ₩2,100,000 | ₩2,100,000 |
> | 당기공사원가 | ₩540,000 | ₩720,000 | ₩840,000 |

① ₩100,000 공사손실
② ₩120,000 공사손실
③ ₩140,000 공사손실
④ ₩160,000 공사손실

10 다음 중 건설계약과 관련된 회계처리에 대한 설명으로 가장 옳지 않은 것은? ▸ 16년 서울시 7급

① 건설계약의 결과를 신뢰성 있게 추정할 수 없으며 발생한 원가의 회수가능성이 높지 않은 경우 수익은 인식하지 않고 발생원가만 비용으로 인식한다.

② 총계약원가가 총계약수익을 초과할 가능성이 높은 경우에 예상되는 관련 손실을 즉시 비용으로 인식한다.

③ 누적발생원가에 인식한 이익을 가산한 금액이 진행청구액을 초과하는 경우 그 초과액은 미청구공사의 과목으로 비유동자산으로 보고한다.

④ 수행한 공사에 대하여 발주자에게 청구하였지만 아직 수취하지 못한 건설계약 금액은 재무상태표에 공사미수금으로 보고한다.

15 현금흐름표

1 현금흐름표

1. 현금흐름표의 표시

① 현금흐름표의 현금은 재무상태표의 현금 및 현금성자산과 대부분 동일하다.

② 현금흐름표상 현금에는 취득 시 상환일이 3개월 이내인 상환우선주와 같은 실질적인 현금도 포함한다.

③ 현금흐름의 구분 : 영업활동, 투자활동, 재무활동

▼ 현금흐름표 양식

현금흐름표

(주)××	20×1.1.1. ~ 20×1.12.31.	단위:원
Ⅰ. 영업활동으로 인한 현금흐름		×××
Ⅱ. 투자활동으로 인한 현금흐름		×××
Ⅲ. 재무활동으로 인한 현금흐름		×××
Ⅳ. 현금의 증감		×××
Ⅴ. 기초의 현금		×××
Ⅵ. 기말의 현금		×××

2. 영업활동 현금흐름

① 재화의 판매와 용역 제공에 따른 현금유입

② 로열티, 수수료, 중개료 및 기타수익에 따른 현금유입

③ 재화와 용역의 구입에 따른 현금유출

④ 종업원과 관련하여 직·간접으로 발생하는 현금유출

⑤ 보험회사의 경우 수입보험료, 보험금, 연금 및 기타 급부금과 관련된 현금유입과 현금유출

⑥ 법인세의 납부 또는 환급. 다만, 재무활동과 투자활동에 명백히 관련되는 것은 제외

⑦ 단기매매목적으로 보유하는 계약에서 발생하는 현금유입과 현금유출

3. 투자활동 현금흐름

① 유형자산, 무형자산 및 기타 장기성 자산의 취득에 따른 현금유입 또는 유출

② 다른 기업의 지분상품이나 채무상품 및 조인트벤처 투자지분의 취득에 따른 현금유입 또는 유출

③ 제3자에 대한 선급금 및 대여금, 선급금 및 대여금의 회수에 따른 현금유입

④ 선물계약, 선도계약, 옵션계약 및 스왑계약에 따른 현금유입 또는 유출

4. 재무활동 현금흐름

① 주식이나 기타 지분상품의 발행에 따른 현금유입
② 주식의 취득이나 상환에 따른 소유주에 대한 현금유출
③ 담보, 무담보부사채 및 어음의 발행과 기타 장·단기차입에 따른 현금유입
④ 차입금의 상환에 따른 현금유출
⑤ 리스이용자의 리스부채 상환에 따른 현금유출

5. 이자, 배당, 법인세 관련

이자, 배당, 법인세 관련 내용은 별도로 구분하여 표시한다.

구분	이자지급	이자수입	배당금수입	배당금지급	법인세
일반	영업활동	영업활동	영업활동	재무활동	영업활동
기타	재무활동	투자활동	투자활동	영업활동	투자활동 또는 재무활동

2 간접법(영업활동현금흐름)

영업활동현금흐름을 세부 항목으로 구분하지 않고 순현금흐름을 파악하는 방법

법인세비용차감전순이익	×××	
이자비용	×××	
투자활동관련 수익 차감	(×××)	← 유형자산처분이익 등
투자활동관련 비용 가산	×××	← 감가상각비, 유형자산처분손실 등
재무활동관련 수익 차감	(×××)	← 사채상환이익 등
재무활동관련 비용 가산	×××	← 사채상환손실 등
영업활동관련 자산의 증가	(×××)	← 매출채권, 재고자산, 선급비용 등
영업활동관련 자산의 감소	×××	
영업활동관련 부채의 증가	×××	← 매입채무, 선수금, 미지급비용 등
영업활동관련 부채의 감소	(×××)	
영업에서 창출된 현금	×××	
이자로 인한 현금 유출입	±×××	
법인세납부	(×××)	
영업활동순현금흐름	×××	

※ K-IFRS는 영업에서 창출된 현금과 영업활동순현금흐름을 구분하여 표시하고 있다. 두 항목
의 차이는 이자와 배당, 법인세로 인한 현금유출입은 직접법으로 구분표시하는 것에 있다.

3 | 직접법(영업활동현금흐름)

영업활동현금흐름을 세부 항목별로 구분하여 표시하는 방법이다.

※ K-IFRS는 간접법과 직접법 중 선택하도록 하고 있다. 단, 간접법보다는 직접법이 현금흐름을 파악하는 데 용이하므로 직접법 사용을 권장한다.

영업활동현금흐름	
고객으로부터 유입된 현금	×××
공급자와 종업원에 대한 현금유출	(×××)
영업에서 창출된 현금	×××
이자지급	(×××)
법인세의 납부	(×××)
영업활동순현금흐름	×××

1. 고객으로부터 유입된 현금

포괄손익계산서	매출액	×××
	손실(대손)상각비	(×××)
	외환이익	×××
	외환손실	(×××)
재무상태표	매출채권의 증가	(×××)
	선수금의 증가	×××
	고객으로부터 유입된 현금	×××

2. 공급자에 대한 현금 유출

포괄손익계산서	매출원가	(×××)
	재고자산감모, 평가손실	(×××)
	외환이익	×××
	외환손실	(×××)
재무상태표	재고자산의 증가	(×××)
	매입채무의 증가	×××
	선급금의 증가	(×××)
	공급자에 대한 현금유출액	(×××)

3. 종업원에 대한 현금 유출

포괄손익계산서	급여	(×××)
	주식결제형 주식보상비용	×××
재무상태표	선급급여의 증가	(×××)
	미지급급여의 증가	×××
	종업원에 대한 현금유출액	(×××)

4. 이자지급으로 인한 현금 유출

포괄손익계산서	이자비용	(×××)
	사채할인발행차금상각액	×××
	사채할증발행차금상각액	(×××)
재무상태표	선급이자의 증가	(×××)
	미지급이자의 증가	×××
	이자의 지급으로 인한 현금유출액	(×××)

5. 이자수취로 인한 현금 유입

포괄손익계산서	이자수익	×××
	상각후원가, 기타포괄금융자산 상각액	(×××)
	상각후원가, 기타포괄금융자산 상각액	×××
재무상태표	미수이자의 증가	(×××)
	선수이자의 증가	×××
	이자의 수취로 인한 현금유입액	×××

6. 법인세 납부로 인한 현금 유출

포괄손익계산서	법인세비용	(×××)
재무상태표	이연법인세자산의 증가	(×××)
	미지급법인세의 증가	×××
	법인세 납부로 인한 현금유출액	(×××)

01 영업활동 현금흐름의 예로 옳지 않은 것은? ▸19년 지방직 9급

① 단기매매목적으로 보유하는 계약에서 발생하는 현금유입과 현금유출
② 종업원과 관련하여 직·간접으로 발생하는 현금유출
③ 로열티, 수수료, 중개료 및 기타수익에 따른 현금유입
④ 리스이용자의 리스부채 상환에 따른 현금유출

02 다음은 (주)서울의 재무상태표와 현금흐름표에서 발췌한 2009년 현금흐름 관련 자료이다. 2009년도에 영업활동으로 인한 현금흐름은? ▸10년 국가직 9급

• 2008년 12월 31일 말 현금 잔액	₩120,000
• 2009년 투자활동으로 인한 현금 감소	₩40,000
• 2009년 재무활동으로 인한 현금 증가	₩50,000
• 2009년 12월 31일 말 현금 잔액	₩150,000

① ₩10,000 ② ₩20,000
③ ₩30,000 ④ ₩40,000

03 현금흐름표에 관한 설명으로 옳지 않은 것은? ▸23년 국가직 9급

① 현금흐름표는 일정시점의 현금유입액과 현금유출액에 대한 정보를 제공하는 재무제표이다.
② 현금흐름표상의 현금흐름은 영업활동으로 인한 현금흐름, 투자활동으로 인한 현금흐름, 재무활동으로 인한 현금흐름으로 분류된다.
③ 현금흐름표는 다른 재무제표와 같이 사용되는 경우 순자산의 변화, 재무구조(유동성과 지급능력 포함), 그리고 변화하는 상황과 기회에 적응하기 위하여 현금흐름의 금액과 시기를 조절하는 능력을 평가하는 데 유용한 정보를 제공한다.
④ 역사적 현금흐름정보는 미래현금흐름의 금액, 시기 및 확실성에 대한 지표로 자주 사용된다. 또한 과거에 추정한 미래현금흐름의 정확성을 검증하고, 수익성과 순현금흐름 간의 관계 및 물가 변동의 영향을 분석하는 데 유용하다.

04 다음 자료를 이용하여 현금흐름표상의 '영업활동으로 인한 현금흐름'을 계산하면 얼마인가?

▶ 07년 국가직 9급

• 당기순이익	₩350,000	• 감가상각비	₩50,000
• 매출채권의 증가	₩20,000	• 재고자산의 감소	₩40,000
• 사채상환이익	₩50,000	• 미지급법인세의 증가	₩50,000
• 보통주의 발행	₩100,000	• 유형고정자산의 취득	₩90,000

① ₩520,000
③ ₩420,000

② ₩470,000
④ ₩400,000

05 다음은 (주)한국의 재무제표 자료이다. 당기 영업활동으로 인한 현금흐름은? (단, 주어진 자료 이외에는 고려하지 않는다.)

▶ 13년 국가직 9급

〈재무상태표 자료〉

구분	당기 말	전기 말
매출채권(순액)	₩130,000	₩150,000
매입채무	₩50,000	₩40,000
토지	₩590,000	₩390,000
미지급급여	₩50,000	₩70,000

〈손익계산서 자료〉
• 당기순이익 : ₩3,000,000

① ₩2,850,000
③ ₩2,950,000

② ₩2,900,000
④ ₩3,010,000

06 (주)대한의 2011 회계연도 현금흐름표에 표시될 영업활동 현금흐름은? (단, 2011 회계연도 (주)대한의 당기순이익은 ₩300,000이었다.)

▶ 11년 국가직 9급

• 감가상각비	₩20,000	• 유형자산처분이익	₩30,000
• 사채의 상환	₩50,000	• 유상증자	₩100,000
• 매입채무의 증가	₩40,000	• 매출채권의 증가	₩60,000

① ₩220,000
③ ₩320,000

② ₩270,000
④ ₩370,000

07 (주)한국의 다음 회계자료를 이용한 '영업활동으로 인한 현금흐름'은? ▸ 23년 국가직 9급

• 손익계산서상 당기순이익	₩20,000	• 감가상각비 계상액	₩3,000
• 미지급비용 증가액	₩2,000	• 매출채권 증가액	₩5,000
• 선급비용 증가액	₩4,000		

① ₩12,000

② ₩15,000

③ ₩16,000

④ ₩24,000

08 (주)대한의 2010년 당기순이익이 ₩10,000인 경우, 다음 자료를 이용하여 영업활동으로 인한 현금흐름을 계산하면? ▸ 11년 지방직 9급

- 당기의 감가상각비는 ₩1,000이다.
- 전기말보다 당기말에 재고자산이 ₩200 증가하였다.
- 전기말보다 당기말에 미지급보험료가 ₩100 감소하였다.
- ₩4,000에 구입한 건물(감가상각누계액 ₩3,000)을 당기에 ₩500에 매각하였다.

① ₩10,200

② ₩11,000

③ ₩11,200

④ ₩11,800

09 다음 자료를 이용하여 영업활동으로 인한 현금흐름을 간접법으로 계산하면? ▸ 09년 관세직 9급

• 당기순이익	₩5,000	• 재고자산감모손실	₩700
• 유형자산처분이익	₩1,000	• 감가상각비	₩400
• 재고자산의 증가	₩500		

① ₩3,500

② ₩3,900

③ ₩4,100

④ ₩4,600

10 20×6년 초에 컴퓨터 매매업을 시작한 (주)한국에 대한 회계정보이다. 영업활동으로부터 조달된 현금액은? ▸ 18년 지방직 9급

〈포괄손익계산서 (20×6년 1월 1일부터 12월 31일까지)〉

• 매출액	₩700,000	• 이자비용	₩150,000
• 매출원가	₩400,000	• 감가상각비	₩35,000
• 매출총이익	₩300,000	• 당기순이익	₩115,000

〈현금을 제외한 유동자산과 유동부채의 20×6년 기말잔액〉

• 매출채권	₩20,000	• 매입채무	₩15,000
• 재고자산	₩12,000		

① ₩103,000 ② ₩133,000

③ ₩152,000 ④ ₩173,000

11 다음은 (주)한국의 2014년도 회계자료의 일부이다. 2014년도 현금흐름표에 표시될 간접법에 의한 영업활동 현금흐름은? (단, 투자활동이나 재무활동과 명백하게 관련된 법인세 등의 납부는 없다.) ▸ 15년 국가직 9급

• 당기순이익	₩2,000,000	• 미수수익의 순증가액	₩150,000
• 매입채무의 순증가액	₩200,000	• 법인세비용	₩400,000
• 매출채권의 순감소액	₩500,000	• 미지급비용의 순감소액	₩300,000

① ₩1,850,000 ② ₩2,250,000

③ ₩2,350,000 ④ ₩2,650,000

12 다음은 (주)한국의 비교재무상태표와 2015년의 포괄손익계산서 항목들이다. 이 자료들을 바탕으로 (주)한국의 2015년 영업활동으로 인한 현금흐름금액을 구하면 얼마인가?

▸ 15년 서울시 9급

〈비교재무상태표〉		
구분	2014년 말	2015년 말
매출채권	₩540,000	₩650,000
선급보험료	₩70,000	₩35,000
매입채무	₩430,000	₩550,000
장기차입금	₩880,000	₩920,000

〈2015년도 포괄손익계산서 항목〉

• 당기순이익	₩200,000	• 건물처분손실	₩150,000
• 감가상각비	₩450,000	• 기계장치처분이익	₩60,000

① ₩695,000
③ ₩800,000
② ₩785,000
④ ₩825,000

13 (주)한국의 20×1년도 당기순이익 ₩100,000이고, 감가상각비 ₩10,000, 유형자산처분이익 ₩8,000이다. 영업활동과 관련 있는 자산과 부채의 기말금액에서 기초금액을 차감한 변동금액이 다음과 같을 때, (주)한국의 20×1년 영업활동현금흐름은?

▸ 20년 국가직 7급

• 매출채권 ₩9,000 증가	• 선급비용 ₩4,000 감소
• 매입채무 ₩5,000 증가	• 미지급비용 ₩3,000 감소

① ₩95,000
③ ₩101,000
② ₩99,000
④ ₩105,000

14 (주)한국의 20×1년 법인세비용차감전순이익은 ₩1,000,000이다. 다음 자료를 이용하여 간접법으로 구한 영업활동현금흐름은? ▶ 20년 지방직 9급

• 감가상각비	₩50,000	• 유상증자	₩2,000,000
• 유형자산처분손실	₩20,000	• 건물의 취득	₩1,500,000
• 사채의 상환	₩800,000	• 매출채권의 증가	₩150,000
• 매입채무의 감소	₩100,000	• 재고자산의 증가	₩200,000

① ₩320,000
③ ₩1,070,000
② ₩620,000
④ ₩1,380,000

15 (주)한국은 당기에 발생한 외상매출과 미지급비용을 차기에 모두 회수하거나 지급한다. 다음 자료를 이용한 (주)한국의 2017년 현금기준과 발생기준 당기순손익은? ▶ 17년 관세직 9급

	2016년도	2017년도
현금매출	₩320,000	₩450,000
외상매출	₩740,000	₩910,000
비용지출*	₩480,000	₩450,000
기말 미지급비용	₩210,000	₩370,000

* '비용지출'은 당기 발생한 비용의 현금지출이며, 전기 미지급비용의 당기 현금지출은 포함하지 않는다.

	현금기준		발생기준	
①	당기순손익	₩0	당기순이익	₩540,000
②	당기순이익	₩530,000	당기순이익	₩540,000
③	당기순이익	₩540,000	당기순이익	₩530,000
④	당기순손실	₩160,000	당기순이익	₩370,000

16 (주)한국의 2016년도 영업활동현금흐름에 영향을 미치는 재무상태표 항목의 변동사항은 다음과 같다. 2016년도에 영업활동현금흐름이 ₩900,000 증가한 경우, 미지급비용의 증감은?

▸16년 국가직 7급

• 매출채권의 감소	₩500,000	• 이연법인세사산의 증가	₩200,000
• 선수수익의 감소	₩100,000	• 미지급비용의 증가(또는 감소)	?
• 선급비용의 감소	₩300,000		

① ₩200,000 감소 ② ₩200,000 증가
③ ₩400,000 감소 ④ ₩400,000 증가

17 (주)한국의 20×1년도 당기순이익은 ₩90,000이고 영업활동 현금흐름은 ₩40,000이다. 간접법에 따라 영업활동 현금흐름을 구할 때, 다음 자료에 추가로 필요한 조정사항은?

▸17년 국가직 7급

• 매출채권 ₩45,000 증가	• 선수수익 ₩12,000 감소
• 매입채무 ₩10,000 증가	• 감가상각비 ₩18,000 발생
• 선급비용 ₩15,000 감소	

① 미수임대료수익 ₩36,000 감소
② 미지급급여 ₩36,000 감소
③ 미수임대료수익 ₩100,000 증가
④ 미지급급여 ₩100,000 증가

18 (주)한국은 내부보고 목적으로 현금기준에 따라 순이익을 산출한 후 이를 발생기준으로 수정하여 외부에 공시하고 있다. (주)한국의 현금기준 순이익이 ₩55,000일 경우, 다음 자료를 토대로 계산한 발생기준 순이익은? (단, 법인세효과는 무시한다.) ▸16년 국가직 9급

〈재무상태표〉	기초금액	기말금액
매출채권	₩15,000	₩20,000
매입채무	₩25,000	₩32,000
미수수익	₩10,000	₩8,000

〈포괄손익계산서〉	당기발생금액
감가상각비	₩3,000

① ₩48,000   ② ₩54,000

③ ₩56,000   ④ ₩59,000

19 발생주의회계를 채택하고 있는 (주)대한의 2010년 회계연도의 당기순이익은 ₩25,000으로 보고되었다. 2009년 말과 2010년 말의 발생항목과 이연항목이 다음과 같을 때, 2010 회계연도의 현금주의에 의한 당기순이익은? ▸11년 국가직 9급

항목	2009년 말	2010년 말
미수수익	₩8,000	₩12,000
미지급비용	₩6,000	₩4,000
선수수익	₩5,000	₩6,500
선급비용	₩7,000	₩4,500

① ₩23,000   ② ₩26,000

③ ₩27,000   ④ ₩30,000

20 12월 말 결산법인인 (주)대한의 2010년도 현금흐름표에 나타난 영업활동으로 인한 현금흐름은 ₩1,000,000이다. 간접법을 사용한 경우 다음 자료를 이용하여 계산한 2010년도 당기순이익은?

▶ 10년 지방직 9급

• 매입채무 증가	₩60,000	• 매출채권 증가	₩70,000
• 선급비용 증가	₩20,000	• 감가상각비	₩50,000
• 기계처분이익	₩40,000	• 재고자산 증가	₩70,000

① ₩950,000 ② ₩1,020,000
③ ₩1,090,000 ④ ₩1,150,000

21 (주)한국의 2016년도 재무제표 자료는 다음과 같다. 2016년도 영업활동현금흐름이 ₩1,000,000인 경우 당기순이익은?

▶ 17년 지방직 9급

• 대손상각비	₩30,000	• 감가상각비	₩100,000
• 건물처분이익	₩200,000	• 매출채권(장부금액)증가액	₩80,000
• 재고자산평가손실	₩20,000	• 재고자산(장부금액)감소액	₩50,000

① ₩1,130,000 ② ₩1,100,000
③ ₩1,080,000 ④ ₩870,000

22 (주)한국은 당기 중에 현금 ₩5,000이 증가하였다. 이러한 현금증가는 영업활동으로 인한 현금흐름의 증가액 ₩125,000, 투자활동으로 인한 현금흐름의 감소액 ₩140,000 및 재무활동으로 인한 현금흐름의 증가액 ₩120,000에 의해 발생하였다. 영업활동으로 인한 현금흐름과 관련된 조정항목이 다음과 같다면 회사의 당기순이익은? (단, 영업활동으로 인한 현금흐름은 간접법으로 산출한다.)

▶ 10년 국가직 7급

• 감가상각비	₩33,000	• 유형자산처분손실	₩2,000
• 매출채권의 증가	₩42,000	• 재고자산의 증가	₩54,000
• 선급비용의 감소	₩2,000	• 매입채무의 감소	₩7,000

① ₩191,000 ② ₩192,000
③ ₩193,000 ④ ₩194,000

23 (주)한국의 20×1년도 현금흐름표는 간접법을 적용하였으며 그 결과 영업활동으로 인한 현금흐름은 ₩2,000,000이었다. 다음의 추가 자료를 이용하여 20×1년도 당기순이익을 계산하면 얼마인가? ▸ 11년 국가직 7급

• 매출채권의 증가	₩50,000	• 재고자산의 증가	₩80,000
• 매입채무의 감소	₩50,000	• 미지급비용의 증가	₩40,000
• 감가상각비	₩50,000		

① ₩1,870,000   ② ₩2,090,000

③ ₩2,160,000   ④ ₩2,210,000

24 다음은 (주)대한의 현금흐름에 관한 자료이다. (주)대한의 영업활동으로 인한 현금흐름은 ₩1,000일 때, 당기순이익은? ▸ 13년 국가직 7급

• 재고자산의 증가	₩1,000	• 당기손익금융자산평가손실	₩900
• 차량운반구의 취득	₩2,500	• 감가상각비	₩200
• 매입채무의 감소	₩500	• 매출채권의 감소	₩800
• 유형자산처분이익	₩600	• 미지급비용의 증가	₩700
• 자기주식처분이익	₩1,100	• 단기차입금의 증가	₩3,000

① ₩800   ② ₩700

③ ₩600   ④ ₩500

25 〈보기〉의 자료를 이용하여 계산한 (주)서울의 20×1년도 영업활동 순현금흐름이 ₩29,000 인 경우, 20×1년도 포괄손익계산서상 (주)서울의 당기순이익은? ▸21년 서울시 7급

> (1) 20×1년도 포괄손익계산서 자료
>   • 당기순이익은 (?)이다.
>   • 매출채권에서 발생한 대손상각비는 ₩4,000이다.
>   • 감가상각비는 ₩18,000이다.
>   • 유형자산처분손실은 ₩9,000이다.
>   • 사채상환이익은 ₩15,000이다.
> (2) 20×1년 말 재무상태표 자료
>   20×1년 기초금액 대비 기말금액의 증감은 다음과 같다.
>
> | 계정과목 | 증감 |
> |---|---|
> | 매출채권(순액) | ₩20,000 증가 |
> | 재고자산 | ₩25,000 증가 |
> | 선급비용 | ₩5,000 감소 |
> | 유형자산(순액) | ₩30,000 증가 |
> | 매입채무 | ₩2,000 증가 |
> | 자본금 | ₩10,000 감소 |

① ₩3,000
② ₩32,000
③ ₩55,000
④ ₩79,000

26 다음은 (주)한국의 20×1년도 재무상태표에 대한 자료이다. 20×1년도 영업활동현금흐름이 ₩10,000인 경우, 20×1년도 당기순이익은? ▸24년 관세직 9급

> | | | | |
> |---|---|---|---|
> | • 선급보험료 | ₩3,000 증가 | • 미수수익 | ₩5,000 증가 |
> | • 미지급비용 | ₩3,000 감소 | • 선수수익 | ₩3,000 증가 |

① ₩6,000
② ₩9,000
③ ₩12,000
④ ₩18,000

27 기술용역과 기술자문을 수행하고 있는 (주)한국의 1개월 동안의 현금주의에 의한 당기순이익(순현금유입액)은 ₩500,000이다. 3월 초와 말의 미수수익, 선수수익, 미지급비용 및 선급비용 내역이 다음과 같을 때 발생기준에 의한 당기순이익은? ▸14년 국가직 7급

구분	3월 1일	3월 31일
미수수익(기술용역료)	₩53,000	₩48,000
선수수익(기술자문료)	₩65,000	₩35,000
미지급비용(일반관리비)	₩24,000	₩34,000
선급비용(급여)	₩21,000	₩36,000

① ₩530,000   ② ₩525,000

③ ₩520,000   ④ ₩470,000

28 (주)한국이 발생기준에 따라 회계 처리한 결과 2015년 기초와 기말의 계정잔액은 다음과 같다. 2015년 (주)한국의 현금기준에 의한 당기순이익이 ₩50,000일 경우 2015년 발생주의에 의한 당기순이익은 얼마인가? ▸15년 서울시 9급

구분	2015년 초	2015년 말
매출채권	₩36,500	₩43,500
재고자산	₩27,000	₩21,000
매입채무	₩45,000	₩54,000

① ₩40,000   ② ₩42,000

③ ₩58,000   ④ ₩60,000

29 (주)한국의 현금주의에 의한 당기매출액은 ₩10,000이다. 기초매출채권 잔액이 ₩5,000이고 기말매출채권 잔액이 ₩3,000인 경우, (주)한국의 발생주의에 의한 당기매출액은? ▸15년 지방직 9급

① ₩5,000   ② ₩8,000

③ ₩10,000   ④ ₩12,000

30 (주)한국은 지금까지 현금기준에 의해 손익계산서를 작성하여 왔는데, 앞으로는 발생기준에 의해 작성하고자 한다. 현금기준에 의한 20×1년의 수익은 ₩500,000이다. 20×1년의 기초 매출채권은 ₩30,000, 기말 매출채권은 ₩60,000, 기말 선수수익은 ₩20,000인 경우 발생기준에 의한 20×1년의 수익은? ▸21년 국가직 9급

① ₩490,000 ② ₩500,000

③ ₩510,000 ④ ₩520,000

31 (주)한국의 20×1년 기초(1/1)의 선수금과 매출채권 잔액은 각각 ₩20억, ₩25억이고, 기말 (12/31)의 선수금과 매출채권 잔액은 각각 ₩50억과 ₩40억이다. 또한 20×1년 거래처로부터의 현금수입액이 ₩160억이라면 20×1년의 매출액은 얼마인가? ▸15년 서울시 9급

① ₩110억 ② ₩125억

③ ₩130억 ④ ₩145억

32 12월 말 결산법인인 (주)서울의 2008년 말의 수정 후 시산표의 일부이다.

• 총매출액	₩695,000	• 매출할인	₩36,000
• 매출환입	₩24,000	• 매출에누리	₩5,000
• 매출채권(총액)	₩170,000	• 손실충당금	₩10,000
• 대손상각비	₩25,000		

(주)서울의 2008년 회계연도 기초의 매출채권은 ₩200,000(총액), 손실충당금은 ₩18,000 이었다. 2008년에 판매대금으로 받은 현금수입액은? ▸09년 국가직 9급

① ₩610,000 ② ₩627,000

③ ₩664,000 ④ ₩685,000

33 다음의 자료를 이용하여 20×3년의 현금흐름표를 직접법에 의하여 작성할 경우 공급자에 대한 현금유출액은?

▸ 14년 지방직 9급

- 20×3년 보고기간 동안 매출원가는 ₩50,000이다.
- 20×3년 재고자산 및 매입채무 관련 자료

구분	20×3년 1월 1일	20×3년 12월 31일
재고자산	₩5,000	₩7,000
매입채무	₩2,000	₩3,000

① ₩49,000

② ₩50,000

③ ₩51,000

④ ₩52,000

34 다음은 (주)한국의 20×1년 상품매매와 관련한 자료이다.

• 매출액	₩7,500	• 기초상품재고액	₩2,000
• 기초매입채무	₩500	• 기말상품재고액	₩1,000
• 기말매입채무	₩3,000		

(주)한국이 매출원가의 50%를 이익으로 가산하여 상품을 판매할 경우, 20×1년 상품매입을 위한 현금유출액은?

▸ 22년 지방직 9급

① ₩1,500

② ₩2,500

③ ₩3,000

④ ₩5,000

35 (주)한국은 영업활동현금흐름을 직접법으로 작성하고 있으며 (주)한국의 20×1년 재무상태 표의 일부는 다음과 같다. (주)한국의 20×1년 매출원가가 ₩1,000,000일 경우 매입처에 대한 현금유출액은? (단, 선급금은 재고자산 매입과 관련되어 있다 ▸23년 국가직 7급

구분	20×1.12.31.	20×1.1.1
매출채권	₩420,000	₩450,000
선급금	₩80,000	₩90,000
재고자산	₩120,000	₩100,000
선급임차료	₩60,000	₩90,000
매입채무	₩90,000	₩120,000
미지급급여	₩50,000	₩20,000

① ₩1,010,000
② ₩1,020,000
③ ₩1,030,000
④ ₩1,040,000

36 당기 현금흐름표상 고객으로부터의 현금유입액은 ₩54,000이고 공급자에 대한 현금유출액 은 ₩31,000이다. 포괄손익계산서상의 매출채권손상차손이 ₩500일 때, 다음 자료를 이용 하여 매출총이익을 계산하면? (단, 매출채권(순액)은 매출채권에서 손실충당금을 차감한 금 액이다.) ▸19년 지방직 9급

과목	기초	기말
매출채권(순액)	₩7,000	₩9,500
매입채무	₩4,000	₩6,000
재고자산	₩12,000	₩9,000

① ₩20,500
② ₩21,000
③ ₩25,000
④ ₩31,000

37 다음은 (주)한국의 20×1년과 20×2년 수정전시산표의 일부이다.

계정과목	20×1년 말	20×2년 말
매출채권	₩200,000	₩100,000
재고자산	₩100,000	₩200,000
매입채무	₩200,000	₩300,000
매출	₩500,000	₩700,000
매입	₩600,000	₩500,000

20×2년 (주)한국이 계상할 매출총이익과 직접법에 따른 영업활동으로 인한 현금증감액은?

▸ 21년 국가직 7급

	매출총이익	영업활동으로 인한 현금증감액
①	₩300,000	₩400,000 증가
②	₩300,000	₩400,000 감소
③	₩400,000	₩300,000 증가
④	₩400,000	₩300,000 감소

38 발생주의회계를 사용하는 (주)갑의 2009년 포괄손익계산서상의 이자비용은 ₩1,000,000 급여는 ₩5,000,000이었다. (주)갑의 2008년 말과 2009년 말 재무상태표의 관련계정이 다음과 같을 때 2009년 현금으로 지급한 이자비용과 급여는?

▸ 09년 국가직 9급

구분	2008년 말	2009년 말
미지급이자비용	₩200,000	₩100,000
미지급급여	₩300,000	₩500,000

	이자비용	급여
①	₩1,100,000	₩4,800,000
②	₩900,000	₩5,200,000
③	₩1,100,000	₩5,200,000
④	₩1,000,000	₩5,000,000

39 (주)한국의 2014년도 포괄손익계산서에 임차료와 이자비용은 각각 ₩150,000과 ₩100,000으로 보고되었고, 재무상태표 잔액은 다음과 같다. (주)한국이 2014년도에 현금으로 지출한 임차료와 이자비용은? ▸ 17년 지방직 9급

구분	2014년 초	2014년 말
선급임차료	–	₩15,000
미지급이자	₩40,000	–

	임차료	이자비용
①	₩135,000	₩60,000
②	₩135,000	₩100,000
③	₩165,000	₩100,000
④	₩165,000	₩140,000

40 (주)한국의 재무상태표에 계상된 기초 선수임대료는 ₩16,000이고 기말 선수임대료는 ₩24,000이다. 당기에 현금으로 수취한 임대료가 ₩50,000인 경우, 당기 임대료수익은? ▸ 24년 국가직 9급

① ₩42,000 ② ₩50,000
③ ₩58,000 ④ ₩66,000

41 (주)한국의 2013년도 손익계산서에는 이자비용이 ₩2,000 계상되어 있고, 현금흐름표에는 현금이자지출액이 ₩1,500 계상되어 있다. (주)한국이 자본화한 이자비용은 없으며 2013년 12월 31일의 선급이자비용은 2012년 12월 31일에 비해 ₩200만큼 감소하였다. 2012년 12월 31일의 재무상태표에 미지급이자비용이 ₩300인 경우 2013년 12월 31일의 재무상태표에 표시되는 미지급이자비용은? ▸ 14년 국가직 9급

① ₩1,000 ② ₩800
③ ₩600 ④ ₩300

42 (주)서울은 발생기준회계를 적용하고 있다. 20×0년 포괄손익계산서에 보고된 이자비용은 ₩65,000이다. 20×0년 동안 현금으로 지급된 이자는 ₩58,000이다. 20×0년 기초 시점의 미지급이자가 ₩12,000이고, 20×0년 기초, 기말 시점의 선급이자가 각각 ₩1,800과 ₩1,400일 때, 20×0년 기말 시점의 미지급이자는?   ▸ 20년 서울시 7급

① ₩11,600   ② ₩12,400
③ ₩18,600   ④ ₩19,400

43 경비용역을 제공하는 (주)공무는 20×5년에 경비용역수익과 관련하여 현금 ₩1,000,000을 수령하였다. 경비용역 제공과 관련한 계정 잔액이 다음과 같을 때, (주)공무의 20×5년 포괄손익계산서상 경비용역수익은? (단, 경비용역수익과 관련된 다른 거래는 없다.)

▸ 18년 지방직 9급

구분	20×5년 1월 1일	20×5년 12월 31일
미수용역수익	₩700,000	₩800,000
선수용역수익	₩500,000	₩400,000

① ₩800,000   ② ₩1,000,000
③ ₩1,100,000   ④ ₩1,200,000

44 (주)한국은 20×1년 직원들에게 ₩1,000의 급여를 현금 지급하였다. 20×1년 초 미지급급여가 ₩200, 20×1년 말 미지급급여가 ₩700이면 당기에 발생한 급여는? ▸ 21년 지방직 9급

① ₩1,000   ② ₩1,200
③ ₩1,500   ④ ₩1,700

45 (주)한국의 2015년 기초와 기말 재무상태표에는 선급보험료가 각각 ₩24,000과 ₩30,000 이 계상되어 있다. 포괄손익계산서에 보험료가 ₩80,000으로 계상되어 있다고 할 경우, 2015년에 현금으로 지급한 보험료는?   ▸ 15년 국가직 7급

① ₩56,000   ② ₩74,000
③ ₩80,000   ④ ₩86,000

46 (주)한국의 20×1년도 미수이자와 선수임대료의 기초잔액과 기말잔액은 다음과 같다. 당기 중 현금으로 수령한 이자는 ₩7,000이고 임대료로 인식한 수익은 ₩10,000이다. (주)한국의 이자수익과 임대수익에 대한 설명으로 옳지 않은 것은?　▸17년 국가직 7급

	기초잔액	기말잔액
미수이자	₩2,000	₩3,200
선수임대료	₩4,000	₩3,500

① 수익으로 인식된 이자수익은 ₩8,200이다.
② 현금으로 수령한 임대료는 ₩9,500이다.
③ 이자와 임대료로 인한 수익 증가액은 ₩17,700이다.
④ 이자와 임대료로 인한 현금 증가액은 ₩16,500이다.

47 (주)한국의 2017년 중 거래가 다음과 같을 때 옳은 것은?　▸18년 관세직 9급

> • (주)한국은 2017년 중 용역을 제공하기로 하고 현금 ₩120,000을 받았다. 2017년 선수 용역수익계정의 기초잔액은 ₩30,000이고, 기말잔액은 ₩40,000일 때 2017년도에 인식 한 용역수익은?
> • (주)한국은 2017년 중 건물임차료로 현금 ₩70,000을 미리 지급하였다. 2017년 선급임 차료계정의 기초잔액은 ₩10,000이고, 기말잔액은 ₩30,000일 때 2017년도에 인식한 임차료는?

	용역수익	임차료		용역수익	임차료
①	₩110,000	₩50,000	②	₩110,000	₩70,000
③	₩120,000	₩50,000	④	₩120,000	₩70,000

48 이자와 배당금의 현금흐름표 표시에 대한 설명으로 옳지 않은 것은?　▸15년 국가직 9급

① 금융기관이 아닌 경우 배당금 지급은 재무활동현금흐름으로 분류할 수 있다.
② 금융기관이 지급이자를 비용으로 인식하는 경우에는 영업활동현금흐름으로 분류하고, 지급이자를 자본화하는 경우에는 주석으로 공시한다.
③ 금융기관이 아닌 경우 이자수입은 당기순손익의 결정에 영향을 미치므로 영업활동 현금 흐름으로 분류할 수 있다.
④ 금융기관의 경우 배당금수입은 일반적으로 영업활동으로 인한 현금흐름으로 분류한다.

49 현금흐름표상 재무활동 현금흐름이 발생할 수 없는 거래는? ▸ 17년 국가직 9급

① 차입금의 상환　　　　　　　② 유상증자
③ 사채의 발행　　　　　　　　④ 주식배당

50 다음은 (주)한국의 유형자산 및 감가상각누계액의 기초잔액, 기말잔액 및 당기 변동과 관련된 자료이다. (주)한국은 당기 중 취득원가 ₩40,000(감가상각누계액 ₩20,000)의 유형자산을 ₩15,000에 처분하였다. 모든 유형자산의 취득 및 처분거래는 현금거래라고 가정할 때, 유형자산과 관련한 투자활동 순현금흐름은? (단, (주)한국은 유형자산에 대해 원가모형을 적용한다.) ▸ 15년 국가직 7급

과목	기초	기말
유형자산	₩100,000	₩140,000
감가상각누계액	(₩30,000)	(₩25,000)

① ₩9,000 순유출　　　　　　　② ₩20,000 순유입
③ ₩60,000 순유입　　　　　　　④ ₩65,000 순유출

51 다음은 (주)서울의 2016년도 비교재무상태표의 일부이다. 한편, (주)서울은 2016년 중에 취득원가 ₩80,000이고 85%를 감가상각한 기계장치를 ₩12,000에 매각하였다. (주)서울이 2016년도 영업활동현금흐름을 간접법으로 측정할 때 법인세차감전순이익에 가산할 감가상각비는 얼마인가? ▸ 16년 서울시 7급

구분	2016.1.1.	2016.12.31.
유형자산	₩215,000	₩350,000
감가상각누계액	₩50,000	₩40,000

① ₩58,000　　　　　　　② ₩68,000
③ ₩70,000　　　　　　　④ ₩78,000

52 다음은 (주)한국이 보유하고 있는 건물들에 대한 자료이다. 당기에 매각한 건물들의 취득원가는?

▸ 13년 국가직 9급

항목	금액
당기 건물 취득가액	₩210,000
당기 건물 감가상각비	₩110,000
건물의 기초장부금액	₩130,000
건물의 기말장부금액	₩220,000
당기에 매각한 건물의 감가상각누계액	₩40,000

① ₩10,000
② ₩50,000
③ ₩90,000
④ ₩120,000

53 다음은 (주)한국의 기계장치 장부금액 자료이다.

구분	2014년 기말	2015년 기말
기계장치	₩11,000,000	₩12,500,000
감가상각누계액	(₩4,000,000)	(₩4,500,000)

(주)한국은 2015년 초에 장부금액 ₩1,500,000(취득원가 ₩2,500,000, 감가상각누계액 ₩1,000,000)인 기계장치를 ₩400,000에 처분하였다. 2015년에 취득한 기계장치의 취득원가와 2015년에 인식한 감가상각비는? (단, 기계장치에 대해 원가모형을 적용한다.)

▸ 16년 지방직 9급

	취득원가	감가상각비		취득원가	감가상각비
①	₩3,000,000	₩500,000	②	₩3,000,000	₩1,500,000
③	₩4,000,000	₩1,500,000	④	₩4,000,000	₩2,000,000

54 (주)대한은 2010년도 포괄손익계산서상 기계장치와 관련하여 감가상각비 ₩35,000, 처분손실 ₩10,000을 보고하였다. 2010년도 중 취득한 기계장치가 ₩155,000인 경우, 다음 자료를 이용하여 기계장치를 처분하고 수수한 현금액을 계산하면? (단, 기계장치 처분은 전액 현금으로 이루어지며, 법인세비용은 없는 것으로 가정한다.) ▸11년 지방직 9급

구분	2010년 1월 1일	2010년 12월 31일
기계장치	₩100,000	₩200,000
감가상각누계액	(20,000)	(40,000)

① ₩10,000
② ₩20,000
③ ₩30,000
④ ₩40,000

55 다음은 (주)대한의 20×1년 현금흐름표를 작성하기 위한 회계자료의 일부다. (주)대한이 20×1년 현금흐름표에 표시할 투자활동으로 인한 순현금흐름액은? ▸19년 국가직 7급

구분	전기 말	당기 말	당기발생
당기손익 – 공정가치 측정 금융자산	₩90,000	₩75,000	
기계장치	₩4,650,000	₩5,100,000	
감가상각누계액	₩1,425,000	₩1,545,000	
당기손익 – 공정가치 측정 금융자산 평가이익			₩15,000
기계장치 감가상각비			₩300,000
기계장치 처분이익			₩75,000

〈추가자료〉
- 당기손익 – 공정가치 측정 금융자산은 단기매매목적으로 취득한 금융자산이다.
- ₩750,000의 기계장치 취득거래가 발생하였다.
- 모든 거래는 현금거래이다.

① ₩525,000 유출
② ₩555,000 유출
③ ₩630,000 유출
④ ₩665,000 유출

56 (주)한국의 2016년 토지와 단기차입금 자료가 다음과 같을 때, 2016년의 투자 및 재무현금 흐름에 대한 설명으로 옳은 것은? (단, 모든 거래는 현금거래이다.) ▸ 17년 국가직 9급

구분	기초	기말
토지(유형자산)	₩150,000	₩250,000
단기차입금	₩100,000	₩180,000

〈추가자료〉
- 토지는 취득원가로 기록하며, 2016년에 손상차손은 없었다.
- 2016년 중에 토지(장부금액 ₩50,000)를 ₩75,000에 매각하였다.
- 2016년 중에 단기차입금 ₩100,000을 차입하였다.

① 토지 취득으로 인한 현금유출은 ₩100,000이다.
② 토지의 취득과 매각으로 인한 투자활동순현금유출은 ₩75,000이다.
③ 단기차입금 상환으로 인한 현금유출은 ₩80,000이다.
④ 단기차입금의 상환 및 차입으로 인한 재무활동순현금유입은 ₩100,000이다.

57 (주)한국의 〈재무상태표상 자본〉 및 〈추가자료〉가 다음과 같을 때, 재무활동으로 인한 순현 금흐름은? ▸ 19년 국가직 9급

〈재무상태표상 자본〉		
과목	기초	기말
자본금	₩300,000	₩350,000
자본잉여금	₩100,000	₩132,000
이익잉여금	₩20,000	₩25,000
자기주식	(₩10,000)	−
자본 총계	₩410,000	₩507,000

〈추가자료〉
- 당기 중 유상증자(주식의 총 발행가액 ₩80,000, 총 액면금액 ₩50,000)가 있었다.
- 기초 보유 자기주식을 기중에 전량 ₩12,000에 처분하였다.
- 당기순이익은 ₩15,000이며 배당금 지급 이외 이익잉여금의 변동을 초래하는 거래는 없었다. (단, 배당금 지급은 재무활동으로 인한 현금흐름으로 분류한다.)

① ₩32,000   ② ₩52,000
③ ₩80,000   ④ ₩82,000

16 법인세회계

1 회계이익과 과세소득의 차이

1. 일시적 차이와 일시적 차이가 아닌 것

수익 비용	+ 익금산입, 손금불산입 – 손금산입, 익금불산입	익금 손금
= 회계상 이익	세무조정	= 과세소득

① 일시적 차이가 아닌 것(기타의 차이) : 향후 과세소득에 영향을 미치지 않는 차이

   예 접대비 한도초과액, 비과세 이자소득 등

② 일시적 차이인 것 : 수익, 비용의 총액은 같으나 인식시점에 차이가 존재하는 것

당기 과세소득의 영향	차기 과세소득의 영향	일시적 차이
당기 과세소득 : +	차기 과세소득 : –	차감할 일시적 차이
당기 과세소득 : –	차기 과세소득 : +	가산할 일시적 차이

   ㉠ 차감할 일시적 차이 : 향후 과세소득을 감소시키는 일시적 차이(이연법인세자산)

   ㉡ 가산할 일시적 차이 : 향후 과세소득을 증가시키는 일시적 차이(이연법인세부채)

2. 이연법인세자산, 이연법인세부채의 계산

① 이연법인세자산 : 차감할 일시적 차이 × 차감되는 과세연도의 적용세율(기대세율)

② 이연법인세부채 : 가산할 일시적 차이 × 가산되는 과세연도의 적용세율(기대세율)

2 | 법인세회계 적용순서

1. 회계처리 순서

구분	내용
1단계 : 당기법인세 계산	회계이익 ± 세무조정 = 과세소득 $\underline{\times\ \text{법인세율(\%)}}$ ← 당기세율 = 당기법인세(부채) ※ 기납부세액이 많다면 당기법인세자산으로 인식
2단계 : 이연법인세 계산	① 이연법인세자산 : 차감할 일시적 차이 × 기대세율 ② 이연법인세부채 : 가산할 일시적 차이 × 기대세율 ※ 단, 전기 이연된 이연법인세자산, 이연법인세부채가 있다면 기말과 기초의 차이를 인식한다.
3단계 : 법인세비용 계산	(차) 이연법인세자산 ×××　　　 (대) 미지급법인세　 ××× 　　　 법인세비용　 ×××　　　　　　　 이연법인세부채 ×××

※ 법인세비용차감전순이익 − 법인세비용 = 당기순이익

2. 재무상태표 표시

① 이연법인세자산, 이연법인세부채는 비유동항목으로 분류한다.

② 이연법인세자산, 이연법인세부채는 현재가치로 할인하지 않는다.

③ 이연법인세자산, 이연법인세부채는 상계권리와 상계의도를 모두 보유하고 있는 경우 상계하고 순액으로 표시할 수 있다.

④ 기말 재무상태표에 표시되는 금액은 기말 현재 이연법인세자산, 이연법인세부채로 남아있어야 하는 잔액이다.

3 | 자본에 가감하는 법인세 효과

1. 자기주식처분이익

회계상 자기주식처분이익은 자본잉여금, 세법은 익금이다.

자기주식처분이익으로 인하여 발생하는 법인세비용은 자기주식처분이익에서 직접 차감한다.

※ 자기주식처분이익은 법인세비용에는 영향이 없다.

01 (주)한국의 2012년 법인세비용차감전순이익은 ₩30,000이다. 2011년 말 이연법인세부채는 ₩2,000이며, 2012년 말 현재 장래의 과세소득을 증가시키는 가산할 일시적 차이는 ₩10,000 이다. 법인세율은 매년 30%로 일정하고, 법인세에 부가되는 세액은 없다고 가정한다. 2012 년 법인세부담액이 ₩7,000일 경우 (주)한국의 2012년 당기순이익과 2012년 말 이연법인 세자산(또는 이연법인세부채)은? ▸12년 국가직 9급

	당기순이익	이연법인세자산(부채)
①	₩22,000	이연법인세부채 ₩3,000
②	₩22,000	이연법인세자산 ₩3,000
③	₩24,000	이연법인세부채 ₩3,000
④	₩24,000	이연법인세자산 ₩3,000

02 2007년 초에 설립된 (주)한국의 2007년도 법인세비용차감전순이익은 ₩100,000이다. 세무 조정 과정에서 발생한 일시적 차이에 의한 손금산입액은 ₩10,000이며, 이 일시적 차이는 2008년부터 매년 1/2씩 소멸될 예정이다. 법인세부담액 계산에 적용되는 세율은 다음과 같다.

2007년	2008년	2009년	2010년
30%	25%	25%	20%

2007년도 (주)한국의 법인세부담액 및 이연법인세는 각각 얼마인가? (단, 이연법인세의 유동 및 비유동 구분은 생략한다.) ▸07년 국가직 7급

	법인세부담액	이연법인세부채
①	₩27,000	₩2,500
②	₩30,000	₩3,000
③	₩30,000	₩2,500
④	₩33,000	₩3,000

03 다음은 2012년 초에 설립된 (주)한국의 법인세 관련 자료이다. 2012년 말 재무상태표에 계상될 이연법인세자산 또는 부채는? (단, 이연법인세자산(또는 부채)의 인식조건은 충족한다.)

▸ 13년 국가직 7급

- 2012년도 법인세비용차감전순이익이 ₩50,000이다.
- 세무조정 결과 회계이익과 과세소득의 차이 중 차감할 일시적 자이는 ₩10,000이고, 접대비 한도 초과액은 ₩5,000이다.
- 법인세 세율은 20%이며 차기 이후 세율변동은 없을 것으로 예상된다.

① 이연법인세자산 ₩3,000　　　　② 이연법인세자산 ₩2,000
③ 이연법인세부채 ₩3,000　　　　④ 이연법인세부채 ₩2,000

04 (주)한국은 20×1년 4월 1일에 건물을 임대하고, 3년분 임대료 ₩360,000을 현금으로 수취하였다. 세법상 임대료의 귀속 시기는 현금기준이며, (주)한국은 임대료에 대해 발생기준을 적용하여 인식한다. 세율이 20×1년 30%, 20×2년 25%, 20×3년 이후는 20%라면, 20×1년 말 재무상태표에 보고될 이연법인세자산(부채)은? (단, 다른 일시적 차이는 없고, 임대료는 월할 계산한다.)

▸ 21년 국가직 7급

① 이연법인세자산 ₩60,000　　　　② 이연법인세부채 ₩60,000
③ 이연법인세자산 ₩81,000　　　　④ 이연법인세부채 ₩81,000

05 (주)한국의 2016년 법인세비용차감전순이익은 ₩500,000이다. 세무조정 결과, ₩100,000의 차감할 일시적 차이와 ₩150,000의 가산할 일시적 차이가 발생하였다. 차감할 일시적 차이는 모두 2017년에 소멸되고, 가산할 일시적 차이는 2018년 이후에 소멸될 것으로 예상된다. 법인세율은 2016년에 30%이고, 개정된 세법에 따라 2017년에 25%, 2018년 이후에는 20%가 적용된다. 2016년 말 회계처리로 옳은 것은? (단, 이연법인세자산은 미래 과세소득의 발생가능성이 높다.)

▸ 16년 국가직 7급

① (차) 법인세비용　　　₩140,000　　(대) 미지급법인세　　₩135,000
　　　이연법인세자산　₩25,000　　　　　이연법인세부채　₩30,000
② (차) 법인세비용　　　₩130,000　　(대) 미지급법인세　　₩135,000
　　　이연법인세자산　₩30,000　　　　　이연법인세부채　₩25,000
③ (차) 법인세비용　　　₩170,000　　(대) 미지급법인세　　₩165,000
　　　이연법인세자산　₩25,000　　　　　이연법인세부채　₩30,000
④ (차) 법인세비용　　　₩160,000　　(대) 미지급법인세　　₩165,000
　　　이연법인세자산　₩30,000　　　　　이연법인세부채　₩25,000

06 다음 자료에서 (주)서울이 2015년에 계상해야 할 법인세비용과 이연법인세자산 또는 이연법인세부채는 각각 얼마인가? (단, (주)서울은 제조업을 영위하는 기업으로 법인세율은 10% 단일세율로 미래에도 일정하고 지방소득세는 없는 것으로 가정한다.) ▸15년 서울시 9급

> (주)서울은 2015년 3월 5일에 설립되었으며, 정관상 회계기간은 1월 1일부터 12월 31일까지이다. 2015년 법인세비용차감전순이익은 ₩10,000,000이다. 여기에는 당기손익인식금융자산으로 분류한 상장주식평가이익 ₩100,000이 포함되어 있으며, 그 외 세무조정사항은 없다.

	법인세비용	이연법인세자산	이연법인세부채
①	₩990,000	₩10,000	
②	₩990,000		₩10,000
③	₩1,000,000	₩10,000	
④	₩1,000,000		₩10,000

07 (주)서울의 2016년도 법인세관련자료가 아래의 표와 같을 때 전기이월 일시적 차이가 없다면 (주)서울의 2016년도 법인세비용은 얼마인가? (단, 가산할 일시적 차이는 2018년에 소멸될 예정이며, 기타의 차이는 일시적 차이가 아니다. 2016년도 과세소득에 적용할 법인세율은 25%이나, 세법이 개정되어 2017년부터 적용할 세율은 20%이다.) ▸16년 서울시 7급

법인세비용차감전순이익	₩10,000
가산할 일시적 차이	(₩2,000)
기타의 차이	₩1,000
과세소득	₩9,000

① ₩2,650   ② ₩2,450

③ ₩2,250   ④ ₩1,024

08 (주)서울의 당기 법인세비용차감전순이익은 ₩10,000이며, 당기법인세 세무조정 사항은 다음과 같다. 이외 다른 세무조정 사항은 없으며, 법인세율은 30%이다. 당기 재무상태표에 보고되는 이연법인세자산 또는 이연법인세부채는 얼마인가? ▸17년 서울시 9급

> • 비과세 이자수익은 ₩2,000이다.
> • 당기 미수이자 ₩4,000은 차기에 현금으로 회수된다.
> • 자기주식처분이익은 ₩6,000이다.

① 이연법인세자산 ₩600   ② 이연법인세자산 ₩1,200
③ 이연법인세부채 ₩600   ④ 이연법인세부채 ₩1,200

09 법인세에 대한 설명으로 가장 옳지 않은 것은? ▸21년 서울시 7급

① 이연법인세부채는 가산할 일시적 차이와 관련하여 미래 회계기간에 납부할 법인세 금액이다.
② 이연법인세자산과 부채는 신뢰성 있게 현재가치로 할인한다.
③ 이연법인세자산의 일부 또는 전부에 대한 혜택이 사용되기에 충분한 과세소득이 발생할 가능성이 더 이상 높지 않다면 이연법인세자산의 장부금액을 감액시킨다.
④ 이연법인세자산의 장부금액은 매 보고기간 말에 검토한다.

10 법인세회계에 대한 설명으로 옳지 않은 것은? ▸23년 국가직 7급

① 이연법인세 자산과 부채는 할인하지 아니한다.
② 기업이 순액으로 결제하거나, 자산을 실현하는 동시에 부채를 결제할 의도가 없더라도 기업이 인식된 금액에 대한 법적으로 집행가능한 상계권리를 가지고 있는 경우 당기법인세자산과 당기법인세부채를 상계할 수 있다.
③ 이연법인세부채와 이연법인세자산을 측정할 때에는 보고기간말에 기업이 관련 자산과 부채의 장부금액을 회수하거나 결제할 것으로 예상되는 방식에 따른 세효과를 반영한다.
④ 법인세비용은 당기법인세비용과 이연법인세비용으로 구성된다.

17 회계변경과 오류수정

1 회계변경

1. 회계정책의 변경

① 기준에서 인정하는 방법 내에서의 변경만 가능하다.

② 회계정책의 변경을 할 수 있는 경우

> ㉠ 「한국채택국제회계기준」에서 회계정책의 변경을 요구하는 경우
> ㉡ 회계정책 변경을 반영한 재무제표가 재무상태, 재무성과 또는 현금흐름에 미치는 영향에 대하여 신뢰성 있고 더 목적적합한 정보를 제공하는 경우

③ 회계정책의 변경에 해당하는 사례 : 측정기준의 변경

> ㉠ 재고자산 단가결정방법을 선입선출법에서 평균법으로 변경
> ㉡ 탐사평가자산으로 인식되는 지출을 규정하는 회계정책의 변경
> ㉢ 투자부동산 평가방법을 원가모형에서 공정가치모형으로 변경
> ㉣ 유, 무형자산의 평가방법을 원가모형에서 재평가모형으로 변경(최초 적용이 아님)
> ㉤ 표시통화의 변경

④ 회계정책 변경에 해당하지 않는 예

> ㉠ 과거에 발생한 거래와 실질이 다른 거래, 기타 사건 또는 상황에 대하여 다른 회계정책을 적용하는 경우
> ㉡ 과거에 발생하지 않았거나 발생하였어도 중요하지 않았던 거래, 기타 사건 또는 상황에 대하여 새로운 회계정책을 적용하는 경우

⑤ 회계정책의 변경 적용
   ㉠ 원칙(소급적용) : 새로운 회계정책이 처음부터 적용된 것처럼 조정
      비교표시되는 가장 이른 과거기간의 영향받은 자본의 각 구성요소의 기초금액과 비교 공시되는 각 과거기간의 기타 대응금액을 새로운 회계정책이 처음부터 적용된 것처럼 조정
   ㉡ 비교표시되는 하나 이상의 과거기간의 비교정보에 대해 특정기간에 미치는 회계정책 변경의 영향을 실무적으로 결정할 수 없는 경우, 실무적으로 소급적용할 수 있는 가장 이른 회계기간(당기일 수 있음)의 자산 및 부채의 기초장부금액에 새로운 회계정책을 적용
   ㉢ 과거기간 전체에 대한 누적효과를 결정할 수 없는 경우 당기 재무제표부터 전진하여 적용

2. 회계추정의 변경

추정의 적용 근거가 되었던 상황이 변화하거나 경험치가 조정되는 등의 사유로 종전의 회계적 추정치를 변경하는 것

① 회계추정의 예

> 손실(대손), 재고자산 진부화, 금융자산이나 금융부채의 공정가치, 감가상각자산의 내용연수 또는 감가상각자산에 내재된 미래경제적효익의 기대소비행태, 품질보증의무 등

② 회계추정의 변경 회계처리 : 전진법
  회계추정의 변경 전 장부금액을 회계변경 이후의 기간에만 추정 변경의 효과를 반영
③ 회계정책의 변경과 회계추정의 변경을 구분하기 어려운 경우 회계추정의 변경으로 본다.

2 오류수정

기준서에서 허용되지 않는 방법에서 허용되는 방법으로의 수정

1. 오류의 종류

① 당기순이익에 영향을 미치지 않는 단순 분류상의 오류
② 당기순이익에 영향을 미치는 오류

▶ 중요한 오류는 소급재작성하는 것이 원칙이다.

자동조정오류	비자동조정오류
해당 회계의 오류가 두 회계기간이 지나면 자동으로 상쇄되는 오류 예 재고자산 오류, 선급비용 오류, 선수수익 오류, 미수(미지급)수익 오류 등	회계오류가 발생한 회계연도 및 다음 회계연도가 경과하여도 오류가 조정되지 않는 오류 예 자본적지출을 수익적지출로 처리, 자산의 인식대상을 비용으로 처리 등

※ 오류는 발견한 시점에 수정하여야 한다.

2. 재고자산 오류

예 20×1년 말 기말재고자산이 ₩1,000 과대계상되었을 때 오류수정

20×1년 말 오류발견 시	(차) 매출원가	1,000	(대) 기말재고	1,000
20×2년 초 오류발견 시	(차) 이익잉여금	1,000	(대) 기초재고	1,000
20×2년 말 마감전발견	(차) 이익잉여금	1,000	(대) 매출원가	1,000
20×2년 장부마감 후	(차) 이익잉여금	1,000	(대) 이익잉여금	1,000

재고자산의 오류는 두 회계기간이 지나 장부가 마감되는 경우 자동으로 조정된다.

3. 비자동조정오류

① 회사의 오류 분개

② 올바른 회계처리

③ **역분개** : 역분개란 회사의 분개와 올바른 분개를 정리하는 것으로 재무상태표 계정을 우선 정리한 뒤, 포괄손익계산서의 당기분을 조정한 후 차이는 이월이익잉여금에서 조정한다.

---

01 회계변경을 회계정책의 변경과 회계추정의 변경으로 분류할 때, 그 분류가 다른 것은?

▶ 17년 국가직 9급

① 감가상각자산의 감가상각방법을 정률법에서 정액법으로 변경

② 감가상각자산의 내용연수를 10년에서 15년으로 변경

③ 감가상각자산의 잔존가치를 취득원가의 10%에서 5%로 변경

④ 감가상각자산의 측정모형을 원가모형에서 재평가모형으로 변경

02 회계정책의 변경에 해당하지 않는 것은?

▶ 17년 국가직 7급

① 유형자산 감가상각 방법을 정액법에서 정률법으로 변경

② 투자부동산 평가방법을 원가모형에서 공정가치모형으로 변경

③ 재고자산 측정방법을 선입선출법에서 평균법으로 변경

④ 영업권에 대해 정액법 상각에서 손상모형으로 변경

03 다음 회계변경 중 그 성격이 다른 하나는?

▶ 16년 서울시 7급

① 감가상각방법을 정액법에서 정률법으로 변경

② 금융자산에 대한 손실(대손)가능성 추정의 변경

③ 재고자산의 단가결정방법을 선입선출법에서 평균법으로 변경

④ 재고자산의 진부화에 대한 판단 변경

04 회계정책이나 회계추정의 변경과 관련된 설명으로 옳지 않은 것은? ▸14년 국가직 7급

① 측정기준의 변경은 회계추정의 변경이 아니라 회계정책의 변경에 해당한다.
② 유형자산에 대한 감가상각방법의 변경은 회계추정의 변경으로 간주한다.
③ '일반적으로 인정되는 회계원칙'이 아닌 회계정책에서 '일반적으로 인정되는 회계원칙'의 회계정책으로의 변경은 오류수정이다.
④ 소급법은 재무제표의 신뢰성은 유지되지만 비교가능성이 상실된다.

05 기업회계기준서 제1008호 '회계정책, 회계추정의 변경 및 오류'에 대한 설명으로 옳은 것은?

▸15년 국가직 7급

① 회계정책의 변경은 특정기간에 미치는 영향이나 누적효과를 실무적으로 결정할 수 없는 경우를 제외하고는 소급적용한다.
② 과거에 발생하지 않았거나 발생하였어도 중요하지 않았던 거래, 기타 사건 또는 상황에 대하여 새로운 회계정책을 적용하는 경우는 회계정책의 변경에 해당된다.
③ 유형자산이나 무형자산에 대하여 재평가하는 회계정책을 최초로 적용하는 경우의 회계정책 변경은 소급법을 적용한다.
④ 회계정책의 변경과 회계추정의 변경을 구분하기가 어려운 경우에는 이를 회계정책의 변경으로 본다.

06 회계정책, 회계추정의 변경, 오류의 수정에 대한 설명으로 옳지 않은 것은? ▸20년 지방직 9급

① 회계정책의 변경은 특정기간에 미치는 영향이나 누적효과를 실무적으로 결정할 수 없는 경우를 제외하고는 소급적용한다.
② 회계정책의 변경과 회계추정의 변경을 구분하는 것이 어려운 경우에는 이를 회계정책의 변경으로 본다.
③ 측정기준의 변경은 회계추정의 변경이 아니라 회계정책의 변경에 해당한다.
④ 전기오류는 특정기간에 미치는 오류의 영향이나 오류의 누적효과를 실무적으로 결정할 수 없는 경우를 제외하고는 소급재작성에 의하여 수정한다.

07 회계정책, 회계추정의 변경 및 오류에 대한 설명으로 옳지 않은 것은?   ▸ 23년 지방직 9급

① 투입변수나 측정기법의 변경이 회계추정치에 미치는 영향은 전기오류수정에서 비롯되지 않는 한 회계추정치 변경이다.

② 기업의 재무상태, 재무성과 또는 현금흐름을 특정한 의도대로 표시하기 위하여 중요하거나 중요하지 않은 오류를 포함하여 작성된 재무제표는 「한국채택국제회계기준」에 따라 작성되었다고 할 수 없다.

③ 회계추정의 변경효과가 변경이 발생한 기간과 미래기간에 모두 영향을 미치는 경우 발생한 기간에는 회계추정 변경 효과를 당기손익에 포함하여 전진적으로 인식하고, 미래기간에는 회계추정 변경 효과를 기타포괄손익으로 하여 전진적으로 인식한다.

④ 당기 중에 발견한 당기의 잠재적 오류는 재무제표의 발행승인일 전에 수정한다. 그러나 중요한 오류를 후속기간에 발견하는 경우, 이러한 전기오류는 해당 후속기간의 재무제표에 비교표시된 재무정보를 재작성하여 수정한다.

08 (주)한국이 20×1년에 재고자산 평가방법을 선입선출법에서 총평균법으로 변경한 결과 20×1년 기초재고자산과 기말재고자산이 각각 ₩50,000, ₩20,000 감소하였다. 이와 같은 회계변경이 (주)한국의 20×1년 기초이익잉여금과 당기순이익에 미치는 영향은?

▸ 19년 지방직 9급

	기초이익잉여금	당기순이익
①	₩50,000 감소	₩20,000 감소
②	₩50,000 증가	₩20,000 감소
③	₩50,000 감소	₩30,000 증가
④	영향 없음	₩30,000 증가

09 (주)서울의 경리부장은 2017년의 당기순이익이 ₩15,000,000이라고 사장에게 보고하였다. 사장은 경리부장의 보고 자료를 검토한 결과 2017년의 회계처리상 다음과 같은 오류가 있었음을 발견하였다. 이를 기초로 (주)서울의 올바른 당기순이익을 구하면 얼마인가?

▶ 17년 서울시 9급

• 미지급비용의 과소계상액 ₩1,000,000	• 기초상품의 과소계상액 ₩700,000
• 미수수익의 과소계상액 ₩800,000	• 기말상품의 과대계상액 ₩400,000

① ₩13,700,000　　　　　　② ₩14,500,000

③ ₩14,800,000　　　　　　④ ₩15,100,000

10 (주)서울이 보고한 2007년의 당기순이익은 ₩1,000이다. 회사는 2006년 기말재고자산이 ₩300 과대계상되었고 2007년 기말재고자산이 ₩300 과소계상되었음을 발견하였다. 이러한 재고자산 오류가 발생하지 않았다면 (주)서울이 2007년도에 보고할 당기순이익은? (단, 법인세 효과는 무시한다.)

▶ 08년 국가직 9급

① ₩400　　　　　　② ₩700

③ ₩1,000　　　　　　④ ₩1,600

11 (주)대한은 2016년에 처음 회계감사를 받았는데, 기말상품재고에 대하여 다음과 같은 오류가 발견되었다. 각 연도별로 (주)대한이 보고한 당기순이익이 다음과 같을 때, 2016년의 오류 수정 후 당기순이익은? (단, 법인세효과는 무시한다.)

▶ 16년 국가직 9급

연도	당기순이익	기말상품재고 오류
2014년	₩15,000	₩2,000(과소평가)
2015년	₩20,000	₩3,000(과소평가)
2016년	₩25,000	₩2,000(과대평가)

① ₩25,000　　　　　　② ₩23,000

③ ₩22,000　　　　　　④ ₩20,000

12 (주)한국은 20×2년 말 장부 마감 전에 다음과 같은 오류사항을 발견하였다.

> • 20×2년 외상매입액 ₩10,000을 20×1년에 매입으로 회계처리하였음
> • 20×1년 기말재고자산 ₩20,000이 과대계상되었음

(주)한국의 오류수정에 대한 회계처리가 20×2년도 당기순이익에 미치는 영향은?

▶ 23년 국가직 9급

① ₩10,000 감소   ② ₩10,000 증가
③ ₩30,000 감소   ④ ₩30,000 증가

13 12월 결산법인인 서울(주)는 실지재고조사법으로 회계처리하는 회사이다. 서울(주)는 상품을 20×1년 12월 28일 선적지인도조건으로 외상 매입하였으며 12월 31일 현재 운송 중이다. 서울(주)는 해당 매입분에 대한 매입 기록을 하지 않았으며, 기말재고자산에 누락하였다. 이에 대한 20×1년 말 자산, 부채, 자본, 당기순이익에 미치는 영향으로 올바른 것은?

▶ 14년 서울시 9급

① 자산 : 영향 없음, 부채 : 과소 계상, 자본 : 과대 계상, 당기순이익 : 과대 계상
② 자산 : 영향 없음, 부채 : 과대 계상, 자본 : 과소 계상, 당기순이익 : 과소 계상
③ 자산 : 과소 계상, 부채 : 과소 계상, 자본 : 영향 없음, 당기순이익 : 영향 없음
④ 자산 : 과소 계상, 부채 : 영향 없음, 자본 : 과소 계상, 당기순이익 : 과소 계상
⑤ 자산 : 과소 계상, 부채 : 과대 계상, 자본 : 과소 계상, 당기순이익 : 영향 없음

14 12월 말 결산법인인 (주)한국은 당기와 전기금액을 비교표시하는 형태로 재무제표를 작성하고 있다. (주)한국은 2011년 급여 ₩20,000에 대한 회계처리를 누락하고, 2011년도 결산이 마무리된 후인 2012년 6월 30일에 동 급여를 지급하여 비용으로 계상하였다. (주)한국이 2012년 11월 1일에 이러한 오류를 발견하였다면, 전기오류수정을 위한 회계처리로 옳은 것은?

▶ 12년 국가직 9급

① (차변) 급여 　　　　　 ₩20,000　 (대변) 현금 　　　　　 ₩20,000
② (차변) 이익잉여금 　　 ₩20,000　 (대변) 급여 　　　　　 ₩20,000
③ (차변) 급여 　　　　　 ₩20,000　 (대변) 이익잉여금 　　 ₩20,000
④ (차변) 미지급급여 　　 ₩20,000　 (대변) 급여 　　　　　 ₩20,000

15 다음은 (주)한국의 비품과 관련된 내용이다. 오류수정 분개로 옳은 것은?　 ▶ 16년 국가직 9급

> (주)한국은 2011년 1월 1일 비품에 대한 수선비 ₩10,000을 비용으로 회계처리했어야 하나 이를 비품의 장부가액에 가산하여 정액법으로 상각하였다. 2011년 1월 1일 수선비 지출 시 비품의 잔여 내용연수는 5년이고 잔존가치는 없다. 2013년도 재무제표 마감 전 수선비 지출에 대한 오류가 발견되었다. (단, 법인세 효과는 무시하며 해당 비품의 최초 취득원가는 ₩500,000이다.)

① (차) 이익잉여금 　　　 ₩10,000　 (대) 비품 　　　　　　 ₩10,000
　　　 감가상각누계액 　 ₩6,000　　　　　 감가상각비 　　 ₩6,000
② (차) 이익잉여금 　　　 ₩10,000　 (대) 비품 　　　　　　 ₩10,000
　　　 감가상각누계액 　 ₩2,000　　　　　 감가상각비 　　 ₩2,000
③ (차) 이익잉여금 　　　 ₩4,000　　 (대) 비품 　　　　　　 ₩10,000
　　　 감가상각누계액 　 ₩6,000
④ (차) 이익잉여금 　　　 ₩6,000　　 (대) 비품 　　　　　　 ₩10,000
　　　 감가상각누계액 　 ₩6,000　　　　　 감가상각비 　　 ₩2,000

16 회계변경 또는 회계선택 결과로 당기순이익이 감소하는 것은? (단, 회계변경은 모두 정당한 변경으로 간주한다.) ▸17년 국가직 9급

① 매입한 재고자산의 단가가 계속 상승할 때, 재고자산 단위원가결정방법을 가중평균법에서 선입선출법으로 변경하였다.
② 정액법을 적용하여 감가상각하는 비품의 내용연수를 5년에서 7년으로 변경하였다.
③ 신규취득 기계장치의 감가상각비 계산시 정액법이 아닌 정률법을 선택하였다.
④ 정액법으로 감가상각하는 기계장치에 대해 수선비가 발생하여 이를 수익적 지출이 아닌 자본적 지출로 처리하였다.

17 (주)한국은 2009년도 장부의 마감 전에 다음과 같은 오류를 발견하였다.

> • 2009년 1월 1일 기계장치를 취득하면서 취득세 ₩800,000을 수익적지출로 회계처리
> • 2009년 1월 1일 차량에 대한 일상적인 수선비 ₩400,000을 자본적지출로 회계처리

이러한 회계처리 오류가 2009년도 법인세비용 차감 전 순이익에 미치는 영향은? (단, 차량 및 기계장치의 감가상각방법은 정률법이며 상각률은 40%로 동일하다.) ▸10년 국가직 7급

① ₩160,000 과대계상
② ₩240,000 과소계상
③ ₩320,000 과대계상
④ ₩480,000 과소계상

18 (주)한국의 2016년 회계오류 수정 전 법인세비용차감전순이익은 ₩300,000이다. 회계오류가 다음과 같을 때, 회계오류 수정 후 2016년도 법인세비용차감전순이익은? ▸16년 국가직 7급

회계오류 사항	2015년	2016년
기말재고자산 오류	₩8,000 과소계상	₩4,000 과대계상
선급비용을 당기비용으로 처리	₩3,000	₩2,000

① ₩287,000
② ₩288,000
③ ₩289,000
④ ₩290,000

19 (주)서울은 20×1년 초에 기계장치에 대한 수선비 ₩30,000을 기계장치에 대한 자본적지출로 처리하면서, 잔존내용연수 5년, 잔존가액 ₩0, 정액법으로 감가상각하는 오류를 범하였다. 또한 20×1년 초에 취득한 비품 ₩20,000을 자산으로 인식하지 않고 당기소모품비로 처리했는데, 동 비품은 잔존내용연수 4년, 잔존가액 ₩0, 정액법으로 감가상각했어야 옳았다. 다음 중 두 오류의 수정이 20×2년 순이익에 미치는 영향으로 옳은 것은? (단, 이러한 오류는 중대하며 20×2년도 장부는 마감되지 않은 상태이다.) ▸ 17년 서울시 9급

① ₩1,000 증가 ② ₩1,000 감소
③ ₩11,000 증가 ④ ₩11,000 감소

20 장부를 마감하기 전에 발견한 오류 중 당기순이익에 영향을 미치는 항목은? ▸ 13년 국가직 7급

① 기타포괄금융자산에 대한 평가이익을 계상하지 않았다.
② 자기주식처분이익을 과소계상하였다.
③ 매각예정으로 분류하였으나 중단영업 정의를 충족하지 않는 비유동자산을 재측정하여 인식하는 평가손익을 중단영업손익에 포함하였다.
④ 원가모형을 적용하는 유형자산의 손상차손을 계상하지 않았다.

1 주당순이익

1. 주당순이익(EPS)

$$기본주당이익 = \frac{보통주귀속이익(당기순이익 - 우선주배당금)}{가중평균유통보통주식수}$$

① 주가수익률(PER) = 주가 / EPS

② 배당성향 = 1주당 배당금 / EPS

③ EPS의 활용 : 기업간, 기간간 비교에 용이함

2. 가중평균유통보통주식수 : 주식이 유통된 월수로 가중평균

① 유상증자(시가) : 발행일부터 가중평균

② 자기주식 취득 : 취득일부터 발행주식수에서 차감

   자기주식의 처분 : 처분일부터 발행주식수에 가산

③ 자원의 실질적인 변동을 유발하지 않으면서 유통보통주식수가 변동되는 경우

   (예 무상증자, 자본전입, 주식분할, 주식병합, 공정가치 미만의 유상증자를 통한 무상증자요소 등) : 비교표시되는 최초기간의 개시일에 그러한 사건이 일어난 것처럼 비례적으로 조정. 단, 잠재적 보통주의 전환은 제외한다.

④ 공정가치 미만의 유상증자 : 공정가 유상증자와 무상증자가 혼합된 성격으로 해석

   ㉠ 유상증자 발행주식수 × 발행가액 = 발행금액
   ㉡ 공정가 발행주식수 × 공정가(전일 종가) = 발행금액
   ㉢ 무상증자 발행주식수 × ₩0 = 무상증자분

   ※ 무상증자분은 기초유통주식과 공정가 유상증자분에 주식수의 비율로 안분한다.

3. 보통주귀속이익 = 당기순이익 – 우선주 배당금

① 우선주 배당금

누적적 우선주	해당 우선주가 누적적 우선주라면, 배당결의 여부와 관계없이 해당 회계기간과 관련한 배당금을 차감
비누적적 우선주	비누적적 우선주라면 해당 회계기간에 관련하여 배당결의된 배당금만 차감

② 조기전환 유도를 위해 공정가보다 초과 지급한 금액 : 보통주 귀속이익에서 차감

2 희석주당이익

1. 전환사채 : 전환가정법

① 전기 발행된 전환사채가 전환청구하지 않았더라도 기초부터 전환한 것으로 보고 가중평균유통보통주식수 산정에 반영

② 전환사채의 전환으로 이자비용이 발생하지 않으므로 분자에 세후이자비용을 가산

$$희석주당이익 = \frac{보통주귀속이익 + 이자비용(1 - 법인세율)}{가중평균유통보통주식수 + 조정주식수}$$

2. 전환우선주 : 전환가정법

① 전기 발행된 전환우선주가 전환청구하지 않았더라도 기초부터 전환한 것으로 보고 가중평균유통보통주식수 산정에 반영

② 전환우선주의 전환으로 우선주배당금이 발생하지 않으므로 분자에 우선주배당금을 가산

$$희석주당이익 = \frac{보통주귀속이익 + 우선주배당금}{가중평균유통보통주식수 + 조정주식수}$$

---

01 다음은 (주)한국이 발행한 주식 관련 정보이다. 2012년 기본주당순이익은? ▸13년 지방직 9급

- 가중평균유통보통주식수 10,000주
- 2012년도 당기순이익 ₩4,000,000
- 2011년 7월 1일 우선주 3,000주 발행(액면배당률 4%, 액면가액 ₩5,000)

① ₩310　　　　　　　　　② ₩330
③ ₩340　　　　　　　　　④ ₩370

02 (주)한국은 20×1년 3월 7일 자기주식 500주를 매입하고 20×1년 7월 7일 이 중 100주를 소각하였다. 그리고 20×1년 8월 31일 자기주식 200주를 (주)서울에 매도하였다. (주)한국의 20×1년 자기주식거래가 (주)한국의 유통주식수에 미치는 영향은? ▸17년 국가직 7급

① 500주 감소
② 300주 감소
③ 200주 감소
④ 변화 없다.

03 (주)대한의 2010 회계연도 보통주에 귀속되는 당기순이익이 ₩1,000,000일 때, 2010년 12월 31일 결산일 현재 기본주당이익을 산출하기 위한 가중평균유통보통주식수는? (단, 가중평균유통보통주식수는 월할로 계산한다.) ▸11년 국가직 9급

〈유통보통주식수의 변동〉

일자	내용	주식수
2010년 1월 1일	기초	12,000주
2010년 3월 1일	유상증자	3,000주
2010년 7월 1일	자기주식 취득	3,000주
2010년 9월 1일	유상증자	6,000주

① 9,000주
② 15,000주
③ 18,000주
④ 21,000주

04 2007년 1월 1일 현재 (주)한국의 유통보통주식수는 10,000주이며 2007년 자본거래는 다음과 같다.

일자	내용
4월 1일	시가로 10% 유상증자 실시
5월 1일	10% 무상증자 실시
7월 1일	시가로 10% 유상증자 실시

2007년 기본주당순이익 산정을 위한 가중평균유통보통주식수는? (단, 월수를 기준으로 계산한다.) ▸08년 국가직 7급

① 13,095주
② 12,430주
③ 11,905주
④ 10,095주

05 다음 (주)한국의 20×1년 보통주 변동내역은 다음과 같다.

• 기초유통보통주식수	6,000주
• 7월 1일 보통주 무상증자	500주
• 9월 1일 보통주 공정가치 발행 유상증자	900주

20×1년 가중평균유통보통주식수는? (단, 기간은 월할 계산한다.) ▸ 22년 지방직 9급

① 6,550주 ② 6,800주
③ 6,900주 ④ 7,400주

06 12월 결산법인인 (주)한국은 2008년 1월 1일에 보통주(주당 액면가액 ₩5,000) 200,000주와 비참가적·비누적적 우선주(주당 액면가액 ₩5,000, 우선주배당률 연 6%) 10,000주를 보유하고 있다. 2008년 7월 1일 보통주에 대해서 5%의 무상증자를 실시하였다. 10월 1일에는 보통주 2,500주를 유상증자(주당 액면가액 ₩5,000)하였다. 유상신주의 배당기산일은 납입한 때이고, 발행가액은 공정가액과 일치한다. (주)한국의 2008년 당기순이익이 ₩5,106,250이라고 할 때 기본주당순이익은? (단, 가중평균유통보통주식수는 월할 계산한다.)

▸ 09년 국가직 7급

① ₩10 ② ₩11
③ ₩13 ④ ₩14

07 (주)한국의 20×1년 기초 보통주식수는 10,000주이며, 20×1년도 보통주식수 변동내역은 다음과 같다.

• 4월 1일 : 보통주 2,000주를 시장가격으로 유상증자하였다.
• 10월 1일 : 무상증자 20%를 실시하였다.
• 11월 1일 : 자기주식 1,200주를 취득하였다.

(주)한국의 20×1년 당기순이익이 ₩13,600,000인 경우 기본주당이익은? (단, 유통보통주식수는 월할 계산한다)
▸ 23년 국가직 7급

① ₩1,000 ② ₩1,150
③ ₩1,200 ④ ₩1,360

08 2015년 (주)서울의 보통주 발행주식수 변동상황은 다음과 같다. 2015년 (주)서울의 당기순이익이 ₩2,070,000이라면 기본주당순이익은 얼마인가? (단, 가중평균유통보통주식수 계산은 월할로 하며, 기본주당순이익은 소수점 첫째자리에서 반올림하여 계산한다.) ▸ 16년 서울시 7급

일자	변동내용	발행주식수
2015년 1월 1일	기초	1,500주
2015년 7월 1일	무상증자	400주
2015년 10월 1일	유상증자	400주
2015년 12월 31일	기말	2,300주

① ₩900 ② ₩1,035

③ ₩1,150 ④ ₩1,250

09 다음은 (주)한국의 20×1년 주당이익 계산과 관련한 자료이다. (주)한국의 배당결의가 이미 이루어졌을 경우 기본주당이익은? ▸ 21년 국가직 7급

- 기초유통보통주식수 : 800주(액면금액 ₩1,000)
- 기초전환우선주 : 500주(액면금액 ₩1,000, 비누적적, 비참가적)
- 20×1년 7월 1일에 400주의 전환우선주가 400주의 보통주로 전환(기중 전환된 우선주에 대해서는 보통주 배당금 지급)
- 당기순이익 : ₩50,000
- 연 배당률 : 우선주 10%, 보통주 8%

① ₩30 ② ₩35

③ ₩40 ④ ₩62.5

10 (주)한국의 주식은 주당 ₩1,000에 시장에서 거래되고 있다. 다음 자료를 이용하여 계산한 (주)한국의 가중평균유통보통주식수는? (단, 우선주는 없다.) ▶ 12년 국가직 7급

• 당기순이익	₩60,000	• 자본금	200,000
• 주가수익률(PER)	5(500%)	• 자본총계	1,000,000
• 부채총계	₩3,000,000		

① 200주 ② 300주
③ 400주 ④ 500주

11 다음의 자료를 이용하여 산출한 (주)한국의 20×1년 말 주가이익비율(PER)은? (단, 가중평균유통보통주식수는 월할 계산한다.) ▶ 18년 국가직 7급

- 20×1년도 당기순이익: ₩88
- 20×1년 1월 1일 유통보통주식수: 30주
- 20×1년 7월 1일 유상증자: 보통주 25주(주주우선배정 신주발행으로 1주당 발행가액은 ₩4이며, 이는 유상증자 권리락 직전 주당 종가 ₩5보다 현저히 낮음)
- 20×1년 12월 31일 보통주 시가: 주당 ₩6

① 1.5 ② 2.0
③ 2.5 ④ 3.0

12 주당이익에 대한 설명으로 옳은 것은? ▶ 23년 지방직 9급

① 희석주당이익을 계산할 때 희석효과가 있는 옵션이나 주식매입권은 행사된 것으로 가정한다. 이 경우 권리행사에서 예상되는 현금유입액은 보통주를 직전 회계기간의 기말종가 기준으로 발행하여 유입된 것으로 가정한다.

② 보유자의 선택에 따라 보통주나 현금으로 결제하게 되는 계약의 경우에는 주식결제와 현금결제 중 희석효과가 더 큰 방법으로 결제된다고 가정하여 희석주당이익을 계산한다.

③ 유통되는 보통주식수나 잠재적보통주식수가 자본금전입, 무상증자, 주식분할로 증가하였거나 주식병합으로 감소하더라도, 비교표시하는 기본주당이익과 희석주당이익을 소급하여 수정하지 않는다.

④ 중단영업에 대해 보고하는 기업은 중단영업에 대한 기본주당이익과 희석주당이익을 포괄손익계산서에 표시하지 않으며, 주석으로도 공시하지 않는다.

Chapter 19 관계기업투자주식

1 관계기업

1. 유의적인 영향력

① 투자자가 직접 또는 간접으로 피투자자에 대한 의결권의 20% 이상 소유하는 경우 유의적인 영향력이 있는 것으로 본다.

② 20%의 지분율을 판단할 때에는 잠재적인 의결권도 고려한다.

③ 지분율이 20% 미만이라고 하더라도 다음의 경우에는 유의적인 영향력이 있다.

> ㉠ 피투자회사의 이사회나 이에 준하는 의사결정기구에의 참여
> ㉡ 배당이나 다른 분배에 관한 의사결정에 참여하는 것을 포함하여 정책결정과정에 참여
> ㉢ 투자자와 피투자자 사이의 중요한 거래
> ㉣ 경영진의 상호 교류
> ㉤ 필수적 기술정보의 제공

2. 지분법 회계처리

취득 시	(차) 관계기업투자주식	×××	(대) 현금	×××
결산 시	(차) 관계기업투자주식	×××	(대) 지분법이익	×××
결산 시	(차) 관계기업투자주식	×××	(대) 지분법자본변동	×××
현금배당 시	(차) 현금	×××	(대) 관계기업투자주식	×××

① 지분법손익(당기손익) = 피투자회사의 당기순손익 × 지분율

② 지분법자본변동(기타포괄손익) = 피투자회사의 기타포괄손익 × 지분율

③ 현금배당금 = 피투자회사의 배당금총액 × 지분율

01 금융자산 및 기업 간 투자에 대한 설명으로 옳은 것은? ▸ 15년 국가직 9급

① 관계기업투자주식을 보유한 기업이 피투자회사로부터 배당금을 받는 경우 관계기업투자주식의 장부가액은 증가한다.

② 타회사가 발행한 채무금융자산의 취득 금액이 해당 기업의 보통주 가격의 20% 이상이 되는 경우, 해당 기업의 경영에 유의적인 영향력을 미칠 수 있기에 관계기업투자로 분류한다.

③ 금융기관이 가지고 있는 당기손익금융자산은 기말에 공정가치평가손익을 포괄손익계산서에서 기타포괄손익으로 표시한다.

④ 만기가 고정된 비파생금융자산인 채무금융자산을 취득한 후 해당 금융자산을 만기까지 보유할 적극적인 의도와 능력이 있는 경우 상각후원가측정금융자산으로 분류한다.

02 (주)경북은 (주)대구의 발행주식 중 40%를 2006년 초에 공정가치 상당액인 ₩400,000에 취득하였다. 2006년도 (주)대구의 당기순이익은 ₩50,000이었다. 국제기업회계기준에 따라 2006년도 말 (주)경북의 재무상태표에 계상될 지분법적용투자주식의 금액은 얼마인가?

▸ 07년 국가직 9급

① ₩400,000 ② ₩420,000

③ ₩430,000 ④ ₩450,000

03 12월 결산법인인 (주)한국은 2008년 초에 (주)대한이 발행한 주식의 25%인 200주를 주당 ₩5,000에 현금으로 매입하였다. 2008년 말 (주)대한은 당기순이익 ₩6,000,000을 보고하였으며, 동일자에 주주들에게 배당금 ₩300,000을 지급하였다. 이상의 거래만을 고려할 경우 2008년 말 (주)한국의 지분법적용투자주식과 지분법이익은? ▸ 09년 국가직 7급

	지분법적용투자주식	지분법이익
①	₩2,425,000	₩1,500,000
②	₩2,425,000	₩1,425,000
③	₩2,500,000	₩1,500,000
④	₩2,500,000	₩1,425,000

04 (주)한국은 2008년 12월 31일 (주)소한의 의결권주식의 20%(20주)를 ₩20,000에 취득하여 중대한 영향력을 행사하게 되었다. 취득당시 (주)소한의 자산과 부채의 장부가액은 공정가치와 일치하였으며 투자차액은 없었다. (주)소한은 2009년 8월 20일 중간배당금으로 현금 ₩10,000을 지급하였다. (주)소한의 2009년도 순자산변동은 당기순이익 ₩40,000과 기타포괄금융자산평가손실 ₩10,000에 의해 발생하였다. (주)한국의 2009년도 지분법이익과 2009년 말 지분법적용투자주식은? (단, (주)한국과 (주)소한의 결산일은 12월 31일이다.)

▶ 10년 국가직 7급

	지분법이익	지분법적용투자주식
①	₩8,000	₩24,000
②	₩6,000	₩28,000
③	₩10,000	₩26,000
④	₩8,000	₩26,000

05 (주)한국은 20×1년 초에 A 사 유통보통주식 1,000주 가운데 30%에 해당하는 주식을 주당 ₩2,000에 취득함으로써 A 사에 유의적인 영향력을 행사하게 되었다. A 사는 20×1년 9월 말에 1주당 ₩50의 현금배당을 선언하고 지급하였으며, 20×1년 말에 당기순손실 ₩200,000을 보고하였다. (주)한국이 20×1년 말 재무상태표에 표시할 관계기업투자주식은? ▶ 22년 지방직 9급

① ₩525,000
② ₩540,000
③ ₩585,000
④ ₩600,000

06 (주)한국은 20×1년 1월 1일 장기투자 목적으로 (주)서울의 발행주식 중 25%를 취득하였고, 이 주식에 지분법을 적용하고 있다. 취득 시점에 (주)서울의 순자산장부금액에 대한 (주)한국의 지분금액은 취득 당시 매입가격과 일치하였다. (주)서울은 20×1년 당기순이익으로 ₩12,000을 보고하였고 동일 회계연도에 ₩6,000의 현금을 배당하였다. (주)한국의 20×1년 회계연도 말 재무상태표에 표시된 (주)서울에 대한 투자주식 금액이 ₩50,000이라면, (주)한국의 20×1년 1월 1일 (주)서울 주식의 취득원가는? (단, 두 기업 간 내부거래는 없었다.)

▸17년 국가직 7급

① ₩48,500　　　　　　　　　　② ₩50,000
③ ₩51,500　　　　　　　　　　④ ₩53,000

07 20×1년 초에 (주)서울은 (주)나라의 보통주식 20%를 ₩1,000,000에 취득하면서 (주)나라에 대해 유의적인 영향력을 갖게 되었다. 20×1년 초 (주)나라의 순자산의 장부금액은 ₩4,500,000이었으며, 건물을 제외한 자산과 부채에 대해서는 공정가액과 장부금액이 일치하였다. 동 건물의 공정가치는 장부금액보다 ₩200,000 높게 평가되었으며, 잔존내용연수 10년, 잔존가액 ₩0, 정액법으로 감가상각하고 있다. (주)나라의 20×1년 순이익은 ₩100,000이다. (주)서울의 20×1년 재무제표상 관계기업투자주식은 얼마인가?

▸17년 서울시 7급

① ₩1,012,000　　　　　　　　　② ₩1,016,000
③ ₩1,020,000　　　　　　　　　④ ₩1,024,000

08 (주)전라는 지분법적용투자주식으로 (주)대전의 발행주식 중 40%에 해당하는 100주를 보유하고 있다. 동 주식의 2008년 10월 31일의 장부가액은 주당 ₩10,000이었고, 시가는 주당 ₩12,000이었다. 2008년 12월 31일 결산결과 (주)대전의 당기순이익은 ₩40,000이었다. (주)대전은 2009년 1월에 주당 ₩100의 배당금을 지급하였다. (주)전라는 2009년 3월 5일 보유 중이던 (주)대전의 주식을 주당 ₩13,000에 모두 처분하였다. (주)전라의 주식처분 시의 옳은 분개는?

▶ 09년 국가직 9급

	차변		대변	
①	현금	₩1,300,000	지분법적용투자주식	₩1,000,000
			지분법적용투자주식처분이익	₩300,000
②	현금	₩1,300,000	지분법적용투자주식	₩1,006,000
			지분법적용투자주식처분이익	₩294,000
③	현금	₩1,300,000	지분법적용투자주식	₩1,200,000
			지분법적용투자주식처분이익	₩100,000
④	현금	₩1,300,000	지분법적용투자주식	₩1,184,000
			지분법적용투자주식처분이익	₩116,000

09 (주)한국은 2016년 4월 1일에 (주)대한의 의결권 있는 주식 25%를 ₩1,000,000에 취득하였다. 취득 당시 (주)대한의 자산과 부채의 공정가치는 각각 ₩15,000,000, ₩12,000,000이다. (주)대한은 2016년 당기순이익으로 ₩600,000을 보고하였으며 2017년 3월 1일에 ₩200,000의 현금배당을 지급하였다. 2017년 9월 1일에 (주)한국은 (주)대한의 주식 전부를 ₩930,000에 처분하였다. 위의 관계기업투자에 대한 설명으로 옳은 것은?

▶ 18년 지방직 9급

① (주)대한의 순자산 공정가치는 ₩3,000,000이므로 (주)한국은 (주)대한의 주식 취득 시 ₩250,000의 영업권을 별도로 기록한다.
② (주)대한의 2016년 당기순이익은 (주)한국의 관계기업투자 장부금액을 ₩150,000만큼 증가시킨다.
③ (주)대한의 현금배당은 (주)한국의 당기순이익을 ₩50,000만큼 증가시킨다.
④ (주)한국의 관계기업투자 처분손실은 ₩70,000이다.

10 (주)서울은 20×1년 1월 1일 (주)경기의 발행주식 40%를 ₩800,000에 취득하여 지분법으로 평가하고 있다. 20×1년 1월 1일 (주)경기의 순자산 장부금액은 ₩1,500,000이었으며, (주)경기의 건물 장부금액은 공정가치보다 ₩300,000 과소평가되었다. 과소평가된 건물의 잔존내용연수는 6년, 정액법으로 감가상각된다고 가정한다. (주)경기의 20×1년 당기순이익은 ₩100,000, 20×2년 당기순이익은 ₩200,000일 경우 20×2년 12월 31일 (주)서울이 보고할 관계기업투자주식은? ▸20년 서울시 7급

① ₩800,000   ② ₩820,000
③ ₩880,000   ④ ₩920,000

11 (주)대한은 20×1년 1월 1일에 (주)한국의 지분 30%를 ₩30,600에 취득하여 유의적인 영향력을 행사하게 되었다. 20×1년 1월 1일 (주)한국의 장부상 순자산가액은 ₩100,000이며, 장부금액과 공정가치가 다른 항목은 다음과 같다.

구분	장부금액	공정가치	비고
상각자산	₩9,000	₩10,000	정액법 상각, 잔여내용연수 5년, 잔존가치 ₩0
재고자산	₩3,000	₩4,000	20×1년 중 모두 (주)A에 판매

(주)한국의 20×1년 당기순이익이 ₩2,200일 때, (주)대한이 20×1년 인식할 지분법평가이익은? ▸21년 국가직 7급

① ₩60   ② ₩300
③ ₩600   ④ ₩660

20 재무제표 분석

1 안전성비율

1. 유동비율

유동비율 = 유동자산 / 유동부채

① 유동비율은 통상 200% 이상을 안전한 수준으로 판단한다.
② 유동비율은 높으면 높을수록 좋다. (×) → 유동비율이 너무 높은 경우 기업의 성장성은 낮게 평가될 수 있다.
③ 회계처리 시 유동비율의 변화

기존 유동비율	유동자산과 유동부채가 동시에 증가하는 경우	유동자산과 유동부채가 동시에 감소하는 경우
유동비율 > 1	유동비율 감소	유동비율 증가
유동비율 = 1	유동비율 불변	유동비율 불변
유동비율 < 1	유동비율 증가	유동비율 감소

2. 당좌비율

당좌비율 = 당좌자산 / 유동부채

※ 당좌자산 = 유동자산 − 재고자산

3. 부채비율

부채비율 = 총부채 / 자기자본

4. 이자보상비율

이자보상비율 = EBIT* / 이자비용
* EBIT = 이자비용 + 법인세비용차감전순이익

※ 이자보상비율은 높을수록 안전한 것으로 본다.

2 수익성비율

1. 매출액이익률

$$매출액영업이익률 = 영업이익 / 매출액$$

2. 총자산이익률

$$총자산순이익률 = 당기순이익 / 총자산$$

3. 주가수익률(PER)

$$주가수익률 = 주당 시가 / EPS(주당순이익)$$

4. 자기자본이익률(ROE)

$$ROE = (순이익/매출액) \times (매출액/총자산) \times (총자산/자기자본)$$
$$= 매출액순이익률 \times 총자산회전율 \times (1 + 부채비율)$$

3 활동성비율

1. 매출채권회전율

$$매출채권회전율 = 매출액 / 평균매출채권*$$
$$* \ 평균매출채권 = (기초매출채권 + 기말매출채권) \div 2$$

2. 매출채권평균회수기간

$$매출채권평균회수기간 = 365일 / 매출채권회전율$$

3. 재고자산회전율

$$재고자산회전율 = 매출원가 / 평균재고자산$$

4. 재고자산평균회수기간

$$재고자산평균회수기간 = 365일 / 재고자산회전율$$

5. 정상영업주기

$$정상영업주기 = 매출채권평균회수기간 + 재고자산평균회수기간$$

01 12월 결산법인인 서울(주)의 12월 말 재무제표에는 다음의 계정과목을 포함하고 있다.

• 외상매입금	₩10,000	• 감가상각누계액	₩10,000
• 급여	₩10,000	• 미지급이자	₩10,000
• 광고비	₩10,000	• 지급어음 A	₩10,000
• 미지급급여	₩10,000	• 지급어음 B	₩10,000
• 이자비용	₩10,000	• 장기차입금	₩10,000

지급어음 A의 만기는 1개월이며, 지급어음 B의 만기는 5년이다. 유동자산이 ₩100,000이라면 서울(주)의 유동비율은 얼마인가? ▸ 14년 서울시 9급

① 1   ② 1.5
③ 2   ④ 3
⑤ 2.5

02 다음은 (주)한국의 2015년 12월 31일 재무상태표이다.

<table>
<tr><th colspan="4">재무상태표</th></tr>
<tr><td>(주)한국</td><td>2015년 12월 31일 현재</td><td colspan="2">(단위:원)</td></tr>
<tr><td>현 금</td><td>₩2,000</td><td>매입채무</td><td>?</td></tr>
<tr><td>매출채권</td><td>?</td><td>단기차입금</td><td>₩2,000</td></tr>
<tr><td>재고자산</td><td>?</td><td>사채</td><td>₩10,000</td></tr>
<tr><td>유형자산</td><td>₩20,000</td><td>자본금</td><td>?</td></tr>
<tr><td></td><td></td><td>이익잉여금</td><td>₩5,000</td></tr>
<tr><td>자산 합계</td><td>₩50,000</td><td>부채와 자본 합계</td><td>₩50,000</td></tr>
</table>

2015년 12월 31일 현재 유동비율이 300%일 때, 자본금은? ▸ 16년 지방직 9급

① ₩15,000   ② ₩20,000
③ ₩23,000   ④ ₩25,000

03 유동비율이 150%일 때, 유동비율을 감소시키는 거래는?   ▸ 15년 국가직 9급

  ① 매출채권의 현금회수   ② 상품의 외상매입
  ③ 매입채무의 현금지급   ④ 장기대여금의 현금회수

04 (주)한국의 현재 유동비율은 130%, 당좌비율은 80%이다. 매입채무를 현금으로 상환하였을
  때 유동비율과 당좌비율에 각각 미치는 영향은?   ▸ 15년 지방직 9급

	유동비율	당좌비율
①	감소	영향 없음
②	증가	영향 없음
③	감소	증가
④	증가	감소

05 (주)한국의 20×1년 3월 20일 당좌비율은 75%, 유동비율은 140%이다. (주)한국이 20×1
  년 3월 30일 매입채무를 현금 100,000으로 상환할 경우, 당좌비율과 유동비율에 미치는 영
  향을 바르게 연결한 것은?   ▸ 23년 관세직 9급

	당좌비율	유동비율
①	증가	증가
②	감소	증가
③	감소	감소
④	변동 없음	변동 없음

06 (주)한국의 현재 유동자산은 ₩100, 유동부채는 ₩200이다. 다음 거래가 (주)한국의 유동비율에 미치는 영향으로 옳지 않은 것은? ▸ 20년 국가직 9급

① 토지를 ₩30에 취득하면서 취득 대금 중 ₩10은 현금으로 지급하고 나머지는 2년 후에 지급하기로 한 거래는 유동비율을 감소시킨다.

② 재고자산을 현금 ₩10에 구입한 거래는 유동비율에 영향을 미치지 않는다.

③ 단기차입금을 현금 ₩20으로 상환한 거래는 유동비율에 영향을 미치지 않는다.

④ 3년 만기 사채를 발행하고 현금 ₩30을 수령한 거래는 유동비율을 증가시킨다.

07 (주)한국은 상품을 ₩500에 구입하면서 대금 중 ₩250은 현금으로 지급하고 나머지는 3개월 이내에 갚기로 하였다. 이 거래 직전의 유동비율과 당좌비율이 각각 200%, 100%라고 할 때, 이 거래가 유동비율과 당좌비율에 미치는 영향으로 옳은 것은? ▸ 17년 국가직 9급

	유동비율	당좌비율
①	감소	감소
②	변동없음	감소
③	감소	변동없음
④	변동없음	변동없음

08 유동비율의 증가 혹은 감소에 관한 설명으로 옳은 것은? ▸ 17년 서울시 7급

① 취득 이후 3년간 감가상각한 기계장치를 장부가액으로 처분하면 유동비율에 변화가 없다.

② 유동비율이 150%인 상황에서 미지급배당금을 현금으로 지급하면 유동비율이 감소한다.

③ 유동비율이 90%인 상황에서 매입채무를 현금으로 상환하면 유동비율이 증가한다.

④ 보통주를 액면가액보다 낮은 가액으로 발행하여 현금을 조달하면 유동비율이 증가한다.

09 (주)한국의 20×1년 말 재무상태표는 다음과 같다. 유동비율과 당좌비율이 각각 150%와 120%일 때, 재고자산(A)과 장기차입금(B)을 바르게 연결한 것은?　▶ 23년 지방직 9급

재무상태표

유동자산			유동부채		
현금	₩2,000		매입채무	₩1,000	
매출채권			단기차입금		
재고자산	A		비유동부채		
비유동자산		₩16,000	장기차입금	B	
유형자산	₩8,000		부채총계		
투자부동산	₩2,000		자본금	₩5,000	
무형자산	₩6,000		이익잉여금	₩8,000	
			자본총계		₩13,000
자산총계		₩28,000	부채 및 자본 총계		₩28,000

	재고자산(A)	장기차입금(B)
①	₩2,400	₩7,000
②	₩2,400	₩8,000
③	₩7,600	₩7,000
④	₩7,600	₩8,000

10 (주)한국의 2008년 12월 31일 현재 유동비율, 당좌비율, 그리고 부채비율은 각각 200%, 100%, 150%이었다. 2009년 1월 초에 재고자산 ₩100,000을 외상매입한 경우에 유동비율, 당좌비율, 그리고 부채비율에 나타나는 변화는?　▶ 09년 국가직 7급

① 유동비율 감소, 당좌비율 감소, 부채비율 불변
② 유동비율 불변, 당좌비율 증가, 부채비율 감소
③ 유동비율 감소, 당좌비율 감소, 부채비율 증가
④ 유동비율 증가, 당좌비율 불변, 부채비율 불변

11 (주)한국의 현재 유동비율과 부채비율은 각각 200%와 100%이다. (주)한국이 2년 후 만기가 도래하는 장기차입금을 현금으로 조기 상환한 경우 유동비율과 부채비율에 미치는 영향은?

▸ 18년 국가직 9급

	유동비율	부채비율
①	증가	증가
②	감소	감소
③	증가	감소
④	감소	증가

12 (주)갑의 당기 매출액은 ₩50,000,000이다. 그리고 (주)갑의 기말 현재 유동부채는 ₩3,000,000, 유동비율은 300%, 당좌비율은 200%이다. 재고자산회전율이 12회일 경우 매출총이익은? (단, 재고자산회전율은 기말재고자산과 매출원가를 기준으로 산정된 것이다.) ▸ 10년 국가직 9급

① ₩10,000,000 　　　　　　　　　② ₩14,000,000

③ ₩20,000,000 　　　　　　　　　④ ₩24,000,000

13 (주)한국의 20×1년 매출액은 ₩3,000,000이고, 기초재고자산은 ₩100,000이었다. 20×1년 말 유동부채는 ₩100,000, 유동비율은 400%, 당좌비율은 100%이다. 또한, 재고자산평균처리기간이 36일이라면 매출총이익은? (단, 재고자산은 상품으로만 구성되어 있고, 1년은 360일로 계산한다.)

▸ 21년 국가직 9급

① ₩0 　　　　　　　　　② ₩500,000

③ ₩1,000,000 　　　　　　　　　④ ₩2,000,000

14 (주)한국의 20×1년 초 재고자산은 ₩25,000이고, 당기매입액은 ₩95,000이다. (주)한국의 20×1년 말 유동비율은 120%, 당좌비율은 70%, 유동부채는 ₩80,000일 때, 20×1년도 매출원가는? (단, 재고자산은 상품으로만 구성되어 있다.)

▸ 19년 국가직 9급

① ₩52,000 　　　　　　　　　② ₩64,000

③ ₩76,000 　　　　　　　　　④ ₩80,000

15 (주)대한의 기초재고자산과 기말재고자산은 각각 ₩400, 유동부채는 ₩500, 매출총이익은 ₩6,000, 유동비율은 200%, 매출총이익률은 60%인 경우 재고자산회전율과 당좌비율은? (단, 재고자산회전율은 매출원가를 기준으로 한다.) ▸ 18년 국가직 7급

	재고자산회전율(회)	당좌비율(%)
①	10	60
②	10	120
③	25	60
④	25	120

16 아래 표는 (가) ~ (라) 기업들의 2009 회계연도 자산총액(평균)과 재무비율의 일부이다. 2009 회계연도의 당기순이익이 가장 큰 기업은? ▸ 10년 국가직 9급

기업	자산총액(평균)	매출액순이익률	총자산회전율
(가)	₩100,000	40%	1회
(나)	₩200,000	30%	2회
(다)	₩300,000	20%	3회
(라)	₩400,000	10%	4회

① 가 ② 나
③ 다 ④ 라

17 다음 자료를 토대로 계산한 (주)한국의 당기순이익은? ▸ 16년 국가직 9급

• 평균총자산액	₩3,000	• 매출액순이익률	20%
• 부채비율(= 부채/자본)	200%	• 총자산회전율(평균총자산 기준)	0.5회

① ₩100 ② ₩200
③ ₩300 ④ ₩400

18 다음은 (주)서울의 재무비율과 관련된 자료이다. 재무비율에 대한 설명으로 가장 옳지 않은 것은? ▶ 20년 서울시 7급

- 재무상태표 항목
  (1) 평균 총자산 : ₩40,000
  (2) 평균 자기자본 : ₩10,000
- 포괄손익계산서 항목
  (1) 매출액 : ₩20,000
  (2) 당기순이익 : ₩2,000
- 자기자본이익률은 매출액순이익률, 총자산회전율, 레버리지비율의 곱으로 계산된다.

① 레버리지비율은 3배이다. ② 매출액순이익률은 10%이다.
③ 총자산회전율은 0.5회이다. ④ 자기자본이익률은 20%이다.

19 (주)한국은 보통주만 발행하였고 2007년 중에는 자본거래가 없었다. 다음 정보를 기초로 한 설명으로 옳은 것은? (단, 총자산순이익률은 평균총자산으로 계산한다.) ▶ 08년 국가직 7급

• 당기매출액	₩2,000,000	• 당기순이익	₩100,000
• 총자산순이익률	10%	• 1주의 기말주가	₩2,000
• 발행주식수	10,000주	• 자기주식수	1,000주

① 평균총자산은 ₩500,000이다.
② 주가이익비율(PER)은 25이다.
③ 총자산회전율은 2이다.
④ 주당순이익은 ₩10이다.

20 재무비율분석과 관련된 설명으로 옳은 것은? ▶ 16년 국가직 9급

① 기업영업활동의 수익성을 분석하는 주요 비율로 자기자본이익률과 이자보상비율이 사용된다.
② 총자산이익률은 매출액순이익률과 총자산회전율의 곱으로 표현할 수 있다.
③ 유동성비율은 기업의 단기지급능력을 분석하는 데 사용되며 유동비율, 당좌비율, 총자산이익률이 주요 지표이다.
④ 이자보상비율은 기업의 이자지급능력을 측정하는 지표로 이자 및 법인세비용차감전이익을 이자비용으로 나누어 구하며 그 비율이 낮은 경우 지급능력이 양호하다고 판단할 수 있다.

21 신설법인인 (주)한국의 당기순이익은 ₩805,000이며, 보통주 1주당 ₩200의 현금배당을 실시하였다. 유통보통주식수는 1,000주(주당 액면금액 ₩500), 우선주식수는 500주(주당 액면금액 ₩100, 배당률 10%)이다. 보통주의 주당 시가를 ₩4,000이라 할 때 옳은 것은? (단, 적립금은 고려하지 않는다.)
▶ 18년 국가직 9급

① 보통주의 기본주당순이익은 ₩805이다.
② 보통주의 주가수익비율은 20%이다.
③ 보통주의 배당수익률은 5%이다.
④ 배당성향은 20%이다.

22 다음 (주)국제의 회계정보에 대한 설명으로 옳은 것은? (단, 당기 중 유통주식수의 변화는 없었다.)
▶ 18년 지방직 9급

• 당기매출액	₩1,500,000	• 발행주식수	50,000주
• 당기순이익	₩200,000	• 자기주식수	10,000주
• 총자산순이익률	20%		

① 주당순이익은 ₩5이다.
② 유통주식수는 50,000주이다.
③ 평균총자산은 ₩3,000,000이다.
④ 총자산회전율은 3회이다.

23 다음 자료를 이용한 자기자본순이익률은? (단, 비율 계산 시 총자산과 자기자본은 기초금액과 기말금액의 연평균금액으로 한다)
▶ 23년 국가직 7급

• 매출액 ₩50,000
• 당기순이익 ₩2,000
• 기말 총자산은 기초 총자산의 3배이다.
• 타인자본과 자기자본은 기초와 기말 모두 총자산에서 차지하는 비율이 1대1로 일정하다.
• 총자산회전율 2.5

① 20%   ② 25%
③ 30%   ④ 40%

기타 회계

01 종업원급여의 회계처리에 대한 설명으로 옳지 않은 것은? ▸ 20년 지방직 9급

① 확정급여채무의 현재가치란 종업원이 당기와 미래 기간에 근무용역을 제공하여 생긴 채무를 결제하기 위해 필요한 예상 미래지급액의 현재가치를 의미한다.

② 퇴직급여채무를 할인하기 위해 사용하는 할인율은 보고기간 말 현재 우량회사채의 시장수익률을 참조하여 결정한다.

③ 확정급여제도의 초과적립액이 있는 경우 순확정급여자산은 초과적립액과 자산인식상한 중에서 작은 금액으로 측정한다.

④ 기타포괄손익에 인식되는 순확정급여부채 또는 순확정급여자산의 재측정요소는 후속 기간에 당기손익으로 재분류하지 않는다.

02 (주)대한은 퇴직급여제도로 확정급여제도를 채택하고 있다. 20×1년 초 확정급여채무의 장부금액은 ₩15,000이며, 사외적립자산의 공정가치는 ₩12,000이다. 20×1년의 확정급여제도와 관련하여 발생한 재측정요소는 확정급여채무 재측정손실 ₩2,500, 사외적립자산 재측정이익 ₩600이다. 다음의 자료를 이용할 때, 20×1년 말 순확정급여부채는? (단, 자산인식상한은 고려하지 않는다.) ▸ 21년 국가직 7급

- 20×1년 순확정급여부채 계산 시 적용되는 할인율은 연 10%이다.
- 20×1년 당기근무원가는 ₩4,000이다.
- 20×1년 말 퇴직종업원에게 ₩3,000의 현금이 사외적립자산에서 지급되었다.
- 20×1년 말 사외적립자산에 ₩5,000을 현금으로 출연하였다.

① ₩4,200
② ₩4,400
③ ₩4,600
④ ₩4,800

03 (주)서울은 20×1년 초 종업원 100명에게 1인당 주식선택권을 10개씩 부여하였으며, 관련 자료는 〈보기〉와 같다. (주)서울이 20×3년 인식할 주식보상비용은? ▸ 21년 서울시 7급

- 가득요건 : 20×1년 초부터 4년간 근무
- 20×1년 초 주식선택권의 단위당 공정가치 : ₩100
- 연도별 세부자료

연도	주식선택권 단위당 기말 공정가치	해당연도 실제 퇴사자	향후 추가 퇴직 예상자
20×1	₩120	3명	14명
20×2	₩130	2명	7명
20×3	₩150	1명	4명
20×4	₩160	4명	-

① ₩13,500
② ₩23,500
③ ₩33,500
④ ₩43,500

04 (주)한국의 기능통화는 원화이며, 달러화 대비 원화의 환율은 다음과 같다.

일자	20×1.10.1.	20×1.12.31.	20×2.3.1.
환율	₩1,000	₩1,040	₩1,020

(주)한국은 20×1년 10월 1일 캐나다에 소재하는 사업목적의 토지를 $10,000에 취득하였고, 20×1년 12월 31일 현재 토지의 공정가치는 $12,000이다. (주)한국은 재평가모형을 적용하고 있으며 매년 재평가를 실시한다. 20×2년 3월 1일에 토지를 $15,000에 판매한 경우 인식해야 하는 유형자산처분이익은? ▸ 20년 지방직 9급

① ₩5,300,000
② ₩5,100,000
③ ₩2,820,000
④ ₩2,480,000

05 12월 결산법인 (주)서울은 20×1년 1월 1일 액면금액 ₩100,000, 표시이자율 연 2%, 2년 만기 전환사채를 ₩97,000에 할인발행하였다. 이자는 매년 말 지급된다. 전환권을 행사하지 않는 경우 전환사채의 만기일에 상환할증금 ₩10,000을 액면금액에 추가하여 지급한다. 전환권이 없는 유사한 채무상품에 대한 현행시장 이자율은 10%(기간 2, 단일금액의 현가계수는 0.8, 연금의 현가계수는 1.5)일 때 전환사채 발행일 전환권대가는? ▸20년 서울시 7급

① ₩3,000

② ₩6,000

③ ₩8,000

④ ₩10,000

06 (주)한국은 20×1년 1월 1일 전환사채를 액면발행하였다. 전환사채와 관련된 자료는 다음과 같다.

- 액면금액 : ₩1,000,000(만기 3년)
- 표시이자율 : 연 0%
- 발행일 현재 일반사채 시장수익률 : 연 12%
- 원금상환방법 : 상환기일에 액면금액 일시상환
- 전환조건 : 사채 액면금액 ₩10,000당 보통주 1주(액면금액 ₩5,000)로 전환가능
- 단일금액 1의 현가

기간	1	2	3
현가계수(12%)	0.89286	0.79719	0.71178

20×3년 초 액면금액 100%에 해당하는 전환사채가 보통주로 전환되었을 경우 (주)한국이 인식해야 할 주식발행초과금은? (단, 전환권대가는 전환권이 행사되어 주식으로 발행될 때 행사된 부분만큼 주식발행초과금으로 대체한다.) ▸23년 국가직 7급

① ₩288,220

② ₩392,860

③ ₩681,080

④ ₩892,860

07 「한국채택국제회계기준」에 따르면 단기리스나 소액기초자산리스에 해당하는 경우에는 리스이용자가 리스계약을 리스로 인식하지 않고 회계처리할 수 있다. 단기리스나 소액기초자산리스에 대한 설명으로 가장 옳지 않은 것은? ▸20년 서울시 7급

① 단기리스란 리스기간이 12개월 이하인 리스이다.
② 소액기초자산리스 여부의 평가는 리스이용자의 규모, 특성, 상황에 따라 영향을 받는다.
③ 소액기초자산은 다른 자산에 대한 의존도가 매우 높지는 않다.
④ 리스이용자가 소액기초자산 그 자체를 사용하여 효익을 얻거나 리스이용자가 쉽게 구할 수 있는 다른 자원과 함께 그 자산을 사용하여 효익을 얻을 수 있다.

08 리스에 대한 설명으로 옳지 않은 것은? ▸21년 국가직 7급

① 리스제공자는 리스개시일에 금융리스에 따라 보유하는 자산을 재무상태표에 인식하고 그 자산을 리스순투자와 동일한 금액의 수취채권으로 표시한다.
② 포괄손익계산서에서 리스이용자는 리스부채에 대한 이자비용을 사용권자산의 감가상각비와 구분하여 표시한다.
③ 제조자 또는 판매자인 리스제공자는 고객을 끌기 위하여 의도적으로 낮은 이자율을 제시하기도 하며, 이러한 낮은 이자율의 사용은 리스제공자가 거래에서 생기는 전체 이익 중 과도한 부분을 리스개시일에 인식하는 결과를 가져온다.
④ 제조자 또는 판매자인 리스제공자는 금융리스 체결과 관련하여 부담하는 원가를 리스개시일에 자산으로 인식한다.

09 리스이용자인 (주)서울은 리스개시일인 20×1년 1월 1일에 〈보기〉와 같은 조건의 리스계약을 체결하고 기초자산(본사사옥)을 리스하였다. (주)서울은 사용권자산과 리스부채를 인식하는 회계처리를 선택하였다. 리스개시일의 리스부채 최초 측정금액이 ₩2,630인 경우, (주)서울의 리스거래가 20×1년도 포괄손익계산서의 당기순이익에 미치는 영향은?

▸21년 서울시 7급

> • 기초자산의 리스기간은 20×1년 1월 1일부터 20×3년 12월 31일까지이다.
> • 기초자산의 내용연수는 10년이고, 내용연수 종료시점의 잔존가치는 없으며, 정액법으로 감가상각한다.
> • 고정리스료는 ₩1,000이며, 리스기간 동안 매년 말 지급한다.
> • (주)서울은 리스기간 종료시점에 기초자산을 현금 ₩200에 매수할 수 있는 선택권을 가지고 있으며, 리스개시일 현재 동 매수선택권을 행사할 것이 상당히 확실하다고 판단하였다.
> • 사용권자산은 원가모형을 적용하여 정액법으로 감가상각하고, 잔존가치는 없다.
> • 20×1년 1월 1일에 동 리스의 내재이자율은 연 10%로 리스제공자와 리스이용자가 이를 쉽게 산정할 수 있다.

① ₩263 감소 ② ₩526 감소
③ ₩663 감소 ④ ₩1,040 감소

10 보고기간후사건에 대한 설명으로 옳지 않은 것은?

▸23년 국가직 7급

① 보고기간 말에 존재하였던 상황에 대한 정보를 보고기간 후에 추가로 입수한 경우에는 그 정보를 반영하여 공시 내용을 수정한다.
② 경영진이 보고기간 후에, 기업을 청산하거나 경영활동을 중단할 의도를 가지고 있거나, 청산 또는 경영활동의 중단 외에 다른 현실적 대안이 없다고 판단하는 경우에는 계속기업의 기준에 따라 재무제표를 작성해서는 아니 된다.
③ 보고기간 후부터 재무제표 발행승인일 전 사이에 배당을 선언한 경우, 보고기간 말에 부채로 인식한다.
④ 수정을 요하지 않는 보고기간후사건을 반영하기 위하여 재무제표에 인식된 금액을 수정하지 아니한다.

Part

02

원가관리회계

제조기업의 원가흐름

1 원가의 다양한 분류기준

1. 원가의 다양한 분류

원가의 분류기준	분류
제조활동과의 관련성	제조원가, 판매비와 관리비
자산화 여부	제품원가, 기간원가
원가계산 대상의 추적가능성 여부	직접원가, 간접원가
원가요인 변동과의 관련성	변동원가, 고정원가
경영자의 통제 가능 여부	통제가능원가, 통제불능원가
의사결정 관련 여부	관련원가, 비관련원가

① 의사결정 관련원가 : 기회비용 등

　　의사결정 비관련원가 : 매몰원가 등

② 경영자의 성과 평가 시 고려해야 하는 원가 : 통제가능원가

2. 원가행태에 따른 분류

① 변동원가 : 일정한 관련범위 내에서 조업도의 변동에 비례하여 총원가 변동

② 고정원가 : 일정한 관련범위 내에서 조업도의 변동에 관계없이 총원가 일정

　　※ 고정원가는 관련범위 내에서만 총원가가 일정, 모든 범위에서 일정한 것이 아님

③ 준변동원가(혼합원가) : 조업도와 무관하게 발생하는 고정원가와 조업도에 비례하는 변동원가로 구성

④ 준고정원가(계단원가)

원가 행태		순수변동원가	조업도 변동에 정비례하여 총원가 변동, 단위원가 일정
	변동원가	준변동원가	고정원가 + 순수변동원가
	고정원가	순수고정	조업도 변동에 관계없이 총원가 일정, 단위원가 체감
		준고정원가	조업도가 특정 범위를 벗어나면 총원가가 일정액 증가

2 | 제조기업의 원가흐름

1. 제조원가의 분류

① 직접재료원가 : 제품 생산에 직접 추적되는 주요 원재료 원가, 변동원가

② 직접노무원가 : 제품 생산에 직접 참여하는 제조부문 직원의 급여, 변동원가

③ 제조간접원가 : 변동제조간접원가와 고정제조간접원가의 합

　　　　　　　　　（예 간접재료원가, 간접노무원가, 기타 제조간접원가 등）

2. 기본원가와 전환원가

① 기본(기초)원가 = 직접재료원가 + 직접노무원가

② 전환(가공)원가 = 직접노무원가 + 제조간접원가

3. 당기총제조원가와 당기제품제조원가

① 당기총제조원가 = 직접재료원가 발생액 + 직접노무원가 + 제조간접원가

② 당기제품제조원가 = 기초재공품 + 당기총제조원가 − 기말재공품

4. 매출원가

매출원가 = 기초제품 + 당기제품제조원가 − 기말제품

▼ 제조기업의 원가흐름

직접재료원가	
기초원재료	당기 발생액
당기매입액	기말원재료

재공품	
기초 재공품	당기제품제조원가
직접재료원가	
직접노무원가	
제조간접원가	기말재공품

제품	
기초 제품	매출원가
당기제품제조원가	기말제품

직접노무원가	
당기발생	당기사용액

제조간접원가	
당기발생	당기배부액

5. 제조원가명세서 작성

제조원가명세서		
Ⅰ. 직접재료원가		×××
1. 기초원재료	×××	
2. 당기매입액	×××	
3. 기말원재료	(×××)	
Ⅱ. 직접노무원가		×××
Ⅲ. 제조간접원가		×××
Ⅳ. 당기총제조원가		×××
Ⅴ. 기초재공품		×××
Ⅵ. 기말재공품		(×××)
Ⅶ. 당기제품제조원가		×××

01 원가에 대한 설명으로 옳지 않은 것은?

▶ 15년 지방직 9급

① 기회원가는 여러 대안 중 최선안을 선택함으로써 포기된 차선의 대안에서 희생된 잠재적 효익을 의미하며, 실제로 지출되는 원가는 아니다.

② 매몰원가는 과거 의사결정의 결과에 의해 이미 발생한 원가로서 경영자가 더 이상 통제할 수 없는 과거의 원가로 미래 의사결정에 영향을 미치지 못하는 원가이다.

③ 당기총제조원가는 특정기간 동안 완성된 제품의 제조원가를 의미하며, 당기제품제조원가는 특정기간 동안 재공품 계정에 가산되는 총금액으로 생산완료와는 상관없이 해당 기간 동안 투입된 제조원가가 모두 포함된다.

④ 관련 범위 내에서 조업도 수준이 증가함에 따라 총변동원가는 증가하지만 단위당 변동원가는 일정하다.

02 원가에 관한 설명으로 옳지 않은 것은?

▶ 23년 국가직 9급

① 당기총제조원가는 직접재료원가, 직접노무원가, 제조간접원가를 합계한 금액이다.

② 당기제품제조원가는 당기총제조원가에 기초재공품재고액을 더하고 기말재공품재고액을 차감한 금액이다.

③ 기업은 의사결정 시 기회원가와 매몰원가를 고려하지 않아야 한다.

④ 변동원가는 조업도 또는 활동수준에 따라 변한다.

03 원가에 대한 설명으로 옳지 않은 것은? ▸24년 국가직 9급

① 매몰원가란 이미 발생한 과거원가로, 현재 또는 미래의 의사결정에는 영향을 미치지 못하는 원가이다.

② 조업도 수준이 변화함에 따라 총변동원가는 일정한 형태로 변화하지만 총고정원가는 관련 범위 내에서 일정한 금액으로 발생한다.

③ 관련원가란 선택 가능한 두 가지 이상의 대안 간에 차이가 있었던 과거원가를 말하며 의사결정과 직접 관련이 있는 원가이다.

④ 직접재료원가와 직접노무원가는 기초원가이며, 직접노무원가와 제조간접원가는 가공원가이다.

04 (주)한국의 2010년 1월 중 발생한 제조원가 및 비용에 대한 자료가 다음과 같을 때, 2010년 1월에 발생한 가공비는? (단, (주)한국은 2010년 1월 초에 ₩3,000, 1월 말에 ₩1,000의 직접재료가 있었다.) ▸11년 지방직 9급

항목	금액
직접재료 매입비	₩2,000
직접노무비	₩3,000
감가상각비 – 공장건물	₩500
감가상각비 – 영업점포	₩300
공장감독자 급여	₩100
기타 제조간접비	₩200
합계	₩6,100

① ₩3,800

② ₩4,100

③ ₩5,000

④ ₩6,100

05 다음은 12월 말 결산법인인 (주)경기의 2008 회계연도 중의 발생원가 및 비용과 관련된 자료이다. 이를 이용하여 가공원가(전환원가)를 계산하면? ▸09년 국가직 9급

• 직접재료원가	₩35,000	• 공장건물감가상각비	₩20,000
• 판매원판매수당	₩17,000	• 간접노무원가	₩18,000
• 직접노무원가	₩30,000	• 본사비품감가상각비	₩25,000
• 공장수도광열비	₩12,000	• 공장소모품비	₩7,000

① ₩65,000

② ₩83,000

③ ₩87,000

④ ₩122,000

06 다음 자료에 의한 당기제품제조원가는?

▸ 14년 지방직 9급

• 직접재료 구입액	₩1,000	• 감가상각비(영업용화물차)	₩4,000
• 직접노무원가	₩3,000	• 공장감독자 급여	₩1,000
• 감가상각비(공장설비)	₩5,000	• 기타 제조간접원가	₩2,000

구분	기초재고액	기말재고액
직접재료	₩3,000	₩1,000
재공품	₩10,000	₩8,000

① ₩15,000

② ₩16,000

③ ₩17,000

④ ₩18,000

07 다음 자료를 이용하여 직접재료원가를 계산하면?

▸ 16년 지방직 9급

• 영업사원급여	₩35,000	• 간접재료원가	₩50,000
• 공장감가상각비	₩50,000	• 매출액	₩700,000
• 공장냉난방비	₩60,000	• 기본(기초)원가	₩350,000
• 본사건물임차료	₩40,000	• 가공(전환)원가	₩300,000

① ₩160,000

② ₩190,000

③ ₩210,000

④ ₩250,000

08 다음은 (주)한국의 2014년 중에 발생한 원가 및 비용에 관한 자료이다. 이 자료를 이용하여 기초원가와 전환원가를 계산하면?

▸ 15년 국가직 9급

• 직접재료원가	₩60,000	• 직접노무원가	₩15,000
• 공장건물감가상각비	₩10,000	• 공장수도광열비	₩7,000
• 공장소모품비	₩5,000	• 간접재료원가	₩15,000
• 간접노무원가	₩7,500	• 영업사원급여	₩12,000
• 본사비품감가상각비	₩10,500	• 본사임차료	₩15,000

	기초원가	전환원가		기초원가	전환원가
①	₩75,000	₩59,500	②	₩75,000	₩97,000
③	₩97,500	₩44,500	④	₩97,500	₩82,000

09 다음은 (주)한국이 생산하는 제품에 대한 원가자료이다.

• 단위당 직접재료원가	₩28,000	• 단위당 변동제조간접원가	₩60,000
• 단위당 직접노무원가	₩40,000	• 월간 총고정제조간접원가	₩200,000

(주)한국의 제품 단위당 기초(기본)원가와 단위당 가공(전환)원가는? (단, 고정제조간접원가
는 월간 총생산량 20단위를 기초로 한 것이다.) ▸ 21년 국가직 9급

	단위당 기초(기본)원가	단위당 가공(전환)원가		단위당 기초(기본)원가	단위당 가공(전환)원가
①	₩68,000	₩110,000	②	₩68,000	₩128,000
③	₩110,000	₩68,000	④	₩128,000	₩68,000

10 (주)대한의 2010년 12월 31일로 종료되는 회계연도의 제조원가와 관련된 자료가 다음과 같
을 때, 당기의 매출원가는? ▸ 11년 지방직 9급

- 직접재료비 : ₩30,000
- 직접노무비 : ₩15,000
- 제조간접비 : ₩25,000
- 재공품 : 기초재고 ₩10,000, 기말재고 ₩15,000
- 제품 : 기초재고 ₩40,000, 기말재고 ₩35,000

① ₩40,000 ② ₩60,000
③ ₩65,000 ④ ₩70,000

11 다음은 (주)한국제조의 2011년 원가자료이다. 이를 바탕으로 산정한 당기제품제조원가 및 매출원가는?

▸ 12년 지방직 9급

구분	기초재고	당기 매입액	당기 투입액	기말재고
원재료	₩50,000	₩700,000		₩100,000
재공품	₩200,000			₩500,000
제품	₩300,000			₩200,000
직접노무원가	N/A	N/A	₩350,000	N/A
제조간접원가	N/A	N/A	₩500,000	N/A

	제품제조원가	매출원가
①	₩1,200,000	₩1,000,000
②	₩1,200,000	₩1,300,000
③	₩1,500,000	₩1,000,000
④	₩1,500,000	₩1,300,000

12 (주)대한의 2010 회계연도 중 재료구입액은 ₩200,000이고, 직접노무원가와 제조간접원가 발생액이 각각 ₩150,000과 ₩155,000일 경우 다음 자료를 이용하여 당기제품제조원가와 매출원가를 계산하면?

▸ 11년 국가직 9급

구분	2010.1.1.	2010.12.31.
재료	₩100,000	₩80,000
재공품	₩120,000	₩150,000
제품	₩150,000	₩200,000

	제품제조원가	매출원가
①	₩495,000	₩445,000
②	₩495,000	₩475,000
③	₩505,000	₩445,000
④	₩505,000	₩475,000

13 다음 자료를 이용하여 2009년 1월의 매출원가를 계산하면? ▸10년 국가직 9급

재고자산	2009.1.1.	2009.1.31.
직접재료	₩30,000	₩40,000
재공품	₩50,000	₩30,000
제품	₩70,000	₩50,000

- 2009년 1월 중 직접재료 매입액은 ₩110,000이다.
- 2009년 1월 중 직접노무원가의 발생액은 가공원가 발생액의 60%이다.
- 2009년 1월 중 제조간접원가 발생액은 ₩80,000이다.

① ₩340,000   ② ₩370,000
③ ₩400,000   ④ ₩420,000

14 다음은 (주)한국의 2010년 7월의 원가자료이다.

구분	2010년 7월 1일	2010년 7월 31일
직접재료	₩10,000	₩20,000
재공품	₩100,000	₩200,000
제품	₩100,000	₩50,000

(주)한국의 2010년 7월의 직접재료 매입액이 ₩610,000이고, 매출원가는 ₩2,050,000이다.
가공원가가 직접노무원가의 300%라고 할 때, (주)한국의 2010년 7월의 제조간접원가는?

▸10년 지방직 9급

① ₩800,000   ② ₩1,000,000
③ ₩1,600,000   ④ ₩2,000,000

15 (주)한강은 단일 제품을 생산, 판매하고 있다. 이 회사의 2008년 12월 한 달 동안 매출총이익은 ₩2,640이며, 당기제품제조원가는 ₩13,600이다. 월초 및 월말 재고자산이 다음과 같을 경우 2008년 12월의 매출액은? ▸09년 지방직 9급

계정과목	12월 1일	12월 31일
원재료	₩1,000	₩300
재공품	₩1,120	₩1,520
제품	₩1,800	₩2,080

① ₩15,840   ② ₩16,940
③ ₩16,540   ④ ₩15,960

16 다음 자료에 따른 당기제품제조원가와 매출총이익은? (단, 매출총이익률은 17%이다.)

▸ 13년 지방직 9급

구분	기초재고	기말재고
원재료	₩400,000	₩300,000
재공품	₩650,000	₩700,000
제품	₩600,000	₩1,250,000
당기총제조원가	₩9,000,000	

	당기제품제조원가	매출총이익		당기제품제조원가	매출총이익
①	₩8,300,000	₩1,070,000	②	₩8,300,000	₩1,700,000
③	₩8,950,000	₩1,070,000	④	₩8,950,000	₩1,700,000

17 (주)한국의 20×1년 4월 초와 4월 말 재고자산 금액은 다음과 같다.

구분	20×1.4.1.	20×1.4.30.
직접재료	₩18,000	₩16,000
재공품	₩4,000	₩14,000
제품	₩16,000	₩12,000

4월 중 직접재료 매입액은 ₩150,000이고, 가공원가는 ₩594,000이다. (주)한국의 4월 매출원가는?

▸ 19년 국가직 9급

① ₩726,000
② ₩738,000
③ ₩740,000
④ ₩752,000

18 (주)대한의 20×1년 기초 및 기말 재고자산 가액은 다음과 같다.

구분	기초	기말
원재료	₩34,000	₩10,000
재공품	₩37,000	₩20,000
제품	₩10,000	₩48,000

원재료의 제조공정 투입금액은 모두 직접재료원가이고, 20×1년 중 매입한 원재료는 ₩56,000이다. 20×1년의 기본(기초)원가는 ₩320,000이고, 가공(전환)원가의 60%가 제조간접원가이다. (주)대한의 20×1년 매출원가는? ▸18년 국가직 7급

① ₩659,000   ② ₩695,000
③ ₩899,000   ④ ₩959,000

19 다음은 (주)한국의 20×1년 기초·기말 재고에 대한 자료이다. 20×1년도 직접재료 매입액은 ₩125,000이고, 제조간접원가는 직접노무원가의 50%였으며, 매출원가는 ₩340,000이었다. (주)한국의 20×1년 기본원가(기초원가, prime cost)는? ▸19년 지방직 9급

구분	20×1년 1월 1일	20×1년 12월 31일
직접재료	₩20,000	₩25,000
재공품	₩35,000	₩30,000
제품	₩100,000	₩110,000

① ₩150,000   ② ₩195,000
③ ₩225,000   ④ ₩270,000

www.pmg.co.kr

20 다음은 (주)한국의 20×1년 기초 및 기말 재고자산과 관련한 자료이다.

구분	기초	기말
직접재료	₩2,000	₩7,000
재공품	₩8,000	₩5,000
제품	₩7,000	₩10,000

(주)한국은 매출원가의 20%를 매출원가에 이익으로 가산하여 제품을 판매하고 있으며, 20×1년 매출액은 ₩60,000이다. (주)한국의 20×1년 직접재료 매입액은 ₩15,000이고, 제조간접원가는 가공원가(conversion cost)의 40%일 때, 20×1년의 기초원가(prime cost)는? ▸21년 국가직 7급

① ₩24,000   ② ₩32,800

③ ₩34,000   ④ ₩40,000

21 (주)한국은 단일제품을 생산하고 있다. 20×1년 자료가 다음과 같을 때, 당기 직접재료 매입액과 당기에 발생한 직접노무원가는? ▸20년 국가직 9급

〈재고자산〉	기초재고	기말재고
직접재료	₩18,000	₩13,000
재공품	₩25,000	₩20,000
기본원가	₩85,000	
가공원가	₩75,000	
당기제품제조원가	₩130,000	
매출원가	₩120,000	

	직접재료 매입액	직접노무원가
①	₩45,000	₩35,000
②	₩45,000	₩40,000
③	₩50,000	₩35,000
④	₩50,000	₩40,000

22 (주)한국은 단일 제품을 생산 판매하고 있다. (주)한국의 1월 중 생산활동과 관련된 정보가 다음과 같을 때, 1월의 직접재료원가는? ▸14년 국가직 9급

> • 당월총제조원가는 ₩2,000,000이고 당월제품제조원가는 ₩1,940,000이다.
> • 1월 초 재공품은 1월 말 재공품원가의 80%이다.
> • 직접노무원가는 1월 말 재공품원가의 60%이며, 제조간접원가는 직접재료원가의 40%이다.

① ₩1,000,000   ② ₩1,100,000
③ ₩1,200,000   ④ ₩1,300,000

23 다음은 (주)한국의 제품제조 및 판매와 관련된 계정과목들이다. ㉠~㉣ 중 옳지 않은 것은? ▸15년 국가직 9급

> | | | | |
> |---|---|---|---|
> | • 직접재료원가 | ₩900 | • 직접노무원가 | ₩700 |
> | • 제조간접원가 | (㉠) | • 당기총제조원가 | ₩2,000 |
> | • 기초재공품재고액 | ₩14,000 | • 기말재공품재고액 | (㉡) |
> | • 당기제품제조원가 | ₩13,000 | • 기초제품재고액 | ₩8,000 |
> | • 기말제품재고액 | (㉢) | • 매출원가 | (㉣) |
> | • 매출액 | ₩25,000 | • 매출총이익 | ₩8,000 |

① ㉠ : ₩400   ② ㉡ : ₩3,000
③ ㉢ : ₩5,000   ④ ㉣ : ₩17,000

24 다음 자료를 토대로 계산한 (주)대한의 매출총이익은?   ▸ 16년 국가직 9급

- 당기 중 직접재료원가는 전환원가의 50%이다.
- 직접노무원가 발생액은 매월 말 미지급임금으로 처리되며 다음 달 초에 지급된다. 미지급임금의 기초금액과 기말금액은 동일하며, 당기 중 직접노무원가 지급액은 ₩450이다.
- 재공품 및 제품의 기초금액과 기말금액은 ₩100으로 동일하다.
- 기타 발생비용으로 감가상각비(생산현장) ₩100, 감가상각비(영업점) ₩100, CEO 급여 ₩150, 판매수수료 ₩100이 있다. CEO 급여는 생산현장에 1/3, 영업점에 2/3 배부된다.
- 매출액은 ₩2,000이다.

① ₩1,050   ② ₩1,100
③ ₩1,150   ④ ₩1,200

25 다음은 (주)한국의 20×1년 6월 생산과 관련된 원가자료이다.

- 재고자산 현황

일자 \ 구분	직접재료	재공품	제품
6월 1일	₩3,000	₩6,000	₩9,000
6월 30일	₩2,000	₩2,000	₩8,000

- 6월의 직접재료 매입액은 ₩35,000이다.
- 6월 초 직접노무원가에 대한 미지급임금은 ₩5,000, 6월에 현금 지급한 임금은 ₩25,000, 6월 말 미지급임금은 ₩10,000이다.
- 6월에 발생한 제조간접원가는 ₩22,000이다.

20×1년 6월의 매출원가는?   ▸ 22년 지방직 9급

① ₩74,000   ② ₩88,000
③ ₩92,000   ④ ₩93,000

26 다음 자료를 이용하여 계산한 20×1년도 매출총이익은? ▸ 20년 국가직 7급

구분	20×1년 초	20×1년 기중	20×1년 말
직접재료	₩20		₩15
재공품	₩30		₩10
제품	₩20		₩10
직접재료 매입액		₩350	
직접노무원가		₩250	
간접노무원가		₩80	
공장 임차료		₩10	
영업장 화재보험료		₩5	
공장 수도광열비		₩15	
판매원 상여금		₩40	
매출액		₩1,400	

① ₩660
② ₩665
③ ₩730
④ ₩740

27 다음 (주)한국의 20×1년 매출액은? ▸ 24년 지방직 9급

- 기초 및 기말 재고자산

구분	직접재료	재공품	제품
기초	₩6,000	₩4,000	₩50,000
기말	₩4,000	₩6,000	₩40,000

- 직접재료 매입액 ₩10,000
- 가공(전환)원가 ₩20,000
- 매출총이익률 60%

① ₩40,000
② ₩50,000
③ ₩100,000
④ ₩166,000

개별원가계산

1 실제개별원가계산

1. 개별원가계산 적용 업종

개별원가계산은 주문제작 형태로 고객의 요구에 따라 원가를 집계할 수 있는 업종에 적합한 원가계산방법이다.

① 개별 작업별로 직접 추적이 가능한 원가 : 직접재료원가, 직접노무원가
② 개별 작업별로 직접 추적이 불가능한 원가 : 제조간접원가

※ 제조간접원가는 일정한 배부기준에 근거하여 작업별로 배부한다.

※ 배부기준 : 인과관계 높은 순(1순위) → 기타 합리적인 기준(2순위)

$$제조간접원가\ 실제배부율 = \frac{제조간접원가}{실제조업도}$$

③ 과세목적 및 외부보고용 재무제표 : 실제개별원가계산
④ 경영자는 실제 제조간접원가가 모두 집계되기 전에 미리 작업별 원가를 집계하는 경우 의사결정을 적시에 할 수 있음 → 정상개별원가계산

2 정상개별원가계산

1. 실제개별원가계산과의 비교

구분	실제개별원가계산	정상개별원가계산
주요정보이용자	외부정보이용자	내부정보이용자(경영자)
원가계산시점	회계연도 말	제품생산시점
제조간접원가 배부방법	실제배부율 × 실제조업도	예정배부율 × 실제조업도

2. 예정배부율 : 회계연도 시작 전 예산을 이용하여 배부율을 계산

$$제조간접원가\ 예정배부율 = \frac{제조간접원가\ 예산}{예정조업도(정상조업도)}$$

※ 예정배부액 = 실제조업도 × 예정배부율

3 **배부차이 및 배부차이 조정**

1. 배부차이

과소배부	과대배부
실제발생액 > 예정배부액	실제발생액 < 예정배부액
제조간접원가 차변잔액	제조간접원가 대변잔액
불리한 차이	유리한 차이
계정잔액에 가산	계정잔액에 차감
원가증가, 이익감소	원가감소, 이익증가

2. 배부차이 조정

① **매출원가조정법** : 제조간접원가의 배부차이가 중요하지 않을 때 이를 전부 매출원가에서 조정하는 방법이다. 배부차이가 과소배부라면 해당 차이금액만큼 매출원가를 늘리고, 과대배부라면 해당 배부차이만큼 매출원가를 감액한다.

〈과소배부〉
(차) 매출원가 ××× (대) 제조간접원가 ×××

〈과대배부〉
(차) 제조간접원가 ××× (대) 매출원가 ×××

② **총원가비례법** : 기말재공품, 기말제품, 매출원가의 총원가에 비례하여 배부차이를 조정하는 방법이다.

③ **원가요소별 비례법** : 기말재공품, 기말제품, 매출원가에 배부된 예정배부액에 비례하여 배부차이를 조정하는 방법이다.

01 (주)태양은 주문에 의한 제품생산을 하고 있는 조선업체이다. 2010년 중에 자동차운반선(갑)과 LNG운반선(을)을 완성하여 주문자에게 인도하였고, 2010년 말 미완성된 컨테이너선(병)이 있다. 갑, 을, 병 이외의 제품주문은 없었다고 가정한다. 다음은 2010년의 실제 원가자료이다.

구분	갑	을	병	합계
기초재공품	₩300	₩400	₩100	₩800
직접재료원가	₩150	₩200	₩160	₩510
직접노무원가	₩60	₩80	₩40	₩180
직접노무시간	200시간	500시간	300시간	1,000시간

2010년에 발생한 총제조간접원가는 ₩1,000이다. (주)태양은 제조간접원가를 직접노무시간에 따라 배부한다고 할 때, (주)태양의 2010년 기말재공품원가는? ▶ 10년 지방직 9급

① ₩300
② ₩600
③ ₩800
④ ₩1,000

02 (주)전북의 5월의 생산 및 원가자료는 다음과 같다.

〈원가계산표〉		
과목	제조지시서 #1	제조지시서 #2
월초재공품	₩180,000	–
직접재료비	₩950,000	₩380,000
직접노무비	₩650,000	₩200,000
제조간접비	₩220,000	₩100,000
합 계	₩2,000,000	₩680,000

월초제품재고액은 ₩400,000이고, 월말제품재고액은 ₩500,000이다. 그리고 제조지시서 #1은 완성되었으나, 제조지시서 #2는 완성되지 못하였다. 손익계산서에 계상될 매출원가는 얼마인가? ▶ 07년 국가직 9급

① ₩1,800,000
② ₩1,900,000
③ ₩2,000,000
④ ₩2,100,000

03 다음 원가계산 자료에서 제조지시서 #1과 #2는 완성되었으나 제조지시서 #3은 미완성이다. 재공품 계정의 월말 재고액은? (단, 제조간접비는 직접재료비에 근거하여 배부한다.)

▸ 08년 국가직 9급

비목	지시서 #1	지시서 #2	지시서 #3	합계
직접재료비	₩2,000	₩2,000	₩1,000	₩5,000
직접노무비	₩5,000	₩6,000	₩2,500	₩13,500
제조간접비	( )	( )	( )	₩9,000

① ₩1,800

② ₩5,300

③ ₩10,600

④ ₩11,600

04 (주)한국은 정상(예정)개별원가계산을 적용하며, 기계시간을 기준으로 제조간접원가를 예정 배부한다. 20×1년 예정기계시간이 10,000시간이고 원가 예산이 다음과 같을 때, 제조간접 원가 예정배부율은?

▸ 21년 국가직 9급

항목	금액
직접재료원가	₩25,000
간접재료원가	₩5,000
직접노무원가	₩32,000
공장건물 임차료	₩20,000
공장설비 감가상각비	₩7,000
판매직원 급여	₩18,000
공장설비 보험료	₩13,000
광고선전비	₩5,000

① ₩4/기계시간

② ₩4.5/기계시간

③ ₩7.2/기계시간

④ ₩10.2/기계시간

05 다음의 개별원가계산 자료에 의한 당기총제조원가는? ▸13년 국가직 9급

> • 직접재료원가는 ₩3,000이며 직접노동시간은 30시간이고 기계시간은 100시간이다.
> • 직접노무원가의 임률은 직접노동시간당 ₩12이다.
> • 회사는 기계시간을 기준으로 제조간접원가를 배부한다.
> • 제조간접원가 예정배부율이 기계시간당 ₩11이다.

① ₩4,460
② ₩4,530
③ ₩4,600
④ ₩4,670

06 20×1년도에 설립된 (주)한국은 개별원가계산방법을 적용하고 있으며, 20×1년도 제품 생산과 관련된 정보는 다음과 같다. (주)한국이 직접노무원가의 140%를 제조간접원가에 배부할 경우 C제품 생산에 투입된 직접노무원가는? ▸23년 국가직 9급

구분	A 제품	B 제품	C 제품
제품 관련 정보	생산 완료 및 판매	생산 미완료	생산 완료 및 미판매
제조원가 대비 가공원가 비율	60%	40%	40%
당기총제조원가		₩240,000	
당기제품제조원가		₩180,000	
매출원가		₩60,000	

① ₩16,000
② ₩20,000
③ ₩24,000
④ ₩28,000

07 (주)한국은 직접노동시간을 기준으로 제조간접비를 예정배부하고 있다. 당기의 제조간접비예산은 ₩500,000이고, 예상되는 직접노동시간은 1,000시간이다. 당기 제조간접비 실제발생액은 ₩530,000이고 실제 직접노동시간은 1,100시간일 때, 제조간접비의 과소 또는 과대배부액은? ▸11년 지방직 9급

① ₩20,000 과대배부
② ₩20,000 과소배부
③ ₩30,000 과대배부
④ ₩30,000 과소배부

08 (주)한국은 정상개별원가계산제도를 적용하고 있다. (주)한국의 제조간접원가의 배부기준은 기계가동시간이며, 2011년 제조간접원가 예산은 ₩400,000이고, 기계가동 예상시간은 40,000시간이었다. 2011년 8월 작업별 기계가동시간은 다음과 같다.

구분	#201	#202	합계
기계가동시간	1,200	2,000	3,200

2011년 8월 제조간접원가 실제발생액이 ₩34,000일 때, 제조간접원가 배부차이는?

▶ 12년 지방직 9급

① ₩2,000 과소배부 　　　　　② ₩2,000 과대배부
③ ₩32,000 과소배부 　　　　　④ ₩32,000 과대배부

09 (주)한국은 정상개별원가계산을 적용하고 있으며, 직접노무시간을 기준으로 제조간접원가를 예정배부하고 있다. 다음 자료를 이용할 경우, 당기 말 제조간접원가 과소 또는 과대 배부액은?

▶ 22년 국가직 9급

• 제조간접원가 예산	₩130,000	• 실제 제조간접원가 발생액	₩120,000
• 예상 직접노무시간	10,000시간	• 실제 직접노무시간	9,000시간

① 과소배부 ₩3,000 　　　　　② 과대배부 ₩3,000
③ 과소배부 ₩10,000 　　　　　④ 과대배부 ₩10,000

10 (주)한국은 정상개별원가계산을 사용하고 있으며, 제조간접원가는 직접재료원가를 기준으로 배부하고 있다. 2016년 말 (주)한국의 제조간접원가 과대 또는 과소배부액은?

▶ 16년 지방직 9급

구분	2016년도 예산	2016년도 실제 발생액
직접재료원가	₩2,000,000	₩3,000,000
직접노무원가	₩1,500,000	₩2,200,000
제조간접원가	₩3,000,000	₩4,550,000

① 과대배부액 ₩150,000 　　　　　② 과대배부액 ₩50,000
③ 과소배부액 ₩150,000 　　　　　④ 과소배부액 ₩50,000

11 (주)한국은 직접노동시간을 기준으로 제조간접원가를 예정배부하고 있다. 2012년 제조간접원가와 관련된 다음 자료를 이용하여 계산한 정상조업도는? ▸12년 국가직 9급

• 제조간접원가 예산액	₩30,000	• 제조간접원가 실제발생액	₩22,000
• 실제조업도(직접노동시간)	200시간	• 제조간접원가 배부차이 과대배부	₩2,000

① 100시간   ② 150시간
③ 200시간   ④ 250시간

12 (주)서울은 제조간접원가를 기계작업시간을 기준으로 예정배부한다. 다음 자료를 기초로 제조간접원가 실제발생액을 구하면 얼마인가? ▸15년 서울시 9급

• 제조간접원가 예산	₩200,000	• 실제조업도	80,000시간
• 예정조업도	100,000시간	• 제조간접원가 배부차이	₩20,000(과소)

① ₩140,000   ② ₩160,000
③ ₩180,000   ④ ₩200,000

13 (주)대한은 정상개별원가계산을 적용하고 있으며, 제조간접원가 배부기준은 직접노무시간이다. 20×1년 제조간접원가 예산은 ₩2,000이고, 예정 직접노무시간은 200시간이었다. 20×1년 실제 직접노무시간은 210시간, 제조간접원가 과대배부액이 ₩200이었다. 제조간접원가 실제발생액은? ▸19년 국가직 7급

① ₩1,700   ② ₩1,800
③ ₩1,900   ④ ₩2,000

14 (주)서울은 정상개별원가계산을 사용하고 있다. 제조간접원가는 직접노무시간을 기준으로 작업별로 예정배부를 하고 있는데, 20×1년 제조간접원가 예정배부율은 직접노무시간당 ₩100이다. 20×1년 한 해 동안 제조간접원가는 ₩52,500이 실제 발생하였으며 ₩2,500이 과대배부된 것으로 나타났다. 그리고 실제 직접노무시간은 예정 직접노무시간을 50시간 초과하였다. 20×1년도 제조간접비 예산은 얼마인가? ▸17년 서울시 7급

① ₩50,000   ② ₩55,000
③ ₩60,000   ④ ₩65,000

15 (주)한국은 정상개별원가계산을 적용하고 있으며, 기계가동시간을 기준으로 제조간접원가를 예정배부한다. (주)한국의 20×1년 제조간접원가 관련 자료가 다음과 같을 때, 실제 발생한 제조간접원가는?

▸ 23년 지방직 9급

• 제조간접원가 예산	₩150,000	• 예상 기계가동시간	3,000시간
• 실제 기계가동시간	3,200시간	• 제조간접원가 배부차이	₩5,000 과소배부

① ₩155,000   ② ₩165,000

③ ₩170,000   ④ ₩175,000

16 (주)한국은 정상개별원가계산을 적용하고 있으며, 기계가동시간을 기준으로 제조간접원가를 예정배부한다. (주)한국의 20×1년 제조간접원가 관련 자료가 다음과 같을 때 예정기계가동시간은?

▸ 24년 지방직 9급

• 제조간접원가 예산	₩500,000	• 실제 발생한 제조간접원가	₩600,000
• 실제 기계가동시간	45,000시간	• 제조간접원가 배부차이	₩150,000 과소배부

① 50,000시간   ② 60,000시간

③ 70,000시간   ④ 80,000시간

17 정상개별원가계산을 적용하는 경우 발생할 수 있는 제조간접원가 배부차이에 대한 설명 중 옳지 않은 것은?

▸ 21년 지방직 9급

① 제조간접원가 배부차이는 회계기간 중에 배분된 제조간접원가 예정배부액과 회계기말에 집계된 제조간접원가 실제발생액의 차이로 발생한다.

② 원가요소별 비례배분법은 기말의 재공품, 제품 및 매출원가에 포함되어 있는 제조간접원가 실제배부액의 비율에 따라 제조간접원가 배부차이를 조정한다.

③ 제조간접원가 배부 시 실제배부율은 사후적으로 계산되지만, 예정배부율은 기초에 사전적으로 계산된다.

④ 제조간접원가 과대배부액을 매출원가조정법에 의해 회계처리하는 경우, 매출원가가 감소하게 되므로 이익이 증가하는 효과가 있다.

18 (주)한국은 개별원가계산제도를 사용하고 있으며 직접노무비를 기준으로 제조간접비를 예정 배부하고 있다. 2013년 6월의 제조원가 관련 정보가 다음과 같을 때, 과소 또는 과대 배부된 제조간접비에 대한 수정분개로 옳은 것은? (단, 과소 또는 과대 배부된 금액은 매출원가로 조정한다.) ▸13년 지방직 9급

- 직접노무비와 제조간접비에 대한 예산은 각각 ₩200,000과 ₩250,000이다.
- 직접재료비 ₩520,000과 직접노무비 ₩180,000이 발생되었다.
- 실제 발생한 총제조간접비는 ₩233,000이다.

	차변		대변	
①	제조간접비	₩8,000	매출원가	₩8,000
②	매출원가	₩8,000	제조간접비	₩8,000
③	매출원가	₩17,000	제조간접비	₩17,000
④	제조간접비	₩17,000	매출원가	₩17,000

19 정상개별원가계산을 적용하는 (주)대한은 제조간접원가를 예정배부하며, 예정배부율은 직접노무원가의 50%이다. 제조간접원가의 배부차이는 매기 말 매출원가에서 전액 조정한다. 당기에 실제 발생한 직접재료원가는 ₩24,000이며, 직접노무원가는 ₩16,000이다. 기초재공품은 ₩5,600이며, 기말재공품에는 직접재료원가 ₩1,200과 제조간접원가 배부액 ₩1,500이 포함되어 있다. 또한 기초제품은 ₩4,700이며 기말제품은 ₩8,000이다. 제조간접원가 배부차이를 조정한 매출원가가 ₩49,400이라면 당기에 발생한 실제 제조간접원가는? ▸14년 지방직 9급

① ₩8,000
② ₩10,140
③ ₩12,800
④ ₩13,140

20 (주)한국은 정상개별원가계산을 채택하고 있으며, 당기에 발생한 제조간접원가의 배부차이는 ₩9,000(과대배부)이다. 다음의 원가 자료를 이용하여 총원가비례법으로 배부차이를 조정하는 경우 조정 후의 매출원가는? ▸15년 지방직 9급

• 기말재공품	₩20,000	• 매출원가	₩450,000
• 기말제품	₩30,000		

① ₩441,000
② ₩441,900
③ ₩458,100
④ ₩459,000

21 다음의 자료는 (주)한강의 2010년 3월의 재공품계정 차변 내용의 일부이다.

• 기초재공품	₩6,000	• 직접노무원가	₩8,000
• 직접재료원가	₩12,000		

한편, (주)한강의 당기제품제조원가는 ₩24,000이고, 기말 현재 미완성인 작업은 #10이며, 기말재공품에는 직접노무원가가 ₩1,000 포함되어 있다. (주)한강은 제조간접원가를 직접노무원가의 50%의 비율로 예정배부하고 있다. 기말재공품에 포함되어 있는 직접재료원가는? (단, 제조간접원가의 배부차이는 매출원가에서 조정한다.) ▶ 10년 국가직 9급

① ₩500   ② ₩1,000
③ ₩4,500   ④ ₩5,000

22 (주)한국은 정상원가계산을 적용하여 제조간접원가 배부차이 금액을 재공품, 제품, 매출원가의 조정 전 기말잔액의 크기에 비례하여 배분한다. 다음 자료를 이용하여 제조간접원가 배부차이 조정 전후 설명으로 옳지 않은 것은? ▶ 20년 국가직 9급

	조정 전 기말잔액	
재공품	₩500,000	• 실제발생 제조간접비 ₩1,000,000
제품	₩300,000	• 예정배부된 제조간접비 ₩1,100,000
매출원가	₩1,200,000	• 재공품과 제품의 기초재고는 없는 것으로 가
합계	₩2,000,000	정한다.

① 조정 전 기말잔액에 제조간접원가가 과대배부되었다.
② 제조간접원가 배부차이 금액 중 기말 재공품에 ₩25,000이 조정된다.
③ 제조간접원가 배부차이 조정 후 기말 제품은 ₩315,000이다.
④ 제조간접원가 배부차이 조정 후 매출원가 ₩60,000이 감소된다.

03 보조부문 원가의 배부

1 보조부문이 하나인 경우

1. 보조부문
① 제품 제조에 기여는 하지만 제품에 직접 배부하기 어려운 원가
② 보조부문원가는 제조부문의 제조간접원가에 집계한 후 제품에 배부

2. 단일배분율법 VS 이중배분율법

구분	단일배분율법	이중배분율법
배부기준	$\dfrac{보조부문원가}{전체조업도}$	① 변동원가 = $\dfrac{보조부문 변동원가}{실제사용량}$ ② 고정원가 = $\dfrac{보조부문 고정원가}{최대사용가능량}$
장점	적용이 간편	보조부문 발생원인에 따른 정확한 배부
단점	보조부문 원가배분의 정확도가 떨어짐	보조부문별 원가 계산의 어려움

① 이중배분율법은 변동원가와 고정원가에 대하여 각각 다른 배부기준을 적용
   ※ **변동원가** : 실제사용량, **고정원가** : 최대사용량
② 단일배분율법은 보조부문 원가를 구분하지 않고 실제조업도에 따라 원가를 배부

2 보조부문이 여러 개인 경우

보조부문이 여러 개인 경우 보조부문 상호간에도 용역을 주고 받는다.

보조부문 상호간의 용역수수 정도를 어디까지 반영하는가에 따라 직접배부법, 단계배부법, 상호배부법으로 구분한다.

구분	보조부문 상호간 용역수수관계	내용
직접배부법	전혀 고려하지 않음	장점) 적용 간편 단점) 정확성이 떨어짐
단계배부법	부분적 고려	배부순서에 따라 배부되는 원가가 달라짐 (회사의 순이익에는 영향 없음)
상호배부법	보조부문간 용역 수수관계를 완전히 고려	장점) 이론적으로 가장 논리적이고 정확함 배부순서를 결정할 필요가 없음 단점) 적용상 번거로움

① 단계배부법 : 보조부문 상호간의 용역수수관계를 부분적으로 고려하는 방법

먼저 배부하는 보조부문(S1)	→	보조부문(S2)	→	제조부문

※ 우선순위 : 보조부문에 제공하는 용역량이 큰 부문부터 배부한다.
※ 보조부문(S2)은 S1으로부터 배부받은 원가에 기존 보유원가를 합산하여 제조부문에 배부한다. (단, 배부가 끝난 S1에는 배부하지 않는다.)

② 상호배부법 : 다른 보조부문에 제공한 용역사용비율을 정확하게 고려하여 보조부문원가를 배부하는 방법(배부대상 원가 = 보조부문 발생원가 + 다른 보조부문으로부터 받은 원가)

01 보조부문원가 배부방법에 대한 설명으로 옳지 않은 것은? ▸ 15년 지방직 9급

① 상호배부법은 연립방정식을 이용하여 보조부문 간의 용역제공비율을 정확하게 고려해서 배부하는 방법이다.

② 단계배부법은 보조부문원가의 배부순서를 적절하게 결정할 경우 직접배부법보다 정확하게 원가를 배부할 수 있다.

③ 단계배부법은 우선순위가 높은 보조부문의 원가를 우선순위가 낮은 보조부문원가에 먼저 배부하고, 배부를 끝낸 보조부문에는 다른 보조부문원가를 재배부하지 않는 방법이다.

④ 직접배부법은 보조부문 간의 용역수수관계를 정확하게 고려하면서 적용이 간편하다는 장점이 있어 실무에서 가장 많이 이용되는 방법이다.

02 보조부문원가의 배부에 대한 설명으로 옳은 것은? ▸ 17년 지방직 9급

① 보조부문원가는 제조부문에 배부하지 않고 기간비용으로 처리하여야 한다.

② 보조부문원가의 배부순서가 중요한 배부방법은 상호배부법이다.

③ 직접배부법은 보조부문의 배부순서에 관계없이 배부액이 일정하다.

④ 상호배부법은 보조부문 상호간의 용역수수관계가 중요하지 않을 때 적용하는 것이 타당하다.

03 보조부문원가의 배부 방법에 대한 설명으로 옳지 않은 것은? ▸ 23년 국가직 7급

① 직접배분법은 보조부문 상호 간의 용역수수관계를 전혀 고려하지 않는 방법이다.

② 단계배분법은 보조부문의 배분순서가 달라지면 배분 후의 결과가 달라지는 방법이다.

③ 상호배분법은 보조부문 상호 간의 용역수수관계를 모두 고려한다.

④ 상호배분법이 직접배분법에 비해 적용과 계산이 간단한 방법이다.

04 (주)행복자동차는 한 개의 보조부문(수선부문)과 두 개의 제조부문(조립부문과 도장부문)으로 구성되어 있다. 수선부문은 제조부문에 설비수선 용역을 제공하고 있는데, 각 제조부문에 대한 최대공급노동시간과 실제공급노동시간 그리고 수선부문발생원가는 다음과 같다.

구분	조립부문	도장부문	합계
최대공급노동시간	500시간	700시간	1,200시간
실제공급노동시간	500시간	500시간	1,000시간

비목	수선부문
변동원가	₩40,000
고정원가	₩12,000
합계	₩52,000

보조부문(수선부문)의 원가를 공급노동시간을 기준으로 이중배부율법을 적용하여 제조부문에 배부한다고 할 때 조립부문에 배부될 원가는?   ▸ 10년 지방직 9급

① ₩5,000   ② ₩20,000
③ ₩25,000   ④ ₩27,000

05 (주)한국은 보조부문인 동력부와 제조부문인 절단부, 조립부가 있다. 동력부는 절단부와 조립부에 전력을 공급하고 있으며, 각 제조부문의 월간 전력 최대사용가능량과 3월의 전력 실제 사용량은 다음과 같다.

구분	절단부	조립부	합계
최대사용가능량	500kW	500kW	1,000kW
실제사용량	300kW	200kW	500kW

한편, 3월 중 각 부문에서 발생한 제조간접원가는 다음과 같다.

구분	동력부	절단부	조립부	합계
변동원가	₩50,000	₩80,000	₩70,000	₩200,000
고정원가	₩100,000	₩150,000	₩50,000	₩300,000
합계	₩150,000	₩230,000	₩120,000	₩500,000

이중배부율법을 적용할 경우 절단부와 조립부에 배부될 동력부의 원가는?   ▸ 17년 국가직 9급

	절단부	조립부		절단부	조립부
①	₩75,000	₩75,000	②	₩80,000	₩70,000
③	₩90,000	₩60,000	④	₩100,000	₩50,000

06 (주)한국은 제조부문인 조립부문과 도장부문이 있으며, 보조부문으로 전력부문이 있다. 20×1년 3월 중에 부문별로 발생한 제조간접원가와 제조부문이 사용한 전력의 실제사용량과 최대사용가능량은 다음과 같다. 한편, 전력부문에서 발생한 제조간접원가 ₩325,000은 변동원가가 ₩100,000이고, 고정원가는 ₩225,000이다.

구분	전력부문	조립부문	도장부문	합계
제조간접원가	₩325,000	₩250,000	₩400,000	₩975,000
실제사용량		300kW	700kW	1,000kW
최대사용가능량		500kW	1,000kW	1,500kW

(주)한국이 이중배분율법을 적용하여 보조부문원가를 제조부문에 배부할 때, 조립부문에 배분되는 전력부문의 원가는?

▶ 19년 국가직 9급

① ₩97,500
② ₩105,000
③ ₩108,330
④ ₩120,000

07 다음 자료를 이용하여 제1제조부에 배부되는 동력부 부문원가를 직접배부법에 의해 계산하면?

▶ 09년 지방직 9급

- 부문원가 합계 : ₩1,320,000
  제조부문 : 제1제조부 = ₩500,000, 제2제조부 = ₩300,000
  보조부문 : 동력부 = ₩240,000, 수선부 = ₩160,000
- 부문별 배부율

보조부문		동력부	수선부
부문별 배부율	제1제조부	30%	40%
	제2제조부	20%	40%
	동력부	–	20%
	수선부	50%	–

① ₩144,000
② ₩128,000
③ ₩72,000
④ ₩250,000

08 보조부문인 수선부와 전력부에서 발생한 원가는 각각 ₩20,000과 ₩12,000이며, 수선부 원가에 이어 전력부 원가를 배부하는 단계배부법으로 제조부문인 A공정과 B공정에 배부한다. 보조부문이 제공한 용역이 다음과 같을 때, 보조부문의 원가 ₩32,000 중에서 A공정에 배부되는 금액은? ▸14년 지방직 9급

사용 \ 제공	수선부	전력부	A공정	B공정	합계
수선부	–	4,000	4,000	2,000	10,000시간
전력부	8,000	–	4,000	4,000	16,000kWh

① ₩13,000
② ₩14,000
③ ₩16,000
④ ₩18,000

09 휴대폰 부품을 생산하는 (주)대한의 두 제조부문 (가), (나)와 두 보조부문 (A), (B)로 나누어 부문원가를 계산하고 있다. 단계배부법을 이용하여 보조부문원가를 배부할 때 두 제조부문에 최종적으로 집계되는 원가는? (단, 보조부문원가의 배부순서는 다른 보조부문에 제공한 서비스 제공비율이 큰 부문을 먼저 배부한다.) ▸11년 국가직 9급

구분	(가) 제조부문	(나) 제조부문	(A) 보조부문	(B) 보조부문
1차집계원가	₩120,000	₩130,000	₩50,000	₩60,000
보조부문의 각 부문별 서비스 제공비율 (A) 보조부문 (B) 보조부문	40% 40%	40% 30%	– 30%	20% –

	(가) 제조부문	(나) 제조부문
①	₩171,200	₩175,200
②	₩178,000	₩182,000
③	₩180,000	₩180,000
④	₩182,000	₩178,000

10 (주)한국에서는 보조부문에 수선부와 전력부가 있고, 제조부문에 A와 B가 있다. 수선부의 변동
원가 당기 발생액은 ₩10,000이며, 전력부와 두 제조부문에 1,000시간의 수선 용역을 제공
하였다. 전력부의 변동원가 당기 발생액은 ₩7,000이며, 수선부와 두 제조부문에 2,000kWh
의 전력을 제공하였다. (주)한국이 보조부문원가 중 수선부 원가를 먼저 배부하는 단계배부
법을 사용할 경우, 제조부문 A에 배부되는 보조부문의 원가는? ▸ 16년 국가직 9급

제공 \ 사용	수선부	전력부	제조부문A	제조부문B
수선부(시간)	–	200	500	300
전력부(kwh)	500	–	1,000	500

① ₩11,000   ② ₩12,000

③ ₩13,000   ④ ₩14,000

11 다음 자료에 의하여 보조부문비를 단계배부법으로 배부할 경우 제1제조부문비의 합계는?
(단, 수선부문비를 먼저 배부한다.) ▸ 08년 국가직 9급

비목	배부기준	제조부문		보조부문	
		제1제조부문	제2제조부문	동력부문	수선부문
자기부문 발생액		₩100,000	₩80,000	₩40,000	₩20,000
보조부문비 배부					
동력부문비	kWh	5,000	4,000	–	1,000
수선부문비	시간	100	50	50	–

① ₩25,000   ② ₩105,500

③ ₩122,500   ④ ₩135,000

12 (주)한국은 보조부문 ×, Y와 제조부문 P1, P2를 운영하여 제품을 생산하고 있다. 보조부문 ×는 기계시간, Y는 전력소비량에 비례하여 보조부문원가를 제조부문에 각각 배부한다. (주)한국의 각 부문원가와 용역제공 현황은 다음과 같다.

구분	보조부문		제조부문		합계
	×	Y	P1	P2	
부문원가	₩100,000	₩120,000	₩100,000	₩200,000	₩520,000
기계시간	–	400시간	300시간	300시간	1,000시간
전력소비량	500 kWh	–	200 kWh	300 kWh	1,000 kWh

(주)한국이 상호배부법을 이용하여 보조부문원가를 제조부문에 배부할 경우, 제조부문 P1, P2에 배부되는 보조부문원가는? ▶ 22년 지방직 9급

	P1	P2
①	₩98,000	₩122,000
②	₩100,000	₩120,000
③	₩120,000	₩100,000
④	₩122,000	₩98,000

13 (주)서울은 두 개의 제조부문과 두 개의 보조부문을 두고 있으며 관련 자료는 〈보기〉와 같다. 보조부문의 원가를 상호배분법으로 제조부문에 배부할 경우, 제조부문 Y에서 개별제품에 배부해야 할 원가총액은? ▶ 21년 서울시 7급

사용부문 / 제공부문	보조부문		제조부문	
	A	B	×	Y
A	–	50%	10%	40%
B	20%	–	40%	40%
발생원가	₩200,000	₩350,000	₩1,000,000	₩1,200,000

① ₩1,480,000 ② ₩1,500,000
③ ₩1,520,000 ④ ₩1,540,000

04 결합원가계산

1 결합원가

1. 결합원가
   ① 분리점에 도달하기까지 결합제품을 생산하는 과정에서 발생한 모든 제조원가
   ② **결합제품** : 하나의 공정에서 동일한 재료를 사용하여 생산되는 두 종류 이상의 서로 다른 제품을 말하며 연산품이라고도 한다.

2. **개별원가**
   ① 분리점에 도달한 이후 추가적인 가공과 관련되어 각 제품별로 발생한 원가로, 추가가 공원가라고도 한다.
   ② 추가가공 여부 의사결정 시 개별원가만 의사결정에 영향(결합원가는 영향 ×)을 준다.

2 결합원가 배부방법

1. 물량기준법 : 분리점에서의 물리적 속성의 비율(예 kg당)로 배부한다.
2. 상대적 판매가치법 : 분리점에서의 상대적 판매가치에 따른 비율로 배부한다.
3. 순실현가치법 : 각 제품의 순실현가치의 비율로 배부한다.

> 순실현가치 = 최종판매가치 − 추가가공원가 − 예상판매비용

4. 균등매출총이익률법 : 회사 제품 전체의 매출총이익률이 균등하도록 배부한다.
   ① 회사 전체의 매출총이익률 계산
   ② 각 제품별로 매출총이익률이 같도록 원가를 배부

01 (주)한국은 화학재료 4,000kg을 투입해서 정제공정을 거쳐 3 : 2의 비율로 연산품 A와 B를 생산하며, 분리점 이전에 발생한 결합원가는 다음과 같다.

구분	금액
직접재료원가	₩250,000
직접노무원가	₩120,000
제조간접원가	₩130,000
합계	₩500,000

결합제품의 kg당 판매가격은 연산품 A가 ₩40/kg이고, 연산품 B가 ₩60/kg이다. 분리점에서의 판매가치법에 따라 결합원가를 배분할 경우, 연산품 B에 배부되는 결합원가는?

▸ 22년 국가직 9급

① ₩250,000 ② ₩350,000
③ ₩450,000 ④ ₩550,000

02 (주)한국은 결합제품 A, B를 생산하고 있으며, 결합원가는 분리점에서의 상대적 순실현가치를 기준으로 배분한다. (주)한국의 20×1년 원가자료는 다음과 같다.

구분	제품 A	제품 B
생산량	2,000단위	5,000단위
단위당 추가가공원가	₩100	₩80
추가가공 후 단위당 판매가격	₩400	₩160
결합원가	₩350,000	

기초와 기말제품재고는 없다고 가정할 때, 20×1년도 제품 A와 제품 B의 매출총이익은?

▸ 19년 국가직 9급

	제품 A	제품 B
①	₩325,000	₩325,000
②	₩390,000	₩260,000
③	₩425,000	₩225,000
④	₩500,000	₩150,000

03 (주)국민제철은 A공정과 추가공정을 거쳐 두 종류의 철강을 생산하고 있다. A공정 다음에 추가공정 B를 거치면 고급 철강제품 '갑'이 생산되고, A공정 다음에 추가공정 C를 거치면 보통철강제품 '을'이 생산된다. 2009년 1월 중 A공정의 제조원가는 ₩1,000,000이고, 추가공정 B의 제조원가는 ₩800,000이고, 추가 공정 C의 제조원가는 ₩400,000이다. (주)국민제철은 1월 중에 고급 철강제품 '갑'을 400톤 생산해 톤당 ₩8,000에 판매하였고, 보통 철강제품 '을'을 600톤 생산해 톤당 ₩5,000에 판매하였다. A공정의 제조원가(결합원가)를 순실현가치법에 의해 배분하면, 보통 철강제품 '을'의 1월 중 제조원가는? (단, 판매비용은 고려하지 않는다.)
▸ 09년 지방직 9급

① ₩920,000
② ₩520,000
③ ₩733,333
④ ₩448,337

04 (주)한국은 결합공정에서 연산품 A와 B를 생산한다. 당기 중 원재료 10,000kg이 공정에 투입되어 다음과 같이 생산되었다.

연산품	생산량	최종판매가치	추가가공비
A	2,000kg	₩10,000	₩2,000
B	8,000kg	₩48,000	₩6,000

결합원가 ₩40,000을 분리점의 순실현가치로 배분할 때, 연산품 B에 배분될 결합원가는?
▸ 12년 지방직 9급

① ₩6,400
② ₩32,000
③ ₩33,600
④ ₩40,000

05 다음은 제품 A~C에 대한 자료이다. 이 중에서 제품 A에 대한 설명으로 옳지 않은 것은? (단, 결합원가 ₩70,000의 배분은 순실현가치기준법을 사용한다.)
▸ 15년 국가직 9급

제품	생산량	각 연산품 추가가공비	단위당 공정가치
A	100kg	₩15,000	₩500
B	150kg	₩8,000	₩300
C	200kg	₩12,000	₩200

① 매출액은 ₩50,000이다.
② 순실현가치는 ₩35,000이다.
③ 단위당 제조원가는 ₩245이다.
④ 결합원가의 배분액은 ₩24,500이다.

06 (주) 한국은 단일의 공정을 거쳐 A, B 두 종류의 결합제품을 생산하고 있으며, 사업 첫해인 당기에 발생한 결합원가는 ₩200이다. 다음의 자료를 이용하여 결합원가를 균등이익률법으로 배부할 경우, 제품 A와 B에 배부될 결합원가로 옳은 것은? ▸17년 국가직 9급

제품명	추가가공 후 최종가치(매출액)	추가가공원가
제품 A	₩100	₩50
제품 B	₩300	₩50

	제품 A	제품 B
①	₩25	₩175
②	₩50	₩150
③	₩150	₩50
④	₩175	₩25

07 (주)한국은 당기에 제1공정에서 결합원가 ₩120,000을 투입하여 결합제품 A, B, C를 생산하였다. A와 B는 분리점에서 각각 ₩100,000과 ₩80,000에 판매 가능하며, C는 분리점에서 판매 불가능하므로 추가가공원가 ₩60,000을 투입하여 ₩120,000에 판매한다. (주)한국이 균등이익률법으로 결합원가를 배부할 경우, C에 배부될 결합원가는? ▸22년 지방직 9급

① ₩12,000　　　　　② ₩48,000

③ ₩60,000　　　　　④ ₩72,000

05 활동기준원가계산

1 활동기준원가계산

1. 활동기준원가계산의 도입 배경

① 다품종 소량생산 체제로의 전환에 따라 간접원가의 비중이 증가

② 정보시스템의 발전으로 제조간접원가의 집계가 보다 용이

③ 생산량에 비례하는 전통적인 배부기준에 따른 원가계산의 부정확함이 점점 커짐

2. 활동기준원가계산의 절차

1단계		2단계		
자원(원가를 발생)	⇨	활동(자원을 소비)	⇨	제품, 작업(활동을 소비)

① **활동분석** : 부가가치활동, 비부가가치활동

② **활동중심점 설정** : 관련활동의 원가를 별도로 분리해서 집계하는 원가집계단위

③ 활동별 원가동인 결정 : 활동별 원가와 상관관계가 가장 높은 비재무적 측정치(작업준비 횟수, 주문건수, 검사횟수 등)가 많이 사용

④ **활동별원가배부율 계산**

$$활동별원가배부율(= 원가동인율) = \frac{활동별집계원가}{원가동인수}$$

3. 활동기준원가계산(ABC) 도입의 실익이 큰 기업

① 생산과정에서 거액의 제조간접원가가 발생하지만 배부기준은 단순한 경우

② 생산량, 제품크기 및 생산 공정이 매우 복잡하고 다양한 경우

③ 원가계산의 정확성이 의심되는 경우

④ 회사가 치열한 가격경쟁에 직면하고 있는 경우

01 활동기준원가계산을 적용하는 (주)대한은 다음과 같은 활동별 관련 자료를 입수하였다. 생산 제품 중 하나인 제품 Z에 대해 당기 중에 발생한 기초원가는 ₩50,000, 생산준비횟수는 10회, 기계사용시간은 20시간, 검사수행횟수가 10회일 때, 제품 Z의 총원가는? ▸ 12년 지방직 9급

활동	원가동인	최대활동량	총원가
생산준비	생산준비횟수	100회	₩100,000
기계사용	기계사용시간	300시간	600,000
품질검사	검사수행횟수	200회	80,000

① ₩54,000
② ₩90,000
③ ₩102,000
④ ₩104,000

02 (주)서울은 두 종류의 제품 A, B를 생산하고 있다. 회사는 활동기준원가계산에 의하여 제품 원가를 계산하고 있으며, 회사의 활동 및 활동별 제조간접원가 자료는 다음과 같다. 제품 A를 100개 생산하기 위한 직접재료원가가 ₩30,000, 직접노무원가가 ₩10,000이며, 재료의 가공을 위해 소요된 기계작업은 500시간, 조립작업은 200시간이다. 이렇게 생산한 제품 A의 단위당 판매가격이 ₩700이고, 매출총이익 ₩20,000을 달성하였다면, 제품 A의 제조를 위한 생산 준비횟수는 몇 회인가? (단, 기초재고자산과 기말재고자산은 없다고 가정한다.) ▸ 17년 서울시 9급

구분	원가동인	단위당 배부액
생산준비	생산준비횟수	₩50
기계작업	기계시간	₩15
조립작업	조립시간	₩10

① 8회
② 10회
③ 12회
④ 14회

03 (주)한국은 보급형과 고급형 두 가지 모델의 제품을 생산 · 판매하고, 제조간접원가 배부를 위해 활동기준원가계산을 적용한다. (주)한국은 당기에 보급형 800개, 고급형 100개를 생산 · 판매하였으며, 제조원가 산정을 위한 자료는 다음과 같다. (주)한국의 고급형 모델의 단위당 제조원가는? (단, 기초재고와 기말재고는 없다.) ▸ 19년 지방직 9급

구분	보급형	고급형
직접재료원가	₩32,000	₩5,000
직접노무원가	₩24,000	₩3,500

제조간접원가	작업준비	₩6,000
	제품검사	₩9,000
	합계	₩15,000

활동	원가동인	활동사용량		
		보급형	고급형	계
작업준비	준비횟수	20회	10회	30회
제품검사	검사시간	100시간	100시간	200시간

① ₩100
② ₩120
③ ₩135
④ ₩150

04 (주)한국은 제품 A와 제품 B를 생산하고 있으며, 최근 최고경영자는 활동기준원가계산제도의 도입을 검토하고 있다. 활동기준원가계산 관점에서 분석한 결과가 다음과 같을 때, 옳지 않은 것은? ▸ 17년 국가직 9급

활동	제조간접비	원가동인	제품 A	제품 B
제품설계	₩400	부품 수	2개	2개
생산준비	₩600	준비횟수	1회	5회

① 제품설계활동의 원가동인은 부품 수, 생산준비활동의 원가동인은 준비횟수이다.
② 활동기준원가계산 하에서 제품 A에 배부되는 제조간접비는 ₩300, 제품 B에 배부되는 제조간접비는 ₩700이다.
③ 만약 (주)한국의 제품종류가 더 다양해지고 각 제품별 생산수량이 줄어든다면 활동기준원가계산제도를 도입할 실익이 없다.
④ 기존의 제품별 원가와 이익수치가 비현실적이어서 원가계산의 왜곡이 의심되는 상황이면 활동기준원가계산제도의 도입을 적극 고려해볼 수 있다.

05 (주)한국은 가공원가에 대해 활동기준원가계산을 적용하고 있다. 회사의 생산활동, 활동별 배부기준, 가공원가 배부율은 다음과 같다.

생산활동	활동별 배부기준	가공원가 배부율	
기계작업	기계작업시간	기계작업시간당	₩10
조립작업	부품수	부품 1개당	₩6

당기에 완성된 제품은 총 100단위이고, 총직접재료원가는 ₩6,000이다. 제품 1단위를 생산하기 위해서는 4시간의 기계작업시간이 소요되고 5개 부품이 필요하다. 당기에 생산된 제품 100단위를 단위당 ₩200에 모두 판매가 가능하다고 할 때, 매출총이익은? ▸20년 지방직 9급

① ₩7,000
② ₩9,000
③ ₩11,000
④ ₩13,000

06 활동기준원가계산(ABC)에 대한 다음의 설명 중 가장 옳지 않은 것은? ▸15년 서울시 9급

① 공정의 자동화로 인한 제조간접원가의 비중이 커지고 합리적인 원가배분기준을 마련하기 위한 필요에 의해 도입되었다.
② 발생하는 원가의 대부분이 하나의 원가동인에 의해 설명이 되는 경우에는 ABC의 도입효과가 크게 나타날 수 없다.
③ 활동별로 원가를 계산하는 ABC를 활용함으로써 재무제표 정보의 정확성과 신속한 작성이 가능해지게 되었다.
④ ABC의 원가정보를 활용함으로써 보다 적정한 가격결정을 할 수 있다.

06 종합원가계산

1 완성품환산량

1. 종합원가계산 적용 업종
① 단일종류의 제품을 연속적으로 대량생산하는 업종
② 정유업, 시멘트업, 제분업 등

2. 완성품환산량
특정 공정에서의 모든 노력이 완성품만을 생산하는 데 사용되었을 경우 완성되었을 완성품의 수량

▶ 완성품에 대한 완성품환산량 = 완성품수량(100%)
▶ 기말재공품에 대한 완성품환산량 = 기말재공품수량 × 가공원가 완성도

3. 종합원가계산의 절차
① 물량의 흐름 파악

투입	재공품	산출
기초재공품수량	당기완성량	
당기투입량	기말재공품수량	

② 완성품환산량 계산
③ 완성품환산량 단위당 원가계산
④ 원가의 배분 : 완성품원가와 기말재공품원가에 발생원가를 배분

2 평균법과 선입선출법

1. 평균법

기초재공품원가와 당기발생원가를 구분하지 않고 완성품과 기말재공품에 배분

※ 배부대상원가 = 기초재공품원가 + 당기발생원가

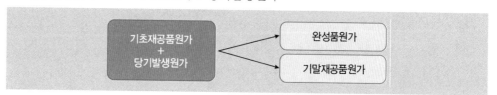

2. 선입선출법

기초재공품이 먼저 완성되고 당기착수품이 그 다음으로 완성된다고 보는 방법

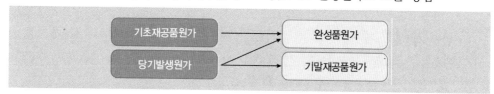

① 당기발생원가는 완성품원가와 기말재공품원가로 구분하지만, 기초재공품원가는 전액
   완성품원가에만 가산
② 선입선출법은 기초재공품의 기완성도를 고려하며, (1 − 기완성도)를 투입하여 완성품으
   로 먼저 가공

3 공손

1. **발생원인에 따른 분류 : 정상공손(원가성이 있는 공손), 비정상공손**
2. **공손품수량 : 개별분석법**

> **정상공손수량** = 당기품질검사 합격물량 × **정상공손허용률**

※ 당기품질검사 합격물량은 기초재공품, 당기착수완성품, 기말재공품 각각 판단한다.

> 비정상공손수량 = 공손수량 − 정상공손수량

 www.pmg.co.kr

01 2017년에 영업을 시작한 (주)서울은 종합원가계산제도를 채택하고 있다. 2017년 당기착수량은 100개, 기말재공품은 40개(완성도 50%), 당기투입원가는 직접재료원가와 가공원가가 각각 ₩10,000과 ₩24,000이다. 직접재료원가는 공정 초기에 전량 투입되고 가공원가는 공정 전체를 통하여 균등하게 발생한다. 기말재공품의 원가는 얼마인가? ▸17년 서울시 9급

① ₩9,600

② ₩10,000

③ ₩11,000

④ ₩12,000

02 다음 자료를 이용하여 완성품환산량 단위당원가를 계산하면? (단, 월초 재공품은 없으며 모든 원가요소는 완성도에 비례하여 발생한다.) ▸09년 지방직 9급

| • 월말 재공품 | 80개 | • 월말재공품완성도 | 50% |
| • 완성품 | 500개 | • 당월총제조원가 | ₩675,000 |

① ₩1,450

② ₩1,350

③ ₩1,250

④ ₩1,290

03 종합원가계산에 대한 설명으로 옳은 것은? ▸13년 지방직 9급

① 평균법은 기초재공품의 제조가 당기 이전에 착수되었음에도 불구하고 당기에 착수된 것으로 가정한다.

② 선입선출법 또는 평균법을 사용할 수 있으며, 평균법이 실제 물량흐름에 보다 충실한 원가흐름이다.

③ 평균법은 기초재공품원가와 당기발생원가를 구분하지 않기 때문에 선입선출법보다 원가계산이 정확하다는 장점이 있다.

④ 선입선출법은 당기투입분을 우선적으로 가공하여 완성시킨 후 기초재공품을 완성한다고 가정한다.

04 (주)한국은 종합원가계산을 사용하고 있으며, 가중평균법을 적용하여 완성품환산량을 계산하고 있다. 회사의 기초제품 수량은 25,000개, 당기 판매량은 20,000개, 기말제품 수량은 15,000개이다. 기초재공품 수량은 1,000개(완성도 70%), 기말재공품 수량이 5,000개(완성도 50%)일 때, 회사의 당기 가공원가에 대한 완성품환산량은? (단, 가공원가는 공정 전반에 걸쳐 균등하게 발생한다.) ▸ 14년 지방직 9급

① 10,000개 ② 12,500개
③ 13,500개 ④ 15,000개

05 기초재공품의 가공원가는 ₩250,000, 당기 발생 가공원가는 ₩2,250,000, 당기 완성품의 가공원가는 ₩2,400,000이다. 기초재공품의 수량은 800단위, 당기 완성수량은 4,800단위일 때, 가중평균법을 적용하는 경우 기말재공품의 가공원가완성품환산량은? (단, 공손은 발생하지 않는다고 가정한다.) ▸ 12년 국가직 9급

① 100단위 ② 150단위
③ 200단위 ④ 250단위

06 (주)한국은 평균법에 의한 종합원가계산을 채택하고 있다. 기초재공품이 75,000단위이고 당기착수량이 225,000단위이다. 기말재공품이 50,000단위이며 직접재료는 전량 투입되었고, 가공원가 완성도는 70%이다. 기초재공품에 포함된 가공원가가 ₩14,000이고, 당기발생 가공원가가 ₩100,000인 경우 기말재공품에 배부되는 가공원가는? ▸ 15년 지방직 9급

① ₩12,000 ② ₩14,000
③ ₩18,000 ④ ₩20,000

07 종합원가계산제도를 채택하고 있는 갑회사의 기초재공품은 10개(완성도 50%), 당기착수량은 50개, 기말재공품은 20개(완성도 50%), 기초재공품원가는 ₩5,000, 당기투입원가는 ₩15,000이다. 재공품의 평가에는 평균법을 하고, 모든 원가는 공정 전체를 통하여 균등하게 발생한다. 기말재공품의 원가는 얼마인가? ▸ 14년 서울시 9급

① ₩2,500 ② ₩3,000
③ ₩3,500 ④ ₩4,500
⑤ ₩4,000

08 (주)한국은 종합원가계산제도를 채택하고 있으며, 원가의 흐름으로 선입선출법을 적용하고 있다. 재료는 공정 초기에 50%가 투입되고 나머지는 가공이 50% 진행된 시점부터 공정진행에 따라 비례적으로 투입된다. 다음의 5월 자료를 이용한 재료원가의 완성품환산량은?

▸ 17년 지방직 9급

• 기초재공품(공정의 완성도 70%)	2,000개	• 완성품	5,000개
• 당기투입	5,000개	• 기말재공품(공정의 완성도 40%)	2,000개

① 4,400개

② 4,600개

③ 4,800개

④ 5,000개

09 (주)한국은 선입선출법을 이용하여 종합원가계산을 실시한다. 다음 자료에 의한 재료원가와 가공원가의 완성품환산량은? (단, 재료는 공정 개시시점에서 전량 투입되고 가공원가는 공정 전체를 통해 균등하게 발생한다.)

▸ 13년 국가직 9급

• 기초재공품수량(완성도 30%)	300개	• 당기완성량	3,300개
• 당기착수량	3,500개	• 기말재공품수량(완성도 40%)	500개

	재료원가 완성품환산량(개)	가공원가 완성품환산량(개)
①	3,510	3,300
②	3,600	3,200
③	3,800	3,010
④	3,500	3,410

10 (주)한국은 종합원가계산을 사용하며 선입선출법을 적용한다. 제품은 제1공정을 거쳐 제2공정에서 최종 완성되며, 제2공정 관련 자료는 다음과 같다.

구분	물량단위(개)	가공비완성도
기초재공품	500	30%
전공정대체량	5,500	
당기완성량	?	
기말재공품	200	30%

제2공정에서 직접재료가 가공비완성도 50% 시점에서 투입된다면, 직접재료비와 가공비 당기작업량의 완성품환산량은? (단, 가공비는 공정 전반에 걸쳐서 균일하게 발생하며, 제조공정의 공손·감손은 없다.)

▸ 18년 국가직 9급

	직접재료비 완성품환산량(개)	가공비 완성품환산량(개)
①	5,300	5,300
②	5,800	5,650
③	5,800	5,710
④	5,800	5,800

11 (주)한국은 선입선출법을 이용하여 종합원가계산을 한다. 원재료는 공정시작 시점에서 전량 투입되며, 가공원가는 공정 전반에 걸쳐 균등하게 발생한다고 가정할 때, 다음의 자료를 이용한 가공원가의 완성품환산량은? (단, 공손과 감손은 없다.)

▸ 20년 국가직 7급

구분	수량(개)	가공원가완성도
기초재공품	300	50%
완성품	1,000	100%
기말재공품	500	40%

① ₩800

② ₩950

③ ₩1,050

④ ₩1,150

12 (주)한국은 평균법을 적용한 종합원가계산으로 제품원가를 계산하고 있다. 다음 자료를 이용한 (주)한국의 기말재공품 수량은? ▸23년 국가직 9급

- 기말재공품의 완성품환산량 단위당 원가 : ₩200
- 기말재공품의 생산 완성도 : 60%
- 기말재공품의 가공원가 : ₩60,000
- 가공원가는 생산 완성도에 따라 균등하게 투입되고 있음
- 기초재공품과 공손 및 감손은 없음

① 300개   ② 400개
③ 500개   ④ 600개

13 (주)대한전자의 5월 중 제조활동에 투입된 생산자료와 원가자료는 다음과 같다.

- 기초재공품 : 수량 100개(완성도 : 50%), 가공원가 : ₩2,000
- 당기투입 : 수량 340개, 가공원가 ₩17,500
- 당기완성품 : 수량 390개
- 기말재공품 : 수량 50개(완성도 20%)

재료는 공정 초기에 전량 투입되었으며, 가공원가는 전공정에 걸쳐 평균적으로 발생한다. 선입선출법을 적용할 때, 완성품의 가공원가는? ▸12년 지방직 9급

① ₩17,000   ② ₩17,500
③ ₩19,000   ④ ₩19,500

14 (주)한국은 종합원가계산제도를 채택하고 있으며, 가중평균법을 적용하고 있다. 다음의 자료를 이용한 완성품원가는? ▸24년 국가직 9급

- 기초 재공품 수량 : 300단위(완성도 : 직접재료원가 100%, 가공원가 50%)
- 기초 재공품 원가 : 직접재료원가 ₩5,000, 가공원가 ₩4,000
- 당기 착수량 : 2,200단위
- 당기 투입원가 : 직접재료원가 ₩20,000, 가공원가 ₩40,000
- 기말 재공품 수량 : 500단위(완성도 : 직접재료원가 100%, 가공원가 40%)
- 직접재료는 생산 착수 시에 투입되며, 가공원가는 공정 전반에 걸쳐 균일하게 발생한다.

① ₩60,000   ② ₩62,000
③ ₩64,000   ④ ₩65,000

15 (주)한국은 제조원가 계산시에 기말재공품 평가는 선입선출법을 적용하고 있다. 그리고 생산과정에서 재료는 제조 착수 시점에 전량 투입되고, 가공비는 공정진행에 따라 평균적으로 발생한다. 다음의 원가자료를 이용하여 당기제품제조원가를 계산하면? ▸ 10년 국가직 9급

구분	재료원가	가공원가	수량
기초재공품원가 및 수량	₩5,000	₩4,000	80개(완성도 50%)
당기제조원가	₩16,000	₩27,000	
기말재공품 수량			40개(완성도 50%)
완성품 수량			200개

① ₩36,000
② ₩43,000
③ ₩45,000
④ ₩52,000

16 다음은 2015년 (주)서울의 원가계산과 관련된 자료이다. 2015년 직접재료원가와 가공원가의 완성품환산량 단위당 원가는 각각 얼마인가? (단, (주)서울은 선입선출법에 의한 종합원가계산시스템을 도입하고 있다.) ▸ 16년 서울시 7급

구분	수량	직접재료원가 완성도	가공원가 완성도
기초재공품	1,000	100%	40%
기말재공품	2,000	100%	20%
기초재공품 재료원가	₩10,000		
기초재공품 가공원가	₩6,000		
당기착수량	20,000		
당기완성품 수량	19,000		
당기투입 재료원가	₩240,000		
당기투입 가공원가	₩380,000		

	직접재료원가	가공원가
①	₩10	₩15
②	₩10	₩20
③	₩12	₩15
④	₩12	₩20

17 (주)한국은 종합원가계산을 적용하고 있으며, 물량흐름과 원가관련정보는 다음과 같다.

- 직접재료는 공정 초기에 전량 투입되며, 가공원가는 공정 전반에 걸쳐 균등하게 발생한다.
- 기초재공품 : 1,000단위(가공원가 완성도 50%), 당기착수량: 4,000단위,
  당기완성품 : 3,000단위
- 기말재공품 가공원가 완성도 50%
- 제조원가 내역

구분	직접재료원가	가공원가
기초재공품원가	₩4,000	₩14,000
당기발생원가	₩20,000	₩21,000

(주)한국의 선입선출법에 의한 완성품 원가는? (단, 공손 및 감손은 없다.) ▸ 22년 국가직 9급

① ₩16,000
③ ₩40,650
② ₩18,350
④ ₩43,000

18 (주)한국은 2010년 10월 1일 현재 완성도가 60%인 월초재공품 8,000개를 보유하고 있다. 직접재료원가는 공정 초기에 투입되고, 가공원가는 전 공정을 통해 균등하게 투입된다. 10월 중에 34,000개가 생산에 착수되었고, 36,000개가 완성되었다. 10월 말 현재 월말재공품은 완성도가 80%인 6,000개이다. 10월의 완성품 환산량 단위당원가를 계산할 때 가중평균법에 의한 완성품환산량이 선입선출법에 의한 완성품환산량보다 더 많은 개수는? ▸ 10년 지방직 9급

	직접재료원가	가공원가
①	0개	3,200개
②	0개	4,800개
③	8,000개	3,200개
④	8,000개	4,800개

19 (주)한국은 종합원가계산을 적용하고 있으며, 물량흐름 정보는 다음과 같다.

• 직접재료는 공정 초기에 전량 투입되며, 가공원가는 공정 전반에 걸쳐 균등하게 발생한다.	
• 기초재공품	200단위(가공원가 완성도 30%)
• 당기착수량	1,800단위
• 당기완성량	1,500단위
• 기말재공품	500단위(가공원가 완성도 60%)

(주)한국의 완성품환산량에 대한 설명으로 옳은 것은? (단, 공손 및 감손은 없다.)

▸ 24년 지방직 9급

① 가중평균법에 의한 직접재료원가 완성품환산량은 1,800단위이다.
② 가중평균법에 의한 가공원가 완성품환산량은 1,600단위이다.
③ 선입선출법에 의한 직접재료원가 완성품환산량은 1,800단위이다.
④ 선입선출법에 의한 가공원가 완성품환산량은 1,660단위이다.

20 종합원가계산을 실시하는 (주)대한은 원재료를 공정 개시시점에서 전량 투입하고, 가공비는 전 공정을 통해 균일하게 발생한다. (주)대한이 재공품의 평가방법으로 평균법과 선입선출법을 사용할 경우 다음 자료를 이용하여 가공비의 당기 완성품환산량을 계산하면? ▸ 11년 지방직 9급

• 기초 재공품수량(완성도 40%) 200개		• 완성품수량	3,200개
• 착수량	3,500개	• 기말 재공품수량(완성도 50%)	500개

	평균법	선입선출법		평균법	선입선출법
①	3,450개	3,330개	②	3,700개	3,450개
③	3,450개	3,370개	④	3,700개	3,750개

21 (주)한국은 종합원가계산방법을 적용하고 있으며, 원가 관련 자료는 다음과 같다. (주)한국의 완성품환산량에 대한 설명으로 옳은 것은? ▸ 16년 국가직 9급

> • 직접재료는 공정의 초기에 전량 투입되고, 전환원가는 공정의 진행에 따라 균일하게 발생된다.
> • 기초재공품의 완성도는 50%, 기말재공품의 완성도는 10%이다.
> • 기초재공품은 2,000개, 당기착수 13,000개, 기말재공품 3,000개이다.

① 평균법의 직접재료원가 완성품환산량은 13,000개이다.
② 평균법의 전환원가 완성품환산량은 10,300개이다.
③ 선입선출법의 직접재료원가 완성품환산량은 15,000개이다.
④ 선입선출법의 전환원가 완성품환산량은 11,300개이다.

22 평균법을 이용한 종합원가계산을 적용하는 (주)한국은 공손품의 검사를 공정의 50% 시점에서 수행하며, 검사시점을 통과한 수량의 10%를 정상공손으로 허용하고 있다. (주)한국의 생산 관련 자료가 다음과 같을 때, 정상공손수량과 비정상공손수량을 바르게 연결한 것은? (단, 가공원가는 공정 전반에 걸쳐 균등하게 발생한다) ▸ 23년 지방직 9급

> • 기초재공품   800단위(가공원가 완성도 80%)
> • 당기착수량   4,200단위
> • 당기완성량   3,500단위
> • 기말재공품   1,000단위(가공원가 완성도 60%)

	정상공손수량	비정상공손수량
①	350단위	150단위
②	370단위	130단위
③	420단위	80단위
④	450단위	50단위

23 (주)한국은 선입선출법에 의한 종합원가계산을 채택하고 있으며, 당기의 생산 관련 자료는 다음과 같다.

구분	물량(개)	가공비 완성도
기초재공품	1,000	완성도 30%
당기착수량	4,300	
당기완성량	4,300	
공손품	300	
기말재공품	700	완성도 50%

원재료는 공정 초기에 전량 투입되며, 가공비는 공정 전반에 걸쳐 균등하게 발생한다. 품질 검사는 가공비 완성도 40% 시점에서 이루어지며, 당기 검사를 통과한 정상품의 5%에 해당하는 공손수량은 정상공손으로 간주한다. 당기의 비정상공손수량은? ▸ 16년 지방직 9급

① 50개   ② 85개
③ 215개   ④ 250개

24 (주)한국은 단일제품을 대량으로 생산하고 있으며, 종합원가계산을 적용하고 있다. 원재료는 공정초기에 투입되고 가공원가는 공정전반에 걸쳐 균등하게 발생하는데, (주)한국의 20×1년 4월의 생산자료는 다음과 같다.

• 기초재공품(완성도 60%)	100,000개	• 당기착수량	800,000개
• 당기완성량	600,000개	• 기말재공품(완성도 80%)	200,000개

(주)한국은 선입선출법을 적용하고 있으며, 생산공정에서 발생하는 공손품의 검사는 공정의 50% 시점에서 이루어지며, 검사를 통과한 합격품의 10%를 정상공손으로 허용하고 있을 때 비정상공손 수량은? ▸ 21년 국가직 9급

① 10,000개   ② 30,000개
③ 60,000개   ④ 70,000개

25 (주)한국의 2013년 11월 생산자료는 다음과 같다. 원재료는 공정 초에 투입되며, 가공비의 경우 월초재공품은 70% 완성되고 월말재공품은 60% 완성되었다. 공손은 공정의 완료시점에 발견되었다. (주)한국이 평균법에 의한 종합원가계산을 할 때, 가공비의 당월 완성품환산량은?

▸ 14년 국가직 9급

• 11월 1일 월초재공품	2,500개	• 완성 후 제품계정 대체	9,300개
• 11월 착수량	12,000개	• 비정상공손	500개
• 11월 30일 월말재공품	4,500개		

① 12,500개
② 12,700개
③ 13,200개
④ 14,500개

26 (주)한국은 하나의 공정에서 단일 제품을 생산하며 선입선출법을 적용하여 완성품 환산량을 계산한다. 직접재료 중 1/2은 공정 초에 투입되고 나머지는 가공이 50% 진행된 시점부터 공정의 종점까지 공정 진행에 따라 비례적으로 투입된다. 가공원가는 공정 전반에 걸쳐 균등하게 투입된다. 검사는 공정의 60% 시점에서 실시되며 일단 검사를 통과한 제품에 대해서는 더 이상 공손이 발생하지 않는 것으로 가정한다. 정상공손은 검사통과수량의 10%로 잡고 있다. 3월의 수량 관련 자료가 다음과 같을 때, 비정상공손수량 직접재료원가의 완성품환산량은?

▸ 20년 지방직 9급

	수량(개)	가공원가완성도(%)
기초재공품	2,800	30%
완성량	10,000	
공손량	2,000	
기말재공품	3,000	70%

① 420개
② 430개
③ 440개
④ 450개

27 (주)대한은 종합원가계산방법을 적용하고 있다. 직접재료는 공정 초기에 전량 투입되며, 전환원가는 공정 전반에 걸쳐서 균등하게 발생한다. 당기완성품환산량 단위당 원가는 직접재료원가 ₩60, 전환원가 ₩40이었다. 공정의 50% 시점에서 품질검사를 수행하며, 검사에 합격한 전체수량의 10%를 정상공손으로 처리하고 있다. (주)대한의 물량흐름 자료가 다음과 같을 때, 정상공손원가는? ▸16년 국가직 9급

• 기초재공품(완성도 30%)	1,000개	• 공손수량	500개
• 당기착수량	3,000개	• 기말재공품(완성도 60%)	900개
• 당기완성량	2,600개		

① ₩17,500 ② ₩20,800
③ ₩28,000 ④ ₩35,000

28 (주)한국은 단일제품을 생산하고 있으며, 제품원가와 관련된 자료는 다음과 같다. 제품원가계산 시 종합원가계산방법을 적용할 경우 비정상공손원가는? ▸23년 국가직 7급

• 검사시점 : 60%
• 공손수량 : 총 1,000개 (정상공손 900개, 비정상공손 100개)
• 완성품환산량 단위당 원가 : 전공정원가 ₩8, 재료원가 ₩5, 가공원가 ₩10
• 재료는 공정의 80% 시점에 투입된다.
• 가공원가는 공정 전반에 걸쳐 균등하게 발생한다.

① ₩1,200 ② ₩1,400
③ ₩1,800 ④ ₩2,300

07 전부원가, 변동원가

1 전부원가계산, 변동원가계산, 초변동원가계산

1. 제품원가 구성항목에 따른 분류

직접재료원가, 직접노무원가, 변동제조간접원가, 고정제조간접원가 중 제품원가 구성항목을
어디까지 포함할 것인지에 따라 전부원가계산, 변동원가계산, 초변동원가계산으로 분류한다.

원가의 처리	전부원가계산	변동원가계산	초변동원가계산
제품원가	직접재료원가 직접노무원가 변동제조간접원가 고정제조간접원가	직접재료원가 직접노무원가 변동제조간접원가	직접재료원가
기간비용	판매비와 관리비	고정제조간접원가 판매비와 관리비	직접노무원가 변동제조간접원가 고정제조간접원가 판매비와 관리비

2. 변동원가 손익계산서

전부원가계산			변동원가계산		
매출액		×××	매출액		×××
매출원가			변동원가		
기초재고	×××		변동매출원가	×××	
당기제품제조원가	×××		변동판매비와 관리비	×××	(×××)
기말재고	(×××)	(×××)	**공헌이익**		×××
매출총이익		×××	고정원가		
판매비와 관리비		(×××)	고정제조간접원가	×××	
영업이익		×××	고정판매관리비	×××	(×××)
			영업이익		×××

3. 영업이익 차이

초변동원가계산의 영업이익
(+) 기말재고에 포함된 변동가공원가
(−) 기초재고에 포함된 변동가공원가
= 변동원가계산의 영업이익
(+) 기말재고에 포함된 고정제조간접원가
(−) 기초재고에 포함된 고정제조간접원가
= 전부원가계산의 영업이익

※ 기말재고 : 기말제품, 기말재공품
※ 기초재고 : 기초제품, 기초재공품

---

01 변동원가계산과 관련된 다음의 설명 중 옳지 않은 것은? ▸14년 서울시 9급

① 변동제조간접원가는 매출원가에 포함된다.
② 공헌이익에 대한 정보를 제공하므로 단기의사결정과 성과평가에 유용하다.
③ 외부보고 및 조세목적을 위해서 일반적으로 인정되는 방법이다.
④ 고정제조간접원가는 매출원가에 포함되지 않는다.
⑤ 제품의 생산량이 영업이익에 영향을 미치지 않는다.

---

02 변동원가계산에 대한 설명으로 옳지 않은 것은? ▸24년 국가직 9급

① 의사결정을 위한 내부보고목적으로 사용할 때 장점이 있다.
② 변동제조원가와 변동판매관리비 등 조업도에 따라 변동하는 원가는 제품원가로 분류한다.
③ 전부원가계산에 비해 제품원가를 과소평가하게 된다.
④ 고정제조간접원가는 기간비용 처리되므로 수익·비용대응의 원칙에 어긋난다.

03 전부원가계산과 변동원가계산에 대한 설명으로 옳지 않은 것은? (단, 주어진 내용 외의 다른 조건은 동일하다.)
▶ 20년 국가직 9급

① 전부원가계산에서 판매량이 일정하다면 생산량이 증가할수록 영업이익은 증가한다.
② 전부원가계산은 외부보고 목적보다 단기의사결정과 성과평가에 유용하다.
③ 변동원가계산에서는 고정제조간접원가를 제품원가에 포함시키지 않는다.
④ 변동원가계산에서 생산량의 증감은 이익에 영향을 미치지 않는다.

04 원가행태에 대한 설명으로 옳지 않은 것은?
▶ 20년 지방직 9급

① 월급제로 급여를 받는 경우, 작업자가 받는 급여는 노무시간에 비례하지 않지만, 총생산량에 따라 작업자의 인원을 조정할 수 있으면 총노무원가는 계단원가가 된다.
② 제품수준(유지)원가는 제품 생산량과 무관하게 제품의 종류 수 등 제품수준(유지)원가동인에 비례하여 발생한다.
③ 고정제조간접원가가 발생하는 기업에서 전부원가계산을 채택하면 생산량이 많아질수록 제품단위당 이익은 크게 보고된다.
④ 초변동원가계산에서는 직접재료원가와 직접노무원가를 제품원가로 재고화하고 제조간접원가는 모두 기간비용으로 처리한다.

05 (주)한국의 다음 자료를 이용한 변동제조원가발생액은? (단, 기초제품재고와 기초 및 기말 재공품재고는 없다.)
▶ 21년 지방직 9급

• 당기 제품생산량 : 50,000개
• 당기 제품판매량 : 50,000개
• 변동매출원가 : ₩900,000

① ₩600,000
② ₩700,000
③ ₩800,000
④ ₩900,000

06 신설법인인 (주)한국의 기말 제품재고는 1,000개, 기말 재공품 재고는 없다. 다음 자료를 근거로 변동원가계산 방법에 의한 공헌이익은? ▸ 18년 국가직 9급

• 판매량	4,000개	• 단위당 변동제조간접원가	₩100
• 단위당 판매가격	₩1,000	• 총 고정제조간접비	₩1,000,000
• 생산량	5,000개	• 단위당 변동판매관리비	₩150
• 단위당 직접재료원가	₩300	• 총 고정판매관리비	₩800,000
• 단위당 직접노무원가	₩200		

① ₩1,000,000

② ₩1,250,000

③ ₩1,600,000

④ ₩2,000,000

07 20×1년 초에 영업을 개시한 (주)한국의 원가관련 자료는 다음과 같다.

• 생산량	10,000개	• 단위당 변동판매관리비	₩40
• 판매량	8,000개	• 고정제조간접원가	₩180,000
• 단위당 변동제조원가	₩110	• 고정판매관리비	₩85,000

제품의 단위당 판매가격이 ₩200인 경우에 (주)한국의 20×1년 말 변동원가계산에 의한 영업이익과 기말제품 재고액은? ▸ 19년 국가직 9급

	영업이익	기말제품 재고액
①	₩135,000	₩220,000
②	₩135,000	₩256,000
③	₩171,000	₩220,000
④	₩171,000	₩256,000

08 20×1년에 영업을 시작한 (주)한국의 당해 연도 생산·판매와 관련된 자료가 다음과 같을 때, 변동원가계산에 의한 영업이익은? ▸ 23년 지방직 9급

• 생산수량	5,000단위	• 단위당 변동제조간접원가	₩300
• 판매수량	4,000단위	• 단위당 변동판매관리비	₩200
• 단위당 판매가격	₩2,000	• 총고정제조간접원가	₩350,000
• 단위당 직접재료원가	₩500	• 총고정판매관리비	₩150,000
• 단위당 직접노무원가	₩400		

① ₩1,620,000   ② ₩1,900,000

③ ₩1,970,000   ④ ₩2,500,000

09 (주)한국은 2015년에 영업을 시작하였으며, 해당 연도의 생산 및 판매와 관련된 자료는 다음과 같다. (주)한국이 실제원가계산에 의한 전부원가계산방법과 변동원가계산방법을 사용할 경우, 영업이익이 더 높은 방법과 두 방법 간 영업이익의 차이는? ▸ 16년 지방직 9급

• 제품생산량	1,000개	• 제품판매량	800개
• 고정제조간접원가	₩1,000,000	• 고정판매비와 관리비	₩1,100,000
• 기말 재공품은 없음			

	영업이익이 더 높은 방법	영업이익의 차이
①	전부원가계산	₩200,000
②	변동원가계산	₩200,000
③	전부원가계산	₩220,000
④	변동원가계산	₩220,000

10 2010년 1월 1일에 영업을 개시한 (주)대한은 2010년에 10,000단위의 제품을 생산하여 9,000단위를 판매하였으며, 2010년 12월 31일 현재 기말재공품 및 원재료 재고는 없다. 실제 제품원가는 제품 단위당 직접재료원가 ₩40, 직접노무원가 ₩20, 변동제조간접원가 ₩10이었고, 총고정제조간접원가는 ₩200,000이었다. (주)대한이 실제원가계산을 하는 경우, 2010년 전부원가계산에 의한 영업이익과 변동원가계산에 의한 영업이익의 차이는?

▸11년 국가직 9급

① ₩20,000   ② ₩90,000
③ ₩180,000   ④ ₩200,000

11 (주)한국은 변동원가계산을 사용하여 ₩100,000의 순이익을 보고하였다. 기초 및 기말 재고자산은 각각 15,000단위와 19,000단위이다. 매 기간 고정제조간접비배부율이 단위당 ₩3이었다면 전부원가계산에 의한 순이익은? (단, 법인세는 무시한다.)

▸14년 국가직 9급

① ₩88,000   ② ₩145,000
③ ₩43,000   ④ ₩112,000

12 다음은 단일제품을 생산하여 개당 ₩50에 판매하는 (주)서울(20×1년 초 설립)의 20×1년도 제조원가와 생산량에 대한 자료이다. (주)서울의 20×1년도 변동원가계산에 의한 영업이익이 ₩600,000일 때, 전부원가계산에 의한 영업이익은? (단, 판매관리비는 발생하지 않는다고 가정한다.)

▸20년 서울시 7급

• 단위당 직접재료원가 ₩10	• 연간 총 고정제조간접원가 ₩1,000,000
• 단위당 직접노무원가 ₩8	• 당기 생산량 100,000개
• 단위당 변동제조간접원가 ₩12	

① ₩400,000   ② ₩600,000
③ ₩800,000   ④ ₩1,000,000

13 20×1년 초에 영업을 개시한 (주)한국은 동 기간에 5,000단위의 제품을 생산·완성하였으며, 단위당 ₩1,200에 판매하고 있다. 영업활동에 관한 자료는 다음과 같다.

• 단위당 직접재료원가	₩450	• 고정제조간접원가	₩500,000
• 단위당 직접노무원가	₩300	• 고정판매관리비	₩300,000
• 단위당 변동제조간접원가	₩100		
• 단위당 변동판매관리비	₩100		

전부원가계산에 의한 영업이익이 변동원가계산에 의한 영업이익보다 ₩300,000이 많을 경우, 20×1년 판매수량은?　　　　　　　　　　　　　　　　　▶ 20년 지방직 9급

① 1,000단위　　　　　　　　　　　② 2,000단위
③ 3,000단위　　　　　　　　　　　④ 4,000단위

14 전부원가계산에 의한 영업이익이 변동원가계산에 의한 영업이익보다 ₩10,000이 더 클 때, 다음의 자료를 이용한 당기 생산량은?　　　　　　　　　　　▶ 21년 지방직 9급

구분	수량 / 금액
판매량	500개
고정판매관리비	₩15,000
고정제조간접원가(총액)	₩30,000
기초재고	없음

① 650개　　　　　　　　　　　　② 700개
③ 750개　　　　　　　　　　　　④ 800개

원가의 추정

1 원가추정

1. 원가행태에 따른 분류 : 변동원가, 고정원가, 준변동원가, 준고정원가

① 변동원가 : 조업도에 비례하여 총원가 증가, 단위당 변동원가는 일정

② 고정원가 : 관련 조업도 범위에서 총원가 일정, 단위당 고정원가는 반비례

2. 원가함수의 추정

> ▶ 추정총원가 = 고정원가 + (단위당 변동원가 × 원가동인)
>
> $y = a + bx$
>
> * y = 추정총원가, a = 총고정원가, b = 단위당 변동원가, x = 원가동인(조업도)

3. 고저점법

조업도가 가장 큰 점과 가장 작은 점을 연결하여 원가함수식을 추정하는 방법

> ▶ 단위당 변동원가(b) = $\dfrac{\text{최고조업도의 총원가} - \text{최저조업도의 총원가}}{\text{최고조업도} - \text{최저조업도}}$
>
> ▶ 총고정원가(a) = 최고(최저)조업도의 총원가 − (최고(최저)조업도 × 단위당 변동원가)

---

01 **직접원가 및 간접원가에 관한 다음 설명 중 적절하지 않은 것은?** ▸ 07년 국가직 9급

① 발생한 원가를 원가대상별로 추적할 수 있는가에 따라서 직접원가와 간접원가로 분류된다.

② 제품원가 계산 시 간접원가는 인과관계 등 합리적인 기준에 따라 제품에 배분된다.

③ 실질적으로 또는 경제적으로 특정 제품 등에 직접 관련시킬 수 있는 원가를 직접원가라고 한다.

④ 조업도의 변동에 따른 원가행태에 근거하여 직접원가와 간접원가로 분류된다.

02 원가의 행태에 대한 설명으로 옳지 않은 것은?   ▸14년 국가직 9급

① 고정원가는 조업도가 증감하더라도 전체 범위에서는 고정적이기 때문에, 다른 조건이 동일하다면 제품단위당 고정원가는 조업도의 증가에 따라 감소한다.

② 관련범위 내에서 조업도 수준과 관계없이 고정원가 발생총액은 일정하다.

③ 관련범위 내에서 조업도가 증가하면 변동원가 발생총액은 비례적으로 증가한다.

④ 변동원가는 조업도의 증감에 따라 관련범위 내에서 일정하게 변동하기 때문에, 다른 조건이 동일하다면 제품단위당 변동원가는 조업도의 증감에 관계없이 일정하다.

03 준고정(계단)원가에 대한 설명으로 옳은 것은? (단, 조업도 이외의 다른 조건은 일정하다고 가정한다.)   ▸16년 지방직 9급

① 조업도와 관계없이 단위당 원가는 항상 일정하다.

② 일정 조업도 범위 내에서는 조업도의 변동에 정비례하여 총원가가 변동한다.

③ 일정 조업도 범위 내에서는 총원가가 일정하지만, 일정 조업도 범위를 초과하면 총원가가 일정액만큼 증가한다.

④ 일정 조업도 범위 내에서는 조업도의 변동에 관계없이 총원가가 일정하므로, 단위당 원가는 조업도의 증가에 따라 증가한다.

04 원가계산방법과 분석기법에 대한 설명으로 옳은 것은?   ▸17년 국가직 9급

① 고저점법은 원가를 기준으로 최저점과 최고점에 해당하는 과거의 자료를 이용하여 혼합원가 추정식을 구하는 방법이다.

② 변동원가계산과 비교하여 전부원가계산은 회계기간 말에 불필요한 생산을 늘려 이익을 증가시키려는 유인을 방지할 수 있다.

③ 단위당 판매가와 총고정원가가 일정할 경우 단위당 변동원가가 커지면 손익분기점은 높아진다.

④ 차이분석에서 유리한 차이는 실제원가가 예산보다 낮은 경우이므로 추가적인 관리를 할 필요가 전혀 없다.

05 (주)백두는 다음과 같은 최근 2년간의 생산량과 총제조원가를 이용하여 고저점법으로 원가 함수를 추정하였다.

연도	생산량	총제조원가
2006년	100개	₩50,000
2007년	200개	₩70,000

그러나 2008년도에 새로운 시설투자로 인하여 고정원가가 20% 증가하고 단위당 변동원가는 50% 감소하였다. 새로운 조건에서 300개를 생산할 때 발생할 것으로 추정되는 총제조원가는? ▸09년 지방직 9급

① ₩56,000   ② ₩60,000

③ ₩66,000   ④ ₩90,000

06 (주)글로벌은 볼펜을 생산하고 있다. 지난 1년간의 생산 및 원가자료를 이용하여 원가행태를 추정하려고 한다. 다음 자료를 기초로 고저점법(High-low method)을 이용하여 원가를 추정한 결과를 바르게 나타낸 것은? ▸10년 국가직 9급

월	생산량	원가(₩)	월	생산량	원가(₩)
1	100	15,100	7	160	20,500
2	120	16,300	8	130	18,100
3	150	18,700	9	120	17,900
4	110	14,940	10	110	16,000
5	130	17,500	11	170	20,700
6	120	16,900	12	140	19,100

	고정원가	단위당 변동원가
①	₩80	₩7,100
②	₩7,100	₩80
③	₩96	₩4,380
④	₩4,380	₩96

07 다음은 제조업체인 (주)한국의 2012년도 수도광열비와 관련된 월간자료이다.

구분	최고	최저
작업시간	3,000시간	2,000시간
수도광열비	₩60,000	₩50,000

(주)한국의 2012년도 총작업시간은 30,000시간이었으며, 2012년의 수도광열비 연간납부금액은 ₩700,000이었다. 이들 자료를 이용하여 고저점법에 의해 계산한 고정원가와 변동원가는?

▶ 12년 국가직 9급

	고정원가	변동원가			고정원가	변동원가
①	₩250,000	₩450,000		②	₩300,000	₩400,000
③	₩350,000	₩350,000		④	₩400,000	₩300,000

08 다음은 20×1년 (주)한국의 기계가동시간과 제조간접원가에 대한 분기별 자료이다.

분기	기계가동시간	제조간접원가
1	5,000시간	₩256,000
2	4,000시간	₩225,000
3	6,500시간	₩285,000
4	6,000시간	₩258,000

(주)한국은 고저점법을 이용하여 원가를 추정하며, 제조간접원가의 원가동인은 기계가동시간이다. 20×2년 1분기 기계가동시간이 5,500시간으로 예상될 경우, 제조간접원가 추정 금액은?

▶ 22년 국가직 9급

① ₩252,000
② ₩258,500
③ ₩261,000
④ ₩265,000

09 (주)한국의 최근 2년간 생산량과 총제품제조원가는 다음과 같다. 2년간 고정원가와 단위당 변동원가는 변화가 없었다. 2013년도에 고정원가는 10% 증가하고 단위당 변동원가가 20% 감소하면, 생산량이 500개일 때 총제품제조원가는?

▶ 14년 국가직 9급

연도	생산량	총제품제조원가
2011년	100개	₩30,000
2012년	300개	₩60,000

① ₩76,500
② ₩75,500
③ ₩94,500
④ ₩70,000

10 최근 2년간 생산량과 총제조원가는 아래와 같다. 2년간 고정원가와 단위당 변동원가는 변화가 없었다.

연도	생산량	총제조원가
2013년	2,000개	₩50,000,000
2014년	3,000개	₩60,000,000

2015년도에 고정원가가 10% 증가하고 단위당 변동원가가 20% 감소하면 생산량이 4,000개일 때 총제조원가는 얼마인가?

▶ 15년 서울시 9급

① ₩60,000,000
② ₩62,000,000
③ ₩65,000,000
④ ₩70,000,000

11 (주)한국은 단일제품을 생산·판매하고 있으며 제품 1단위를 생산하는 데 11시간의 직접노무시간을 사용하고 있고, 제품 단위당 변동판매관리비는 ₩25이다. (주)한국의 총제조원가에 대한 원가동인은 직접노무시간이고, 고저점법에 의하여 원가를 추정하고 있다. 제품의 총제조원가와 직접노무시간에 대한 자료는 다음과 같다.

구분	총제조원가	직접노무시간
1월	₩14,000	120시간
2월	₩17,000	100시간
3월	₩20,000	135시간
4월	₩19,000	150시간

(주)한국이 5월에 30단위의 제품을 단위당 ₩500에 판매한다면 총공헌이익은?

▶ 20년 국가직 7급

① ₩850
② ₩1,050
③ ₩1,250
④ ₩1,450

12 (주)대한은 상품운반용 신제품 드론 1대를 생산하였다. 1대를 생산하는 데 소요되는 원가자료는 다음과 같다.

• 직접재료원가	₩80,000	• 직접노무원가	₩1,000/직접노무시간
• 직접노무시간	100시간	• 변동제조간접원가	₩500/직접노무시간

직접노무시간에 대해 80% 누적평균시간 학습모형이 적용될 때, 드론 3대를 추가로 생산할 경우 발생할 제조원가는? (단, 추가 생산 시 단위당 직접재료원가, 직접노무원가, 변동제조간접원가의 변동은 없으며, 고정제조간접원가는 발생하지 않는다.)

▶ 21년 국가직 7급

① ₩234,000
② ₩318,000
③ ₩396,000
④ ₩474,000

Chapter

09 CVP 분석

1 원가 – 조업도 – 이익분석

1. CVP 분석의 기본 가정

CVP 분석은 일정한 가정 내에서 원가 – 조업도 – 이익의 상호관계를 분석하는 방법이다.

① 모든 원가는 변동원가와 고정원가로 분류할 수 있고 혼합원가도 변동원가와 고정원가로 분류될 수 있다고 가정한다.
② 원가와 수익은 유일한 독립변수인 조업도에 의하여 결정된다고 가정한다.
③ 수익과 원가의 행태는 결정되어 있고 관련범위 내에서 선형이라고 가정한다.
④ 생산량과 판매량은 일치하는 것으로 가정한다.
⑤ 제품의 종류가 복수인 경우에는 매출배합이 일정하다고 가정한다.

※ 생산량과 판매량은 일치하는 것으로 가정하므로 CVP 분석은 변동원가계산 손익계산서를 사용한다.

2. 공헌이익

매출액에서 변동원가를 차감한 값이다.

▶ 총공헌이익 = 총매출액 – 변동원가
▶ 단위당 공헌이익 = 단위당 판매가격 – 단위당 변동원가

3. 공헌이익률

공헌이익을 매출액으로 나누어 계산한 비율이다.

▶ 공헌이익률 = (매출액 – 변동원가) ÷ 매출액
       = 단위당 공헌이익 ÷ 단위당 판매가격

2 손익분기점 및 목표이익

1. 손익분기점

제품의 판매에 따른 수익과 이를 위한 비용이 일치해서 손실도 이익도 발생하지 않는 판매량이나 매출액을 의미한다.

2. 공헌이익을 이용한 손익분기점 분석

손익분기점은 이익이 0인 경우로 공헌이익은 모두 고정원가를 회수하는 데 사용된다.

> ▶ 매출액 − 변동원가 = 고정원가
> ▶ 단위당 공헌이익 × 손익분기점 판매량 = 고정원가
> ▶ 공헌이익률 × 손익분기점 매출액 = 고정원가

3. 목표이익

① 목표이익 달성을 위한 판매량

$$목표이익\ 달성을\ 위한\ 판매량 = \frac{고정원가 + 목표이익}{단위당\ 공헌이익}$$

② 목표이익 달성을 위한 매출액

$$목표이익\ 달성을\ 위한\ 매출액 = \frac{고정원가 + 목표이익}{공헌이익률}$$

③ CVP 분석은 세전이익을 기준으로 한다. 만약 세후목표이익이 주어졌다면 세전이익으로 목표이익을 전환한다. (세전이익 = 세후이익/(1 − 법인세율))

3 안전한계

안전한계는 실제매출액 또는 예상매출액이 손익분기점매출액을 초과하는 금액이다.

> ▶ 안전한계 = 매출액 − 손익분기점 매출액
> ▶ 안전한계율 = 안전한계 / 매출액
>   = 영업이익 / 공헌이익

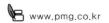

4 **기타 CVP 분석**

1. 복수제품의 CVP 분석

SET당 공헌이익 = A제품단위당 공헌이익 × 매출배합 + B제품단위당 공헌이익 × 매출배합

SET당 공헌이익률 = A제품공헌이익률 × 매출액비율 + B제품공헌이익률 × 매출액비율

2. 비선형함수의 CVP 분석 : 선형계획법

01 (주)한국의 20×1년 제품 단위당 변동원가는 ₩600, 연간 고정원가는 ₩190,000이다. 국내시장에서 단위당 ₩1,000에 300개를 판매할 계획이며, 남은 제품은 해외시장에서 ₩950에 판매가능하다. 20×1년 손익분기점 판매량은? (단, 해외시장에 판매하더라도 제품단위당 변동원가는 동일하며 해외판매는 국내수요에 영향을 주지 않는다.) ▸ 18년 국가직 9급

① 500개 ② 950개
③ 1,050개 ④ 1,100개

02 (주)한국은 급여체계를 일부 변경하려고 고민하고 있는데, 현재의 자료는 다음과 같다.

제품 단위당 판매가격	₩100
공헌이익률	60%
연간고정원가	
• 임차료	₩15,000
• 급여	₩21,000
• 광고선전비	₩12,000

만약 매출액의 10%를 성과급으로 지급하는 방식으로 급여체계를 변경한다면 고정급여는 ₩6,000이 절약될 것으로 추정하고 있다. 급여체계의 변경으로 인한 손익분기점 판매량의 변화는? ▸ 20년 지방직 9급

① 40단위 증가 ② 40단위 감소
③ 50단위 증가 ④ 50단위 감소

PART
02

03 (주)한국의 20×1년도 손익분기점 매출액은 ₩100,000이고 단위당 공헌이익률은 20%, 순이익은 ₩30,000이다. (주)한국의 20×1년도 총고정원가는? ▶ 17년 국가직 7급

① ₩250,000   ② ₩150,000
③ ₩20,000   ④ ₩6,000

04 (주)한국의 손익분기점매출액이 ₩100,000,000, 고정비는 ₩40,000,000, 단위당 변동비는 ₩1,200일 때, 단위당 판매가격은? ▶ 15년 국가직 9급

① ₩1,500   ② ₩1,600
③ ₩1,800   ④ ₩2,000

05 의자 및 책상을 제조, 판매하는 (주)한국의 의자사업부문의 2012년 제조량은 총 100개이며, 제품단위당 판매가격은 ₩2,000이다. 의자사업부문 제조원가명세서에 나타난 직접재료원가와 직접노무원가는 각각 ₩100,000과 ₩50,000이고, 나머지 제조비용 ₩30,000은 모두 고정원가이다. 2012년도 이 회사 의자사업부문의 손익분기점 판매액은? ▶ 12년 국가직 9급

① ₩180,000   ② ₩150,000
③ ₩120,000   ④ ₩80,000

06 (주)한국은 개당 ₩100에 호빵을 팔고 있으며, 사업 첫 달의 매출액은 ₩10,000, 총변동비는 ₩6,000, 총고정비는 ₩2,000이다. 이에 대한 설명으로 옳지 않은 것은? (단, 기초재고와 기말재고는 동일하다.) ▶ 11년 지방직 9급

① 공헌이익률은 60%이다.   ② 단위당 공헌이익은 ₩40이다.
③ 손익분기점 매출액은 ₩5,000이다. ④ 매출이 ₩8,000이라면 이익은 ₩1,200이다.

07 (주)한국은 새로운 경전철 사업을 구상하고 있다. 1회 이용당 변동원가는 ₩100이고, 1년간 경전철 운영의 고정원가는 ₩100,000이 발생할 것으로 추정된다. 향후 1년간 이용 횟수가 1,000회로 예상된다. (주)한국이 목표이익을 ₩100,000으로 정할 경우 책정되어야 할 1회 이용요금은? ▶ 23년 국가직 9급

① ₩300   ② ₩500
③ ₩700   ④ ₩900

08 제품단위당 변동비가 ₩800이며, 연간 고정비 발생액은 ₩3,600,000이다. 공헌이익률은 20%이며 법인세율이 20%인 경우, 법인세차감후순이익 ₩3,600,000을 달성하기 위해서 연간 몇 단위의 제품을 제조·판매해야 하는가? (단, 기초재고는 없다.) ▸18년 지방직 9급

① 34,000단위   ② 40,500단위
③ 44,500단위   ④ 50,625단위

09 서울상사의 가전 사업부는 투자중심점으로 운영되고 투자수익률에 근거하여 성과를 평가하는데, 목표 투자수익률은 20%이다. 가전 사업부의 연간 생산 및 판매에 대한 예상 자료는 다음과 같다.

구분	금액
고정원가	₩60,000,000
생산 단위당 변동원가	₩3,000
생산 및 판매 대수	40,000대
평균총자산	₩100,000,000

목표 투자수익률을 달성하기 위한 가전 사업부의 제품 단위당 최소판매가격은? (단, 기초재고는 없으며 투자수익률은 평균총자산을 기준으로 한다.) ▸18년 지방직 9급

① ₩3,500   ② ₩4,000
③ ₩4,500   ④ ₩5,000

10 (주)한국은 단일 제품을 생산하여 판매하고 있다. 제품단위당 판매가격은 ₩500이며, 20×1년 매출 및 원가자료는 다음과 같다. 법인세율이 30%라고 할 때, (가) 손익분기점 판매량과 (나) 세후목표이익 ₩70,000을 달성하기 위한 매출액은? (단, 기초재고와 기말재고는 없다.)

▸19년 지방직 9급

• 매출액	₩600,000
• 변동원가	₩360,000
• 고정원가	₩200,000

	(가)	(나)		(가)	(나)
①	1,000개	₩675,000	②	1,000개	₩750,000
③	1,200개	₩675,000	④	1,200개	₩750,000

11 손익분기점 매출액이 ₩360이며 공헌이익률은 30%일 때, 목표이익 ₩84을 달성하기 위한 총매출액은?
▸13년 지방직 9급

① ₩280   ② ₩480
③ ₩560   ④ ₩640

12 다음은 단일제품인 곰인형을 생산하고 있는 (주)한국의 판매가격 및 원가와 관련된 자료이다. 법인세율이 20%인 경우, 세후 목표이익 ₩200,000을 달성하기 위한 곰인형의 판매수량은? (단, 생산설비는 충분히 크며, 생산량과 판매량은 같다고 가정한다.)
▸15년 지방직 9급

• 단위당 판매가격	₩1,000	• 단위당 변동제조간접원가	₩100
• 단위당 직접재료원가	₩450	• 단위당 변동판매원가	₩50
• 단위당 직접노무원가	₩200	• 고정원가 총액	₩300,000

① 2,250단위   ② 2,500단위
③ 2,750단위   ④ 3,000단위

13 갑회사는 계산기를 제조하여 판매하고 있다. 계산기의 단위당 판매가격은 ₩5,000, 단위당 변동비 ₩3,000, 총고정비는 ₩500,000이다. 법인세율이 40%라고 할 때, 세후목표이익 ₩120,000을 달성하기 위해 필요한 계산기의 판매량은?
▸14년 서울시 9급

① 250개   ② 300개
③ 310개   ④ 350개
⑤ 380개

14 단일제품 A를 제조하는 (주)한국의 제품생산 및 판매와 관련된 자료는 다음과 같다.

• 총판매량	200개
• 총공헌이익	₩200,000
• 총고정원가	₩150,000

법인세율이 20%일 경우, 세후순이익 ₩120,000을 달성하기 위한 제품 A의 판매수량은? (단, 제품 A의 단위당 공헌이익은 동일하다.)
▸20년 국가직 9급

① 120개   ② 150개
③ 270개   ④ 300개

15 (주)한국의 6월 제품 판매가격과 원가구조는 다음과 같다. (주)한국이 세전순이익 ₩4,000을 달성하기 위한 6월 매출액은? (단, 판매량은 생산량과 동일하며, 법인세율은 30%이다.)

▶ 17년 지방직 9급

• 제품단위당 판매가격	₩5
• 공헌이익률	20%
• 고정원가	₩10,000

① ₩60,000　　　　　　② ₩70,000
③ ₩80,000　　　　　　④ ₩90,000

16 2013년 1월 1일에 영업을 개시한 (주)대한은 단위당 판매가격 ₩1,000, 단위당 변동원가 ₩700 그리고 총고정원가가 ₩70,000인 연필을 생산하여 판매하고 있다. (주)대한의 해당 연도에 생산된 연필은 당기 중에 모두 판매된다. 한편 (주)대한의 세전이익에 대해 ₩10,000 까지는 10%, ₩10,000을 초과하는 금액에 대해서는 20%의 세율이 적용된다. 만일 (주)대한이 2013년도에 ₩17,000의 세후순이익을 보고하였다면 2013년도에 판매한 연필의 수량은?

▶ 14년 지방직 9급

① 200개　　　　　　② 250개
③ 300개　　　　　　④ 350개

17 A제품의 매출액이 ₩500,000이고, 제품 단위당 변동원가가 ₩6, 판매가격이 ₩8이다. 고정원가가 ₩100,000일 경우 안전한계는?

▶ 11년 국가직 9급

① ₩25,000　　　　　　② ₩100,000
③ ₩125,000　　　　　　④ ₩275,000

18 (주)한국의 20×1년 매출액이 ₩10,000,000, 총고정원가가 ₩2,000,000, 공헌이익률은 40%일 때 안전한계율은?

▶ 24년 지방직 9급

① 30%　　　　　　② 40%
③ 50%　　　　　　④ 60%

19 (주)한국의 20×1년도 고정비는 ₩600,000이고 손익분기점 매출액이 ₩1,500,000이며, 안전한계율이 40%일 경우, 영업이익은?

▶ 21년 국가직 7급

① ₩0　　　　　　② ₩200,000
③ ₩400,000　　　　　　④ ₩1,000,000

20 (주)한국은 제품 X, Y를 생산하고 있으며 관련 자료는 다음과 같다.

구분	제품 X	제품 Y
단위당 판매가격	₩110	₩550
단위당 변동원가	₩100	₩500
총고정원가	₩180,000	

(주)한국은 제품 X, Y를 하나의 묶음으로 판매하고 있으며, 한 묶음은 X제품 4개, Y제품 1개로 구성된다. 손익분기점에서 각 제품의 판매량은?

▸ 16년 지방직 9급

	제품 X	제품 Y
①	1,000개	1,000개
②	2,000개	2,000개
③	2,000개	8,000개
④	8,000개	2,000개

21 (주)한국은 제품 A와 B를 생산하여 제품 A 3단위와 제품 B 2단위를 하나의 묶음으로 판매하고 있다.

• 제품별 단위당 판매가격 및 변동원가

구분＼제품	A	B
단위당 판매가격	₩500	₩800
단위당 변동원가	₩300	₩700

• 고정제조간접원가   ₩600,000
• 고정판매비와관리비   ₩360,000

손익분기점에서 제품 A와 B의 판매량은?

▸ 22년 지방직 9급

	제품 A	제품 B
①	2,400단위	2,400단위
②	2,400단위	3,600단위
③	3,600단위	2,400단위
④	3,600단위	3,600단위

22 (주)한국은 A제품과 B제품을 생산·판매하고 있다. 20×1년도 연간 고정원가 총액이 ₩3,000 이고, 두 제품에 대한 자료가 다음과 같을 때, 연간손익분기점에서 A제품의 판매수량은? (단, 매출배합은 항상 일정하게 유지된다) ▸ 24년 국가직 9급

구분	A제품	B제품
판매단가	₩90	₩140
단위당변동원가	₩70	₩100
판매량	80개	20개

① 80개
② 100개
③ 110개
④ 120개

23 (주)서울은 두 종류의 제품 A와 B를 생산하여 판매하며, 각 제품 매출액이 회사 총 매출액에서 차지하는 비중은 각각 50%이다. 매출액에 대한 변동비는 제품 A가 60%, 제품 B가 40%이다. 총고정비는 ₩100,000이며, 그 밖의 다른 비용은 없다. 총고정비가 20%만큼 증가한다고 가정할 때, ₩10,000의 순이익을 얻기 위하여 필요한 매출액은? (단, 세금효과는 고려하지 않는다.) ▸ 20년 서울시 7급

① ₩130,000
② ₩220,000
③ ₩240,000
④ ₩260,000

24 (주)한국은 창원공장에서 두 가지 제품(G엔진, H엔진)을 생산하고 있다. 이 제품들에 대한 정보는 다음과 같다. 엔진의 생산은 조립부문과 검사부문을 거쳐서 완성된다. 하루 최대생산 능력은 조립부문 600기계시간, 검사부문 120검사시간이고, 단기적으로 추가적인 생산능력의 확장은 불가능하다. 판매는 생산하는 대로 가능하다. G엔진 한 대를 만들기 위해서는 2기계시간과 1검사시간이 소요되고, H엔진은 5기계시간과 0.5검사시간이 소요된다. H엔진은 재료부족으로 인하여 하루에 110대로 생산이 제한된다. (주)한국이 제한된 생산능력하에서 영업이익을 극대화하기 위해 하루에 생산해야 할 각 제품의 수량은? ▸14년 국가직 9급

구분	G엔진	H엔진
단위당 판매가격	₩8,000,000	₩10,000,000
단위당 변동원가	₩5,600,000	₩6,250,000
단위당 공헌이익	₩2,400,000	₩3,750,000
공헌이익률	30%	37.5%

① G엔진 25대, H엔진 110대   ② G엔진 75대, H엔진 90대
③ G엔진 90대, H엔진 60대   ④ G엔진 90대, H엔진 84대

25 (주)한국의 다음 자료를 이용한 영업레버리지도는? (단, 기말재고와 기초재고는 없다.) ▸21년 지방직 9급

- 매출액 : ₩1,000,000
- 공헌이익률 : 30%
- 고정원가 : ₩180,000

① 0.4   ② 0.6
③ 2.0   ④ 2.5

26 단일제품을 생산·판매하는 (주)한국은 20×1년에 영업을 시작하여 당해 연도에 제품 200 단위를 단위당 ₩1,000에 판매하였다. (주)한국의 20×1년도 공헌이익률이 40%, 영업레버리지도가 5일 때, 손익분기점 판매량은? ▸23년 지방직 9급

① 100단위   ② 120단위
③ 140단위   ④ 160단위

Chapter 10 표준원가계산

1 표준원가계산

1. 표준원가계산의 유용성

① 신속한 제품원가계산 목적

② 원가통제 목적 : 실제원가와의 차이분석

③ 계획 목적 : 예산수립이 간편

2. 표준원가의 설정 = 수량표준(Q) × 가격표준(P)

단위당 표준직접재료원가 = 단위당 표준직접재료수량 × 재료단위당 표준가격
단위당 표준직접노무원가 = 단위당 표준작업시간 × 시간당 표준임률
단위당 표준변동제조간접원가 = 단위당 표준조업도 × 표준배부율*   * 표준배부율 = 변동제조간접원가예산 / 기준조업도
단위당 표준고정제조간접원가 = 단위당 표준조업도 × 표준배부율*   * 표준배부율 = 고정제조간접원가예산 / 기준조업도

2 원가차이 분석

1. 원가차이분석의 기초

▶ 실제원가 < 표준원가 → 유리한 차이(F, favorable variance)

▶ 실제원가 > 표준원가 → 불리한 차이(U, unfavorable variance)

2. 직접재료원가 차이분석 : 분리점에 따라 가격차이가 다르게 나타남

① 재료원가를 사용시점에 분석

실제수량 × 실제가격   실제수량 × 표준가격   표준수량 × 표준가격

가격차이	수량(능률)차이

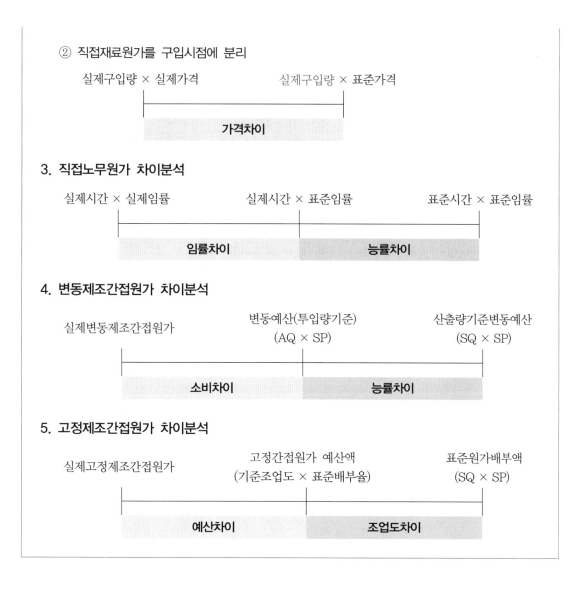

② 직접재료원가를 구입시점에 분리

실제구입량 × 실제가격   실제구입량 × 표준가격

가격차이

3. 직접노무원가 차이분석

실제시간 × 실제임률   실제시간 × 표준임률   표준시간 × 표준임률

임률차이   **능률차이**

4. 변동제조간접원가 차이분석

실제변동제조간접원가   변동예산(투입량기준)   산출량기준변동예산
                              (AQ × SP)   (SQ × SP)

소비차이   **능률차이**

5. 고정제조간접원가 차이분석

실제고정제조간접원가   고정간접원가 예산액   표준원가배부액
                              (기준조업도 × 표준배부율)   (SQ × SP)

예산차이   **조업도차이**

01 표준원가계산제도를 도입하고 있는 (주)대한의 재료원가에 대한 표준과 제품 1,000단위를 생산한 지난달의 실제재료원가 발생액이 다음과 같다. 재료가격차이와 재료수량차이는?

▸11년 국가직 9급

> • 제품단위당 표준재료원가 : 수량 10단위, 재료단위당가격 ₩100
> • 실제발생 재료원가 : 새료소비량 12,000단위, 재료원가 ₩1,080,000

	재료가격차이	재료수량차이
①	₩100,000(불리한 차이)	₩180,000(유리한 차이)
②	₩100,000(유리한 차이)	₩180,000(불리한 차이)
③	₩120,000(불리한 차이)	₩200,000(유리한 차이)
④	₩120,000(유리한 차이)	₩200,000(불리한 차이)

02 (주)한국의 4월 직접재료원가에 대한 자료는 다음과 같다. 4월의 유리한 재료수량차이(능률차이)는?

▸17년 지방직 9급

> • 실제 재료구매량　　　　　　　3,000kg　• 실제 재료사용량　　　　　　　2,200kg
> • 실제생산에 대한 표준재료투입량　2,400kg　• 불리한 재료가격차이(구입시점 기준) ₩30,000
> • 실제 재료구입단가　　　　　　₩310/kg

① ₩50,000 　　　　　　　　　② ₩55,000

③ ₩60,000 　　　　　　　　　④ ₩65,000

03 (주)강원은 표준원가제도를 채택하고 있다. 직접재료의 수량표준은 제품단위당 4.2kg이며, 가격표준은 1kg당 ₩200이다. 2009년 3월 중에 520개의 제품을 생산하였으며, 직접재료 2,200kg을 사용하였다. (주)강원은 2009년 3월 중에 직접재료 2,500kg을 ₩490,000에 구입하였다. 가격차이를 재료구입시점에서 분리할 경우, (주)강원의 2009년 3월의 재료비 가격차이와 수량차이를 계산하면?

▸09년 국가직 9급

	가격차이	수량차이
①	₩10,000(불리한 차이)	₩3,200(불리한 차이)
②	₩10,000(유리한 차이)	₩3,200(불리한 차이)
③	₩10,000(불리한 차이)	₩3,200(유리한 차이)
④	₩10,000(유리한 차이)	₩3,200(유리한 차이)

04 (주)한국은 표준원가계산을 적용하고 있으며, 20×1년 직접재료원가와 관련된 자료는 다음 과 같다. (주)한국의 실제 제품 생산량은? ▸24년 지방직 9급

• 실제 발생 직접재료원가	₩3,000
• 직접재료 kg당 실제 구입원가	₩30
• 직접재료원가 가격차이	₩1,000 유리
• 직접재료원가 수량차이	₩800 유리
• 제품 개당 직접재료의 표준투입량	10kg

① 10개　　　　　　　　　　② 12개
③ 30개　　　　　　　　　　④ 40개

05 2009년 5월 중 (주)대한의 노무비와 관련된 다음의 자료를 이용하여 직접노무비 능률차이를 구하면? ▸10년 국가직 9급

• 제품단위당 표준직접노무시간	3시간
• 시간당 표준임률	₩20
• 시간당 실제임률	₩22
• 5월 중 제품 생산량	2,100단위
• 5월 중 실제직접노무시간	6,000시간

① ₩6,000 불리　　　　　② ₩6,000 유리
③ ₩6,600 불리　　　　　④ ₩6,600 유리

06 (주)한국은 표준원가계산을 사용하고 있다. 다음 자료를 근거로 한 직접노무원가의 능률차이는? ▸18년 국가직 9급

• 실제 직접노동시간	7,000시간
• 표준 직접노동시간	8,000시간
• 직접노무원가 임률차이	₩3,500(불리)
• 실제 노무원가 총액	₩24,500

① ₩3,000(유리)　　　　　② ₩3,000(불리)
③ ₩4,000(유리)　　　　　④ ₩4,000(불리)

07 (주)한국의 2012년 11월 중 원가관련 자료가 다음과 같을 때, 11월 중 실제 임률은?

▶ 12년 국가직 9급

• 표준직접노동시간	1,450시간
• 표준임률	₩400/시간
• 직접노무원가차이	₩30,000(유리)
• 직접노무원가 능률차이	₩20,000(불리)

① ₩365/시간   ② ₩370/시간

③ ₩375/시간   ④ ₩380/시간

08 제품 100개를 생산할 때 총직접노동시간은 500시간이 걸릴 것으로 추정하고 있으며 표준임률은 시간당 ₩200이다. 당기실제생산량은 120개였고 실제작업시간은 600시간이었다. 당기에 ₩15,000의 불리한 임률 차이가 발생하였다면, 실제임률은?

▶ 18년 지방직 9급

① ₩225   ② ₩205

③ ₩195   ④ ₩175

09 (주)한국의 당기 실제 제품 생산량은 400개, 직접노무비 실제발생액은 ₩31,450, 제품 단위당 표준 직접노동시간은 5시간이다. 표준원가계산하에서 계산된 직접노무비 임률차이는 ₩3,700 불리한 차이, 직접노무비 능률차이는 ₩2,250 유리한 차이이다. 직접노무비의 시간당 표준임률은?

▶ 19년 국가직 7급

① ₩14   ② ₩15

③ ₩16   ④ ₩17

10 (주)한국은 표준원가계산제도를 적용하고 있으며, 직접노무원가와 관련된 자료는 다음과 같다.

• 표준직접노동시간	1,000시간
• 실제직접노동시간	960시간
• 실제발생 직접노무원가	₩364,800
• 능률차이(유리한 차이)	₩14,800
• 임률차이(불리한 차이)	₩9,600

직접노무원가 시간당 표준임률은?

▶ 22년 지방직 9급

① ₩240   ② ₩350

③ ₩370   ④ ₩380

11 생산활동과 원가에 관한 다음 자료를 이용하여 변동제조간접원가의 소비차이(spending variance)와 능률차이(efficiency variance)를 계산하면 각각 얼마인가? ▶ 07년 국가직 9급

• 변동제조간접원가 실제 발생액	₩5,100
• 변동제조간접원가 표준배부율	₩110(작업시간당)
• 실제 작업시간	44시간
• 실제 생산량에 허용된 표준작업시간	40시간

	소비차이	능률차이
①	₩260 불리	₩440 불리
②	₩700 불리	₩440 불리
③	₩260 불리	₩440 유리
④	₩700 불리	₩440 유리

12 표준원가계산제도를 채택하고 있는 (주)한국의 2010년 4월의 기준생산조업도는 50,000기계작업시간이고, 제조간접원가는 기계작업시간을 기준으로 배부한다. 제품 한 단위당 표준 기계작업시간은 5시간이고, 기계작업시간당 고정제조간접원가는 ₩3으로 제품 단위당 표준 고정제조간접원가는 ₩15이다. 2010년 4월 중 제품 9,000개를 생산하였는데 실제 기계작업시간은 44,000시간이었고, 고정제조간접원가 ₩160,000이 발생하였다. 고정제조간접원가의 생산조업도 차이는? ▶ 10년 지방직 9급

① ₩10,000 유리 ② ₩10,000 불리
③ ₩15,000 유리 ④ ₩15,000 불리

13 (주)한국은 표준원가계산제도를 사용하여 제품의 원가를 계산한다. 2011년 예산생산량은 110단위였으나, 실제는 120단위를 생산하였다. 기초와 기말재공품은 없으며, 실제 발생한 고정제조간접원가는 ₩13,000이었다. 단위당 고정제조간접원가 계산을 위해 사용하는 기준 조업도는 100단위이며, 제품단위당 고정제조간접원가 배부율은 ₩100일 때, 고정제조간접원가의 예산차이와 조업도차이는? ▶ 11년 지방직 9급

	예산차이	조업도차이
①	₩3,000(불리)	₩2,000(유리)
②	₩3,000(유리)	₩2,000(불리)
③	₩3,000(불리)	₩1,000(유리)
④	₩3,000(유리)	₩1,000(불리)

14 (주)한국은 표준원가계산제도를 적용하고 있으며, 당기 변동제조간접원가 예산은 ₩1,500,000, 고정제조간접원가 예산은 ₩2,000,000이다. (주)한국의 제조간접원가 배부율을 구하기 위한 기준조업도는 1,000기계시간이며, 당기 실제 기계시간은 800시간이었다. 변동제조간접원가 능률차이가 ₩75,000 불리한 것으로 나타났다면, 고정제조간접원가 조업도차이는?

▶ 21년 국가직 9급

① ₩250,000 유리한 차이   ② ₩250,000 불리한 차이
③ ₩500,000 유리한 차이   ④ ₩500,000 불리한 차이

15 (주)한국은 표준원가계산을 적용하고 있으며, 고정제조간접원가 배부율 산정을 위한 기준조업도는 10,000기계시간, 고정제조간접원가 표준배부율은 기계시간당 ₩50이다. 실제 산출량에 허용된 표준조업도가 12,000기계시간이고, 실제 발생한 고정제조간접원가가 ₩660,000일 때, 고정제조간접원가 조업도차이와 예산차이를 바르게 연결한 것은? ▶ 23년 지방직 9급

	조업도차이	예산차이
①	₩50,000 유리한 차이	₩110,000 불리한 차이
②	₩50,000 불리한 차이	₩110,000 유리한 차이
③	₩100,000 유리한 차이	₩160,000 불리한 차이
④	₩100,000 불리한 차이	₩160,000 유리한 차이

16 조업도에 대한 설명으로 옳지 않은 것은? ▶ 23년 국가직 7급

① 원가-조업도-이익분석에서 사용되는 조업도는 판매량 혹은 생산량을 의미한다.
② 고정제조간접원가 표준배부율은 고정제조간접원가 예산을 기준조업도로 나눈 것이다.
③ 고정제조간접원가 조업도 차이는 고정제조간접원가 실제액과 고정제조간접원가 예산액의 차이이다.
④ 기준조업도는 고정제조간접원가를 제품원가에 배부하기 위한 기준이 되는 것으로 직접노무시간 예산, 기계가동시간 예산, 생산량 예산 등으로 표현된다.

11 관련원가와 의사결정

1 의사결정의 유형

1. 단기의사결정과 장기의사결정

① 단기의사결정 : 보통 1년 이내의 단기에 영향을 미치는 의사결정으로 화폐의 시간가치를 고려하지 않는 CVP 분석, 관련원가분석이 해당된다.

② 장기의사결정 : 보통 의사결정의 효과가 장기간에 걸쳐서 나타나는 의사결정이므로 화폐의 시간가치를 고려하는 설비투자의사결정이 해당된다.

2 증분접근법(차액접근법)

1. 의사결정 관련항목

① 관련원가 : 여러 대체안 사이에 차이가 나는 차액원가로 관련원가는 모두 미래지출원가에 해당한다.

② 관련수익 : 여러 대체안 사이에 차이가 존재하는 수익을 의미한다.

③ 기회비용 : 재화 또는 용역 등을 특정 용도 이외의 다른 대체적인 용도로 사용할 경우에 얻을 수 있는 최대금액으로 현금이나 다른 자원의 지출을 수반하지 않더라도 의사결정시 반드시 고려해야 한다.

2. 의사결정 비관련항목

① 매몰원가(sunk costs) : 경영자가 통제할 수 없는 과거의 의사결정으로부터 발생한 역사적 원가로서 현재 또는 미래의 의사결정과 관련이 없는 원가를 의미한다.

② 미래현금지출 비관련원가

3. 특별주문 수락 여부 의사결정

구분	내용
관련수익	특별주문수량 × 특별주문단가만큼 수익이 증가하므로 관련수익에 포함한다.
관련비용	변동원가는 특별주문 수락시 수락한 만큼 생산량이 증가하므로 변동원가는 관련원가에 포함한다. 단, 변동판매관리비는 변동원가이지만 특별주문에는 발생하지 않는 경우도 있어, 만약 변동이 없다면 변동판매관리비는 비관련원가이다.
고정원가	고정원가는 일반적으로 비관련원가이다. 다만, 의사결정 시 변동사항이 발생하면 고정원가도 관련원가에 포함될 수 있다.
기회비용	유휴설비가 부족하다면 외부판매 포기로 인한 이익감소액이 기회비용이다. ① 유휴설비가 충분한 경우 : 특별주문 자체의 증분수익, 증분비용을 고려해 수락 여부를 결정한다. ② 유휴설비가 부족한 경우 : 정규시장 판매감소에 따른 이익감소분 등을 기회비용으로 고려하여야 한다.

01 의사결정을 할 때 특정 대안의 선택에 영향을 주지 않는 비관련원가(irrelevant cost)에 해당하는 것은?

▶ 09년 국가직 9급

① 매몰원가
② 차액원가
③ 증분원가
④ 기회원가

02 (주)한국은 화재로 인하여 100개의 재고자산이 파손되었다. 파손된 재고자산은 ₩40,000에 처분하거나, 혹은 ₩20,000의 수선비를 지출하여 수선을 하면 ₩70,000에 처분할 수 있다. 그러나 (주)한국의 생산부장은 위의 파손된 재고자산을 생산과정에 재투입하여 재가공하기로 하였다. (주)한국의 파손된 재고자산의 재가공에 따른 기회비용은?

▶ 10년 국가직 9급

① ₩70,000
② ₩50,000
③ ₩40,000
④ ₩20,000

03 각 사업부의 성과를 평가하고 그 결과에 따른 보상 제도를 실시하려고 할 경우 고려해야 할 적절한 원가는?

▸11년 국가직 9급

① 고정원가
② 매몰원가
③ 통제가능원가
④ 기회원가

04 (주)한국은 당기에 손톱깎이 세트 1,000단위를 생산ㆍ판매하는 계획을 수립하였으며, 연간 최대 조업능력은 1,200단위이다. 손톱깎이 세트의 단위당 판매가격은 ₩1,000, 단위당 변동원가는 ₩400이며, 총 고정원가는 ₩110,000이다. 한편, (주)한국은 당기에 해외 바이어로부터 100단위를 단위당 ₩600에 구매하겠다는 특별주문을 받았으며, 이 주문을 수락하기 위해서는 단위당 ₩150의 운송원가가 추가로 발생한다. 특별주문의 수락이 (주)한국의 당기 이익에 미치는 영향은?

▸19년 지방직 9급

① ₩35,000 감소
② ₩5,000 감소
③ ₩5,000 증가
④ ₩20,000 증가

05 (주)서울은 전동킥보드를 생산판매하고 있으며 이와 관련된 자료는 〈보기〉와 같다. 현재 월간 생산판매수량은 2,000단위이나 (주)한국으로부터 800단위를 공급해 달라는 특별주문을 받았다. 동 주문은 변동제조원가가 기존보다 5% 증가하고 변동판매관리비는 기존의 10%만 발생하며 고정비에는 영향을 주지 않는다. (주)서울이 동 주문을 수락하기 위한 단위당 최저 판매가격은?

▸21년 서울시 7급

월간 최대 생산량	2,500단위
단위당 판매단가	₩20,000
단위당 변동제조원가	₩10,000
단위당 변동판매관리비	₩2,000
월간 고정원가	₩10,000,000

① ₩10,700
② ₩11,700
③ ₩12,700
④ ₩13,700

06 (주)서울은 화장품 제조회사로 화장품을 담는 용기도 함께 생산하고 있다. 화장품 용기 생산량은 매년 1,000개이며, 1,000개 조업도 수준 하에서 화장품 용기의 단위당 제조원가는 아래의 표와 같다. 그런데 외부의 용기 생산업자가 화장품 용기 1,000개를 개당 ₩95에 공급하겠다고 제안하였다. (주)서울이 이 제안을 수락할 경우 화장품 용기 생산에 사용되는 설비를 연 ₩10,000에 다른 회사에 임대할 수 있다. 한편, 화장품 용기를 외부에서 구입하더라도 고정제조간접원가의 50%는 계속해서 발생된다. (주)서울이 외부공급업자의 제안을 수락할 경우 연간 이익은 얼마만큼 증가 혹은 감소하겠는가? ▸16년 서울시 7급

구분	단위당 원가
직접재료원가	₩30
직접노무원가	₩20
변동제조간접원가	₩10
고정제조간접원가	₩40
화장품 용기의 단위당 제조원가	₩100

① ₩5,000 증가 ② ₩5,000 감소

③ ₩10,000 증가 ④ ₩10,000 감소

기타 관리회계

01 다음 자료에 의한 당기 재료매입액은?

▶ 13년 국가직 9급

- 매출원가   ₩1,000
- 직접노무비   ₩300
- 제조간접원가   ₩400

비목	기초재고액	기말재고액
재료	₩250	₩200
재공품	₩200	₩250
제품	₩350	₩300

① ₩150
② ₩250
③ ₩450
④ ₩650

02 2017년 2월부터 4월까지의 (주)서울의 예상 상품매출액은 다음과 같다.

월별	예상매출액
2월	₩460,000
3월	₩500,000
4월	₩400,000

매월 기말재고액은 다음 달 예상 매출원가의 50%이며, 상품의 매출총이익률은 40%이다. (주)서울의 3월 예상 상품매입액은 얼마인가?

▶ 17년 서울시 9급

① ₩270,000
② ₩280,000
③ ₩290,000
④ ₩300,000

03 균형성과표(BSC : Balanced Score Card)에 대한 설명으로 옳지 않은 것은? ▶ 13년 지방직 9급

① 단기적 성과지표와 장기적 성과지표에 대한 경영자의 균형적인 관심을 유도한다.
② 조직의 성공요소로서 유형의 자원뿐 아니라 무형의 자원에 대한 구성원들의 관심을 증가시킨다.
③ 비재무적 성과지표에 따른 전통적인 성과관리의 단점을 개선하기 위하여 재무적 성과지표에 집중하는 성과관리를 강조한다.
④ 조직의 전략을 포괄적인 성과지표로 전환하여 측정함으로써 전략경영 실행의 기본적인 틀을 제공한다.

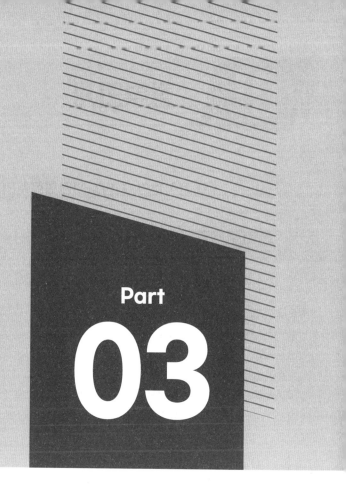

Part

03

정부회계

Chapter 01 정부회계

01 Chapter 정부회계

1 국가회계와 지방자치단체회계의 비교

구분	국가회계	지방자치단체회계
목적	1. 재무보고 책임 2. 예산 및 법규의 준수 3. 운영의 효율성	1. 재무보고 책임 2. 예산 및 법규의 준수 3. 기간간의 형평성
재무제표	1. 재정상태표 2. 재정운영표 3. 순자산변동표 4. 주석 ※ 정부회계는 자본이 아닌 순자산으로 기록하며, 순자산은 배당의 재원이 아닌 잉여금의 개념이다.	1. 재정상태표 2. 재정운영표 3. 순자산변동표 4. 현금흐름표 5. 주석
회계실체	일반회계, 특별회계, 기금회계	일반회계, 기타특별회계, 기금회계, 지방공기업특별회계
보고서	1. 결산보고서 2. 결산개요 3. 세입세출결산 4. 재무제표 5. 성과보고서	1. 결산서 2. 결산개요 3. 세입세출결산 4. 재무제표 5. 성과보고서

2 재정상태표

1. 작성원칙

① 유동성 빠른 순서(유동성배열법)
② 자산, 부채, 순자산은 총액으로 표시
③ 전기와 비교하는 형식으로 표시

구분	국가회계	지방자치단체회계
자산의 분류	1. 유동자산 2. 투자자산 3. 일반유형자산	1. 유동자산 2. 투자자산 3. 일반유형자산

438 PART 03 정부회계

	4. 사회기반시설 5. 무형자산 6. 기타비유동자산	4. 주민편의시설 5. 사회기반시설 6. 기타비유동자산
부채의 분류	1. 유동부채 2. 장기차입부채 3. 장기충당부채 4. 기타비유동부채	1. 유동부채 2. 장기차입부채 3. 기타비유동부채
순자산의 분류	1. 기본순자산 2. 적립금 및 잉여금 3. 순자산조정	1. 고정순자산 2. 특정순자산 3. 일반순자산

필수보충
정보
	1. 유산자산의 종류, 수량 및 관리상태
	2. 연금보고서
	3. 보험보고서
	4. 사회보험보고서
	5. 국세징수활동표
	6. 총잉여금·재정운영결과조정표
	7. 수익·비용 성질별 재정운영표
	8. 그 밖에 재무제표에는 반영되지 아니하였으나 중요하다고 판단되는 정보
		1. 예산결산요약표
		2. 지방자치단체의 성질별 재정운영표
		  2-1. 일반회계의 재정운영표
		  2-2. 개별 회계실체의 재정운영표
		3. 관리책임자산
		4. 예산회계와 재무회계의 차이에 대한 명세서
		5. 그 밖에 재무제표에는 반영되지 아니하였으나 중요하다고 판단되는 정보
		※ 예산결산요약표와 예산회계와 재무회계의 차이에 대한 명세서는 예산결산이 완료된 후에 첨부할 수 있다.

주석	1. 중요한 회계처리방법 2. 장기차입부채 상환계획 3. 장기충당부채 4. 외화자산 및 외화부채 5. 우발사항 및 약정사항(지급보증, 파생상품, 담보제공자산 명세를 포함한다) 6. 전기오류수정 및 회계처리방법의 변경 7. 순자산조정명세 8. 제1호부터 제7호까지에서 규정한 사항 외에 재무제표에 중대한 영향을 미치는 사항과 재무제표의 이해를 위하여 필요한 사항	1. 지방자치단체 회계실체 간의 주요 거래내용 2. 타인을 위하여 제공하고 있는 담보보증의 내용 3. 천재지변, 중대한 사고, 파업, 화재 등에 관한 내용과 결과 4. 채무부담행위 및 보증채무부담행위의 종류와 구체적 내용 5. 무상사용허가권이 주어진 기부채납자산의 세부내용 6. 그 밖의 사항으로서 재무제표에 중대한 영향을 미치는 사항과 재무제표의 이해를 위하여 필요한 사항

3 자산, 부채의 평가

1. 원칙

자산은 취득원가, 부채는 만기상환가액을 원칙으로 한다.

2. 국가회계실체 사이의 관리환

① 국가회계는 유상거래와 무상거래를 구분한다.

　　㉠ 유상거래 : 자산의 공정가액

　　㉡ 무상거래 : 자산의 장부금액

② 지방자치단체의 경우 관리전환은 유상, 무상을 구분하지 않고 모두 공정가액으로 한다.

3. 재고자산

취득 관련 원가를 가산한 금액이며, 선입선출법을 원칙으로 한다.

4. 유가금융자산

취득 관련 원가를 가산한 금액으로 하며, 평균법을 원칙으로 한다.

5. 압수품 및 몰수품의 평가

① 화폐성자산 : 압류 또는 몰수 당시의 시장가격으로 평가한다.

② 비화폐성자산 : 압류 또는 몰수 당시의 감정가액 또는 공정가액으로 한다.

　　※ 단, 지방자치단체의 경우 압수품 및 몰수품 관련 언급이 없다.

6. 일반유형자산의 평가

해당 자산의 건설원가 또는 매입가액 + 부대비용

※ 감가상각방법은 정액법을 원칙으로 한다.

7. 일반유형자산, 사회기반시설에 대한 사용수익권

해당 자산의 차감항목으로 표시한다.

4 재정운영표 및 순자산변동표

구분	국가회계	지방자치단체회계
재정운영표	Ⅰ. 프로그램 순원가 Ⅱ. 관리운영비 Ⅲ. 비배분비용 Ⅳ. 비배분수익 Ⅴ. 재정운영순원가(Ⅰ + Ⅱ + Ⅲ － Ⅳ) Ⅵ. 비교환수익 등 　1. 부담금수익 　2. 제재금수익 　3. 사회보험수익 　4. 채무면제이익 　5. 기타비교환수익 　6. 기타재원조달 및 이전 Ⅶ. 재정운영결과(Ⅴ － Ⅵ)	Ⅰ. 사업순원가 Ⅱ. 관리운영비 Ⅲ. 비배분비용 Ⅳ. 비배분수익 Ⅴ. 재정운영순원가(Ⅰ + Ⅱ + Ⅲ － Ⅳ) Ⅵ. 일반수익 Ⅶ. 재정운영결과(Ⅴ － Ⅵ)
순자산변동표	Ⅰ. 기초순자산 　1. 보고금액 　2. 전기오류수정손익 　3. 회계변경누적효과 Ⅱ. 재정운영결과 Ⅲ. 조정항목 　1. 납입자본의 증감 　2. 투자금융자산평가손익 　3. 파생상품평가손익 　4. 기타 순자산의 증감 Ⅳ. 기말순자산(Ⅰ － Ⅱ + Ⅲ)	Ⅰ. 기초순자산 Ⅱ. 재정운영결과 Ⅲ. 순자산의 증가 　회계 간의 재산 이관 및 물품 소관의 　전환에 따른 자산증가 　양여·기부로 생긴 자산 증가 　기타 순자산의 증가 Ⅳ. 순자산의 감소 　회계 간의 재산 이관 및 물품 소관의 　전환에 따른 자산감소 　양여·기부로 생긴 자산 감소 　기타 순자산의 감소 Ⅴ. 기말순자산(Ⅰ － Ⅱ + Ⅲ － Ⅳ)

PART
03

5 수익의 인식기준

1. 교환수익

수익창출 활동이 끝나고 그 금액을 합리적으로 측정할 수 있을 때에 인식
① 재화의 판매 : 인노기준
② 용역의 제공 : 진행기준
③ 사용료수익 : 기간단위의 계약에 의해 사용하는 경우 기간배분에 의하여 수익을 인식하고, 입장료 수익 등 1회성 사용대가를 수취하는 경우에는 대금수납시점에 인식한다.
④ 수수료수익 : 인적사무에 대한 반대급부로 수취하는 수익으로 계약의 경제적 실질을 반영하여 발생기준에 따라 수익을 인식한다.

2. 비교환수익

해당 수익에 대한 청구권이 발생하고 그 금액을 합리적으로 측정할 수 있을 때에 인식
① 신고·납부하는 방식의 국세 : 납세의무자가 세액을 자진신고하는 때
② 정부가 부과하는 방식의 국세 : 국가가 고지하는 때
③ 원천징수하는 국세 : 원천징수의무자가 원천징수한 금액을 신고·납부하는 때
④ 연부연납 또는 분납이 가능한 국세 : 징수할 세금이 확정된 때에 그 납부할 세액 전체
⑤ 부담금수익, 기부금수익, 무상이전수입, 제재금수익 등 : 청구권 등이 확정된 때 그 확정된 금액을 수익으로 인식

---

01 정부회계의 특징에 대한 설명으로 적절하지 않은 것은? ▸13년 지방직 9급

① 정부회계도 기업회계와 같이 수익과 비용의 차이인 재정운영 결과가 클수록 운영성과가 좋다고 평가한다.
② 정부의 지출은 예산에 의해서 통제를 받는다.
③ 예산의 집행에 따른 기록이나 절차는 법령의 규정에 따라서 이루어진다.
④ 정부회계에는 일반회계, 특별회계, 기금회계 등 다수의 회계실체가 존재한다.

02 「국가재정법」에 대한 설명으로 옳지 않은 것은? ▶ 19년 국가직 9급

① 기금은 국가가 특정한 목적을 위하여 특정한 자금을 신축적으로 운용할 필요가 있을 때에 한하여 법률로써 설치하며, 세입세출예산에 의하지 않고 운용할 수 있다.

② 예산총계주의는 한 회계연도의 모든 수입을 세입으로 하고 모든 지출을 세출로 하며, 세입과 세출은 예외 없이 모두 예산에 계상하여야 한다.

③ 세입세출예산은 독립기관 및 중앙관서의 소관별로 구분한 후 소관 내에서 일반회계와 특별회계로 구분한다.

④ 정부는 예산이 여성과 남성에게 미칠 영향을 미리 분석한 성인지 예산서를 작성하여야 한다.

03 「국가회계기준에 관한 규칙」에 대한 설명으로 옳은 것은? ▶ 18년 국가직 9급

① 회계처리와 재무제표 작성을 위한 계정과목과 금액은 그 중요성에 따라 실용적인 방법으로 결정하여야 한다.

② 자산항목과 부채 또는 순자산항목을 상계함으로써 그 전부 또는 일부를 재정상태표에서 제외할 수 있다.

③ 이 규칙에서 정하는 것 외의 사항에 대해서는 일반적으로 인정되는 회계원칙을 따를 수 있으나, 일반적으로 공정하고 타당하다고 인정되는 회계관습은 따르지 않는다.

④ 재무제표는 재정상태표, 재정운영표, 순자산변동표로 구성하되 재무제표에 대한 주석은 제외한다.

04 「국가회계법」상 재무제표에 포함되지 않는 것은? ▶ 13년 국가직 9급

① 재정상태표   ② 재정운영표
③ 순자산변동표   ④ 예산결산요약표

05 「국가회계기준에 관한 규칙」에 규정된 필수보충정보에 해당하지 않는 것은? ▶ 17년 국가직 7급

① 총잉여금·재정운영결과조정표   ② 국세징수활동표
③ 수익·비용 성질별 재정운영표   ④ 순자산조정명세

06 국가회계기준에 대한 설명으로 옳지 않은 것은? ▸ 20년 국가직 9급

① 재무제표는 재정상태표, 재정운영표, 순자산변동표로 구성하되, 재무제표에 대한 주석도 포함된다.
② 자산은 유동자산, 투자자산, 일반유형자산, 사회기반시설, 무형자산 및 기타 비유동자산으로 구분하여 재정상태표에 표시한다.
③ 순자산은 자산에서 부채를 뺀 금액을 말하며, 기본순자산, 적립금 및 잉여금, 순자산조정으로 구분한다.
④ 재정상태표에 표시하는 자산의 가액은 해당 자산의 공정가액을 기초로 하여 계상한다.

07 「국가회계기준에 관한 규칙」에 대한 설명으로 옳지 않은 것은? ▸ 15년 국가직 9급

① 재무제표는 재정상태표, 재정운영표, 순자산변동표로 구성하되 재무제표에 대한 주석을 포함한다.
② 현재세대와 미래세대를 위하여 정부가 영구히 보존하여야 할 자산으로서 역사적, 자연적, 문화적, 교육적 및 예술적으로 중요한 가치를 갖는 자산(유산자산)은 자산으로 인식하지 아니하고 그 종류와 현황 등을 필수보충정보로 공시한다.
③ 재정상태표에 표시하는 부채의 가액은 원칙적으로 현재가치로 평가한다.
④ 사회기반시설 중 관리, 유지 노력에 따라 취득 당시의 용역 잠재력을 그대로 유지할 수 있는 시설에 대해서는 감가상각하지 아니하고 관리, 유지에 투입되는 비용으로 감가상각비용을 대체할 수 있다.

08 「국가회계기준에 관한 규칙」에서 정한 재정상태표 요소의 구분과 표시에 대한 설명으로 옳지 않은 것은? ▸ 16년 국가직 9급

① 재정상태표는 자산, 부채, 순자산으로 구성되며, 자산 항목과 부채 또는 순자산 항목을 상계하지 않고 총액으로 표시한다.
② 자산은 유동자산, 투자자산, 일반유형자산, 유산자산, 무형자산 및 기타 비유동자산으로 구분한다.
③ 부채는 유동부채, 장기차입부채, 장기충당부채 및 기타 비유동부채로 구분한다.
④ 순자산은 기본순자산, 적립금 및 잉여금, 순자산조정으로 구분한다.

09 「국가회계기준에 관한 규칙」에서 정한 자산과 부채의 평가에 대한 내용으로 옳지 않은 것은?

▶ 16년 국가직 9급

① 일반유형자산에 대한 사용권수익은 해당 자산의 차감항목에 표시한다.
② 사회기반시설 중 관리, 유지 노력에 따라 취득당시 용역잠재력을 그대로 유지할 수 있는 시설에 대해서는 감가상각하지 아니하고 관리, 유지에 투입되는 비용으로 감가상각비용을 대체할 수 있다.
③ 유가금융자산은 부대비용을 제외한 매입가액에 종목별로 총평균법을 적용하여 산정한 가액을 취득원가로 한다.
④ 재정상태표에 표시하는 부채의 가액은 '국가회계기준에 관한 규칙'에 따로 정한 경우를 제외하고는 원칙적으로 만기상환가액으로 평가한다.

10 「국가회계기준에 관한 규칙」에서 규정하고 있는 자산의 평가와 관련된 설명으로 옳지 않은 것은?

▶ 14년 국가직 7급

① 융자보조원가충당금은 융자사업에서 발생한 융자금 원금과 추정 회수가능액의 현재가치와의 차액으로 평가하며, 보증충당부채는 보증채무불이행에 따른 추정 순현금유출액의 현재가치로 평가한다.
② 재정상태표일 현재 장기 및 단기 투자금융자산의 신뢰성 있는 공정가치를 측정할 수 있어 해당 자산을 공정가치로 평가할 경우 장기투자금융자산평가손익은 순자산변동으로 회계처리하고, 단기투자금융자산평가손익은 재정운영표의 수익 또는 비용으로 보고한다.
③ 기부채납을 통해 무상취득한 일반유형자산의 경우에는 취득 당시의 공정가액을 취득원가로 계상하는데, 일반유형자산에 대한 사용수익권은 해당 자산의 차감항목에 표시한다.
④ 효율적인 사회기반시설 관리시스템으로 사회기반시설의 용역잠재력이 취득 당시와 같은 수준으로 유지된다는 것이 객관적으로 증명되는 경우에 사회기반시설 중 관리, 유지 노력에 따라 취득 당시의 용역잠재력을 그대로 유지할 수 있는 시설에 대해서는 감가상각을 하지 않고, 관리, 유지에 투입되는 비용으로 감가상각비용을 대체할 수 있다.

11 국가회계기준에 관한 규칙에 대한 설명으로 옳지 않은 것은?

▶ 24년 국가직 9급

① 기타 유동자산은 미수수익, 선급금, 선급비용 및 재고자산 등을 말한다.
② 중앙관서 또는 기금의 순자산변동표는 기초순자산, 재정운영결과, 재원의 조달 및 이전, 조정항목, 기말순자산으로 구분하여 표시한다.
③ 무주부동산의 취득, 국가 외의 상대방과의 교환 또는 기부채납 등의 방법으로 자산을 취득한 경우에는 취득 당시의 공정가액을 취득원가로 한다.
④ 국가회계실체 사이에 발생하는 관리전환은 유상거래일 경우에는 자산의 장부가액을 취득원가로 한다.

12 「국가회계기준에 관한 규칙」상 자산의 인식기준으로 옳지 않은 것은?　▶15년 국가직 7급

① 자산은 공용 또는 공공용으로 사용되는 등 공공서비스를 제공할 수 있거나 직접적 또는 간접적으로 경제적효익을 창출하거나 창출에 기여할 가능성이 매우 높아야 한다.
② 자산은 그 가액을 신뢰성 있게 측정할 수 있어야 한다.
③ 국가안보와 관련된 자산은 기획재정부장관과 협의하여 자산으로 인식하지 아니할 수 있다.
④ 현재세대와 미래세대를 위하여 정부가 영구히 보존하여야 할 자산으로서 역사적, 자연적, 문화적, 교육적 및 예술적으로 중요한 가치를 갖는 유산자산은 재정상태표상 자산으로 인식한다.

13 「국가회계기준에 관한 규칙」상 자산과 부채의 평가에 대한 설명으로 옳지 않은 것은?

▶15년 국가직 7급

① 재고자산의 시가가 취득원가보다 낮은 경우에는 시가를 재정상태표 가액으로 하며, 생산과정에 투입될 원재료의 시가는 순실현가능가액을 말한다.
② 재고자산은 제조원가 또는 매입가액에 부대비용을 더한 금액을 취득원가로 한다.
③ 재고자산은 실물흐름과 원가산정 방법 등에 비추어 선입선출법 이외의 방법을 적용하는 것이 보다 합리적이라고 인정되는 경우에는 개별법, 이동평균법 등을 적용하고 그 내용을 주석으로 표시한다.
④ 국가회계실체 사이에 발생하는 관리환은 무상거래일 경우에는 자산의 장부가액을 취득원가로 하고, 유상거래일 경우에는 자산의 공정가액을 취득원가로 한다.

14 「국가회계기준에 관한 규칙」상 자산과 부채의 평가에 대한 설명으로 옳지 않은 것은?

▶18년 국가직 7급

① 국가회계실체 사이에 발생하는 관리전환이 무상거래일 경우에는 취득 당시의 공정가액을 취득원가로 한다.
② 무형자산은 정액법에 따라 해당 자산을 사용할 수 있는 시점부터 합리적인 기간 동안 상각한다.
③ 비화폐성 외화자산을 역사적 원가로 측정하는 경우 해당 자산을 취득한 당시의 적절한 환율로 평가한다.
④ 보증충당부채는 보증채무불이행에 따른 추정 순현금유출액의 현재가치로 평가한다.

15 「국가회계기준에 관한 규칙」상 자산과 부채의 평가에 대한 설명으로 옳지 않은 것은?

▶ 21년 지방직 9급

① 재정상태표에 표시하는 자산의 가액은 해당 자산의 취득원가를 기초로 하여 계상한다.
② 국채는 국채발행수수료 및 발행과 관련하여 직접 발생한 비용을 뺀 발행가액으로 평가한다.
③ 일반유형자산은 해당 자산의 건설원가 또는 매입가액에 부대비용을 더한 금액을 취득원가로 하고, 객관적이고 합리적인 방법으로 추정한 기간에 정액법 등을 적용하여 감가상각한다.
④ 국가회계실체 사이에 발생하는 관리전환은 무상거래일 경우에는 자산의 공정가액을 취득원가로 하고, 유상거래일 경우에는 자산의 장부가액을 취득원가로 한다.

16 「국가회계기준에 관한 규칙」에 대한 설명으로 옳지 않은 것은?

▶ 19년 국가직 7급

① 재정상태표상 순자산은 자산에서 부채를 뺀 금액을 말하며, 기본순자산, 적립금 및 잉여금, 순자산조정으로 구분한다.
② 융자보조원가충당금은 융자사업에서 발생한 융자금 원금과 추정 회수가능액의 현재가치와의 차액으로 평가한다.
③ 유가증권의 회수가능가액이 장부가액 미만으로 하락하고 그 하락이 장기간 계속되어 회복될 가능성이 없을 경우에는 장부가액과의 차액을 감액손실로 인식하고 재정운영순원가에 반영한다.
④ 일반유형자산에 대해서는 재평가를 할 수 있으나 사회기반시설에 대해서는 재평가를 할 수 없다.

17 「국가회계기준에 관한 규칙」에 대한 설명으로 옳은 것은?

▶ 20년 국가직 7급

① 현재세대와 미래세대를 위하여 정부가 영구히 보존하여야 할 자산으로서 역사적, 자연적, 문화적, 교육적 및 예술적으로 중요한 가치를 갖는 자산은 자산으로 인식하지 아니하고 그 종류와 현황 등을 필수보충정보로 공시한다.
② 미래예상거래의 현금흐름변동위험을 회피하는 파생상품 계약에서 발생하는 평가손익은 발생한 시점의 재정운영순원가에 반영한다.
③ 압수품 및 몰수품이 비화폐성 자산인 경우 압류 또는 몰수 당시의 시장가격으로 평가하며 감정가액으로 평가할 수 없다.
④ 우발자산은 과거의 거래나 사건으로 발생하였으나 국가회계실체가 전적으로 통제할 수 없는 하나 이상의 불확실한 미래사건의 발생 여부로만 그 존재 유무를 확인할 수 있는 잠재적 자산을 말하며, 경제적효익의 유입 가능성이 매우 높은 경우 재정상태표에 자산으로 공시한다.

PART
03

18 다음 자료를 이용하여 국가회계실체인 A부의 재정상태표에 표시할 자산의 장부가액은?

▸18년 국가직 9급

- 국가회계실체인 B부가 ₩200,000,000으로 계상하고 있던 토지를 관리전환받아 공정가액 ₩300,000,000을 지급하고 취득함
- 국가 외의 상대방으로부터 공정가액 ₩1,000,000,000인 건물을 무상으로 기부받고 동시에 건물에 대하여 10년에 걸쳐 사용수익권 ₩500,000,000을 기부자에게 제공하기로 함
- 공정가액 ₩700,000,000인 무주토지를 발굴하여 자산에 등재함

① ₩1,400,000,000

② ₩1,500,000,000

③ ₩2,000,000,000

④ ₩2,500,000,000

19 「국가회계기준에 관한 규칙」에 따른 자산에 대한 설명으로 옳지 않은 것은? ▸23년 국가직 7급

① 자산은 공용 또는 공공용으로 사용되는 등 공공서비스를 제공할 수 있거나 직접적 또는 간접적으로 경제적 효익을 창출하거나 창출에 기여할 가능성이 매우 높고 그 가액을 신뢰성 있게 측정할 수 있을 때에 인식한다.

② 현재 세대와 미래 세대를 위하여 정부가 영구히 보존하여야 할 자산으로서 역사적, 자연적, 문화적, 교육적 및 예술적으로 중요한 가치를 갖는 자산은 자산으로 인식하지 아니하고 그 종류와 현황 등을 필수보충정보로 공시한다.

③ 국가안보와 관련된 자산은 국방부장관과 협의하여 자산으로 인식하지 아니할 수 있다. 이 경우 해당 중앙관서의 장은 해당 자산의 종류, 취득시기 및 관리현황 등을 별도의 장부에 기록하지 않는다.

④ 사회기반시설은 국가의 기반을 형성하기 위하여 대규모로 투자하여 건설하고 그 경제적 효과가 장기간에 걸쳐 나타나는 자산으로서, 도로, 철도, 항만, 댐, 공항, 하천, 상수도, 국가어항, 기타 사회기반시설 및 건설 중인 사회기반시설 등을 말한다.

20 「국가회계기준에 관한 규칙」상 '부채의 분류 및 평가'에 대한 설명으로 옳지 않은 것은?

▸ 19년 국가직 7급

① 재정상태표상 부채는 유동부채, 장기차입부채 및 기타유동부채로 분류한다.
② 장기연불조건의 거래, 장기금전대차거래 또는 이와 유사한 거래에서 발생하는 채권·채무로서 명목가액과 현재가치의 차이가 중요한 경우에는 현재가치로 평가한다.
③ 화폐성 외화부채는 재정상태표일 현재의 적절한 환율로 평가한다.
④ 재정상태표에 표시되는 부채의 가액은 「국가회계기준에 관한 규칙」에서 따로 정한 경우를 제외하고는 원칙적으로 만기상환가액으로 평가한다.

21 A 부처는 20×1년 12월 1일에 국내단기차입금 ₩10,000,000,000과 그 이자 ₩1,000,000,000을 채권채무재조정하여 원금 ₩8,000,000,000과 이자비용 ₩500,000,000으로 채무를 일부 면제받기로 합의하고 미지급금으로 대체하였다. A 부처의 20×1년 12월 1일 회계처리에 대한 설명으로 옳지 않은 것은? (단, A 부처는 국내단기차입금에 대해 기말에 이자비용을 인식하며, 국가회계예규에 따라 회계처리한다)

▸ 23년 국가직 7급

① 미지급금 ₩8,500,000,000을 대변에 인식한다.
② 국내단기차입금 ₩10,000,000,000을 차감한다.
③ 국내차입금이자비용 ₩1,000,000,000을 차변에 인식한다.
④ 채무면제이익 ₩2,000,000,000을 대변에 인식한다.

22 「국가회계기준에 관한 규칙」상 재정상태표에 대한 설명으로 옳은 것은?

▸ 16년 국가직 7급

① 자산은 유동자산, 투자자산, 일반유형자산, 사회기반시설, 주민편의시설 및 기타비유동자산으로 구분한다.
② 부채의 가액은 「국가회계기준에 관한 규칙」에서 따로 정한 경우를 제외하고는 원칙적으로 현재가치로 평가한다.
③ 국가안보와 관련된 자산과 부채는 기획재정부장관과 협의하여 자산과 부채로 인식하지 아니할 수 있다.
④ 순자산은 고정순자산, 특정순자산 및 일반순자산으로 분류한다.

23 「국가회계기준에 관한 규칙」에 대한 설명으로 옳지 않은 것은? ▸16년 국가직 7급

① 국세징수활동표는 재무제표의 내용을 보완하고 이해를 돕기 위하여 제공되는 필수보충 정보이다.

② 유산자산의 종류, 수량 및 관리상태는 주석으로 표시한다.

③ 금융리스는 리스료를 내재이자율로 할인한 가액과 리스자산의 공정가액 중 낮은 금액을 리스자산과 리스부채로 각각 계상하여 감가상각한다.

④ 장기연불조건의 거래에서 발생하는 채권, 채무로서 명목가액과 현재가치의 차이가 중요한 경우에는 현재가치로 평가한다.

24 「국가회계기준에 관한 규칙」의 내용으로 옳지 않은 것은? ▸17년 국가직 7급

① 자산과 부채는 유동성이 높은 항목부터 배열한다. 이 경우 유동성이란 현금으로 전환되기 쉬운 정도를 말한다.

② 정부가 부과하는 방식의 국세는 납세의무자가 세액을 납부하는 때에 수익으로 인식한다.

③ 압수품 및 몰수품 중 화폐성자산은 압류 또는 몰수 당시의 시장가격으로 평가한다.

④ 순자산은 자산에서 부채를 뺀 금액을 말하며, 기본순자산, 적립금 및 잉여금, 순자산조정으로 구분한다.

25 「국가회계기준에 관한 규칙」에 대한 설명으로 옳지 않은 것은? ▸16년 서울시 7급

① 재무제표는 재정상태표, 재정운영표, 순자산변동표로 구성하되, 재무제표에 대한 주석을 포함한다.

② 재무제표는 해당 회계연도분과 직전 회계연도분을 비교하는 형식으로 작성한다.

③ 재무제표는 국가의 재정활동에 직접적 또는 간접적으로 이해관계를 갖는 정보이용자가 국가의 재정활동 내용을 파악하고, 합리적으로 의사결정을 할 수 있도록 유용한 정보를 제공하는 것을 목적으로 한다.

④ 재무제표를 통합하여 작성하더라도 내부거래는 상계하지 않는다.

26 「국가회계기준에 관한 규칙」에 대한 설명으로 옳지 않은 것은? ▸21년 국가직 9급

① 국채는 국채발행수수료 및 발행과 관련하여 직접 발생한 비용을 뺀 발행가액으로 평가한다.

② 파생상품은 공정가액으로 평가하여 해당 계약에 따라 발생한 권리와 의무를 각각 자산 및 부채로 계상한다.

③ 화폐성 외화부채는 재정상태표일 현재의 적절한 환율로 평가한다.

④ 사회기반시설에 대한 사용수익권은 부채로 표시한다.

27 「국가회계기준에 관한 규칙」상 자산의 정의와 인식기준으로 가장 옳지 않은 것은?

▸17년 서울시 7급

① 자산은 공용 또는 공공용으로 사용되는 등 공공서비스를 제공할 수 있거나 직접적 또는 간접적으로 경제적효익을 창출하거나 창출에 기여할 가능성이 매우 높고 그 가액을 신뢰성 있게 측정할 수 있을 때에 인식한다.

② 현재세대와 미래세대를 위하여 정부가 영구히 보존하여야 할 자산으로서 역사적, 자연적, 문화적, 교육적 및 예술적으로 중요한 가치를 갖는 유산자산은 자산으로 인식하지 아니하고 그 종류와 현황 등을 필수보충정보로 공시한다.

③ 국가안보와 관련된 자산은 기획재정부장관과 협의하여 자산으로 인식하지 아니할 수 있다. 이 경우 해당 중앙관서의 장은 해당 자산의 종류, 취득시기 및 관리현황 등을 별도의 장부에 기록하여야 한다.

④ 자산은 과거의 거래나 사건의 결과로 현재 국가 회계실체가 소유(실질적으로 소유하는 경우를 제외한다)하고 있는 자원으로서 미래에 공공서비스를 제공할 수 있거나 직접 또는 간접적으로 경제적효익을 창출할 것으로 기대하는 자원을 말한다.

28 「국가회계기준에 관한 규칙」에 따른 재무제표에 대한 설명으로 옳지 않은 것은?

▸17년 서울시 7급

① 재정운용표에는 프로그램(정책사업)별로 원가가 집계·표시된다.

② 재정상태표상 자산과 부채는 유동성배열법에 따라 표시된다.

③ 직접적인 반대급부가 없이 법령에 따라 납부의무가 발생한 금품의 수납은 재정운용표에 비교환수익으로 보고한다.

④ 재정상태표를 작성함에 있어서 자산에 대한 사용수익권은 무형자산 항목으로 표시된다.

29 「국가회계기준에 관한 규칙」상 비교환수익의 유형에 따른 수익인식기준에 대한 설명으로 옳지 않은 것은? ▸ 15년 지방직 9급

① 신고, 납부하는 방식의 국세 : 납세의무자가 세액을 자진신고하는 때에 수익으로 인식
② 정부가 부과하는 방식의 국세 : 국가가 고지하는 때에 수익으로 인식
③ 연부연납 또는 분납이 가능한 국세 : 납세의무자가 납부한 때에 납부한 세액을 수익으로 인식
④ 부담금수익 : 청구권이 확정된 때에 그 확정된 금액을 수익으로 인식

30 「국가회계기준에 관한 규칙」의 수익 인식에 관한 설명으로 옳지 않은 것은? ▸ 14년 국가직 9급

① 정부가 부과하는 방식의 국세는 국가가 국세를 수납하는 때에 수익으로 인식한다.
② 원천징수하는 국세는 원천징수의무자가 원천징수한 금액을 신고, 납부하는 때에 수익으로 인식한다.
③ 분납이 가능한 국세는 징수할 세금이 확정된 때에 그 납부할 세액 전체를 수익으로 인식한다.
④ 기부금 수익은 청구권이 확정된 때에 그 확정된 금액을 수익으로 인식한다.

31 「국가회계기준에 관한 규칙」에 대한 설명으로 옳지 않은 것은? ▸ 14년 국가직 7급

① 국세수익은 중앙관서 또는 기금의 재정운영표에는 표시되지 않지만, 국가의 재정운영표에는 표시된다.
② 비교환수익은 수익창출활동이 끝나고 그 금액을 합리적으로 측정할 수 있을 때 인식한다.
③ 신고, 납부하는 방식의 국세는 납세의무자가 세액을 자진신고하는 때에 수익으로 인식한다.
④ 원천징수하는 국세는 원천징수 의무자가 원천징수한 금액을 신고, 납부하는 때에 수익으로 인식한다.

32 「국가회계기준에 관한 규칙」에서 정하고 있는 국세의 수익인식 기준에 대한 설명으로 옳지 않은 것은? ▸ 13년 국가직 7급

① 정부가 부과하는 방식의 국세는 국가가 고지하는 때에 인식
② 신고, 납부하는 방식의 국세는 납세의무자가 세액을 자진신고하는 때에 인식
③ 원천징수하는 국세는 원천징수의무자가 납세자로부터 원천징수하는 때에 인식
④ 연부연납 또는 분납이 가능한 국세는 징수할 세금이 확정된 때에 그 납부할 세액 전체를 인식

33 「국가회계기준에 관한 규칙」상 수익의 인식기준에 대한 설명으로 옳지 않은 것은?

▶ 18년 지방직 9급

① 신고·납부하는 방식의 국세는 납세의무자가 세액을 자진 신고하는 때 수익으로 인식한다.
② 정부가 부과하는 방식의 국세는 국가가 고지하는 때 수익으로 인식한다.
③ 연부연납(年賦延納) 또는 분납이 가능한 국세는 세금이 징수되는 시점에 분납되는 세액을 수익으로 인식한다.
④ 원천징수하는 국세는 원천징수의무자가 원천징수한 금액을 신고·납부하는 때에 수익으로 인식한다.

34 「국가회계기준에 관한 규칙」상 비교환수익 유형에 따른 수익인식기준에 대한 설명으로 옳지 않은 것은?

▶ 23년 국가직 9급

① 원천징수하는 국세 : 원천징수의무자가 납세의무자로부터 세액을 원천징수할 때 수익으로 인식
② 정부가 부과하는 방식의 국세 : 국가가 고지하는 때에 수익으로 인식
③ 분납이 가능한 국세 : 징수할 세금이 확정된 때에 그 납부할 세액 전체를 수익으로 인식
④ 부담금수익 : 청구권 등이 확정된 때에 그 확정된 금액을 수익으로 인식

35 「국가회계기준에 관한 규칙」상 '수익과 비용'에 대한 설명으로 옳지 않은 것은?

▶ 18년 국가직 7급

① 부담금수익은 청구권 등이 확정된 때에 그 확정된 금액을 수익으로 인식한다.
② 몰수품이 화폐성 자산이어서 몰수한 때에 금액을 확정할 수 있는 경우에는 몰수한 때에 수익으로 인식한다.
③ 재화나 용역의 제공 등 국가재정활동 수행을 위하여 자산이 감소한 경우 금액을 합리적으로 측정할 수 없더라도 비용을 인식한다.
④ 과거에 자산으로 인식한 자산의 미래경제적효익이 감소 또는 소멸하거나 자원의 지출 없이 부채가 발생 또는 증가한 것이 명백한 때에 비용으로 인식한다.

36 「국가회계기준에 관한 규칙」의 수익과 비용에 대한 설명으로 옳은 것은? ▸ 21년 국가직 7급

① 정부가 부과하는 방식의 국세는 납세의무자가 세액을 자진 신고하는 때에 수익으로 인식한다.

② 신고 · 납부하는 방식의 국세는 국가가 고지하는 때에 수익으로 인식한다.

③ 원가는 중앙관서의 장 또는 기금관리주체가 프로그램의 목표를 달성하고 성과를 창출하기 위하여 직접적 · 간접적으로 투입한 경제적 자원의 가치를 말한다.

④ 재화나 용역의 제공 등 국가재정활동 수행을 위하여 자산이 감소하고 그 금액을 합리적으로 측정할 수 있을 때 또는 금액을 합리적으로 측정할 수 없더라도 법령 등에 따라 지출에 대한 의무가 존재한다면 비용으로 인식한다.

37 「국가회계기준에 관한 규칙」상 중앙관서 또는 기금의 재정운영표에 대한 설명으로 옳지 않은 것은? ▸ 22년 국가직 9급

① 재정운영표는 회계연도 동안 수행한 정책 또는 사업의 원가와 재정운영에 따른 원가의 회수명세 등을 포함한 재정운영결과를 나타내는 재무제표를 말한다.

② 중앙관서 또는 기금의 재정운영표는 프로그램순원가, 재정운영순원가, 재정운영결과로 구분하여 표시한다.

③ 프로그램순원가는 프로그램을 수행하기 위하여 투입한 원가 합계에서 다른 프로그램으로부터 배부받은 원가를 빼고, 다른 프로그램에 배부한 원가는 더하며, 프로그램 수행과정에서 발생한 수익 등을 빼서 표시한다.

④ 비배분비용은 국가회계실체에서 발생한 비용 중 프로그램에 대응되지 않는 비용이며, 비배분수익은 국가회계실체에서 발생한 수익 중 프로그램에 대응되지 않는 수익이다.

38 「국가회계기준에 관한 규칙」에 따른 재정운영표의 재정운영순원가는? ▸ 13년 국가직 9급

• 프로그램총원가	₩350,000
• 프로그램수익	₩200,000
• 관리운영비	₩100,000
• 비배분비용	₩50,000
• 비배분수익	₩20,000
• 비교환수익	₩10,000

① ₩150,000 ② ₩270,000

③ ₩280,000 ④ ₩500,000

39 중앙부처 A의 다음 재정운영표 자료에 근거하여 산출한 재정운영결과는? ▸20년 국가직 9급

• 프로그램수익	₩40,000
• 프로그램총원가	₩300,000
• 비배분수익	₩20,000
• 비배분비용	₩30,000
• 비교환수익	₩24,000
• 관리운영비	₩60,000

① (−) ₩306,000   ② (+) ₩306,000
③ (−) ₩330,000   ④ (+) ₩330,000

40 다음의 자료를 이용하여 중앙관서 A의 재정운영표를 작성하는 경우 재정운영순원가는?

▸19년 국가직 9급

• 프로그램순원가	₩300,000	• 관리운영비	₩150,000
• 이자비용	₩130,000	• 유형자산처분이익	₩150,000
• 부담금수익	₩30,000	• 채무면제이익	₩300,000

① ₩150,000   ② ₩220,000
③ ₩380,000   ④ ₩430,000

41 「국가회계기준에 관한 규칙」에 따른 A 부처 기타특별회계의 재정운영순원가는?

▸23년 국가직 7급

• 프로그램 수익	₩30,000	• 비배분수익	₩10,000
• 비교환수익	₩12,000	• 프로그램 총원가	₩200,000
• 비배분비용	₩15,000	• 관리운영비	₩50,000

① ₩213,000   ② ₩225,000
③ ₩235,000   ④ ₩237,000

42 다음은 중앙관서 A의 기업특별회계(사업형회계) 프로그램 관련 자료이다. 중앙관서 A의 재정운영표에 대한 설명으로 옳지 않은 것은?

▸24년 국가직 9급

(단위 : ₩)

세출		재무계정과목	금액	비고
프로그램/단위사업	목			
물자 및 시설조달	연구개발비	연구개발비	30,000	프로그램총원가
	-	감가상각비	1,000	프로그램총원가
전자조달운영	인건비	인건비	500	프로그램총원가
-	-	감가상각비	300	비배분비용
	-	자산처분손실	200	비배분비용
조달행정지원	인건비	인건비	40,000	행정운영성경비

세입(목)	재무계정과목	금액	관련프로그램	비고
내자구매사업수입	재화및용역제공수익	20,000	물자 및 시설조달	프로그램수익
토지대여료	재화및용역제공수익	1,000	-	비배분수익
위약금	제재금수익	1,000	-	비교환수익

① 프로그램순원가는 ₩11,500이다.
② 관리운영비는 ₩40,000이다.
③ 재정운영순원가는 ₩51,500이다.
④ 재정운영결과는 ₩50,000이다.

43 정부기관인 A부처는 2016년 7월 1일 (주)한국과 수익(교환 또는 비교환)이 발생하는 계약을 체결하였다. 계약기간은 2016년 9월 1일부터 2017년 8월 31일까지이며, 계약금액 총액은 ₩1,200,000이다. 계약서상 청구권 확정/고지일과 금액이 다음과 같을 때, A부처가 2016년에 인식할 수익에 대한 설명으로 옳은 것은? (단, 해당 수익이 교환수익이면 사용료수익, 비교환수익이면 부담금수익으로 가정한다.) ▸17년 국가직 9급

청구권 확정/고지일	청구금액
2016.10.31.	₩200,000
2017.1.31.	₩300,000
2017.4.30.	₩300,000
2017.8.31.	₩400,000

① 교환수익에 해당할 경우 비교환수익에 해당할 경우보다 수익을 ₩800,000 덜 인식한다.
② 교환수익에 해당할 경우 비교환수익에 해당할 경우보다 수익을 ₩200,000 더 인식한다.
③ 교환수익에 해당할 경우와 비교환수익에 해당할 경우 인식할 수익금액은 동일하다.
④ 비교환수익에 해당할 경우 인식할 수익금액은 ₩400,000이다.

44 다음은 20×1년 중앙관서 A 부처 기타특별회계의 재무제표 작성을 위한 자료이다. 재무제표에 대한 설명으로 옳지 않은 것은? ▸21년 국가직 7급

- 프로그램총원가 ₩28,000, 프로그램수익 ₩12,000
- 관리운영비 : 인건비 ₩5,000, 경비 ₩3,000
- 프로그램과 직접적인 관련이 없는 수익과 비용 : 이자비용 ₩1,000, 자산처분손실 ₩1,000, 자산처분이익 ₩2,000
- 국고수입 ₩10,000, 부담금수익 ₩5,000, 채무면제이익 ₩10,000, 국고이전지출 ₩3,000
- 기초순자산 ₩20,000(기본순자산 ₩5,000, 적립금 및 잉여금 ₩10,000, 순자산조정 ₩5,000)

① 재정운영표상 재정운영결과는 ₩24,000이다.
② 순자산변동표상 재원의 조달 및 이전은 ₩22,000이다.
③ 순자산변동표상 기말 적립금 및 잉여금은 ₩7,000이다.
④ 순자산변동표상 기말순자산은 ₩18,000이다.

45 지방자치단체회계에 대한 설명으로 옳지 않은 것은? ▸21년 지방직 9급

① 지방자치단체의 회계는 신뢰할 수 있도록 객관적인 자료와 증명서류에 의하여 공정하게 처리되어야 한다.

② 지방재정활동에 따라 발생하는 경제적 거래 등을 발생사실에 따라 복식부기 방식으로 회계처리 하는데 필요한 기준은 행정안전부령으로 정한다.

③ 지방자치단체의 회계는 재정활동의 내용과 그 성과를 쉽게 파악할 수 있도록 충분한 정보를 제공하고, 간단·명료하게 처리되어야 한다.

④ 재무제표는 지방회계기준에 따라 작성하여야 하고, 「공인회계사법」에 따른 공인회계사의 감사의견을 첨부하여야 한다.

46 「지방자치단체 회계기준에 관한 규칙」에서 재무제표의 작성원칙에 대한 설명 중 옳지 않은 것을 〈보기〉에서 모두 고른 것은? ▸21년 서울시 7급

> ㄱ. 지방자치단체의 재무제표는 일반회계·기타특별회계·기금회계 및 지방공기업특별회계의 유형별 재무제표를 통합하여 작성하되, 이 경우 내부거래는 상계하지 아니하고 작성한다.
> ㄴ. 유형별 회계실체의 재무제표를 작성할 때에는 해당 유형에 속한 개별 회계실체의 재무제표를 합산하지 아니하고 작성한다.
> ㄷ. 개별 회계실체의 재무제표를 작성할 때에는 지방자치단체 안의 다른 개별 회계실체와의 내부거래를 상계하지 아니한다.
> ㄹ. 재무제표는 당해 회계연도분과 직전 회계연도분을 비교하는 형식으로 작성되어야 하며, 회계정책과 회계추정의 변경이 발생한 경우에는 그 내용을 주석으로 공시하여야 한다.

① ㄱ, ㄴ ② ㄱ, ㄹ
③ ㄴ, ㄷ ④ ㄷ, ㄹ

47 「지방자치단체 회계기준에 관한 규칙」에 대한 설명으로 옳지 않은 것은? ▸18년 지방직 9급

① 재무제표는 재정상태표, 재정운영표, 현금흐름표, 순자산변동표, 주석으로 구성된다.

② 재무제표는 일반회계, 기타특별회계, 기금회계 및 지방공기업특별회계의 유형별 재무제표를 통합하여 작성한다. 이 경우 내부거래는 상계하지 않는다.

③ 재무제표는 당해 회계연도분과 직전 회계연도분을 비교하는 형식으로 작성한다.

④ 회계실체는 그 활동의 성격에 따라 행정형 회계실체와 사업형 회계실체로 구분할 수 있다.

48 「지방자치단체 회계기준에 관한 규칙」에 대한 설명으로 옳지 않은 것은? ▸ 15년 지방직 9급

① 비용은 자산의 감소나 부채의 증가를 초래하는 회계연도 동안의 거래로 생긴 순자산의 감소를 말하며, 관리전환 등으로 생긴 순자산의 감소도 비용에 포함한다.

② 문화재, 예술작품, 역사적 문건 및 자연자원은 자산으로 인식하지 아니하고 필수보충정보의 관리책임자산으로 보고한다.

③ 지방자치단체의 재무제표는 재정상태표, 재정운영표, 현금흐름표, 순자산변동표, 주석, 필수보충정보 및 부속명세서로 구성된다.

④ 순자산의 감소사항은 전기오류수정손실, 회계기준변경으로 생긴 누적손실 등을 말한다.

49 「지방자치단체회계기준에 관한 규칙」에 대한 설명으로 옳지 않은 것은? ▸ 16년 지방직 9급

① 순자산은 특정순자산, 고정순자산, 일반순자산으로 분류되는데, 일반순자산은 고정순자산과 특정순자산을 제외한 나머지 금액을 의미한다.

② 지방세, 보조금 등의 비교환거래로 생긴 수익은 비록 금액을 합리적으로 측정할 수 없더라도 해당 수익에 대한 청구권이 발생한 시점에 수익으로 인식한다.

③ 일반유형자산과 주민편의시설 중 상각대상 자산에 대한 감가상각은 정액법을 원칙으로 한다.

④ 문화재, 예술작품, 역사적 문건 및 자연자원은 자산으로 인식하지 아니하고 필수보충정보의 관리책임자산으로 보고한다.

50 「지방자치단체 회계기준에 관한 규칙」상 재무제표의 작성원칙으로 옳지 않은 것은?

▸ 17년 지방직 9급

① 개별 회계실체의 재무제표를 작성할 때에는 지방자치단체 안의 다른 개별 회계실체와의 내부거래를 상계한다.

② 지방자치단체의 재무제표는 일반회계 기타특별회계 기금회계 및 지방공기업특별회계의 유형별 재무제표를 통합하여 작성한다.

③ 유형별 회계실체의 재무제표를 작성할 때에는 해당 유형에 속한 개별 회계실체의 재무제표를 합산하여 작성한다.

④ 재무제표는 해당 회계연도분과 직전 회계연도분을 비교하는 형식으로 작성되어야 한다.

51 「지방자치단체 회계기준에 관한 규칙」상 재무제표의 작성원칙으로 옳은 것은?

▸ 19년 지방직 9급

① 지방자치단체의 재무제표는 기금회계의 유형별 재무제표를 제외한 일반회계·기타특별회계 및 지방공기업특별회계의 유형별 재무제표를 통합하여 작성한다.

② 유형별 회계실체의 재무제표를 작성할 때에는 해당 유형에 속한 개별 회계실체의 재무제표를 합산하여 작성한다. 이 경우 유형별 회계실체 안에서의 내부거래는 상계하고 작성한다.

③ 개별 회계실체의 재무제표를 작성할 때에는 지방자치단체 안의 다른 개별 회계실체와의 내부거래를 상계하고 작성한다. 이 경우 내부거래는 해당 지방자치단체에 속하지 아니한 다른 회계실체 등과의 거래와 다르기 때문이다.

④ 재무제표는 당해 회계연도분과 직전 회계연도분을 비교하는 형식으로 작성되어야 한다. 이 경우 비교식으로 작성되는 양 회계연도의 재무제표는 계속성의 원칙에 따라 작성되어야 하며 회계변경은 허용되지 않는다.

52 「지방자치단체 회계기준에 관한 규칙」에서 규정하고 있는 자산분류를 나타낸 것으로 적절하지 않은 것은?

▸ 14년 국가직 9급

① 유동자산 : 현금및현금성자산, 단기금융상품, 미수세외수입금등

② 투자자산 : 장기금융상품, 장기대여금, 장기투자금융자산 등

③ 주민편의시설 : 주차장, 도로, 공원 등

④ 사회기반시설 : 상수도시설, 수질정화시설, 하천부속시설 등

53 「지방자치단체 회계기준에 관한 규칙」에서 규정하는 자산의 회계처리에 대한 설명으로 옳은 것은?

▸ 17년 국가직 9급

① 재고자산은 구입가액에 부대비용을 더하고 이에 총평균법을 적용하여 산정한 가액을 취득원가로 평가함을 원칙으로 한다.

② 장기투자금융자산은 매입가격에 부대비용을 더하고 이에 종목별로 선입선출법을 적용하여 산정한 취득원가로 평가함을 원칙으로 한다.

③ 주민편의시설 중 상각대상 자산에 대한 감가상각은 정액법을 원칙으로 한다.

④ 사회기반시설 중 유지보수를 통하여 현상이 유지되는 도로, 도시철도, 하천부속시설 등에 대한 감가상각은 사용량비례법을 원칙으로 한다.

54 「지방자치단체 회계기준에 관한 규칙」상 자산의 평가에 대한 설명으로 옳은 것은?

▶ 19년 지방직 9급

① 미수세금은 합리적이고 객관적인 기준에 따라 평가하여 대손충당금을 설정하고 이를 미수세금 금액에서 차감하는 형식으로 표시하며, 대손충당금의 내역은 주석으로 공시한다.
② 재고자산은 구입가액에 부대비용을 더하고 이에 총평균법을 적용하여 산정한 가액을 취득원가로 할 수 있으나, 그 내용을 주석으로 공시할 필요는 없다.
③ 도로, 도시철도, 하천부속시설 등 사회기반시설은 예외 없이 감가상각하여야 한다.
④ 장기투자증권은 매입가격에 부대비용을 더하고 이에 종목별로 총평균법을 적용하여 산정한 취득원가로 기록한 후, 매년 말 공정가치와 장부금액을 비교하여 평가손익을 인식한다.

55 「지방자치단체 회계기준에 관한 규칙」상의 자산 및 부채 평가와 관련된 다음 설명 중 가장 옳은 것은?

▶ 17년 서울시 9급

① 사회기반시설 중 유지보수를 통하여 현상이 유지되는 도로, 도시철도, 하천부속시설 등도 감가상각하여야 한다.
② 지방채금융자산은 발행가액으로 평가하되, 발행가액은 지방채금융자산 발행수수료 및 발행과 관련하여 직접 발생한 비용을 가산한 가액으로 한다.
③ 일반유형자산과 주민편의시설에 대한 사용수익권은 해당자산의 차감항목으로 표시한다.
④ 퇴직급여충당부채는 회계연도 말 현재 「공무원연금법」을 적용받는 지방공무원이 일시에 퇴직할 경우 지방자치단체가 지급하여야 할 퇴직금에 상당한 금액으로 한다.

56 「지방자치단체 회계기준에 관한 규칙」의 자산 및 부채의 평가에 대한 설명으로 옳은 것은?

▶ 21년 국가직 9급

① 일반유형자산과 주민편의시설은 해당 자산의 건설원가나 매입가액을 취득원가로 평가함을 원칙으로 한다.
② 무형자산은 정률법에 따라 해당 자산을 사용할 수 있는 시점부터 합리적인 기간동안 상각한다.
③ 사회기반시설 중 유지보수를 통하여 현상이 유지되는 도로, 도시철도, 하천부속시설 등은 감가상각대상에서 제외할 수 없다.
④ 퇴직급여충당 부채는 회계연도말 현재 「공무원연금법」을 적용받는 지방공무원을 제외한 무기계약근로자 등이 일시에 퇴직할 경우 지방자치단체가 지급하여야 할 퇴직금에 상당한 금액으로 한다.

57 「지방자치단체 회계기준에 관한 규칙」상 자산·부채의 평가에 대한 설명으로 옳지 않은 것은?

▸ 24년 지방직 9급

① 회계실체 간 재산 이관이나 물품 소관의 전환으로 취득한 자산의 가액은, 무상거래일 경우에는 자산의 장부가액으로 하고 유상거래일 경우에는 자산의 공정가액으로 한다.
② 재정상태표에 기재하는 자산은 자산의 진부화, 물리적인 손상 및 시장가치의 급격한 하락 등의 원인으로 인하여 해당 자산의 회수가능가액이 장부가액에 미달하고 그 미달액이 중요한 경우에는 이를 장부가액에서 직접 차감하여 회수가능가액으로 조정하고 감액내역을 주석으로 공시한다.
③ 장기연불조건의 매매거래, 장기금전대차거래 또는 이와 유사한 거래에서 발생하는 채권·채무로서 명목가액과 현재가치의 차이가 중요한 경우에는 이를 현재가치로 평가한다.
④ 우발상황은 미래에 어떤 사건이 발생하거나 발생하지 아니함으로 인하여 궁극적으로 확정될 손실 또는 이익으로서 발생여부가 불확실한 현재의 상태 또는 상황을 말하며, 재정상태표 보고일 현재 우발손실의 발생이 확실하고 그 손실금액을 합리적으로 추정할 수 있는 경우 우발손실을 재무제표에 반영하고 그 내용을 주석으로 표시한다.

58 「지방자치단체 회계기준에 관한 규칙」에 대한 설명으로 옳은 것은?

▸ 23년 지방직 9급

① 부채는 유동부채, 장기차입부채, 장기충당부채 및 기타 비유동부채로 구분하여 재정상태표에 표시한다.
② 특정순자산은 주민편의시설, 사회기반시설 및 무형자산의 투자액에서 그 시설의 투자재원을 마련할 목적으로 조달한 장기차입금 및 지방채증권 등을 뺀 금액으로 한다.
③ 부채의 가액은 회계실체가 지급의무를 지는 채무액을 말하며, 채무액은 이 규칙에서 정하는 것을 제외하고는 만기상환가액으로 함을 원칙으로 한다.
④ 교환거래에 의한 비용은 가치의 이전에 대한 의무가 존재하고 그 금액을 합리적으로 측정할 수 있을 때에 인식한다.

59 「지방자치단체 회계기준에 관한 규칙」의 회계변경과 오류수정에 대한 설명으로 옳지 않은 것은?

▶ 22년 지방직 9급

① 회계정책 또는 회계추정을 변경한 경우에는 그 변경내용, 변경사유 및 변경이 해당 회계 연도의 재무제표에 미치는 영향을 주석으로 표시한다.

② 회계추정의 변경에 따른 영향은 비교표시되는 직전 회계연도의 기초순자산 및 그 밖의 대응금액을 회계추정의 변경 이전 처음부터 적용된 것으로 조정한다.

③ 오류의 수정은 전년도 이전에 발생한 회계기준적용의 오류, 추정의 오류, 계정분류의 오류, 계산상의 오류, 사실의 누락 및 사실의 오용 등을 수정하는 것이다.

④ 중대한 오류를 수정한 경우에는 중대한 오류로 판단한 근거, 비교재무제표에 표시된 과거회계기간에 대한 수정금액, 비교재무제표가 다시 작성되었다는 사실을 주석으로 포함한다.

60 지방자치단체 수익에 대한 설명으로 옳지 않은 것은?

▶ 18년 국가직 9급

① 지방자치단체가 과세권을 바탕으로 징수하는 세금은 자체조달수익으로 분류한다.

② 지방자치단체가 기부채납방식으로 자산을 기부받는 경우 기부시점에 수익으로 인식한다.

③ 회계실체가 국가 또는 다른 지방자치단체로부터 이전받은 수익은 정부간이전수익으로 분류한다.

④ 교환거래로 생긴 수익은 수익창출이 끝나고 그 금액을 합리적으로 측정할 수 있을 때에 인식한다.

61 「지방자치단체 회계기준에 관한 규칙」상 재정운영표에 대한 설명으로 옳지 않은 것은?

▶ 24년 지방직 9급

① 교환거래로 생긴 수익은 재화나 서비스 제공의 반대급부로 생긴 사용료, 수수료 등으로서 해당수익에 대한 청구권이 발생하고 그 금액을 합리적으로 측정할 수 있을 때에 인식한다.

② 사업순원가는 총원가에서 사업수익을 빼서 표시하며, 총원가는 사업을 수행하기 위하여 투입한 원가에서 다른 사업으로부터 배부받은 원가를 더하고, 다른 사업에 배부한 원가를 뺀 것이다.

③ 수익은 재원조달의 원천에 따라 지방자치단체가 독자적인 과세 권한과 자체적인 징수활동을 통하여 조달한 자체조달수익, 회계실체가 국가 또는 다른 지방자치단체로부터 이전받은 정부간이전수익, 자체조달수익 및 정부간이전수익 외의 수익인 기타수익으로 구분한다.

④ 재정운영순원가는 사업순원가에서 관리운영비 및 비배분비용은 더하고 비배분수익을 빼서 표시하며, 관리운영비는 조직의 일반적이고 기본적인 기능을 수행하는 데 필요한 인건비, 기본경비 및 운영경비이다.

62 다음은 어느 지방자치단체의 재정운용표 내용이다. 재정운영순원가는? ▸15년 국가직 9급

• 사업총원가	₩117,000	• 관리운영비	₩65,000
• 비배분수익	₩38,000	• 사업수익	₩39,000
• 비배분비용	₩47,000	• 일반수익	₩37,000

① ₩106,000　　　　　　　　　　② ₩115,000

③ ₩143,000　　　　　　　　　　④ ₩152,000

63 다음은 지방자치단체 A의 20×1년 재무제표 작성을 위한 자료이다. (단, 아래 이외의 다른 거래는 없다.)

- 20×1년 지방자치단체 A가 운영한 사업의 총원가는 ₩500,000이며, 사용료수익은 ₩200,000이다.
- 20×1년 관리운영비 ₩100,000이 발생하였다.
- 20×1년 사업과 관련이 없는 자산처분이익 ₩50,000과 이자비용 ₩10,000이 발생하였다.
- 20×1년 지방세수익은 ₩200,000이다.

20×1년 지방자치단체 A의 재정운영표상 재정운영순원가와 재정운영결과를 바르게 연결한 것은? ▸22년 국가직 9급

	재정운영순원가	재정운영결과
①	₩100,000	₩360,000
②	₩160,000	₩360,000
③	₩360,000	₩100,000
④	₩360,000	₩160,000

64 다음은 지방자치단체 A의 20×1년 재무제표 작성을 위한 자료이다.

• 사업총원가	₩200,000	• 일반수익	₩40,000
• 비배분수익	₩20,000	• 비배분비용	₩30,000
• 관리운영비	₩50,000	• 사업수익	₩70,000

20×1년 지방자치단체 A의 재정운영표상 재정운영결과는? ▸23년 지방직 9급

① ₩130,000　　　　　　　　　　② ₩150,000

③ ₩160,000　　　　　　　　　　④ ₩190,000

65 「지방자치단체 회계기준에 관한 규칙」상 현금흐름표에 대한 설명으로 옳지 않은 것은?

▸ 20년 지방직 9급

① 현금흐름표는 회계연도 동안의 현금자원의 변동 즉, 자금의 원천과 사용결과를 표시하는 재무제표로서 영업활동, 투자활동, 재무활동으로 구분하여 표시한다.

② 현금의 유입과 유출은 회계연도 중의 증가나 감소를 상계하지 아니하고 각각 총액으로 적는 것이 원칙이지만, 거래가 잦아 총 금액이 크고 단기간에 만기가 도래하는 경우에는 순증감액으로 적을 수 있다.

③ 현물출자로 인한 유형자산 등의 취득, 유형자산의 교환 등 현금의 유입과 유출이 없는 거래 중 중요한 거래에 대하여는 주석으로 공시한다.

④ 투자활동은 자금의 융자와 회수, 장기투자증권·일반유형자산·주민편의시설·사회기반시설 및 무형자산의 취득과 처분 등을 말한다.

66 다음 자료를 이용하여 계산한 지방자치단체의 재정상태표에 표시될 일반순자산은?

▸ 20년 국가직 7급

• 자산총계	₩2,000,000
• 부채총계	₩1,000,000
• 일반유형자산, 주민편의시설, 사회기반시설투자액	₩900,000
• 무형자산투자액	₩200,000
• 일반유형자산 투자재원을 위해 조달된 차입금	₩450,000
• 적립성기금의 원금	₩150,000

① ₩200,000 　　　　② ₩350,000

③ ₩400,000 　　　　④ ₩650,000

67 지방자치단체 갑(甲)의 재정상태표상 순자산총계는 ₩10억이고, 고정순자산은 ₩6억이며, 특정순자산은 ₩1억이다. 지방자치단체 갑(甲)의 주민편의시설이 ₩2억 증가하였고, 그 시설의 투자재원을 마련할 목적으로 조달한 장기차입금이 ₩1억 증가하였으며, 순자산총계는 ₩3억 증가하였다. 언급한 사항을 제외한 고정순자산과 특정순자산의 변동은 없다고 가정할 때, 지방자치단체 갑(甲)의 일반순자산의 변동은?

▸ 20년 서울시 7급

① ₩1억 감소 　　　　② 변동 없음

③ ₩1억 증가 　　　　④ ₩2억 증가

68 다음은 지방자치단체 A의 20×1년 말 재정상태표상 금액이다.

• 부채 총계	₩2,000,000
• 사회기반시설 투자액	₩900,000
• 일반순자산	₩300,000
• 무형자산 투자액	₩100,000
• 사회기반시설 투자 관련 차입금	₩450,000
• 적립성기금의 원금	₩150,000

지방자치단체 A의 20×1년 말 재정상태표상 자산 총계는? ▶ 24년 지방직 9급

① ₩2,900,000 ② ₩3,000,000

③ ₩3,450,000 ④ ₩3,900,000

69 「국가회계기준에 관한 규칙」과 「지방자치단체회계기준에 관한 규칙」에 대한 설명으로 옳지 않은 것은? ▶ 16년 지방직 9급

① 국가회계기준의 재무제표에는 현금흐름표가 포함되나, 지방자치단체회계기준의 재무제표에는 현금흐름표가 포함되지 않는다.

② 국가회계기준의 자산 분류에는 주민편의시설이 포함되지 않으나, 지방자치단체회계기준의 자산 분류에는 주민편의시설이 포함된다.

③ 국가회계기준에서는 일반유형자산에 대하여 재평가모형을 적용할 수 있으나, 지방자치단체회계기준에서는 일반유형자산에 대하여 재평가모형을 적용하지 않는다.

④ 국가회계기준과 지방자치단체회계기준 모두 자산과 부채는 유동성이 높은 항목부터 배열하는 것을 원칙으로 한다.

70 「국가회계기준에 관한 규칙」과 「지방자치단체 회계기준에 관한 규칙」상 자산, 부채의 평가에 대한 설명으로 옳지 않은 것은? ▶ 20년 지방직 9급

① 국가의 도로는 관리, 유지 노력에 따라 취득 당시의 용역 잠재력을 그대로 유지할 수 있는 경우 감가상각 대상에서 제외할 수 있다.

② 재정상태표에 기록하는 자산의 가액은 해당 자산의 취득원가를 기초로 하여 계상함을 원칙으로 한다.

③ 부채의 가액은 따로 정한 경우를 제외하고는 원칙적으로 만기상환가액으로 평가한다.

④ 국가와 지방자치단체의 일반유형자산과 사회기반시설은 공정가액으로 재평가하여야 한다.

71 「국가회계기준에 관한 규칙」과 「지방자치단체 회계기준에 관한 규칙」에 대한 설명으로 옳지 않은 것은?　▸17년 지방직 9급

① 국가의 일반유형자산과 사회기반시설을 취득한 후 재평가할 때에는 공정가액으로 계상하여야 한다.

② 국가와 지방자치단체의 금융리스는 리스료를 내재이자율로 할인한 가액과 리스자산의 공정가액 중 낮은 금액을 리스자산과 리스부채로 각각 계상하여 감가상각한다.

③ 국가의 유가금융자산은 매입가액에 부대비용을 더하고 종목별로 총평균법을 적용하여 산정한 가액을 취득원가로 한다.

④ 기부채납 등으로 인한 지방자치단체의 순자산 증가는 수익에 포함한다.

72 다음은 「국가회계기준에 관한 규칙」과 「지방자치단체 회계기준에 관한 규칙」에 대한 설명이다. 가장 옳지 않은 것은?　▸15년 서울시 9급

① 「국가회계기준에 관한 규칙」 및 「지방자치단체 회계기준에 관한 규칙」에서는 재무제표 작성원칙에 따라 재무제표의 과목은 해당 항목의 중요성에 따라 별도의 과목으로 표시하거나 다른 과목으로 통합하여 표시가능하다고 명시적으로 규정하고 있다.

② 「지방자치단체 회계기준에 관한 규칙」에서는 「국가회계기준에 관한 규칙」과 달리 자산의 분류에 주민편의시설이 포함된다.

③ 「지방자치단체 회계기준에 관한 규칙」에서는 「국가회계기준에 관한 규칙」과 달리 현금흐름표가 재무제표에 포함된다.

④ 「국가회계기준에 관한 규칙」에서 순자산은 기본순자산, 적립금 및 잉여금, 순자산조정으로 구분되나, 「지방자치단체 회계기준에 관한 규칙」에서는 고정순자산, 특정순자산 및 일반순자산으로 분류하고 있다.

73 「국가회계기준에 관한 규칙」과 「지방자치단체 회계기준에 관한 규칙」에 대한 설명으로 옳지 않은 것은?　▸23년 국가직 9급

① 「국가회계기준에 관한 규칙」에 따르면 사회기반시설 중 관리·유지 노력에 따라 취득 당시의 용역 잠재력을 그대로 유지할 수 있는 시설에 대해서는 감가상각하지 아니하고 관리·유지에 투입되는 비용으로 감가상각비용을 대체할 수 있다.

② 「지방자치단체 회계기준에 관한 규칙」에 따르면 자산은 유동자산, 투자자산, 일반유형자산, 주민편의시설, 사회기반시설, 기타비유동자산으로 분류한다.

③ 「지방자치단체 회계기준에 관한 규칙」에 따르면 무형자산은 정액법에 따라 당해 자산을 사용할 수 있는 시점부터 합리적인 기간 동안 상각한다. 다만, 독점적·배타적인 권리를 부여하는 관계 법령이나 계약에서 정한 경우를 제외하고는 20년을 넘을 수 없다.

④ 「국가회계기준에 관한 규칙」에 따르면 현재 세대와 미래 세대를 위하여 정부가 영구히 보존하여야 할 자산으로서 역사적, 자연적, 문화적, 교육적 및 예술적으로 중요한 가치를 갖는 자산은 무형자산으로 인식한다.

PART 03

정답 및
해설

PART 01 재무회계

제1장 회계의 기초

01 ① 유동비율은 유동자산/유동부채로 유동비율이 높다는 의미는 기업이 미래를 위한 투자보다는 현재 유보금이 많다는 의미로 해석되어 수익성 측면에서 불리할 수도 있다.
② 재무제표를 작성할 책임은 경영자에게 있다.
③ 재무회계의 주된 목적은 외부정보이용자의 경제적 의사결정을 돕기 위한 정보 제공에 있다.
④ 외부감사인의 감사의견은 해당 기업의 재무제표에 대한 신뢰성을 보강하기 위한 것으로, 투자의 적정성을 보장하지 않는다. ▶①

02 재무제표의 작성책임자는 대표이사와 회계담당 임원이다. ▶①

03 경영자는 회계정보의 공급자이면서 수요자이다. ▶①

04 「한국채택국제회계기준」은 과거의 「기업회계기준」에 비해 자산과 부채의 평가에 있어 역사적 원가보다는 공정가치를 반영하도록 하고 있다. ▶④

05 「주식회사 등의 외부감사에 관한 법률」의 적용을 받는 모든 기업이 「한국채택국제회계기준」을 적용해야 하는 것은 아니다. ▶②

06 재무제표는 재무상태표, 포괄손익계산서, 현금흐름표, 자본변동표, 주석이다. ▶④

07 수익은 자산의 유입이나 증가 또는 부채의 감소에 따라 자본의 증가를 초래하는 특정 회계기간 동안에 발생한 경제적 효익의 증가로서, 지분참여자에 의한 출연과 관련된 것은 제외한다. ▶①

08 자본은 주주지분이지만 자산과 부채의 결과에 따라 종속적으로 결정되는 잔여지분으로 기업이 가지고 있는 자원의 활용을 나타내는 요소는 아니다. 기업이 가지고 있는 자원의 활용을 나타내는 요소는 자산이다. ▶②

09 자본은 기업의 자산에서 모든 부채를 차감한 후의 잔여지분으로 자산과 부채 금액의 측정에 따라 결정되며, 시가총액과 같지 않다. ▶③

10 수익은 자본의 증가를 초래하는 특정 회계기간 동안에 발생한 경제적 효익의 증가로서, 지분참여자에 의한 출연과 관련된 것은 제외한다. ▶③

11 ㄷ. 자본변동표는 일정 회계기간 동안의 기업의 경영성과 이외의 자본변동에 관한 정보를 제공한다.
ㄹ. 재무제표의 작성과 표시에 대한 책임은 경영자에게 있고, 「주식회사의 외부감사에 관한 법률」의 적용 대상이 되는 기업은 공인회계사의 외부검토를 받아야 한다. ▶②

12 원재료 구입에 대한 계약서만 작성(ㄴ)하거나 근로계약서만 작성(ㄷ)한 사건은 기록의 대상인 회계상거래에 해당하지 않는다. ▶③

13 원재료 구입에 대한 계약체결 만으로는 기록의 대상인 회계상 거래에 해당하지 않는다. ▶ ③

14 회계상 거래가 되기 위해서는 재무상태의 변화와 금액의 신뢰성 있는 측정이 모두 가능해야 한다. 이 중 화재
손실로 인한 재고자산의 소실사건만 기록의 대상인 회계상 거래에 해당한다. ▶ ②

15 (차) 차입금(부채의 감소)　　　　　　　1,000　　　　(대) 현금(자산의 감소)　　　　　1,120
　　　이자비용(비용의 발생)　　　　　　　 120　　　　　　　　　　　　　　　　　　▶ ③

16 사무실 임차료 ₩5,000을 현금으로 지급하는 경우 비용이 ₩5,000 발생하고, 자산은 ₩5,000 감소하며, 자본
은 ₩5,000 감소한다. 단, 부채는 불변한다. ▶ ④

17 1/25 (차) 단기차입금　　　　　　　500,000　　　　(대) 현금　　　　　　　　　500,000
→ 1월 25일 거래는 단기차입금 ₩500,000을 현금으로 상환한 거래이다. ▶ ④

18 1월 18일의 거래는 은행에서 현금 ₩100,000을 차입한 거래이다. ▶ ③

19 1) 거래 A
　　기초자본 + ₩9,000(총수익) − ₩10,000(총비용) − ₩2,000(현금배당금) = ₩9,000(기말자본)
　　→ 기초자본 = ₩12,000
　　기초자산(㉠) = ₩3,000(기초부채) + ₩12,000(기초자본) = ₩15,000
　　2) 거래 B
　　기말자본(㉡) = ₩6,000(기초자본) + ₩10,000(총수익) − ₩7,000(총비용) − ₩3,000(배당금)
　　　　　　　　= ₩6,000
　　3) 거래 C
　　₩7,000(기말자본) = ₩5,000(기초자본) + 총수익(㉢) − ₩8,000(총비용) − ₩4,000(배당금)
　　→ 총수익(㉢) = ₩14,000 ▶ ④

20 1) 기초자본 = ₩500,000(기초자산) − ₩400,000(기초부채) = ₩100,000
　　2) 기말자본 = ₩900,000(기말자산) − ₩600,000(기말부채) = ₩300,000
　　3) 기말자본(₩300,000)
　　　= ₩100,000(기초자본) + ₩100,000(유상증자) − ₩50,000(현금배당) + 당기순이익
　　　→ 당기순이익 = ₩150,000 ▶ ①

21 1) 기초자본 = ₩50,000,000(기초자산) − ₩65,000,000(기초부채) = (₩15,000,000)
　　2) 기말자본 = ₩30,000,000(기말자산) − ₩20,000,000(기말부채) = ₩10,000,000
　　3) 기말자본(₩10,000,000)
　　　= (₩15,000,000) + ₩10,000,000(수익합계) − ₩8,000,000(비용합계) + 지분출자액
　　　→ 지분출자액 = ₩23,000,000 ▶ ②

22 1) 기초자본 = ₩500(기초자산) − ₩400(기초부채) = ₩100
　　2) 기말자본 = ₩100(기초자본) + ₩200(총수익) − ₩120(총비용) + ₩20(유상증자) − ₩50(현금배당) = ₩150
　　3) 기말부채 = ₩700(기말자산) − ₩150(기말자본) = ₩550 ▶ ③

23 1) 기말자본 = ₩3,000,000(기초자본) + ₩500,000(유상증자) − ₩100,000(현금배당) + ₩1,000,000(총수익)
  − ₩800,000(총비용) = ₩3,600,000

2) 기말부채 = ₩6,500,000(기말총자산) − ₩3,600,000(기말자본) = ₩2,900,000　　▶ ②

24 1) 기말자본 = ₩35,000(기말자산) − ₩28,000(기말부채) = ₩7,000

2) 기말자본(₩7,000) = ₩4,000(기초자본) + ₩3,000(유상증자) − ₩1,000(현금배당) + 당기순이익
  → 당기순이익 = ₩1,000

  * 주식배당은 자본총계에 영향이 없다.　　▶ ①

25 1) 기초자본 = ₩300,000(기초자산) − ₩100,000(기초부채) = ₩200,000

2) 기말자본 = ₩350,000(기말자산) − ₩120,000(기말부채) = ₩230,000

3) 기말자본(₩230,000) = ₩200,000(기초자본) + ₩1,000(기타포괄이익) − ₩3,000(현금배당금)
  + 당기순이익
  → 당기순이익 = ₩32,000　　▶ ③

26 1) 기말자본 = ₩350,000(기말자산) − ₩200,000(기말부채) = ₩150,000

2) 기말자본(₩150,000) = 기초자본 + ₩125,000(총포괄이익) − ₩5,000(현금배당)
  → 기초자본(순자산) = ₩30,000　　▶ ②

27 기말자본 ₩300,000 증가 = ₩100,000(유상증자) − ₩10,000(기타포괄손익-공정가치 측정 금융자산 평가손실)
+ ₩20,000(재평가잉여금) + 당기순이익 → 당기순이익 = ₩190,000　　▶ ②

28 기말자본(₩32,400) = ₩30,000(기초자본) + ₩2,000(유상증자) − ₩3,000(현금배당) + ₩1,500(당기순이익) + 기타포괄손익
  → 기타포괄손익 = ₩1,900　　▶ ④

29 1) 기초자본 = ₩15,000(기초자산) − ₩8,000(기초부채) = ₩7,000

2) 기말자본 = ₩18,000(기말자산) − ₩5,000(기말부채) = ₩13,000

3) 기말자본(₩13,000) = ₩7,000(기초자본) + ₩3,000(당기순이익) + ₩2,000(유상증자) − ₩1,000(현금배당) + 기타포괄이익
  → 기타포괄이익 = ₩2,000　　▶ ③

30

재무상태표(기말)			
자산		**부채**	
현금	₩60,000	매입채무	₩120,000
상품	500,000	미지급금	50,000
선급비용	100,000	선수수익	70,000
비품	200,000	**자본**	**₩760,000**
매출채권	140,000		
자산 합계	₩1,000,000	부채 및 자본 합계	₩1,000,000

▶ ③

31 1) 총자산 = ₩500,000(현금) + ₩1,000,000(사무용가구) + ₩350,000(재고자산) = ₩1,850,000
   2) 총부채 = ₩200,000(미지급금) + ₩600,000(매입채무) = ₩800,000
   3) 당기순이익 = ₩3,000,000(매출) − ₩2,000,000(매출원가) − ₩50,000(잡비) − ₩100,000(감가상각비)
       = ₩850,000
   4) 총자본 = ₩1,850,000(총자산) − ₩800,000(총부채) = ₩1,050,000　　　　　▶ ③

32 1) 2017년 기말 자산총계 = ₩700,000(상품) + ₩900,000(현금) + ₩200,000(미수금) + ₩500,000(매출채
       권) + ₩600,000(대여금) = ₩2,900,000
   2) 2017년 초 자산총계 = ₩2,900,000 − ₩150,000 = ₩2,750,000

| 기말자산총계 | + ₩150,000 | 기말부채총계 | + ₩300,000 |
| | | 기말자본총계 | − ₩150,000 |

　　　　　▶ ①

제 2 장　회계의 결산

01 잔액시산표의 대변에는 부채, 자본, 수익의 잔액이 나타난다. 대여금은 자산계정으로 시산표의 차변에 잔액이
   나타난다.　　　　　▶ ①

02 시산표는 결산수정분개 전에 차변과 대변의 잔액, 합계가 일치하는지 확인하는 용도로 작성되는 장부이다. 시
   산표는 잔액, 합계의 금액이 일치하더라도 동일한 내용을 중복하여 기입하거나, 회계거래 전체를 누락한 경우
   이를 발견할 수 없다. 그러나 분개할 때 대변계정과목의 금액을 잘못 기입하였다면 차변, 대변의 금액이 일치
   하지 않기 때문에 오류를 발견할 수 있다.　　　　　▶ ④

03 시산표는 합계, 잔액의 금액 일치 여부를 확인하는 용도로 합계, 잔액이 일치한다면 오류를 발견할 수 없다.
   특정거래를 중복하여도 합계, 잔액의 금액은 일치하므로 시산표에서 해당 오류를 발견할 수 없다.　　　　　▶ ①

04 시산표는 계정과목명을 잘못 기입하였더라도 차변, 대변에 같은 금액을 기록하였다면 오류를 발견할 수 없다.
   그러나 매출채권 계정의 차변 전기사항을 대변에 전기하였다면 차변과 대변의 금액이 일치하지 않아 오류를
   발견할 수 있다.　　　　　▶ ④

05 차변과 대변에 금액을 달리 기입하는 경우 시산표상 금액이 일치하지 않기 때문에 오류를 발견할 수 있다.
   차변에 ₩100,000을 기록하고 대변에 ₩200,000을 기록한 경우 차변, 대변의 금액이 일치하지 않으므로 오
   류를 발견할 수 있다.　　　　　▶ ④

06 시산표의 차변과 대변에 모두 ₩550,000을 기입하였으므로 차변, 대변의 금액이 일치하여 시산표에서는 해당
   오류를 발견할 수 없다.　　　　　▶ ③

07 매출채권 계정 차변에 ₩53,000, 매출계정 대변에 ₩35,000을 전기하였으므로 차변합계와 대변합계의 금액이 일치하지 않아 시산표에서 오류를 발견할 수 있다. ▶ ③

08 시산표는 차변요소와 대변요소의 금액이 불일치하는 경우 오류를 발견할 수 있다. 이 중 금액의 오류가 있는 ㄱ의 사례만 발견할 수 있다. ▶ ①

09 은행으로부터 현금 ₩8,000을 차입하면서 차변에만 현금 증가를 기록하는 경우 차변, 대변의 금액이 일치하지 않으므로 시산표에서 발견될 수 있다. ▶ ④

10 선급비용은 비용으로 인식하기 전에 미리 대금을 지급한 경우에 사용하는 자산계정이다. ▶ ③

11 손상확정에 대한 회계처리는 결산수정사항이 아니라 손상확정시점에 회계처리한다. ▶ ②

12 (주)한국은 판매 시 (차) 현금 ₩20,000 (대) 선수보험료 ₩20,000 로 회계처리하였으며, (주)대한이 ₩20,000 중 ₩10,000을 비용처리하였으므로 선수보험료 ₩20,000 중 당기분 ₩10,000을 보험료수익으로 인식한다. ▶ ①

13 ②의 올바른 회계처리
(차) 상품 2,500 (대) 상품(기초) 1,500
　　 매출원가 5,000 　　 매입 6,000
▶ ②

14 소모품(₩5,000 + ₩6,000) 중 남아 있는 소모품 ₩3,000을 제외한 ₩8,000을 소모품비로 당기비용으로 처리한다. ▶ ①

15 소모품비 = ₩270,000(기초소모품) + ₩700,000(구입) − ₩360,000(기말소모품) = ₩610,000 ▶ ②

16 소모품과 관련하여 비용으로 인식한 금액 = ₩100,000(소모품비) − ₩20,000(기말 소모품 잔액) = ₩80,000 ▶ ①

17 20×1년 포괄손익계산서상 비용 = ₩200,000(기초선급보험료) + ₩1,030,000(당기 자산 처리한 선급보험료) − ₩310,000(기말선급보험료) = ₩920,000 ▶ ②

18 1) 20×1년 말 미지급이자 발생금액 = ₩100,000 × 12% × 2/12 = ₩2,000
2) 20×1년 중 현금으로 지급한 금액 = ₩190,000(기초 미지급이자) + ₩2,000(20×1년 미지급이자 발생액) − ₩160,000(기말 미지급이자) = ₩32,000 ▶ ④

19 해당 거래는 (차) 선수수익 ₩3,000 (대) 이자수익 ₩3,000으로 회계처리해야 한다. ▶ ①

20 선급보험료의 계상은 보험료를 차기로 이연시켜 당기 비용이 감소하고 당기순이익은 증가하나, 선수임대료, 대손상각비, 미지급이자의 계상은 수익이 감소하거나 비용이 발생하여 당기순이익은 감소한다. ▶ ①

21 ①의 경우는 이자수익이 발생하였으나 이를 회계처리하지 않았으므로 수정분개를 통해 이자수익을 계상하며, 수익의 증가로 당기순이익도 증가한다. 나머지 항목은 비용이 발생하거나 수익이 감소하는 사건이므로 수정분개로 인해 당기순이익은 감소한다.
▶ ①

22 1) 회계처리

(차) 이자비용	800	(대) 미지급이자	800
(차) 보험료	700	(대) 선급보험료	700
(차) 선수용역수익	700	(대) 매출액(수익)	700
(차) 매출채권	600	(대) 매출액(수익)	600

2) 수정 후 당기순이익 = ₩5,000(수정 전 당기순이익) − ₩800(이자비용) − ₩700(보험료) + ₩700(수익) + ₩600(수익) = ₩4,800
▶ ①

23 1) 결산수정분개

(차) 보험료	10,000	(대) 선급보험료	10,000
(차) 이자수익	20,000	(대) 선수이자	20,000
(차) 선급임차료	10,000	(대) 임차료	10,000
(차) 소모품	2,000	(대) 소모품비	2,000
(차) 상품(기말)	120,000	(대) 상품(기초)	100,000
매출원가	780,000	매입	800,000

2) 당기순이익 영향 = (₩10,000) + (₩20,000) + ₩10,000 + ₩2,000 + (₩780,000) = ₩798,000 감소
▶ ②

24

(차) 기말재고	40,000	(대) 매출원가	40,000
(차) 소모품	70,000	(대) 소모품비	70,000
(차) 당기손익인식금융자산	70,000	(대) 당기손익인식금융자산평가이익	70,000
(차) 선수수익	30,000	(대) 수익	30,000
(차) 이자수익	100,000	(대) 선수이자	100,000

→ 수정 후 당기순이익 = ₩1,000,000(수정 전 당기순이익) + ₩40,000(매출원가) + ₩70,000(소모품비) + ₩70,000(평가이익) + ₩30,000(수익) − ₩100,000(이자수익) = ₩1,110,000
* 매출채권 현금회수, 외상매입금의 현금지급은 당기손익에 영향을 주지 않는다.
▶ ④

25 수정 후 당기순이익 = ₩5,500(수정 전 당기순이익) − ₩900(급여) + ₩500(임대료수익) − ₩400(감가상각비) − ₩200(소모품비) + ₩1,200(용역수익) = ₩5,700
▶ ③

26

(차) 토지	50,000	(대) 재평가잉여금	50,000
(차) 보험료	30,000	(대) 선급보험료	30,000
(차) 임대수익	60,000	(대) 선수임대료	60,000
(차) 이자비용	5,000	(대) 미지급이자	5,000

→ 수정 후 당기순이익 = ₩300,000(수정 전 당기순이익) − ₩30,000(보험료) − ₩60,000(임대수익 감소) − ₩5,000(이자비용) = ₩205,000
* 재평가잉여금은 기타포괄손익으로 당기순이익에 영향을 주지 않는다.
▶ ②

27 토지 최초 재평가로 인한 기말 평가이익은 재평가잉여금으로 기타포괄손익에 해당한다. 기타포괄손익은 당기
순이익에 영향을 주지 않는다.
→ 당기순이익 = ₩15,000(염가매수차익) + ₩14,000(투자부동산 기말 평가이익) − ₩10,000(FVPL금융자
산 거래원가) = ₩19,000　　　　　　　　　　　　　　　　　　　　　　　　　　　　　▶ ②

28 수정 후 당기순손익 = ₩100,000(수정 전 당기순이익) − ₩60,000(차기 임대료수익) − ₩100,000(급여) +
₩40,000(이자수익) − ₩50,000(차기 매출총이익) = 당기순손실 ₩70,000　　　　　　　　　▶ ③

29 1) 수정 전 당기순이익 = ₩760,000(매출) − ₩100,000(감가상각비) − ₩300,000(급여) = ₩360,000
　　2) 수정 후 당기순이익 = ₩360,000(수정 전 당기순이익) − ₩50,000(이자비용) − ₩10,000(손상차손)
　　　　= ₩300,000
　　* 손상차손 설정액 = ₩500,000(기말매출채권잔액) × 10% − ₩40,000(잔액) = ₩10,000　　▶ ③

30 수정 후 당기순이익 = ₩40,000(수정 전 당기순이익) + ₩10,000(이자수익) + ₩40,000(선수수익의 수익실
현) − ₩3,000(이자비용) = ₩87,000
　　* 매출채권의 현금회수 및 매입채무의 현금상환은 당기순이익에 영향을 주지 않는다.　　　▶ ②

31 1) 수정 전 당기순이익 = ₩800,000 − ₩500,000 = ₩300,000
　　2) 수정 후 당기순이익 = ₩300,000(수정전 당기순이익) + ₩60,000(이자수익) − ₩80,000(급여)
　　　　− ₩30,000(당기 보험료) − ₩160,000(차기의 임대료 수익) = ₩90,000　　　　　　　▶ ②

32 1) 기말수정분개

(차) 소모품비	15,000	(대) 소모품	15,000
(차) 이자비용	20,000	(대) 미지급이자	20,000
(차) 보험료	18,000	(대) 선급보험료	18,000
(차) 임차료	5,000	(대) 선급임차료	5,000
(차) 선수임대료	40,000	(대) 임대료수익	40,000
(차) 미수이자	15,000	(대) 이자수익	15,000

　　2) 당기순이익에 미치는 영향 = (₩15,000) + (₩20,000) + (₩18,000) + (₩5,000) + ₩40,000 +
₩15,000 = ₩3,000 감소　　　　　　　　　　　　　　　　　　　　　　　　　　　　▶ ①

33 수정 후 당기순이익 = ₩5,000(수정 전 당기순이익) − ₩2,700(당기보험료) + ₩1,400(선급임차료) +
₩1,200(당기 임대료수익) = ₩4,900　　　　　　　　　　　　　　　　　　　　　　　　▶ ③

34 1) 당기 발생한 미수임대료 누락 = ₩1,000 과소계상
　　2) 당기 인식한 수익 중 선수수익 해당액 = ₩300 과대계상
　　3) 외상매출금 회수 = 당기순이익에 영향 없음
　　4) 당기 발생한 미지급급여 = 비용 ₩100 과소계상 → 당기순이익 ₩100 과대계상
　　5) 토지 최초 재평가증가액은 기타포괄손익에 해당하므로 당기순이익에 영향 없음
　　　　→ 20×1년 말 당기순이익에 미치는 영향 = ₩1,000 과소계상 + ₩400 과대계상 = ₩600 과소
　　▶ ①

35 1) 회계처리

20×1년 말   (차) 보험료   60,000   (대) 선급보험료   60,000

                (차) 소모품비   100,000   (대) 소모품   100,000

                (차) 임대료   40,000   (대) 선수임대료   40,000

2) 기말수정분개가 20×1년도 당기순이익에 미치는 영향

= (₩60,000) + (₩100,000) + (₩40,000) = ₩200,000 감소   ▶ ④

36 1) 회계처리

(차) 보험료   9,000   (대) 선급보험료   9,000

(차) 미수임대료   6,000   (대) 임대료수익   6,000

2) 기말수정분개의 영향

① 수정 후 잔액시산표 대변합계 = 임대료수익으로 ₩6,000 증가

② 당기순이익 = ₩6,000(임대료수익) − ₩9,000(보험료) = ₩3,000 감소

③ 자산총액 = (₩9,000) + ₩6,000 = ₩3,000 감소

④ 부채총액은 변동이 없으며, 자본총액은 ₩3,000 감소한다.   ▶ ②

37 (차) 선급임차료   30,000   (대) 임차료   30,000

(차) 급여   20,000   (대) 미지급급여   20,000

① 수정후시산표 차변합계는 급여의 발생으로 ₩20,000 증가한다. 임차료의 선급임차료 회계처리는 잔액시산표의 차변 내에서 증감이 동시에 발생하므로 합계를 변동시키지 않는다.

② 당기순이익은 ₩30,000(임차료 감소) − ₩20,000(급여 발생) = ₩10,000 증가

③ 자산총액은 선급임차료 ₩30,000만큼 증가한다.

④ 부채총액은 미지급급여 ₩20,000만큼 증가한다.   ▶ ①

38 (차) 소모품   200,000   (대) 소모품비   200,000

(차) 미수이자   1,000,000   (대) 이자수익   1,000,000

① 당기순이익 = ₩200,000(소모품비 감소) + ₩1,000,000(이자수익) = ₩1,200,000 증가

② 자산총액 = ₩200,000(소모품) + ₩1,000,000(미수이자) = ₩1,200,000 증가

③ 부채총액은 변동이 없다.

④ 수정후잔액시산표의 차변합계는 미수이자로 인해 ₩1,000,000 증가한다.   ▶ ①

39 (차) 임대수익   1,400   (대) 선수임대료   1,400

(차) 미수이자   100   (대) 이자수익   100

(차) 선급보험료   2,200   (대) 보험료   2,200

① 자산은 미수이자, 선급보험료로 ₩2,300만큼 증가한다.

② 비용은 ₩2,200(보험료) 감소한다.

③ 수익 = (₩1,400) + ₩100 = ₩1,300 감소

④ 당기순이익 = (₩1,400) + ₩100 + ₩2,200 = ₩900 증가   ▶ ④

40 누락된 회계처리   (차) 임대료수익   150,000   (대) 선수임대료   150,000

→ 수익 : 과대계상, 당기순이익 : 과대계상

   부채 : 과소계상, 자산 : 불변, 자본 : 과대계상   ▶ ②

41 누락된 회계처리 (차) 임대수익   60,000   (대) 선수수익   60,000

    1) 수익총계는 ₩60,000 과대계상되며 당기순이익도 ₩60,000 과대계상된다. 비용총액에는 영향이 없다.

    2) 부채총계는 ₩60,000 과소계상되며, 자산총계는 불변이나 자본총계는 ₩60,000 과대계상된다.

        ▶ ③

42 누락된 회계처리 (차) 미수이자   500   (대) 이자수익   500

    → 해당 회계처리의 누락으로 자산(미수이자)은 ₩500 과소계상되고, 이자수익(수익)은 ₩500 과소계상되어

       당기순이익도 ₩500 과소계상된다.

        ▶ ①

43 누락된 회계처리 (차) 미수이자   ×××   (대) 이자수익   ×××

    → 해당 회계처리의 누락으로 자산은 과소계상, 부채는 불변, 자본은 과소계상된다.

       수익은 과소계상, 비용은 불변, 당기순이익은 과소계상된다.

        ▶ ②

44 해당 문제는 수정전시산표를 질문했기 때문에 수정분개의 결과 시산표 합계금액을 변동시키는 항목만 고려하면 된다. 소모품, 기간 미경과 보험료는 잔액시산표의 합계를 바꾸지 못하며, 미수수익, 미지급이자만 잔액시산표 합계를 총 ₩25,000 증가시키므로 수정전시산표는 ₩1,025,000(수정후시산표) − ₩25,000 = ₩1,000,000이다.

        ▶ ③

45 1) 회계처리

    (차) 임차료(차변증가)   200,000   (대) 선급임차료(차변감소)   200,000

    (차) 감가상각비(차변증가)   450,000   (대) 감가상각누계액(대변증가)   450,000

    (차) 급여(차변증가)   250,000   (대) 미지급급여(대변증가)   250,000

    (차) 당기손익금융자산(차변증가)   150,000   (대) 당기손익금융자산평가이익(대변증가) 150,000

    2) 수정 후 잔액시산표 차변합계 = ₩3,000,000(기존잔액) + ₩450,000 + ₩250,000 + ₩150,000

          = ₩3,850,000

        ▶ ②

46 1) 회계처리

    (차) 급여   10,000   (대) 미지급급여   10,000

    (차) 보험료   10,000   (대) 선급보험료   10,000

    (차) 현금   10,000   (대) 외상매출금(매출채권)   10,000

    (차) 선수임대료   10,000   (대) 임대료수익   10,000

    (차) 이자비용   10,000   (대) 미지급이자   10,000

    2) 재무상태와 손익에 미치는 영향

    ① 법인세비용차감전순이익은 ₩20,000 과대계상된다.

    ② 비용은 ₩30,000 과소계상된다.

    ③ 부채는 ₩10,000 과소계상된다.

    ④ 자산은 ₩10,000 과대계상된다.

        ▶ ③

47 기타포괄금융자산평가이익은 기타포괄손익이며, 자기주식처분이익은 자본잉여금에 해당하므로 법인세비용차감 전 순이익에 영향을 주지 않는다.

    → 수정 후 법인세비용차감순이익 = ₩100,000(수정 전 법인세비용차감전순이익) − ₩10,000(보험료) +

      ₩20,000(이자수익) − ₩4,000(급여) − ₩50,000(자산재평가손실) = ₩56,000

        ▶ ①

48 결산정리사항을 반영하면 상품은 현재의 기말잔액인 ₩3,500이 남고, 건물은 ₩30,000의 감가상각비를 추가로 계상하게 되며, 보험료 미경과분만큼 선급보험료(자산)를 인식하게 되고, 매출채권은 ₩60,000[₩65,000 − ₩5,000(손실충당금)]으로 기록된다.

→ 자산총액 = ₩92,000(현금) + ₩60,000(매출채권) + ₩3,500(상품) + ₩240,000(건물) + ₩1,750(선급보험료) = ₩397,250 ▶ ①

49 1) 결산수정사항

(차) 임대료수익(수익)	4,000	(대) 선수임대료(부채)	4,000
(차) 보험료(비용)	3,000	(대) 선급보험료(자산)	3,000
(차) 이자비용(비용)	1,000	(대) 미지급이자(부채)	1,000
(차) 미수이자(자산)	2,000	(대) 이자수익(수익)	2,000

2) 수정후시산표상 자산총액 = ₩120,000 − ₩3,000 + ₩2,000 = ₩119,000
3) 수정후시산표상 부채총액 = ₩80,000 + ₩4,000 + ₩1,000 = ₩85,000
4) 수정후시산표상 수익총액 = ₩90,000 − ₩4,000 + ₩2,000 = ₩88,000
5) 수정후시산표상 비용총액 = ₩70,000 + ₩3,000 + ₩1,000 = ₩74,000
6) 수정후시산표상 당기순이익 = ₩88,000 − ₩74,000 = ₩14,000 ▶ ③

50 1) 보험료(비용) = ₩3,000(선급보험료) + ₩6,000(갱신분 당기 보험료) = ₩9,000
2) 임대료(수익) = ₩3,000(선수임대료) + ₩18,000(갱신분 당기 임대료) = ₩21,000
3) 20×1년도 세전이익에 미치는 영향 = ₩21,000 − ₩9,000 = ₩12,000 ▶ ①

51

1) 선급임차료 기간경과분	(차) 임차료	2,000	(대) 선급임차료	2,000
2) 감가상각비 계상	(차) 감가상각비	1,500	(대) 감가상각누계액	1,500
3) 이자비용 계상	(차) 이자비용	500	(대) 미지급비용	500
4) 손상(대손)추정액	(차) 손상차손	500	(대) 손실충당금	500
5) 매출원가 계상	(차) 기말상품	2,000	(대) 기초상품	2,000
	매출원가	5,000	매입	5,000

→ 수정 후 법인세차감전순손익 = ₩12,000(매출) − ₩5,000(매출원가) − ₩5,000(급여) − ₩2,000(임차료) − ₩1,500(감가상각비) − ₩500(이자비용) − ₩500(손상차손) = 법인세차감전순손실 ₩2,500 ▶ ②

52 1) 수정 전 시산표의 오류 수정 후 시산표합계 = ₩2,390 − ₩300(매출) + ₩50(선급보험료) − ₩50(선수수익) + ₩10(미수수익) − ₩50(매입채무) = ₩2,050
2) 결산조정사항

(차) 재고자산평가손실	190	(대) 재고자산평가충당금	190
(차) 이자비용	10	(대) 미지급이자	10

3) 20×1년 말 수정후시산표상 차변합계 = ₩2,050(수정전시산표 합계) + ₩190(재고자산평가손실) + ₩10(이자비용) = ₩2,250 ▶ ③

53 1) 기말자산 = ₩130,000(현금) + ₩200,000(재고자산) + ₩70,000(선급비용) + ₩50,000(미수수익)
= ₩450,000
2) 기말부채 = ₩170,000(매입채무) + ₩50,000(미지급금) + ₩80,000(미지급비용) = ₩300,000
3) 기말자본 = ₩450,000(기말자산) − ₩300,000(기말부채) = ₩150,000
4) 기말자본(₩150,000) = ₩40,000(자본금) + ₩110,000(기말이익잉여금)
5) 당기순손실 = ₩120,000(매출) − ₩100,000(매출원가) − ₩50,000(급여) = (₩30,000)
6) 기말이익잉여금(₩110,000) = 기초이익잉여금 − ₩30,000(당기순손실)
→ 기초이익잉여금 = ₩140,000   ▶ ③

54 1) 자산총계 = ₩2,000(현금) + ₩2,500(매출채권) − ₩300(대손충당금) + ₩3,000(재고자산) + ₩14,000(기계장치) − ₩5,000(감가상각누계액) = ₩16,200
2) 부채총계 = ₩800(선수수익) + ₩1,500(매입채무) = ₩2,300
3) 자본총계 = ₩16,200(자산총계) − ₩2,300(부채총계) = ₩13,900
4) 이익잉여금 = ₩13,900(자본총계) − ₩4,000(자본금) = ₩9,900   ▶ ①

55 당기순이익 = ₩60,000(매출액) − ₩20,000(매출원가) − ₩10,000(급여) − ₩6,000(감가상각비) − ₩2,000(대손상각비) + ₩1,000(임대료수익) + ₩30,000(유형자산처분이익) = ₩53,000
* 자기주식처분이익은 자본잉여금, 기타포괄손익 − 공정가치측정금융자산 평가손실은 기타포괄손익으로 당기순이익에 영향을 주지 않는다.   ▶ ④

56 1) 당기순이익 = ₩5,000(매출) − ₩1,000(매출원가) − ₩200(건물 감가상각비) − ₩100(기계 감가상각비) − ₩400(이자비용) = ₩3,300
2) 이익잉여금 = ₩50,000(기초이익잉여금) + ₩3,300(당기순이익) − ₩300(현금배당금) = ₩53,000   ▶ ③

57 1) 기말손실충당금(₩250,000) = ₩200,000(기초손실충당금) − ₩70,000(손상확정) + 손상차손
→ 손상차손 = ₩120,000
2) 수정 후 당기순이익 = ₩150,000 − ₩120,000(손상차손) + ₩50,000(투자부동산 평가이익) = ₩80,000
3) 20×1년 말 이익잉여금 = ₩30,000(기초잔액) + ₩80,000(20×1년도 당기순이익) = ₩110,000   ▶ ③

58 1) 결산회계처리

(차) 광고선전비	1,000	(대) 미지급비용	1,000
(차) 소모품비	1,000	(대) 소모품	1,000
(차) 감가상각비	14,000	(대) 감가상각누계액	14,000
(차) 투자부동산 평가손실	3,000	(대) 토지(투자부동산)	3,000

2) 수정 전 당기순이익 = ₩18,000(매출) − ₩2,500(매출원가) − ₩500(보험료) − ₩1,000(급여)
= ₩14,000
3) 수정 후 당기순손익 = ₩14,000(수정 전 당기순이익) − ₩1,000(광고선전비) − ₩1,000(소모품비) − ₩14,000(감가상각비) − ₩3,000(투자부동산 평가손실) = (₩5,000) 당기순손실
4) 자본총액 = ₩10,000(자본금) + ₩21,000(기초이익잉여금) − ₩5,000(당기순손실) = ₩26,000   ▶ ③

59 1) 발생주의 회계처리

매출 시	(차) 현금	150,000		(대) 매출		200,000
	매출채권	50,000				
매입 시	(차) 매입	100,000		(대) 현금		80,000
				매입채무		20,000
결산 시	(차) 기말재고	10,000		(대) 기초재고		50,000
	매출원가	140,000		매입		100,000
급여	(차) 급여	10,000		(대) 현금		5,000
				미지급급여		5,000
4/1	(차) 광고비	3,000		(대) 현금		3,000
	(차) 현금	2,000		(대) 임대수익		2,000
4/30	(차) 선급광고비	2,000		(대) 광고비		2,000
	(차) 임대수익	1,000		(대) 선수임대료		1,000

2) 발생주의 순이익 = ₩200,000 − ₩140,000(매출원가) − ₩10,000(급여) − ₩1,000(광고비) + ₩1,000 (임대수익) = ₩50,000

3) 현금주의 순이익 = ₩150,000(현금수취액) − ₩80,000(현금지급액) − ₩5,000(급여현금지급액) − ₩3,000 (광고비 현금지급액) + ₩2,000(임대수익 현금수령액) = ₩64,000

4) 발생주의와 현금주의 순이익 차이 = ₩50,000 − ₩64,000 = ₩14,000 ▶ ①

60 1) 발생기준 당기순이익 = ₩2,000(이자수익) − ₩1,000(급여 발생액) + ₩2,000(임대수익) = ₩3,000 증가

2) 현금기준 당기순이익 = ₩6,000(임대료 현금수령액) 증가 ▶ ③

제 3 장	**개념체계**

01 재무보고를 위한 개념체계는 「한국채택국제회계기준」에 우선하지 아니한다. ▶ ①

02 경영활동을 청산하거나 중요하게 축소할 의도나 필요성이 있다면 계속기업을 가정한 기준과는 다른 기준을 적용하여 작성하는 것이 타당할 수 있으며 이때 적용한 기준은 별도로 공시한다. ▶ ④

03 보고기업의 경영진도 해당 기업에 대한 재무정보에 관심이 있으나, 그들이 필요로 하는 재무정보를 내부에서 구할 수 있기 때문에 일반목적재무보고서에 의존할 필요가 없다. ▶ ③

04 일반목적재무보고서는 현재 및 잠재적 투자자, 대여자와 그 밖의 채권자가 필요로 하는 모든 정보를 제공하지 않으며, 제공할 수도 없다. ▶ ②

05 일관성은 비교가능성과 관련은 되어 있지만 동일하지는 않다. ▶ ②

06 　정보이용자가 항목 간의 유사점과 차이점을 식별하고 이해할 수 있게 하는 질적 특성은 비교가능성이다.
　　　　　　　　　　　　　　　　　　　　　　　　　　　　　　　　　　　　　　▶ ③

07 　오류가 없다는 것은 절차상 오류가 없음을 의미하므로 모든 면에서 완벽하게 정확하다는 것을 의미하지 않는다.
　　　　　　　　　　　　　　　　　　　　　　　　　　　　　　　　　　　　　　▶ ④

08 　재무정보가 예측가치를 갖기 위해서 그 자체가 예측치거나 예상치일 필요는 없다.　　　　▶ ④

09 　근본적 질적 특성은 목적적합성과 표현충실성으로 ④는 표현충실성에 관한 설명이다.
　　① 비교가능성, ② 검증가능성, ③ 적시성은 보강적 질적 특성이다.　　　　　　　　　▶ ④

10 　ㄷ. 기업의 재무정보는 다른 기업에 대한 유사한 정보와 비교될 수 있을 때 유용하다.
　　　　→ 비교가능성으로 보강적 질적 특성이다.
　　ㄹ. 자산이나 부채를 인식하기 위해서는 측정을 해야 한다. 많은 경우 그러한 측정은 추정되어야 하며 따라서
　　　측정불확실성의 영향을 받는다. 합리적인 추정의 사용은 재무정보 작성의 필수적인 부분이며 추정치를 명
　　　확하고 정확하게 기술하고 설명한다면 정보의 유용성을 훼손하지 않는다. 높은 수준의 측정불확실성이 있
　　　더라도 그러한 추정치가 유용한 정보를 반드시 제공하지 못하는 것은 아니다.　　　　▶ ①

11 　① 근본적 질적 특성인 목적적합성을 갖추기 위한 요소이다.
　　② 항목간의 유사점과 차이점을 식별할 수 있게 하는 질적 특성은 비교가능성이다.
　　③ 정보를 적시에 이용 가능하게 하는 것을 의미하는 질적 특성은 적시성이다.　　　　▶ ④

12 　기업이 전액 정부보조금을 받아 유형자산을 취득한 경우 취득원가를 ₩0으로 기록하는 것이 표현충실성은 충
　　족할 수 있지만 의사결정의 유용성은 충족시킬 수 없다.　　　　　　　　　　　　　　▶ ③

13 　③은 검증가능성에 대한 설명이다.　　　　　　　　　　　　　　　　　　　　　　　▶ ③

14 　중요성은 해당 기업에 특유한 측면의 목적적합성이므로 회계기준위원회는 획일적인 임계치를 정하거나 특정
　　한 상황에서 무엇이 중요한 것인지를 미리 결정할 수 없다.　　　　　　　　　　　　　▶ ②

15 　표현충실성은 과거사건을 충실하게 표현함으로써 달성되는 것이지 향후 어떤 결과를 초래할 것인지 예측하는
　　데 도움이 되어야 하는 것은 아니다.　　　　　　　　　　　　　　　　　　　　　　▶ ④

16 　이 개념체계와 「한국채택국제회계기준」이 상충되는 경우에는 「한국채택국제회계기준」이 개념체계보다 우선
　　한다.　　　　　　　　　　　　　　　　　　　　　　　　　　　　　　　　　　　▶ ④

17 　표현충실성은 모든 면에서 정확한 것을 의미하지 않는다.　　　　　　　　　　　　　　▶ ①

18 　동일한 경제현상에 대해 대체적인 회계처리방법을 허용하면 비교가능성은 감소한다.　　　▶ ③

19 　하나의 경제적 현상은 여러 가지 방법으로 충실하게 표현될 수 있으나 동일한 경제적 현상에 대해 대체적인
　　회계처리방법을 허용하면 비교가능성이 감소한다.　　　　　　　　　　　　　　　　　▶ ④

20 계량화된 정보가 검증가능하기 위해서는 단일 점추정치이어야 할 필요는 없다. ▶ ②

21 적시성은 의사결정에 영향을 미칠 수 있도록 의사결정자가 정보를 제때에 이용가능하게 하는 것을 의미한다. 일반적으로 정보는 오래될수록 유용성이 낮아진다. 그러나 일부 정보는 보고기간 말 후에도 오랫동안 적시성이 있을 수 있다. ▶ ③

22 경제적 효익에 대한 기업의 통제력은 일반적으로 법률적 권리로부터 나오지만 법적인 권리의 유무가 통제의 필요조건은 아니다. 즉, 법적인 소유권 없이도 자산으로 인식할 수 있다. ▶ ④

23 과거사건으로 인한 현재의무를 수반한다면 추정을 하더라도 부채가 될 수 있다(충당부채). ▶ ①

24 ① 의무는 항상 다른 당사자(또는 당사자들)에게 이행해야 하며, 다른 당사자(또는 당사자들)는 사람이나 또 다른 기업, 사람들 또는 기업들의 집단, 사회 전반이 될 수 있는데, 의무를 이행할 대상인 당사자(또는 당사자들)의 신원을 알 필요는 없다.
③ 의무에는 기업이 경제적 자원을 다른 당사자(또는 당사자들)에게 이전하도록 요구받게 될 잠재력이 있어야 한다. 그러한 잠재력이 존재하기 위해서는 기업이 경제적 자원의 이전을 요구받을 것이 확실하거나 그 가능성이 높아야 하는 것은 아니다.
④ 새로운 법률이 제정되는 경우에는 그 법률의 적용으로 경제적 효익을 얻게 되거나 조치를 취한 결과로, 기업이 이전하지 않아도 되었을 경제적 자원을 이전해야 하거나 이전하게 될 수도 있는 경우에만 현재의무가 발생한다. 법률제정 그 자체만으로는 기업에 현재의무를 부여하기에 충분하지 않다. ▶ ②

25 (가) : 수익, (나) : 부채, (다) : 자산 ▶ ④

26 보고기업이 반드시 법적 실체일 필요는 없다. ▶ ③

27 연결재무제표는 특정 종속기업의 자산, 부채, 자본, 수익 및 비용에 대한 별도의 정보를 제공하도록 만들어지지 않았다. 이러한 정보는 종속기업 자체의 재무제표가 제공한다. ▶ ④

28 비교가능성, 검증가능성, 적시성 및 이해가능성은 목적적합하고 충실하게 표현된 정보의 유용성을 보강해 주는 질적 특성이다. ▶ ③

29 자산이나 부채를 인식하기 위해서는 측정을 해야 한다. 많은 경우 그러한 측정은 추정되어야 하며, 추정은 측정불확실성의 영향을 받는다. 그러나 합리적인 추정의 사용은 재무정보 작성의 필수적인 부분이며, 추정치를 명확하고 정확하게 기술하고 설명한다면 정보의 유용성을 훼손하지 않는다. 높은 수준의 측정불확실성이 있더라도 그러한 추정치가 유용한 정보를 반드시 제공하지 못하는 것은 아니다. ▶ ①

30 자산의 현행원가는 측정일 현재 동등한 자산의 원가로서 측정일에 지급할 대가와 그날에 발생할 거래원가를 포함한다. ▶ ②

31 ㄴ. 부채가 발생하거나 인수할 때의 역사적 원가는 발생시키거나 인수하면서 수취한 대가에서 거래원가를 차감한 가치이다.
ㄹ. 자산의 공정가치는 자산을 취득할 때 발생한 거래원가로 인해 증가하지 않는다. ▶ ①

32 공정가치는 부채를 발생시키거나 인수할 때 발생한 거래원가로 인해 감소하지 않으며, 부채의 이전 또는 결제에서 발생할 거래원가를 반영하지 않는다.　　　　　　　　　　　　　　　　　　▶ ③

33 사용가치와 이행가치는 기업이 자산을 궁극적으로 처분하거나 부채를 이행할 때 발생할 것으로 기대되는 거래원가의 현재가치를 포함한다.　　　　　　　　　　　　　　　　　　　　　　　　▶ ④

34 공정가치는 측정일에 시장참여자 사이의 정상거래에서 자산을 매도할 때 받거나 부채를 이전할 때 지급하게 될 가격이다.　　　　　　　　　　　　　　　　　　　　　　　　　　　　　▶ ③

35 자산이나 부채의 공정가치를 측정하기 위하여 사용하는 주된(또는 가장 유리한) 시장의 가격에서 거래원가는 조정하지 않는다.　　　　　　　　　　　　　　　　　　　　　　　　　　　　▶ ③

36 재무자본유지개념은 특정한 측정기준의 적용을 요구하지 않으나, 실물자본유지개념을 사용하기 위해서는 순자산을 현행원가에 따라 측정해야 한다.　　　　　　　　　　　　　　　　　　　▶ ④

37 비록 자본개념을 실무적으로 적용하는 데는 측정의 어려움이 있을 수 있지만 선택된 자본개념에 따라 이익의 결정 목표가 무엇인지 알 수 있게 된다.　　　　　　　　　　　　　　　　　　　▶ ④

38 1) 불변구매력단위 = ₩150,000(기말자본) − ₩50,000(기초자본) − (₩50,000 × 50%) = ₩75,000
　　* 일반물가상승분 = ₩50,000(기초자본) × 50%(일반물가상승분) = ₩25,000
　　2) 실물자본유지개념 = ₩150,000(기말자본) − (50개 × ₩2,000) = ₩50,000
　　* 기초실물생산능력 = ₩50,000(기초자본) ÷ ₩1,000(기초재고자산 단위당 구입가격) = 50개
　　　　　　　　　　　　　　　　　　　　　　　　　　　　　　　　　　　　　▶ ①

제 4 장　**재무제표 표시**

01 매출채권에 대해 손실충당금을 차감하여 순액으로 측정하는 것은 상계표시에 해당하지 않는다.　▶ ④

02 경영진은 보고기간 말로부터 향후 12개월 동안 이용 가능한 모든 정보를 고려하여 계속기업의 가정이 충족되는지를 검토하여야 한다. 만약 기업을 청산하거나 경영활동을 중단할 의도를 가지고 있다면 계속기업의 가정이 아닌 다른 가정(청산기업의 가정)을 전제로 재무제표를 작성해야 하며, 해당 내용은 별도로 공시한다.　▶ ②

03 경영진은 재무제표를 작성할 때, 계속기업으로서의 존속가능성을 평가한다.　　　　　　　　　　▶ ①

04 재고자산에 대해 재고자산평가충당금을 차감하여 관련 자산을 순액으로 표시하는 것은 상계에 해당하지 않는다.　　　　　　　　　　　　　　　　　　　　　　　　　　　　　　　　　▶ ①

05 외환손익 또는 단기매매 금융상품에서 발생하는 손익과 같이 유사한 거래의 집합에서 발생하는 차익과 차손은 순액으로 표시한다. 그러나 그러한 차익과 차손이 중요한 경우에는 구분하여 표시한다. ▶ ①

06 「한국채택국제회계기준」이 달리 허용하거나 요구하는 경우를 제외하고는 당기 재무제표에 보고되는 모든 금액에 대해 전기 비교정보를 표시하며, 당기 재무제표를 이해하는 데 목적적합하다면 서술형 정보의 경우에도 비교정보를 포함한다. ▶ ③

07 보고기간종료일을 변경하여 재무제표의 보고기간이 1년을 초과하거나 미달하는 경우 재무제표 해당 기간뿐만 아니라 보고기간이 1년을 초과하거나 미달하게 된 이유와 재무제표에 표시된 금액이 완전하게 비교가능하지는 않다는 사실을 추가공시한다. 즉, 재무제표의 보고기간은 1년을 초과하거나 미달할 수 있다. ▶ ②

08 재무제표의 표시통화를 천 단위나 백만 단위로 표시할 때 더욱 이해가능성이 제고될 수 있으며, 이러한 표시는 금액 단위를 공시하고 중요한 정보가 누락되지 않는 경우에 허용될 수 있다. ▶ ②

09 「한국채택국제회계기준」을 준수하여 재무제표를 작성하는 기업은 그러한 준수 사실을 주석에 명시적이고 제한 없이 기재한다. ▶ ②

10 다음의 경우를 제외하고는 재무제표 항목의 표시와 분류는 매기 동일하여야 한다.
ⓐ 사업내용의 유의적인 변화나 재무제표를 검토한 결과 다른 표시나 분류방법이 더 적절한 것이 명백한 경우
ⓑ 「한국채택국제회계기준」에서 표시방법의 변경을 요구하는 경우 ▶ ④

11 기업이 기존의 대출계약조건에 따라 보고기간 후 적어도 12개월 이상 부채를 차환하거나 연장할 것으로 기대하고 있고, 그러한 재량권이 있는 경우 보고기간 후 12개월 이내에 만기가 도래하더라도 비유동부채로 분류한다. ▶ ④

12 ① 자산과 부채는 유동 비유동 구분표시, 유동성배열법, 혼합법으로 표시가 가능하다.
② 연차보고서는 「한국채택국제회계기준」의 적용이 요구되지 않는다.
③ 매출채권에서 손실충당금을 차감하여 매출채권을 순액으로 표시하는 것은 상계표시에 해당하지 않는다. ▶ ④

13 기업이 재무상태표에 유동자산과 비유동자산, 그리고 유동부채와 비유동부채로 구분하여 표시하는 경우, 이연법인세자산(부채)은 비유동자산(부채)으로 분류한다. ▶ ①

14 기타포괄손익의 구성요소(재분류조정 포함)와 관련한 법인세비용 금액은 포괄손익계산서나 주석에 공시한다. 기타포괄손익의 구성요소는 법인세 효과를 차감한 순액으로 표시하거나 법인세 효과 반영 전 금액으로 표시하고 각 항목들에 관련된 법인세 효과는 단일 금액으로 합산하여 표시할 수 있다. ▶ ①

15 재분류조정을 주석에 표시하는 경우에는 관련 재분류조정을 반영한 후에 기타포괄손익의 항목을 표시한다. ▶ ②

16 당기손익과 기타포괄손익은 단일의 포괄손익계산서에 두 부분으로 나누어 표시하거나 당기손익 부분을 별개의 손익계산서로 표시할 수 있다(단일의 포괄손익계산서 또는 별개의 손익계산서 중 선택 가능). ▶ ①

17 보고기간 말로부터 1년 이내 상환되어야 하는 채무는 보고기간 말로부터 재무제표 발행승인일 사이에 장기로 차환하는 연장에 합의하였다고 하더라도 유동부채로 분류한다. ▶②

18 매입채무와 같이 기업의 정상영업주기 내에 사용되는 운전자본의 일부항목은 보고기간 후 12개월 후에 결제일이 도래하더라도 유동부채로 분류한다. ▶④

19 비용의 기능별 분류는 성격별 분류보다 재무제표이용자에게 더욱 목적적합한 정보를 제공할 수 있지만 비용을 기능별로 배분하는데 자의적인 배분과 상당한 정도의 판단이 개입될 수 있다. ▶③

20 기타포괄손익의 구성요소와 관련된 재분류조정은 공시하여야 한다. ▶④

21 1) 영업손익 = ₩100,000(매출액) − ₩70,000(매출원가) − ₩20,000(판매비와 관리비) = ₩10,000
2) 판매비와 관리비 = ₩10,000(감가상각비) + ₩5,000(종업원급여) + ₩5,000(광고선전비) = ₩20,000
* 이자비용과 이자수익은 영업이익 이후에 별도로 표시하며, 기타포괄금융자산평가이익은 기타포괄손익으로 당기순이익 다음에 표시한다. ▶①

22 당기순손익과 총포괄손익 간의 차이를 발생시키는 항목은 기타포괄손익이다.
기타포괄손익 : ㄱ, ㄹ, ㅂ
* 자기주식처분이익(ㄴ)은 자본잉여금, 관계기업투자이익(ㄷ)은 당기손익, 주식할인발행차금(ㅁ)은 자본조정에 해당한다. ▶②

23 당기순손익과 총포괄손익 간에 차이를 발생시키는 항목은 기타포괄손익이며, 확정급여제도 재측정요소는 기타포괄손익 항목이다. ▶①

24 당기순손익 산정 이후에 포함될 수 있는 항목은 기타포괄손익이다.
* 기타포괄손익 : 재평가잉여금의 변동, 확정급여제도의 재측정요소(ㅁ), 해외사업장 외화환산손익(ㄷ), 기타포괄금융자산 평가손익(ㄴ), 파생상품 평가손익 중 위험회피에 효과적인 손익 ▶②

25 비용을 기능별로 분류하는 기업은 비용의 성격에 대한 추가 정보를 제공한다. ▶④

26 ① 비용의 기능별 분류가 성격별 분류보다 더욱 목적적합한 정보를 제공할 수 있다.
② 비용의 기능별 분류는 성격별 분류보다 비용을 배분하는 데 자의성과 상당한 정도의 판단이 개입될 수 있다.
④ 비용의 성격별 분류는 기능별 분류보다 미래현금흐름을 예측하는 데 더 유용하다. ▶③

27 재무제표에 첨부되는 서류로 주요 계정과목의 변동을 세부적으로 기술한 보조적 명세서는 부속명세서다. ▶④

28 연차재무보고서 및 중간재무보고서가 「한국채택국제회계기준」에 따라 작성되었는지는 별개로 평가한다. ▶⑤

29 재무상태표는 해당 중간보고기간 말과 직전 연차보고기간 말을 비교하는 형식으로 작성한다. ▶③

제 5 장   재고자산

01 1) 3월 8일 매출원가 = ₩3,000(기초상품)
2) 7월 9일 매출원가 = (₩8,000 + ₩1,000) × 50% = ₩4,500
3) 매출원가 = ₩3,000 + ₩4,500 = ₩7,500   ▶ ①

02 1) 당기매입상품의 단위당 원가 = ₩500 + ₩50(매입운임) − ₩50(매입에누리) = ₩500
2) 기말재고수량 = 10개(기초재고수량) + 100개(당기매입수량) − 50개(판매수량) = 60개
3) 20×1년 기말재고자산 금액 = 60개 × ₩500 = ₩30,000   ▶ ②

03 1) 매출액 = 25개 × ₩140 = ₩3,500
2) 매출원가 = 10개 × ₩100 + 15개 × ₩110 = ₩2,650
3) 매출총이익 = ₩3,500(매출액) − ₩2,650(매출원가) = ₩850   ▶ ①

04 기말재고금액 = 50개 × ₩1,300 + 50개 × ₩1,100 = ₩120,000
※ 10월 10일 매입단가 = ₩330,000 ÷ 300개 = ₩1,100   ▶ ③

05 1) 기말재고수량 = 20개(기초수량) + 50개(매입량) − 50개(판매량) = 20개
2) 기말재고자산 = 20개 × ₩180 = ₩3,600
3) 매출원가 = ₩3,000(기초재고자산) + ₩9,600(당기매입액) − ₩3,600(기말재고자산) = ₩9,000
4) 매출액 = 25개 × ₩300 + 25개 × ₩320 = ₩15,500
5) 매출총이익 = ₩15,500(매출액) − ₩9,000(매출원가) = ₩6,500   ▶ ④

06 1) 선입선출법 기말재고금액 = 20개 × ₩130 = ₩2,600
2) 총평균단가 = (₩2,000 + ₩2,000 + ₩2,600) ÷ 60개 = ₩110
3) 총평균법 기말재고금액 = 20개 × ₩110 = ₩2,200   ▶ ③

07 1) 총평균단가 = (₩11,000 + ₩13,000 + ₩15,000 + ₩17,000) ÷ 4,000개 = ₩14
2) 기말재고액 = 1,500개 × ₩14 = ₩21,000
3) 매출원가 = 2,500개(판매량) × ₩14 = ₩35,000   ▶ ②

08 1) 1월 20일 매출원가 = 100개 × [(150개 × ₩100 + 50개 × ₩140) ÷ 200개] = ₩11,000
2) 1월 28일 매출원가 = 100개 × [(100개 × ₩110 + 100개 × ₩150) ÷ 200개] = ₩13,000
3) 매출총이익 = ₩31,000(매출액) − ₩24,000(매출원가) = ₩7,000   ▶ ③

09 1) 선입선출법 매출원가 = 80개(판매량) × ₩10 = ₩800
2) 이동평균법에 따른 매출원가
 • 5월 8일 이동평균단가 = (100개 × ₩10 + 50개 × ₩13) ÷ 150개 = ₩11
 • 8월 23일 매출원가 = 80개 × ₩11 = ₩880
3) 매출원가 감소액 = ₩880 − ₩800 = ₩80   ▶ ①

10 1) 실지재고조사법(총평균법)
    • 총평균단가 = ₩4,500 ÷ 500개 = ₩9
    • 기말재고금액 = 300개 × ₩9 = ₩2,700
    • 매출원가 = 200개(판매량) ×₩9 = ₩1,800
  2) 계속기록법(이동평균법)
    • 3/4 이동평균단가 = (₩800 + ₩2,700) ÷ 400개 = ₩8.75
    • 6/20 매출원가 = 200개 × ₩8.75 = ₩1,750   ▶ ④

11 1) 선입선출법
    • 기말재고금액 = 50개 × ₩120 = ₩6,000
    • 매출원가 = ₩5,000(기초재고) + ₩17,000(매입) − ₩6,000(기말재고) = ₩16,000
  2) 평균법(총평균법)
    • 총평균단가 = (₩5,000 + ₩11,000 + ₩6,000) ÷ 200개 = ₩110
    • 기말재고금액 = 50개 × ₩110 = ₩5,500
    • 매출원가 = ₩150개(판매량) × ₩110 = ₩16,500   ▶ ③

12 1) 선입선출법 기말재고금액 = 8개 × ₩150 + 8개 × ₩130 = ₩2,240
  2) 선입선출법 매출원가 = ₩1,200(기초재고) + ₩6,000(당기매입) − ₩2,240(기말재고) = ₩4,960
  3) 총평균단가 = ₩7,200 ÷ 60개 = ₩120
  4) 총평균법 매출원가 = 44개(판매량) × ₩120 = ₩5,280   ▶ ②

13 1) 총평균법
    • 총평균단가 = (100개 × ₩10 + 300개 × ₩15 + 100개 × ₩20) ÷ 500개 = ₩15
    • 기말재고금액 = 100개 × ₩15 = ₩1,500
    • 매출원가 = 400개(판매량) × ₩15 = ₩6,000
  2) 선입선출법 월말재고금액 = 100개 × ₩20 = ₩2,000
  3) 매입단가가 계속 상승하는 경우이므로 당기순이익은 선입선출법 > 이동평균법 > 총평균법 순이다. 선입
    선출법은 감모손실이 발생하지 않는 경우 계속기록법과 실지재고조사법의 결과가 동일하다.   ▶ ④

14 매입단가가 지속적으로 하락하는 경우
  • 기말재고 : 선입선출법 < 평균법
  • 매출원가 : 선입선출법 > 평균법
  • 매출총이익 : 선입선출법 < 평균법
  → 선입선출법 매출총이익이 평균법 적용 매출총이익보다 더 낮게 보고된다.   ▶ ③

15 1) 매출액 = ₩950,000(총매출액) − ₩30,000(매출할인) = ₩920,000
  2) 당기매입 = ₩620,000(총매입액) − ₩40,000(매입에누리) = ₩580,000
  3) 매출원가 = ₩120,000(기초재고) + ₩580,000(당기매입) − ₩150,000(기말재고) = ₩550,000
  4) 매출총이익 = ₩920,000(매출액) − ₩550,000(매출원가) = ₩370,000   ▶ ②

16 ① 순매출액 = ₩1,000(총매출액) − ₩100(매출환입) − ₩100(매출할인) = ₩800
   ② 순매입액 = ₩700(총매입액) − ₩100(매입에누리) − ₩100(매입할인) + ₩100(매입운임) = ₩600
   ③ 매출원가 = ₩400(기초재고) + ₩600(순매입) − ₩300(기말재고) = ₩700
   ④ 매출총이익 = ₩800(순매출액) − ₩700(매출원가) = ₩100   ▶ ③

17 1) 순매출액 = ₩200,000(매출총액) − ₩5,000(매출할인) = ₩195,000
   2) 순매입액 = ₩100,000(매입총액) − ₩1,000(매입에누리) + ₩10,000(매입운임) − ₩1,000(매입할인)
        = ₩108,000
   3) 매출원가 = ₩0(기초재고) + ₩108,000(순매입) − ₩15,000(기말재고) = ₩93,000
   4) 매출총이익 = ₩195,000(순매출액) − ₩93,000(매출원가) = ₩102,000   ▶ ①

18 1) 11월 10일 현금유입액 = ₩50,000 × 50% × 95% = ₩23,750
   2) 11월 30일 현금유입액 = ₩50,000 × 20% = ₩10,000
   3) 11월에 유입된 현금 = ₩23,750 + ₩10,000 = ₩33,750   ▶ ②

19 1) 순매입액 = ₩320,000(당기총매입) − ₩3,000(매입에누리) − ₩2,000(매입할인) + ₩1,000(매입운임) −
        ₩4,000(매입환출) = ₩312,000
   2) 매출원가 = ₩48,000(기초재고) + ₩312,000(순매입) − ₩30,000(기말재고) = ₩330,000
   3) 순매출액 = ₩700,000(당기총매출) − ₩16,000(매출할인) − ₩18,000(매출에누리) − ₩6,000(매출환입)
        = ₩660,000
   4) 매출총이익 = ₩660,000(순매출액) − ₩330,000(매출원가) = ₩330,000   ▶ ②

20 1) 매입액 = ₩20,000(총매입액) + ₩2,000(매입운임) − ₩1,000(매입에누리) − ₩600(매입환출) − ₩400
        (매입할인) = ₩20,000
   2) 매출원가 = ₩10,000(기초상품재고액) + ₩20,000(당기매입액) − ₩12,000(기말상품재고액) = ₩18,000
   3) 매출액 = ₩27,000(총매출액) − ₩1,800(매출에누리) − ₩1,200(매출환입) − ₩500(매출할인) = ₩23,500
   4) 매출총이익 = ₩23,500(매출액) − ₩18,000(매출원가) = ₩5,500
   5) 판매비와 관리비 = ₩2,500(판매운임) + ₩1,000(판매사원급여) = ₩3,500
   6) 영업이익 = ₩5,500(매출총이익) − ₩3,500(판매비와 관리비) = ₩2,000   ▶ ①

21 1) 순매출액 = ₩300,000(총매출액) − ₩20,000(매출에누리) = ₩280,000
   2) 매출원가 = ₩280,000(순매출액) − ₩100,000(매출총이익) = ₩180,000
   3) 매출원가(₩180,000) = 기초상품재고액 + ₩200,000(당기매입) − ₩55,000(기말상품재고액)
      → 기초상품재고액 = ₩35,000   ▶ ③

22 1) 순매출 = ₩11,000(총매출) − ₩1,000(매출에누리) = ₩10,000
   2) 매출원가 = ₩10,000(순매출) − ₩2,000(매출총이익) = ₩8,000
   3) 매출원가(₩8,000) = ₩600(기초재고) + 순매입액 − ₩500(기말재고)
      → 순매입액 = ₩7,900
   4) 총매입액 = ₩7,900(순매입액) + ₩800(매입에누리) − ₩200(매입운임) = ₩8,500   ▶ ①

23 1) 매출원가 = ₩240(기초재고) + ₩400(당기매입) − ₩220(기말재고) = ₩420
　　 2) 매출액 = ₩420(매출원가) + ₩180(매출총이익) = ₩600　　　　　　　　　　　▶ ②

24

매출채권			
기초매출채권	₩400,000	현금회수액	₩1,235,000
외상매출액	**1,585,000**	기말매출채권	750,000

매입채무			
현금지급액	₩1,270,000	기초매입채무	₩300,000
기말매입채무	400,000	**외상매입액**	**1,370,000**

1) 매출원가 = ₩150,000(기초재고자산) + ₩1,370,000(매입) − ₩300,000(기말재고) = ₩1,220,000
2) 매출총이익 = ₩1,585,000(매출액) − ₩1,220,000(매출원가) = ₩365,000　　　　　▶ ③

25 1) 매출원가

재고자산			
기초상품재고액	₩600,000	**매출원가**	**₩1,050,000**
상품매입액	1,000,000	기말상품재고액	550,000

2) 매출액 = ₩1,050,000(매출원가) + ₩450,000(매출총이익) = ₩1,500,000
3) 외상매출액 = ₩1,500,000(매출액) − ₩250,000(현금매출액) = ₩1,250,000
4) 2007년 12월 31일 기말의 외상매출금

외상매출금			
기초외상매출금	₩400,000	현금회수액	₩1,300,000
외상매출액	1,250,000	**기말외상매출금**	**350,000**

　　▶ ②

26 1) 당기매입액 = ₩17,500(매입채무 현금지급액) + ₩6,000(기말매입채무) − ₩4,000(기초매입채무)
　　　　　　　　= ₩19,500
　　 2) 매출원가 = ₩6,000(기초재고) + ₩19,500(당기매입) − ₩5,500(기말재고) = ₩20,000
　　 3) 당기매출액 = ₩20,000(매출원가) + ₩5,000(매출총이익) = ₩25,000　　　　　▶ ②

27

매출채권			
기초매출채권	₩120,000	현금회수액	₩890,000
외상매출액	850,000	기말매출채권	80,000

매입채무			
현금지급액	₩570,000	기초매입채무	₩80,000
기말매입채무	130,000	외상매입액	620,000

1) 매출원가 = ₩70,000(기초상품재고) + ₩620,000(매입) − ₩90,000(기말상품재고) = ₩600,000
2) 매출총이익 = ₩850,000(매출액) − ₩600,000(매출원가) = ₩250,000　　　　　　▶ ②

28 1) 매출액 = ₩7,500,000((매출원가) ÷ 75%(매출원가율) = ₩10,000,000
    2) 매출채권 회수액 = ₩1,000,000(기초매출채권) + ₩10,000,000(외상매출액) − ₩2,000,000(기말매출채권)
       = ₩9,000,000
    3) 당기매출액 중 현금회수액 = ₩9,000,000 − ₩500,000(기초 매출채권 회수액) = ₩8,500,000 ▶ ④

29 1) 매출원가 = ₩200(당기 매출액) × (1 − 20%) = ₩160
    2) 매출원가(₩160) = ₩30(기초 상품재고액) + 당기매입액 − ₩20(기말 상품재고액)
       → 당기매입액 = ₩150, 외상매입액 = ₩90
    3) 당기 매입채무 현금지급액 = ₩50(기초 매입채무) + ₩90(당기 외상매입액) − ₩60(기말 매입채무) = ₩80
       ▶ ①

30 ① 기초재고자산 금액과 당기매입액이 일정할 때, 기말재고자산 금액이 과대계상될 경우 매출원가는 과소계상
       되어 당기순이익도 과대계상된다.
    ③ 해당 지문은 계속기록법에 대한 설명이다.
    ④ 도착지 인도기준에 의한 매입의 경우 판매자가 운임을 부담하기 때문에 판매자 운임은 발생기간의 비용으로
       인식한다. 선적지 인도기준에 의한 매입일 경우 해당 운임은 매입운임으로 매입자의 취득원가에 산입한다.
       ▶ ②

31 올바른 재고자산 = ₩100,000(실사재고액) + ₩15,000(선적지인도조건의 매입) + ₩20,000(도착지 인도조건
    의 판매) + ₩30,000(미판매된 적송품) + ₩20,000(매입의사를 미표시한 시송품) = ₩185,000 ▶ ④

32 1) 정확한 기말재고 = ₩100,000(실사재고액) + ₩40,000(미판매된 적송품) + ₩40,000(매입의사를 미표시
       한 시송품) = ₩180,000
    2) 매출원가 = ₩200,000(기초재고) + ₩1,000,000(당기매입액) − ₩180,000(기말재고) = ₩1,020,000
       ▶ ④

33 1) 기말재고 = ₩110,000(실사재고) + ₩20,000(매입의사를 미표시한 시송품) = ₩130,000
    2) 매출원가 = ₩100,000(기초재고) + ₩200,000(당기매입) − ₩130,000(기말재고) = ₩170,000 ▶ ①

34 기말재고금액 오류
    매입의사 표시한 시송품(원가)   (₩1,000,000)
    선적지 인도조건 매입   ₩1,100,000
    도착지 인도기준 매입   ₩1,000,000
    = 기말재고오류   ₩1,100,000 과소계상
    → 기말재고금액이 ₩1,100,000 과소계상되었으므로 매출원가는 ₩1,100,000 과대계상되었다. ▶ ①

35 재고자산 감모손실(₩30,000) = (200개 − 실지재고 수량) × ₩1,000
    → 실지재고수량 = 170개 ▶ ③

36 1) 재고자산감모손실 = (5,000개 − 4,500개) × ₩500 = ₩250,000
    2) 재고자산평가손실 = 4,500개 × (₩500 − ₩350) = ₩675,000 ▶ ③

37 1) 장부재고(₩200,000) = 100개(장부수량) × ₩2,000(단위당 원가)
2) 실지재고(₩180,000) = 90개(실사수량) × ₩2,000(단위당 원가)
3) 저가재고(₩162,000) = 90개(실사수량) × ₩1,800(단위당 순실현가능가치) ▶ ③

38 1) 재고자산감모손실(₩50,000) = (1,100개 − 1,000개) × 단위당원가 → 단위당원가 = ₩500
2) 재고자산평가손실(₩40,000) = 1,000개 × (₩500 − 단위당 순실현가능가치)
→ 단위당 순실현가능가치 = ₩460 ▶ ②

39 판매가능한 상태에 있는 재고자산(상품, 제품)의 공정가치는 순실현가능가치를 말하며, 제조가 필요한 재고자산의 공정가치도 순실현가능가치를 말하나 원재료는 현행대체원가를 말한다. ▶ ①

40 재고자산의 감액을 초래했던 상황이 해소되거나 경제상황의 변동으로 순실현가능가치가 상승한 명백한 증거가 있는 경우에는 최초의 장부금액을 초과하지 않는 범위 내에서 평가손실을 환입한다. 그 결과 새로운 장부금액은 취득원가와 수정된 순실현가능가치 중 작은 금액이 된다. ▶ ③

41 재고자산 평가손실 = 476개(실사수량) × (₩85 − ₩83) = ₩952
* 재고자산 평가손실 해당액이 기말 재고자산평가충당금이다. ▶ ③

42 재고자산의 저가법 적용은 항목별이 원칙이다.
→ 기말상품재고액 = ₩20,000(상품 1) + ₩30,000(상품 2) + ₩50,000(상품 3) = ₩100,000 ▶ ①

43

제품	재고자산	취득원가	순실현가능가액	현행대체원가
의약품	원재료	**₩15,000**	₩14,000	₩13,000
	재공품	32,000	**30,000**	31,000
	제품	50,000	60,000	55,000
화장품	원재료	₩10,000	₩9,000	**₩8,000**
	재공품	**28,000**	30,000	27,000
	제품	35,000	**33,000**	34,000

* 의약품은 완성된 제품이 저가법의 적용대상이 아니므로 원재료는 감액하지 않는다. 화장품은 완성된 제품이 저가법 적용대상이므로 원재료도 저가법의 적용대상이 된다. 원재료의 시가는 현행대체원가이다.
→ 2008년 말 재무상태표상 재고자산장부가액 = ₩15,000 + ₩30,000 + ₩50,000 + ₩8,000
+ ₩28,000 + ₩33,000 = ₩164,000 ▶ ④

44 1) 20×1년 기말재고 = 2개 × ₩5,000 + 3개 × ₩7,000 + 2개 × ₩2,000 = ₩35,000
2) 20×1년 매출원가 = ₩50,000(기초재고) + ₩950,000(당기매입) − ₩35,000(기말재고) = ₩965,000 ▶ ③

45 1) 감모손실 = (100개 − 90개) × ₩500 = ₩5,000
2) 비정상감모손실 = ₩5,000(감모손실) × 60% = ₩3,000
3) 기말저가재고 = 90개(실사수량) × MIN[₩500(취득원가), ₩400(순실현가능가치)] = ₩36,000
4) 매출원가 = ₩10,000(기초재고) + ₩100,000(당기순매입) − ₩36,000(기말저가재고) − ₩3,000(비정상감모손실) = ₩71,000 ▶ ②

46
1) 감모손실 = (100개 − 90개) × ₩100 = ₩1,000
2) 비정상감모손실 = ₩1,000 × 40% = ₩400
3) 기말저가재고 = 90개(실사수량) × MIN[₩100(취득원가), ₩90(순실현가능가치)] = ₩8,100
4) 매출원가 = ₩78,000(판매가능원가) − ₩8,100(기말재고) − ₩400(비정상감모손실) = ₩69,500   ▶ ①

47
1) 재고자산감모손실 = ₩220,000(장부금액) − ₩200,000(실사금액) = ₩20,000
2) 비정상감모손실 = ₩20,000 × 30% = ₩6,000
3) 매출원가 = ₩100,000(기초재고) + ₩900,000(당기매입) − ₩200,000(실사재고) − ₩6,000(비정상감모손실)
   = ₩794,000   ▶ ③

48
총비용 = ₩100,000(기초재고) + ₩700,000(당기매입) − ₩200,000(기말재고) = ₩600,000
* 기말재고(저가재고) = 200개(실제재고수량) × MIN[₩1,100(취득원가), ₩1,000(순실현가능가치)]
   = ₩200,000   ▶ ④

49
1) 정상감모손실(₩1,000) = (50개 − 실사수량) × ₩100
   → 실사수량 = 40개
2) 저가재고금액 = 40개(실사수량) × MIN[₩100(취득원가), ₩80(순실현가능가치)] = ₩3,200
3) 20×1년 재고자산과 관련하여 인식할 당기비용 = ₩4,000(기초재고) + ₩6,000(당기매입) − ₩3,200
   (저가재고) = ₩6,800   ▶ ③

50
1) 감모손실 = (110단위 − 100단위) × ₩1,000 = ₩10,000
   → 비정상감모손실 = ₩10,000 × 40% = ₩4,000
2) 저가재고금액 = 100단위(실제수량) × MIN[₩1,000(취득원가), ₩950(순실현가능가치)] = ₩95,000
3) 매출원가(₩651,000) = ₩50,000(기초재고자산) + 매입액 − ₩95,000(기말재고금액) − ₩4,000(비정상
   감모손실)
   → 매입액 = ₩700,000   ▶ ③

51
1) 기말재고(매가) = ₩80,000(기초재고) + ₩160,000(당기매입) − ₩150,000(매출) = ₩90,000
2) 원가율(선입선출법) = ₩120,000 ÷ ₩160,000 = 75%
3) 기말재고(원가) = ₩90,000 × 75% = ₩67,500   ▶ ④

52
1) 원가율(평균법) = (₩250,000 + ₩1,350,000) ÷ (₩400,000 + ₩1,600,000) = 80%
2) 기말재고(판매가) = ₩400,000(기초재고) + ₩1,600,000(순매입액) − ₩1,800,000(순매출액)
   = ₩200,000
3) 기말재고(원가) = ₩200,000 × 80% = ₩160,000
4) 매출원가 = ₩250,000(기초재고) + ₩1,350,000(순매입) − ₩160,000(기말재고) = ₩1,440,000
   ▶ ④

53
1) 기말재고(매가) = ₩20,000 + ₩300,000 + ₩60,000(순인상) − ₩10,000(순인하) − ₩250,000(순매출)
   = ₩120,000
2) 저가기준 선입선출원가율 = ₩180,000 ÷ (₩300,000 + ₩60,000) = 50%
3) 기말재고자산(원가) = ₩120,000 × 50% = ₩60,000   ▶ ①

54

구분	원가	매가
기초재고	₩1,200	₩3,000
당기매입액	₩14,900	₩19,900
순인상		₩220
순인하		(₩120)
합계	₩16,100	₩23,000

1) 기말재고(매가) = ₩23,000 − ₩20,000(매출액) − ₩200(종업원할인) = ₩2,800
2) 원가율(선입선출법) = ₩14,900 ÷ (₩19,900 + ₩220 − ₩120) = 74.5%
3) 기말재고(원가) = ₩2,800 × 74.5% = ₩2,086   ▶ ③

55

1) 기말재고(매가) = ₩1,500(기초재고) + ₩24,000(당기매입) + ₩1,300(순인상액) − ₩700(순인하액) − ₩1,100(비정상파손) − ₩22,000(매출액) − ₩1,000(정상파손) = ₩2,000

2) 가중평균 원가율 = $\dfrac{₩1,000 + ₩20,000 − ₩1,000}{₩1,500 + ₩24,000 + ₩1,300 − ₩700 − ₩1,100}$ = 80%

3) 기말재고자산의 원가 = ₩2,000(기말재고 − 매가) × 80% = ₩1,600   ▶ ②

56

1) 당기매입원가율(80%)
   = ₩16,000(당기매입원가) ÷ [₩18,000(당기매입매가) + 순인상액 − ₩1,000(순인하액)]
   → 순인상액(㉠) = ₩3,000
2) 기말재고(매가) = ₩1,600(기말재고원가) ÷ 80%(원가율) = ₩2,000
3) 기말재고액(매가) = ₩4,000(기초재고매가) + ₩18,000(당기매입액매가) + ₩3,000(순인상액) − ₩1,000(순인하액) − ₩20,000(매출액) − 종업원할인
   → 종업원할인(㉡) = ₩2,000   ▶ ④

57

1) 매출원가 = ₩2,000(기초재고) + ₩10,000(당기매입) − ₩4,000(기말재고) = ₩8,000
2) 매출액 = ₩8,000 × 1.1 = ₩8,800   ▶ ④

58

1) 당기매입액 = ₩53,000(매입) + ₩1,600(매입운임) − ₩600(매입환출) = ₩54,000
2) 매출원가 = ₩80,000(매출) × (1 − 30%) = ₩56,000
3) 기말재고(추정) = ₩6,000(기초재고) + ₩54,000(당기매입) − ₩56,000(매출원가) = ₩4,000   ▶ ②

59

기말상품재고액 = ₩50,000(기초재고) + ₩900,000(당기매입액) − ₩800,000(매출원가) = ₩150,000
* 매출원가 = ₩1,000,000(매출액) × (1 − 20%) = ₩800,000   ▶ ③

60

1) 당기순매입액 = ₩390,000 + ₩30,000(매입운임) − ₩6,000(매입에누리와 환출) − ₩14,000(매입할인)
   = ₩400,000
2) 당기순매출액 = ₩510,000 − ₩10,000(매출할인) = ₩500,000
3) 화재로 인해 소실된 기말재고자산 = ₩100,000(기초재고) + ₩400,000(당기순매입액) − (₩500,000 × 60%) = ₩200,000   ▶ ④

61
1) 당기매입액 = ₩39,000(매입액) − ₩4,000(매입환출) = ₩35,000
2) 매출원가 = ₩52,000(순매출액) × (1 − 30%) = ₩36,400
3) 기말재고(추정) = ₩25,000(기초재고) + ₩35,000(당기매입) − ₩36,400(매출원가) = ₩23,600
4) 재해손실 = ₩23,600 − ₩3,600(소실시점의 재고가치) = ₩20,000 ▶ ②

62
1) 순매입액 = ₩140,000(총매입액) − ₩5,000(매입환출) − ₩13,000(매입할인) + ₩10,000(매입운임) = ₩132,000
2) 순매출액 = ₩215,000(총매출액) − ₩20,000(매출에누리) − ₩15,000(매출환입) = ₩180,000
3) 기말재고자산 추정액 = ₩18,000(기초재고자산) + ₩132,000(당기순매입액) − ₩135,000(매출원가) = ₩15,000
   * 매출원가 = ₩180,000(순매출액) × (1 − 25%) = ₩135,000 ▶ ③

63
1) 매출원가 = ₩20,000(기초재고) + ₩100,000(당기매입) − ₩10,000(기말재고) = ₩110,000
2) 매출액 = ₩110,000(매출원가) × 1.2 = ₩132,000
3) 기말매출채권 = ₩30,000(기초잔액) + ₩132,000(외상매출) − ₩40,000(회수액) = ₩122,000
4) 횡령액 = ₩122,000(장부상 기말매출채권) − ₩50,000(실제 매출채권) = ₩72,000 ▶ ②

64
1) 매출원가 = ₩30,000(기초재고) + ₩90,000(당기매입) − ₩20,000(기말재고) = ₩100,000
2) 매출액 = ₩100,000(매출원가) × 1.25 = ₩125,000
3) 기말매출채권 = ₩10,000(기초잔액) + ₩125,000(외상매출액) − ₩100,000(회수액) = ₩35,000
4) 횡령액 = ₩35,000 − ₩15,000(실제 매출채권) = ₩20,000 ▶ ③

65
1) 매출원가 = (₩1,755,000 − ₩180,000) × 1/1.25 = ₩1,260,000
2) 기말상품재고액 = ₩990,000(기초상품재고액) + ₩855,000(순매입액) − ₩1,260,000(매출원가)
   = ₩585,000 ▶ ③

66
1) 기말재고(추정액) = ₩250,000(기초재고) + ₩1,300,000(당기매입액) − ₩960,000(매출원가) = ₩590,000
   * 매출원가 = ₩1,200,000(매출액) × (1 − 20%) = ₩960,000
2) 재해손실액 = ₩590,000 − ₩150,000(소실시점 재고가치) = ₩440,000 ▶ ③

67
1) 당기순매입액 = ₩1,600,000 − ₩200,000(매입환출 및 에누리) − ₩100,000(매입할인액) = ₩1,300,000
2) 매출원가 = ₩1,800,000(순매출액) × (1 − 25%) = ₩1,350,000
3) 기말재고(추정) = ₩400,000(기초재고) + ₩1,300,000(당기매입액) − ₩1,350,000(매출원가) = ₩350,000
4) 재해손실 = ₩350,000 − ₩100,000(화재 후 남은 재고자산) = ₩250,000 ▶ ④

68
1) 매출액 = ₩500(평균매출채권) × 10회(매출채권회전율) = ₩5,000
2) 매출원가 = ₩600(평균재고자산) × 6회(재고자산회전율) = ₩3,600
3) 매출총이익 = ₩5,000(매출액) − ₩3,600(매출원가) = ₩1,400 ▶ ②

69
1) 매출액 = ₩500(평균매출채권) × 5회(매출채권회전율) = ₩2,500
2) 매출원가 = ₩400(평균재고자산) × 4회(재고자산회전율) = ₩1,600
3) 매출총이익 = ₩2,500(매출액) − ₩1,600(매출원가) = ₩900 ▶ ③

70 ① 매출채권회전율 = ₩50,000(매출액) ÷ ₩2,500(평균매출채권) = 20회
    ② 재고자산회전율 = ₩25,000(매출원가) ÷ ₩2,500(평균재고자산) = 10회
    ③ 매출채권 평균회수기간 = 360일 ÷ 20회(매출채권회전율) = 18일
    ④ 재고자산 평균판매기간 = 360일 ÷ 10회(재고자산회전율) = 36일   ▶ ②

71 1) 매출채권회전율 = ₩4,500,000(매출) ÷ ₩300,000(평균매출채권) = 15회
    2) 재고자산회전율 = ₩4,000,000(매출원가) ÷ ₩200,000(평균재고자산) = 20회
    3) 재고자산평균처리기간(일) = 360일 ÷ 20회(재고자산회전율) = 18일   ▶ ①

72 1) 현금기준에 의한 20×1년 순현금유입액 = ₩50,000(판매대금 현금회수액) − ₩35,000(상품매입금액 현금지
       급액) = ₩15,000
    2) 발생기준에 의한 20×1년 순이익 = ₩100,000(매출액) − ₩70,000(매출원가) = ₩30,000   ▶ ②

73 생물자산을 최초에 원가에서 감가상각누계액과 손상차손누계액을 차감한 금액으로 측정하고, 그 이후 그러한
    생물자산의 공정가치를 신뢰성 있게 측정할 수 있게 되면 순공정가치로 측정한다.   ▶ ③

제 6 장 유형자산

01 ① 판매를 목적으로 보유하고 있는 미분양 상태의 아파트 : 재고자산
    ② 양식장의 참치(관리하는 자연력) : 생물자산
    ③ 구조물 : 유형자산
    ④ 장래 사용목적을 결정하지 못한 토지 : 투자부동산   ▶ ③

02 유형자산의 취득과 관련하여 국채 또는 공채 등을 불가피하게 매입하는 경우 취득가액과 국공채 공정가치와의
    차액을 취득원가에 가산한다.   ▶ ②

03 새로운 시설을 개설하는 데 소요되는 원가는 취득과 직접 관련되는 원가의 예에 해당하지 않는다.   ▶ ③

04 ① 새로운 시설을 개설하는 데 소요되는 원가는 유형자산의 원가에 포함하지 않는다.
    ② 경영진이 의도한 방식으로 유형자산을 가동할 수 있는 장소와 상태에 이르게 하는 동안에 재화가 생산된다
       면 그러한 재화를 판매하여 얻은 매각금액과 그 재화의 원가는 별도 당기손익으로 인식한다.
    ③ 유형자산이 경영진이 의도하는 방식으로 가동될 수 있으나 아직 실제로 사용되지는 않고 있는 경우 또는
       가동수준이 완전조업도 수준에 미치지 못하는 경우에 발생하는 원가는 유형자산의 원가에 포함하지 않는다.
                                                                              ▶ ④

05 건물 신축목적으로 건물이 있는 토지를 일괄 취득하는 경우 구 건물의 철거비용은 토지의 취득원가에 가산한다.
                                                                              ▶ ④

06 사용 중이던 건물을 철거하는 경우 철거비용은 처분 시 비용으로 처리한다.
(차) 철거비용(당기비용)　　　　　×××　　　(대) 현금　　　　　×××　▶ ③

07 안전 또는 환경상의 이유로 취득하는 유형자산은 그 자체로는 직접적인 미래경제적효익을 얻을 수 없지만,
다른 자산에서 미래경제적효익을 얻기 위해 필요할 경우 유형자산으로 인식할 수 있다.　▶ ②

08 보유기간 중 발생된 화재보험료는 취득원가에 포함하지 않고 당기비용으로 인식한다.　▶ ②

09 토지의 취득원가 = ₩500,000(토지 구입가격) + ₩20,000(중개인 수수료) + ₩30,000(토지 취득세 및 등기
비) + ₩50,000(즉시철거비) − ₩10,000(폐기물 처분가액) + ₩10,000(내용연수가 영구적인 하수도 공사비)
+ ₩20,000(토지정지비용) = ₩620,000　▶ ②

10 토지원가 = ₩1,000,000 + ₩100,000(취득세 및 등기비용) + ₩50,000(철거비용) − ₩40,000(폐자재 처분수
입) + ₩100,000(영구적인 하수도공사비) = ₩1,210,000　▶ ④

11 건설중인 자산 = ₩2,000(새로운 사옥의 설계비) + ₩500(기초공사를 위한 땅 굴착비용) + ₩4,000(건설자
재 구입비용) + ₩150(건설자재 구입과 직접 관련된 차입금에서 발생한 이자) + ₩1,700(건설근로자 인건비)
= ₩8,350　▶ ②

12 토지의 취득원가 = ₩3,000(토지 매입대금) + ₩500(구건물 철거비) − ₩300(고철매각대금) + ₩1,000
(토지진입로 공사비) + ₩50(미지급 재산세) + ₩100(중개수수료) = ₩4,350
*내용연수가 한정적인 울타리는 구축물, 토지 취득 후 재산세는 당기 비용으로 인식한다.　▶ ①

13 일괄취득은 취득일 현재 자산의 공정가치를 기준으로 안분한다.
1) 토지 = ₩1,500,000 × (₩1,350,000/₩2,000,000) = ₩1,012,500
2) 건물 = ₩1,500,000 × (₩420,000/₩2,000,000) = ₩315,000
3) 기계장치 = ₩1,500,000 × (₩230,000/₩2,000,000) = ₩172,500　▶ ④

14 1) 건물의 원가 = ₩2,000,000 × (₩1,500,000/₩2,500,000) = ₩1,200,000
2) 2016년 감가상각비 = (₩1,200,000 − ₩0) × 3/6 × 6/12 + (₩1,200,000 − ₩0) × 2/6
× 6/12 = ₩500,000　▶ ④

15 2007.6.1.　(차) 토지　　　1,200,000　　(대) 현금　　　3,000,000
　　　　　　　　　건물　　　1,800,000
2007.12.31.　(차) 감가상각비　315,000　　(대) 감가상각누계액　315,000
* 2007년 감가상각비 = (₩1,800,000 − ₩180,000) × 5/15 × 7/12 = ₩315,000　▶ ③

16 20×1년 7월 1일 일괄취득금액 = ₩900,000 + ₩100,000 = ₩1,000,000
20×1.7.1.　(차) 토지　　　250,000　　(대) 현금　　　1,000,000
　　　　　　　　건물　　　750,000
20×1.12.31.　(차) 감가상각비　35,000　　(대) 감가상각누계액　35,000
→ 건물의 20×1년 감가상각비 = (₩750,000 − ₩50,000) × 1/10 × 6/12 = ₩35,000　▶ ②

17 1) 차량 A의 취득원가 = ₩900,000 + ₩90,000(취득세) + ₩10,000(국공채 차액) = ₩1,000,000
2) 20×2년 감가상각비 = (₩1,000,000 − ₩0) × 3/10 = ₩300,000   ▶ ①

18 신기계장치의 취득원가 = ₩130,000(제공한 자산의 공정가액) + ₩60,000(현금지급액) = ₩190,000
▶ ④

19 (차) 감가상각누계액   800,000   (대) 컴퓨터(A)   2,100,000
      컴퓨터(B)   2,825,450   현금   1,500,000
                                          처분이익   25,450
      * 컴퓨터(B)의 원가 = ₩1,325,450(제공한 자산의 공정가치) + ₩1,500,000(현금지급액) = ₩2,825,450
▶ ②

20 1) 상업적 실질이 있는 경우
      (차) 새로운 기계장치   250,000   (대) 기계장치(구)   500,000
          감가상각누계액   300,000   처분이익   100,000
          현금   50,000
      2) 상업적 실질이 없는 경우
      (차) 새로운 기계장치   150,000   (대) 기계장치(구)   500,000
          감가상각누계액   300,000
          현금   50,000   ▶ ②

21 1) 상업적 실질이 있는 경우 = ₩700,000(제공한 자산의 공정가치) − ₩100,000(현금수령액) = ₩600,000
2) 상업적 실질이 없는 경우 = ₩400,000(제공한 자산의 장부가액) − ₩100,000(현금수령액) = ₩300,000
▶ ③

22 1) (주)한국
      (차) 기계장치 B   250,000   (대) 기계장치 A   300,000
          유형자산처분손실   150,000   현금   100,000
      2) (주)대한
      (차) 기계장치 A   150,000   (대) 기계장치 B   350,000
          현금   100,000
          유형자산처분손실   100,000   ▶ ③

23

구분	(주)대한 − 승용차	운반용 트럭
장부가액	₩40,000	
공정가액		₩75,000
현금	₩30,000 ───────────────▶	

회계처리(취득한 자산의 공정가치가 더 명백한 경우)
(차) 운반용트럭   75,000   (대) 승용차   60,000
    감가상각누계액   20,000   현금   30,000
                                      유형자산처분이익   5,000
▶ ①

24 교환회계처리

(차) 기계장치(신)	3,200,000	(대) 기계장치(구)	2,000,000
		현금	500,000
		유형자산처분이익	700,000

→ 교환으로 취득한 유형자산의 원가 = ₩2,700,000(제공한 자산의 공정가치) + ₩500,000(현금지급액)
= ₩3,200,000　　　　　　　　　　　　　　　　　▶ ③

25 1) 20×3년 초 기계장치 A의 장부금액 = ₩1,000,000 − [(₩1,000,000 − ₩200,000) × 7/10] = ₩440,000

2) 20×3년 초 교환시 손익 = ₩540,000(제공한 자산의 공정가치) − ₩440,000(제공한 자산의 장부금액)
= ₩100,000 처분이익

3) 20×3년 감가상각비 = (₩540,000 − ₩200,000) × 1/2 × 6/12 = ₩85,000

4) 20×3년 7월 초 처분손익 = ₩300,000(처분금액) − ₩455,000(장부금액) = (₩155,000) 처분손실

5) 20×3년도 당기순이익에 미치는 영향 = ₩100,000(처분이익) − ₩85,000(감가상각비) − ₩155,000(처분손실) = ₩140,000 감소　　　　　　　　　　　　　　　　　▶ ④

26 1) 복구충당부채 = ₩1,000,000 × 0.7513 = ₩751,300

2) 구축물 취득원가 = ₩5,000,000 + ₩751,300(복구충당부채) = ₩5,751,300

3) 2017년 감가상각비 = (₩5,751,300 − ₩0) × 1/3 = ₩1,917,100　　　　　　▶ ①

27 ① 구축물 취득원가 = ₩720,000 + ₩124,180(복구충당부채) = ₩844,180

② 20×1년 말 이자비용 = ₩124,180 × 10% = ₩12,418

③ 20×1년 말 복구충당부채 = ₩124,180 + ₩12,418 = ₩136,598

④ 20×1년 말 비용 총액 = ₩12,418(이자비용) + ₩164,836(감가상각비) = ₩177,254

* 감가상각비 = (₩844,180 − ₩20,000) × 1/5 = ₩164,836　　　　　　▶ ④

28 원상회복에 소요되는 원가의 명목금액과 현재가치의 차이는 5년 동안 금융원가(이자비용)으로 인식한다.　　　　　　　　　　　　　　　　　▶ ②

29 1) 원가에 가산한 복구충당부채는 5년간 감가상각비에 가산되므로 복구의무가 없을 경우에 비해 ₩18,600의 감가상각비가 증가한다.

2) 5년간 복구충당부채 이자비용 합계 = ₩30,000 − ₩18,600 = ₩11,400

3) 추가로 인식해야 하는 총비용 = ₩18,600 + ₩11,400 = ₩30,000　　　　　　▶ ②

30 1) 정부보조금 회계처리

2011.7.1.	(차) 기계	20,000	(대) 현금	13,000
			정부보조금	7,000
2011.12.31.	(차) 감가상각비	1,800	(대) 감가상각누계액	1,800
	(차) 정부보조금	700	(대) 감가상각비	700

* 정부보조금은 다음의 식으로 감가상각비와 상각한다.
* 정부보조금 = 감가상각비 × (정부보조금/감가상각대상금액)
* 감가상각방법이 정액법이라면 정부보조금을 정액법으로 상각한 결과값과 동일하다.

2) 재무상태표 표시

2011.12.31.		2012.12.31.		2013.12.31.	
기계	₩20,000	기계	₩20,000	기계	₩20,000
감가상각누계액	(1,800)	감가상각누계액	(5,400)	감가상각누계액	(9,000)
정부보조금	(6,300)	정부보조금	(4,900)	정부보조금	(3,500)
	₩11,900		₩9,700		₩7,500

▶ ①

31 1) 20×2년도 감가상각비 = [(₩100,000 − ₩0) × 1/5] − (₩40,000 × 1/5) = ₩12,000
2) 20×2년도 기말장부금액 = ₩100,000 − ₩25,000(감가상각누계액) − ₩30,000(정부보조금 잔액)
   = ₩45,000 ▶ ①

32 1) 20×3년 4월 1일 감가상각누계액
   = (₩1,000,000 − ₩0) × 1/5 + (₩1,000,000 − ₩0) × 1/5 × 6/12 = ₩300,000
2) 20×3년 4월 1일 정부보조금 잔액
   = ₩100,000 − (₩100,000 × 1/5 + ₩100,000 × 1/5 × 6/12) = ₩70,000
3) 20×3년 4월 1일 장부금액
   = ₩1,000,000 − ₩300,000(감가상각누계액) − ₩70,000(정부보조금) = ₩630,000
4) 처분손익 = ₩620,000(처분금액) − ₩630,000(장부금액) = 처분손실 ₩10,000 ▶ ①

33 1) 20×2년 12월 31일 기계장치 장부금액
   = ₩1,300,000(취득원가) − ₩600,000(감가상각누계액) − ₩100,000(정부보조금잔액) = ₩600,000
   * 20×2년 말 정부보조금잔액 = ₩200,000 − (₩200,000 × 2/4) = ₩100,000
2) 20×2년 말 유형자산처분손익
   = ₩700,000(순매각금액) − ₩600,000(장부금액) = ₩100,000 처분이익 ▶ ①

34 일상적인 수선 및 유지를 위한 지출은 당기비용으로 인식하며, 승강기 및 새로운 비품 구입에 지출한 금액은
자산으로 기록할 수 있다.
→ 자산으로 기록할 수 있는 지출 = ₩6,400(승강기 설치) + ₩9,300(비품) = ₩15,700 ▶ ②

35 유형자산의 감가상각은 공정가치 평가과정이 아닌 원가배분과정이다. 유형자산의 미래경제적효익의 감소를 반
영하기 위해 감가상각한다. ▶ ①

36 1) 20×2년 감가상각비 = (₩1,200,000 − ₩200,000) × 4/10 × 9/12 + (₩1,200,000 − ₩200,000)
   × 3/10 × 3/12 = ₩375,000
2) 20×2년 감가상각누계액 = (₩1,200,000 − ₩200,000) × 4/10 + (₩1,200,000 − ₩200,000) ×
   3/10 × 3/12 = ₩475,000 ▶ ①

37 20×4년 감가상각비 = (₩1,200,000 − ₩200,000) × 2/10 × 6/12 + (₩1,200,000 − ₩200,000)
× 1/10 × 6/12 = ₩150,000 ▶ ②

38 1) 20×3년 초 장부금액 = ₩100,000 − [(₩100,000 − ₩20,000) × 2/4] = ₩60,000
2) 20×3년 감가상각비 = (₩60,000 + ₩16,000 − ₩20,000) × 1/4 = ₩14,000   ▶ ④

39 1) 20×1년 감가상각비 = (₩100,000 − ₩20,000) × 4/10 × 3/12 = ₩8,000
2) 20×2년 감가상각비 = (₩92,000 + ₩30,000 − ₩50,000) × 1/10 = ₩7,200   ▶ ①

40 1) 2005년 12월 말 장부금액 = ₩14,000 − [(₩14,000 − ₩1,000) × 1/10] = ₩12,700
2) 2006년 기계감가상각비 = (₩12,700 + ₩900 − ₩1,000) × 1/9 = ₩1,400   ▶ ④

41 1) 20×2년 말 장부금액 = ₩500,000 − [(₩500,000 − ₩0) × 2/5] = ₩300,000
2) 20×3년 감가상각비 = (₩300,000 + ₩100,000 − ₩50,000) × 1/5 = ₩70,000   ▶ ③

42 1) 2015년 12월 31일 장부금액 = ₩1,000,000 − [(₩1,000,000 − ₩100,000) × 6/10] = ₩460,000
2) 2016년 감가상각비 = (₩460,000 − ₩40,000) × 5/15 = ₩140,000   ▶ ④

43 감가상각대상금액 = 취득원가 − 잔존가치 = ₩110 − ₩10 = ₩100   ▶ ①

44 1) 2012년 12월 31일 장부금액 = ₩600,000 − [(₩600,000 − ₩100,000) × 1/5] = ₩500,000
2) 2013년 감가상각비 = (₩500,000 − ₩0) × 4/10 = ₩200,000   ▶ ③

45 1) 2013년 1월 1일 장부금액 = ₩100,000 − [(₩100,000 − ₩20,000) × 2/4] = ₩60,000
2) 2013년 감가상각비 = (₩60,000 + ₩40,000 − ₩20,000) × 4/10 = ₩32,000   ▶ ④

46 1) 2012년 기말 장부금액 = ₩10,000 − [(₩10,000 − ₩0) × 1/5] = ₩8,000
2) 2013년 감가상각비 = (₩8,000 − ₩0) × 4/10 = ₩3,200
3) 2013년 말 장부금액 = ₩8,000 − ₩3,200 = ₩4,800   ▶ ③

47 1) 20×7년 말 감가상각누계액 = ₩1,000,000 × 4/10 + ₩1,000,000 × 3/10 × 9/12 = ₩625,000
2) 20×8년 감가상각비 = (₩375,000 − ₩105,000) × 12개월/27개월 = ₩120,000
  * 잔여내용월수 = 48개월 − 21개월 = 27개월   ▶ ②

48 1) 6차 년도 말 감가상각누계액 = (₩200,000 − ₩20,000) × 6/10 = ₩108,000
2) 7차 년도 감가상각비 = (₩92,000 − ₩5,000) × 1/8 = ₩10,875   ▶ ②

49 1) 20×2년 말 장부금액 = ₩300,000 − [(₩300,000 − ₩0) × 9/15] = ₩120,000
2) 20×3년 감가상각비 = (₩120,000 + ₩40,000 − ₩10,000) × 1/6 = ₩25,000   ▶ ②

50 자산의 장부금액이 재평가로 인하여 감소된 경우에 그 감소액은 당기손익으로 인식한다. 그러나 그 자산에 대한 재평가잉여금의 잔액이 있다면 그 금액을 한도로 재평가감소액을 기타포괄손익으로 인식한다.   ▶ ③

51
20×1년 말	(차) 토지	2,000,000	(대) 재평가잉여금	2,000,000
20×2년 말	(차) 재평가잉여금	2,000,000	(대) 토지	3,000,000
	재평가손실(당기비용)	1,000,000		

▶ ①

52
20×1년 말	(차) 토지	20,000	(대) 재평가잉여금	20,000
20×2년 말	(차) 재평가잉여금	20,000	(대) 토지	30,000
	재평가손실(당기비용)	10,000		

* 20×2년 말 현재 재평가잉여금 잔액은 ₩0이며, 20×2년 말 재무상태표에 보고되는 토지 금액은 ₩90,000 이다.

▶ ②

53
2011년 초	(차) 토지	10,000	(대) 현금	10,000
2011.12.31.	(차) 토지	4,000	(대) 재평가잉여금	4,000
2012.12.31.	(차) 재평가잉여금	4,000	(대) 토지	6,000
	재평가손실(당기손실)	2,000		

▶ ②

54 재평가회계처리는 자산의 증가 시 재평가잉여금(기타포괄손익)으로 회계처리한다. 단, 전기에 인식한 재평가손실이 있으면 이를 한도로 재평가이익을 인식한다.

▶ ①

55
20×1년 말	(차) 재평가손실	100,000	(대) 토지	100,000
20×2년 말	(차) 토지	150,000	(대) 재평가이익	100,000
			재평가잉여금	50,000

▶ ③

56
20×1년 초	(차) 토지	75,000	(대) 현금	150,000
	건물	75,000		
20×1년 말	(차) 토지	5,000	(대) 재평가잉여금	5,000
20×2년 말	(차) 재평가잉여금	5,000	(대) 토지	10,000
	재평가손실	5,000		
20×3년 말	(차) 토지	20,000	(대) 재평가이익	5,000
			재평가잉여금	15,000
20×4년 초	(차) 현금	90,000	(대) 토지	90,000
	(차) 재평가잉여금	15,000	(대) 이익잉여금	15,000

③ 20×3년도 당기순이익은 ₩5,000 증가하고, 기타포괄이익은 ₩15,000 증가한다.

▶ ③

57
2018년 초	(차) 기계장치	1,000,000	(대) 현금	1,000,000
2018.12.31.	(차) 감가상각비	200,000	(대) 감가상각누계액	200,000
	(차) 감가상각누계액	200,000	(대) 재평가잉여금	240,000
	기계장치	40,000		

▶ ④

58 2016.12.31. (차) 감가상각비   30,000   (대) 감가상각누계액   30,000
           (차) 감가상각누계액   30,000   (대) 기계장치   10,000
                                                          재평가잉여금   20,000
                             ▶ ②

59 20×1.12.31. (차) 감가상각비   400,000   (대) 감가상각누계액   400,000
    20×1.12.31. (차) 감가상각누계액   400,000   (대) 건물   200,000
                                          재평가잉여금   200,000
    20×2.12.31. (차) 감가상각비   450,000   (대) 감가상각누계액   450,000
    20×2.12.31. (차) 감가상각누계액   450,000   (대) 건물   750,000
                    재평가잉여금   200,000
                    재평가손실   100,000
→ 20×2년도 당기순손익에 미치는 영향 = ₩450,000 + ₩100,000 = ₩550,000 순손실   ▶ ④

60 20×1.12.31. (차) 감가상각비   1,000   (대) 감가상각누계액   1,000
             (차) 감가상각누계액   1,000   (대) 재평가잉여금   2,000
                  항공기   1,000
    20×2.12.31. (차) 감가상각비   2,000   (대) 감가상각누계액   2,000
             (차) 감가상각누계액   2,000   (대) 항공기   5,000
                  재평가잉여금   2,000
                  재평가손실   1,000
                                  ▶ ③

61 20×1.7.1.   (차) 건물   100,000   (대) 현금   100,000
    20×1.12.31. (차) 감가상각비   10,000   (대) 감가상각누계액   10,000
             (차) 감가상각누계액   10,000   (대) 재평가잉여금   18,000
                  건물   8,000
    20×2.12.31. (차) 감가상각비   24,000   (대) 감가상각누계액   24,000
             (차) 감가상각누계액   24,000   (대) 건물   50,000
                  재평가잉여금   18,000
                  재평가손실   8,000
→ 20×2년도 당기순이익에 미치는 영향 = (₩24,000) + (₩8,000) = ₩32,000 손실   ▶ ③

62 20×1.1.1.   (차) 설비자산   30,000   (대) 현금   30,000
    20×1.12.31. (차) 감가상각비   2,500   (대) 감가상각누계액   2,500
             (차) 감가상각누계액   2,500   (대) 재평가잉여금   10,000
                  설비자산   7,500
    20×2.12.31. (차) 감가상각비   12,000   (대) 감가상각누계액   12,000
             (차) 감가상각누계액   12,000   (대) 설비자산   12,500
                  재평가잉여금   500
→ 20×2년 말 재평가잉여금 잔액 = ₩10,000 − ₩500 = ₩9,500   ▶ ③

63

20×1년 초	(차) 기계장치	10,000	(대) 현금	10,000
20×1년 말	(차) 감가상각비	2,000	(대) 감가상각누계액	2,000
20×2년 말	(차) 감가상각비	2,000	(대) 감가상각누계액	2,000
	(차) 감가상각누계액	4,000	(대) 재평가잉여금	6,000
	기계장치	2,000		
20×3년 말	(차) 감가상각비	5,000	(대) 감가상각누계액	5,000
	(차) 현금	8,000	(대) 기계장치	12,000
	감가상각누계액	5,000	기계장치 처분이익	1,000

▶ ③

64
1) 2012년 말 장부금액 = ₩30,000 − [(₩30,000 − ₩0) × 1/3] = ₩20,000
2) 2012년 손상차손 = ₩20,000(장부금액) − ₩15,000(회수가능액) = ₩5,000 ▶ ①

65
1) 2016년 말 장부금액 = ₩850,000 − [(₩850,000 − ₩50,000) × 2/4] = ₩450,000
2) 2016년 말 손상차손 = ₩450,000(장부금액) − ₩350,000(회수가능액) = ₩100,000
   * 회수가능액 = MAX[₩300,000(순공정가치), ₩350,000(사용가치)] = ₩350,000 ▶ ③

66
1) 손상차손 인식 전 장부금액 = ₩2,000,000 − [(₩2,000,000 − ₩200,000) × 3/6] = ₩1,100,000
2) 손상차손 인식 전 장부금액 > 회수가능액(₩600,000)이므로 손상이 발생하였으며, 손상차손 인식 후 장부
   금액은 회수가능액(₩600,000)이 된다. ▶ ②

67
1) 2013년 말 장부금액 = ₩40,000 − [(₩40,000 − ₩0) × 1/4] = ₩30,000
2) 2013년 손상차손환입액 = ₩60,000(환입한도) − ₩30,000 = ₩30,000
   * 환입한도 = ₩100,000 − [(₩100,000 − ₩0) × 2/5] = ₩60,000 ▶ ②

68
1) 20×1년 말 손상차손 = ₩800,000(20×1년 말 장부금액) − ₩400,000(회수가능액) = ₩400,000
2) 20×2년 말 장부금액 = ₩400,000 − [(₩400,000 − ₩0) × 1/4] = ₩300,000
3) 20×2년 말 손상차손환입액 = MIN[₩600,000(손상을 인식하지 않았을 경우의 20×2년 말 감가상각 후
   장부금액), ₩800,000(회수가능액)] − ₩300,000 = ₩300,000 ▶ ④

69
1) 20×2년 말 장부금액 = ₩480,000 − [(₩480,000 − ₩0) × 2/5] = ₩288,000
2) 20×2년 말 손상차손 = ₩288,000 − ₩186,000(회수가능액) = ₩102,000
3) 20×3년 감가상각비 = (₩186,000 − ₩0) × 1/3 = ₩62,000
4) 손상차손환입액 = MIN[₩195,000, ₩192,000] − ₩124,000 = ₩68,000 ▶ ④

70
1) 20×4년 말 감가상각 후 장부금액 = ₩1,800,000 − (₩1,800,000 × 2/3) = ₩600,000
2) 20×4년 말 손상차손환입액 = MIN[₩800,000(환입한도), ₩2,000,000(회수가능액)] − ₩600,000 = ₩200,000
   * 환입한도 = ₩4,000,000 − (₩4,000,000 × 4/5) = ₩800,000 ▶ ①

71
1) 20×1년 말 장부금액 = ₩1,200,000 − (₩1,200,000 × 1/3 × 6/12) = ₩1,000,000
2) 20×1년 말 손상차손 = ₩1,000,000 − ₩600,000(20×1년 말 회수가능액) = ₩400,000
3) 20×2년 말 감가상각 후 장부금액 = ₩600,000 − (₩600,000 × 12개월/30개월) = ₩360,000
4) 20×2년 말 손상차손환입액
   = MIN[₩600,000(한도금액), ₩700,000(회수가능액)] − ₩360,000(20×2년 말 장부금액) = ₩240,000
   * 손상차손 환입액의 한도금액 = ₩1,200,000 − (₩1,200,000 × 1.5/3) = ₩600,000 ▶ ①

72
1) 20×1년 말 감가상각 후 장부금액 = ₩36,000 − [(₩36,000 − ₩0) × 1/3 × 6/12] = ₩30,000
2) 20×1년 말 손상차손 = ₩30,000 − ₩25,000 = ₩5,000
3) 20×2년 말 감가상각 후 장부금액 = ₩25,000 − [(₩25,000 − ₩0) × 12개월/30개월] = ₩15,000
4) 20×2년 말 손상차손환입액 = MIN[₩18,000(손상이 발생하지 않았을 경우의 감가상각 후 장부금액),
   ₩19,000(회수가능액)] − ₩15,000 = ₩3,000 ▶ ②

73
1) 20×1년 감가상각비 = (₩1,000,000 − ₩0) × 1/10 = ₩100,000
2) 20×1년 말 손상차손 = ₩900,000(20×1년 말 장부금액) − ₩630,000(회수가능액) = ₩270,000
3) 20×1년 당기순이익에 미치는 영향 = (₩100,000) + (₩270,000) = ₩370,000 감소
4) 20×2년 감가상각비 = (₩630,000 − ₩0) × 1/9 = ₩70,000
5) 20×2년 말 손상차손환입액 = MIN[₩880,000(회수가능액), ₩800,000(환입한도)] − ₩560,000(20×2년
   말 장부금액) = ₩240,000
   * 20×2년 말 환입한도액 = ₩1,000,000 − [(₩1,000,000 − ₩0) × 2/10] = ₩800,000
6) 20×2년 당기순이익에 미치는 영향 = (₩70,000) + ₩240,000 = ₩170,000 증가 ▶ ③

74

	(차)		(대)	
2015.1.1.	기계장치	1,000,000	현금	1,000,000
2015.12.31.	감가상각비	200,000	감가상각누계액	200,000
	감가상각누계액	200,000	기계장치	80,000
			재평가잉여금	120,000
2016.12.31.	감가상각비	230,000	감가상각누계액	230,000
	감가상각누계액	230,000	기계장치	500,000
	재평가잉여금	120,000		
	손상차손	150,000		

* 2016년 말 감가상각비 = (₩920,000 − 0) × 1/4 = ₩230,000
* 2016년 당기비용 = ₩230,000(감가상각비) + ₩150,000(손상차손) = ₩380,000 ▶ ④

75
1) 2016년 7월 1일 장부금액 = ₩120,000 − [(₩120,000 − ₩0) × 1/4 × 6/12] = ₩105,000
2) 2016년 7월 1일 유형자산처분손익
   = ₩90,000(처분가액) − ₩105,000(장부금액) = 처분손실 ₩15,000 ▶ ③

76
1) 2016년 9월 말까지 감가상각누계액(1년 6개월)
   = (₩80,000 − ₩5,000) × 5/15 + (₩80,000 − ₩5,000) × 4/15 × 6/12 = ₩35,000
2) 처분손익 = ₩43,000(처분금액) − ₩45,000(장부금액) = 처분손실 ₩2,000 ▶ ①

77 1) 건물의 취득원가 = ₩250,000 + ₩50,000(중개수수료) + ₩50,000(취득세) = ₩350,000
2) 20×1년 5월 1일부터 20×3년 10월 말까지의 감가상각누계액(2년 6개월)
= (₩350,000 − ₩50,000) × 2/5 + (₩350,000 − ₩50,000) × 1/5 × 6/12 = ₩150,000
3) 20×3년 10월 말 장부금액 = ₩350,000 − ₩150,000 = ₩200,000
4) 20×3년 11월 처분손익 = ₩100,000(처분금액) − ₩200,000(장부금액) = 처분손실 ₩100,000 ▶ ⑤

78 1) 2016년 감가상각비 = (₩1,000,000 − ₩100,000) × 1/3 × 10/12 = ₩250,000
2) 2017년 7월 1일까지의 감가상각비 = (₩1,000,000 − ₩100,000) × 1/3 × 6/12 = ₩150,000
3) 취득부터 처분 시까지의 감가상각누계액 = ₩250,000 + ₩150,000 = ₩400,000
4) 처분손익 = ₩730,000(처분금액) − ₩600,000(장부금액) = 처분이익 ₩130,000 ▶ ①

79 1) 기계장치 처분손익 = ₩89,000(처분금액) − ₩20,000(장부금액) = 처분이익 ₩69,000
* 처분금액 = ₩100,000 × 0.89 = ₩89,000
2) 20×1년 이자수익 = ₩89,000 × 6% = ₩5,340
3) 20×1년 당기순이익 영향 = ₩69,000(처분이익) + ₩5,340(이자수익) = ₩74,340 증가 ▶ ③

80 1) 처분 시점까지의 감가상각누계액 = (₩4,000,000 − ₩400,000) × 3/6 + (₩4,000,000 − ₩400,000) × 2/6 × 4/12 = ₩2,200,000
2) 처분손익 = ₩2,000,000(처분가액) − ₩1,800,000(장부가액) = 처분이익 ₩200,000 ▶ ③

81 1) 20×3년 3월 31일까지의 감가상각누계액(1년 6개월)
= (₩80,000 − ₩5,000) × 5/15 + (₩80,000 − ₩5,000) × 4/15 × 6/12 = ₩35,000
2) 처분 시점의 장부금액 = ₩80,000(취득원가) − ₩35,000(감가상각누계액) = ₩45,000
3) 처분손익 = ₩40,000(처분금액) − ₩45,000(장부금액) = 손실 ₩5,000 ▶ ③

82 사용하던 건물을 철거하는 경우 철거 시점의 건물 장부금액이 폐기로 인한 손실이 된다.
1) 20×1년 초 건물의 취득원가 = ₩1,000,000 × (₩500,000/₩1,250,000) = ₩400,000
2) 20×2년 말 건물 장부금액 = ₩400,000 − [(₩400,000 − ₩100,000) × 2/5] = ₩280,000
3) 20×3년 초 인식하는 손실은 건물을 폐기함에 따라 발생하는 ₩280,000의 폐기손실이다. ▶ ②

83 1) 제품 제작용 기계 = ₩12,000 − [(₩12,000 − ₩0) × 22개월/60개월] = ₩7,600
2) 토지 취득원가 = ₩100,000 + ₩20,000(철거비용) − ₩5,000(고철매각) = ₩115,000
3) 소모품(잔여액) = ₩6,000 × 1/4 = ₩1,500
4) 기말재고자산 = (₩100,000 − ₩10,000) × 10% = ₩9,000
* 무상증자는 자산에 영향을 초래하지 않는다.
→ 20×2년 말 자산 = ₩7,600 + ₩115,000 + ₩1,500 + ₩9,000 = ₩133,100 ▶ ②

84 적격자산이란 의도된 용도로 사용(또는 판매) 가능하게 하는 데 상당한 기간을 필요로 하는 자산으로, 재고자산, 유형자산 등이 해당된다. 금융자산은 적격자산에 해당하지 않는다. ▶ ④

85 적격자산을 의도된 용도로 사용(또는 판매) 가능하게 하는 데 필요한 활동은 당해 자산의 물리적인 제작활동뿐만 아니라 그 이전단계에서 이루어진 기술 및 관리상의 활동도 포함한다. ▶ ②

86 건설목적으로 취득한 토지를 개발활동 없이 보유하는 동안 발생한 차입원가는 자본화 대상에 해당하지 아니한다.
▶ ②

87 1) 연평균지출액 = ₩6,000 × 10/12 + ₩5,000 × 6/12 = ₩7,500
2) 특정차입금 자본화금액 = ₩4,000 × 6/12 × 5% = ₩100
3) 일반차입금 자본화금액 = [₩7,500 − (₩4,000 × 6/12)] × 8% = ₩440(한도 : ₩480)
4) 2008년 자본화 금융비용 = ₩100 + ₩440 = ₩540
▶ ②

88 1) 20×1년 연평균지출액 = ₩3,000 × 12/12 + ₩2,000 × 3/12 = ₩3,500
2) 특정차입금 자본화금액 = ₩1,000 × 4% × 12/12 = ₩40
3) 자본화이자율 = (₩50 + ₩160) ÷ (₩1,000 + ₩2,000) = 7%
4) 일반차입금 자본화금액 = (₩3,500 − ₩1,000) × 7% = ₩175(한도 : ₩210)
5) 20×1년도 자본화금액 = ₩40 + ₩175 = ₩215
▶ ③

89 1) 20×1년 연평균지출액 = ₩50,000 × 6/12 + ₩40,000 × 3/12 = ₩35,000
2) 특정차입금 자본화금액 = ₩50,000 × 6/12 × 8% = ₩2,000
3) 일반차입금 자본화금액 = (₩35,000 − ₩25,000) × 10% = ₩1,000
4) 일반차입금 중 자본된 금액 이외의 이자비용 = ₩25,000 × 10% − ₩1,000 = ₩1,500
  * 자본화된 금액은 이자비용이 아닌 공장건물의 원가가 되므로 20×1년에 당기손익으로 인식할 이자비용은 ₩1,500이다.
▶ ②

90 1) 특정목적차입금 자본화금액 = ₩80,000 × 5% = ₩4,000
2) 일반목적차입금 자본화금액 = (₩100,000 − ₩80,000) × 10% = ₩2,000(한도 : ₩20,000)
3) 20×1년 자본화한 차입원가 = ₩4,000 + ₩2,000 = ₩6,000
▶ ②

91 20×1년 특정목적차입금의 자본화가능차입원가
= ₩800,000 × 6% × 11/12 − (₩100,000 × 3% × 2/12) = ₩43,500
▶ ①

제 7 장 | 무형자산

01 연구단계에서 발생한 지출은 무형자산으로 인식하지 않고 발생한 기간의 비용으로 처리한다.
▶ ①

02 연구단계에서 발생한 지출은 무형자산의 취득원가가 아닌 발생시점의 비용으로 처리한다.
▶ ③

03 ①, ③, ④의 지문은 연구단계와 관련된 활동이므로 연구비로 당기비용 회계처리한다.
▶ ②

04 새롭거나 개선된 재료, 장치, 제품, 공정, 시스템이나 용역에 대한 여러 가지 대체안을 제안, 설계, 평가, 최종 선택하는 활동은 연구활동에 해당한다.　　　　　　　　　　　　　　　　　　　　　　　　　　▶ ④

05 ① 연구단계에 대한 지출은 무형자산으로 인식하지 않고 발생시점에 당기비용으로 처리한다.
　　② 개발단계에서 발생한 지출은 자산인식요건을 모두 충족한 이후 지출금액을 무형자산으로 인식한다.
　　④ 내부적으로 창출한 브랜드, 출판표제, 고객 목록과 이와 실질이 유사한 항목은 무형자산으로 인식하지 아니한다.
　　▶ ③

06 연구(또는 내부 프로젝트의 연구단계)에 대한 지출은 무형자산으로 인식하지 않는다.　　　　　▶ ④

07 무형자산을 창출하기 위한 내부 프로젝트를 연구단계와 개발단계로 구분할 수 없는 경우에는 모두 연구단계에서 발생한 것으로 본다.　　　　　　　　　　　　　　　　　　　　　　　　　　　　　▶ ④

08 1) 연구단계 = ₩100,000(새로운 지식을 얻고자 하는 활동) + ₩300,000(연구결과나 기타 지식을 탐색, 평가, 응용하는 활동) + ₩50,000(재료, 장치, 제품, 공정, 시스템이나 용역에 대한 여러 가지 대체 안을 탐색하는 활동) = ₩450,000
　　2) 개발단계 = ₩250,000(생산이나 사용 전의 시제품과 모형을 제작하는 활동) + ₩150,000(상업적 생산 목적으로 실현가능한 경제적 규모가 아닌 시험공장을 건설하는 활동) = ₩400,000
　　3) 비용인식금액 = ₩450,000(연구활동 계) + ₩200,000(개발단계 50%) = ₩650,000　　　▶ ③

09 ① 무형자산은 유형자산과 마찬가지로 재평가모형을 사용할 수 있다.
　　② 라이선스는 특정 기술이나 지식을 일정 기간 동안 이용하기로 한 권리를 말한다.
　　③ 내부적으로 창출한 브랜드 네임 등은 무형자산으로 인식하지 않는다.　　　　　　　　▶ ④

10 비한정내용연수를 가지는 것으로 분류되었던 무형자산이 이후에 유한한 내용연수를 가지게 되면 해당 시점부터 상각한다.　　　　　　　　　　　　　　　　　　　　　　　　　　　　　　　▶ ④

11 내부적으로 창출한 브랜드, 제호, 출판표제, 고객 목록과 이와 실질이 유사한 항목은 무형자산으로 인식하지 아니한다.　　　　　　　　　　　　　　　　　　　　　　　　　　　　　　　▶ ①

12 정액법을 적용하여 상각하던 기계장치는 유휴상태가 되더라도 감가상각비를 계속하여 인식한다.　▶ ④

13 ② 무형자산을 창출하기 위한 내부 프로젝트를 연구단계와 개발단계로 구분할 수 없는 경우에는 그 프로젝트에서 발생한 지출은 모두 연구단계에서 발생한 것으로 본다.
　　③ 무형자산의 내용연수는 자산의 내용연수를 추정하는 시점에 평가된 표준적인 성능 수준을 유지하기 위한 미래 유지비용과 그 수준의 비용을 부담할 수 있는 기업의 능력과 의도만을 반영한다. 자산의 내용연수를 추정하는 시점에 평가된 표준적인 성능수준을 유지하기 위하여 필요한 지출을 초과하는 계획된 미래지출에 근거하여 무형자산의 내용연수가 비한정이라는 결론을 내려서는 안 된다.
　　④ 상각은 자산이 매각예정으로 분류되는(또는 매각예정으로 분류되는 처분자산집단에 포함되는) 날과 자산이 재무상태표에서 제거되는 날 중 이른 날에 중지한다.　　　　　　　　　　　　▶ ①

14 무형자산에 재평가모형을 적용하기 위해서는 동 무형자산에 대한 활성시장이 존재하는 경우에만 가능하다.
▶ ①

15 내용연수가 비한정인 무형자산은 손상 징후에 관계없이 매년 손상검사를 한다.
▶ ③

16 새로운 제품 홍보를 위한 금액은 광고선전비로 당기의 비용처리하고, 내부적으로 창출한 영업권은 무형자산으로 인식하지 않는다.

2016.7.1.	(차) 무형자산(라이선스)	5,000	(대) 현금	5,000
2016.12.31.	(차) 상각비	500	(대) 무형자산(라이선스)	500

→ 2016년 무형자산상각비 = (₩5,000 − ₩0) × 1/5 × 6/12 = ₩500
▶ ①

17

20×1.9.1	(차) 특허권	300,000	(대) 현금	300,000
20×1.12.31	(차) 상각비	20,000	(대) 특허권	20,000

1) 특허권 취득원가 = ₩100,000(특허권 취득과 관련한 법적비용) + ₩200,000(특허권의 성공적 방어를 위한 법적비용) = ₩300,000

2) 20×1년 특허권 상각비 = (₩300,000 − ₩0) × 1/5 × 4/12 = ₩20,000
▶ ②

18

20×1년 초	(차) 라이선스	500,000	(대) 현금	500,000
20×1년 말	(차) 상각비	50,000	(대) 상각누계액	50,000
	(차) 상각누계액	50,000	(대) 라이선스	50,000
20×2년 말	(차) 상각비	50,000	(대) 상각누계액	50,000
	(차) 상각누계액	50,000	(대) 재평가잉여금	125,000
	라이선스	75,000		

→ 20×2년 말 인식할 재평가이익 = ₩125,000(재평가잉여금)
▶ ④

19 1) 20×1년 개발비 상각비 = (₩400,000 − ₩0) × 1/10 × 9/12 = ₩30,000

2) 20×1년 포괄손익계산서상 인식할 비용 = ₩300,000(연구비) + ₩600,000(경상개발비) + ₩30,000(개발비 상각비) = ₩930,000
▶ ④

20 1) 개발비 2017년 말 장부금액 = ₩600,000 − [(₩600,000 − ₩0) × 1/10 × 6/12] = ₩570,000

2) 손상차손 = ₩570,000(장부금액) − ₩500,000(회수가능액) = ₩70,000
▶ ②

21 1) (주)민국의 순자산 공정가치 = ₩15,000,000 + ₩5,000,000(토지의 장부금액과 공정가치와의 차액) − ₩9,000,000(부채총액) = ₩11,000,000

2) 영업권 = ₩20,000,000(이전대가) − ₩11,000,000(순자산 공정가치) = ₩9,000,000
▶ ③

22 1) 순자산 공정가치 = ₩550,000(자산 공정가치) − ₩100,000(부채 공정가치) = ₩450,000

2) 이전대가 = 50주 × ₩7,000 = ₩350,000

3) 염가매수차익 = ₩450,000(순자산 공정가치) − ₩350,000(이전대가) = ₩100,000
▶ ④

23 1) 피취득회사의 순자산공정가치 = ₩54,000(자산 공정가치) − ₩7,000(부채 공정가치) = ₩47,000

2) 영업권 = ₩60,000(이전대가) − ₩47,000(피취득회사의 순자산 공정가치) = ₩13,000
▶ ③

24 1) 영업권(₩500) = ₩2,000(이전대가) − (순자산공정가치 × 75%)
　　 → 순자산공정가치 = ₩2,000
　　 2) 순자산공정가치(₩2,000) = 자산공정가치 − ₩2,500(부채공정가치)
　　 → 자산공정가치 = ₩4,500 　　　　　　　　　　　　　　　　　　　▶ ③

25

(차) 순자산공정가치	1,200,000	(대) 자본금	700,000
영업권	200,000	주식발행초과금	700,000
(차) 주식발행초과금	10,000	(대) 현금	10,000
(차) 기타수수료(비용)	10,000	(대) 현금	10,000

　　　　　　　　　　　　　　　　　　　　　　　　　　　　　　　　　　▶ ③

제 8 장　투자부동산

01 투자부동산에 대해 공정가치모형을 적용하는 경우 감가상각하지 않는다. 　　　　▶ ④

02 부동산 보유자가 부동산 사용자에게 부수적인 용역을 제공하는 경우가 있다. 전체 계약에서 그러한 용역의 비중이 경미하다면 부동산 보유자는 당해 부동산을 투자부동산으로 분류한다. 　　　　▶ ②

03 부동산 중 일부분은 임대수익이나 시세차익을 얻기 위하여 보유하고, 일부분은 재화나 용역의 생산 또는 제공이나 관리목적에 사용하기 위하여 보유하는 경우 부분별로 분리하여 매각할 수 있으면 각 부분을 분리하여 회계처리하며, 부분별로 분리매각할 수 없다면 자가사용 부분이 경미한 경우에만 해당 부동산을 투자부동산으로 분류한다. 　　　　▶ ④

04 투자부동산에 대하여 공정가치모형을 선택한 경우 감가상각하지 않으며, 공정가치 변동으로 발생하는 손익은 당기손익으로 분류한다. 　　　　▶ ③

05 1) 2013년 투자부동산평가손익 = ₩8,000(2013년 말 공정가치) − ₩10,000(취득원가) = 투자부동산평가손실 ₩2,000
　　 2) 2014년 투자부동산평가손익 = ₩9,500(2014년 말 공정가치) − ₩8,000(기초 장부금액) = 투자부동산평가이익 ₩1,500 　　　　▶ ②

06 1) 원가모형의 20×1년도 당기순이익에 미치는 영향(감가상각비) = (₩50,000 − ₩0) × 1/5 = ₩10,000 감소
　　 2) 공정가치모형의 20×1년도 당기순이익에 미치는 영향(투자부동산 평가이익)
　　　　 = ₩60,000 − ₩50,000 = ₩10,000 증가 　　　　▶ ③

07 투자부동산의 공정가치모형은 공정가치평가에 따른 평가손실을 당기손익으로 인식한다.
20×1년 투자부동산 평가손실 = ₩80,000,000(20×1년 말 공정가치) − ₩100,000,000(취득원가)
= ₩20,000,000 평가손실　　　　　　　　　　　　▶ ④

08 1) 원가모형 시 법인세비용차감전순이익 = (₩1,000,000 − ₩0) × 1/20 = ₩50,000 감소
2) 공정가치모형 적용 시 법인세비용차감전순이익(평가손익)
= ₩930,000(공정가치) − ₩1,000,000(20×1년 초 장부금액) = ₩70,000 감소
→ 원가모형 적용 시 법인세비용차감전순이익이 ₩20,000 더 많다.　　　▶ ①

09 1) 2018년 말 건물의 장부금액 = ₩2,000,000 + ₩100,000(취득세) + ₩1,000,000(자본적 지출)
= ₩3,100,000
2) 2018년 당기손익에 미치는 영향(평가이익) = ₩4,000,000 − ₩3,100,000 = ₩900,000 이익　▶ ①

10 투자부동산의 공정가치평가에 따른 손익은 당기손익이다.
* 회계처리 참고
1) 유형자산(재평가모형)

20×1.1.1	(차) 건물	1,000,000	(대) 현금	1,000,000
20×1.12.31	(차) 감가상각비	100,000	(대) 감가상각누계액	100,000
	(차) 감가상각누계액	100,000	(대) 건물	10,000
			재평가잉여금	90,000
20×2.12.31	(차) 감가상각비	110,000	(대) 감가상각누계액	110,000
	(차) 감가상각누계액	110,000	(대) 건물	240,000
	재평가잉여금	90,000		
	재평가손실	40,000		

2) 투자부동산(공정가치모형)

20×1.12.31	(차) 투자부동산평가손실	10,000	(대) 투자부동산	10,000
20×2.12.31	(차) 투자부동산평가손실	240,000	(대) 투자부동산	240,000

▶ ③

11 이익잉여금은 당기순이익에 의하여 변화하며, 기타포괄손익으로는 변동하지 않는다.
1) 투자부동산으로 분류 = ₩150,000 − ₩100,000 = ₩50,000(투자부동산 평가이익) 증가
2) 유형자산으로 분류 시 공정가치 상승에 따른 ₩50,000은 재평가잉여금(기타포괄손익)으로 분류하므로
이익잉여금에는 영향을 주지 않는다.　　　　　　　▶ ③

12

20×1.1.1.	(차) 건물(투자부동산)	1,000	(대) 현금	1,000
20×1.12.31.	(차) 건물(투자부동산)	200	(대) 투자부동산 평가이익	200
20×2.7.1.	(차) 건물(자가사용부동산)	1,400	(대) 건물(투자부동산)	1,200
			투자부동산 평가이익	200
20×2.12.31.	(차) 감가상각비	280	(대) 감가상각누계액	280
	(차) 감가상각누계액	280	(대) 재평가잉여금	380
	건물(자가사용부동산)	100		

1) 20×2년 감가상각비 = (₩1,400 − ₩0) × 0.5/2.5 = ₩280
2) 20×2년 당기순이익에 미치는 영향 = ₩200(투자부동산 평가이익) − ₩280(감가상각비) = ₩80 감소　▶ ④

제 9 장   금융자산

01 현금 및 현금성자산 = ₩1,500(통화) + ₩300(만기가 도래한 국채이자표) + ₩400(송금환) + ₩50(배당금지
급통지표) + ₩500(취득 시 만기가 3개월 이내인 환매채) = ₩2,750 ▶ ③

02 현금 및 현금성자산 = ₩5,000(지급기일이 도래한 공채이자표) + ₩50,000(지폐와 동전 합계) + ₩2,000(취
득 시 만기가 3개월 이내인 양도성예금증서) = ₩57,000 ▶ ②

03 현금 및 현금성자산 = ₩30,000(현금) + ₩100,000(우편환증서) + ₩20,000(자기앞수표) + ₩10,000(보통
예금) + ₩300,000(취득 시 만기가 3개월 이내인 환매조건부채권) = ₩460,000 ▶ ③

04 현금 및 현금성자산 = ₩20,000(현금) + ₩10,000(우편환) + ₩35,000(보통예금) + ₩34,000(자기앞수표)
+ ₩47,000(양도성예금증서) = ₩146,000 ▶ ③

05 현금 및 현금성자산 = ₩50,000(송금수표) + ₩100,000(자기앞수표) + ₩100,000(타인발행수표) = ₩250,000
▶ ④

06 현금 및 현금성자산 = ₩10,000(당좌예금) + ₩20,000(타인발행수표) + ₩12,000(지폐와 주화) + ₩5,000
(우편환증서) + ₩40,000(취득 당시 60일 이내 환매조건환매채) + ₩16,000(보통예금) = ₩103,000 ▶ ②

07

조정 전 회사 잔액		₩37,500	조정 전 은행 잔액(?)	₩22,500
미통지입금		15,000		
수수료		(2,000)		
이자수익		5,000		
부도수표		(6,000)		
오류		(27,000)		
조정 후 회사잔액		₩22,500	조정 후 은행 잔액	₩22,500

▶ ①

08

조정 전 회사 잔액	₩200,000	조정 전 은행 잔액	₩434,000
은행예금 이자	15,000		
어음추심수수료	(1,000)	기발행미인출수표	(100,000)
미통지예금	120,000		
조정 후 회사 잔액	₩334,000	조정 후 은행 잔액	₩334,000

▶ ④

09

조정 전 (주)대한의 장부상 금액	₩17,000	조정 전 은행 금액	₩20,000
예금이자	1,000	오류	6,000
부도수표	(2,000)	기발행미인출수표	(?)
조정 후 (주)대한의 잔액	₩16,000	조정 후 은행 잔액	₩16,000

→ 기발행미인출수표 = ₩10,000 ▶ ④

10 1) 조정 후 은행 당좌예금 잔액 = ₩1,360,000 + ₩240,000(미기입예금) − ₩520,000(기발행미인출수표)
      − ₩410,000(입금오류) = ₩670,000

2) (주)한국의 조정 후 당좌예금 잔액 = ₩920,000 − ₩60,000(부도수표) − ₩5,000(이자비용) −
      ₩185,000(임차료) = ₩670,000 ▶①

11 정확한 당좌예금 잔액 = ₩12,200(조정 전 회사잔액) − ₩500(수수료) − ₩300(이자비용) = ₩11,400 또는
₩12,500(은행 잔액) − ₩2,000(기발행미인출수표) + ₩700(미기입예금) + ₩200(오류) = ₩11,400으로 일
치한다. ▶②

12

수정 전 회사잔액		₩160,000	수정 전 은행잔액(?)		
부도수표		(₩30,000)	기발행미인출수표		(₩10,000)
미통지입금		₩20,000	미기입예금		₩20,000
수수료		(₩40,000)			
수정 후 회사잔액		₩110,000	수정 후 은행잔액		₩110,000

→ 수정 전 은행잔액 = ₩100,000 ▶②

13

조정 전 은행 잔액		X	조정 전 회사 잔액	
출금오류		(₩4,500)		
기발행미인출수표		(20,000)		
미기입예금		10,000		
수표출금오류		4,000		
조정 후 은행 잔액		₩300,000	조정 후 회사 잔액	₩300,000

→ 조정 전 은행 잔액(X) = ₩310,500 ▶③

14

수정 전 회사잔액		₩5,000	수정 전 은행잔액		₩13,000
추심어음		3,000	오류		3,000
오류		5,000	기발행미인출수표		(4,000)
부도수표		(1,000)			
수정 후 회사잔액		₩12,000	수정 후 은행잔액		₩12,000

▶①

15 ② 계약상 현금흐름을 수취하기 위해 보유하는 것이 목적인 사업모형 하에서 금융자산을 보유하고, 계약 조건
      에 따라 특정일에 원금과 원금잔액에 대한 이자 지급만으로 구성되어 있는 현금흐름이 발생한다면 금융자
      산을 상각후원가로 측정한다.

③ 계약상 현금흐름의 수취와 금융자산의 매도 둘 다를 통해 목적을 이루는 사업모형 하에서 금융자산을 보유
      하고, 계약조건에 따라 특정일에 원리금 지급만으로 구성되어 있는 현금흐름이 발생한다면 금융자산을 기
      타포괄손익−공정가치로 측정한다.

④ 당기손익−공정가치로 측정되는 지분상품에 대한 특정 투자에 대하여는 후속적인 공정가치 변동을 기타포
      괄손익으로 표시하도록 최초 인식시점에 선택할 수도 있다. 다만, 한번 선택한 경우 이를 취소할 수 없다.
      ▶①

16 당기손익-공정가치 측정 금융자산은 기말 공정가치로 평가하여 장부에 기록한다.
2010년도 처분손익 = 300주 × (₩2,500 − ₩1,500) = ₩300,000 이익 ▶ ③

17 1) 배당금수익 = 100주 × ₩5,000 × 10% = ₩50,000
2) 주식배당은 회계처리 없이 주식수를 증가시키며 평균단가를 조정한다.
　주식배당에 따른 평균단가 = ₩550,000 ÷ (100주 × 1.1) = ₩5,000
3) A사 주식처분손익 = 55주 × (₩6,000 − ₩5,000) = ₩55,000
4) A사 주식평가손익 = 55주 × (₩7,000 − ₩5,000) = ₩110,000
5) 2015년 법인세비용차감전순손익 영향 = ₩50,000 + ₩55,000 + ₩110,000 = ₩215,000 증가 ▶ ④

18

20×1.1.1.	(차) FVPL금융자산	500,000	(대) 현금	510,000
	수수료	10,000		
20×1.12.31.	(차) FVPL금융자산	500,000	(대) FVPL금융자산평가이익	500,000
20×2.1.3.	(차) 현금	880,000	(대) FVPL금융자산	1,000,000
	FVPL금융자산처분손실	120,000		

▶ ④

19 FVPL금융자산은 20×1년 말 주당 ₩1,200으로 장부금액을 계상한다.
1) 20×2년 3월 1일 무상증자에 따른 장부단가 조정 = (100주 × ₩1,200) ÷ 120주 = ₩1,000
2) 20×2년 처분에 따른 손익 = ₩80,000(순매각금액) − (60주 × ₩1,000) = ₩20,000 증가 ▶ ②

20 기타포괄손익-공정가치 측정 금융자산은 매년 공정가 평가를 하며, 평가에 따른 손익은 기타포괄손익으로 분류한다. 2011년 말 재무상태표에는 ₩55,000(연도말공정가치)으로 표시한다.
→ 평가이익 = ₩55,000(기말 공정가치) − ₩51,000(취득원가) = ₩4,000
* 기타포괄손익-공정가치 측정 금융자산은 취득 시 직접 거래비용을 공정가치에 가산한다. ▶ ③

21 1) 주식을 기타포괄손익-공정가치 측정 금융자산으로 선택 시 처분하는 경우에도 당기순이익은 인식하지 않는다.
2) 2010년 총포괄이익 = ₩1,650,000 − ₩1,600,000 = ₩50,000 증가(기타포괄손익) ▶ ①

22 1) 2012년 6월 1일 기타포괄손익-공정가치 측정 금융자산 평가이익 = ₩90,000 − ₩70,000 = ₩20,000
2) ㈜한국의 총포괄손익 = ₩200,000(당기순이익) + ₩20,000(기타포괄손익) = ₩220,000 ▶ ②

23 재무상태표상 FVOCI금융자산 평가손익 = 10주 × (₩12,000 − ₩13,000) = ₩10,000 평가손실 ▶ ①

24 1) 20×1년도 기타포괄손익의 변동
　= ₩120,000(20×1년 말 공정가치) − ₩101,000(기초 장부금액) = ₩19,000 증가
2) 20×2년도 기타포괄손익의 변동
　= ₩125,000(20×2년 2월 초 공정가치) − ₩120,000(20×1년 말 공정가치) = ₩5,000 증가 ▶ ②

25 1) 20×1년 초 FVOCI금융자산 취득원가 = ₩10,000 + ₩500(취득수수료) = ₩10,500
2) 20×1년 말 지분상품 평가손익 = ₩8,000(20×1년 말 공정가치) − ₩10,500(20×1년 초 장부금액)
　　　　　　　　　　　= ₩2,500 평가손실(기타포괄손익) ▶ ④

26 1) 당기손익-공정가치 측정 금융자산 거래수수료 = ₩5,000(당기비용)
　　2) 20×1년 말 당기손익-공정가치 측정 금융자산 평가손익 = ₩117,000(20×1년 말 공정가치) − ₩120,000
　　　　(장부금액) = ₩3,000 평가손실
　　3) 20×1년 당기순이익에 미치는 영향 = (₩5,000) + (₩3,000) = ₩8,000 감소
　　　　* 기타포괄손익-공정가치 측정 금융자산으로 선택한 경우 당기순이익에 미치는 영향은 없다.　　▶ ③

27 지분증권을 기타포괄손익-공정가치 선택 금융자산으로 분류하는 경우 평가 및 처분 시 당기손익을 인식하지
않는다.　　▶ ④

28 지분상품을 취득 시 기타포괄손익-공정가치측정금융자산으로 선택분류하는 경우 처분 시 당기손익으로 인식
할 처분손익은 없다.　　▶ ①

29 ① 취득금액은 취득 시 매매수수료를 포함한 ₩11,000이다.
　　② 20×1년 기타포괄손익을 증가시키는 평가이익 = ₩12,000 − ₩11,000 = ₩1,000
　　③ 20×2년 당기순이익을 감소시키는 처분손실은 ₩0이다.　　▶ ④

30 1) FVPL 금융자산으로 분류 시
　　　20×1년 취득　(차) FVPL금융자산　1,000　(대) 현금　1,050
　　　　　　　　　　　　수수료　50
　　　20×1년 기말　(차) FVPL금융자산　100　(대) FVPL평가이익　100
　　　20×2년 처분　(차) 현금　1,080　(대) FVPL금융자산　1,100
　　　　　　　　　　FVPL처분손실　20
　　　① 20×1년 당기순이익 = (₩50) + ₩100 = ₩50 증가
　　　③ 20×2년 당기순이익 = 처분손실로 ₩20 감소한다.
　　2) FVOCI선택 금융자산으로 분류 시
　　　20×1년 취득　(차) FVOCI금융자산　1,050　(대) 현금　1,050
　　　20×1년 기말　(차) FVOCI금융자산　50　(대) FVOCI평가이익　50
　　　20×2년 처분　(차) FVOCI평가이익　20　(대) FVOCI금융자산　20
　　　　　　　　　　(차) 현금　1,080　(대) FVOCI금융자산　1,080
　　　② 20×1년 기타포괄손익누계액 = ₩50(평가이익) 증가
　　　④ 20×2년 기타포괄손익누계액 = ₩20 감소　　▶ ④

31 1) A주식 회계처리
　　　2016.1.1.　(차) FVOCI금융자산　1,000,000　(대) 현금　1,000,000
　　　2016.12.31.　(차) FVOCI평가손실　50,000　(대) FVOCI금융자산　50,000
　　　* FVOCI금융자산 평가손익 = 100주 × (₩9,500 − ₩10,000) = ₩50,000 평가손실
　　2) B회사채 회계처리
　　　2016.4.1.　(차) 미수이자　10,000　(대) 현금　1,010,000
　　　　　　　　　상각후원가측정금융자산 1,000,000
　　　* 미수이자 = ₩1,000,000 × 4% × 3/12 = ₩10,000
　　　2016.12.31.　(차) 현금　40,000　(대) 이자수익　30,000
　　　　　　　　　　　　　　　　　　　　미수이자　10,000

* 이자수익 = ₩1,000,000 × 4% × 9/12 = ₩30,000
  3) 2016년 당기손익 = ₩30,000(이자수익) 증가, 기타포괄손익 = ₩50,000(FVOCI 평가손실) 감소 ▶ ④

32 1) 20×1년 말 장부금액 = ₩950,000 × 1.1 − ₩80,000 = ₩965,000
  2) 20×2년 초 처분손익 = ₩490,000(처분금액) − (₩965,000 × 50%) = ₩7,500 처분이익 ▶ ③

33 1) 20×1년 4월 1일 채무상품의 장부금액 = ₩981,000 − ₩25,000(경과이자) = ₩956,000
  2) 20×1년 4월 1일 총상각액 = ₩1,000,000 − ₩956,000 = ₩44,000
  3) 만기까지 인식할 총이자수익 = ₩300,000(표시이자 총액) − ₩25,000(경과이자) + ₩44,000(총상각액)
                      = ₩319,000 ▶ ③

34 1) 2011년 1월 1일 사채의 공정가치
    = ₩1,000,000 × 0.71(3년, 12%, 현가) + ₩100,000 × 2.40(3년, 12%, 연금현가) = ₩950,000
  2) 회계처리

2011.1.1.	(차) FVOCI금융자산	950,000	(대) 현금	950,000
2011.12.31.	(차) 현금	100,000	(대) 이자수익	114,000
	FVOCI금융자산	14,000		
	(차) FVOCI금융자산	6,000	(대) FVOCI금융자산평가이익	6,000
2012.1.1.	(차) 현금	974,000	(대) FVOCI금융자산	970,000
	FVOCI금융자산평가이익	6,000	FVOCI금융자산처분이익	10,000

        ▶ ④

35 1) 2016년 12월 31일 상각후원가 = ₩946,800 + ₩946,800 × 6% − ₩40,000 = ₩963,608
  2) FVOCI금융자산 평가손익 = ₩960,000(공정가치) − ₩963,608(장부금액) = 평가손실 ₩3,608 ▶ ③

36 총포괄손익(자산 증가분) = ₩10,000(현금이자) + ₩95,000(20×1년 말 공정가치) − ₩90,000(기초 장부금액) = ₩15,000 증가 ▶ ④

37 1) 20×1년도 기말 평가손익 = ₩97,000(공정가치) − [₩95,000(취득원가) + ₩1,500(상각액)]
                  = ₩500 기타포괄손익 증가, 당기순이익은 영향없음
  2) 20×2년도 처분손익 = ₩97,500(처분가액) − ₩96,500(상각후원가) = ₩1,000 증가 ▶ ②

38 1) 20×1년 말 기타포괄손익-공정가치측정금융자산 상각후원가
    = ₩460,000 + ₩460,000 × 10% − ₩40,000 = ₩466,000
  2) 20×1년 평가이익 = ₩520,000 − ₩466,000 = ₩54,000 평가이익
  3) 20×2년 처분이익 = ₩290,000 − (₩466,000 × 50%) = ₩57,000 처분이익 ▶ ②

39 이자율과 자산의 가격은 반비례관계로 무위험이자율의 하락은 손상의 객관적 증거에 해당하지 않는다.
  * 손상의 증거 : 발행자나 차입자의 유의적인 재무적 어려움, 채무불이행이나 연체 같은 계약 위반, 당초 차입조건의 불가피한 완화, 파산가능성의 증가, 재무적 어려움으로 해당 금융자산에 대한 활성시장의 소멸이 사례에 해당한다. ▶ ③

40 당기손익-공정가치 측정 금융자산 및 지분상품은 손상차손의 적용대상이 아니다. 신용이 손상된 경우 변경된 현금흐름을 최초의 유효이자율로 할인한 회수가능액을 산출하고 기존장부금액과 회수가능액의 차이만큼을 장부에서 제거한다.
▶ ④

41 1) 2017년 말 손실예상액 = ₩900,000 × 5% = ₩45,000
2) 2017년 말 손실충당금 잔액 = ₩40,000(기초잔액) − ₩30,000(손상확정) + ₩15,000(회수액)
　　　　　　　 = ₩25,000
3) 2017년도 손상차손(대손상각비) = ₩45,000 − ₩25,000 = ₩20,000
▶ ③

42 1) 손실(대손)추정액 = ₩2,000,000 × 5% + ₩1,500,000 × 10% + ₩1,000,000 × 30% + ₩500,000 × 50% = ₩800,000
2) 손실충당금 설정액 = ₩800,000 − ₩450,000(기초잔액) = ₩350,000
3) 회계처리　　(차) 손상차손　　　　　350,000　　　(대) 손실충당금　　　　　350,000 ▶ ①

43 1) 손실충당금 기말 잔액 = ₩400,000(기초잔액) − ₩300,000(당기 중 상각액) + ₩500,000(손상차손)
　　　　　　　 = ₩600,000
2) 손실충당금 차감 전 매출채권 = ₩3,200,000 + ₩600,000 = ₩3,800,000
▶ ①

44 1) 기말 손실충당금 잔액 = ₩40,000(기초 손실충당금) − ₩25,000(손상확정액) = ₩15,000
2) 손실충당금은 잔액과 예상액의 차이금액을 추가로 설정한다.
　→ 손상차손 설정액 = ₩48,000 − ₩15,000 = ₩33,000
▶ ③

45 1) 손실충당금 기초잔액 = ₩26,000(기초매출채권) − ₩24,500(추정미래현금흐름) = ₩1,500
2) 손실충당금 기말잔액 = ₩30,000(기말매출채권) − ₩26,500(추정미래현금흐름) = ₩3,500
3) 손상차손(대손상각비) = ₩3,500 − ₩1,500 = ₩2,000
▶ ①

46

매출채권			
기초매출채권	₩1,000,000	현금회수액	₩3,480,000
		손상확정(대손)	20,000
외상매출액	4,000,000	기말매출채권	1,500,000

▶ ①

47

손실충당금			
손상확정액	₩60,000	기초손실충당금	₩30,000
기말손실충당금	20,000	손상차손(?)	50,000

▶ ③

48
1) 매출액(2012년) = ₩1,000,000 − ₩20,000(매출에누리) = ₩980,000
2) 기말매출채권 = ₩100,000(기초) + ₩980,000(매출) − ₩700,000(현금회수액) − ₩5,000(손상확정액)
   = ₩375,000
3) 손상예상액 = ₩375,000 − ₩290,000 = ₩85,000
   * 손실충당금 잔액 = ₩10,000 − ₩5,000(손상확정액) = ₩5,000
4) 2012년 12월 31일 손실충당금 적립 시 회계처리
   (차) 손상차손   80,000   (대) 손실충당금   80,000
                                                                          ▶ ③

49
1) 손실(대손)예상액 = ₩1,000,000 × 1% + ₩400,000 × 4% + ₩200,000 × 20% + ₩100,000 ×
   30% = ₩96,000
2) 당기 손상차손(대손상각비) = ₩96,000 − ₩20,000(손실충당금 잔액) = ₩76,000   ▶ ②

50
2007.3.4.	(차) 손실충당금	1,500	(대) 매출채권	1,500
2007.10.31.	(차) 손실충당금	2,000	(대) 매출채권	2,000
2007.11.10.	(차) 현금	1,000	(대) 손실충당금	1,000
2007.12.31.	(차) 손상차손	10,500	(대) 손실충당금	10,500

1) 2007년 12월 31일 손상예상액 = ₩600,000 × 3% = ₩18,000
2) 2007년 12월 31일 손실충당금 잔액 = ₩10,000 − ₩1,500 − ₩2,000 + ₩1,000 = ₩7,500
3) 손실충당금 설정액 = ₩18,000 − ₩7,500 = ₩10,500   ▶ ②

51
손상차손(대손상각비) = ₩500,000(기초매출채권) + ₩800,000(외상매출액) − ₩600,000(현금회수액)
− ₩450,000(기말매출채권) = ₩250,000   ▶ ①

52
1) 기말매출채권 = ₩1,100,000(기초매출채권) + ₩2,900,000(외상매출액) − ₩2,500,000(현금회수액)
   − ₩100,000(손상확정액) = ₩1,400,000
2) 기말손실충당금 = ₩1,400,000 × 5% = ₩70,000
3)

손실충당금

손상확정액	₩100,000	기초손실충당금	₩80,000
		손상채권 회수액	50,000
기말손실충당금	70,000	손상차손(?)	40,000

▶ ②

53

손실충당금

손상확정액	₩7,000	기초손실충당금	₩9,000
		손상채권 회수액	1,500
기말손실충당금	10,000	손상차손	?

→ 손상차손(대손상각비) = ₩6,500   ▶ ②

54 1) 20×8년 말 손실충당금 잔액 = ₩90,000 × 1% + ₩18,000 × 2% + ₩9,000 × 5% + ₩6,000
　　× 15% + ₩4,000 × 30% = ₩3,810
　　2) 20×9.1.10. 회계 처리

| (차) 손실충당금 | 3,810 | (대) 매출채권 | 4,500 |
| 손상차손 | 690 | | ▶ ③ |

55 1) 약속어음의 만기금액 = ₩10,000,000 + ₩10,000,000 × 9% × 3/12 = ₩10,225,000
　　2) 할인액 = ₩10,225,000(만기금액) − ₩10,122,750(현금수령액) = ₩102,250
　　3) 할인액(₩102,250) = ₩10,225,000 × 할인율 × 1/12
　　　→ 할인율 = 12%　　　　　　　　　　　　　　　　　　　　　　　　　　　　▶ ③

56 1) 만기금액 = ₩5,000,000 + ₩5,000,000 × 6% × 120일/360일 = ₩5,100,000
　　2) 은행할인액 = ₩5,100,000 × 12% × 90일/360일 = ₩153,000
　　3) 현금수취액 = ₩5,100,000 − ₩153,000 = ₩4,947,000　　　　　　　　　　▶ ②

57 1) 어음할인액 = ₩100,000 × 10% × 3/12 = ₩2,500
　　2) 현금수령액 = ₩100,000(만기금액) − ₩2,500(할인액) = ₩97,500
　　3) 매출채권처분손실 = ₩97,500(현금수령액) − ₩100,000(할인일의 어음가치) = (₩2,500)　▶ ②

제 10 장 금융부채

01 발행금액 = ₩10,000 × 0.66(3년, 15%, 현재가치요소) + ₩1,000 × 2.28(3년, 15%, 연금현재가치요소)
　　= ₩8,880　　　　　　　　　　　　　　　　　　　　　　　　　　　　　　　▶ ①

02 1) 20×1년 초 사채할증발행차금 = ₩360,000(표시이자의 합계) − ₩310,263(총이자비용) = ₩49,737
　　2) 20×1년 초 사채의 발행가액 = ₩1,000,000(액면금액) + ₩49,737(사채할증발행차금) = ₩1,049,737
　　　　　　　　　　　　　　　　　　　　　　　　　　　　　　　　　　　　　▶ ①

03 20×1년 말 장부금액 = ₩95,200 + ₩11,400(이자비용) − ₩10,000(현금지급액) = ₩96,600　▶ ②

04 ① 20×2년 12월 31일 이자비용 = ₩80,000(표시이자) + ₩16,528(상각액) = ₩96,528
　　② 20×1년 1월 1일 사채발행금액 = ₩1,000,000 − ₩49,748(상각액 합계) = ₩950,252
　　③ 해당 사채는 할인발행 사채로 표시이자율은 유효이자율보다 낮다.
　　④ 이 사채의 발행 기간에 매년 인식하는 이자비용은 동일한 금액이 아니라 매기 증가한다.　▶ ④

05 해당 사채는 할인발행된 사채이므로 20×1년 말 장부금액은 20×1년 초 장부금액보다 크다.
　　→ 20×1년 12월 31일 사채의 장부금액 = ₩92,416 + ₩9,242 − ₩8,000 = ₩93,658　▶ ③

06 1) 2016년 상각액(₩15,027) = 표시이자 − (₩1,049,732 × 10%)
→ 표시이자액 = ₩120,000
→ 표시이자율 = ₩120,000 ÷ ₩1,000,000 = 12%
2) 2017년 장부가액 = ₩1,034,705 + ₩1,034,705 × 10% − ₩120,000 = ₩1,018,176   ▶ ②

07 1) 2016년 말 장부금액(₩947,929) = ₩925,390 + ₩925,390 × 10% − 표시이자
→ 표시이자 = ₩70,000
2) 표시이자율 = ₩70,000(표시이자) ÷ ₩1,000,000(액면금액) = 7%   ▶ ①

08 상각액(₩94,651 − ₩92,269) = ₩92,269 × 8% − 표시이자
→ 표시이자 = ₩5,000
→ 표시이자율 = ₩5,000 ÷ ₩100,000 = 5%   ▶ ②

09 1) 상각액(₩2,320) = ₩92,410 × 9% − 표시이자 = ₩5,997
2) 표시이자율 = ₩5,997 ÷ ₩100,000 = 약 6%   ▶ ②

10 ① 표시이자율 = ₩10,800(현금이자) ÷ ₩120,000(액면금액) = 9%
② 20×1년 말 사채할인발행차금 상각액은 ₩1,948이다.
④ 유효이자율 = ₩12,748(유효이자) ÷ ₩115,890(기초장부금액) = 11%   ▶ ③

11 1) 만기까지 인식해야 할 이자비용의 총액 = ₩240,000 + ₩49,737(사채할인발행차금 총액) = ₩289,737
2) 사채발행시점의 사채할인발행차금 총액 = ₩1,000,000(액면금액) − ₩950,263(발행금액) = ₩49,737   ▶ ③

12 사채할인발행 시 총 이자비용 = ₩100,000 × 10% × 2년 + (₩100,000 − ₩96,620) = ₩23,380   ▶ ②

13 총이자비용 = ₩100,000 × 10% × 3년 + (₩100,000 − ₩95,200) = ₩34,800   ▶ ③

14 1) 사채의 발행금액 = ₩95,200 − ₩2,000(사채발행비) = ₩93,200
2) 사채만기까지 부담할 총이자비용(할인발행) = ₩100,000 × 10% × 3년 + (₩100,000 − ₩93,200)
= ₩36,800   ▶ ④

15 1) 20×1년 초 사채할인발행차금 = ₩1,000,000 − ₩951,980 = ₩48,020
2) 3년간 총 이자비용 = ₩100,000 × 3년 + ₩48,020(사채할인발행차금) = ₩348,020   ▶ ②

16 1) 20×1년 말 사채할인발행차금 잔액 = ₩500,000 − ₩482,600 = ₩17,400
2) 20×2년부터 20×3년까지 총 이자비용 = ₩40,000 × 2년 + ₩17,400 = ₩97,400   ▶ ③

17 할인발행, 할증발행 모두 상각액은 매기 증가한다.   ▶ ①

18 사채를 할증발행한 경우 이자비용은 현금이자지급액에 사채할증발행차금 상각액을 차감하여 인식한다.

▶ ②

19 사채할인발행차금 상각액은 매년 증가한다.

▶ ④

20 ① 사채를 할증발행할 경우 인식하게 될 이자비용은 현금이자 지급액에서 사채할증발행차금을 차감한 금액이다.
② 사채를 할인발행할 경우, 사채할인발행차금 상각액은 점차 증가한다.
④ 사채할증발행차금의 총발생액도 각 기간의 상각액의 합계금액과 같다.

▶ ③

21 사채의 할인발행과 할증발행 모두 사채발행차금상각액은 점차 증가한다.

▶ ④

22 일자별 회계처리

2015.12.31.	(차) 이자비용	600	(대) 현금		500
			사채할인발행차금		100
2016.1.1.	(차) 사채	10,000	(대) 현금		9,800
	사채상환손실	100	사채할인발행차금		300

* 2015년 말 사채할인발행차금 잔액 = ₩300

▶ ②

23 1) 2015년 말 사채의 장부금액 = ₩950,260 + ₩950,260 × 10% − ₩80,000 = ₩965,286
2) 사채상환손익 = ₩960,000(상환금액) − ₩965,286(장부금액) = ₩5,286 상환이익

▶ ②

24 1) 20×1년 말 장부금액 = ₩9,503 + ₩9,503 × 10% − ₩800 = ₩9,653
2) 20×2년 초 사채상환손익 = ₩9,800(상환금액) − ₩9,653(장부금액) = 상환손실 ₩147

▶ ②

25 1) 20×1년 이자비용(이자수익) = ₩950,258 × 10% = ₩95,026
2) 20×1년 12월 31일 사채할인발행차금 잔액 = ₩49,742 − ₩15,026 = ₩34,716
3) 20×2년 1월 1일 처분손익 = ₩970,000(처분금액) − ₩965,284(장부금액) = ₩4,716 이익

▶ ②

26 1) 2018년 6월 30일 장부금액 = ₩982 + ₩982 × 10% × 6/12 − ₩40 = ₩991
2) 사채상환손실 = ₩1,020(상환금액) − ₩991(장부금액) = 상환손실 ₩29

▶ ③

27 1) 20×1년 말 사채장부금액 = ₩92,500 × 1.1 − ₩7,000 = ₩94,750
2) 20×2년 말 사채장부금액 = ₩94,750 × 1.1 − ₩7,000 = ₩97,225
3) 20×3년도 사채상환손실 = ₩98,000(상환금액) − ₩97,225(장부금액) = 상환손실 ₩775

▶ ①

28 1) 사채의 발행금액 = ₩1,000,000 × 0.630 + ₩50,000 × 4.623 = ₩861,150
2) 2015년 7월 1일 장부금액 = ₩861,150 + ₩861,150 × 8% − ₩50,000 = ₩880,042
3) 사채상환손익 = ₩900,000(상환금액) − ₩880,042(장부금액) = 상환손실 ₩19,958

▶ ③

29 1) 사채상환손익 = (₩950 − ₩25) − (₩960 + ₩960 × 10% × 6/12 − ₩25) = ₩58 상환이익
   → 사채의 발행자는 장부금액보다 ₩58 적은 금액으로 상환하였기에 상환이익이다.
2) 회계처리

(차) 이자비용	48	(대) 미지급이자	25
		사채할인발행차금	23
(차) 사채	1,000	(대) 사채할인발행차금	17
미지급이자	25	현금	950
		사채상환이익	58

▶ ②

30 1) 사채의 총 이자비용 = ₩1,000 × 7% × 2년 + (₩1,000 − ₩948) = ₩192
2) 사채의 발행가액 = ₩1,000 − ₩25 − ₩27 = ₩948
3) 20×4년 사채상환손실 = ₩1,000(상환금액) − ₩973(장부금액) = 상환손실 ₩27   ▶ ①

31 1) 20×2년 말 사채 장부금액 = ₩95,000 + ₩95,000 × 10% − ₩8,000 = ₩96,500
2) 20×2년 사채상환손익 = ₩98,000(상환금액) − ₩96,500(장부금액) = ₩1,500 상환손실
3) 20×2년 당기순이익에 미치는 영향 = ₩9,500(이자비용) + ₩1,500(상환손실) = ₩11,000 감소   ▶ ④

| 제 11 장 | 충당부채와 우발부채 |

01 충당부채를 인식하기 위한 현재의무에는 법적의무와 의제의무가 모두 포함된다.   ▶ ②

02 충당부채는 재무상태표에 부채로 인식하며, 우발부채는 주석으로 공시한다.   ▶ ②

03 우발자산은 경제적 효익의 유입가능성이 높은 경우에 주석으로 공시한다.   ▶ ①

04 충당부채가 되기 위해서는 과거사건의 결과로 현재의무가 존재하며, 해당 의무를 이행하기 위하여 경제적 효익을 갖는 자원이 유출될 가능성이 높고 금액을 신뢰성 있게 추정할 수 있어야 한다. 위 세 가지 요건을 모두 충족해야 재무상태표 본문에 충당부채로 표시한다.   ▶ ④

05 충당부채는 과거사건의 결과로 현재의무가 존재하며, 경제적 효익을 갖는 자원의 유출가능성이 높고 금액을 신뢰성 있게 추정할 수 있어야 부채로 인식한다. 세 가지 조건은 모두 충족해야 한다.   ▶ ②

06 예상되는 자산처분이 충당부채를 발생시킨 사건과 밀접하게 관련되어 있더라도 그 자산의 예상처분이익은 충당부채에서 고려하지 않는다.   ▶ ①

07 ① 미래의 예상 영업손실은 충당부채로 인식하지 않는다.
   ② 우발부채는 자원의 유출가능성에 대해서 지속적으로 평가한다.
   ④ 다수의 항목과 관련되는 충당부채를 측정하는 경우에 해당 의무는 가능한 모든 결과에 관련된 확률 중 기댓값으로 추정한다.
   ▶ ③

08 충당부채와 관련하여 포괄손익계산서에 인식한 비용은 제3자의 변제와 관련하여 인식한 금액과 상계하여 표시할 수 있다.
   ▶ ②

09 현재의무를 이행하기 위하여 필요한 지출 금액에 영향을 미치는 미래 사건이 일어날 것이라는 충분하고 객관적인 증거가 있는 경우 그러한 미래사건을 감안하여 추정한다.
   ▶ ③

10 구조조정충당부채로 인식할 수 있는 지출은 기업의 계속적인 활동과 관련 없는 지출이어야 한다.
   ▶ ④

11 ① 의무를 이행하기 위하여 경제적 효익이 있는 자원을 유출할 가능성이 희박하지 않다면, 우발부채를 주석에 공시한다.
   ② 예상되는 자산 처분이 충당부채를 생기게 한 사건과 밀접하게 관련되어 있더라도, 예상되는 자산 처분이익은 충당부채를 측정하는 데 고려하지 아니한다.
   ④ 손실부담계약을 체결하고 있는 경우에는 관련된 현재의무를 충당부채로 인식하고 측정한다.
   ▶ ③

12 과거사건에 의하여 발생하였으나, 기업이 전적으로 통제할 수 없는 하나 이상의 불확실한 미래사건의 발생 여부에 의하여서만 그 존재가 확인되는 잠재적 의무는 우발부채로 처리한다.
   ▶ ②

13 1) 경품비 = (10,000매/10매) × ₩1,000 × 60%(회수율) = ₩600,000
   2) 경품충당부채 회수액 = ₩600,000 × (5,000매/6,000매) = ₩500,000
   3) 경품충당부채 기말잔액 = ₩600,000 − ₩500,000 = ₩100,000
   ▶ ①

14 1) 경품비 = (600매/4매) × ₩100 × 50% = ₩7,500
   2) 회수된 경품충당부채 = 240매/4매 × ₩100 = ₩6,000
   3) 2008년 말 경품충당부채 = ₩7,500 − ₩6,000 = ₩1,500
   ▶ ②

15 1) 2005년도 판매보증충당부채 = ₩50,000 × 20% = ₩10,000
   2) 판매보증충당부채 환입액 = ₩10,000 − ₩6,000 = ₩4,000
   ▶ ③

16 20×1.12.31. (차) 제품보증비   10,000   (대) 제품보증충당부채   10,000
                (차) 제품보증충당부채   7,000   (대) 현금   7,000
   * 기말 재무상태표에 계상할 제품보증 충당부채 = ₩10,000 − ₩7,000 = ₩3,000
   ▶ ②

17 20×1년 말 제품보증충당부채 = 500대 × ₩50(대당 보증비용 추정액) − ₩10,000(보증비 지출액)
                             = ₩15,000
   ▶ ②

제 12 장 **자본**

01 주식발행   (차) 현금   1,500,000   (대) 자본금   500,000
                                                        주식할인발행차금   400,000
                                                        주식발행초과금   600,000
           (차) 주식발행초과금   20,000   (대) 현금   20,000
       → 주식발행초과금 잔액 = ₩600,000 − ₩20,000 = ₩580,000   ▶ ③

02 회계처리   (차) 현금   6,000   (대) 자본금   5,000
                                                        주식발행초과금   1,000
           (차) 주식발행초과금   500   (대) 현금   500
       → 순이익 및 이익잉여금은 변동이 없으며, 자산총액은 ₩5,500, 자본총액은 ₩5,500 증가한다.   ▶ ④

03 주식발행과 직접 관련된 원가는 발행금액에서 차감한다.
    2016년초   (차) 현금   6,000   (대) 자본금   5,000
                                                        주식발행초과금   1,000
           (차) 주식발행초과금   100   (대) 현금   100
       → 자본금 = ₩5,000 증가, 자본잉여금 = ₩900 증가, 자본 = ₩5,900 증가   ▶ ③

04 (차) 현금   1,200,000   (대) 자본금   1,000,000
                                                        주식발행초과금   200,000
   (차) 주식발행초과금   80,000   (대) 현금   80,000
   (차) 간접비(비용)   10,000   (대) 현금   10,000
                                                                                    ▶ ②

05 3/2 (차) 현금   70,000   (대) 자본금(보통주)   50,000
                                                        주식발행초과금   20,000
   5/10 (차) 현금   120,000   (대) 자본금(우선주)   100,000
                                                        주식발행초과금   20,000
   9/25 (차) 건물   50,000   (대) 자본금   25,000
                                                        주식발행초과금   25,000
                                                                                    ▶ ④

06 자본의 증가액 = ₩800,000(현금유입액) − ₩50,000(주식발행과 직접 관련된 원가) = ₩750,000
   * 주식발행 중 주식발행과 직접 관련된 원가만 자본에서 차감하며, 간접원가는 당기의 비용으로 인식한다.
                                                                                    ▶ ④

07 (차) 현금   9,200,000   (대) 자본금   5,000,000
                                                        주식할인발행차금   500,000
                                                        주식발행초과금   3,700,000
                                                                                    ▶ ②

08
20×1.1.1.	(차) 현금	119,300	(대) 자본금	100,000
			주식발행초과금	19,300
20×1.7.1.	(차) 현금	90,000	(대) 자본금	100,000
	주식발행초과금	10,000		

① 1월 1일 현금 ₩119,300이 증가한다.
② 1월 1일 주식발행과 관련된 직접비용은 비용이 아닌 발행금액에서 차감한다.
③ 7월 1일 자본금 ₩100,000이 증가한다.
④ 12월 31일 재무상태표에 표시될 주식발행초과금 = ₩19,300 − ₩10,000 = ₩9,300 ▶④

09
20×1.6.1.	(차) 자본금	2,500,000	(대) 현금	2,000,000
			감자차익	500,000
20×1.9.1.	(차) 자본금	2,500,000	(대) 현금	3,500,000
	감자차익	500,000		
	감자차손	500,000		

▶③

10 주식배당의 경우 법정자본금은 증가하지만, 주식분할의 경우 법정자본금은 불변이다. ▶④

11 주식분할의 경우 자본금은 불변이며, 발행주식수가 증가하는 비율만큼 액면가액이 감소한다. ▶①

12 무상증자로 자본총계가 변동하지 않는다(자본총계 불변). ▶①

13 무상증자는 자본금은 증가하며, 이익잉여금은 감소 가능하며, 자본총계는 불변이다. ▶①

14 무상증자는 자본금은 증가하나 자본총액은 변동하지 않는다. ▶①

15 주식을 할인발행하여도 자산이 증가한 만큼 자본총액은 증가한다. ▶①

16 자기주식을 현금으로 구입하면 자본이 감소한다. 그 외의 거래는 자본이 불변한다. ▶②

17 이익잉여금은 당기순이익의 발생으로 증감하고 그 외에 전기오류수정손익, 회계정책변경의 누적효과 등에 의해 증감하기도 한다. ▶④

18 ㄱ. 주식분할을 실시하면 자본총액 및 자본금은 변동하지 않는다.
ㄷ. 유상증자를 실시하면 자본총액 및 자본금은 증가한다. ▶③

19 당기총자본의 증가금액 = ₩1,000,000(유상증자) − ₩90,000(자기주식의 취득) + ₩50,000(자기주식의 재발행) = ₩960,000
* 자기주식의 소각 및 무상증자는 당기총자본의 변화를 일으키지 않는다. ▶②

20 ㄱ : 자기주식의 취득은 자본 총계가 감소한다.
ㄷ : 자기주식의 소각은 자본 총계가 불변한다. ▶③

21 20×1년 말 자본총액 = 1,000주 × ₩5,000 − (200주 × ₩6,000) − (200주 × ₩7,000) + 100주 × ₩8,000 + 100주 × ₩9,000 = ₩4,100,000

* 자기주식의 매입은 자본총계를 감소시키며, 자기주식의 처분은 자본총계를 증가시킨다. ▶ ②

22 20×1년 말 자본총계 = ₩100,000(20×1년 초 자본총계) + ₩9,000(유상증자) − ₩1,000(현금배당) + ₩5,000(총포괄이익) = ₩113,000

* 자기주식 소각, 이익준비금 적립, 주식배당 결의 및 지급은 자본총계에 영향을 주지 않는 사건이다.

* 총포괄이익은 기타포괄손익이 고려된 것이므로 손익거래로 인한 자본증가는 총 ₩5,000이다. ▶ ③

23

3월 1일	(차) 자기주식	500,000	(대) 현금		500,000
6월 1일	(차) 현금	210,000	(대) 자기주식		150,000
			자기주식처분이익		60,000
8월 1일	(차) 현금	60,000	(대) 자기주식		150,000
	자기주식처분이익	60,000			
	자기주식처분손실	30,000			
12월 1일	(차) 자본금	80,000	(대) 자기주식		200,000
	감자차손	120,000			

▶ ①

24 1) 주식발행초과금 = 20,000주 × (₩5,500 − ₩5,000) + 10,000주 × (₩6,000 − ₩5,000) = ₩20,000,000

2) 자기주식처분이익 = 3,000주 × (₩5,400 − ₩5,100) = ₩900,000

3) 2008년 말 자본잉여금 = ₩20,000,000(주식발행초과금) + ₩900,000(자기주식처분이익)
   = ₩20,900,000

4) 자기주식장부금액 = 2,000주 × ₩5,100 = ₩10,200,000(취득원가법) ▶ ④

25

2007. 1. 10	(차) 자기주식	140,000	(대) 현금		140,000
2007. 1. 20	(차) 현금	80,000	(대) 자기주식		70,000
			자기주식처분이익(자본잉여금)		10,000

▶ ③

26 자기주식을 취득원가보다 낮은 금액으로 매각한 경우 자기주식처분손실이 발생하며 자기주식처분손실은 비용이 아닌 자본조정 항목으로 계상한다. ▶ ①

27 자본조정은 해당 항목의 성격상 자본거래에 해당하지만, 자본금이나 자본잉여금으로 처리할 수 없는 누적적 적립금의 성격을 갖는 계정이다. 자본조정에는 자본의 차감 성격을 가지는 자본조정과 자본의 가산 성격을 가지는 자본조정으로 구분된다. ▶ ①

28 기말 자본총계 = ₩10,000,000(기초자본총계) + 1,000주 × ₩2,000 − ₩500,000(신주발행비) − (100주 × ₩3,000) + 100주 × ₩2,000 + ₩1,000,000(당기순이익) = ₩12,400,000 ▶ ①

29 자본잉여금 = 주식발행초과금 ₩5억 + 감자차익 ₩3억 + 자기주식처분이익 ₩3억 = ₩11억 ▶ ④

30 자본잉여금은 주식발행초과금, 자기주식처분이익 등이 해당한다.
1) 유상증자 시 주식발행초과금 = 500주 × (₩3,000 − ₩2,000) = ₩500,000
2) 자기주식처분거래

(차) 현금	160,000	(대) 자기주식	100,000
		자기주식처분이익	60,000

3) 20×1년 말 자본잉여금 = ₩1,000,000(기초 자본잉여금) + ₩500,000(주식발행초과금) + ₩60,000 (자기주식처분이익) = ₩1,560,000　　　　▶ ④

31

재무상태표	
자본	
자본금	₩500,000
자본잉여금	
주식발행초과금	57,000
자기주식처분이익	8,000
자본조정	
자기주식	(13,000)
미교부주식배당금	10,000
기타포괄손익누계액	
이익잉여금	
이익준비금	100,000
별도적립금	18,000
자본총계	₩680,000

▶ ②

32 1) 이익잉여금 = ₩2,500(매출) − ₩500(매출원가) − ₩500(감가상각비) + ₩100(배당금수익) − ₩500(기부금) = ₩1,100
2) 자본잉여금 = ₩100(감자차익) + ₩500(주식발행초과금) = ₩600　　　　▶ ①

33 1) 기초 자본 = ₩2,000,000(기초자산) − ₩500,000(기초부채) = ₩1,500,000
2) 기말 자본 = ₩1,500,000(기초자본) + ₩700,000(당기순이익) + ₩50,000(기타포괄이익) − ₩300,000(현금배당) + ₩1,250,000(유상증자) = ₩3,200,000
3) 기말 부채 = ₩4,000,000(기말자산) − ₩3,200,000(기말자본) = ₩800,000　　　　▶ ①

34 1) 기초 자본총계 = ₩800(기초 자산총계) − ₩400(기초 부채총계) = ₩400
2) 기말 자본총계 = ₩400(기초 자본총계) + ₩100(당기순이익) + ₩200(유상증자액) + ₩50(기중 발생한 재평가잉여금) = ₩750
3) 기말 자산총계 = ₩300(기초 부채총계) + ₩750(기말 자본총계) = ₩1,050　　　　▶ ④

35 1) 기초자본 = ₩3,000(기초자산) − ₩1,800(기초부채) = ₩1,200
2) 기말자본 = ₩1,200(기초자본) + ₩2,000(총수익) − ₩1,700(총비용) − ₩50(현금배당) − ₩30(유상감자) = ₩1,420
3) 기말자산 = ₩1,420(기말자본) + ₩1,900(기말부채) = ₩3,320　　　　▶ ④

36 1) 기초자본 = ₩100,000(기초자산) − ₩70,000(기초부채) = ₩30,000
2) 기말자본 = ₩200,000(기말자산) − ₩130,000(기말부채) = ₩70,000
3) 기말자본(₩70,000) = ₩30,000(기초자본) + ₩10,000(유상증자) − ₩5,000(현금배당) + 당기순이익
   → 당기순이익 = ₩35,000
* 주식배당 및 이익준비금 적립은 자본의 범주 내의 이동으로 자본총계에는 영향이 없다. ▶ ①

37 1) 기말자산 = ₩500,000(현금과 예금) + ₩700,000(기타포괄손익-공정가치 측정 금융자산) + ₩500,000
   (매출채권) + ₩200,000(미수금) = ₩1,900,000
2) 기말부채 = ₩300,000(매입채무) + ₩50,000(선수수익) + ₩100,000(미지급금) + ₩200,000(차입금)
   = ₩650,000
3) 기말자본 = ₩1,900,000(기말자산) − ₩650,000(기말부채) = ₩1,250,000
4) 기말자본(₩1,250,000) = ₩1,000,000(기초자본) − ₩100,000(유상감자) − ₩50,000(현금배당)
   − ₩70,000(기타포괄손익-공정가치 측정 금융자산 평가손실) + 당기순이익
   → 당기순이익 = ₩470,000 ▶ ①

38 1) 20×1년 초 자본총계 = ₩5,000,000(기초자산총계) − ₩2,000,000(기초부채총계) = ₩3,000,000
2) 20×1년 말 자본 총계 = ₩3,000,000(기초 자본총계) − ₩100,000(현금배당) + ₩80,000(유상증자) −
   ₩21,000(자기주식의 취득) + ₩15,000(자기주식의 매각액) + ₩30,000(총포괄이익) = ₩3,004,000
   ▶ ②

39 1) 주식배당으로 증가하는 자본금 = 2,000주 × ₩500 = ₩1,000,000
2) 무상증자로 증가하는 자본금 = 2,000주 × ₩500 = ₩1,000,000
3) (주)한국의 자본금 = ₩3,000,000 + ₩1,000,000 + ₩1,000,000 = ₩5,000,000 ▶ ③

40 전환사채를 전환하면 부채가 감소한 만큼 자본은 증가한다.
이익준비금의 적립, 주식발행초과금의 자본전입은 자본총계는 불변이며, 자기주식의 취득은 자본총계가 감소한다.
   ▶ ①

41 ① 주식을 할인발행한 경우 : 주식발행가액만큼 자산이 증가 → 자본의 증가
② 유통중인 발행주식을 액면 이상으로 취득하는 경우 : 주식취득가액만큼 자산이 감소 → 자본의 감소
③ 이익준비금을 자본전입한 경우 : 자본의 분류 내의 이동 → 자본 불변
④ 주식배당을 한 경우 : 자본의 분류 내의 이동 → 자본 불변 ▶ ①

42 20×1년 말 이익잉여금 = ₩200(기초 이익잉여금) − ₩100(배당) + ₩250(당기순이익) = ₩350
* 이익준비금, 배당평균적립금의 적립은 이익잉여금 총계를 변화시키지 않으며, 자기주식 매각 또한 이익잉여
금과 무관한 자본거래에 해당한다. ▶ ②

43 1) 배당최대금액 = ₩330,000 ÷ 1.1 = ₩300,000
2) 전기이월미처분이익잉여금(₩350,000) + 당기순이익 − ₩50,000(임의적립금) − ₩60,000(기타법정적립
금) − ₩330,000(배당가능이익) = ₩0
   → 당기순이익 = ₩90,000 ▶ ①

44

1) 전기이월이익잉여금   ₩3,000,000
     회계정책변경 누적효과   1,200,000
     당기순이익   5,000,000
     사업확장적립금 이입액   800,000
2) 처분가능 이익잉여금   ₩10,000,000
3) 이익잉여금처분
     현금배당   500,000
     이익준비금   50,000
     주식배당   1,500,000
     재무구조개선적립금적립   600,000
     주식할인발행차금상각   700,000
     감채적립금으로 처분   600,000
4) 차기이월미처분이익잉여금   ₩6,050,000   ▶ ④

45 기말 이익잉여금(₩2,780,000) = ₩2,690,000(기초이익잉여금) − ₩20,000(현금배당) + 당기순이익
→ 당기순이익 = ₩110,000   ▶ ⑤

46
1) 우선주 배당금 = ₩500,000 × 2년 + ₩500,000 = ₩1,500,000
2) 보통주 배당금 = ₩2,500,000 − ₩1,500,000(우선주 배당금) = ₩1,000,000   ▶ ②

47

구분	우선주 A	우선주 B	보통주
미지급분(1년)	–	₩250,000	–
당기분	₩250,000	₩250,000	₩500,000
참가분	–	₩100,000	₩200,000
합계	₩250,000	₩600,000	₩700,000

1) 우선주 B 완전참가분 = ₩300,000 × (₩5,000,000/₩15,000,000) = ₩100,000
2) 보통주 1주당 배당액 = ₩700,000 ÷ 2,000주 = ₩350   ▶ ②

48 (주)한국은 2005년도, 2006년도의 미지급배당금이 있다.

구분	우선주(4%,비누적, 비참가)	우선주(4%, 누적, 10%부분참가)	보통주
미지급분	–	₩80,000 × 2년 = ₩160,000	–
당기분	₩40,000	₩80,000	₩200,000
부분참가	–	₩2,000,000 × (10% − 4%) = ₩120,000	₩1,280,000
합계	₩40,000	₩360,000	₩1,480,000

→ 보통주 1주당 배당금 = ₩1,480,000 ÷ 1,000주 = ₩1,480   ▶ ③

49

구분	우선주 A	우선주 B	보통주
미지급분(4년)	–	₩40,000	–
당기분	₩5,000	₩10,000	₩15,000
참가분	–	₩10,000	₩15,000
합계	₩5,000	₩60,000	₩30,000

1) 우선주 B 완전참가분 = ₩25,000 × 2/5 = ₩10,000
2) 보통주 완전참가분 = ₩25,000 × 3/5 = ₩15,000   ▶ ③

50

구분	우선주 A	우선주 B	보통주
미지급분(1년)	–	₩20,000	–
당기분	₩20,000	₩20,000	₩20,000
참가분	–	₩10,000	₩10,000
합계	₩20,000	₩50,000	₩30,000

* 우선주 소유자에게 배당금을 우선 지급 후 보통주에게 배당금을 지급한다.   ▶ ④

51

3/10	(차) 이익잉여금	10,000	(대) 미교부주식배당금	10,000
3/31	(차) 미교부주식배당금	10,000	(대) 자본금	10,000
4/9	(차) 자기주식	21,000	(대) 현금	21,000
6/13	(차) 현금	8,800	(대) 자기주식	8,400
			자기주식처분이익	400
8/24	(차) 현금	10,200	(대) 자기주식	12,600
	자기주식처분이익	400		
	자기주식처분손실	2,000		

* 11/20 주식분할은 별도의 회계처리는 없으며 주식수만 조정한다.
① 이익잉여금은 주식배당으로 ₩10,000 감소한다.
③ 20×2년 12월 31일의 보통주자본금은 ₩100,000 + ₩10,000 = ₩110,000
④ 20×2년 12월 31일의 보통주 주식 수는 (100주 + 10주) × 2 = 220주   ▶ ①

제13장 　고객과의 계약에서 생기는 수익

01 계약이 식별되기 위해서는 상업적 실질이 있어야 한다. 상업적실질이 있는 것은 계약의 결과로 기업의 미래 현금흐름의 위험, 시기, 금액이 변동될 것으로 예상하는 경우이다.   ▶ ②

02 계약으로 식별되기 위해서는 대가의 회수가능성이 높아야 한다.   ▶ ①

03 ① 계약은 서면으로만 승인해야 하는 것은 아니다.
② 계약이 식별되기 위해서는 당사자의 권리 식별뿐만 아니라 지급조건도 식별할 수 있어야 한다.
③ 계약에 상업적 실질이 있어야 한다.　　　　　　　　　　　　　　　　　　　　▶ ④

04 ① 계약식별 → 수행의무 식별 → 거래가격 산정 → 거래가격 배분 → 수행의무별 수익인식
③ 거래가격은 제3자를 대신하여 회수한 금액은 포함하지 않는다.
④ 계약이 식별되려면 계약을 승인하고 의무 수행을 확약하며 권리도 식별할 수 있어야 한다.　　▶ ②

05 거래가격은 고객에게 약속한 재화나 용역을 이전하고 그 대가로 기업이 받을 권리를 갖게 될 것으로 예상하는 금액으로, 제3자를 대신하여 회수한 금액은 제외한다.　　　　　　　　　　　　　　　　　▶ ①

06 기댓값은 가능한 대가의 범위에 있는 모든 금액에 각 확률을 곱한 금액의 합이다. 특성이 비슷한 계약이 많은 경우 기댓값이 적절한 추정치가 되며, 계약에서 가능한 결과치가 두 가지뿐일 경우에는 가능성이 가장 높은 금액이 변동대가의 적정한 추정치가 될 수 있다.　　　　　　　　　　　　　　　　▶ ①

07 비현금대가의 공정가치는 대가의 형태(예 대가가 고객의 주식일 경우 그 주식의 가격 변동) 때문에 변동될 수 있는데, 이 경우에는 변동대가 추정치의 제약 규정을 적용하지 않는다. 그러나 비현금대가의 공정가치가 대가의 형태만이 아닌 이유로 변동된다면(예 공정가치가 기업의 성과에 따라 달라질 수 있음) 변동대가 추정치 의 제약과 관련된 요구사항을 적용한다.　　　　　　　　　　　　　　　　　　　▶ ④

08 거래가격은 고객에게 약속한 재화나 용역을 이전하고 그 대가로 기업이 받을 권리를 갖게 될 것으로 예상하는 금액이며, 제3자를 대신해서 회수한 금액은 제외한다.　　　　　　　　　　　　　　　　　▶ ②

09 유의적인 금융요소를 반영한 계약의 개시 후에 이자율이나 그 밖의 상황이 달라져도 기존의 할인율을 수정하지 않는다.　　　　　　　　　　　　　　　　　　　　　　　　　　　　　　　　　　▶ ②

10 반품가능 재화의 판매에서 반품 관련 위험을 신뢰성 있게 추정할 수 없는 경우 재화의 인도시점에 수익을 인식하지 않고 반품기한이 경과하여 불확실성이 제거되었을 때 수익을 인식한다.　　　　　　　　　▶ ①

11 개별 판매가격을 추정하기 위해 잔여접근법을 적용하는 경우 개별 판매가격은 총 거래가격에서 계약에서 약속한 그 밖의 재화나 용역의 관측 가능한 개별 판매가격의 합계를 차감하여 추정한다.　　　　　　▶ ②

12 옥외전광판 1단위의 설치와 1년간 유지서비스 제공이라는 2가지 수행의무가 식별되므로 ₩40,000,000의 거래 가격을 각 수행의무에 안분한다.
1) 20×1년 7월 1일 거래가격 안분
　• 옥외전광판 = ₩40,000,000 × (₩30,000,000/₩50,000,000) = ₩24,000,000
　• 유지서비스 = ₩40,000,000 × (₩20,000,000/₩50,000,000) = ₩16,000,000
2) 20×1년의 매출액 = ₩24,000,000(옥외전광판) + ₩16,000,000 × 6/12 = ₩32,000,000
3) 20×1년의 매출총이익 = ₩32,000,000 − ₩20,000,000 − ₩5,000,000 = ₩7,000,000
4) 20×2년의 매출총이익 = ₩8,000,000 − ₩5,000,000 = ₩3,000,000　　　　　　▶ ④

13 1) 매출액 = ₩600,000(위탁자는 매출액 전액을 수익으로 인식한다.)
    2) 적송품금액 = (500개 × ₩1,200 + ₩30,000) × 100개/500개 = ₩126,000   ▶ ④

14 1) 적송품원가 = 400개 × ₩800 + ₩1,000(적송운임) = ₩321,000
    2) 기말재고자산금액 = ₩321,000 × (200개/400개) = ₩160,500   ▶ ②

15 1) 적송품원가 = 10대 × ₩800,000 + ₩100,000(적송운임) = ₩8,100,000
    2) 매출원가 = ₩8,100,000 × (8대/10대) = ₩6,480,000   ▶ ②

16 1) 적송품 원가 = 100개 × ₩60,000 + ₩40,000(적송운임) = ₩6,040,000
    2) (주)한국의 20×1년 당기이익 = 50대 × ₩100,000(매출액) − ₩3,020,000(매출원가) − ₩500,000(판매수
       수료) = ₩1,480,000   ▶ ②

17 20×1년도에 인식할 수익 = ₩450,000(기계장치 인도에 따른 수익) + ₩50,000(설치용역 총대가) × 40%
    (진행률) = ₩470,000   ▶ ③

18 2010년 이자수익 = ₩248,690(2010년 초 현금가격상당액) × 10% = ₩24,869   ▶ ①

19 1) 매출액 = ₩10,000 × 7.3255(2%, 8기간, 연금현가) = ₩73,255
    2) 매출총이익 = ₩73,255 − ₩58,604 = ₩14,651
    3) 매출총이익률 = ₩14,651(매출총이익) ÷ ₩73,255(매출액) = 20%   ▶ ②

20 장기할부판매의 매출액은 판매시점의 현금가격상당액으로 한다.
    1) 매출액 = ₩500,000 + ₩1,000,000 × 2.4868 = ₩2,986,800
    2) 이자수익 = ₩2,486,800(장기매출채권 기초장부금액) × 10% = ₩248,680   ▶ ④

21 재매입약정 중 기업이 콜옵션을 보유하고 있고, 인도할 때 수령한 가액(₩50,000)보다 재매입할 대가(₩58,000)
    가 더 크기 때문에 해당 계약은 금융약정으로 본다. 해당 옵션은 행사되지 않고 소멸되었으므로 소멸된 시점에
    매출을 계상한다.

20×1.12.1.	(차) 현금	50,000	(대) 계약부채	50,000
20×1.12.31.	(차) 이자비용	2,000	(대) 계약부채	2,000
20×2.3.31.	(차) 이자비용	6,000	(대) 계약부채	6,000
20×2.3.31.	(차) 계약부채	58,000	(대) 매출	58,000
	(차) 매출원가	40,000	(대) 재고자산	40,000

    ▶ ④

제 14 장 **건설계약**

01 1) 2007년 공사이익 = (₩120,000 − ₩60,000) × ₩20,000/₩60,000 = ₩20,000
    2) 2008년 공사이익 = (₩120,000 − ₩80,000) × ₩60,000/₩80,000 − ₩20,000 = ₩10,000 ▶ ①

02 1) 2016년 진행률 = ₩1,600,000 ÷ (₩1,600,000 + ₩2,400,000) = 40%
    2) 2016년 공사이익 = (₩5,000,000 − ₩4,000,000) × 40% = ₩400,000
    3) 2017년 공사이익 = ₩1,000,000(전체이익) − ₩400,000(2016년 이익) = ₩600,000 ▶ ②

03

	2011년	2012년
진행률	$\dfrac{₩20억}{₩80억} = 25\%$	$\dfrac{₩20억 + ₩40억}{₩100억} = 60\%$
계약손익	(₩100억 − ₩80억) × 25% = ₩5억 이익	(₩120억 − ₩100억) × 60% − ₩5억(2011년 이익) = ₩7억 이익

▶ ④

04 1) 2015년 누적진행률 = (₩30,000 + ₩50,000) ÷ (₩80,000 + ₩20,000) = 80%
    2) 2015년 누적 공사이익 = (₩300,000 − ₩100,000) × 80% = ₩160,000
    3) 2016년 공사손익 = ₩100,000(총공사이익) − ₩160,000(2015년 누적 공사이익) = ₩60,000 손실 ▶ ②

05 1) 2017년 발생원가 = ₩15,000(2017년 추정총계약원가) × 30% = ₩4,500
    2) 2018년 누적발생원가 = ₩16,000(2018년 추정총계약원가) × 60% = ₩9,600
    3) 2018년에 발생한 계약원가 = ₩9,600(누적발생원가) − ₩4,500(2017년 원가) = ₩5,100 ▶ ②

06 1) 20×2년 누적진행률 = ₩35,000 ÷ ₩50,000 = 70%
    2) 미성공사 = ₩60,000(계약금액) × 70% = ₩42,000
    3) 20×2년 진행청구액(누적) = ₩10,000 + ₩30,000 = ₩40,000
    4) 미청구공사 = ₩42,000(미성공사) − ₩40,000(진행청구액) = ₩2,000 ▶ ①

07 1) 2017년도 진행률 = ₩500,000 ÷ (₩500,000 + ₩1,500,000) = 25%
    2) 2017년도 미성공사 = ₩2,500,000 × 25% = ₩625,000
    3) 진행청구액 = ₩550,000
    4) 재무상태표 표시 = ₩625,000(미성공사) − ₩550,000(진행청구액) = ₩75,000(미청구공사) ▶ ①

08 1) 2007년도 진행률 = ₩4,000,000 ÷ (₩4,000,000 + ₩12,000,000) = 25%
    2) 2007년 공사손익 = (₩20,000,000 − ₩16,000,000) × 25% = ₩1,000,000 이익
    3) 2008년도는 총공사예정원가(₩21,000,000)이 계약금액 ₩20,000,000을 초과하는 손실예상공사이므로 2008년도에 총손실 ₩1,000,000이 귀속되도록 2008년 손실을 인식한다.
      → 2008년 공사손실 = ₩1,000,000(총손실) + ₩1,000,000(2007년 이익) = ₩2,000,000 ▶ ②

09 1) 20×1년도 진행률 = ₩540,000 ÷ ₩1,800,000 = 30%

2) 20×1년도 공사손익 = (₩2,000,000 − ₩1,800,000) × 30% = ₩60,000 이익

3) 20×2년도는 총공사예정원가가 계약금을 초과하는 손실예상공사로 총손실 (₩100,000)이 귀속되도록 전기이익을 고려하여 20×2년도에 공사손실을 계상한다.

→ 20×2년도 공사손실 = ₩100,000(총손실) + ₩60,000(20×1년 이익) = ₩160,000　▶ ④

10 누적발생원가에 인식한 이익을 가산한 금액(미성공사)이 진행청구액을 초과하는 경우 그 초과액은 미청구공사의 과목으로 유동자산으로 보고한다.　▶ ③

제 15 장　현금흐름표

01 리스이용자의 리스부채 상환에 따른 현금유출은 재무활동 현금흐름의 예에 해당한다.　▶ ④

02

2009년 기초 현금 잔액	₩120,000
영업활동으로 인한 현금흐름	X
투자활동으로 인한 현금감소	(40,000)
재무활동으로 인한 현금증가	50,000
= 2009년 기말 현금 잔액	₩150,000

→ 영업활동으로 인한 현금흐름(X) = ₩20,000　▶ ②

03 현금흐름표는 일정기간의 현금유입액과 현금유출액에 대한 정보를 제공하는 재무제표이다.　▶ ①

04 영업활동현금흐름 = ₩350,000(당기순이익) + ₩50,000(감가상각비) − ₩50,000(사채상환이익) − ₩20,000(매출채권의 증가) + ₩40,000(재고자산의 감소) + ₩50,000(미지급법인세 증가) = ₩420,000

* 보통주의 발행은 재무활동현금흐름, 유형고정자산의 취득은 투자활동현금흐름이다.　▶ ③

05 영업활동현금흐름 = ₩3,000,000(당기순이익) + ₩20,000(매출채권의 감소) + ₩10,000(매입채무의 증가) − ₩20,000(미지급급여의 감소) = ₩3,010,000

* 토지는 투자활동현금흐름이다.　▶ ④

06 영업활동 현금흐름 = ₩300,000(당기순이익) + ₩20,000(감가상각비) − ₩30,000(유형자산처분이익) + ₩40,000(매입채무의 증가) − ₩60,000(매출채권의 증가) = ₩270,000

* 사채의 상환, 유상증자는 재무활동현금흐름이다.　▶ ②

07 영업활동으로 인한 현금흐름 = ₩20,000(당기순이익) + ₩3,000(감가상각비) + ₩2,000(미지급비용 증가액) − ₩5,000(매출채권 증가액) − ₩4,000(선급비용 증가액) = ₩16,000　▶ ③

08 1) 건물 처분손실 = ₩500(처분금액) − ₩1,000(장부금액) = ₩500
   2) 영업활동 현금흐름 = ₩10,000(당기순이익) + ₩1,000(감가상각비) + ₩500(건물처분손실) − ₩200(재고
   자산 증가) − ₩100(미지급보험료 감소) = ₩11,200   ▶ ③

09 영업활동 현금흐름 = ₩5,000(당기순이익) − ₩1,000(유형자산처분이익) + ₩400(감가상각비) − ₩500(재고
   자산의 증가) = ₩3,900   ▶ ②

10 영업활동으로부터 조달된 현금액 = ₩115,000(당기순이익) + ₩35,000(감가상각비) − ₩20,000(매출채권
   증가) − ₩12,000(재고자산 증가) + ₩15,000(매입채무 증가) = ₩133,000   ▶ ②

11 영업활동 현금흐름 = ₩2,000,000(당기순이익) − ₩150,000(미수수익 증가액) + ₩200,000(매입채무 증가
   액) + ₩500,000(매출채권 감소액) − ₩300,000(미지급비용 감소액) = ₩2,250,000   ▶ ②

12 영업활동 현금흐름 = ₩200,000(당기순이익) + ₩150,000(건물처분손실) + ₩450,000(감가상각비) −
   ₩60,000(기계장치처분이익) − ₩110,000(매출채권 증가) + ₩35,000(선급보험료 감소) + ₩120,000(매입
   채무 증가) = ₩785,000   ▶ ②

13 영업활동현금흐름 = ₩100,000(당기순이익) + ₩10,000(감가상각비) − ₩8,000(유형자산처분이익)
   − ₩9,000(매출채권 증가) + ₩4,000(선급비용 감소) + ₩5,000(매입채무 증가) − ₩3,000(미지급비용 감소)
   = ₩99,000   ▶ ②

14 영업활동현금흐름 = ₩1,000,000(법인세비용차감전순이익) + ₩50,000(감가상각비) + ₩20,000(유형자산처분손실)
   − ₩150,000(매출채권의 증가) − ₩100,000(매입채무의 감소) − ₩200,000(재고자산의 증가) = ₩620,000
       ▶ ②

15 1) 발생기준 매출액 = 현금매출 + 외상매출 = ₩450,000 + ₩910,000 = ₩1,360,000
   2) 발생기준 비용 = 현금비용 + 미지급비용 = ₩450,000 + ₩370,000 = ₩820,000
   3) 발생기준 순이익 = ₩1,360,000 − ₩820,000 = ₩540,000
   4) 발생기준 순이익   ₩540,000
      외상매출(매출채권 증가)   (170,000)
      미지급비용 증가   160,000
      = 현금기준 순이익   ₩530,000   ▶ ②

16 매출채권의 감소   ₩500,000
   선수수익의 감소   (100,000)
   선급비용의 감소   300,000
   이연법인세자산의 증가   (200,000)
   미지급비용의 증가(?)   400,000
   = 영업활동 현금흐름   ₩900,000   ▶ ④

17
당기순이익	₩90,000
감가상각비	18,000
매출채권 증가	(45,000)
매입채무 증가	10,000
선급비용 감소	15,000
선수수익 감소	(12,000)
	?
= 영업활동 현금흐름	₩40,000

→ 가능한 조정사항은 영업활동 관련 부채의 ₩36,000 감소와 자산의 ₩36,000 증가이다.
* 추가 조정사항으로 가능한 것은 미지급급여(부채) ₩36,000 감소이다.　　　　　▶ ②

18
발생기준 순이익	X
감가상각비	₩3,000
매출채권 증가	(5,000)
매입채무 증가	7,000
미수수익 감소	2,000
= 현금기준 순이익	₩55,000

→ 발생기준 순이익(X) = ₩48,000　　　　　▶ ①

19
발생주의 당기순이익	₩25,000
미수수익 증가	(4,000)
미지급비용 감소	(2,000)
선수수익 증가	1,500
선급비용 감소	2,500
= 현금주의 당기순이익	₩23,000

　　　　　▶ ①

20
당기순이익	X
감가상각비	₩50,000
기계처분이익	(40,000)
매입채무 증가	60,000
매출채권 증가	(70,000)
선급비용 증가	(20,000)
재고자산 증가	(70,000)
= 영업활동 현금흐름	₩1,000,000

→ 당기순이익(X) = ₩1,090,000　　　　　▶ ③

21
당기순이익	X
감가상각비	₩100,000
건물처분이익	(200,000)
매출채권 증가액	(80,000)
재고자산 감소액	50,000
= 영업활동 현금흐름	₩1,000,000

→ 당기순이익(X) = ₩1,130,000　　　　　▶ ①

22　당기순이익　　　　　　　　　　　　　X
　　감가상각비　　　　　　　　　　₩33,000
　　유형자산처분손실　　　　　　　　2,000
　　매출채권의 증가　　　　　　　 (42,000)
　　재고자산의 증가　　　　　　　 (54,000)
　　선급비용의 감소　　　　　　　　2,000
　　매입채무의 감소　　　　　　　 (7,000)
　　= 영업활동 현금흐름　　　　　₩125,000
　　→ 당기순이익(X) = ₩191,000　　　　　　　　　　　　　　　　　　　　　▶ ①

23　20×1년도 당기순이익　　　　　　　X
　　감가상각비　　　　　　　　　　₩50,000
　　매출채권의 증가　　　　　　　 (50,000)
　　재고자산의 증가　　　　　　　 (80,000)
　　매입채무의 감소　　　　　　　 (50,000)
　　미지급비용의 증가　　　　　　　40,000
　　= 영업활동 현금흐름　　　　₩2,000,000
　　→ 20×1년도 당기순이익(X) = ₩2,090,000　　　　　　　　　　　　　　　▶ ②

24　당기순이익　　　　　　　　　　　　　X
　　당기손익금융자산평가손실　　　　₩900
　　유형자산처분이익　　　　　　　　(600)
　　감가상각비　　　　　　　　　　　 200
　　재고자산의 증가　　　　　　　 (1,000)
　　매출채권의 감소　　　　　　　　 800
　　미지급비용의 증가　　　　　　　 700
　　매입채무의 감소　　　　　　　　(500)
　　= 영업활동 현금흐름　　　　　 ₩1,000
　　→ 당기순이익(X) = ₩500
　　* 당기손익금융자산평가손실은 투자활동관련 손익이다.　　　　　　　　　　　▶ ④

25　영업활동 순현금흐름(₩29,000) = 당기순이익 + ₩18,000(감가상각비) + ₩9,000(유형자산처분손실)
　　− ₩15,000(사채상환이익) − ₩20,000(매출채권(순액)증가) − ₩25,000(재고자산 증가)
　　+ ₩5,000(선급비용 감소) + ₩2,000(매입채무 증가)
　　→ 당기순이익 = ₩55,000　　　　　　　　　　　　　　　　　　　　　　▶ ③

26　20×1년도 당기순이익(?) − ₩3,000(선급보험료 증가) − ₩5,000(미수수익 증가) − ₩3,000(미지급비용 감소)
　　+ ₩3,000(선수수익 증가) = ₩10,000(영업활동현금흐름)
　　→ 20×1년도 당기순이익 = ₩18,000　　　　　　　　　　　　　　　　　　▶ ④

27 발생주의 순이익   X
   미수수익의 감소   ₩5,000
   선수수익의 감소   (30,000)
   미지급비용의 증가   10,000
   선급비용의 증가   (15,000)
   = 현금주의 당기순이익   ₩500,000
   → 발생주의 순이익(X) = ₩530,000   ▶ ①

28 발생주의 당기순이익   X
   매출채권의 증가   (₩7,000)
   재고자산의 감소   6,000
   매입채무의 증가   9,000
   = 현금주의 당기순이익   ₩50,000
   → 발생주의 당기순이익(X) = ₩42,000   ▶ ②

29 발생주의 매출액   ?
   매출채권 감소   ₩2,000
   = 현금주의 매출액   ₩10,000
   → 발생주의 매출액 = ₩8,000   ▶ ②

30 발생기준에 의한 20×1년 수익   ?
   매출채권의 증가   (₩30,000)
   선수수익의 증가   20,000
   = 현금기준에 의한 20×1년 수익   ₩500,000
   → 발생기준에 의한 20×1년 수익 = ₩510,000   ▶ ③

31 발생주의 매출액   X
   선수금의 증가   ₩30억
   매출채권의 증가   (15억)
   = 현금수입액   ₩160억
   → 발생주의 매출액(X) = ₩145억   ▶ ④

32 매출액   ₩630,000
   대손상각비   (25,000)
   매출채권(순액) 감소   22,000
   = 판매대금 현금수입액   ₩627,000   ▶ ②

33 매출원가   (₩50,000)
   재고자산 증가   (2,000)
   매입채무 증가   1,000
   = 공급자에 대한 현금유출액   (₩51,000)   ▶ ③

34
1) 매출원가 = ₩7,500(매출액) × 1/1.5 = ₩5,000
2) 상품매입을 위한 현금유출액

매출원가	(₩5,000)
재고자산의 감소	1,000
매입채무의 증가	2,500
= 상품매입을 위한 현금유출액	(₩1,500)

▶ ①

35

매출원가	(₩1,000,000)
선급금 감소	₩10,000
재고자산 증가	(₩20,000)
매입채무 감소	(₩30,000)
= 매입처에 대한 현금유출액	(₩1,040,000)

▶ ④

36

매출액	₩57,000	매출원가	(₩36,000)
손상차손	(₩500)	매입채무 증가	₩2,000
매출채권 증가	(2,500)	재고자산 감소	₩3,000
고객으로부터의 현금유입액	₩54,000	공급자에 대한 현금유출액	(₩31,000)

→ 매출총이익 = ₩57,000(매출액) − ₩36,000(매출원가) = ₩21,000

▶ ②

37
1) 20×2년 매출원가 = ₩100,000(기초재고) + ₩500,000(매입) − ₩200,000(기말재고) = ₩400,000
2) 매출총이익 = ₩700,000(20×2년 매출) − ₩400,000(매출원가) = ₩300,000
3) 직접법에 따른 영업활동으로 인한 현금증감액

매출	₩700,000	매출원가	(₩400,000)
매출채권 감소	100,000	재고자산 증가	(100,000)
		매입채무 증가	100,000
매출로 인한 현금유입액	₩800,000	공급자에 대한 현금유출액	(₩400,000)

→ 영업활동으로 인한 현금증감액 = ₩800,000 − ₩400,000 = ₩400,000 증가

▶ ①

38

이자비용	(₩1,000,000)	급여	(₩5,000,000)
미지급이자비용 감소	(100,000)	미지급급여 증가	200,000
현금으로 지급한 이자비용	(₩1,100,000)	현금으로 지급한 급여	(₩4,800,000)

▶ ①

39

임차료		이자비용	
임차료	(₩150,000)	이자비용	(₩100,000)
선급임차료 증가	(15,000)	미지급이자 감소	(40,000)
현금지출 임차료	(₩165,000)	현금지출 이자비용	(₩140,000)

▶ ④

40 당기 임대료수익   ?
　　선수임대료 증가   ₩8,000
　　= 현금으로 수취한 임대료   ₩50,000
　　→ 당기 임대료수익 = ₩42,000   ▶ ①

41 이자비용   (₩2,000)
　　선급이자비용 감소   200
　　미지급이자비용 증가   300
　　= 현금이자 지출액   (₩1,500)
　　→ 미지급이자비용이 ₩300 증가하였으므로 2013년 12월 31일의 재무상태표에 표시되는 미지급이자비용은
　　　₩300(기초미지급이자비용) + ₩300(증가액) = ₩600이다.   ▶ ③

42 이자비용   (₩65,000)
　　선급이자 감소   400
　　미지급이자 증가   6,600
　　= 현금으로 지급된 이자   (₩58,000)
　　→ 20×0년 말 미지급이자 = ₩12,000(기초 미지급이자) + ₩6,600(증가) = ₩18,600   ▶ ③

43 경비용역수익   X
　　미수용역수익 증가   (₩100,000)
　　선수용역수익 감소   (100,000)
　　= 현금수령액   ₩1,000,000
　　→ 경비용역수익(X) = ₩1,200,000   ▶ ④

44 발생주의 급여   (?)
　　미지급급여 증가   ₩500
　　= 현금지급 급여   (₩1,000)
　　→ 발생주의 급여 = (₩1,500)   ▶ ③

45 보험료   (₩80,000)
　　선급보험료 증가   (6,000)
　　= 현금지급 보험료   (₩86,000)   ▶ ④

46

이자수익	₩8,200	임대료수익	₩10,000
미수이자 증가	(₩1,200)	선수임대료 감소	(₩500)
현금으로 수령한 이자	₩7,000	현금으로 수령한 임대료	**₩9,500**

　　1) 이자와 임대료로 인한 수익 증가액 = ₩8,200 + ₩10,000 = ₩18,200
　　2) 이자와 임대료로 인한 현금 증가액 = ₩7,000 + ₩9,500 = ₩16,500   ▶ ③

47

용역수익		임차료	
용역수익	?	임차료	(?)
선수용역수익 증가	₩10,000	선급임차료 증가	(₩20,000)
현금용역수익	₩120,000	현금임차료	(₩70,000)

→ 용역수익 = ₩110,000, 임차료 = (₩50,000)   ▶ ①

48 지급이자를 자본화하는 경우 투자활동 현금흐름으로 분류한다.   ▶ ②

49 주식배당은 자본 내의 이동이므로 현금흐름을 수반하지 않는다.   ▶ ④

50
1) 유형자산 처분

  (차) 감가상각누계액 20,000 (대) 유형자산 40,000
  현금 15,000
  유형자산처분손실 5,000
  * 유형자산의 변동 =₩100,000(기초) − ₩40,000(처분) + 취득(₩80,000) = ₩140,000
  * 감가상각누계액의 변동 = ₩30,000(기초) − ₩20,000(처분) + 발생(₩15,000) = ₩25,000

2) 유형자산 취득

  (차) 유형자산 80,000 (대) 현금 80,000

3) 감가상각비 인식

  (차) 감가상각비 15,000 (대) 감가상각누계액 15,000

4) 투자활동 현금흐름

  투자활동으로 인한 현금유입 ₩15,000
  투자활동으로 인한 현금유출 (₩80,000)
  투자활동 현금흐름(순유출) (₩65,000)   ▶ ④

51
  (차) 감가상각누계액 68,000 (대) 기계장치 80,000
  현금 12,000
  * 감가상각누계액 변동(₩40,000) = ₩50,000(기초) − ₩68,000 + 감가상각비
  → 감가상각비 = ₩58,000   ▶ ①

52
1) 건물의 기말장부금액(₩220,000) = ₩130,000(기초장부금액) + ₩210,000(취득가액) − 매각 − ₩110,000(감가상각비)
  → 매각(순액) = ₩10,000
2) 매각한 건물들의 취득원가= ₩10,000 + ₩40,000(매각한 건물의 감가상각누계액) = ₩50,000   ▶ ②

53
1) 기말 기계장치(₩12,500,000) = ₩11,000,000(기초 기계장치) − ₩2,500,000(처분) + 취득한 기계장치
  → 취득한 기계장치 = ₩4,000,000
2) 기말 감가상각누계액(₩4,500,000) = ₩4,000,000(기초 감가상각누계액) − ₩1,000,000(처분) + 감가상각비
  → 감가상각비 = ₩1,500,000   ▶ ③

정답 및 해설   **541**

54 1) 기계장치의 취득

| (차) 기계장치 | 155,000 | (대) 현금 | 155,000 |

2) 기계장치의 기말잔액(₩200,000) = ₩100,000(기초) + ₩155,000(취득) − 처분
  → 처분한 기계장치의 취득원가 = ₩55,000

3) 감가상각누계액 기말잔액(₩40,000) = ₩20,000(기초잔액) + ₩35,000(감가상각비) − 처분
  → 처분한 기계장치의 감가상각누계액 = ₩15,000

4) 기계장치 처분 회계처리

(차) 감가상각누계액	15,000	(대) 기계장치	55,000
기계장치처분손실	10,000		
현금	30,000		▶ ③

55 * 당기손익─공정가치 측정 금융자산은 단기매매목적으로 취득하였으므로 영업활동으로 분류한다.

1) 기계장치의 기중거래 = ₩4,650,000(기초잔액) + ₩750,000(취득) − 처분 = ₩5,100,000
  → 처분 = ₩300,000

2) 감가상각누계액 = ₩1,425,000 + ₩300,000(감가상각비) − 처분 = ₩1,545,000
  → 처분 = ₩180,000

3) 기계처분 회계처리

| (차) 감가상각누계액 | 180,000 | (대) 기계장치 | 300,000 |
| 현금 | 195,000 | 기계장치처분이익 | 75,000 |

4) 투자활동현금흐름 = ₩195,000(유입액) − ₩750,000(유출액) = ₩555,000 순유출   ▶ ②

56 1) 토지(투자활동)

| 토지의 매각 (차) 현금 | 75,000 | (대) 토지 | 50,000 |
| | | 토지처분이익 | 25,000 |

  * 토지의 변동 : ₩150,000(기초) − ₩50,000(매각) + 취득 = ₩250,000

| 토지의 취득 (차) 토지 | 150,000 | (대) 현금 | 150,000 |

2) 투자활동현금흐름 = ₩75,000(현금유입액) − ₩150,000(현금유출액) = ₩75,000 순유출

3) 단기차입금(재무활동)

| 단기차입금 차입 (차) 현금 | 100,000 | (대) 단기차입금 | 100,000 |

  * 단기차입금의 변동 : ₩100,000(기초) + ₩100,000(차입) − 상환 = ₩180,000

| 단기차입금 상환 (차) 단기차입금 | 20,000 | (대) 현금 | 20,000 |

4) 재무활동현금흐름 = ₩100,000(현금유입액) − ₩20,000(현금유출액) = ₩80,000 순유입   ▶ ②

57 1) 재무활동에 따른 현금유입 = ₩80,000(유상증자) + ₩12,000(자기주식처분) = ₩92,000 유입

2) 재무활동에 따른 현금유출(현금배당) = ₩10,000 유출
  = ₩20,000(기초 이익잉여금) + ₩15,000(당기순이익) − ₩25,000(기말이익잉여금) = ₩10,000

3) 재무활동순현금흐름 = ₩92,000 − ₩10,000 = ₩82,000 유입   ▶ ④

제 16 장 　법인세회계

01

1) 법인세비용 회계처리

(차) 법인세비용	8,000	(대) 법인세부담액	7,000
		이연법인세부채	1,000

2) 당기순이익 = ₩30,000(법인세비용차감전순이익) − ₩8,000(법인세비용) = ₩22,000

3) 이연법인세부채 = ₩10,000(가산할 일시적 차이) × 30% = ₩3,000　　　　▶ ①

02

1) 법인세부담액

2007년		2008년(25%)	2009년(25%)
법인세비용차감전순이익	₩100,000		
손금산입	(10,000)	5,000	5,000
= 　과세소득	₩90,000		
× 　세율	30%		
= 　법인세부담액	₩27,000		

2) 이연법인세부채 = ₩5,000 × 25% + ₩5,000 × 25% = ₩2,500　　　　▶ ①

03　이연법인세자산 = ₩10,000(차감할 일시적 차이) × 20% = ₩2,000　　　　▶ ②

04

구분	20×1년	20×2년	20×3년	20×4년
회계	₩90,000	₩120,000	₩120,000	₩30,000
세법	₩360,000	−	−	−
차이	₩270,000	(₩120,000)	(₩120,000)	(₩30,000)

→ 이연법인세자산 = ₩120,000 × 25% + ₩150,000 × 20% = ₩60,000　　　　▶ ①

05

2016년		2017년(25%)	2018년(20%)
법인세비용차감전순이익	₩500,000		
손금산입(가산할 일시적 차이)	(150,000)		150,000
익금산입(차감할 일시적 차이)	100,000	(100,000)	
= 　과세소득	₩450,000	이연법인세자산 = ₩100,000 × 25% = ₩25,000	
× 　세율	30%	이연법인세부채 = ₩150,000 × 20% = ₩30,000	
= 　법인세부담액	₩135,000		

* 법인세 회계처리

(차) 법인세비용	140,000	(대) 미지급법인세	135,000
이연법인세자산	25,000	이연법인세부채	30,000

　　　　▶ ①

06 법인세비용차감전순이익　　　　　　　　　₩10,000,000
　　당기손익금융자산 평가이익　　　　　　　　(₩100,000)
　　= 과세소득　　　　　　　　　　　　　　　₩9,900,000
　　1) 법인세납부액 = ₩9,900,000 × 10% = ₩990,000
　　2) 이연법인세부채 = ₩100,000(가산할 일시적 차이) × 10% = ₩10,000
　　3) 법인세비용 = ₩990,000(미지급법인세) + ₩10,000(이연법인세부채) = ₩1,000,000　　▶ ④

07 1) 법인세부담액 = ₩9,000(과세소득) × 25% = ₩2,250
　　2) 이연법인세부채 = ₩2,000(가산할 일시적 차이) × 20% = ₩400
　　3) 회계처리
　　　(차) 법인세비용　　　　　　　　　2,650　　　(대) 미지급법인세　　　　　2,250
　　　　　　　　　　　　　　　　　　　　　　　　　　　이연법인세부채　　　　　400
　　　　　　　　　　　　　　　　　　　　　　　　　　　　　　　　　　　　　　▶ ①

08 미수이자는 차기에 과세소득을 늘리므로 가산할 일시적 차이에 해당한다.
　　→ 이연법인세부채 = ₩4,000 × 30% = ₩1,200
　　* 비과세 이자수익은 차기 과세소득에 영향을 미치는 일시적 차이가 아니며, 자기주식처분이익은 당기 과세소
　　　득에만 영향을 주기 때문에 일시적 차이가 아니다.　　　　　　　　　　　　　　　　　▶ ④

09 이연법인세자산과 부채는 현재가치로 할인하지 않는다.　　　　　　　　　　　　　　　　　▶ ②

10 기업이 당기법인세자산과 당기법인세부채를 상계하기 위해서는 상계권리와 순액으로 결제할 의도가 모두 있
　　어야 한다.　　　　　　　　　　　　　　　　　　　　　　　　　　　　　　　　　　　　　▶ ②

제 17 장　회계변경과 오류수정

01 감가상각자산의 내용연수, 감가상각방법, 잔존가치의 변경은 회계추정의 변경이며, 감가상각자산의 측정모형
　　의 변경은 회계정책의 변경에 해당한다.　　　　　　　　　　　　　　　　　　　　　　　　▶ ④

02 유형자산의 감가상각 방법을 정액법에서 정률법으로 변경하는 것은 회계추정치의 변경에 해당한다.　　▶ ①

03 재고자산의 단가결정방법 변경은 회계정책의 변경이며, 그 외의 ①, ②, ④는 회계추정의 변경에 해당한다.
　　▶ ③

04 소급법은 재무제표를 소급재작성하여 비교재무제표로 공시하기 때문에 신뢰성은 낮지만 비교가능성이 상실되
　　지 않는다.　　　　　　　　　　　　　　　　　　　　　　　　　　　　　　　　　　　　　▶ ④

05 ② 과거에 중요하지 않았던 거래에 대하여 새로운 회계정책을 적용하는 것은 회계정책의 변경에 해당하지 않는다.
　　③ 최초의 재평가는 소급적용하지 않는다. 그러나 재평가모형을 적용하다 원가모형으로 변경 후 다시 재평가 모형으로의 변경은 소급법을 적용한다.
　　④ 회계정책의 변경과 회계추정의 변경이 구분하기 곤란한 경우 회계추정의 변경으로 본다.　▶ ①

06 회계정책의 변경과 회계추정의 변경을 구분하는 것이 어려운 경우에는 이를 회계추정의 변경으로 본다.
　　　▶ ②

07 ③ 회계추정의 변경효과를 다음의 회계기간의 당기손익에 포함하여 전진적으로 인식한다.
　　㉠ 변경이 발생한 기간에만 영향을 미치는 경우에는 변경이 발생한 기간
　　㉡ 변경이 발생한 기간과 미래기간에 모두 영향을 미치는 경우에는 변경이 발생한 기간과 미래기간
　　　▶ ③

08 1) 20×1년 초 기초이익잉여금 = ₩50,000(20×1년 기초재고) 감소
　　2) 20×1년 당기순이익 = ₩50,000 증가(20×1년 기초재고) − ₩20,000 감소(20×1년 기말재고)
　　　　　　　　　　　　 = ₩30,000 증가　▶ ③

09 1) 미지급비용 과소계상액　(차) 비용　　1,000,000　(대) 미지급비용　　1,000,000
　　2) 미수수익 과소계상액　(차) 미수수익　800,000　(대) 수익　　　800,000
　　3) 상품의 오류　　기초상품　　　　　700,000 과소
　　　　　　　　　 − 기말상품　　　　　400,000 과대
　　　　　　　　　 = 매출원가　　　　1,100,000 과소
　　　　　　　　　　 당기순이익　　 1,100,000 과대
　　→ 올바른 당기순이익 = ₩15,000,000 − ₩1,000,000 + ₩800,000 − ₩1,100,000 = ₩13,700,000
　　　▶ ①

10　　기초재고　　　　　　　　　　　　₩300 과대계상
　　 − 기말재고　　　　　　　　　　　　₩300 과소계상
　　 = 매출원가　　　　　　　　　　　　₩600 과대계상
　　　 당기순이익　　　　　　　　　　　₩600 과소계상
　　→ 수정 후 당기순이익 = ₩1,000(수정 전 당기순이익) + ₩600 = ₩1,600　▶ ④

11　* 2014년의 재고오류는 차기에 자동으로 상쇄된다. 2016년도 당기순이익에 영향을 미치는 재고자산 오류는 2015년과 2016년의 오류이다.
　　　2016년도 기초재고자산　　　　　₩3,000 과소평가
　　 − 2016년도 기말재고자산　　　　　₩2,000 과대평가
　　 = 2016년도 매출원가　　　　　　₩5,000 과소평가
　　　 2016년도 당기순이익　　　　　₩5,000 과대평가
　　→ 수정 후 당기순이익 = ₩25,000(수정 전 당기순이익) − ₩5,000 = ₩20,000　▶ ④

12
20×2년 기초재고	₩20,000 과대계상
+ 20×2년 당기매입	₩10,000 과소계상
= 20×2년 매출원가	₩10,000 과대계상
20×2년 당기순이익	₩10,000 과소계상

→ 20×2년 당기순이익이 ₩10,000 과소계상되었으므로 오류수정 후 당기순이익은 ₩10,000 증가한다.

▶ ②

13 누락된 회계처리 (차) 매출원가　　　×××　　　(대) 매입채무(부채)　　　×××
　　　　　　　　　　(차) 기말재고　　　×××　　　(대) 매출원가　　　　　×××

당기 누락된 재고자산 만큼 자산은 과소계상되었으며, 매입채무에 따라 부채는 과소계상되었다. 자본은 영향이 없으며, 기말재고에도 누락하였기 때문에 당기순이익은 영향이 없다.

▶ ③

14
1) 회사의 회계처리

2011년도	회계처리를 수행하지 않음			
2012년도	(차) 급여	20,000	(대) 현금	20,000

2) 올바른 회계처리

2011년도	(차) 급여	20,000	(대) 미지급급여	20,000
2012년도	(차) 미지급급여	20,000	(대) 현금	20,000

3) 오류회계처리

	(차) 이익잉여금	20,000	(대) 급여	20,000

▶ ②

15
1) 회사의 회계처리

2011.1.1.	(차) 비품	10,000	(대) 현금	10,000
2011.12.31.	(차) 감가상각비	2,000	(대) 감가상각누계액	2,000
2012.12.31.	(차) 감가상각비	2,000	(대) 감가상각누계액	2,000
2013.12.31.	(차) 감가상각비	2,000	(대) 감가상각누계액	2,000

2) 올바른 회계처리

2011.1.1.	(차) 수선비	10,000	(대) 현금	10,000

3) 오류회계

2013.12.31.	(차) 감가상각누계액	6,000	(대) 감가상각비	2,000
	이익잉여금	6,000	비품	10,000

▶ ④

16 정률법은 초기 감가상각비 계상이 많은 가속상각법으로 정액법보다 감가상각비가 많이 계상되어 당기순이익이 감소한다.
① 재고자산 단가가 상승하면 선입선출법이 가중평균법보다 기말재고금액이 커 매출원가는 가장 작고, 당기순이익은 가장 크게 계산된다.
② 정액법의 경우 내용연수 동안 비용을 균분하므로 내용연수가 증가하면 감가상각비가 감소해 당기순이익이 증가한다.
④ 수선비는 당기비용으로 이를 자본적 지출로 처리하면 비용이 감소해 당기순이익이 증가한다.

▶ ③

17 1) (주)한국의 2009년 법인세비용차감전순이익에 미치는 영향 = (₩800,000) + (₩160,000)
= (₩960,000) 감소

* 취득세를 수익적지출로 당기비용으로 계상하였으며, 차량에 대한 수선비는 자본적지출로 자산의 장부금
액에 가산한 후 정률법에 따라 감가상각비로 법인세비용차감전순이익에 영향을 미친다.

2) 올바른 회계처리에 따른 2009년 법인세비용차감전순이익에 미치는 영향 = (₩320,000) + (₩400,000)
= (₩720,000) 감소

* 취득세는 자산의 원가에 가산하여 감가상각비로 비용처리하며, 일상적인 수선비는 수익적지출로 즉시
당기비용에 반영한다.

3) 회계처리 오류에 따른 영향 = ₩240,000 과소계상

* 기업의 회계처리가 비용을 ₩240,000 과대계상하였으므로 이익은 ₩240,000 과소계상되었다.

▶ ②

18 1) 기말재고자산의 오류

| (차) 매출원가 | 8,000 | (대) 이익잉여금 | 8,000 |
| (차) 매출원가 | 4,000 | (대) 기말재고자산 | 4,000 |

2) 선급비용 회계처리

| (차) 비용 | 3,000 | (대) 이익잉여금 | 3,000 |
| (차) 선급비용 | 2,000 | (대) 비용 | 2,000 |

3) 오류수정 후 2016년 법인세비용차감전순이익 = ₩300,000 − ₩12,000 − ₩1,000 = ₩287,000

▶ ①

19 1) 수선비 오류수정
→ 수선비는 매년 ₩6,000씩 감가상각으로 비용처리하였으나 20×2년에 해당 감가상각비는 취소가 되어
당기순이익은 ₩6,000 증가한다.

2) 소모품비 오류수정
→ 소모품은 매년 ₩5,000씩 감가상각비로 비용처리된다. 20×2년에는 감가상각비 ₩5,0000이 추가로 계상
되므로 당기순이익은 ₩5,000 감소한다.

3) 20×2년 순이익에 미치는 영향 = ₩6,000 증가 − ₩5,000 감소 = ₩1,000 증가   ▶ ①

20 손상차손은 당기비용으로 해당 오류를 수정하면 손상차손금액만큼 당기순이익이 감소한다.   ▶ ④

제 18 장   주당이익

01 기본주당순이익 = [₩4,000,000 − (3,000주 × ₩5,000 × 4%)] ÷ 10,000주 = ₩340   ▶ ③

02 자기주식의 소각은 유통주식수에 영향을 초래하지 않으며, 자기주식의 취득은 유통주식수를 감소시키며, 자기
주식의 매도는 유통주식수를 증가시킨다. (500주 감소 − 200주 증가 = 300주 감소)   ▶ ②

03 가중평균유통보통주식수 = 12,000주 × 12/12 + 3,000주 × 10/12 − 3,000주 × 6/12 + 6,000주 × 4/12 = 15,000주 ▶ ②

04 가중평균유통보통주식수는 유통된 월수로 가중하여 평균한다. 무상증자, 주식배당은 기초부터 비례적으로 수정한다.
가중평균유통보통주식수 = 10,000주 × 1.1 × 12/12 + 1,000주 × 1.1 × 9/12 + 12,100주 × 10% × 6/12 = 12,430주 ▶ ②

05 20×1년 가중평균유통보통주식수 = (6,000주 + 500주) × 12/12 + 900주 × 4/12 = 6,800주 ▶ ②

06 1) 가중평균유통보통주식수 = 200,000주 × 1.05 × 12/12 + 2,500주 × 3/12 = 210,625주
2) 기본주당순이익 = [₩5,106,250 − (10,000주 × ₩5,000 × 6%)] ÷ 210,625주 = ₩10 ▶ ①

07 1) 가중평균유통보통주식수 = 10,000주 × 1.2 × 12/12 + 2,000주 × 1.2 × 9/12 − 1,200주 × 2/12 = 13,600주
2) 20×1년 기본주당이익 = ₩13,600,000 ÷ 13,600주 = ₩1,000 ▶ ①

08 1) 가중평균유통보통주식수 = (1,500주 + 400주) × 12/12 + 400주 × 3/12 = 2,000주
2) 기본주당순이익 = ₩2,070,000 ÷ 2,000주 = ₩1,035 ▶ ②

09 1) 가중평균유통보통주식수 = 800주 × 12/12 + 400주 × 6/12 = 1,000주
2) 기본주당이익 = [₩50,000 − (100주 × ₩1,000 × 10%)] ÷ 1,000주 = ₩40 ▶ ③

10 1) 주가수익률(PER) = ₩1,000(주가) ÷ 주당순이익
    → 주당순이익 = ₩200
2) 주당순이익(₩200) = ₩60,000(당기순이익) ÷ 가중평균유통보통주식수
    → 가중평균유통보통주식수 = 300주 ▶ ②

11 1) 가중평균유통보통주식수 = (30주 + 3주) × 12/12 + (20주 + 2주) × 6/12 = 44주
    * 공정가치 미만의 유상증자 시 무상증자 요소 = 25주 × (1 − 4/5) = 5주
    * 1/1 유통보통주식수에 배부되는 무상증자 주식수 = 5주 × 30주/50주 = 3주
2) 기본주당이익 = ₩88 ÷ 44주 = ₩2
3) 주가수익배율(PER) = ₩6(주가) ÷ ₩2(기본주당이익) = 3.0 ▶ ④

12 ① 희석주당이익을 계산할 때 희석효과가 있는 옵션이나 주식매입권은 행사된 것으로 가정한다. 이 경우 권리행사에서 예상되는 현금유입액은 회계기간의 평균시장가격으로 발행하여 유입된 것으로 가정한다.
③ 유통되는 보통주식수나 잠재적보통주식수가 자본금전입, 무상증자, 주식분할로 증가하였거나 주식병합으로 감소하는 경우, 비교표시하는 기본주당이익과 희석주당이익을 소급하여 수정한다.
④ 중단영업에 대해 보고하는 기업은 중단영업에 대한 기본주당이익과 희석주당이익을 포괄손익계산서에 표시하거나 주석으로 공시한다. ▶ ②

제 19 장　관계기업투자주식

01　① 관계기업투자주식을 보유한 기업이 피투자회사로부터 배당금을 받는 경우 관계기업투자주식의 장부가액은 감소한다.
　　② 관계기업투자로 분류되기 위해서는 의결권의 20% 이상을 직·간접으로 보유하여야 한다.　　▶ ④

02　지분법적용투자주식은 피투자회사의 당기순이익 중 지분율만큼 장부금액을 증가시킨다.
　　2006년도 말 장부금액 = ₩400,000 + ₩50,000 × 40% = ₩420,000　　▶ ②

03　1) 지분법투자주식 취득 시
　　　　(차) 관계기업투자주식　　　　1,000,000　　　(대) 현금　　　　　　　　　　1,000,000
　　2) 지분법이익
　　　　(차) 관계기업투자주식　　　　1,500,000　　　(대) 지분법이익　　　　　　　1,500,000
　　　　* 지분법이익 = 피투자회사 당기순이익 × 지분율 = ₩6,000,000 × 25% = ₩1,500,000
　　3) 배당금수취
　　　　(차) 현금　　　　　　　　　　　75,000　　　(대) 관계기업투자주식　　　　　75,000
　　　　* 배당금수취 = 총배당금 × 지분율 = ₩300,000 × 25% = ₩75,000　　▶ ①

04　2008.12.31.　(차) 관계기업투자주식　20,000　　(대) 현금　　　　　　　　20,000
　　2009.8.20.　　(차) 현금　　　　　　　　2,000　　(대) 관계기업투자주식　　2,000
　　2009.12.31.　(차) 관계기업투자주식　　8,000　　(대) 지분법이익　　　　　8,000
　　　　　　　　　(차) 지분법자본변동　　　2,000　　(대) 관계기업투자주식　　2,000
　　* 지분법이익 = ₩40,000(피투자회사당기순이익) × 20% = ₩8,000
　　* 지분법자본변동 = (₩10,000)(피투자회사기타포괄손실) × 20% = (₩2,000)　　▶ ①

05　20×1년 말 재무상태표에 표시할 관계기업투자주식
　　= ₩600,000(20×1년 초 관계기업투자주식) − ₩15,000(배당금수취) − ₩60,000(지분법손실)
　　= ₩525,000
　　* 배당금수취액 = 300주 × ₩50 = ₩15,000
　　* 20×1년 지분법손실 = ₩200,000(당기순손실) × 30% = ₩60,000　　▶ ①

06　지분법 기말투자주식(₩50,000) = 기초투자주식 + (₩12,000 − ₩6,000) × 25%
　　→ 기초투자주식 = ₩48,500　　▶ ①

07　관계기업투자주식 장부금액 = ₩1,000,000 + [₩100,000(순이익) − (₩200,000 × 1/10)] × 20%
　　　　　　　　　　　　　　　= ₩1,016,000　　▶ ②

08　1) 지분법적용투자주식 장부가액 = 100주 × ₩10,000 + ₩40,000 × 40% − (100주 × ₩100)
　　　　　　　　　　　　　　　　　= ₩1,006,000
　　2) 지분법적용투자주식 처분이익 = ₩1,300,000(처분가액) − ₩1,006,00(장부금액) = ₩294,000　　▶ ②

09 ① 관계기업투자주식은 영업권을 별도로 표시하지 않는다.
　　③ 현금배당은 (주)한국의 관계기업투자주식 장부금액 ₩50,000을 감소시킨다.
　　④ 관계기업투자 처분손실 = ₩930,000 − (₩1,000,000 + ₩150,000 − ₩50,000) = (₩170,000) 처분손실
　　▶ ②

10 1) 20×1년 지분법이익 = [₩100,000 − ₩50,000(건물의 장부금액과 공정가치 차이분 중 당기 실현분)] × 40% = ₩20,000
　　2) 20×2년 지분법이익 = [₩200,000 − ₩50,000(건물의 장부금액과 공정가치 차이분 중 당기 실현분)] × 40% = ₩60,000
　　3) 20×2년 말 관계기업투자주식 = ₩800,000 + ₩20,000(20×1년 지분법이익) + ₩60,000(20×2년 지분법이익) = ₩880,000
　　▶ ③

11 지분법평가이익 = [₩2,200 − (₩1,000 × 1/5) − ₩1,000(재고자산의 장부금액과 공정가치의 차이분)] × 30% = ₩300
　　▶ ②

제 20 장　재무제표 분석

01 유동비율 = 유동자산(₩100,000) ÷ 유동부채(₩40,000) = 2.5
　　* 유동부채 = ₩10,000(외상매입금) + ₩10,000(지급어음 A) + ₩10,000(미지급급여) + ₩10,000(미지급이자) = ₩40,000
　　▶ ⑤

02 1) 유동자산 = ₩50,000(자산 합계) − ₩20,000(유형자산) = ₩30,000
　　2) 유동비율(300%) = ₩30,000(유동자산) ÷ 유동부채
　　　　→ 유동부채 = ₩10,000
　　3) 자본금 = ₩50,000(부채와 자본합계) − ₩10,000(유동부채) − ₩10,000(사채) − ₩5,000(이익잉여금)
　　　　　　　= ₩25,000
　　▶ ④

03 ① 매출채권(유동자산 감소)을 현금(유동자산 증가)으로 회수하는 경우 유동비율은 불변한다.
　　③ 매입채무(유동부채 감소)를 현금(유동자산 감소)으로 지급하는 경우 유동자산과 유동부채가 동시에 감소하나 기존의 비율이 1을 초과하므로 유동비율은 증가한다.
　　④ 장기대여금(비유동자산 감소)을 현금(유동자산 증가)으로 회수하는 경우 유동비율은 증가한다. 　▶ ②

04 1) 회계처리
　　　(차) 매입채무(유동부채)　　　　　　　　×××　　　(대) 현금(유동자산)　　　　　　　×××
　　2) 유동비율 = 유동자산 / 유동부채
　　　기존의 유동비율이 1보다 큰 경우 동일한 금액이 변동하면 유동비율은 증가한다.
　　3) 당좌비율 = 당좌자산 / 유동부채
　　　기존의 당좌비율이 1보다 작은 경우 동일한 금액이 변동하면 당좌비율은 감소한다. 　▶ ④

05 1) 당좌비율 : 유동부채(매입채무), 당좌자산(현금)이 모두 ₩100,000만큼 감소하였으나 기존의 비율이 75% 이므로 당좌자산의 감소폭이 더 크게 나타나 당좌비율은 감소한다.

2) 유동비율 : 유동부채(매입채무), 유동자산(현금)이 모두 ₩100,000만큼 감소하였으나 기존의 비율이 140% 이므로 유동부채의 감소폭이 더 크게 나타나 유동비율은 증가한다. ▶ ②

06 유동비율 = 유동자산 / 유동부채

① 토지(비유동자산)을 취득하면서 ₩10은 현금으로 나머지는 2년 후에 지급하기로 한 거래는 ₩10의 현금 감소로 인해 유동자산은 감소하지만 유동부채는 불변이므로 유동비율이 감소한다.

② (차) 재고자산(유동자산)　　　　　　　　10　　(대) 현금(유동자산)　　　　　　　　10
　→ 동일한 금액의 유동자산이 증감하므로 유동비율에는 영향이 없다.

③ (차) 단기차입금(유동부채)　　　　　　　20　　(대) 현금(유동자산)　　　　　　　20
　→ 기존의 유동비율은 50%이며 동일한 금액의 유동자산, 유동부채가 감소하는 경우 작은 금액에서의 감소폭 이 더 크기 때문에 유동비율은 감소한다.

④ 사채는 비유동부채이며, 현금은 유동자산이기 때문에 현금의 유입으로 유동자산만 증가하여 유동비율은 증가한다. ▶ ③

07 1) 상품매입 회계처리

(차) 상품(유동자산)　　　　　　　　　500　　(대) 현금(유동자산)　　　　　　　250
　　　　　　　　　　　　　　　　　　　　　　　　　매입채무(유동부채)　　　　　　250

2) 유동비율 = 유동자산은 250 증가하고 유동부채도 250 증가하나 기존비율이 200%이므로 작은금액인 유동 부채의 증가폭이 더 크게 나타나 유동비율은 감소한다.

3) 당좌비율 = 당좌자산에 재고자산인 상품은 포함되지 않으므로 당좌자산은 현금으로 인해 감소하고 분모인 유동부채는 증가하여 당좌비율은 감소한다. ▶ ①

08 ① 기계장치의 처분 시 처분금액만큼 유동자산은 증가하지만 기계장치는 비유동자산이므로 유동비율은 증가한다.

② 유동비율 150% 즉, 유동비율이 1보다 크다면 유동부채, 유동자산에 동일한 금액이 감소하는 경우 유동비 율은 증가한다.

③ 유동비율이 1보다 작은 경우 유동부채, 유동자산에 동일한 금액이 감소한다면 유동비율은 감소한다.

④ 보통주를 액면가액보다 낮은 가액으로 발행하여도 현금(유동자산)이 유입되므로 유동부채는 변화 없이 유 동자산이 증가하므로 유동비율은 증가한다. ▶ ④

09 1) 유동자산 = ₩28,000(자산총계) − ₩16,000(비유동자산) = ₩12,000

2) 유동비율(150%) = ₩12,000(유동자산) ÷ 유동부채
　→ 유동부채 = ₩8,000

3) 당좌자산 = ₩8,000(유동부채) × 120%(당좌비율) = ₩9,600

4) 재고자산(A) = ₩12,000(유동자산) − ₩9,600(당좌자산) = ₩2,400

5) 비유동부채(B) = ₩28,000(부채 및 자본총계) − ₩8,000(유동부채) − ₩13,000(자본총계) = ₩7,000 ▶ ①

10 회계처리　　(차) 재고자산(유동자산)　　　　　100,000　　(대) 매입채무(유동부채)　　　　100,000

1) 유동비율 = 유동자산 및 유동부채 모두 ₩100,000씩 증가하나 기존의 비율이 200%로 1을 초과하므로 유동부채의 증가폭이 더 크게 나타나 유동비율은 감소한다.

2) 당좌비율 = 재고자산은 당좌자산에 해당하지 않으며, 유동부채만 증가하므로 당좌비율은 감소한다.

3) 부채비율 = 부채총계는 증가하나 자본총계는 불변이므로 부채비율은 증가한다. ▶ ③

11

1) 회계처리

(차) 장기차입금(비유동부채) ××× (대) 현금(유동자산) ×××

2) 유동비율 = 유동자산 감소 ÷ 유동부채 불변 = 감소

3) 부채비율 = 부채 감소 ÷ 자본 불변 = 감소 ▶ ②

12

1) 유동자산 = ₩3,000,000(유동부채) × 300%(유동비율) = ₩9,000,000

2) 당좌자산 = ₩3,000,000(유동부채) × 200%(당좌비율) = ₩6,000,000

3) 기말재고자산 = ₩9,000,000(유동자산) − ₩6,000,000(당좌자산) = ₩3,000,000

4) 매출원가 = ₩3,000,000(기말재고자산) × 12회(재고자산회전율) = ₩36,000,000

5) 매출총이익 = ₩50,000,000 − ₩36,000,000 = ₩14,000,000 ▶ ②

13

1) 20×1년 말 유동자산 = ₩100,000(유동부채) × 400% = ₩400,000

2) 20×1년 말 당좌자산 = ₩100,000(유동부채) × 100% = ₩100,000

3) 20×1년 말 재고자산 = ₩400,000(유동자산) − ₩100,000(당좌자산) = ₩300,000

4) 재고자산회전율 = 360일 ÷ 36일 = 10회

5) 매출원가 = ₩200,000(평균재고자산) × 10회 = ₩2,000,000

6) 매출총이익 = ₩3,000,000(매출액) − ₩2,000,000(매출원가) = ₩1,000,000 ▶ ③

14

1) 유동자산 = ₩80,000(유동부채) × 120%(유동비율) = ₩96,000

2) 당좌자산 = ₩80,000(유동부채) × 70%(당좌비율) = ₩56,000

3) 기말재고자산 = ₩96,000(유동자산) − ₩56,000(당좌자산) = ₩40,000

4) 매출원가 = ₩25,000(기초재고) + ₩95,000(매입) − ₩40,000(기말재고) = ₩80,000 ▶ ④

15

1) 매출액 = ₩6,000(매출총이익) ÷ 60%(매출총이익률) = ₩10,000

2) 매출원가 = ₩10,000(매출액) × (1− 60%) = ₩4,000

3) 재고자산회전율 = ₩4,000 ÷ ₩400 = 10회

4) 유동자산 = ₩500(유동부채) × 200%(유동비율) = ₩1,000

5) 당좌자산 = ₩1,000(유동자산) − ₩400(재고자산) = ₩600

6) 당좌비율 = ₩600(당좌자산) ÷ ₩500(유동부채) = 120% ▶ ②

16

1) (가) 기업의 매출액 = ₩100,000(자산총액) × 1회(총자산회전율) = ₩100,000

   (가) 기업의 당기순이익 = ₩100,000(매출액) × 40%(매출액순이익률) = ₩40,000

2) (나) 기업의 매출액 = ₩200,000(자산총액) × 2회(총자산회전율) = ₩400,000

   (나) 기업의 당기순이익 = ₩400,000(매출액) × 30%(매출액순이익률) = ₩120,000

3) (다) 기업의 매출액 = ₩300,000(자산총액) × 3회(총자산회전율) = ₩900,000

   (다) 기업의 당기순이익 = ₩900,000(매출액) × 20%(매출액순이익률) = ₩180,000

4) (라) 기업의 매출액 = ₩400,000(자산총액) × 4회(총자산회전율) = ₩1,600,000

   (라) 기업의 당기순이익 = ₩1,600,000(매출액) × 10%(매출액순이익률) = ₩160,000 ▶ ③

17 1) 매출액 = ₩3,000(평균총자산액) × 0.5회(총자산회전율) = ₩1,500
2) 당기순이익 = ₩1,500(매출액) × 20%(매출액순이익률) = ₩300 ▶ ③

18 1) 레버리지비율 = ₩40,000(평균총자산) ÷ ₩10,000(평균자기자본) = 4배
2) 매출액순이익률 = ₩2,000(당기순이익) ÷ ₩20,000(매출액) = 10%
3) 총자산회전율 = ₩20,000(매출액) ÷ ₩40,000(평균총자산) = 0.5회
4) 자기자본이익률 = 10% × 0.5회 × 4배 = 20% ▶ ①

19 1) 평균총자산 = ₩100,000(당기순이익) ÷ 10%(총자산순이익률) = ₩1,000,000
2) 총자산회전율 = ₩2,000,000(매출액) ÷ ₩1,000,000(총자산) = 2회
3) 주당순이익 = 당기순이익 ÷ (발행주식수 − 자기주식수) = ₩100,000 ÷ (10,000주 − 1,000주) = ₩11.1111
4) 주가이익비율(PER) = 주가 ÷ 주당순이익 = ₩2,000 ÷ 11.111111 ≒ 180 ▶ ③

20 ① 이자보상비율은 기업의 안전성을 분석하는 비율이다.
② 총자산이익률 = 당기순이익/매출액 × 매출액/총자산
③ 총자산이익률은 수익성비율이다.
④ 이자보상비율은 그 비율이 높은 경우 지급능력이 양호하다고 판단할 수 있다. ▶ ②

21 ① 기본주당순이익 = (₩805,000 − ₩5,000) ÷ 1,000주 = ₩800
② 주가수익비율 = 주가 ÷ EPS = ₩4,000 ÷ ₩800 = 5배
③ 배당수익률 = 1주당 배당금 ÷ 주가 = ₩200 ÷ ₩4,000 = 5%
④ 배당성향 = 1주당 배당금 ÷ EPS = ₩200 ÷ ₩800 = 25% ▶ ③

22 1) 주당순이익 = ₩200,000 ÷ (50,000주 − 10,000주) = ₩5
2) 유통주식수 = 50,000주 − 10,000주(자기주식수) = 40,000주
3) 평균총자산 = ₩200,000(당기순이익) ÷ 20%(총자산순이익율) = ₩1,000,000
4) 총자산회전율 = ₩1,500,000(매출액) ÷ ₩1,000,000(평균총자산) = 1.5회 ▶ ①

23 1) 연평균총자산 = ₩50,000(매출액) ÷ 2.5회(총자산회전율) = ₩20,000
2) 연평균총자산(₩20,000) = (기초총자산(×) + 3×) ÷ 2
→ 기초총자산 = ₩10,000, 기말총자산 = ₩30,000
3) 자기자본 = ₩20,000(연평균총자산) ÷ 2 = ₩10,000
4) 자기자본순이익률 = ₩2,000(당기순이익) ÷ ₩10,000(자기자본) = 20% ▶ ①

제 21 장 ▶ 기타 회계

01 ① 확정급여채무의 현재가치란 종업원이 당기와 과거 기간에 근무용역을 제공하여 생긴 채무를 결제하기 위해 필요한 예상 미래지급액의 현재가치를 의미한다.
③ 순확정급여자산은 자산인식상한을 넘을 수 없기 때문에 순확정급여자산은 초과적립액과 자산인식상한 중 작은 금액으로 측정한다. ▶ ①

02
1) 기말 확정급여채무 현재가치 = ₩15,000(기초장부금액) + ₩1,500(이자비용) + ₩4,000(당기근무원가) − ₩3,000(퇴직금) + ₩2,500(확정급여채무 재측정손실) = ₩20,000
2) 기말 사외적립자산 공정가치 = ₩12,000(기초장부금액) + ₩1,200(이자수익) − ₩3,000(퇴직금) + ₩5,000(출연) + ₩600(사외적립자산 재측정이익) = ₩15,800
3) 20×1년 말 순확정급여부채 = ₩20,000(확정급여채무) − ₩15,800(사외적립자산) = ₩4,200 ▶ ①

03 주식결제형 주식기준보상은 부여일의 주식선택권 공정가치를 가득기간 동안 사용한다.
1) 20×2년 말 누적보상비용 = (100명 − 5명 − 7명) × 10개 × ₩100 × 2/4 = 44,000
2) 20×3년 주식보상비용 = (100명 − 6명 − 4명) × 10개 × ₩100 × 3/4 − ₩44,000 = ₩23,500 ▶ ②

04 토지에 대해 재평가모형을 적용하므로 연도 말 장부금액은 20×1년 12월 31일 공정가치에 공정가 평가일의 환율을 적용하여 표시한다.
1) 20×1년 12월 31일 토지의 장부금액 = $12,000 × ₩1,040 = ₩12,480,000
2) 유형자산처분이익 = $15,000 × ₩1,020 − ₩12,480,000 = ₩2,820,000 ▶ ③

05
1) 부채요소의 공정가치 = ₩110,000 × 0.8 + ₩2,000 × 1.5 = ₩91,000
2) 전환권대가 = ₩97,000(발행가액) − ₩91,000(부채요소) = ₩6,000 ▶ ②

06
1) 20×1년 초 부채요소 공정가치 = ₩1,000,000 × 0.71178 = ₩711,780
2) 20×1년 초 전환권대가 = ₩1,000,000 − ₩711,780 = ₩288,220
3) 20×3년 초 부채장부금액 = ₩711,780 × (1.12)² = ₩892,857
4) 전환권행사시 발행되는 주식수 = ₩1,000,000 ÷ ₩10,000 = 100주
5) 20×3년 초 전환권 행사시 증가하는 주식발행초과금 = ₩892,857(부채감소액) − (₩100주 × ₩5,000) + ₩288,220(전환권대가 대체액) = ₩681,077(단수차이 고려) ▶ ③

07 기초자산이 소액인지 여부는 상대적이 아닌 절대적 기준에 따라 평가한다. ▶ ②

08 제조자 또는 판매자인 리스제공자는 금융리스 체결과 관련하여 부담하는 원가를 리스개시일에 비용으로 인식한다(판매형리스). ▶ ④

09
1) 20×1년도 사용권자산 상각비 = ₩2,630 × 1/10 = ₩263
 * 리스이용자가 매수선택권을 행사할 것이 상당히 확실하므로 사용권자산의 상각기간은 기초자산의 내용연수가 된다.
2) 20×1년도 리스부채 이자비용 = ₩2,630 × 10% = ₩263
3) 20×1년도 포괄손익계산서의 당기순이익에 미치는 영향 = (₩263) + (₩263) = ₩526 감소 ▶ ②

10 보고기간 후부터 재무제표 발행승인일 전 사이에 배당을 선언한 경우, 보고기간 말의 부채로 인식하지 않고 배당선언일의 부채로 인식한다. ▶ ③

PART 02 원가관리회계

제1장 제조기업의 원가흐름

01 특정기간 동안 완성된 제품의 제조원가는 당기제품제조원가이며, 당기총제조원가는 특정기간 동안 재공품 계정에 가산되는 총금액으로 생산완료와는 상관없이 해당기간 동안 투입된 제조원가가 모두 포함된다. ▶ ③

02 기업은 의사결정 시 기회원가를 고려하여야 한다. ▶ ③

03 관련원가란 선택 가능한 두 가지 이상의 대안 간에 차이를 일으키는 미래원가를 말하며 의사결정과 직접 관련이 있는 원가이다. ▶ ③

04 가공비 = ₩3,000(직접노무비) + ₩500(감가상각비 – 공장건물) + ₩100(공장감독자 급여) + ₩200(기타 제조간접비) = ₩3,800 ▶ ①

05 1) 제조간접비 = ₩20,000(공장건물감가상각비) + ₩18,000(간접노무원가) + ₩12,000(공장수도광열비)
     + ₩7,000(공장소모품비) = ₩57,000
   2) 12월 말 가공원가 = ₩30,000(직접노무원가) + ₩57,000(제조간접원가) = ₩87,000 ▶ ③

06 1) 직접재료원가 발생액 = ₩3,000(기초직접재료) + ₩1,000(직접재료 구입액) – ₩1,000(기말직접재료)
          = ₩3,000
   2) 제조간접원가 = ₩5,000(공장설비 감가상각비) + ₩1,000(공장감독자 급여) + ₩2,000(기타제조간접원가)
          = ₩8,000
   3) 당기총제조원가 = ₩3,000(직접재료원가) + ₩3,000(직접노무원가) + ₩8,000(제조간접원가)
          = ₩14,000
   4) 당기제품제조원가 = ₩10,000(기초재공품) + ₩14,000(당기총제조원가) – ₩8,000(기말재공품)
          = ₩16,000 ▶ ②

07 1) 제조간접원가 = ₩50,000(간접재료원가) + ₩50,000(공장감가상각비) + ₩60,000(공장냉난방비)
          = ₩160,000
   2) 직접노무원가 = ₩300,000(가공원가) – ₩160,000(제조간접원가) = ₩140,000
   3) 직접재료원가 = ₩350,000(기본원가) – ₩140,000(직접노무원가) = ₩210,000 ▶ ③

08 1) 기초원가 = ₩60,000(직접재료원가) + ₩15,000(직접노무원가) = ₩75,000
   2) 제조간접원가 = ₩10,000(공장건물감가상각비) + ₩7,000(공장수도광열비) + ₩5,000(공장소모품비)
     + ₩15,000(간접재료원가) + ₩7,500(간접노무원가) = ₩44,500
   3) 전환원가 = ₩15,000(직접노무원가) + ₩44,500(제조간접원가) = ₩59,500 ▶ ①

09 1) 제품단위당 기본원가 = ₩28,000(단위당 직접재료원가)+₩40,000(단위당 직접노무원가) = ₩68,000
   2) 제품단위당 가공(전환)원가 = ₩40,000(단위당 직접노무원가) + ₩60,000(단위당 변동제조간접원가)
     + [₩200,000 ÷ 20단위](단위당 고정제조간접원가) = ₩110,000 ▶ ①

10　1) 당기총제조원가 = ₩30,000(직접재료비) + ₩15,000(직접노무비) + ₩25,000(제조간접비) = ₩70,000

　　2) 당기제품제조원가 = ₩10,000(기초재공품) + ₩70,000(당기총제조원가) − ₩15,000(기말재공품)
　　　　　　　　　　　 = ₩65,000

　　3) 매출원가 = ₩40,000(기초제품) + ₩65,000(당기제품제조원가) − ₩35,000(기말제품) = ₩70,000
　　　▶ ④

11　1) 직접재료원가 = ₩50,000(기초원재료) + ₩700,000(당기매입액) − ₩100,000(기말원재료)
　　　　　　　　　 = ₩650,000

　　2) 당기총제조원가 = ₩650,000(직접재료원가) + ₩350,000(직접노무원가) + ₩500,000(제조간접원가)
　　　　　　　　　　　 = ₩1,500,000

　　3) 당기제품제조원가 = ₩200,000(기초재공품) + ₩1,500,000(당기총제조원가) − ₩500,000(기말재공품)
　　　　　　　　　　　 = ₩1,200,000

　　4) 매출원가 = ₩300,000(기초제품) + ₩1,200,000(당기제품제조원가) − ₩200,000(기말제품)
　　　　　　　　 = ₩1,300,000
　　　▶ ②

12　1) 직접재료원가 = ₩100,000(기초재료) + ₩200,000(재료구입액) − ₩80,000(기말재료) = ₩220,000

　　2) 당기총제조원가 = ₩220,000(직접재료원가) + ₩150,000(직접노무원가) + ₩155,000(제조간접원가)
　　　　　　　　　　　 = ₩525,000

　　3) 당기제품제조원가 = ₩120,000(기초재공품) + ₩525,000(당기총제조원가) − ₩150,000(기말재공품)
　　　　　　　　　　　 = ₩495,000

　　4) 매출원가 = ₩150,000(기초제품) + ₩495,000(당기제품제조원가) − ₩200,000(기말제품)
　　　　　　　　 = ₩445,000
　　　▶ ①

13

재고자산			
기초직접재료	₩30,000	기말직접재료	₩40,000
직접재료매입액	110,000	기말재공품	30,000
기초재공품	50,000	기말제품	50,000
가공원가발생액	200,000	매출원가	?
기초제품	70,000		
합계	₩460,000	합계	₩460,000

→ 매출원가 = ₩340,000
　　　▶ ①

14

재고자산			
기초직접재료	₩10,000	기말직접재료	₩20,000
직접재료매입액	610,000	기말재공품	200,000
기초재공품	100,000	기말제품	50,000
가공원가	?	매출원가	2,050,000
기초제품	100,000		
합계	₩2,320,000	합계	₩2,320,000

　　1) 가공원가 = ₩2,320,000 − ₩820,000 = ₩1,500,000

　　2) 직접노무원가 = ₩1,500,000(가공원가) ÷ 300% = ₩500,000

　　3) 제조간접원가 = ₩1,500,000(가공원가) − ₩500,000(직접노무원가) = ₩1,000,000
　　　▶ ②

15 1) 매출원가 = ₩1,800(기초제품) + ₩13,600(당기제품제조원가) − ₩2,080(기말제품) = ₩13,320

    2) 매출액 = ₩13,320(매출원가) + ₩2,640(매출총이익) = ₩15,960   ▶ ④

16 1) 당기제품제조원가 = ₩650,000(기초재공품) + ₩9,000,000(당기총제조원가) − ₩700,000(기말재공품)

                  = ₩8,950,000

    2) 매출원가 = ₩600,000(기초제품) + ₩8,950,000(당기제품제조원가) − ₩1,250,000(기말제품)

                  = ₩8,300,000

    3) 매출액 = ₩8,300,000(매출원가) ÷ (1 − 17%) = ₩10,000,000

    4) 매출총이익 = ₩10,000,000 × 17% = ₩1,700,000   ▶ ④

17

재고자산			
기초원재료	₩18,000	기말원재료	₩16,000
직접재료 매입액	150,000	기말재공품	14,000
기초재공품	4,000	기말제품	12,000
가공원가	594,000	매출원가	?
기초제품	16,000		

→ 매출원가 = ₩740,000   ▶ ③

18 1) 직접재료원가 = ₩34,000(기초원재료) + ₩56,000(원재료매입액) − ₩10,000(기말원재료) = ₩80,000

    2) 직접노무원가 = ₩320,000(기본원가) − ₩80,000(직접재료원가) = ₩240,000

    3) 가공원가 = ₩240,000(직접노무원가) ÷ 0.4 = ₩600,000

    4) 당기제품제조원가 = ₩37,000(기초재공품) + ₩80,000(직접재료원가) + ₩600,000(가공원가)

      − ₩20,000(기말재공품) = ₩697,000

    5) 매출원가 = ₩10,000(기초제품) + ₩697,000(당기제품제조원가) − ₩48,000(기말제품) = ₩659,000

    ▶ ①

19

재고자산			
기초직접재료	₩20,000	기말직접재료	₩25,000
직접재료 매입액	125,000	기말재공품	30,000
기초재공품	35,000	기말제품	110,000
가공원가	?	매출원가	340,000
기초제품	100,000		

    1) 가공원가 = ₩225,000

    2) 직접노무원가 = ₩225,000(가공원가) ÷ 1.5 = ₩150,000

    3) 기초(기본)원가 = ₩120,000(직접재료원가) + ₩150,000(직접노무원가) = ₩270,000   ▶ ④

20

재고자산			
기초직접재료	₩2,000	기말직접재료	₩7,000
직접재료 매입액	15,000	기말재공품	5,000
기초재공품	8,000	기말제품	10,000
가공원가	(?)	매출원가(₩60,000/1.2)	50,000
기초제품	7,000		

→ 가공원가 = ₩40,000

1) 직접노무원가 = ₩40,000(가공원가) × 60% = ₩24,000

2) 기초원가 = ₩10,000(직접재료원가) + ₩24,000(직접노무원가) = ₩34,000 　　　▶ ③

21

재공품			
기초재공품	₩25,000	당기제품제조원가	₩130,000
직접재료원가	?		
가공원가	75,000	기말재공품	20,000

→ 직접재료원가 = ₩50,000

1) 직접노무원가 = ₩85,000(기본원가) − ₩50,000(직접재료원가) = ₩35,000

2) 직접재료매입액 = ₩50,000(직접재료원가 발생액) + ₩13,000(기말재료) − ₩18,000(기초재료)
　　　= ₩45,000 　　　▶ ①

22

재공품			
기초재공품	0.8X	당월제품제조원가	₩1,940,000
당월총제조원가	₩2,000,000	기말재공품	X

→ 기말재공품 = ₩300,000

1) 직접재료원가를 Y라고 하면
　　당기총제조원가(₩2,000,000) = Y + ₩300,000 × 0.6 + 0.4Y
　　→ 직접재료원가(Y) = ₩1,300,000 　　　▶ ④

23

1) 당기총제조원가(₩2,000) = 직접재료비(₩900) + 직접노무비(₩700) + 제조간접원가(㉠)
　　→ 제조간접원가(㉠) = ₩400

2) 당기제품제조원가(₩13,000) = ₩14,000(기초재공품) + ₩2,000(당기총제조원가) − 기말재공품(㉡)
　　→ 기말재공품(㉡) = ₩3,000

3) 매출원가(㉣) = ₩25,000(매출액) − ₩8,000(매출총이익) = ₩17,000

4) 기말제품재고액(㉢) = ₩8,000(기초제품) + ₩13,000(당기제품제조원가) − ₩17,000(매출원가)
　　= ₩4,000 　　　▶ ③

24

1) 제조간접원가 = ₩100(감가상각비 생산현장) + ₩50(CEO급여의 1/3) = ₩150

2) 직접노무원가발생액 = 직접노무원가 지급액 = ₩450

3) 직접재료원가발생액 = (₩450 + ₩150) × 50% = ₩300

4) 재공품 및 제품의 기초, 기말 금액이 동일하므로 당기제품제조원가가 곧 매출원가가 된다.

5) 매출총이익 = ₩2,000(매출액) − ₩900(매출원가) = ₩1,100 　　　▶ ②

25 1) 직접노무원가 발생액 = ₩25,000(현금지급한 임금) + ₩10,000(6월 말 미지급임금) − ₩5,000(6월 초 미지급임금) = ₩30,000

2) 매출원가

재고자산(직접재료 + 재공품 + 제품)			
기초직접재료	₩3,000	기말직접재료	₩2,000
직접재료 매입액	35,000	기말재공품	2,000
기초재공품	6,000	기말제품	8,000
가공원가	52,000	매출원가	93,000
기초제품	9,000		

▶ ④

26

재고자산			
기초 직접재료	₩20	기말 직접재료	₩15
직접재료 매입액	350	기말재공품	10
기초재공품	30	기말제품	10
직접노무원가	250	매출원가	740
제조간접원가	105		
기초제품	20		

1) 제조간접원가 = ₩80(간접노무원가) + ₩10(공장 임차료) + ₩15(공장 수도광열비) = ₩105

2) 매출총이익 = ₩1,400(매출액) − ₩740(매출원가) = ₩660

▶ ①

27

재고자산			
기초직접재료	₩6,000	기말직접재료	₩4,000
직접재료 매입액	10,000	기말재공품	6,000
가공원가	20,000	기말제품	40,000
기초재공품	4,000	매출원가	40,000
기초제품	50,000		

→ 매출액 = ₩40,000(매출원가) ÷ (1 − 60%) = ₩100,000

▶ ③

제2장 개별원가계산

01 기말재공품원가(병) = ₩100(기초재공품) + ₩160(직접재료원가) + ₩40(직접노무원가) + ₩300(제조간접원가) = ₩600

* 병에 배부되는 제조간접원가 = ₩1,000 ×(300시간/1,000시간) = ₩300

▶ ②

02 1) 당기제품제조원가(제조지시서 #1) = ₩2,000,000

2) 매출원가 = ₩400,000(기초제품) + ₩2,000,000(당기제품제조원가) − ₩500,000(기말제품)
= ₩1,900,000

▶ ②

03 기말재공품 원가는 지시서 #3의 원가합에 해당한다.
   1) #3의 제조간접비 = ₩9,000 × (₩1,000/₩5,000) = ₩1,800
   2) 기말재공품원가(#3) = ₩1,000 + ₩2,500 + ₩1,800 = ₩5,300 ▶②

04 1) 제조간접원가(예산) = ₩5,000(간접재료원가) + ₩20,000(공장건물 임차료) + ₩7,000(공장설비 감가상각비) + ₩13,000(공장설비 보험료) = ₩45,000
   2) 제조간접원가 예정배부율 = ₩45,000(예산) ÷ 10,000시간 = ₩4.5/기계시간 ▶②

05 당기총제조원가 = 직접재료원가 + 직접노무원가 + 제조간접원가(예정배부액)
   = ₩3,000 + 30시간 × ₩12 + 100시간 × ₩11 = ₩4,460 ▶①

06 ※ C제품은 생산완료 되었으나 미판매되었으니 기말제품에 해당한다.
   1) 기말제품원가 = ₩180,000(당기제품제조원가) − ₩60,000(매출원가) = ₩120,000
   2) C제품의 가공원가 = ₩120,000 × 40% = ₩48,000
   3) C제품의 가공원가(₩48,000) = 직접노무원가 + 직접노무원가 × 1.4
      → 직접노무원가 = ₩20,000 ▶②

07 1) 제조간접비 예정배부율 = ₩500,000 ÷ 1,000시간 = ₩500(직접노동시간)
   2) 제조간접비 예정배부액 = 1,100시간 × ₩500 = ₩550,000
   3) 배부차이 : ₩530,000(실제발생액) < ₩550,000(예정배부액) = ₩20,000 과대배부 ▶①

08 1) 예정배부율 = ₩400,000 ÷ 40,000시간 = ₩10(기계가동시간)
   2) 제조간접원가 예정배부액 = 3,200시간 × ₩10 = ₩32,000
   3) 배부차이 : ₩34,000(실제발생액) > ₩32,000(예정배부액) = ₩2,000 과소배부 ▶①

09 1) 제조간접원가 예정배부율 = ₩130,000(예산) ÷ 10,000시간(예정조업도) = ₩13(직접노무시간)
   2) 제조간접원가 예정배부액 = 9,000시간(실제조업도) × ₩13(예정배부율) = ₩117,000
   3) 제조간접원가 배부차이 = ₩120,000(실제발생액) > ₩117,000(예정배부액) = ₩3,000 과소배부
   ▶①

10 1) 제조간접원가 예정배부율 = ₩3,000,000 ÷ ₩2,000,000 = ₩1.5(직접재료원가)
   2) 제조간접원가 배부액 = ₩3,000,000 × ₩1.5 = ₩4,500,000
   3) 배부차이 = ₩4,550,000(실제발생액) > ₩4,500,000(예정배부액) = ₩50,000 과소배부 ▶④

11 1) 제조간접원가 예정배부액 = ₩22,000(실제발생액) + ₩2,000(과대배부) = ₩24,000
   2) ₩24,000(예정배부액) = 200시간(직접노동시간) × 제조간접원가 예정배부율
      → 제조간접원가 예정배부율 = ₩120
   3) 제조간접원가 예정배부율(₩120) = ₩30,000(제조간접원가 예산액) ÷ 정상조업도
      → 정상조업도 = 250시간 ▶④

12　1) 제조간접원가 예정배부율 = ₩200,000 ÷ 100,000시간 = ₩2(기계작업시간)

　　　2) 제조간접원가 예정배부액 = 80,000시간(실제작업시간) × ₩2 = ₩160,000

　　　3) 실제발생액 = ₩160,000 + ₩20,000(과소배부액) = ₩180,000　　　　　▶ ③

13　1) 예정배부율 = ₩2,000 ÷ 200시간 = ₩10(직접노무시간)

　　　2) 예정배부액 = 210시간 × ₩10 = ₩2,100

　　　3) 실제발생액 = ₩2,100 − ₩200(과대배부) = ₩1,900　　　　　▶ ③

14　1) 제조간접원가 예정배부액 = ₩52,500(실제발생액) + ₩2,500(과대배부액) = ₩55,000

　　　2) 실제 직접노무시간 = ₩55,000 ÷ ₩100(예정배부율) = 550시간

　　　3) 제조간접비 예정배부율(₩100) = 제조간접비 예산 ÷ 예상직접노무시간(550시간 − 50시간)

　　　　→ 제조간접비 예산 = ₩50,000　　　　　▶ ①

15　1) 제조간접원가 예정배부율 = ₩150,000(제조간접원가 예산) ÷ 3,000시간(예상 기계 가동시간) = ₩50

　　　2) 제조간접원가 예정배부액 = 3,200시간(실제 기계가동시간) × ₩50(예정배부율) = ₩160,000

　　　3) 실제 발생한 제조간접원가 = ₩160,000(예정배부액) + ₩5,000(과소배부) = ₩165,000　　　　　▶ ②

16　1) 제조간접원가 예정배부액 = ₩600,000(실제 발생한 제조간접원가) − ₩150,000(과소배부) = ₩450,000

　　　2) 제조간접원가 예정배부율 = ₩450,000(예정배부액) ÷ 45,000시간(실제조업도) = ₩10

　　　3) 예정기계가동시간 = ₩500,000(제조간접원가 예산) ÷ ₩10(예정배부율) = 50,000시간　　　　　▶ ①

17　원가요소별 비례배분법은 기말의 재공품, 제품 및 매출원가에 포함되어 있는 제조간접원가 예정배부액의 비율
　　　에 따라 제조간접원가 배부차이를 조정한다.　　　　　▶ ②

18　1) 제조간접비 예정배부율 = ₩250,000 ÷ ₩200,000 = ₩1.25(직접노무비)

　　　2) 제조간접비 예정배부액 = ₩180,000 × ₩1.25 = ₩225,000

　　　3) 배부차이 : ₩233,000(실제발생액) > ₩225,000(예정배부액) = ₩8,000 과소배부

　　　* 제조간접비가 과소배부되었으니 배부차이만큼 매출원가를 늘리는 분개가 필요하다.

　　　　(차) 매출원가　　　　　　　　　8,000　　　(대) 제조간접비　　　　　　　　8,000

　　　　　　　　　　　　　　　　　　　　　　　　　　　　　　　　　　　　▶ ②

19

재공품				제품			
기초재공품	5,600	당기제품제조원가	47,900	기초제품	4,700	**매출원가**	**44,600**
당기총제조원가				당기제품제조원가		기말제품	8,000
직접재료원가	24,000	기말재공품			47,900		
직접노무원가	16,000	직접재료원가	1,200				
제조간접비	8,000	직접노무원가	3,000				
(예정배부)		제조간접원가	1,500				

　1) 배부차이 조정 후 매출원가(₩49,400) − 배부차이 조정 전 매출원가(₩44,600) = ₩4,800

　2) 실제 제조간접원가 = ₩8,000(예정배부액) + ₩4,800(배부차이) = ₩12,800　　　　　▶ ③

20 1) 매출원가에 배부될 배부차이 = ₩9,000 × (₩450,000/₩500,000) = ₩8,100
　　2) 배부차이 조정 = ₩450,000 − ₩8,100(과대배부) = ₩441,900
　　　 (차) 제조간접원가　　　　　　　　　 8,100　　　(대) 매출원가　　　　　　　　　 8,100
　　　　　　　　　　　　　　　　　　　　　　　　　　　　　　　　　　　　　　　▶ ②

21 1) 당기총제조원가 = ₩12,000(직접재료원가) + ₩8,000(직접노무원가) + ₩4,000(제조간접비예정배부액)
　　　　　　　 = ₩24,000
　　2) 기말재공품원가 = ₩6,000(기초재공품) + ₩24,000(당기총제조원가) − ₩24,000(당기제품제조원가)
　　　　　　　 = ₩6,000
　　3) 기말재공품원가(₩6,000) = 직접재료원가 + ₩1,000(직접노무원가) + ₩500(제조간접원가)
　　　 → 직접재료원가 = ₩4,500　　　　　　　　　　　　　　　　　　　　　　　　　　▶ ③

22 실제발생 제조간접비보다 예정배부된 제조간접비가 더 많으므로 제조간접원가는 과대배부되었다.
　　1) 재공품에 배부되는 배부차이 = ₩100,000 × (₩500,000/₩2,000,000) = ₩25,000
　　2) 기말제품에 배부되는 배부차이 = ₩100,000 × (₩300,000/₩2,000,000) = ₩15,000
　　　 → 배부차이 조정 후 기말제품 = ₩300,000 − ₩15,000 = ₩285,000
　　3) 매출원가에 배부되는 배부차이 = ₩100,000 × (₩1,200,000/₩2,000,000) = ₩60,000　　▶ ③

제 3 장	보조부문 원가의 배부

01 직접배부법은 보조부문 간의 용역수수관계를 고려하지 않으므로 적용이 간편하여 실무에서 많이 이용되는 방법이다.　　　　　　　　　　　　　　　　　　　　　　　　　　　　　　　　　　　　▶ ④

02 ① 보조부문원가도 제조에 기여하므로 비용처리하지 않고 제조부문에 배부하여야 한다.
　　② 보조부문 배부순서가 중요한 방법은 단계배부법이다.
　　④ 보조부문 상호간의 용역수수관계가 중요하지 않을 때 적당한 방법은 직접배부법이다. 상호배부법은 보조부문 상호간의 용역수수관계가 중요할 때 적당한 방법이다.　　　　　　　　　　　▶ ③

03 직접배분법이 상호배분법에 비해 적용과 계산이 간단한 방법이다.　　　　　　　　　　▶ ④

04 1) 변동원가(실제공급노동시간 기준) = ₩40,000 × (500시간/1,000시간) = ₩20,000
　　2) 고정원가(최대공급노동시간 기준) = ₩12,000 × (500시간/1,200시간) = ₩5,000
　　3) 조립부문에 배부될 원가 = ₩20,000 + ₩5,000 = ₩25,000　　　　　　　　　　　▶ ③

05 이중배부율법은 변동원가는 실제 사용량을 기준으로 배부하며, 고정원가는 최대사용가능량을 기준으로 배부하는 방법이다.
  1) 동력부원가의 배분(절단부)
   • 변동원가 = ₩50,000 × (300kw/500kw) = ₩30,000
   • 고정원가 = ₩100,000 × (500kw/1,000kw) = ₩50,000
  2) 동력부원가의 배분(조립부)
   • 변동원가 = ₩50,000 × (200kw/500kw) = ₩20,000
   • 고정원가 = ₩100,000 × (500kw/1,000kw) = ₩50,000 ▶ ②

06 조립부문에 배부될 보조부문원가
= ₩100,000(변동원가) × (300kw/1,000kw) + ₩225,000 × (500kw/1,500kw) = ₩105,000 ▶ ②

07 직접배부법은 보조부문간의 배부는 고려하지 않고 제조부문에만 배부하는 방법이다.
동력부 배부 : 제1제조부(₩144,000), 제2제조부(₩96,000)
 • 제1제조부 : ₩240,000 × (30%/50%) = ₩144,000
 • 제2제조부 : ₩240,000 × (20%/50%) = ₩96,000 ▶ ①

08 1) 수선부 배분 : 전력부(₩8,000), A공정(₩8,000), B공정 (₩4,000)
  2) 전력부 배분(₩12,000 + ₩8,000) : A공정(₩10,000), B공정(₩10,000)
  3) A공정에 배부되는 금액 = ₩8,000 + ₩10,000 = ₩18,000 ▶ ④

09 단계배부법에서 (B) 보조부문이 (A) 보조부문에 제공하는 서비스 비율이 더 크기 때문에 (B) 보조부문부터 배부한다.
  1) (B) 보조부문 배부 : (A) 보조부문(₩18,000), (가) 제조부문(₩24,000), (나) 제조부문(₩18,000)
  2) (A) 보조부문 배부(₩68,000) = (가) 제조부문(₩34,000), (나) 제조부문(₩34,000)
  3) (가) 제조부문원가 = ₩120,000 + ₩24,000 + ₩34,000 = ₩178,000
  4) (나) 제조부문원가 = ₩130,000 + ₩18,000 + ₩34,000 = ₩182,000 ▶ ②

10 1) 수선부 원가배분 : ₩2,000(전력부), ₩5,000(제조부문A), ₩3,000(제조부문B)
  2) 전력부 원가배분(₩7,000 + ₩2,000) : ₩6,000(제조부문A), ₩3,000(제조부문B)
   * 제조부문A = ₩9,000 × (₩1,000/₩1,500) = ₩6,000
  3) 제조부문 A에 배부되는 보조부문원가 = ₩5,000 + ₩6,000 = ₩11,000 ▶ ①

11 1) 수선부문비 배부 : 동력부문(₩5,000), 제1제조부문(₩10,000), 제2제조부문(₩5,000)
  2) 동력부문비 배부(₩45,000) = 제1제조부문(₩25,000), 제2제조부문(₩20,000)
   * 제1제조부문 배부액 = ₩45,000 × (₩5,000/₩9,000) = ₩25,000
  3) 제1제조부문비 합계 = ₩100,000 + ₩10,000 + ₩25,000 = ₩135,000 ▶ ④

12 1) 보조부문간의 용역 수수관계에 따른 연립방정식
   • X = ₩100,000 + 0.5Y
   • Y = ₩120,000 + 0.4 X
    → X = ₩200,000, Y = ₩200,000
  2) P1에 배부되는 보조부문원가 = ₩200,000 × 30% + ₩200,000 × 20% = ₩100,000
  3) P2에 배부되는 보조부문원가 = ₩200,000 × 30% + ₩200,000 × 30% = ₩120,000 ▶ ②

13 1) 보조부문 용역수수관계를 고려한 연립방정식
  • A = ₩200,000 + 0.2B
  • B = ₩350,000 + 0.5A
    → A = ₩300,000, B = ₩500,000
2) Y부문에 배부될 보조부문 원가 = ₩300,000 × 40% + ₩500,000 × 40% = ₩320,000
3) 제조부문 Y에서 개별제품에 배부해야 할 원가총액 = ₩1,200,000 + ₩320,000 = ₩1,520,000

▶ ③

제 4 장　결합원가계산

01 1) 분리점에서의 판매가치
  • A = 4,000kg × 3/5 × ₩40 = ₩96,000
  • B = 4,000kg × 2/5 × ₩60 = ₩96,000
2) 연산품 B에 배부되는 결합원가 = ₩500,000 × (₩96,000/₩192,000) = ₩250,000　▶ ①

02 1) 제품 A의 순실현가치 = 2,000단위 × (₩400 − ₩100) = ₩600,000
  제품 B의 순실현가치 = 5,000단위 × (₩160 − ₩80) = ₩400,000
2) 결합원가 배분액
  제품 A = ₩350,000 × (₩600,000/ ₩1,000,000) = ₩210,000
  제품 B = ₩350,000 × (₩400,000/₩1,000,000) = ₩140,000
3) 제조원가
  제품 A = ₩210,000(결합원가) + ₩200,000(추가가공원가) = ₩410,000
  제품 B = ₩140,000(결합원가) + ₩400,000(추가가공원가) = ₩540,000
4) 매출총이익
  제품 A = ₩800,000 − ₩410,000 = ₩390,000
  제품 B = ₩800,000 − ₩540,000 = ₩260,000　▶ ②

03
```
        ┌ + 추가공정 B ───────────→ 고급철강제품 '갑'(400톤 ₩8,000)
A공정 ┤   (₩800,000)
        └ + 추가공정 C ───────────→ 일반철강제품 '을'(600톤 ₩5,000)
            (₩400,000)
```
1) 갑의 순실현가치 = (400톤 × ₩8,000) − ₩800,000 = ₩2,400,000
2) 을의 순실현가치 = (600톤 × ₩5,000) − ₩400,000 = ₩2,600,000
3) 결합원가 배분
  • A : ₩1,000,000 × (₩2,400,000/₩5,000,000) = ₩480,000
  • B : ₩1,000,000 × (₩2,600,000/₩5,000,000) = ₩520,000
4) 을의 제조원가 = ₩520,000(결합원가) + ₩400,000(추가원가) = ₩920,000　▶ ①

04   1) 연산품 A의 순실현가치 = ₩10,000 − ₩2,000 = ₩8,000
      2) 연산품 B의 순실현가치 = ₩48,000 − ₩6,000 = ₩42,000
      3) 연산품 B에 배분될 결합원가 = ₩40,000 × (₩42,000/₩50,000) = ₩33,600   ▶ ③

05

A의 순실현가치	(100kg × ₩500) − ₩15,000 = ₩35,000
B의 순실현가치	(150kg × ₩300) − ₩8,000 = ₩37,000
C의 순실현가치	(200kg × ₩200) − ₩12,000 = ₩28,000
합계	₩100,000

      1) 결합원가의 배분
        • A = ₩70,000 × (₩35,000/₩100,000) = ₩24,500
        • B = ₩70,000 × (₩37,000/₩100,000) = ₩25,900
        • C = ₩70,000 × (₩28,000/₩100,000) = ₩19,600
      2) A의 총제조원가 = ₩24,500(결합원가 배부액) + ₩15,000(개별원가) = ₩39,500
        → A의 단위당 제조원가 = ₩39,500 ÷ 100kg = ₩395/kg   ▶ ③

06   1) 매출총이익률 = 매출총이익 ÷ 매출액 = (₩400 − ₩300) ÷ ₩400 = 25%
      2) A의 매출원가 = ₩100 × (1 − 25%) = ₩75
        = ₩50(A의 추가가공원가) + ₩25(A의 결합원가배부액)
        → A의 결합원가배부액 = ₩25, B의 결합원가배부액 = ₩175   ▶ ①

07   1) 회사 전체의 매출액 = ₩100,000(A) + ₩80,000(B) + ₩120,000(C) = ₩300,000
      2) 회사 전체의 매출원가 = ₩120,000(결합원가) + ₩60,000(C의 추가가공원가) = ₩180,000
      3) 회사 전체의 균등매출총이익률 = ₩120,000 ÷ ₩300,000 = 40%
      4) 제품 C에 배부될 결합원가 = ₩120,000 × 60% − ₩60,000(C의 추가가공원가) = ₩12,000   ▶ ①

제 5 장   활동기준원가계산

01   1) 생산준비활동별 배부율 = ₩100,000 ÷ 100회 = ₩1,000(생산준비횟수)
      2) 기계사용시간별 배부율 = ₩600,000 ÷ 300시간 = ₩2,000(기계사용시간)
      3) 품질검사별 배부율 = ₩80,000 ÷ 200회 = ₩400(검사수행횟수)
      4) 제품 Z의 총원가 = ₩50,000(기초원가) + 10회 × ₩1,000 + 20시간 × ₩2,000 + 10회 × ₩400
        = ₩104,000   ▶ ④

02   1) 제품 A의 매출원가 = 100개 × ₩700 − ₩20,000(매출총이익) = ₩50,000
      2) 제품 A의 제조원가(₩50,000) = ₩30,000(직접재료원가) + ₩10,000(직접노무원가) + 500시간
        × ₩15 + 200시간 × ₩10 + 생산준비횟수 × ₩50
        → 생산준비횟수 = 10회   ▶ ②

03   1) 고급형 제조간접원가 = ₩6,000 × (10회/30회) + ₩9,000 × (100시간/200시간) = ₩6,500
     2) 고급형 총제조원가 = ₩5,000 + ₩3,500 + ₩6,500 = ₩15,000
     3) 고급형 단위당 제조원가 = ₩15,000 ÷ 100개 = ₩150   ▶ ④

04   활동기준원가계산은 오히려 제품의 종류가 다양하고 생산수량이 줄어들 때 도입할 실익이 크다.
     1) 제품 A에 배부되는 제조간접비 = ₩400 × (2개/4개) + ₩600 × (1회/6회) = ₩300
     2) 제품 B에 배부되는 제조간접비 = ₩400 × (2개/4개) + ₩600 × (5회/6회) = ₩700   ▶ ③

05   1) 제품단위당 재료원가 = ₩6,000 ÷ 100단위 = ₩60
     2) 제품단위당 가공원가 = 4시간 × ₩10 + 5개 × ₩6 = ₩70
     3) 매출총이익 = 100단위 × (₩200 − ₩130) = ₩7,000   ▶ ①

06   활동별로 원가를 계산하는 경우 활동별로 배부기준을 각각 설정하기 때문에 재무제표 정보의 정확성은 높아지
     지만 신속한 작성은 어려워지게 되었다.   ▶ ③

제 6 장   종합원가계산

01   1) 가공원가의 완성품환산량 = 60개 + 40개 × 50% = 80개
     2) 재료원가 완성품환산량 단위당 원가 = ₩10,000 ÷ 100개 = ₩100
     3) 가공원가 완성품환산량 단위당 원가 = ₩24,000 ÷ 80개 = ₩300
     4) 기말재공품원가 = 40개 × ₩100 + 20개 × ₩300 = ₩10,000   ▶ ②

02   1) 완성품환산량 = 500개 + 80개 × 50% = 540개
     2) 완성품환산량 단위당원가 = ₩675,000 ÷ 540개 = ₩1,250   ▶ ③

03   ② 선입선출법이 실제 물량흐름에 보다 충실한 원가흐름이다.
     ③ 선입선출법은 기초재공품원가와 당기발생원가를 구분하기 때문에 원가계산이 평균법에 비해 정확하다는
       장점이 있다.
     ④ 선입선출법은 기초재공품을 우선적으로 가공하여 완성시킨 후 당기투입분을 완성한다고 가정한다. ▶ ①

04   평균법은 기초재공품과 당기착수량이 섞여 당기완성품수량이 된다고 보는 방법이다.
     가공원가 완성품환산량 = 10,000개 + 5,000개 × 50% = 12,500개
     * 당기완성품수량 = 20,000개(당기판매량) + 15,000개(기말제품) − 25,000개(기초제품) = 10,000개   ▶ ②

05   1) 완성품 단위당 가공원가 = ₩2,400,000 ÷ 4,800단위 = ₩500
     2) 가공원가 완성품환산량 단위당원가(₩500) = (₩250,000 + ₩2,250,000) ÷ 완성품환산량
       → 가공원가 완성품환산량 = 5,000개
     3) 당기 기말재공품의 가공원가 완성품환산량 = 5,000개 − 4,800개 = 200개   ▶ ③

06 1) 가공원가 완성품환산량 = 250,000개 + 50,000단위 × 70% = 285,000개

2) 가공원가 완성품환산량 단위당원가 = (₩14,000 + ₩100,000) ÷ 285,000개 = ₩0.4(개)

3) 기말재공품에 배부되는 가공원가 = 35,000단위 × ₩0.4 = ₩14,000　　　▶ ②

07

재공품				완성품환산량
기초재공품	10개(0.5)	완성품수량	40개	40개
당기착수량	50개	기말재공품	20개(0.5)	10개
				합계 : 50개

1) 완성품환산량 단위당 원가 = (₩5,000 + ₩15,000) ÷ 50개 = ₩400

2) 기말재공품 원가 = 10개 × ₩400 = ₩4,000　　　▶ ⑤

08 재료원가 완성품환산량 = 2,000개(기초재공품) × 30% + 3,000개(당기투입완성) × 100% + 2,000개(기말재공품) × 50% = 4,600개　　　▶ ②

09

재공품(선입선출법)				재료원가	가공원가
기초재공품		완성품수량	3,300		
	300개(1)(0.3)	기초재공품	300개(0)(0.7)	–	210개
		당기착수완성	3,000개	3,000개	3,000개
당기착수량	3,500개	기말재공품	500개(1)(0.4)	500개	200개
		합계 :		3,500개	3,410개

▶ ④

10

재공품(선입선출법)				재료원가	가공원가
기초재공품	500	완성품	5,800		
		기초재공품	500(1)(0.7)	500	350
전공정대체	5,500	당기착수완성	5,300(1)(1)	5,300	5,300
		기말재공품	200(0)(0.3)	–	60
		합계 :		5,800개	5,710개

▶ ③

11 선입선출법 가공원가 완성품환산량 = 300개(기초재공품) × (1 − 50%) + 700개(당기착수완성) × 100% + 500개(기말재공품) × 40% = 1,050개　　　▶ ③

12 1) 기말재공품의 가공원가(₩60,000) = 기말재공품의 가공원가 완성품환산량 × ₩200(기말재공품의 완성품환산량 단위당 원가)

　　→ 기말재공품의 가공원가 완성품환산량 = 300개

2) 기말재공품의 가공원가 완성품환산량(300개) = 기말재공품 수량 × 60%

　　→ 기말재공품 수량 = 500개　　　▶ ③

13 1) 선입선출법 가공원가 완성품환산량 = 100개(기초재공품) × (1 − 50%) + 290개(당기착수완성) × 100% + 50개(기말재공품) × 20% = 350개

2) 가공원가의 단위당 원가 = ₩17,500 ÷ 350개 = ₩50

3) 완성품의 가공원가 = ₩2,000(기초재공품원가) + 340개 × ₩50 = ₩19,000　　　▶ ③

14 1) 직접재료원가 완성품환산량 = 2,000단위(완성품수량) × 100% + 500단위(기말재공품수량) × 100% = 2,500단위

2) 가공원가 완성품환산량 = 2,000단위(완성품수량) × 100% + 500단위(기말재공품수량) × 40% = 2,200단위

3) 완성품원가 = ₩25,000(직접재료원가) × (2,000단위/2,500단위) + ₩44,000(가공원가) × (2,000단위/2,200단위) = ₩60,000 ▶ ①

15

재공품(선입선출법)				재료원가	가공원가
기초재공품	80개(1)(0.5)	완성품수량	200		
		기초재공품	80개(0)(0.5)	–	40
당기착수량	160개	당기착수완성품	120(1)(1)	120	120
		기말재공품	40개(1)(0.5)	40	20
		합계 :		160개	180개

1) 재료원가 단위당 원가 = ₩16,000 ÷ 160개 = ₩100

2) 가공원가 단위당 원가 = ₩27,000 ÷ 180개 = ₩150

3) 당기제품제조원가 = ₩9,000(기초재공품원가) + 120개 × (₩100 + ₩150) + 40개 × ₩150 = ₩45,000

　* 선입선출법은 기초재공품원가는 모두 당기 완성품원가에만 가산한다. ▶ ③

16

재공품(선입선출법)				재료원가	가공원가
기초재공품	1,000(1)(0.4)	완성품수량	19,000		
		기초재공품	1,000(0)(0.6)	–	600개
당기착수량	20,000개	당기착수완성품	18,000개	18,000개	18,000개
		기말재공품	2,000개(1)(0.2)	2,000개	400개
		합계 :		20,000개	19,000개

1) 재료원가 단위당원가 = ₩240,000 ÷ 20,000개 = ₩12

2) 가공원가 단위당원가 = ₩380,000 ÷ 19,000개 = ₩20 ▶ ④

17

재공품(선입선출법)				재료원가	가공원가
기초재공품	1,000개	당기완성품	3,000		
		기초재공품	1,000개	–	500
		당기착수완성품	2,000개	2,000	2,000
당기착수량	4,000개	기말재공품	2,000개	2,000	1,000
합계	5,000개	합계	5,000개	4,000개	3,500개

1) 재료원가 완성품환산량 단위당원가 = ₩20,000 ÷ 4,000개 = ₩5

　가공원가 완성품환산량 단위당원가 = ₩21,000 ÷ 3,500개 = ₩6

2) 선입선출법 완성품원가 = ₩18,000(기초재공품원가) + 2,000개 × ₩5 + 2,500개 × ₩6 = ₩43,000 ▶ ④

18 선입선출법과 평균법의 완성품환산량의 차이는 기초재공품 기완성도에 따른 차이다.
1) 직접재료원가 완성품환산량의 차이 = 8,000개(기초재공품) × 100% = 8,000개
2) 가공원가 완성품환산량의 차이 = 8,000개(기초재공품) × 60% = 4,800개 ▶ ④

19 1) 가중평균법 완성품환산량
   • 직접재료원가 = 1,500단위(당기완성량) × 100% + 500단위(기말재공품) × 100% = 2,000단위
   • 가공원가 = 1,500단위(당기완성량) × 100% + 500단위(기말재공품) × 60% = 1,800단위
2) 선입선출법 완성품환산량
   • 직접재료원가 = 200단위(기초재공품) × 0% + 1,300단위(당기착수완성품) × 100% + 500단위(기말재공품) × 100% = 1,800단위
   • 가공원가 = 200단위(기초재공품) × 70% + 1,300단위(당기착수완성품) × 100% + 500단위(기말재공품) × 60% = 1,740단위 ▶ ③

20 1) 평균법 가공원가 완성품환산량 = 3,200개 + 500개 × 50% = 3,450개
2) 선입선출법 가공원가 완성품환산량 = 200개(기초재공품) × (1 − 40%) + 3,000개(당기착수완성품) × 100% + 500개(기말재공품) × 50% = 3,370개 ▶ ③

21

재공품 : 평균법		재료원가	전환원가
기초재공품 2,000개(1)(0.5)	완성품수량 12,000개	12,000개	12,000개
당기착수량 13,000개	기말재공품 3,000개(1)(0.1)	3,000개	300개
	합계 :	15,000개	12,300개

재공품 : 선입선출법		재료원가	전환원가
기초재공품 2,000개(1)(0.5)	완성품수량 12,000		
	기초재공품 2,000개(0)(0.5)	–	1,000
	당기착수완성품 10,000개	10,000	10,000
당기착수량 13,000개	기말재공품 3,000개(1)(0.1)	3,000	300
	합계 :	13,000개	11,300개	▶ ④

22 1) 총공손수량 = 800단위(기초재공품) + 4,200단위(당기착수량) − 3,500단위(당기완성량) − 1,000단위(기말재공품) = 500단위
2) 정상공손수량 = [2,700단위(당기착수완성품) + 1,000단위(기말재공품)] × 10% = 370단위
3) 비정상공손수량 = 500단위(총공손수량) − 370단위(정상공손수량) = 130단위 ▶ ②

23 1) 당기 검사를 통과한 정상품 = 완성량(4,300개) + 기말재공품(700개) = 5,000개
   * 정상공손수량 = 5,000개 × 5% = 250개
2) 비정상공손수량 = 300개(공손품) − 250개(정상공손수량) = 50개 ▶ ①

24 1) 공손수량 = 100,000개(기초재공품) + 800,000개(당기착수량) − 600,000개(당기완성량) − 200,000개(기말재 공품) = 100,000개
   2) 정상공손수량 = [500,000개(당기착수완성품) + 200,000개(기말재공품)] × 10% = 70,000개
   3) 비정상공손수량 = 100,000개(공손수량) − 70,000개(정상공손수량) = 30,000개 ▶ ②

25

재공품(평균법)			
기초재공품	2,500개	당기완성량	9,300개
		공손	
		정상공손	200개(1)(1)
		비정상공손	500개(1)(1)
당기착수량	12,000개	기말재공품	4,500개(1)(0.6)

→ 가공비 완성품환산량 = 9,300개 + 200개 + 500개 + 4,500개 × 60% = 12,700개 ▶ ②

26 1) 정상공손수량 = (10,000개 + 3,000개) × 10% = 1,300개
   2) 비정상공손수량 = 2,000개 − 1,300개 = 700개
   3) 비정상공손수량 직접재료원가의 완성품환산량 = 700개 × (50% + 10%) = 420개 ▶ ①

27 1) 기초재공품, 당기착수완성품, 기말재공품 모두 50% 검사시점을 통과하였기 때문에 정상공손수량은 (2,600 개 + 900개) × 10% = 350개이다.
   2) 정상공손원가 = 350개 × ₩60 + 350개 × 50%(검사시점) × ₩40 = ₩28,000 ▶ ③

28 비정상공손원가 = 100개(비정상공손수량) × 100% × ₩8(전공정원가) + 100개(비정상공손수량) × 0% × ₩5(재료원가) + 100개(비정상공손수량) × 60%(검사시점) × ₩10(가공원가) = ₩1,400 ▶ ②

제7장 전부원가, 변동원가

01 외부보고 및 조세목적을 위해서 인정되는 방법은 전부원가계산이다. ▶ ③

02 변동판매관리비는 변동원가이지만 제품원가에는 포함되지 아니한다. ▶ ②

03 전부원가계산은 외부보고 목적에 유용하며, 단기의사결정과 성과평가에 유용한 방식은 변동원가계산이다. ▶ ②

04 초변동원가계산에서는 직접재료원가를 제품원가로 재고화하고, 직접노무원가, 제조간접원가는 모두 기간비용 으로 처리한다. ▶ ④

05 당기 제품생산량이 모두 판매되었으므로 변동매출원가와 변동제조원가발생액은 일치한다. ▶ ④

06 공헌이익 = 4,000개 × (₩1,000 − ₩750) = ₩1,000,000
 * 단위당 변동원가 = ₩300(직접재료원가) + ₩200(직접노무원가) + ₩100(변동제조간접원가)
   + ₩150(변동판매관리비) = ₩750   ▶ ①

07 1) 변동원가계산 영업이익 = 8,000개 × (₩200 − ₩150) − ₩265,000(고정원가) = ₩135,000
   2) 기말제품 재고액 = 2,000개 × ₩110(단위당 변동제조원가) = ₩220,000   ▶ ①

08 1) 공헌이익 = 4,000단위(판매수량) × (₩2,000 − ₩500 − ₩400 − ₩300 − ₩200) = ₩2,400,000
   2) 변동원가계산에 의한 영업이익 = ₩2,400,000(공헌이익) − ₩500,000(고정원가 총액) = ₩1,900,000
                                                                              ▶ ②

09 전부원가계산과 변동원가계산의 차이는 제품원가에 고정제조간접비가 포함되는가의 여부이다.
       변동원가계산의 영업이익   X
   + 기말제품, 재공품의 고정제조간접비(200개 × ₩1,000)   ₩200,000
   − 기초제품, 재공품의 고정제조간접비   −
   = 전부원가계산의 영업이익   X + ₩200,000
   * 생산량 단위당 고정제조간접비 = ₩1,000,000 ÷ 1,000개 = ₩1,000   ▶ ①

10 1) 기말제품 고정제조간접원가 = 1,000단위 × ₩20 = ₩20,000
     * 생산량 단위당 고정제조간접원가 = ₩200,000 ÷ 10,000단위 = ₩20
   2) 기말재공품, 기초제품, 재공품이 없으니 변동원가와 전부원가의 영업이익 차이는 기말제품에 포함된 고정
      제조간접원가인 ₩20,000이다.   ▶ ①

11   변동원가계산 순이익   ₩100,000
   + 기말재고자산 고정제조간접원가(19,000단위 × ₩3)   57,000
   − 기초재고자산 고정제조간접원가(15,000단위 × ₩3)   (45,000)
   = 전부원가계산 순이익   ₩112,000   ▶ ④

12 1) 변동원가 영업이익(₩600,000) = 판매량 × ₩20(단위당 공헌이익) − ₩1,000,000
     → 판매량 = 80,000개
   2) 전부원가 영업이익
     = ₩600,000(변동원가 영업이익) + 20,000개(기말재고) × ₩10(단위당 고정제조간접원가)
     = ₩800,000
     * 단위당 고정제조간접원가 = ₩1,000,000÷100,000개 = ₩10   ▶ ③

13 영업이익 차이(₩300,000) = (5,000단위 − 판매량) × ₩100(단위당 고정제조간접원가)
   → 판매량 = 2,000단위
   * 단위당 고정제조간접원가 = ₩500,000 ÷ 5,000단위 = ₩100   ▶ ②

14 1) 매출원가화된 고정제조간접원가(₩20,000) = 500개(판매량) × 단위당 고정제조간접원가
       → 단위당 고정제조간접원가 = ₩40
    2) 전부원가계산과 변동원가계산에 의한 영업이익 차이(₩10,000)
       = 기말재고수량 × ₩40(단위당 고정제조간접원가)
       → 기말재고수량 = 250개
    3) 당기 생산량 = 500개(판매량) + 250개(기말재고수량) = 750개   ▶ ③

제8장 원가의 추정

01 조업도의 변동에 따른 원가행태에 근거하여 변동원가, 고정원가로 분류된다.   ▶ ④

02 고정원가는 전체범위에서 고정적이지 않고 관련범위 내에서 고정적이다.   ▶ ①

03 ① 일정 조업도 범위 내에서 단위당 원가는 조업도에 반비례한다.
    ② 일정 조업도 범위 내에서 총원가는 일정하다.
    ④ 일정 조업도 범위 내에서 단위당 원가는 조업도의 증가에 따라 감소한다.   ▶ ③

04 ① 고저점법은 원가기준이 아닌 조업도기준으로 추정식을 구하는 방법이다.
    ② 전부원가계산은 회계기간 말에 생산을 늘려 이익을 증가시키려는 유인이 있다. 생산량이 늘어나면 단위당
       고정제조간접원가가 하락하여 원가가 하락하고 이익은 증가한다.
    ④ 유리한 차이는 실제원가가 예산보다 낮은 경우이지만, 해당 차이가 지속성이 있는 차이인지 일시적인 차이
       인지 구분에 의미가 있기 때문에 추가관리가 필요하다.   ▶ ③

05 1) 단위당 변동원가 = $\dfrac{₩70,000 - ₩50,000}{200개 - 100개}$ = ₩200

    2) 고정원가 = ₩50,000 - (100개 × ₩200) = ₩30,000
    3) 2008년 총제조원가 = ₩200 × 0.5 × 300개 + ₩30,000 × 1.2 = ₩66,000   ▶ ③

06 1) 단위당 변동원가(b) = $\dfrac{₩20,700 - ₩15,100}{170개 - 100개}$ = ₩80

    2) 고정원가(a) = ₩15,100 - (₩80 × 100개) = ₩7,100   ▶ ②

07 1) 시간당 변동원가 = $\dfrac{₩60,000 - ₩50,000}{3,000시간 - 2,000시간}$ = ₩10

       → 2012년도 변동원가 = 30,000시간 × ₩10 = ₩300,000
    2) 고정원가 = ₩700,000(총원가) - ₩300,000(변동원가) = ₩400,000   ▶ ④

08   1) 기계가동시간당 변동원가 = (₩285,000 − ₩225,000) ÷ (6,500시간 − 4,000시간) = ₩24(기계가동시간)
    2) ₩225,000(총원가) = 고정원가 + ₩24 × 4,000시간(기계가동시간)
      → 고정원가 = ₩129,000
    3) 20×2년 1분기 제조간접원가 추정액 = ₩129,000 + ₩24 × 5,500시간 = ₩261,000   ▶ ③

09   1) 단위당 변동원가 = $\dfrac{₩60,000 − ₩30,000}{300개 − 100개}$ = ₩150

    2) 고정원가 = ₩30,000 − (100개 × ₩150) = ₩15,000
    3) 총제품제조원가 = ₩150 × 0.8 × 500개 + ₩15,000 × 1.1 = ₩76,500   ▶ ①

10   1) 단위당 변동원가 = (₩60,000,000 − ₩50,000,000) ÷ (3,000개 − 2,000개) = ₩10,000
    2) 고정원가 = ₩50,000,000(총제조원가) − 2,000개 × ₩10,000 = ₩30,000,000
    3) 2015년도 총제조원가 = ₩30,000,000 × 1.1 + ₩10,000 × 0.8 × 4,000개 = ₩65,000,000
                                                    ▶ ③

11   1) 직접노무시간당 변동원가 = $\dfrac{₩19,000 − ₩17,000}{150시간 − 100시간}$ = ₩40(직접노무시간)

    2) 총제조원가 = ₩13,000 + ₩40 × 직접노무시간
    3) 30단위 판매 시 변동제조원가 총액 = ₩40 × 11시간 × 30단위 = ₩13,200
    4) 30단위 판매 시 총공헌이익
      = 30단위 × ₩500 − 30단위 × ₩440 − 30단위 × ₩25(단위당 변동판매관리비) = ₩1,050
                                                  ▶ ②

12

구분	단위당 시간	총시간
1단위	100시간	100시간
2단위	100시간 × 80% = 80시간	160시간
4단위	80시간 × 80% = 64시간	256시간

* 드론 3개를 추가로 생산할 경우 발생할 제조원가
  = 3개 × ₩80,000(직접재료원가) + 156시간 × (₩1,000 + ₩500) = ₩474,000   ▶ ④

제 9 장   CVP 분석

01   1) 해외시장 손익분기점 판매량(Q)
      = 300개 × (₩1,000 − ₩600) + Q × (₩950 − ₩600) − ₩190,000 = ₩0
      → Q = 200개
    2) 손익분기점 판매량 = 300개 + 200개 = 500개   ▶ ①

02 1) 기존의 손익분기점 판매량 = ₩48,000(고정원가 총액) ÷ ₩60(단위당 공헌이익) = 800개
    2) 급여체계 변경에 따른 손익분기점 판매량 = ₩42,000(고정원가 총액) ÷ ₩50(단위당 공헌이익)
                                                                = 840개
       → 40단위 증가   ▶ ①

03 총고정원가 = 손익분기점 매출액 × 공헌이익률 = ₩100,000 × 20% = ₩20,000   ▶ ③

04 $\dfrac{(P - 1,200)}{P}$ × ₩100,000,000 = ₩40,000,000
    → P = ₩2,000   ▶ ④

05 1) 공헌이익률 = 단위당 공헌이익 ÷ 단위당 판매가격 = (₩2,000 − ₩1,500) ÷ ₩2,000 = 25%
    2) 손익분기점 판매액(S) = ₩30,000(고정원가) ÷ 25%(공헌이익률) = ₩120,000   ▶ ③

06 1) 공헌이익률 = 공헌이익 ÷ 매출액 = (₩10,000 − ₩6,000) ÷ ₩10,000 = 40%
    2) 단위당 공헌이익 = (₩10,000 − ₩6,000) ÷ 100개 = ₩40
    3) 손익분기점 매출액 = ₩2,000(고정원가) ÷ 40%(공헌이익률) = ₩5,000
    4) 매출이 ₩8,000인 경우의 이익 = ₩8,000 × 40% − ₩2,000(고정원가) = ₩1,200   ▶ ①

07 1,000회 × (P − ₩100) − ₩100,000(고정원가) = ₩100,000(목표이익)
    → P(1회 이용요금) = ₩300   ▶ ①

08 1) 단위당 판매가격 = ₩800(단위당 변동비) ÷ 0.8(변동비율) = ₩1,000
    2) (₩1,000 − ₩800) × Q − ₩3,600,000 = ₩3,600,000 ÷ (1 − 0.2)
       → Q = 40,500단위   ▶ ②

09 1) 목표이익 = ₩100,000,000(평균총자산) × 20%(투자수익률) = ₩20,000,000
    2) 목표이익 달성을 위한 판매가격(P) = (P − ₩3,000) × 40,000대 − ₩60,000,000 = ₩20,000,000
       → P = ₩5,000   ▶ ④

10 1) 단위당 공헌이익 = ₩240,000(총공헌이익) ÷ 1,200개(판매량) = ₩200
    2) 손익분기점 판매량(가) = ₩200,000(고정원가) ÷ ₩200(단위당 공헌이익)) = 1,000개
    3) 공헌이익률 = ₩240,000(공헌이익) ÷ ₩600,000(매출액) = 40%
    4) 세후목표이익을 위한 매출액(나) = 0.4S − ₩200,000 = ₩70,000 ÷ (1 − 0.3)
       → (나) = ₩750,000   ▶ ②

11 1) 고정원가 = ₩360(손익분기점 매출액) × 30%(공헌이익률) = ₩108
    2) 목표이익(₩84) = 매출액(S) × 30%(공헌이익률) − ₩108(고정원가)
       → 매출액(S) = ₩640   ▶ ④

12 ₩200,000/(1 − 20%) = (₩1,000 − ₩450 − ₩200 − ₩100 − ₩50) × Q − ₩300,000
    → 판매량(Q) = 2,750단위   ▶ ③

13 ₩120,000/(1 − 40%) = (₩5,000 − ₩3,000) × Q − ₩500,000
→ Q = 350개 ▶ ④

14 1) 단위당 공헌이익 = ₩200,000(총공헌이익) ÷ 200개 = ₩1,000
2) 세후목표이익 달성을 위한 판매량 = ₩1,000 × Q − ₩150,000 = ₩120,000 ÷ (1−20%)
→ Q = 300개 ▶ ④

15 목표이익을 위한 매출액(S) = [₩10,000(고정원가) + ₩4,000(세전이익)] ÷ 20%(공헌이익률) = ₩70,000
▶ ②

16 ₩300 × Q − ₩70,000 = ₩9,000 ÷ (1 − 10%) + [(₩17,000 − ₩9,000) ÷ (1 − 20%)]
→ Q = 300개 ▶ ③

17 1) 공헌이익률 = (₩8 − ₩6) ÷ ₩8 = 25%
2) 손익분기점매출액 = ₩100,000(고정원가) ÷ 25%(공헌이익률) = ₩400,000
3) 안전한계 = ₩500,000(매출액) − ₩400,000(손익분기점 매출액) = ₩100,000 ▶ ②

18 1) 손익분기점 매출액 = ₩2,000,000(총고정원가) ÷ 40%(공헌이익률) = ₩5,000,000
2) 안전한계 매출액 = ₩10,000,000(매출액) − ₩5,000,000(손익분기점 매출액) = ₩5,000,000
3) 안전한계율 = ₩5,000,000(안전한계) ÷ ₩10,000,000(매출액) = 50% ▶ ③

19 1) 매출액 = ₩1,500,000(손익분기점 매출액) ÷ 60%(1−안전한계율) = ₩2,500,000
2) 공헌이익률 = ₩600,000(고정비) ÷ ₩1,500,000(손익분기점 매출액) = 40%
3) 영업이익 = ₩2,500,000 × 40%(공헌이익률) − ₩600,000(고정비) = ₩400,000 ▶ ③

20 1) 제품 X의 단위당 공헌이익 = ₩110 − ₩100 = ₩10
2) 제품 Y의 단위당 공헌이익 = ₩550 − ₩500 = ₩50
3) SET당 공헌이익 = ₩10 × 4개 + ₩50 × 1개 = ₩90
4) 손익분기점 SET = ₩180,000(고정원가) ÷ ₩90(SET의 공헌이익) = 2,000SET
5) 각 제품별 판매량
• 제품 X = 2,000SET × 4개 = 8,000개
• 제품 Y = 2,000SET × 1개 = 2,000개 ▶ ④

21 1) 각 제품별 단위당 공헌이익
A = ₩500(단위당 판매가격) − ₩300(단위당 변동원가) = ₩200
B = ₩800(단위당 판매가격) − ₩700(단위당 변동원가) = ₩100
2) SET당 공헌이익 = ₩200(제품 A) × 3 + ₩100(제품 B) × 2 = ₩800
3) SET의 손익분기점 판매량 = ₩960,000(고정원가 총액) ÷ ₩800(SET의 공헌이익) = 1,200SET
4) 각 제품의 손익분기점 판매량
• A = 1,200SET × 3단위 = 3,600단위
• B = 1,200SET × 2단위 = 2,400단위 ▶ ③

22 1) SET의 단위당 공헌이익 = ₩20(A제품의 단위당 공헌이익) × 8 + ₩40(B제품의 단위당 공헌이익) × 2
= ₩240
2) 손익분기점의 SET 판매량 = ₩3,000(고정원가) ÷ ₩240(SET의 공헌이익) = 12.5SET
3) 연간손익분기점에서 A제품의 판매수량 = 12.5SET × 8 = 100개　　　　　　　　　　▶ ②

23 1) SET의 공헌이익률 = 40%(A의 공헌이익률) × 50% + 60%(B의 공헌이익률) × 50% = 50%
2) 목표이익을 위한 매출액(S) = [₩120,000(고정원가) + ₩10,000(목표이익)] ÷ 50%
→ S = ₩260,000　　　　　　　　　　▶ ④

24 1) 목적함수(영업이익 극대화) = ₩2,400,000X + ₩3,750,000Y
2) 제약조건식
2X + 5Y ≤ 600 기계시간
X + 0.5Y ≤ 120 검사시간
→ 해당 식을 연립하면 X = 75대, Y = 90대　　　　　　　　　　▶ ②

25 영업레버리지도 = ₩300,000(공헌이익) ÷ ₩120,000(영업이익) = 2.5
* 영업이익 = ₩1,000,000(매출액) × 30% − ₩180,000(고정원가) = ₩120,000　　　　▶ ④

26 1) 공헌이익 = (200단위 × ₩1,000) × 40% = ₩80,000
2) 영업레버리지도(5) = ₩80,000(공헌이익) ÷ 영업이익
→ 영업이익 = ₩16,000
3) 고정원가 = ₩80,000(공헌이익) − ₩16,000(영업이익) = ₩64,000
4) 손익분기점 판매량 = ₩64,000(고정원가) ÷ ₩400(단위당 공헌이익) = 160단위　　　▶ ④

제 10 장　표준원가계산

01

실제 재료원가	실제소비량	표준소비량
₩1,080,000	12,000단위 × ₩100	1,000단위 × 10단위 × ₩100
가격차이 ₩120,000(유리한 차이)	수량차이 ₩200,000(불리한 차이)	

▶ ④

02 1) 불리한 가격차이(구입시점기준) = 3,000kg(구매량) × [₩310(실제단가) − 표준단가]
→ 표준단가 = ₩300
2) 유리한 재료수량차이 = [2,200kg(사용량) − 2,400kg(표준투입량)] × ₩300 = ₩60,000　▶ ③

03 1) 가격차이 : ₩490,000(실제지급액) < 2,500kg(구입량) × ₩200 = ₩10,000 유리한 차이
2) 수량차이 : 2,200kg × ₩200 > 520개 × 4.2kg × ₩200 = ₩3,200 불리한 차이　　　▶ ②

04
1) 직접재료 실제사용량 = ₩3,000(실제 발생 직접재료원가) ÷ ₩30(실제 구입원가) = 100kg
2) 직접재료원가 가격차이(₩1,000 유리) = ₩3,000(실제 발생 직접재료원가) < 100kg(실제사용량) × 표준가격 → 표준가격 = ₩40
3) 직접재료원가 수량차이(800 유리) = 100kg × ₩40 < 실제 제품 생산량 × 10kg × ₩40
→ 실제 제품 생산량 = 12개 ▶ ②

05

실제직접노무시간 × ₩22	6,000시간 × ₩20	2,100단위 × 3시간 × ₩20
임률차이 ₩12,000 유리		능률차이 ₩6,000 유리

▶ ②

06

실제 노무원가 총액 ₩24,500	실제직접노동시간 × 표준임률 ₩21,000	표준직접노동시간 × 표준임률 8,000시간 × ₩3
임률차이 ₩3,500 불리		능률차이 ₩3,000 유리

* 표준임률 = ₩21,000 ÷ 7,000시간 = ₩3 ▶ ①

07

실제직접노무원가 1,500시간 × 실제임률	실제노동시간 × ₩400 1,500시간 × ₩400	표준노동시간 × ₩400 1,450시간 × ₩400
직접노무원가 ₩30,000 유리		능률차이 ₩20,000 불리

1) 실제직접노무원가 = ₩600,000 − ₩30,000 = ₩570,000
2) 실제 임률 = ₩570,000 ÷ 1,500시간(실제노동시간) = ₩380/시간 ▶ ④

08 임률차이(₩15,000) = 600시간 × (실제임률 − ₩200)
→ 실제임률 = ₩225 ▶ ①

09

실제발생액 ₩31,450	실제노동시간 × 표준임률 = ₩27,750	표준배부액 400개 × 5시간 × 표준임률 = ₩30,000
임률차이 ₩3,700 불리		능률차이 ₩2,250 유리

표준배부액(₩30,000) = 400개 × 5시간 × 표준임률
→ 표준임률 = ₩15 ▶ ②

10 능률차이(₩14,800) = (1,000시간 − 960시간) × 표준임률
→ 표준임률 = ₩370 ▶ ③

11

변동제조간접원가 실제발생액 ₩5,100	실제작업시간기준 44시간 × ₩110	표준배부액 40시간 × ₩110
소비차이 ₩260 불리		능률차이 ₩440 불리

▶ ①

12 고정제조간접원가 예산액   VS   표준기계시간 × 표준배부율
   (50,000시간 × ₩3)   >   (9,000개 × 5시간 × ₩3) → ₩15,000 불리한 차이 ▶ ④

13

실제발생액 ₩13,000	기준조업도 × 표준배부율 100단위 × ₩100	실제생산량 × 표준배부율 120단위 × ₩100
예산차이 ₩3,000 불리		조업도차이 ₩2,000 유리

▶ ①

14 1) 고정제조간접원가 표준배부율 = ₩2,000,000(예산) ÷ 1,000기계시간 = ₩2,000
   2) 변동제조간접원가 표준배부율 = ₩1,500,000 ÷ 1,000시간 = ₩1,500
   3) 변동제조간접원가 능률차이(₩75,000) = (800시간 − 표준시간) × ₩1,500
      → 표준시간 = 750시간
   4) 고정제조간접원가 조업도차이 = ₩2,000,000 > 750시간 × ₩2,000 = ₩500,000 불리

▶ ④

15 1) 조업도차이 = 10,000기계시간 × ₩50 < 12,000기계시간 × ₩50 = ₩100,000 유리
   2) 예산차이 = ₩660,000 > 10,000기계시간 × ₩50 = ₩160,000 불리 ▶ ③

16 고정제조간접원가의 조업도 차이는 고정제조간접원가 예산액과 고정제조간접원가 배부액의 차이이다.
▶ ③

제 11 장   관련원가와 의사결정

01 매몰원가는 이미 발생한 원가로 특정 대안의 선택에 영향을 주지 않는 비관련원가이다. ▶ ①

02 기회비용은 어느 대안을 선택함에 따라 포기하는 가치의 가장 큰 값을 말한다. 재가공을 선택함으로써 수선비
   지출에 따른 효익(₩70,000 − ₩20,000 = ₩50,000)을 포기하였으므로 기회비용은 ₩50,000이다. ▶ ②

03 사업부의 평가는 사업부가 통제가능한 원가로 평가해야 한다. ▶ ③

04 유휴생산능력이 있기 때문에 기회비용은 발생하지 않는다.
   증분손익 = 100단위 × (₩600 − ₩550) = ₩5,000 증가 ▶ ③

05 1) 증분수익 : 특별주문 매출액   800단위 × P

   증분비용 : 특별주문 변동비(800단위 × ₩10,700)   ₩8,560,000

             기회비용(300단위 × ₩8,000)   ₩2,400,000

   증분이익 : ₩0

   2) 특별주문을 수락하기 위한 단위당 최저판매가격 = ₩10,960,000 ÷ 800단위 = ₩13,700

      * 특별주문 단위당 변동비 = ₩10,000 × 1.05 + ₩2,000 × 10% = ₩10,700   ▶ ④

06 해당 의사결정 수락 시

   증분이익 : 변동원가 감소분   1,000개 × (₩30 + ₩20 + ₩10) ₩60,000

            고정원가 감소분   1,000개 × ₩20   20,000

            설비임대수익   10,000

   증분비용 : 제조용기 구입가격 1,000개 × ₩95   ₩95,000

            증분손실   (₩5,000)   ▶ ②

제 12 장 기타관리회계

01

재고자산			
기초재고액	₩250	기말재료	₩200
당기매입액	?	기말재공품	250
직접노무비	300	기말제품	300
제조간접원가	400	매출원가	1,000
기초재공품	200		
기초제품	350		
합계	₩1,750	합계	₩1,750

→ 당기매입액 = ₩250   ▶ ②

02

재고자산(3월)			
기초재고액(₩500,000 × 60% × 50%)	₩150,000	매출원가(₩500,000 × 60%)	₩300,000
상품매입액	₩270,000	기말재고(₩400,000 × 60% × 50%)	₩120,000

▶ ①

03 재무적 성과지표에 따른 전통적인 성과관리의 단점을 개선하기 위하여 비재무적 성과지표와 재무적 성과지표
   의 균형적인 성과관리를 강조한다.   ▶ ③

03 정부회계

제1장 정부회계

01 정부회계는 예산회계로 재정운영 결과가 클 경우 예산의 적절한 집행으로 볼 수 없어 운영성과가 좋다고 단언할 수 없다. ▶ ①

02 예산총계주의는 한 회계연도의 모든 수입을 세입, 모든 지출을 세출로 하며, 「국가재정법」 제53조에 규정된 사항을 제외하고는 세입과 세출은 예외 없이 모두 예산에 계상하여야 한다(예외 규정이 존재). ▶ ②

03 ② 자산항목과 부채 또는 순자산항목을 상계함으로써 그 전부 또는 일부를 재정상태표에서 제외할 수 없다.
③ 이 규칙에서 정하는 것 외의 사항에 대해서는 일반적으로 인정되는 회계원칙 및 일반적으로 공정하고 타당하다고 인정되는 회계관습을 따른다.
④ 재무제표에는 재무제표에 대한 주석도 포함된다. ▶ ①

04 재정상태표, 재정운영표, 순자산변동표, 주석이 재무제표에 포함된다. ▶ ④

05 순자산조정명세는 주석에 해당한다. ▶ ④

06 재정상태표에 표시하는 자산의 가액은 해당 자산의 취득원가를 기초로 하여 계상한다. ▶ ④

07 재정상태표에 표시하는 부채의 가액은 원칙적으로 만기상환가액으로 한다. ▶ ③

08 「국가회계기준에 관한 규칙」에서 자산은 유동자산, 투자자산, 일반유형자산, 사회기반시설, 무형자산 및 기타 비유동자산으로 구분한다. ▶ ②

09 유가금융자산은 부대비용을 가산한 매입가액에 종목별로 총평균법을 적용하여 산정한 가액을 취득원가로 한다. ▶ ③

10 장단기투자증권평가손익은 모두 순자산변동으로 회계처리한다. ▶ ②

11 국가회계실체 사이에 발생하는 관리전환은 유상거래일 경우에는 자산의 공정가치를 취득원가로 한다. ▶ ④

12 유산자산은 재정상태표상 자산으로 인식하지 않고 필수보충정보로 표시한다. ▶ ④

13 생산과정에 투입될 원재료의 시가는 현행(대체)원가를 말한다. ▶ ①

14 국가회계실체 사이에 발생하는 관리전환이 무상거래일 경우에는 장부금액을 취득원가로 한다. ▶ ①

15 국가회계실체 사이에 발생하는 관리전환은 무상거래일 경우에는 자산의 장부가액을 취득원가로 하고, 유상거래일 경우에는 자산의 공정가액을 취득원가로 한다. ▶ ④

16 「국가회계기준에 관한 규칙」에서는 일반유형자산 및 사회기반시설에 대해 재평가할 수 있도록 규정하고 있다. ▶ ④

17 ② 미래예상거래의 현금흐름변동위험을 회피하는 계약에서 발생하는 평가손익은 순자산변동표의 조정항목 중 파생상품평가손익으로 표시한다.
③ 압수품 및 몰수품이 비화폐성자산인 경우 압류 또는 몰수 당시의 감정가액 또는 공정가액 등으로 평가한다. 이 경우 그 평가된 가액을 주석으로 표시한다.
④ 우발자산은 과거의 거래나 사건으로 발생하였으나 국가회계실체가 전적으로 통제할 수 없는 하나 이상의 불확실한 미래 사건의 발생 여부로만 그 존재 유무를 확인할 수 있는 잠재적 자산을 말하며, 경제적효익의 유입 가능성이 매우 높은 경우 주석에 공시한다. ▶ ①

18 1) 국가회계실체간의 유상거래는 공정가액을 취득원가로 본다.
2) 무상으로 기부받은 경우 공정가액을 취득원가로 하며, 사용수익권은 자산에서 차감한다.
3) 무주토지는 공정가액을 취득원가로 한다.
→ ₩300,000,000 + (₩1,000,000,000 − ₩500,000,000) + ₩700,000,000 = ₩1,500,000,000 ▶ ②

19 국가안보와 관련된 자산은 기획재정부장관과 협의하여 자산으로 인식하지 아니할 수 있다. 이 경우 해당 중앙관서의 장은 해당 자산의 종류, 취득시기 및 관리현황 등을 별도의 장부에 기록하여야 한다. ▶ ③

20 재정상태표상 부채는 유동부채, 장기차입부채, 장기충당부채 및 기타 비유동부채로 구분하여 재정상태표에 표시한다. ▶ ①

21

| (차) 국내단기차입금 | 10,000,000,000 | (대) 미지급금 | 8,500,000,000 |
| 국내차입금이자비용 | 1,000,000,000 | 채무면제이익 | 2,500,000,000 |

▶ ④

22 ① 주민편의시설은 「지방자치단체 회계기준에 관한 규칙」상 구분 범주이다.
② 부채의 가액은 원칙적으로 만기상환가액으로 한다.
④ 순자산은 기본순자산, 적립금 및 잉여금, 순자산조정으로 분류한다. ▶ ③

23 유산자산의 종류, 수량 및 관리상태는 필수보충정보로 표시한다. ▶ ②

24 정부가 부과하는 방식의 국세는 국세를 고지하는 때 수익으로 인식한다. ▶ ②

25 재무제표를 통합하여 작성하는 경우 내부거래는 상계한다. ▶ ④

26 사회기반시설에 대한 사용수익권은 자산에서 차감하는 형식으로 표시한다. ▶ ④

27 자산의 소유는 실질적으로 소유하는 경우도 포함한다. ▶ ④

28 자산의 사용수익권은 자산의 차감적 계정으로 표시된다. ▶ ④

29 연부연납 또는 분납이 가능한 국세는 세금이 확정된 때 납부할 세액 전체를 수익으로 인식한다. ▶ ③

30 정부가 부과하는 방식의 국세는 국세를 고지하는 때 수익으로 인식한다. ▶ ①

31 교환수익은 수익창출활동이 끝나고 그 금액을 합리적으로 측정할 수 있을 때 인식한다. 비교환수익은 청구권이 발생하고 금액을 합리적으로 측정할 수 있을 때 인식한다. ▶ ②

32 원천징수하는 국세는 원천징수의무자가 해당 세액을 신고납부하는 때에 인식한다. ▶ ③

33 연부연납 또는 분납이 가능한 국세는 징수할 세액이 확정된 때 그 납부할 세액 전체를 수익으로 인식한다. ▶ ③

34 원천징수하는 국세 : 원천징수하는 국세는 원천징수의무자가 원천징수한 금액을 신고·납부하는 때에 수익으로 인식한다. ▶ ①

35 인식기준은 자산의 감소와 금액의 합리적 측정이라는 두 가지 조건을 모두 충족해야 한다. ▶ ③

36 ① 정부가 부과하는 방식의 국세는 국가가 고지하는 때에 수익으로 인식한다.
② 신고·납부하는 방식의 국세는 납세의무자가 세액을 자진신고하는 때에 수익으로 인식한다.
④ 비용은 다음 각 호의 기준에 따라 인식한다.
   1) 재화나 용역의 제공 등 국가재정활동 수행을 위하여 자산이 감소하고 그 금액을 합리적으로 측정할 수 있을 때 또는 법령 등에 따라 지출에 대한 의무가 존재하고 그 금액을 합리적으로 측정할 수 있을 때에 비용으로 인식함.
   2) 과거에 자산으로 인식한 자산의 미래 경제적 효익이 감소 또는 소멸하거나 자원의 지출 없이 부채가 발생 또는 증가한 것이 명백한 때에 비용으로 인식함. ▶ ③

37 프로그램순원가는 프로그램을 수행하기 위하여 투입한 원가 합계에서 다른 프로그램으로부터 배부 받은 원가를 더하고, 다른 프로그램에 배부한 원가는 빼며, 프로그램 수행과정에서 발생한 수익 등을 빼서 표시한다. ▶ ③

38

프로그램총원가	₩350,000
프로그램수익	(200,000)
관리운영비	100,000
비배분비용	50,000
비배분수익	(20,000)
재정운영순원가	₩280,000

▶ ③

39 재정운영결과 = ₩300,000(프로그램 총원가) − ₩40,000(프로그램 수익) + ₩60,000(관리운영비) + ₩30,000(비배분비용) − ₩20,000(비배분수익) − ₩24,000(비교환수익) = ₩306,000 ▶ ②

40 재정운영순원가 = ₩300,000(프로그램순원가) + ₩150,000(관리운영비) + ₩130,000(이자비용) − ₩150,000(유형자산처분이익) = ₩430,000
* 부담금수익, 채무면제이익은 비교환수익으로 재정운영결과 시 고려할 항목이다. ▶ ④

41 재정운영순원가 = ₩200,000(프로그램 총원가) − ₩30,000(프로그램 수익) + ₩50,000(관리운영비) + ₩15,000(비배분비용) − ₩10,000(비배분수익) = ₩225,000 ▶ ②

42 ① 프로그램순원가 = ₩31,500(프로그램총원가) − ₩20,000(프로그램수익) = ₩11,500
② 관리운영비 = 행정운영성경비 = ₩40,000
③ 재정운영순원가 = ₩11,500(프로그램순원가) + ₩40,000(관리운영비) + ₩500(비배분비용) − ₩1,000 (비배분수익) = ₩51,000
④ 재정운영결과 = ₩51,000(재정운영순원가) − ₩1,000(비교환수익) = ₩50,000 ▶ ③

43 사용료수익은 계약금액을 여러 번에 걸쳐 수령할 경우 계약기간으로 배분하여 인식하고, 부담금수익은 청구권이 확정·고지된 금액을 수익으로 인식한다.
1) 교환수익 = ₩1,200,000 × 4개월/12개월 = ₩400,000
2) 비교환수익 = ₩200,000(2016년에 청구권이 확정, 고지된 금액) ▶ ②

44 1) 재정운영결과 = ₩16,000(프로그램순원가) + ₩8,000(관리운영비) + ₩2,000(비배분비용) − ₩2,000(비배분수익) = ₩24,000
2) 순자산변동표상 재원의 조달 및 이전 = ₩22,000
　1. 재원의 조달 = ₩10,000(국고수입) + ₩5,000(부담금수익) + ₩10,000(채무면제이익) = ₩25,000
　2. 재원의 이전 = ₩3,000(국고이전지출)
3) 기말 적립금 및 잉여금 = ₩10,000(기초적립금 및 잉여금) − ₩24,000(재정운영결과) + ₩22,000(재원의 조달 및 이전) = ₩8,000
4) 기말순자산 = ₩20,000(기초순자산) − ₩24,000(재정운영결과) + ₩22,000(재원의 조달 및 이전) = ₩18,000 ▶ ③

45 재무제표는 지방회계기준에 따라 작성하여야 하고, 「공인회계사법」에 따른 공인회계사의 검토의견을 첨부하여야 한다(지방회계법 제16조 제3항). ▶ ④

46 ㄱ. 지방자치단체의 재무제표는 일반회계·기타특별회계·기금회계 및 지방공기업특별회계의 유형별 재무제표를 통합하여 작성한다. 이 경우 내부거래는 상계하고 작성한다.
ㄴ. 유형별 회계실체의 재무제표를 작성할 때에는 해당 유형에 속한 개별 회계실체의 재무제표를 합산하여 작성한다. 이 경우 유형별 회계실체 안에서의 내부거래는 상계하고 작성한다. ▶ ①

47 유형별 재무제표를 통합하여 작성하는 경우 내부거래는 상계한다. ▶ ②

48 관리전환 등으로 생긴 순자산의 감소는 비용에 포함하지 않는다. ▶ ①

49 지방세, 보조금 등의 비교환거래로 생긴 수익은 해당 수익에 대한 청구권이 발생하고 금액을 합리적으로 측정할 수 있을 때 수익으로 인식한다. ▶ ②

50 유형별 회계실체의 재무제표 작성 시에는 내부거래를 상계하지만, 개별 회계실체의 재무제표를 작성할 때에는
내부거래를 상계하지 않는다. ▶ ①

51 ① 지방자치단체의 재무제표는 기금회계의 유형별 재무제표를 포함한 일반회계, 기타특별회계 및 지방공기업
특별회계의 유형별 재무제표를 통합하여 작성한다.
③ 개별 회계실체의 재무제표를 작성할 때에는 지방자치단체 안의 다른 개별 회계실체와의 내부거래를 상계
하지 않는다.
④ 재무제표의 회계변경은 허용된다. ▶ ②

52 도로는 사회기반시설에 해당한다. ▶ ③

53 ① 재고자산은 구입가액에 부대비용을 더하고 이에 선입선출법을 적용하여 산정한 가액을 취득원가로 평가함
을 원칙으로 한다.
② 장기투자금융자산은 매입가격에 부대비용을 더하고 이에 종목별로 총평균법을 적용하여 산정한 취득원가
로 평가함을 원칙으로 한다.
④ 사회기반시설 중 유지보수를 통하여 현상이 유지되는 도로, 도시철도, 하천부속시설 등에 대한 감가상각은
유지에 투입되는 비용으로 감가상각비용을 대체할 수 있다. ▶ ③

54 ② 재고자산은 구입가액에 부대비용을 더하고 이에 선입선출법을 적용하여 산정한 가액을 취득원가로 한다.
다만, 실물흐름과 원가산정방법 등에 비추어 다른 방법을 적용하는 것이 보다 합리적이라고 인정되는 경우
에는 개별법, 이동평균법 등을 적용하고 그 내용을 주석(註釋)으로 공시한다.
③ 사회기반시설 중 유지보수를 통하여 현상이 유지되는 도로, 도시철도, 하천부속시설 등은 감가상각 대상에서
제외할 수 있으며, 유지보수에 투입되는 비용과 감가상각을 하지 아니한 이유를 주석(註釋)으로 공시한다.
④ 장기투자증권은 매입가격에 부대비용을 더하고 이에 종목별로 총평균법을 적용하여 산정한 취득원가로 평
가함을 원칙으로 한다. ▶ ①

55 ① 사회기반시설 중 유지보수를 통하여 현상이 유지되는 도로, 도시철도, 하천부속시설 등은 해당 유지보수를
위한 지출액을 감가상각비로 대체할 수 있다.
② 발행가액은 발행과 직접 관련하여 발생한 비용을 차감한 가액으로 한다.
④ 퇴직급여충당부채는 회계연도 말 현재 공무원연금법을 적용받지 않는 지방공무원이 일시에 퇴직할 경우
지방자치단체가 지급하여야 할 퇴직금에 상당한 금액으로 한다(일시퇴직기준). ▶ ③

56 ① 일반유형자산과 주민편의시설은 당해 자산의 건설원가나 매입가액에 부대비용을 더한 취득원가로 평가함
을 원칙으로 한다.
② 무형자산은 정액법에 따라 당해 자산을 사용할 수 있는 시점부터 합리적인 기간동안 상각한다.
③ 사회기반시설 중 유지보수를 통하여 현상이 유지되는 도로, 도시철도, 하천부속시설 등은 감가상각대상에
서 제외할 수 있다. ▶ ④

57 회계실체 간 재산 이관이나 물품 소관의 전환으로 취득한 자산의 가액은 유·무상가액을 불문하고 직전(直前)
회계실체의 장부가액으로 한다. ▶ ①

58 ① 부채는 유동부채, 장기차입부채 및 기타 비유동부채로 구분하여 재정상태표에 표시한다.
② 고정순자산은 주민편의시설, 사회기반시설 및 무형자산의 투자액에서 그 시설의 투자재원을 마련할 목적으로 조달한 장기차입금 및 지방채증권 등을 뺀 금액으로 한다.
④ 비교환거래에 의한 비용은 가치의 이전에 대한 의무가 존재하고 그 금액을 합리적으로 측정할 수 있을 때에 인식한다. ▶ ③

59 회계정책의 변경에 따른 영향은 비교표시되는 직전 회계연도의 기초순자산 및 그 밖의 대응금액을 회계정책의 변경 이전 처음부터 적용된 것으로 조정한다. ▶ ②

60 ① 자체조달수익에는 지방세수익, 경상세외수익, 임시세외수익이 있다.
② 지방자치단체가 기부채납방식으로 자산을 기부 받는 경우 국가회계는 취득원가를 공정가액으로 하여 수익으로 인식하지만 지방자치단체는 공정가액을 취득원가로 하여 재정상태표상 순자산에 직접 반영한다. ▶ ②

61 교환거래로 생긴 수익은 재화나 서비스 제공의 반대급부로 생긴 사용료, 수수료 등으로서 수익창출활동이 끝나고 그 금액을 합리적으로 측정할 수 있을 때에 인식한다. ▶ ①

62

사업총원가	₩117,000
사업수익	(39,000)
관리운영비	65,000
비배분비용	47,000
비배분수익	(38,000)
재정운영순원가	₩152,000

▶ ④

63 1) 재정운영순원가 = ₩500,000(사업총원가) − ₩200,000(사업수익) + ₩100,000(관리운영비) + ₩10,000(비배분비용) − ₩50,000(비배분수익) = ₩360,000
2) 재정운영결과 = ₩360,000(재정운영순원가) − ₩200,000(일반수익) = ₩160,000 ▶ ④

64 1) 재정운영순원가 = ₩200,000(사업총원가) − ₩70,000(사업수익) + ₩50,000(관리운영비) + ₩30,000(비배분비용) − ₩20,000(비배분수익) = ₩190,000
2) 재정운영결과 = ₩190,000(재정운영순원가) − ₩40,000(일반수익) = ₩150,000 ▶ ②

65 현금흐름표는 회계연도 동안의 현금자원의 변동, 즉 자금의 원천과 사용결과를 표시하는 재무제표로서 경상활동, 투자활동, 재무활동으로 구분하여 표시한다. ▶ ①

66 일반순자산은 고정순자산, 특정순자산을 제외한 나머지금액이다.
1) 순자산총계 = ₩2,000,000(자산총계) − ₩1,000,000(부채총계) = ₩1,000,000
2) 고정순자산 = ₩900,000 + ₩200,000(무형자산 투자액) − ₩450,000(일반유형자산 투자재원을 위해 조달된 차입금) = ₩650,000
3) 특정순자산 = 적립성기금의 원금 = ₩150,000
4) 일반순자산 = ₩1,000,000 − ₩650,000(고정순자산) − ₩150,000(특정순자산) = ₩200,000 ▶ ①

67 1) 고정순자산의 변화 = ₩2억 증가(주민편의시설) − ₩1억(그 시설 마련을 위해 조달한 장기차입금)
= ₩1억 증가

    2) 순자산 증가(₩3억) = ₩1억(고정순자산 증가) + ₩2억(일반순자산 변동)   ▶ ④

68 1) 20×1년 말 고정순자산 = ₩900,000(사회기반시설 투자액) + ₩100,000(무형자산 투자액) − ₩450,000
(사회기반시설 투자 관련 차입금) = ₩550,000

    2) 20×1년 말 순자산총액 = ₩550,000(고정순자산) + ₩150,000(특정순자산) + ₩300,000(일반순자산)
= ₩1,000,000

    3) 20×1년 말 재정상태표상 자산 총계 = ₩2,000,000(부채 총계) + ₩1,000,000(순자산 총계) = ₩3,000,000
▶ ②

69 국가회계기준 재무제표는 재정상태표, 재정운영표, 순자산변동표, 주석이며, 지방자치단체 회계기준의 재무제
표에 현금흐름표가 포함된다.   ▶ ①

70 국가는 일반유형자산과 사회기반시설에 대하여 공정가액으로 재평가할 수 있지만 지방자치단체는 공정가액
재평가에 관한 명시적인 규정은 없다.   ▶ ④

71 기부채납에 의한 지방자치단체의 순자산 증가는 수익이 아니라 재정상태표상의 순자산에 직접 반영한다.
▶ ④

72 「지방자치단체 회계기준에 관한 규칙」에서 중요성에 관한 명시적 규정은 없다.   ▶ ①

73 「국가회계기준에 관한 규칙」에 따르면 현재 세대와 미래 세대를 위하여 정부가 영구히 보존하여야 할 자산으
로서 역사적, 자연적, 문화적, 교육적 및 예술적으로 중요한 가치를 갖는 자산은 유산자산으로 자산으로 인식
하지 아니하고 그 종류와 현황 등을 필수보충정보로 공시한다.   ▶ ④

Part 01 | 재무회계

CHAPTER 01 회계의 기초

01	①	02	①	03	①	04	④	05	②	06	④	07	①	08	②	09	③	10	③
11	②	12	③	13	③	14	②	15	③	16	④	17	④	18	③	19	④	20	①
21	②	22	③	23	②	24	①	25	③	26	②	27	②	28	④	29	③	30	③
31	③	32	①																

CHAPTER 02 회계의 결산

01	①	02	④	03	①	04	④	05	④	06	③	07	③	08	①	09	④	10	③
11	②	12	①	13	②	14	①	15	②	16	①	17	②	18	④	19	①	20	①
21	①	22	①	23	②	24	④	25	③	26	②	27	②	28	③	29	③	30	②
31	②	32	①	33	③	34	①	35	④	36	②	37	①	38	①	39	④	40	②
41	③	42	①	43	②	44	③	45	②	46	③	47	①	48	①	49	③	50	①
51	②	52	③	53	③	54	①	55	④	56	③	57	③	58	③	59	①	60	③

CHAPTER 03 개념체계

01	①	02	④	03	③	04	②	05	②	06	③	07	④	08	④	09	④	10	①
11	④	12	③	13	③	14	②	15	④	16	④	17	①	18	③	19	④	20	②
21	③	22	④	23	①	24	②	25	④	26	③	27	④	28	③	29	①	30	②
31	①	32	②	33	④	34	③	35	③	36	④	37	④	38	①				

CHAPTER 04 재무제표 표시

01	④	02	②	03	①	04	①	05	①	06	③	07	②	08	②	09	②	10	④
11	④	12	④	13	①	14	①	15	②	16	①	17	②	18	④	19	③	20	④
21	①	22	②	23	①	24	②	25	④	26	③	27	④	28	⑤	29	③		

CHAPTER 05 재고자산

1	①	2	②	3	①	4	③	5	④	6	③	7	②	8	③	9	①	10	④
11	③	12	②	13	④	14	③	15	②	16	③	17	①	18	②	19	②	20	①
21	③	22	①	23	②	24	③	25	②	26	②	27	②	28	④	29	①	30	②
31	④	32	④	33	①	34	①	35	③	36	③	37	③	38	②	39	①	40	③
41	③	42	①	43	④	44	③	45	②	46	①	47	③	48	④	49	③	50	③
51	④	52	②	53	①	54	③	55	③	56	④	57	④	58	②	59	③	60	④
61	②	62	③	63	②	64	③	65	③	66	③	67	④	68	②	69	③	70	②
71	①	72	②	73	③														

CHAPTER 06 유형자산

01	③	02	②	03	③	04	④	05	④	06	③	07	②	08	②	09	②	10	④
11	②	12	①	13	④	14	④	15	③	16	②	17	①	18	④	19	②	20	②
21	③	22	③	23	①	24	③	25	④	26	①	27	④	28	②	29	②	30	①
31	①	32	①	33	①	34	②	35	①	36	①	37	②	38	④	39	①	40	④
41	③	42	④	43	①	44	③	45	④	46	③	47	②	48	②	49	②	50	③
51	①	52	②	53	②	54	①	55	③	56	③	57	④	58	②	59	④	60	③
61	③	62	③	63	③	64	①	65	③	66	②	67	②	68	④	69	④	70	①
71	①	72	②	73	③	74	④	75	③	76	①	77	⑤	78	①	79	③	80	③
81	③	82	②	83	②	84	④	85	②	86	②	87	②	88	③	89	②	90	②
91	①																		

CHAPTER 07 무형자산

01	①	02	③	03	②	04	④	05	③	06	④	07	④	08	③	09	④	10	④
11	①	12	④	13	①	14	①	15	③	16	①	17	②	18	④	19	④	20	②
21	③	22	④	23	③	24	③	25	③										

CHAPTER 08 투자부동산

01	④	02	②	03	④	04	③	05	②	06	③	07	④	08	①	09	①	10	③
11	③	12	④																

CHAPTER 09 금융자산

01	③	02	②	03	③	04	③	05	④	06	②	07	①	08	④	09	④	10	①
11	②	12	②	13	③	14	①	15	①	16	③	17	④	18	④	19	②	20	③
21	①	22	②	23	①	24	②	25	④	26	③	27	④	28	①	29	④	30	④
31	④	32	③	33	③	34	④	35	③	36	④	37	②	38	②	39	③	40	④
41	③	42	①	43	①	44	③	45	①	46	①	47	③	48	③	49	②	50	②
51	①	52	②	53	②	54	③	55	③	56	②	57	②						

CHAPTER 10 금융부채

01	①	02	①	03	②	04	④	05	③	06	②	07	①	08	②	09	②	10	③
11	③	12	②	13	③	14	④	15	②	16	③	17	①	18	②	19	④	20	③
21	④	22	②	23	②	24	②	25	②	26	③	27	①	28	③	29	②	30	①
31	④																		

CHAPTER 11 충당부채와 우발부채

01	②	02	②	03	①	04	④	05	②	06	①	07	③	08	②	09	③	10	④
11	③	12	②	13	①	14	②	15	③	16	②	17	②						

CHAPTER 12 자본

01	③	02	④	03	③	04	②	05	④	06	④	07	②	08	④	09	③	10	④
11	①	12	①	13	①	14	①	15	①	16	②	17	④	18	③	19	②	20	③
21	②	22	③	23	①	24	④	25	③	26	①	27	①	28	①	29	④	30	④
31	②	32	①	33	①	34	④	35	④	36	①	37	①	38	②	39	③	40	①
41	①	42	②	43	①	44	④	45	⑤	46	②	47	②	48	③	49	③	50	④
51	①																		

CHAPTER 13 고객과의 계약에서 생기는 수익

01	②	02	①	03	④	04	②	05	①	06	①	07	④	08	②	09	②	10	①
11	②	12	④	13	④	14	②	15	②	16	②	17	③	18	①	19	②	20	④
21	④																		

CHAPTER 14 건설계약

01	①	02	②	03	④	04	②	05	②	06	①	07	①	08	②	09	④	10	③

CHAPTER 15 현금흐름표

01	④	02	②	03	①	04	③	05	④	06	②	07	③	08	③	09	②	10	②
11	②	12	②	13	②	14	②	15	②	16	④	17	②	18	①	19	①	20	③
21	①	22	①	23	②	24	④	25	③	26	④	27	①	28	②	29	②	30	③
31	④	32	②	33	③	34	①	35	④	36	②	37	①	38	①	39	④	40	①
41	③	42	③	43	④	44	③	45	④	46	③	47	①	48	②	49	④	50	④
51	①	52	②	53	③	54	③	55	②	56	②	57	④					

CHAPTER 16 법인세회계

01	①	02	①	03	②	04	①	05	①	06	④	07	①	08	④	09	②	10	②

CHAPTER 17 회계변경과 오류수정

01	④	02	①	03	③	04	④	05	①	06	②	07	③	08	③	09	①	10	④
11	④	12	②	13	③	14	②	15	④	16	③	17	②	18	①	19	①	20	④

CHAPTER 18 주당이익

01	③	02	②	03	②	04	②	05	②	06	①	07	①	08	②	09	③	10	②
11	④	12	②																

CHAPTER 19 관계기업투자주식

01	④	02	②	03	①	04	①	05	①	06	①	07	②	08	②	09	②	10	③
11	②																		

CHAPTER 20 재무제표 분석

01	⑤	02	④	03	②	04	④	05	②	06	③	07	①	08	④	09	①	10	③
11	②	12	②	13	③	14	④	15	②	16	③	17	③	18	①	19	③	20	②
21	③	22	①	23	①														

CHAPTER 21 기타 회계

01	①	02	①	03	②	04	③	05	②	06	③	07	②	08	④	09	②	10	③

Part 02 | 원가관리회계

CHAPTER 01 제조기업의 원가흐름

01	③	02	③	03	③	04	①	05	③	06	②	07	③	08	①	09	①	10	④
11	②	12	①	13	①	14	②	15	④	16	④	17	③	18	①	19	④	20	③
21	①	22	④	23	③	24	②	25	④	26	①	27	③						

CHAPTER 02 개별원가계산

01	②	02	②	03	②	04	②	05	①	06	②	07	①	08	①	09	①	10	④
11	④	12	③	13	③	14	①	15	②	16	①	17	②	18	②	19	③	20	②
21	③	22	③																

CHAPTER 03 보조부문 원가의 배부

01	④	02	③	03	④	04	③	05	②	06	②	07	①	08	④	09	②	10	①
11	④	12	②	13	③														

CHAPTER 04 결합원가계산

01	①	02	②	03	①	04	③	05	③	06	①	07	①

CHAPTER 05 활동기준원가계산

01	④	02	②	03	④	04	③	05	①	06	③

CHAPTER 06 종합원가계산

01	②	02	③	03	①	04	②	05	③	06	②	07	⑤	08	②	09	④	10	③
11	③	12	③	13	③	14	①	15	③	16	④	17	④	18	④	19	③	20	③
21	④	22	②	23	①	24	②	25	②	26	①	27	③	28	②				

CHAPTER 07 전부원가, 변동원가

01	③	02	②	03	②	04	④	05	④	06	①	07	①	08	②	09	①	10	①
11	④	12	③	13	②	14	③												

CHAPTER 08 원가의 추정

01	④	02	①	03	③	04	③	05	③	06	②	07	④	08	③	09	①	10	③
11	②	12	④																

CHAPTER 09 CVP 분석

01	①	02	①	03	③	04	④	05	③	06	①	07	①	08	②	09	④	10	②
11	④	12	③	13	④	14	④	15	②	16	③	17	②	18	③	19	③	20	④
21	③	22	②	23	④	24	②	25	④	26	④								

CHAPTER 10 표준원가계산

01	④	02	③	03	②	04	②	05	②	06	①	07	④	08	①	09	②	10	③
11	①	12	④	13	①	14	④	15	③	16	③								

CHAPTER 11 관련원가와 의사결정

01	①	02	②	03	③	04	③	05	④	06	②

CHAPTER 12 기타 관리회계

01	②	02	①	03	③

Part 03 | 정부회계

CHAPTER 01 정부회계

01	①	02	②	03	①	04	④	05	④	06	④	07	③	08	②	09	③	10	②
11	④	12	④	13	①	14	①	15	④	16	④	17	①	18	②	19	③	20	①
21	④	22	③	23	②	24	②	25	④	26	④	27	④	28	④	29	③	30	①
31	②	32	③	33	③	34	①	35	③	36	③	37	③	38	③	39	②	40	④
41	②	42	①	43	②	44	③	45	④	46	①	47	②	48	①	49	②	50	①
51	②	52	③	53	③	54	①	55	③	56	④	57	①	58	③	59	②	60	②
61	①	62	④	63	④	64	②	65	①	66	①	67	④	68	②	69	①	70	④
71	④	72	①	73	④														

신은미

주요 약력

숙명여자대학교 정보방송/경영학 전체수석
세무사, CFP (세무법인 다솔)
2007년 대한민국 우수인재상 (교육인적자원부)
세무사 성적우수 표창
(현) 박문각공무원학원 세무직 대표강사
(전) ㈜대우증권 근무
(전) ㈜미래에셋증권 근무
(전) 한성학원 재무회계 전임강사
(전) 세무사시험 출제검토위원

주요 저서

중급회계 요약집
재무회계연습 요약집
IFRS 회계원리 1차 대비 실전모의고사
IFRS 회계원리 2차 대비 실전모의고사
공무원 회계학 기본서(박문각출판)
공무원 회계학 단원별 기출문제집(박문각출판)
공무원 회계학 예상문제집(박문각출판)
감정평가사/관세사/공무원 회계학 기본서(박문각출판)
감정평가사/관세사/공무원 회계학 문제집(박문각출판)
감정평가사 회계학 기출문제집(박문각출판)
감정평가사 회계원리(박문각출판)
신은미 세법개론(박문각출판)

동영상강의 www.pmg.co.kr

신은미 회계학 ✧✦ 단원별 기출문제집

초판 인쇄 | 2024. 11. 1.　**초판 발행** | 2024. 11. 5.　**편저자** | 신은미
발행인 | 박 용　**발행처** | (주)박문각출판　**등록** | 2015년 4월 29일 제2019-000137호
주소 | 06654 서울시 서초구 효령로 283 서경 B/D 4층　**팩스** | (02)584-2927
전화 | 교재 문의 (02)6466-7202

정가 39,000원
ISBN 979-11-7262-254-1